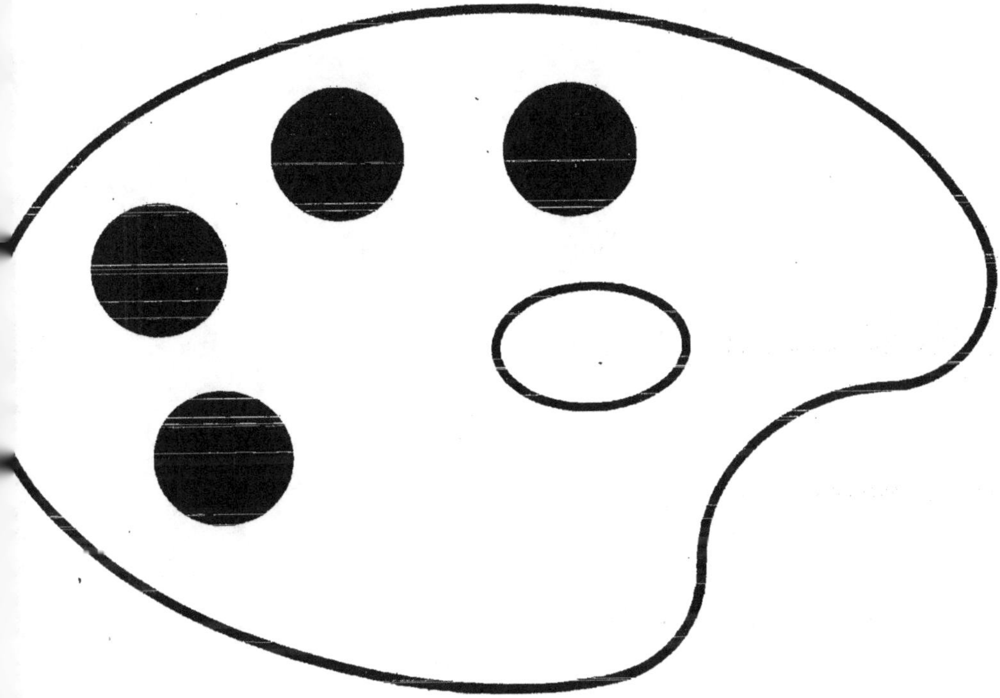

Original en couleur
NF Z 43-120-8

Gratis — 1ʳᵉ Livraison — **Gratis**

LA DEMOISELLE DU CHATEAU

ROMAN CONTEMPORAIN INÉDIT
Par XAVIER DE MONTÉPIN

Jules ROUFF et Cⁱᵉ, Éditeurs, 14, Cloître Saint-Honoré, PARIS
1ʳᵉ Livraison gratuite

LA DEMOISELLE DU CHATEAU

TOME I

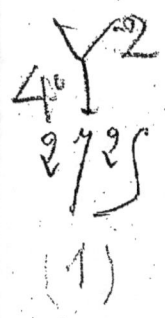
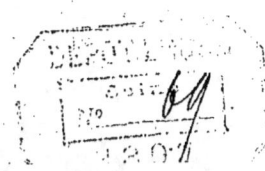

XAVIER DE MONTÉPIN

LA DEMOISELLE DU CHATEAU

TOME I

PARIS
JULES ROUFF ET Cie, EDITEURS
14, CLOITRE SAINT-HONORÉ, 14

Tous droits réservés

LA DEMOISELLE DU CHATEAU

ROMAN INÉDIT
Par XAVIER DE MONTÉPIN

Jules ROUFF et Cie, Éditeurs, 14, Cloître Saint-Honoré, PARIS
(Tous droits réservés)

LA DEMOISELLE DU CHATEAU

CHAPITRE PREMIER

LE CIMETIÈRE D'ART-SUR-MEURTHE

« La Demoiselle du Château » c'est Madeleine Duhamel, la fille unique d'un des plus riches industriels de la contrée, que l'on appelait ainsi. — De Lenoncourt à Art-sur-Meurthe, de Varangeville à Harancourt jusqu'à Crévic, et même au delà de Dombasle et de Sommerviller, de l'autre côté du canal du Rhin, on ne la désignait jamais autrement, et, dans cette appellation, on sentait quelque chose de sympathique et de respectueux tout à la fois, comme un témoignage d'estime, d'affection et de reconnaissance.

Parfois, en certains endroits, le personnage que la fortune a mis au-dessus de ses compatriotes n'est pas aimé par ceux qui l'entourent. L'envie et la médisance l'attaquent sourdement. La crainte seule et la prudence, car on le sait puissant autant que riche, car on peut avoir besoin de lui, assourdissent les voix qui seraient tentées de s'élever trop haut; mais on le déteste et tout bas on dit ce qu'on pense. — Pour les habitants du vaste château de Bois-Jolivet, c'était tout le contraire. On savait que les Duhamel, enfants du pays depuis de nombreuses générations, n'étaient autrefois que de simples ouvriers, mais probes, travailleurs et bons pour tous. M. Duhamel, dont le père était contremaître à Nancy, avait reçu de l'éducation; on s'était saigné aux quatre veines pour l'envoyer à l'école des Arts et Métiers d'où il était sorti ingénieur et c'est lui, grâce à un petit héritage, qui avait fondé la fabrique de Varangeville, si rapidement prospère qu'en quelques années elle était devenue une usine importante, doublée par celle de la Neuveville, une aciérie qui couvrait tout entier le vaste secteur de terrain formé par la boucle que dessine la Meurthe en s'éloignant et en se rapprochant du canal.

M. Duhamel avait réalisé par son travail une grande fortune, que l'on évaluait à douze ou quinze millions, et de cette prodigieuse réussite n'était résulté pour lui aucun jaloux, aucun ennemi, car il était demeuré bon et facilement accessible; car il se plaisait à faire du bien et grâce à lui, grâce à sa fille, Mlle Madeleine, *la Demoiselle du Château*, il n'y avait plus un pauvre aux environs.

La réputation des Duhamel s'étendait beaucoup au delà du rayon de leurs usines et du château; on les connaissait, et on les estimait aussi bien à Nancy qu'à Lunéville et même jusqu'à Arracourt.

A Saint-Nicolas-du-Port, — le jour où commence ce récit, — c'est-à-dire à quelques kilomètres à peine des hauts-fourneaux de Varangeville, un jeune homme s'informait précisément des usines de M. Duhamel dont il avait entendu parler. — Il était arrivé la veille au soir, presque à la tombée de la nuit, et il était descendu dans le modeste hôtel qui occupe l'un des côtés de la place du Marché.

— La grande usine, — lui répondit Mme Chamagne, la grassouillette propriétaire de cette hôtellerie, — on la voit du bord de la rivière. — Vous avez peut-être aperçu, en arrivant, ces cinq hautes cheminées de l'autre côté du canal?... Eh bien! ce sont les hauts-fourneaux. — Et puis, en passant à la Neuveville-devant-Nancy, en chemin de fer, vous aviez l'aciérie à votre gauche. Ça travaille jour et nuit; jamais une journée de chômage!... et ça fournit les chemins de fer, les ateliers de construction et les chantiers maritimes du Havre, de Saint-Nazaire et de la Seyne.

— Pour voir M. Duhamel, — demanda timidement le voyageur qui s'était fait inscrire sous le simple nom de M. Gérard, — est-ce à l'usine de Varangeville qu'il faut aller ou à l'autre?

— M. Duhamel est plus souvent à la Neuveville, de ce moment-ci, — répliqua l'hôtelière. — Mais ça dépend... Est-ce que vous le connaissez, M. Duhamel?

— Non, madame.

— Alors, c'est probablement pour affaires que vous venez lui parler?

— Oui... c'est ça... pour affaires... — fit vivement M. Gérard, heureux de dissimuler ainsi l'embarras qui s'emparait de lui.

— Pour lors, vous n'avez qu'à aller à l'usine; vous y trouverez sûrement M. Landry, qui est le directeur, et peut-être aussi M. Verneuil, l'ingénieur, car ce sont eux qui s'occupent de tout.

— Je préférerais voir M. Duhamel lui-même, — dit le jeune homme.

— Dans ce cas, ce que vous avez de mieux à faire, c'est d'aller au château. N'ayez crainte; vous y serez bien reçu!... Il n'y a pas de plus braves gens, et accueillants, et pas fiers, et toujours prêts à rendre service... oui, monsieur... toujours!

C'est la crème des hommes, M. Duhamel!... et Mme Duhamel, un miel... et Mamselle Madeleine!... un ange du bon Dieu, tellement elle est bonne!... En voilà qui sont aimés dans le pays et qui le méritent, allez, monsieur!

M. Gérard se leva.

— Je vous remercie, madame, — dit-il, — demain j'irai voir M. Duhamel.

— Si vous trouvez la route trop longue, quoiqu'il n'y ait qu'une petite lieue d'ici au château, — expliqua complaisamment Mme Chamagne, — vous n'avez qu'à prendre la voiture du père Thomas, le messager qui fait le service de Saint-Nicolas à Lenoncourt, et il vous mettra à moitié chemin. — Il va passer dans une petite demi-heure.

— Merci ; j'ai affaire à Art-sur-Meurthe, — répondit le voyageur, — et de là, je me rendrai à pied chez M. Duhamel.

— Oui, d'Art c'est tout près. A peine vous aurez gravi la côte par le petit sentier de la Croix qui part du cimetière, que vous verrez le château devant vous. — Comptez-vous rester quelque temps dans le pays ?...

— Cela dépendra de ma visite à M. Duhamel, — répondit l'étranger d'une voix mal assurée.

— Allons, bonne chance, monsieur. — Mais du moment que vous vous adresserez à M. Duhamel, vous réussirez, j'en suis sûre, et je vous le souhaite de tout mon cœur.

M. Gérard remercia de nouveau et il traversa la place pour aller jeter à la boîte une lettre qu'il tenait à la main.

Mme Chamagne, qui s'intéressait visiblement à lui, quoiqu'elle ne le connût que depuis quelques heures, l'accompagna jusque sur le seuil de la grande salle et le regarda s'éloigner.

— Eh bien ! qu'est-ce qu'il fait notre voyageur ? — demanda le patron de l'hôtel qui survint à ce moment.

— Il va chez M. Duhamel, — répondit l'hôtelière à son mari. — Je lui trouve l'air triste, à ce garçon-là... Il doit avoir quelque gros chagrin !... Il me fait de la peine, vois-tu !... Il a l'air si comme il faut, si distingué !... On voit bien que c'est un monsieur de Paris !...

Au moment où l'hôtelière de Saint-Nicolas-du-Port parlait d'elle et faisait un si grand éloge de sa bonté, Madeleine Duhamel se trouvait aux environs, reconduisant en voiture sa meilleure amie, Gervaise de Chantenay, venue passer la journée avec elle.

Les jeunes filles s'aimaient comme deux sœurs, liées par la plus étroite amitié qui avait pris naissance au couvent des dames du Sacré-Cœur de Nancy, où elles étaient arrivées le même jour, où elles avaient fait l'une et l'autre toutes leurs études, et qu'elles avaient quitté ensemble aux vacances de l'année précédente. — Pendant que la victoria roulait sur la route de Dombasle, entraînée par ses deux vigoureux postiers, elles traitaient cette question qui de tout temps a préoccupé et préoccupera toujours les filles d'Ève la blonde, le mariage, cet acte solennel entre tous qui décide de l'avenir et peut le rendre à tout jamais heureux ou malheureux.

Répondant à une phrase mélancolique de son amie, Gervaise disait :
— Pourquoi doutes-tu ainsi du bonheur ?...
— Parce qu'il me semble que je suis trop heureuse pour que cela dure, — murmura tristement Mlle Duhamel.
— Tu es folle !... c'est tout le contraire qui doit arriver !
— Non, je ne sais quel pressentiment me dit qu'en étant si complètement heureuse, je prends une part du bonheur des autres et qu'un jour, fatalement, mon ciel radieux deviendra sombre !
— Allons donc !... imagination pure ! — L'avenir sera pour toi souriant comme le passé, et il serait injuste qu'il en fût autrement, car si quelqu'un mérite d'être heureuse, c'est bien toi !

Madeleine poussa un soupir, et après un silence reprit :
— Du reste, je ne tiens pas à me marier.
— Maintenant !... Parce que tu n'aimes personne et que personne ne t'aime. Mais plus tard, quand vous serez installés à Paris, puisque vous devez y passer une partie de l'hiver ; quand tu iras dans le monde ; quand ton père recevra, quand tu verras des jeunes gens, il y en aura certainement plusieurs qui deviendront amoureux de toi... — Tu es si jolie ! Tu n'auras qu'à choisir...
— Tais-toi, Gervaise !... interrompit en rougissant la demoiselle du château.
— Tu feras un bon choix, et avec la fortune que tu as, avec la position de ton père... comment veux-tu ne pas être heureuse ?... Ton mari t'adorera, c'est moi qui te le dis !... D'ailleurs, pourrait-il en être autrement ?
— Personne ne connaît l'avenir !
— Sans doute, mais pourquoi le redouter ?
— Pourquoi ? — Je l'ignore, mais c'est plus fort que moi, je le redoute !... je sens sur ma tête une menace !... J'ai peur... Que veux-tu ? la peur ne se commande pas !
— Moi, je te répète que tu es folle et je t'ajourne seulement à l'année prochaine pour t'entendre tenir un autre langage. — C'est moi qui devrais avoir ces pressentiments noirs, — ajouta Gervaise de Chantenay, — car avec ma belle-mère qui ne m'aime pas, je le sais bien, comment me marierai-je ?

Madeleine Duhamel changea brusquement le cours de l'entretien en apercevant sur la route le jeune homme que nous avons vu à l'hôtel de Saint-Nicolas-du-Port.
— Tiens, — dit-elle à demi-voix, — voilà quelqu'un qui n'est point du pays.

Gervaise regarda.

— Si tu ne connais pas ce monsieur, toi qui connais tout le monde, — fit-elle, — c'est assurément un étranger.

Ce fut tout. Les deux jeunes filles reprirent aussitôt leur conversation un instant interrompue, et un quart d'heure plus tard la victoria franchissait la grille du château de Chantenay, où l'amie de Madeleine habitait avec la vicomtesse, seconde femme de son père, mort depuis deux ans.

En quittant son amie, la fille du maître de forges donna l'ordre à son cocher de s'arrêter à la maison de Claude Lusson, ouvrier des laminoirs, chargé de famille, qui était malade depuis quinze jours. — Il ne lui suffisait pas que son père eût assuré l'existence de cet ouvrier, en lui continuant le paiement de son salaire comme s'il travaillait à l'usine, qu'il payât le médecin et les médicaments : *la demoiselle du château* tenait à prodiguer elle-même à ce brave homme et à sa famille les consolations qui sont le baume de l'âme, à leur donner de sa bourse quelque argent, leur permettant ainsi de se procurer les douceurs et le bien-être relatif qui font souvent plus pour la guérison que des remèdes ; elle aimait à causer avec eux, sachant que sa visite les rassérénait et que ses douces paroles éloignaient le découragement. — Elle embrassait les enfants, elle leur apportait des jouets et des friandises ; elle mettait sa main mignonne dans la main amaigrie et calleuse des travailleurs, et, derrière elle, en dépit des misères, elle laissait un rayon de joie et d'espérance.

Madeleine se disait :

— Il faut bien, pour que j'aie chance d'être heureuse toujours, que je donne à ceux qui n'en ont pas un peu de ce bonheur dont je suis comblée !...

Et c'était, chez ces pauvres gens, un concert de reconnaissance et des larmes d'attendrissement, appelant sur la jeune fille la bénédiction d'En-Haut ! — C'était, sur la route où on la voyait passer, sachant bien où elle allait, des saluts respectueux et des sourires amis, témoignages muets mais éloquents de l'affection dont on l'entourait.

En sortant de la maison de Claude Lusson et avant de retourner à Bois-Jolivet, Madeleine se fit conduire au cimetière d'Art où se trouve le tombeau de la famille Duhamel. — Là repose sa grand'mère qu'elle a tant aimée et que la mort lui a ravie depuis deux ans. — Elle n'avait jamais laissé passer une semaine sans venir s'agenouiller auprès de la chère défunte, qui, lui semblait-il, veillait sur elle et la protégeait ; jamais laissé faner les fleurs que ses mains pieuses avaient apportées, sans les remplacer par des fleurs nouvelles.

Pendant qu'elle priait dans la chapelle du mausolée, Madeleine crut entendre des sanglots au dehors. Elle se leva et s'approcha de la petite fenêtre en forme de croix latine percée dans la paroi de pierre et elle regarda, non point avec curiosité, mais avec le pressentiment très net que près d'elle se trouvait une grande infortune qu'elle pouvait être appelée à soulager.

A peine eut-elle vu d'où partaient les sanglots qu'elle tressaillit.

— C'est le jeune homme que nous avons rencontré tantôt sur la route!... se dit-elle en reconnaissant l'étranger. — Dieu! quelle douleur!...

Et la présence de cet inconnu si affligé, prosterné sur une tombe qui semblait lui être bien chère, la préoccupa douloureusement. Remuée jusqu'au fond de l'âme par cette immense affliction, Madeleine sentait naître dans son cœur une pitié et un intérêt mystérieux dont elle ne pouvait se défendre...

Elle se disait :

— Ce jeune homme ne peut être tout à fait étranger au pays, puisque les siens sont enterrés ici!...

Et elle voulut savoir.

Elle attendit dans la chapelle funéraire, mêlant à ses prières les vœux que son âme d'élite formait pour cet inconnu qui souffrait ; puis, quand elle l'entendit partir, elle le suivit des yeux sans se montrer. Elle fut frappée alors de sa distinction, car elle l'avait à peine regardé lors de la rencontre sur la route, de cet inimitable cachet de race empreint sur son visage, et, toute émue, dès qu'il fut sorti du cimetière, elle quitta la chapelle, se glissa à travers les tombes et s'approcha de celle sur laquelle le jeune homme venait de prier, afin d'y lire le nom gravé dans la pierre, le nom de cet inconnu sans doute.

Au-dessous d'un écusson timbré de la couronne ducale, elle lut :

FAMILLE DE SOISY

puis, plus bas :

ICI REPOSENT

HECTOR-LOUIS DE GONZAGUE, DUC DE SOISY

(1838-1887.)

ET

MARIE-THÉRÈSE-GENEVIÈVE DE PELISSY, DUCHESSE DE SOISY

(1846-1888.)

En proie à un vif saisissement, l'âme plus endolorie encore par une pitié plus tendre, la fille du maître de forges se dit :

— Duc de Soisy!... Lui!... Oh! mon Dieu, mon Dieu!...

Et une puissance bien autrement forte que sa volonté la poussa vers cet inconnu qui souffrait et dont, seule peut-être, elle connaissait maintenant le nom.

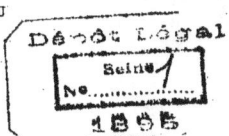

Elle acheva de ranger avec un soin pieux les fleurs qu'elle apportait. (P. 10.)

Ce nom évoquait en Madeleine des souvenirs déjà anciens.

Cette famille de Soisy était originaire du pays, mais elle l'avait quitté depuis longtemps pour se fixer à Paris, croyait-on.

Il y avait eu des malheurs, avait-on dit, des revers de fortune. Le vieux duc Hector de Soisy était mort, ruiné, quelques années auparavant.

Mlle Duhamel, quoique bien jeune à cette époque, se rappelait fort bien l'enterrement qui avait eu lieu à Art-sur-Meurthe, où le corps avait été ramené; quelques années plus tard, avaient eu lieu les funérailles de la duchesse dont la dépouille mortelle avait été également inhumée dans le cimetière d'Art. Cela devait remonter à 1888... Oui, c'était bien cela, réfléchissait-elle; il y avait environ six ans.

— Ils avaient un fils, — se dit encore Madeleine, — grand garçon déjà à cette époque... Serait-ce ce jeune homme?... Oui, ce doit être lui. — Sa douleur suffirait à le prouver...

Mais, il y a plus que de la douleur chez ce malheureux, — pensa la compatissante jeune fille. — Il y a du désespoir dans son âme comme j'ai vu de la consternation sur son visage... Pourquoi cette désolation, cette désespérance?... lui, le duc de Soisy!... quelque nouveau malheur l'aurait-il frappé?...

De plus en plus intéressée par le sympathique inconnu, Madeleine Duhamel faisait des conjectures:

Ce jeune homme rencontré tout à l'heure sur la route, et retrouvé ensuite pleurant sur la tombe des ducs de Soisy où il cherchait peut-être à retremper son courage au souvenir des morts aimés dormant à l'ombre du mausolée, s'il était réellement le descendant de cette illustre et malheureuse famille, comme elle le pensait, il fallait que de nouvelles épreuves soient venues le frapper et renouveler en son cœur un deuil que les années devaient commencer à adoucir?

Tout en laissant peu à peu envahir son cœur par la compassion, Mlle Duhamel était revenue au tombeau de sa famille. Elle acheva de ranger avec un soin pieux les fleurs qu'elle apportait — travail touchant, interrompu un instant par les sanglots de l'étranger, — puis, quittant la chapelle funéraire, elle la ferma et se dirigea vers la sortie du cimetière. — Sa voiture l'attendait à la porte.

En y montant, Madeleine jeta un long et involontaire regard autour d'elle, cherchant à revoir l'inconnu; mais elle ne l'aperçut point, et, désappointée, elle se renfonça dans la voiture.

— Il faudra que je sache, que je m'informe, — se dit-elle avec une charitable résolution. — Peut-être le connaît-on dans le pays!

Madeleine n'eut pas même l'idée qu'elle pouvait s'être trouvée ce jour-là, pour la première et pour la dernière fois, en face de ce jeune homme qui l'intéressait, malgré elle, à un si haut point.

— Où allons-nous, mademoiselle? — demanda respectueusement le cocher, étonné du silence de la jeune fille.

Madeleine Duhamel tressaillit, violemment tirée de son rêve, car, l'esprit ailleurs, elle ne s'était pas aperçue que la voiture restait immobile et que le cocher attendait ses ordres.

— Où nous allons?... Mais, au château... nous rentrons, Pierre, — répondit-elle un peu brusquement, comme contrariée de s'être laissé surprendre dans sa rêverie.

Le cocher rendit la main à ses chevaux et la voiture prit la route de Bois-Jolivet.

Madeleine était retombée dans ses méditations. Elle ne pouvait s'empêcher de penser à ce jeune homme entrevu deux fois dans cette journée et dont elle avait surpris les sanglots et la douleur.

— Une telle douleur!... Non... je ne me trompe pas... ce ne peut être que le fils du duc, — se répétait Mlle Duhamel, de plus en plus absorbée par le souvenir de l'inconnu. — Son père, sa mère reposent là. Un enfant seul a de tels sanglots sur une tombe!

— Comme il souffre, je l'ai bien compris, — ajouta-t-elle, — comme il est malheureux!

Malheureux... qui sait, peut-être une misère à soulager! — Le cœur compatissant de Madeleine s'apitoyait à cette pensée.

— La misère!... — pensa la fille du riche usinier, — serait-ce possible? Lui!... Alors ce serait horrible, car il ne doit rien y avoir de plus cruel, pour celui qui a connu la fortune et le bonheur, que de se voir condamner à une existence de gêne et de privations... Le duc Hector de Soisy est mort ruiné, ou à peu près... Qui sait dans quelle situation il a laissé son fils?... qui sait si ce désespoir et ce découragement que j'ai surpris ne cachent pas une détresse affreuse noblement et vaillamment supportée?... Oh! oui, il faudra que je m'informe... cela serait bien navrant!... pauvre jeune homme!

La voiture tournait l'avenue conduisant au château et elle s'arrêta bientôt devant le perron. — Mlle Duhamel eut un geste d'étonnement. — Comment! on était déjà arrivé!

Toute émue, presque bouleversée par les réflexions que lui suggérait la rencontre de l'inconnu, elle avait fait, sans s'en apercevoir, le trajet charmant qui sépare Art de Bois-Jolivet. Préoccupée par la mélancolique figure de cet étranger dont elle croyait avoir deviné la personnalité, elle ne se rendait pas compte de la profonde sympathie qui s'était éveillée en elle pour ce jeune homme depuis la rencontre au cimetière. Et quand même elle l'eût découverte, Madeleine eût-elle pu y voir autre chose qu'un sentiment légitime de compassion inspiré par une infortune qu'elle pressentait sans la connaître et qu'il lui eût semblé si doux de soulager. — Nature bonne et compatissante, il lui paraissait tout simple de s'attacher aux malheureux. N'est-ce pas le devoir de ceux qui possèdent le bonheur et la richesse de consoler ceux qui pleurent et de venir en aide à ceux qui souffrent?

CHAPITRE II

UN SOLLICITEUR

MADELEINE avait rejoint sa mère.

Sortie presque aussitôt après le déjeuner pour accompagner son amie Gervaise de Chantenay, qui était venue solliciter son appui pour une bonne œuvre, il tardait à la jeune fille de se retrouver auprès de la chère femme.

— Enfin ! te voilà, mignonne ; — fit Mme Duhamel en embrassant sa fille avec tendresse. — Eh bien ! Gervaise a-t-elle été heureuse de ton consentement ?

A vingt ans de distance, en tenant compte de l'empâtement inévitable apporté par les années, on retrouvait en Mme Duhamel, la beauté fine et gracieuse léguée à Madeleine. Au moral comme au physique, la mère et la fille se ressemblaient. Seulement les cheveux de Madeleine étaient d'un blond plus ardent que ceux de sa mère, tandis que l'azur des yeux, — très foncé chez Mme Duhamel, — semblait comme adouci par la teinte veloutée et dorée des sourcils et des cils de la jeune fille, beauté qu'elle tenait de son père.

Du reste, la physionomie de Madeleine avait ceci de particulier et de charmant, c'est que si aux côtés de sa mère elle apparaissait comme la jeune sœur et, pour ainsi dire, comme le recommencement de la beauté de la femme du maître de forges, en la voyant au bras de son père on ne pouvait s'empêcher d'être frappé de la ressemblance existant entre la figure expressive et distinguée la jeune fille et la physionomie énergique et intelligente de Léon Duhamel.

Il semblait que physiquement Madeleine eût pris à son père et à sa mère tout ce qu'il y avait de beau en eux, de même qu'au moral elle leur avait pris ce qu'ils avaient de bon.

Fille de M. Aubernon, ancien premier président à la Cour de Nancy, aujourd'hui conseiller à la Cour de Cassation, Alice Aubernon, la mère de Madeleine, avait fait un mariage d'amour dont cette fille qu'elle adorait était l'unique fruit.

Cette unique maternité avait été le seul point noir d'une union des plus heureuses. Après la naissance de Madeleine, naissance fêtée avec une égale satisfaction par les deux époux, M. et Mme Duhamel avaient vivement désiré un second enfant. Le riche usinier surtout aurait voulu voir un fils lui succéder dans son œuvre.

Cet espoir tant caressé de son mari et auquel il avait fallu renoncer, avait causé d'abord une peine profonde à Mme Duhamel; maintenant, ils semblaient l'un et l'autre en avoir pris leur parti, et leur besoin de tendresse entrevoyait depuis quelques mois une compensation prochaine. Ils trouveraient un fils dans celui que leur fille choisirait, et ils lui donneraient dans leurs cœurs la place de celui que la nature leur avait refusé.

— Raconte-moi ta journée, ma chérie, — dit Mme Duhamel après avoir embrassé sa fille, qu'elle attira auprès d'elle sur un canapé. — Et d'abord où en est cette œuvre des petites pupilles? — Qu'avez-vous fait avec Gervaise?... Y a-t-il quelque chose de décidé, d'arrêté?...

Il s'agissait d'une œuvre de bienfaisance, fondée par un homme charitable, M. Tiercelet, le maire de Vanoncourt-en-Vernois, et que Gervaise de Chantenay, l'amie de Madeleine, avait prise sous son patronage. Le but de l'œuvre était de recueillir les fillettes abandonnées ou orphelines de la commune; de les faire élever sans les remettre à l'Assistance publique, de les adopter pour ainsi dire, et, grâce à l'aide de collaborateurs charitables, de les élever et de les mettre à même de gagner honorablement leur vie.

M. Tiercelet avait visité déjà tous les riches châtelains des environs en réclamant leur précieux appui pour cette œuvre philanthropique.

Séduite, Gervaise de Chantenay avait accepté une part active dans l'entreprise charitable du maire et s'était chargée d'obtenir l'adhésion de son amie, Mlle Duhamel.

Dans ce but, Gervaise était venue passer la matinée à Bois-Jolivet. Et après le déjeuner, en accompagnant son amie, Madeleine l'avait assurée de son concours :

— Il paraît, maman, à ce que m'a dit Gervaise, qu'il y a déjà deux petites pupilles; deux amours d'enfants, toutes fraîches et toutes roses!... C'est un bien brave homme tout de même que ce maire... C'est une belle et bonne idée qu'il a eue là!... Chacun de ces messieurs, les collaborateurs de M. Tiercelet, sera, selon son désir, le tuteur d'une ou de plusieurs fillettes, auxquelles il s'intéressera plus particulièrement.

— Et quelle va être ta part de collaboration, ma chérie? — questionna en souriant de bonheur Mme Duhamel, heureuse des sentiments charitables de son enfant.

— Moi? Je me suis chargée de la fourniture de quelques layettes. J'achèterai du linge, des étoffes... J'ai promis à Gervaise de faire travailler pour ses petites pupilles. Cela me permettra de donner de l'ouvrage à de pauvres femmes.

— Voilà qui est bien pensé, — fit Mme Duhamel.

— J'ai déjà acheté de la laine que j'ai laissée à la femme de Claude Lusson, chez qui j'ai passé en revenant du château de Chantenay. Elle tricotera des brassières tout en soignant son mari.

— Tu as vu ce pauvre Claude Lusson?... le docteur y est-il allé? — demanda Mme Duhamel qui s'intéressait beaucoup au malheureux ouvrier.

— Oui, mère; il en sortait. — Le pauvre garçon est très mal. Il a une angine et de l'anémie.

— Pauvres gens! — fit la mère de Madeleine. — Le malheureux est-il bien soigné, au moins; ne manque-t-il de rien?

— Je ne pense pas, mère. Depuis que l'angine s'est déclarée, le docteur y va tous les jours. Les remèdes sont fournis par la pharmacie de l'usine. Quant aux soins, sa femme paraît dévouée et courageuse.

— Et les enfants?

— Les enfants ont été recueillis par une voisine qui les gardera avec les siens jusqu'à ce que le danger soit passé. — J'ai laissé pour ce petit monde des confitures et des gâteaux.

— Voilà une journée bien remplie, ma chère Madeleine, — dit Mme Duhamel en embrassant sa fille sur le front.

— Avant de rentrer, — ajouta Madeleine — je me suis arrêtée au cimetière. C'était mon jour, tu le sais, et j'ai apporté quelques fleurs nouvelles à cette bonne grand'mère.

— Et puis?

— Et puis?... Mais c'est tout... Je suis revenue... voilà!

Rentrée dans sa chambre, Mlle Duhamel se demanda pourquoi elle n'avait pas osé parler à sa mère de sa rencontre du cimetière. Elle eut en cet instant l'intuition de ce qui se passait en elle.

— C'est singulier! — se dit-elle. — Pourquoi cette appréhension?... Pourquoi n'ai-je pas raconté cela à maman?... Au moment de parler de ce jeune homme, j'ai senti comme une gêne à la pensée d'avouer l'indiscrétion que j'avais commise au cimetière et il me semble que je n'oserais pas répéter les réflexions que j'ai faites, et les conjectures que m'a inspirées la situation de ce jeune homme que pourtant je ne connais pas.

S'il n'était pas le duc de Soisy!... Maman se serait moquée de moi... Elle m'aurait traitée de romanesque. — Ai-je donc tort de m'intéresser à ce jeune homme?...

Mais Madeleine n'avait pas mis longtemps à se rassurer. — Non; cette sympathie qu'elle ressentait pour l'inconnu ne pouvait être coupable, c'était une sympathie légitime que personne ne songerait à lui reprocher, car elle était basée sur la compassion éveillée par une douleur, par une souffrance cachée et devinée par elle. — Il n'existait là-dedans rien de romanesque ni de mystérieux. La chose n'avait d'autre importance que la bonne action qu'elle pressentait et dont elle voulait se réserver le bonheur.

Certes, elle compatissait au malheur des petites orphelines, des intéressantes protégées de M. Tiercelet; mais n'y avait-il pas d'autres douleurs, d'autant plus à plaindre qu'elles étaient plus ignorées, plus secrètes?... Madeleine sentait qu'elle était en face d'une de ces douleurs-là.

Rêveuse, Mlle Duhamel s'était accoudée à la fenêtre de la chambre. De cette fenêtre, par une éclaircie ménagée dans les massifs, elle apercevait la grille du parc à laquelle venait aboutir la large avenue sablée, bordée d'admirables cèdres du Liban et, à travers leurs cimes amincies, sa vue s'étendait jusqu'à la route.

Préoccupée de rechercher le moyen à employer pour retrouver ce jeune homme et obtenir, sans que la fierté du descendant des ducs de Soisy, si c'était lui, eût à en souffrir, des renseignements sur sa situation, Madeleine regardait vaguement au loin.

Tout à coup, elle fit un mouvement de surprise. Il lui semblait reconnaître celui auquel elle pensait, causant à la grille du parc avec le concierge.

Ne se trompait-elle point? — Elle regarda plus attentivement.

— Oui, c'est lui, — se dit-elle avec une étrange sensation qui parcourut tout son être. — Je le reconnais bien!... — Ici!... Que vient-il y faire? Il connaît donc mon père?... Comme il a l'air malheureux et triste!... C'est à peine s'il ose parler?... Il souffre, c'est évident... cette démarche doit lui sembler pénible. Il paraît timide, hésitant.

Si je me trompais pourtant, — ajouta la compatissante enfant. — Je suis folle, après tout, avec mes suppositions!

Madeleine alors se retira de la fenêtre, mais derrière les stores, ses regards suivirent le jeune homme.

* * *

C'était bien, en effet, l'inconnu du cimetière d'Art, le jeune voyageur qui, à l'hôtel de Saint-Nicolas-du-Port, s'était fait inscrire sous le nom de M. Gérard et avait manifesté l'intention de voir M. Duhamel, qui causait en ce moment avec le concierge du parc de Bois-Jolivet.

Ce jeune homme qui, bien qu'à peine entrevu par elle en deux rencontres fugitives, avait produit une si profonde impression sur Mlle Duhamel, avait en effet grand air, malgré la simplicité de son costume. Une distinction native, un indéniable cachet de race, dénotaient en lui l'homme de haute naissance.

Très beau, d'ailleurs, l'énergie de sa beauté mâle semblait atténuée par une sorte de fatalité pesant sur lui.

Madeleine Duhamel ne se trompait pas : bien que l'inconnu parût tout jeune, — vingt-quatre ans, vingt-cinq ans, peut-être, — la vie devait l'avoir déjà fortement éprouvé.

Une ombre de tristesse s'étendait sur ses traits. — Il y avait, dans ses manières, une timidité, un embarras, — sans gaucherie, — dénotant un homme malheureux, en lutte peut-être avec les difficultés matérielles de l'existence; quoique simplement vêtu, ses vêtements empruntaient à l'aisance et à la distinction de ses mouvements une élégance indiscutable.

Les cheveux bruns tiraient sur le châtain; la moustache soyeuse laissait voir le dessin de la bouche, fine, énergique, et un peu dédaigneuse; de grands yeux marrons donnaient au visage une expression à la fois pleine de douceur et de fierté, et sur toute la personne planait un air de résignation et de touchante mélancolie, complétant un ensemble plein de sympathie et de charme.

En approchant du château, le jeune homme avait paru hésiter.

Il avait fait la route à pied, d'Art-sur-Meurthe à Bois-Jolivet, afin de pouvoir réfléchir encore à la démarche qu'il allait tenter auprès du maître de forges; peut-être aussi pour s'affranchir des questions indiscrètes du messager indiqué par la serviable Mme Champagne, l'hôtelière de Saint-Nicolas-du-Port.

Le trajet, du reste, était charmant, et, dans d'autres circonstances, dans une disposition d'esprit plus favorable, le voyageur eût certainement apprécié la douceur de cette adorable après-midi d'arrière-saison.

Mais, absorbé par ses préoccupations pénibles, l'inconnu marchait indifférent à tout ce qui n'intéressait pas le point final auquel il tendait.

Bientôt il reconnut la grille flanquée de deux pavillons et ouvrant sur une splendide avenue bordée de cèdres, qui lui avait été indiquée comme étant l'entrée de la demeure du riche industriel. Au bout de l'avenue, il apercevait un château de construction moderne, qui avait fort grand air avec ses larges terrasses à l'italienne, ornées de vases de marbre d'un joli style et encadrées d'une élégante balustrade de pierre. C'était le château de Bois-Jolivet habité par la famille Duhamel; — il était arrivé.

Avant de se décider à sonner, le jeune homme eut une seconde d'hésitation : une timidité visible s'étendit sur ses traits; mais bientôt il releva la tête d'un mouvement viril et, s'approchant :

Madeleine s'arrêta pour le caresser, puis, levant les yeux sur le visiteur... (P. 19.)

— Allons, il le faut! — murmura-t-il. — Et ayant époussété sa chaussure poudreuse, il tira d'une main encore hésitante la poignée de bronze de la cloche.

Le gardien de la grille vint ouvrir.

Un brave homme, ce gardien, tout dévoué à la famille Duhamel. — Ancien surveillant de l'usine, il avait été blessé dans un accident et pourvu, à la suite, de ce poste par M. Duhamel qui l'estimait beaucoup.

Resté veuf avec une fille, Lombard s'acquittait à merveille de son service, aidé en cela par un superbe chien de Terre-Neuve appelé Coco, dont on voyait la niche à côté du pavillon de droite formant la loge.

Coco avait aussi son histoire : célèbre dans tout le pays par ses nombreux sauvetages, il était, en outre, fort estimé de tous les pauvres de la contrée, — car à Bois-Jolivet il n'avait guère à garder le château, les malfaiteurs étant à peu près inconnus dans le pays; mais il signalait les mendiants qui, par ordre de M. Duhamel, n'étaient jamais repoussés, et fêtait les visiteurs.

La grille ouverte, tous deux, — le père Lombard, sa casquette à la main, Coco pointant son museau noir et humide en un aboiement discret et, pour ainsi dire, amical, — attendirent respectueusement, en honnêtes serviteurs bien stylés, que le nouveau venu voulût bien faire connaître l'objet de sa visite.

— Peut-on voir M. Duhamel? — fit l'étranger en soulevant son chapeau.

— M. Duhamel, personnellement? — demanda le concierge en regardant le jeune homme.

— Oui... lui-même, — répondit vivement l'inconnu.

— Alors, si Monsieur veut bien m'accompagner. Je pense que M. Duhamel doit être encore au château.

Et, ayant refermé la porte, le père Lombard, suivi de Coco, se prépara à montrer le chemin au visiteur.

Madeleine, nous l'avons dit, était à la fenêtre au moment où le jeune homme s'arrêtait devant la grille du château.

— Comment se fait-il que je ne l'aie pas rencontré?... — se dit-elle. — Il faut qu'il ait fait la route à pied... Il aura pris, sans doute, quelque chemin de traverse pour raccourcir...

Puis, voyant le mouvement d'hésitation de l'inconnu et la hâte fébrile qu'il mettait à sonner, comme pour s'enlever toute possibilité de reculade et de faiblesse, Madeleine Duhamel poursuivit :

— Non, je ne me suis pas trompée; si ce jeune homme n'est pas le fils du duc de Soisy, c'est toujours un homme qui souffre, qui traverse quelque pénible épreuve...

Un instant éloignée de la fenêtre, la jeune fille, à cette pensée, s'en était vite rapprochée; elle avait vu l'inconnu s'avancer sous la conduite du père Lombard.

— Le voilà... il vient au château... Il a demandé certainement à voir mon père... C'est plus fort que moi, je veux savoir, — murmura Madeleine en quittant sa fenêtre et en se préparant à sortir.

Et, mue par un sentiment complexe et bien féminin, composé de curiosité, d'intérêt, de compassion et d'une instinctive sympathie pour celui dont il lui semblait comprendre la douleur, la jeune fille descendit dans le parc, décidée à rejoindre l'inconnu.

Elle rencontra sa mère dans le vestibule.

— Tu sors, fillette? — interrogea Mme Duhamel, en la voyant mettre son chapeau de jardin. — Ne t'éloigne pas ; tu sais que l'on va bientôt dîner.

— Sois tranquille, — répondit Madeleine, tandis qu'une légère rougeur envahissait son charmant visage.

Puis, embrassant sa mère :

— Je vais seulement cueillir quelques fleurs pour la table ; père les aime tant !... — ajouta-t-elle pour dissimuler son embarras passager.

— Va, mon enfant, — dit la femme du maître de forges, en rendant à sa fille son baiser.

Chère petite, — murmura-t-elle, en suivant des yeux avec une maternelle complaisance la silhouette élégante et fine de Madeleine. — Ah! elle a bien mérité d'être heureuse !... — Pourvu que la vie lui soit aussi clémente qu'à moi !... — continua Mme Duhamel pensant à l'avenir de sa fille. — Bah! nous aimerons tant celui qu'elle choisira, nous lui rendrons l'existence si douce, si facile, qu'il n'aura pas le courage de faire de la peine à notre chère enfant. Ce sont souvent les beaux-parents, exigeants et tracassiers, qui font les mauvais maris.

Madeleine s'était éloignée.

Tout en cueillant un bouquet des dernières fleurs de l'automne, dahlias, chrysanthèmes, roses remontantes, Mlle Duhamel avait, sans affectation, dirigé sa promenade du côté de l'avenue des cèdres. Le jeune homme s'avançait, escorté de Lombard et de Coco.

Le chien avait bondi vers la jeune maîtresse; Madeleine s'arrêta pour le caresser, puis, levant les yeux sur le visiteur, elle le salua gracieusement, tandis qu'il s'était respectueusement découvert.

— Monsieur voudrait parler à M. Duhamel, mademoiselle Madeleine, — fit le père Lombard, qui avait vu la jeune fille toute enfant et avait gardé l'habitude de cette appellation familière.

— Mon père est dans son cabinet avec M. Verneuil, l'ingénieur; je vais conduire moi-même, monsieur, Lombard, — dit Madeleine, heureuse de faire personnellement quelque chose pour le sympathique inconnu.

— Bien, mademoiselle Madeleine, — répliqua le bonhomme en saluant et en se préparant à s'éloigner.

Puis, sifflant son chien qui paraissait disposé à suivre les deux jeunes gens :

— Allons, Coco, viens donc par ici !... Qu'est-ce que c'est? on quitte donc son vieux père Lombard?...

Coco vint lécher la main du gardien et ils reprirent tranquillement, l'un suivant l'autre, le chemin de la loge.

L'inconnu était resté tout saisi. La vue de Madeleine avait produit en lui une indéfinissable impression.

Plus encore que l'incontestable beauté de Mlle Duhamel, le charme, l'air de bonté répandu sur le charmant visage de la jeune fille, avaient profondément pénétré le cœur de Gérard.

Avant même qu'elle n'eût parlé, tout de suite, en la voyant venir vers lui, le jeune homme avait deviné qu'il trouvait en Madeleine une sympathie, un appui, un encouragement.

Il restait immobile, ému, à la regarder :

— Venez, monsieur, — reprit la fille du maître de forges.

L'inconnu tressaillit. La voix de la jeune fille venait de le rappeler à la réalité. Il rougit en pensant à ce que son silence devait avoir d'incorrect, et s'inclinant devant Mlle Duhamel.

— Je vous demande pardon, mademoiselle,... vous interrompez pour moi une occupation... — fit-il en montrant les fleurs que Madeleine tenait à la main.

— J'aurai tout le temps d'achever ce bouquet, lorsque je vous aurai conduit auprès de mon père, — répondit la Demoiselle du Château avec son plus gracieux sourire.

— Mais, je ne sais si je dois insister pour voir en ce moment M. Duhamel, — murmura timidement l'inconnu. — N'avez-vous pas dit, mademoiselle, que monsieur votre père était en train de travailler avec son ingénieur?... Ma visite le dérangera peut-être...

— Si elle le dérange en ce moment, ce que je ne crois pas, monsieur, mon père vous fera prier, tout simplement, de vouloir bien l'attendre un instant, et, à moins que vous ne soyez trop pressé...

Du reste, — ajouta Madeleine en s'interrompant, — voici mon père qui sort de son cabinet avec M. Verneuil; cela vous prouve que leur conférence est finie.

Et, légère et heureuse, sans trop s'en rendre compte, Madeleine devança rapidement le visiteur pour aller au devant de M. Duhamel.

Le jeune homme la suivit d'un regard plein de reconnaissance et d'admiration.

Le grand industriel venait, en effet, d'apparaître sur le perron de la façade intérieure du château, causant encore avec son ingénieur, M. Verneuil, jeune homme plein d'avenir et de talent, directeur des usines de Varengeville et de La Neuveville, avec lequel le maître de forges venait de signer un traité avantageux concernant les Forges et Chantiers de la Seyne.

— Faites porter tout cela à la poste par un domestique, mon cher Verneuil, et ne vous attardez pas, car vous savez que vous dînez avec nous, — conclut M. Duhamel en serrant la main du jeune homme.

— Dans une demi-heure, je serai ici, monsieur, — répondit l'ingénieur en saluant Madeleine qui arrivait.

— A tout à l'heure, monsieur Verneuil, — dit la jeune fille.

Gérard s'avançait timidement et, quand il ne fut plus qu'à quelques pas, Mlle Duhamel le présenta à son père :

— Monsieur désirait te voir, — dit-elle, — j'ai pris sur moi d'affirmer que tu pourrais le recevoir. — J'ai bien fait, n'est-ce pas, père? — ajouta-t-elle, câline.

— Certainement, — répondit M. Duhamel, qui rendit son salut au visiteur avec sa bonne grâce habituelle.

Madeleine s'inclina légèrement et s'éloigna, tandis que son père introduisait le jeune homme dans son cabinet dont la porte donnait sur la terrasse, et celui-ci sentit passer en lui une espérance qui le réconforta, car l'adorable jeune fille lui apparut à cet instant comme un bon ange, comme une Providence envoyée du ciel pour lui rendre la confiance et l'énergie.

A première vue, en se trouvant en face du riche propriétaire des forges et des usines de Varangeville et de La Neuveville, on devinait que les éloges qu'avait pu en faire à son jeune et intéressant voyageur la grassouillette et loquace aubergiste de Saint-Nicolas-du-Port ne devaient avoir rien d'exagéré.

Le père de Madeleine Duhamel représentait dans toute sa personne le type de l'homme de travail, énergique et bon.

Grand, fort, portant toute la barbe, les cheveux ras et grisonnants, le front large et bien dessiné, les yeux bleu clair, bien ouverts, au regard franc, tout l'ensemble de cette belle tête intelligente et sympathique donnait cette impression que le sentiment qui l'animait venait d'un cœur droit, d'une âme compatissante et sensible. Et, en effet, il y avait corrélation complète entre le moral et le physique de l'excellent homme. Bon, affable, simple, — malgré la fierté bien légitime d'une richesse acquise par son seul travail et la supériorité de son intelligence, mais n'aimant cette richesse que pour faire le bien et en répandre les avantages autour de lui, — M. Duhamel vivait sans embarras, sans faste, en homme de travail, en époux affectueux, en père dévoué, possédant toutes les vertus familiales qui font le foyer heureux et béni.

En sa présence, l'inconnu sentait grandir en lui la confiance et l'espoir que la jeune fille lui avait communiqués, car il retrouvait dans le père, le même rayonnement de bonté que dans sa fille, la même encourageante affabilité.

Avec la connaissance qu'il avait acquise des hommes et de la vie, M. Duhamel avait tout de suite compris, en voyant Gérard, qu'il avait affaire à un solliciteur.

L'air mélancolique et un peu timide du jeune homme l'avait bien disposé en sa faveur.

A l'aisance des manières et à la correction de l'étranger, on voyait bien pourtant qu'il devait avoir, du monde et de ses usages, cette habitude qui rend faciles les démarches les plus embarrassantes.

Il fallait donc que cette timidité eût une cause toute morale, — peut-être venait-elle d'une fierté qui se débat contre les préjugés de l'éducation et de la naissance. — Le jeune homme devait être malheureux.

L'ayant fait asseoir en face de lui, M. Duhamel l'interrogea paternellement.

Oui, c'était cela, il ne s'était pas trompé.

Orphelin, l'inconnu appartenait à une excellente famille; mais cette famille avait éprouvé des malheurs, des revers, et, sans fortune, il était obligé de travailler.

— Je suis résolu à me faire une situation, monsieur, — continua le jeune homme, encouragé par l'attitude bienveillante de M. Duhamel. — J'ai reçu une instruction solide, ayant passé par les meilleures écoles et en étant sorti assez brillamment. — Je crois pouvoir rendre quelques services à celui qui m'emploiera; dans tous les cas, je puis répondre qu'il n'aura qu'à se louer de mon zèle...

— Mais comment avez-vous eu l'idée de vous adresser à moi? — interrogea M. Duhamel.

Gérard rougit légèrement.

— On m'a parlé de vous, monsieur, de vos importantes usines, — répondit-il avec une nuance d'embarras. — On m'a dit que je pourrais peut-être trouver un emploi chez vous... On m'a dit aussi votre bon cœur, votre accueil encourageant pour ceux qui désirent réellement du travail... Enfin, on m'a fortement engagé à m'adresser à vous...

— On?... qui, on?... — fit en souriant le riche usinier.

Cette question jeta l'inconnu dans un trouble très apparent.

Tout à l'heure, pour ne pas se faire connaître, il avait évité de parler de l'École polytechnique d'où il était sorti avec un des premiers numéros; maintenant, c'était bien pire encore.

Citer un nom!... lequel?... il n'avait pas voulu se munir d'une recommandation auprès du maître de forges; il avait espéré arriver sans ce secours à se faire employer par l'industriel. Il croyait, de cette manière, assurer le secret de son incognito.

Pourtant, son silence pouvant être mal interprété par M. Duhamel, Gérard se décida à citer le nom du général Henriot qui commandait une division à Nancy.

M. Duhamel le connaissait, il le savait bien.

— Le général Henriot! — s'écria le père de Madeleine. — Vous le connaissez?

— C'était un des amis de ma pauvre mère, — répondit le solliciteur, — et il me sera facile, si vous voulez, monsieur, d'avoir une recommandation de lui.

— Mais je n'ai aucune place libre en ce moment... aucune place qui puisse vous convenir... du moins, je le crains, — rectifia M. Duhamel, en voyant l'air de profond découragement que la première partie de la phrase avait amené sur le visage expressif et triste du jeune homme.

— Je me contenterai de la situation que vous voudrez bien me faire... quelle qu'elle soit, — insista timidement l'inconnu, — et je serai si heureux de travailler...

Cette affirmation était presque inutile; le désir de la réussite se lisait dans les yeux suppliants du visiteur.

M. Duhamel se sentait gagné par une sympathie augmentant à mesure que l'étranger parlait et se corsant d'une invincible commisération. En homme d'action il appréciait la résolution virile du jeune homme. — Oui, cela était bien de vouloir travailler, de chercher à se refaire une situation, au lieu de se laisser, comme tant d'autres, entraîner à des expédients douteux.

C'était agir noblement, en homme de cœur.

Malgré lui, l'industriel éprouvait la curiosité d'en connaître davantage sur le solliciteur; il l'encourageait à parler, aidant, pour ainsi dire, ses paroles.

— Voyons, — conclut-il, après une dernière supplication de l'étranger; — moi, je ne demande pas mieux que de vous prendre chez moi, on a, en somme, toujours besoin de gens instruits, jeunes et intelligents. Bien que je ne voie pas l'emploi que l'on pourrait vous donner, j'en parlerai à

Verneuil, mon ingénieur; pensez-vous être en mesure de le seconder?

— Je le crois, monsieur, — répondit modestement, mais avec empressement l'inconnu, — et croyez que je ferai tout ce dont je suis capable...

— Allons, c'est bon; — revenez dans quelques jours, ne désespérez pas. Nous trouverons toujours à vous caser à peu près en attendant mieux.

— Ah! monsieur, que de reconnaissance ne vous devrai-je pas!... s'écria le jeune homme en jetant sur l'excellent M. Duhamel un regard où se peignait toute sa joie.

— C'est bon, c'est bon, fit le maître de forges avec une apparente brusquerie. — A propos, vous vous appelez?

— Gérard!... — répondit l'inconnu avec une légère hésitation.

Ce nom ne disait rien à l'usinier, mais qu'importait? l'air distingué, la physionomie sympathique et franche de l'étranger plaidaient pour lui. Du reste, le général Henriot le connaissait. M. Duhamel n'aurait pas seulement eu l'idée de douter de cette affirmation.

— Eh bien! monsieur Gérard, voilà qui est entendu, — dit-il simplement, marquant ainsi la fin de cet entretien, — je vais m'occuper de vous avec M. Verneuil. Revenez après-demain et ayez bon espoir.

— Je vous remercie, monsieur, et de tout mon cœur!... balbutia le jeune homme suffoqué par l'émotion que lui causait l'espoir subit de la réussite. Je ne puis vous dire à quel point votre accueil me touche, m'encourage. Je vais aller à Nancy, et je vous apporterai, je l'espère, une lettre du général Henriot.

— Comme vous voudrez, — dit le riche usinier, — cela ne fait jamais de mal d'être recommandé; puisque vous verrez le général, veuillez lui présenter mes amitiés.

Mais ne vous préoccupez pas outre mesure de votre recommandation, ajouta l'excellent homme; — je suis physionomiste et m'en rapporte plus à mon flair pour juger un homme qu'à toutes les recommandations du monde; — et mon flair vous est favorable, je ne vous le cache pas, monsieur Gérard, — conclut en souriant le père de Madeleine, qui tendit en même temps sa main au jeune solliciteur.

Gérard serra cette main avec une effusion reconnaissante. Il salua, et se retira le cœur gonflé d'une joie indicible, heureux d'avoir mené à bonne fin cette démarche douloureuse qui lui causait un si grand effroi.

En refaisant le chemin parcouru tout à l'heure, il se félicitait de n'avoir pas cédé à ce mouvement de fausse honte qui, sur le point de sonner, lui avait un moment donné la tentation de fuir, et, au moment

Ne m'a-t-on pas habituée à soulager ceux qui sont malheureux ? (P. 29.)

d'entrer dans l'allée des cèdres, comme il se retournait inconsciemment, dans le souvenir des émotions qu'il venait de traverser, il crut apercevoir, à travers un rideau de feuillage, la fine silhouette de la Demoiselle du Château.

— C'est elle, — murmura-t-il, tandis que son être tout entier s'emplissait d'une indéfinissable sensation de joie, — c'est cet ange, cette adorable et douce enfant qui m'a porté bonheur !

CHAPITRE III

LA VICOMTESSE DE CHATENAY

'était bien Madeleine, en effet, que Gérard avait aperçue à travers les charmilles de Bois-Jolivet.

Elle avait guetté le départ du jeune homme, impatiente de voir son père et d'apprendre ce qui s'était passé entre lui et ce visiteur auquel l'attachait une irrésistible sympathie et un mystérieux intérêt.

Il lui semblait que cet inconnu était devenu en quelque sorte son protégé, et sa tristesse lui paraissait plus que suffisante pour justifier sa charitable intervention.

Ainsi s'expliquait à ses yeux la prise de possession de son esprit par ce jeune homme rencontré dans des circonstances si imprévues et si émouvantes.

Malgré elle, Madeleine se sentait émue par les douleurs que lui révélait la mélancolie empreinte sur le mâle et fier visage du jeune homme, et elle trouvait son cœur tout disposé à une tendre compassion.

Depuis que l'inconnu s'était présenté au château, cette compassion s'était doublée d'une curiosité bien naturelle et d'autant plus vive que la jeune fille voyait plus proche le moment de la satisfaire.

Dans quelques minutes elle allait savoir si elle ne s'était pas trompée; si ses conjectures étaient justes.

— Je verrai bien, d'après ce qu'il est venu demander à mon père... — murmurait Madeleine, en guettant avec soin le départ du jeune étranger.

— Et d'abord, je saurai si c'est bien un parent... le fils peut-être du duc de Soisy, ce qui, pour moi, ne fait aucun doute...

Et dès qu'elle l'avait vu s'engager dans l'avenue des cèdres, Madeleine avait rejoint son père.

— Eh bien? — interrogea-t-elle, en passant câlinement son bras sous celui du riche industriel.

— Eh bien! quoi, Minette?... — fit naïvement l'excellent homme, à cent lieues de se douter de l'intérêt que prenait sa fille à ce qui venait de se passer entre lui et l'inconnu.

— Eh bien!... mais?... cette entrevue... Qu'est-ce qu'il te voulait, ce jeune homme? — demanda Madeleine, un peu désappointée que son père ne parût pas se prêter davantage à son désir.

— Cela t'intéresse, donc, petite curieuse? — fit en riant le maître de forges.

— Dame, puisque c'est moi qui lui ai servi d'introducteur.

— C'est vrai. — Eh bien! ce jeune homme venait me demander une place...

— Une place? — répéta Madeleine, le cœur serré de voir que sur ce point du moins, ses conjectures ne l'avaient pas trompée.

— Oui. — Un emploi, si tu préfères. C'est un garçon de bonne famille, paraît-il, qui a eu des malheurs. Il est orphelin et sans fortune. Il m'affirme avoir fait de très bonnes études et voudrait gagner sa vie honnêtement par son travail. — Il est, m'a-t-il dit, un ami du général Henriot.

— C'est un noble? — demanda la jeune fille avec un léger battement de cœur.

— Pourquoi pas un prince tout de suite, petite romanesque? — fit l'usinier avec bonhomie. — Qu'est ce qui peut te faire penser qu'il est noble? — As-tu aperçu quelque blason au fond du chapeau de ton protégé? — ajouta-t-il plaisamment.

Mlle Duhamel ne put s'empêcher de rougir légèrement, gênée de ne point parler à son père de la rencontre faite au cimetière d'Art-sur-Meurthe.

Il lui semblait que cela n'était pas son secret, qu'il ne lui appartenait point de dévoiler la découverte que sa curiosité ou plutôt un subit et inexplicable intérêt lui avait fait faire.

— Comment s'appelle-t-il donc? — reprit-elle, évitant de répondre à la demande plaisante de son père.

— M. Gérard, tout simplement, mademoiselle, — répondit M. Duhamel avec un bon sourire. — Ce qui ne l'empêche pas, du reste, d'avoir l'air d'un garçon très intelligent et plein de bonne volonté.

Et, redevenu sérieux, le père de Madeleine ajouta d'un air de bienveillance attendrie :

— Peut-être ce garçon est-il plus malheureux encore qu'il ne l'avoue; dans tous les cas, il me paraît avoir du cœur et de nobles sentiments.

— Enfin, que lui as-tu dit, père? — reprit la jeune fille dissimulant son émotion.

— Je lui ai dit d'attendre, que je verrais, que j'espérais bien trouver une occupation à lui donner. Je l'ai engagé à revenir.

— Et que penses-tu faire pour lui?

— J'en parlerai à Verneuil. — Il est surchargé de travail, et, bien qu'il n'ait jamais voulu accepter d'aide, j'espère le décider à admettre ce jeune homme dans son bureau. Sans cela, je ne vois pas trop...

— Oh! père, tu lui trouveras bien toujours quelque chose, si M. Verneuil ne veut pas le prendre, — insista Madeleine, en voyant l'indécision de l'usinier. — D'ailleurs, ne le lui as-tu pas presque promis en l'engageant à revenir.

— Sans doute, je ne demande pas mieux, — fit M. Duhamel; — mais quoi? il n'y a rien de libre; ensuite on ne peut pas donner à ce jeune homme, avant de le connaître, le premier emploi venu... C'est un garçon très distingué... un homme du monde...

— Je trouverai bien, moi, père! — dit Madeleine.

— Toi?... Voyez-vous ça!... Tu t'intéresses donc bien à lui?

— N'est-il pas malheureux, père, donc intéressant?... Tu le dis toi-même. En outre, c'est moi qui l'ai conduit auprès de toi, — ajouta câlinement l'adorable jeune fille; je voudrais que ça lui portât bonheur.

— Si c'est ainsi, on le casera, ton protégé, ma mignonne, — promit formellement l'excellent père. — Je dirai à Verneuil qu'il est nécessaire de lui trouver une place, coûte que coûte. D'ailleurs, il faut qu'il s'en arrange! Il n'y a que lui qui puisse tirer parti des aptitudes de ce garçon-là. Quand il reviendra je le lui présenterai; je suis sûr qu'il fera sa conquête. Enfin, sois tranquille, on ne le laissera pas repartir bredouille; on trouvera toujours quelque endroit où le caser en attendant.

— Tu me le promets? — demanda Madeleine, déjà toute joyeuse.

— C'est juré! — exclama l'usinier avec une sérieuse bonhomie.

— On lui donnera un emploi dès qu'il se présentera?

— Mais puisque je te le garantis, entêtée! — dit le père de Madeleine, souriant de l'insistance de sa fille. — A-t-il de la chance, ce garçon-là, de s'être présenté sous tes auspices!... Quelle dame de charité tu ferais!... Le moyen de refuser quelque chose à une obstinée pareille?

Madeleine sauta au cou de son père.

*
* *

La jeune fille était heureuse; heureuse d'avoir fait une bonne action, heureuse surtout de penser que, grâce à elle, la douleur empreinte sur les traits du sympathique inconnu recevrait bientôt un adoucissement.

Qui sait si cet emploi promis par M. Duhamel ne serait pas le salut pour lui?

Sans doute, sans qu'elle s'en rendît compte, Madeleine éprouvait, à la pensée de la bonne nouvelle qui attendait son protégé, plus que la satisfaction habituelle goûtée en faisant le bien, satisfaction que Dieu donne comme une récompense immédiate des bienfaits. Il y avait en outre dans son cœur une joie nouvelle, intense, indicible, qu'elle ressentait avec un délicieux émoi, sans pouvoir l'analyser.

Livrée tout entière à ses récentes et charmantes impressions, la soirée sembla à Madeleine remplie d'une douceur inaccoutumée. De bonne heure elle monta à sa chambre. Elle avait le besoin de réfléchir, de se trouver seule, libre d'orienter sa pensée vers l'unique sujet qui lui parût intéressant.

En dépit du simple nom de Gérard, que son protégé avait indiqué à son père, la jeune fille ne croyait pas s'être trompée.

— Gérard... M. Gérard ! — murmurait-elle. — Ce nom ne doit pas être le sien. Il est bien le fils du duc de Soisy, quelque chose me le dit !... me l'affirme !...

Mais pourquoi dissimuler son nom ?... Quel drame poignant se cache sous cet *incognito* ?... Quelle peut être la cause d'une misère qui oblige le descendant d'une aussi grande famille à se cacher et à gagner sa vie en travaillant comme un simple mercenaire ? — se demandait Madeleine. — Je croyais les ducs de Soisy immensément riches. — Ils ont donc tout perdu, tout, absolument tout !... C'est presque incroyable !

Et qu'importe, en somme ? — ajoutait-elle, voulant se délivrer de toute pénible préoccupation. — Qu'importe qu'une cause ou une autre les ait ruinés !... Qu'est-ce que cela peut faire que ce jeune homme se présente sous son nom ou sous celui de Gérard ?

C'est quelqu'un qui souffre, cela n'est-il pas plus que suffisant pour que je me félicite de ce que j'ai fait ? — Ne m'a-t-on pas habituée à soulager ceux qui sont malheureux ?

Et réfléchie, sérieuse, presque grave, la Demoiselle du Château murmura :

— Non... je n'aurai jamais à m'en repentir, j'en suis sûre !

*
* *

Certaine, ou du moins se croyant certaine, de ne pas se tromper au sujet de l'identité de celui auquel elle s'intéressait si vivement, la jeune fille résolut de se renseigner à son sujet.

Elle éprouvait le besoin de savoir, comme si tout ce qui concernait l'inconnu du cimetière d'Art la touchait désormais.

Mais ce n'était pas au château, dans son entourage, que Madeleine avait résolu de s'adresser. — Il ne fallait pas que l'on pût se douter de quelque chose.

« — J'irai demain voir Gervaise, — pensait Mlle Duhamel. — Elle est très ferrée, elle, au sujet de toutes les choses nobiliaires. Nul doute qu'elle ne sache sur le bout du doigt la généalogie et l'histoire de la famille de Soisy.

D'ailleurs, le vicomte de Châtenay, son père, était l'ami intime et, je crois, quelque peu le parent du duc.

Par elle j'apprendrai quelque chose, cela est certain. »

— C'est une bonne idée que j'ai eue là, — murmura la jeune fille en s'endormant. — Demain, demain, j'aurai des certitudes!...

*
* *

L'œuvre des petites pupilles était pour la charitable fille du riche industriel un prétexte plus que suffisant pour motiver une si prompte visite au château de Châtenay.

Les jeunes amies, du reste, n'avaient pas besoin de prétexte pour se réunir, car leur intimité était également bien vue par leurs deux familles.

M. et Mme Duhamel ne trouvèrent donc rien à objecter lorsque le lendemain, à déjeuner, Madeleine parla de son intention d'aller au château de Châtenay dans l'après-midi.

Elle voulait, — disait-elle, — s'entretenir avec Gervaise de ses projets pour la confection des vêtements destinés à leurs petites orphelines.

M. Duhamel et sa femme se regardèrent en souriant, heureux de voir leur fille s'intéresser à cette œuvre si philanthropique.

— Ne reviens pas trop tard, ma chérie, — recommanda seulement Mme Duhamel.

A deux heures, Madeleine fit atteler la victoria et partit avec Miss, ainsi qu'on appelait communément Miss Annie Trilby, une *finishing governess*, qui, depuis un an, c'est-à-dire depuis que la jeune fille avait quitté le couvent des Dames du Sacré-Cœur de Nancy, était attachée en qualité de demoiselle de compagnie à Madeleine Duhamel.

En la plaçant auprès de leur fille, M. et Mme Duhamel avaient plutôt voulu donner à celle-ci une société qu'un chaperon, car, élevée librement, incapable de tromper la confiance qu'ils lui accordaient, Madeleine était autorisée à sortir seule, si cela lui plaisait.

Les parents, du reste, n'avaient eu qu'à se féliciter de cette éducation libérale, et jamais un propos malveillant n'avait couru sur le compte de cette enfant, partout aimée et respectée.

La Demoiselle du Château avait su rester à l'abri de toute critique et ne jamais donner prise à la médisance, même sous la forme des plus vagues insinuations.

Elle aimait beaucoup miss Annie, malgré les défauts et même les ridicules de la vieille fille, et sortait rarement sans elle.

Grave, austère, toujours vêtue de nuances sombres, l'Anglaise, sous des apparences de quakeresse, cachait cependant un cœur sensible, qu'avait su découvrir et apprécier l'âme compatissante de Madeleine et qui la faisait passer sur les nombreux ridicules, éminemment britanniques, dont l'ancienne institutrice se trouvait abondamment pourvue.

Très instruite avec cela, de cette instruction solide et un peu masculine donnée aux femmes de l'autre côté du détroit, elle se montrait intraitable à l'égard de l'éducation frivole et de l'instruction superficielle de nos jeunes filles françaises. Le meilleur moyen de faire monter miss Trilby consistait à la mettre sur ce sujet. La vieille Anglaise haussait alors les épaules d'un air méprisant :

— Dé petites pépillonnes, dé petites pépillonnes, pas autre chôose!... rien dans le tête! — répétait-elle, en agrémentant sa mimique méprisante d'un accent fortement britannique.

— Mais au moins, miss, — disait en riant M. Duhamel, fort amusé par l'indignation de la vieille Anglaise, — accordez aux jeunes filles de notre pays les dons du cœur; elles sont des compagnes dévouées, des mères admirables. N'est-ce pas votre avis?

Le corps de miss Annie se raidissait encore dans sa robe noire, dans son corsage de toile de Vichy, et elle lançait à l'industriel un sourire de pitié.

— Le cœur de la Française, son tête, c'est le même mécanique, — déclarait-elle, péremptoirement, — pépillonne, toujours pépillonne!

Mais dans cette appréciation assez partiale et peu avantageuse des vertus de la femme française, miss Trilby faisait volontiers une exception pour Madeleine. Comme tout le monde, comme tous ceux qui approchaient Mlle Duhamel, elle l'aimait, se trouvant plus à même que personne, dans une intimité journalière, d'apprécier les qualités de son esprit et les dons précieux de son cœur.

*
* *

Le trajet n'est pas long de Bois-Jolivet à Dombasle où se trouve situé le château de la famille de Châtenay. La route est belle et bien entretenue. La victoria bien menée roulait bon train.

Préoccupée par ses pensées, Madeleine avait laissé tomber la conversation que Miss, devant le silence obstiné de la jeune fille, avait renoncé à entretenir.

Mlle Duhamel était songeuse.

Qu'allait-elle apprendre? — Elle s'en inquiétait, et en même temps avait hâte d'arriver.

Dans quelques instants, certaine que Gervaise la renseignerait, elle saurait ce qui concernait la famille de Soisy, c'est-à-dire tout ce qui touchait à son protégé, puisque l'inconnu du cimetière d'Art était pour elle le fils du duc défunt. Le cœur de la jeune fille se serrait dans l'appréhension des malheurs qu'elle pressentait.

Enfin la victoria tourna l'avenue conduisant au château de Châtenay et, après un demi-cercle savamment décrit, s'arrêta devant le perron.

Mlle Duhamel descendit suivie de Miss.

Gervaise accourait à la rencontre de son amie :

— Toi!... Oh! quel bonheur! — s'écria-t-elle avec l'accent de la satisfaction la plus vive, mêlée à une légère nuance d'étonnement.

— Oui, moi, ma chérie, — répondit Madeleine en rougissant un peu et en embrassant Mlle de Châtenay. — Moi qui arrive pour causer avec toi de nos grands projets.

— De l'Œuvre des Pupilles?

— Oui. J'ai eu une idée pour les trousseaux

Gervaise entraîna son amie vers le petit salon où se trouvait la vicomtesse de Châtenay.

— Justement, nous en parlions, ma belle-mère et moi, — dit-elle.

— Mme de Châtenay?... Elle est là? — interrogea Madeleine un peu contrariée.

Gervaise fit une moue significative.

— Oui, entre, — dit-elle, — en introduisant Mlle Duhamel.

Mme de Châtenay tendit à Madeleine sa longue main sèche, soigneusement gantée, aux doigts noueux et crochus, et se courbant, avec une raideur d'automate, elle déposa un froid baiser sur le gracieux visage de l'amie de Gervaise.

— Cela ne vous contrariera pas trop, ma toute belle, — fit-elle en grimaçant un sourire, et d'une voix qui sonna faux, — de me trouver en tiers dans vos combinaisons de fillettes? dans vos secrets, peut-être?

— Mais il n'y a pas de secrets, madame, — répondit Madeleine avec enjouement. — Nous n'avons pas de confidences à nous faire, Gervaise et moi. Je suis venue pour causer de l'Œuvre de ce bon M. Tiercelet.

— L'Œuvre des petites pupilles?

Elle profitait de la proximité de ce couvent avec sa demeure pour aller voir souvent la fillette... (P. 35.)

— Dont vous vous occupiez vous-même, m'a dit Gervaise, quand je suis arrivée.

Le visage anguleux de la vicomtesse s'éclaira.

Par des raisons d'un ordre tout particulier, Mme de Châtenay redoutait fort pour sa belle-fille les confidences de ses amies, qui eussent pu lui suggérer des idées de mariage dont elle la tenait soigneusement éloignée.

*
* *

Constance de Châtenay — de son nom de famille, Constance Couvreur — était loin d'avoir toujours mené l'existence large et facile qu'elle ne devait qu'à son mariage avec le père de Gervaise.

Ce mariage avait été le désir et le but unique de toute sa vie.

Petite cousine, à un degré qui échappait presque à la généalogie, de Rolland de Châtenay, traitée avec bienveillance, mais en réalité comme une parente pauvre par la famille du jeune vicomte, Constance s'était mise secrètement en tête d'épouser son cousin.

Élevée par une vieille tante qui habitait Grenoble, elle était restée avec elle jusqu'à l'âge de vingt-six ans, mais, sa tante étant morte à cette époque, en lui laissant un petit avoir, mise en possession de ses rentes fort minimes, elle quitta Grenoble avec sa servante et vint s'établir à Nancy pour se rapprocher de Rolland.

A vingt-six ans, Constance Couvreur n'était pas sans avoir une certaine distinction qui lui tenait lieu de beauté. — Grande, mince, assez élégante, excessivement coquette, dépensant en toilettes et en colifichets la majeure partie des petits revenus légués par sa tante, elle put, ayant une fort bonne opinion d'elle-même, s'illusionner un instant au sujet de l'impression qu'elle allait produire sur son cousin.

Malheureusement pour les idées ambitieuses de Mlle Couvreur, Rolland de Châtenay n'avait jamais pris la peine de s'apercevoir des avances et des intrigues de sa cousine.

Peu de temps après le retour de Constance à Nancy, il lui annonça son mariage avec Mlle Lina de Maupertuis, fille d'un ami de son père, marquis et immensément riche.

Rolland faisait un mariage d'amour.

Cette déception remplit le cœur de la vieille fille d'une sourde rancune contre son cousin, qui n'avait répondu à son amour que par la plus blessante indifférence, et d'une haine féroce contre la nouvelle vicomtesse qu'elle accusait de sa déconvenue.

Elle continua à vivre à Nancy, mais bien que se tenant fort au courant de ce qui se passait au château de Châtenay, elle ne donna plus signe de vie au jeune ménage.

Loin de s'éteindre à la naissance de Gervaise, la haine de la vieille fille ne fit que se raviver à la pensée du bonheur de Rolland et de Lina. Non seulement elle trouva un prétexte pour ne pas assister au baptême, mais elle s'en excusa par une lettre sèche, ne contenant aucun mot aimable et où perçait tout le fiel et toute la rancune de son âme envieuse, basse et méchante.

À cette époque, déjà, l'élégante sveltesse de Constance Couvreur tournait à la sécheresse, sa distinction était devenue de la raideur, son visage s'allongeait et se couperosait, vieilli avant l'âge par le dépit furieux que lui causait la constatation de la tendresse toujours grandissante de Rolland et de Lina.

Au moins, si le ménage avait pu mal tourner comme tant d'autres!... Mais les deux époux s'adoraient chaque jour davantage!...

Un jour, pourtant, le diable sembla vouloir se mêler des affaires de Constance. La vicomtesse fut emportée prématurément, après dix années de bonheur parfait, par une maladie qui ne fut jamais bien définie et en face de laquelle la science des médecins demeura impuissante.

A partir de ce moment, Constance Couvreur recommença à rayonner dans l'orbite du vicomte de Châtenay.

Discrètement d'abord, ensuite plus ouvertement, puis enfin avec l'autorité que lui donnaient ses anciennes habitudes d'intimité avec la famille de Châtenay, elle se rapprocha de son cousin, sous prétexte de le consoler.

Un espoir venait de renaître en elle; l'espoir de conquérir enfin cette situation qu'une première fois elle s'était laissé enlever.

Dès lors, l'envieuse vieille fille fut entièrement à son rôle; elle rapporta tout à ce but suprême vers lequel convergeaient les facultés de son intelligence et les rouëries de son esprit.

Bien qu'elle en enrageât intérieurement, elle se savait laide désormais, anguleuse et sèche, un de ces types qui semblent faits pour perpétuer la race des vieilles filles. Elle ne pouvait plus songer à conquérir Rolland par les yeux, elle résolut de le prendre par le cœur.

Elle se fit bonne, sensible, complaisante et toujours prête à parler à son cousin de la pauvre morte.

Elle feignit de se sentir prise d'une grande affection pour Gervaise qui, un peu avant la mort de la vicomtesse, avait été mise chez les Dames du Sacré-Cœur de Nancy.

Elle profitait de la proximité de ce couvent avec sa demeure pour aller voir souvent la fillette que son père, tout à sa douleur, négligeait forcément un peu; elle la choyait, la consolait, tâchait de se l'attacher, de la gagner à sa cause.

Quel puissant auxiliaire ne serait-ce pas pour elle que l'affection de l'enfant! — Puis, les jours de sortie, elle allait la chercher au pensionnat et la conduisait au château, profitant de cette circonstance pour passer la journée auprès de son cousin, restant jusqu'au soir afin de reconduire Gervaise. Elle s'insinuait, se glissait peu à peu dans l'intimité du vicomte.

Assez adroite pour ne pas s'imposer, assez rouée pour se rendre de jour en jour plus indispensable.

Constance manœuvrait très habilement.

Elle avait trouvé un auxiliaire inattendu dans cette vieillesse prématurée qui la flétrissait avant l'âge et qu'elle avait tant déplorée.

Rolland ne sut pas se méfier de cette compatissante parente semblant avoir renoncé à toutes les prétentions féminines et passant son temps auprès de lui à parler des vertus, des charmes et de la beauté de la chère morte.

Il se laissa prendre à la fausse tendresse de Constance pour Gervaise, la fille de la pauvre Lina, et, n'osant confier l'enfant à une gouvernante, il crut lui donner une seconde mère en épousant Constance Couvreur.

Devenue vicomtesse, la parente pauvre aurait dû trouver son ambition satisfaite, mais l'appétit lui était venu avec la réflexion.

Elle était riche, c'est vrai, ou, plutôt, elle avait tous les avantages de la richesse; mais cette fortune dont elle était parvenue à jouir, n'était pas à elle: c'était celle du vicomte de Châtenay et de Gervaise, son unique héritière.

Cette idée l'obsédait, lui enlevant toute la joie de son triomphe.

Gervaise n'avait pas quinze ans quand son père mourut de consomption, inconsolable de la perte de sa première femme. Il s'éteignit en confiant la fille de Lina à Constance Couvreur.

Il avait cru lui donner une mère, il la laissait à une marâtre.

Tant que Gervaise fut au couvent, les choses marchèrent assez bien.

Constance ne songeait qu'à jouir de cette grande vie de châtelaine, objet de son ambition et dont elle n'avait été pour ainsi dire que le parasite jusqu'au jour de son mariage tardif avec son cousin.

Prenant sa raideur anguleuse pour de la majesté, elle s'étudiait à se donner des airs de noble douairière, trouvant à son nez crochu et à son profil en lame de rasoir une saveur toute bourbonienne et les indices du véritable cachet de race.

Ses cheveux gris bien lissés retombaient en tirebouchons le long de ses joues. Elle avait eu l'idée bizarre d'adopter, comme bonnet de veuve, une coiffure à la Maintenon qui, ruchée en crête élevée au sommet du front, allongeait encore et rendait plus raide sa plate et revêche personne.

Grâce à ces accessoires savamment combinés, Constance arrivait presque à s'illusionner sur son ancienne qualité de parente pauvre et roturière, et oubliait finalement qu'elle ne devait sa noblesse et sa fortune qu'à son mariage avec Rolland de Châtenay; elle ne songeait même plus que cette fortune ne lui appartenait pas, qu'elle n'en était que la dépositaire, ayant sur les revenus un simple droit de jouissance jusqu'à la majorité de Gervaise de Châtenay, la fille et la seule héritière de Rolland et de Lina.

Pourtant, il lui fallait bien penser parfois qu'un jour Gervaise sortirait du couvent, qu'elle se marierait! — Cette perspective empoisonnait le bonheur insolent de la veuve du vicomte. Elle eût voulu pouvoir prolonger les années de pension de la jeune fille.

L'idée de mariage surtout l'affolait, car il la déposséderait en émancipant Gervaise.

Heureusement la fille du vicomte de Châtenay n'était pas encore d'âge à songer sérieusement au mariage. — Plus tard, quand on serait obligé de lui faire quitter le couvent, il ne s'agirait que d'éloigner adroitement les occasions qui pourraient se présenter, en fuyant les sociétés où se rencontreraient des jeunes gens.

Il fallut enfin, quoi qu'elle en eût, que Constance se décidât à reprendre auprès d'elle sa belle-fille. — Gervaise atteignait ses dix-huit ans; elle avait fait des progrès rapides, son instruction était complètement terminée; le monde pourrait se demander quel intérêt avait la veuve du vicomte de Châtenay à tenir la jeune fille ainsi éloignée d'elle.

La vicomtesse ne voulait pas attirer l'attention sur sa conduite envers sa belle-fille : elle se résigna.

Gervaise quitta le couvent aux vacances de l'année mil huit cent quatre-vingt-treize, en même temps que son amie Madeleine Duhamel, bien qu'elle eût un an de plus que la fille du riche manufacturier.

Constance n'eut pas beaucoup de peine à se donner pour écarter de l'esprit de la fille de Lina ces idées matrimoniales qui causaient une si grande peur à l'égoïste et intéressée vieille femme. Le deuil cruel et récent qui la rendait doublement orpheline avait laissé un vide douloureux dans le cœur de Gervaise.

Elle ne songeait guère au mariage.

Pourtant elle n'était point heureuse. La pauvre enfant, qui eût voulu trouver auprès de sa belle-mère un peu de tendresse, sentait bien que celle-ci ne l'aimait pas.

Sans se rendre compte du honteux motif d'intérêt qui lui valait l'inimitié de la vicomtesse, elle avait conscience du manque de sympathie et même de l'hostilité de la veuve de son père.

Malgré les protestations hypocrites de sa marâtre, Gervaise avait toujours eu, pour ainsi dire, peur de cette femme, de cette petite-cousine dont l'apparition dans sa vie se liait pour elle à la date cruelle qui marquait la mort de sa mère.

Ce sentiment instinctif de frayeur n'avait fait que s'accentuer depuis que Mlle de Châtenay était restée seule avec sa belle-mère.

Constance, du reste, après la mort de son mari et le règlement des actes de tutelle, actes auxquels elle avait veillé particulièrement de façon à ce que sa belle-fille ne pût pas se soustraire à son autorité, avait jugé superflu de se contraindre plus longtemps vis-à-vis de Germaine par l'affectation d'un sentiment affectueux qu'elle était si loin d'éprouver.

Elle traitait sa belle-fille durement, lui faisant sentir à tout propos son autorité, cherchant à lui inspirer une crainte salutaire qui enrayât chez elle toute tentative d'indépendance, tout acte de volonté.

Fidèle à son plan d'éviter les occasions capables d'éveiller chez la fille du vicomte de Châtenay le désir d'échapper à la tutelle et lui faire entrevoir dans le mariage un moyen de délivrance, elle s'était prêtée avec une bonne grâce inaccoutumée à la continuation des relations d'amitié qui, au couvent, avaient lié sa belle-fille avec Madeleine Duhamel.

Puisque, par crainte des méchants propos, elle ne pouvait complètement isoler Gervaise, elle n'eût pu désirer pour elle un milieu d'intimité moins dangereux et où il fréquentât moins de jeunes gens, que celui de la famille Duhamel; Madeleine était en effet fille unique, et il n'y avait à craindre ni la présence d'un frère, ni celle des amis de celui-ci, que cette présence eût forcément attirés. Ce n'était pas chez les Duhamel que Gervaise trouverait jamais un mari.

Maintenant, combien de temps l'orpheline se contenterait-elle des anodines distractions que pouvaient lui offrir ses visites à Bois-Jolivet et son amitié pour Madeleine?

Et pour prévenir l'ennui, ce dangereux conseiller des jeunes filles qui, comme Gervaise de Châtenay, arrivent à l'âge de prendre un mari, Constance avait déniché fort à propos cette Œuvre des petites Pupilles, œuvre des plus philanthropiques d'ailleurs, à laquelle elle avait feint de s'intéresser et où elle avait poussé sa belle-fille avec l'espoir qu'absorbée par ses charitables occupations, Gervaise ne s'apercevrait pas de la privation des bals, des réunions, des fêtes, de tous ces plaisirs mondains qui font battre le cœur des filles de son âge et dont la vicomtesse était décidée à la sevrer le plus longtemps possible.

Cette conduite, et l'antipathie à peine déguisée de Constance pour la fille de Lina et de Rolland de Châtenay, justifiaient la mélancolie et le profond découragement des paroles de Gervaise, le jour où la jeune fille était venue passer la matinée à Bois-Jolivet.

On comprend qu'elle pût répondre à Madeleine, en pensant à cette hostilité sourde qu'elle sentait dans le cœur de la vicomtesse :

« Ce n'est pas toi, c'est moi qui devrais avoir des pressentiments de malheur, car avec une belle-mère qui ne m'aime pas, comment me marierai-je ? »

* *

Tandis que Madeleine, Gervaise et la vicomtesse causaient de l'OEuvre des petites Pupilles et cherchaient — les deux premières avec tout l'enthousiasme de leur bon cœur, la troisième avec la joie secrète de voir sa belle-fille mordre à l'hameçon qu'elle lui avait tendu, — le moyen de venir plus efficacement en aide à leurs petites protégées, Miss avait tiré un livre de sa poche et, raide et guindée comme à son ordinaire, elle s'était discrètement assise à l'écart.

L'Anglaise n'aimait pas la vicomtesse de Châtenay.

Franche jusqu'à la brutalité quand on la mettait à l'aise en l'interrogeant — catégoriquement — ce qu'aimait fort à faire le maître de forges, toujours amusé par les boutades de la vieille fille, — Miss ne se gênait pas pour dire que « le mère de miss Gervaise, il n'était pas un pópillonne mais une tartiuffe ». Cet avis, du reste, était assez généralement partagé à Bois-Jolivet.

— Et quelle est cette idée que vous avez eue pour nos petites orphelines, ma chère enfant? — demanda Constance d'un air maternel.

— Oui, dis-nous ton idée ? — appuya Gervaise.

— J'ai pensé à ceci, madame, — répondit Madeleine Duhamel. — Mon père a dans les Vosges un de ses cousins, M. Rondel, qui possède une importante filature. En nous adressant à lui et en l'intéressant à l'OEuvre, nous pourrions certainement avoir des étoffes à très bon marché pour les trousseaux.

— Oui ; mais voudra-t-il livrer en si petite quantité? — fit la vicomtesse.

— Puisque ce sera pour participer à notre bonne œuvre!

— Et tu te charges d'obtenir son concours? — demanda Gervaise.

— Je me charge, toujours, de lui faire écrire par mon père et très chaudement. Père a dit bien souvent devant moi que son cousin Rondel n'avait rien à lui refuser.

— Bravo, alors! — s'écria l'amie de Madeleine enthousiasmée.

— J'ai eu cette idée hier, en sortant du cimetière, — ajouta Madeleine qui cherchait à amener la conversation sur le sujet qui l'intéressait.

— Tu as été au cimetière, hier, en me quittant? — interrogea Gervaise.

— Oui, je te l'avais dit, — fit Madeleine. — Comme je le fais toutes les semaines, j'ai porté quelques fleurs sur la tombe de grand'mère.

— Il est joli, le cimetière d'Art, — murmura mélancoliquement la fille du vicomte de Châtenay — j'aimerais à y être enterrée.

Miss, qui avait entendu, fut frappée par la réflexion de Gervaise et lui jeta un regard compatissant. Cela l'empêcha de voir l'expression qu'eut à cet instant le regard de la vicomtesse, car elle n'aurait pas manqué d'en conclure que la douairière de Châtenay souhaitait une réalisation aussi prompte que possible au vœu de sa belle-fille.

— Une singulière idée que vous avez là, ma chère! — fit la marâtre d'une voix sèche. — A vous entendre, on croirait que vous êtes malheureuse!

— Gervaise a dit cela comme elle aurait dit autre chose, — répliqua Madeleine conciliante. — Je suis de son avis, d'ailleurs, et je ne veux être enterrée qu'à côté de grand'mère.

Et la jeune fille ajouta en rougissant et avec une imperceptible hésitation :

— C'est vrai, il y a de très belles tombes au cimetière d'Art... celle des ducs de Soisy, par exemple.

Croirais-tu, Gervaise, que je l'ai regardée hier avec attention pour la première fois? Elle est pourtant toute proche de la nôtre... Elle est bien abandonnée, par exemple!... Ils n'ont donc personne pour s'en occuper?... Je croyais la famille très riche... On m'a dit qu'à l'enterrement du duc de Soisy tout le pays assistait... La duchesse aussi est morte...

— Oui, elle est morte, — répondit la vicomtesse de Châtenay qui ne perdait jamais une occasion de montrer qu'elle était au courant de tout ce qui concernait la noblesse et le grand monde.

Et elle a tout aussi bien fait, la pauvre femme, — ajouta-t-elle d'un air entendu qui ne demandait qu'à s'expliquer davantage.

Cela convenait fort à Mlle Duhamel qui désirait si ardemment savoir. Aussi, s'écria-t-elle, le cœur serré :

— Aussi bien fait!... Pourquoi donc cela, madame?

— Mais parce que, ma chère enfant, quand on a eu, pour ainsi dire, tout un pays à soi, qu'on a possédé terres, domaines et château, qu'il ne vous reste plus rien, et que l'on perd tout sans espoir de le retrouver jamais, on n'a rien de mieux à faire que de s'en aller.

— Le château n'appartient donc plus à la famille de Soisy?

— Il y avait beau jour, quand la duchesse est morte, qu'ils avaient été forcés de le vendre avec les terres qui en dépendaient.

LA DEMOISELLE DU CHATEAU

— Mais oui, assez content, madame, j'ai bon espoir — répondit Gérard lorsqu'il se fut rapproché... (P. 48.)

— Quelle épouvantable douleur, en effet, pour la pauvre femme! — fit tristement Mlle Duhamel.

— Il est si joli le château de Soisy! — dit Gervaise en approuvant, — Il fait un si bel effet avec son vieux donjon tapissé de lierre, bâti au sommet de la colline dominant toute la commune d'Art-sur-Meurthe. Les ducs de Soisy devaient être les seigneurs du pays avant la Révolution?

La vicomtesse haussa les épaules de pitié.

— Dites au moins que Châtenay et Soisy marchaient de pair, — répliqua-t-elle avec une morgue toute patricienne.

— Mais comment ont-ils pu se ruiner à ce point? — questionna Madeleine fort peu intéressée par les prétentions nobiliaires de l'ancienne roturière.

— Quelle fortune aurait résisté au duc? — répliqua la douairière, — un gaspilleur, un prodigue, un fou! — Il aurait dévoré un budget royal! — Allez! il a mené sa ruine rondement, cela n'a pas traîné!

Le cœur de Madeleine se serra. Cela lui faisait mal d'entendre la vicomtesse parler ainsi.

« — Comment! — pensait la jeune fille, croyant qu'il était question de son protégé, — ce jeune homme que j'ai vu prier et pleurer sur la tombe des ducs de Soisy, ce jeune homme qui paraît si sérieux, si bon, a ruiné sa famille, a été un viveur, un dépensier!... Comme les apparences sont trompeuses!... Ce serait donc alors le regret de sa conduite passée qui lui donne cet air désolé et malheureux! — Sans doute il s'est amendé, mais, hélas! trop tard, puisque sa ruine est complète et irréparable. »

— Dès sa jeunesse, du reste, — continua Mme de Châtenay, décidément lancée sur le compte du duc de Soisy et trop occupée de son récit pour s'apercevoir de l'émotion de Madeleine, le duc avait mené une vie déréglée, échevelée, — on avait dû lui donner un conseil judiciaire pour sauver ce qui restait de son patrimoine déjà fort ébréché par ses folies. Mais il fallut l'en affranchir lorsqu'il se maria. Il épousa une jeune fille très riche et très belle, Hélène de Trèves, dont il se disait passionnément épris.

La famille du duc avait vu cette union avec le plus grand bonheur. On comptait sur l'influence de la jeune duchesse pour assagir et discipliner cet incorrigible viveur. — L'amour le retiendra auprès de sa femme, pensait-on. — Ah! bien oui!...

— Mais Mlle de Trèves ne connaissait donc pas la réputation de celui qu'elle épousait? — fit observer Gervaise de Châtenay.

— Est-ce qu'une jeune fille s'arrête à ces choses-là lorsqu'elle est assez sotte pour vouloir se marier? — répliqua aigrement la belle-mère.

Mlle de Châtenay jeta à son amie un regard expressif et résigné.

A mesure que la vicomtesse avait avancé dans son récit, Madeleine Duhamel s'était rassurée.

« — Non, — se disait maintenant la jeune fille, — ce ne peut être du jeune homme qui est venu hier à Boisjolivet qu'il s'agit. Il est trop jeune pour être marié.

C'est de son père, sans doute!... Pauvre garçon!... ruiné par les folies paternelles, il se trouve maintenant dans la nécessité de travailler pour gagner sa vie!... »

Et intéressée au plus haut point :

— Alors le mariage ne rendit pas le duc plus sérieux? — interrogea-t-elle.

— Pendant quelques années, il parut assez tranquille, — raconta la vicomtesse ; — le duc et la duchesse vivaient en province, et M. de Soisy semblait avoir presque oublié ses entraînements et ses folies. — On put même espérer qu'il s'amenderait complètement lorsque la duchesse lui donna un fils, Gérard...

Madeleine tressaillit :

« — Gérard!... — pensa-t-elle avec une joie inconsciente... — Ce nom!... Ah! je ne me suis pas trompée!... »

— Cet enfant, que le duc paraissait aimer beaucoup, le retint à son foyer encore quelque temps, — poursuivit la belle-mère de Gervaise. — Mais un beau jour il disparut.

— Ah! mon Dieu! — s'écrièrent ensemble les deux jeunes filles.

— La vie de Paris l'avait repris complètement. Il était parti à la suite d'une... artiste... une femme très à la mode... qui faisait une tournée dans la province... Bref, il déserta presque complètement son château et n'y revint qu'à des intervalles fort éloignés. — Il avait recommencé à dépenser sans compter, gaspillant l'argent à pleines mains. Bientôt il eut recours aux prêteurs et aux usuriers. Enfin, à bout de ressources, il demanda la signature de sa femme qui eut la faiblesse de la donner.

— J'aurais fait comme elle, moi! — déclara imprudemment Gervaise.

— Vous n'auriez pas mieux fait pour cela, ma chère, — ricana la vicomtesse qui ne perdait jamais une occasion de rembarrer sa belle-fille. — Voyez où cela l'a conduite. Elle espérait par cette concession et ce sacrifice pécuniers, retenir son mari! Ah! bien ouiche!... Après quelques mois d'amendement, le duc recommençait de plus belle.

— Il fallait qu'il eût bien peu de cœur! — s'écria Madeleine indignée.

— Peuh! — dit la vicomtesse en haussant les épaules avec une nuance de dédain pour les idées roturières de Mlle Duhamel, — le duc était un grand seigneur, il jetait l'argent par les fenêtres, il menait la vie à grandes guides, il était joueur et viveur... Mais c'est ce qui s'appelle la haute vie, cela!... Le cœur n'a rien à voir là-dedans... Le duc n'était pas un homme de notre temps, voilà tout. Avant la Révolution, cette existence était celle de la plupart des nobles. Mais depuis qu'on nous a dépossédés, — ajouta la vicomtesse avec une conviction qui sentait ses Croisades d'une lieue, — nous sommes bien forcés de vivre comme le commun, de nous réduire à une existence mesquine. Il n'y a plus de véritables grands seigneurs aujourd'hui... Le duc fut forcé de s'en apercevoir. Tout y passa... Le château fut hypothéqué, puis vendu avec tout le reste.

La duchesse reçut un jour une dépêche lui annonçant que son mari venait de se tuer...

— De se tuer!... Le duc de Soisy s'est tué!... Ah! c'est affreux!... — s'écria Madeleine.

— Oui, à bout de ressources, il se tira une balle dans la tête. Ce suicide fit même assez de scandale à l'époque.

— Et la malheureuse duchesse et son fils, que devinrent-ils? — questionna Madeleine, comme poussée seulement par l'intérêt du récit.

— C'est son fils qui avait donné à la duchesse le courage de vivre, — répondit Mme de Châtenay. — Délaissée par son mari, elle s'était réfugiée dans son amour maternel...

C'était une noble femme! — ajouta-t-elle, ne voyant aucun inconvénient à rendre justice à la veuve du duc de Soisy. — Rompant avec le monde, renonçant à tout ce qui pour elle n'était pas le devoir, elle se voua entièrement à l'éducation de son fils. Elle s'appliqua à en faire un homme sérieux, à préserver son esprit de ce besoin de plaisirs et de dissipation qu'il eût pu tenir du sang paternel et qu'elle voulait éloigner de lui à tout prix.

L'épouse en avait assez souffert pour que la mère redoutât de voir le fils hériter de ces funestes tendances.

Quand l'enfant eut grandi, elle le confia aux jésuites, désolée de ne pouvoir le garder auprès d'elle pour faire son éducation. Mais déjà son patrimoine était fortement ébréché par les prodigalités du duc, un précepteur eût été trop coûteux. La duchesse voulait cependant que Gérard eût une instruction solide. Elle obtint une bourse, grâce à ses relations; puis avec l'aide d'un petit héritage qui lui advint, et que, plus avisée comme mère que comme épouse, elle avait su soustraire aux insatiables exigences du duc de Soisy, elle put conduire l'éducation de son fils jusqu'à Polytechnique. Mais la mort de son mari l'avait laissée ruinée et en proie à toutes les difficultés de l'existence.

Le duc était mort criblé de dettes.

Depuis longtemps déjà, le château et ses dépendances étaient vendus. La courageuse veuve se défit de tout ce qui lui restait pour désintéresser les créanciers de son mari.

Elle ne garda que l'humble héritage dont la rente lui avait déjà servi à élever son fils. Puis elle vint s'établir à Nancy, loua un petit appartement où elle vécut de la façon la plus modeste.

A plusieurs reprises, le vicomte de Châtenay, qui avait été l'ami du duc, lui vint en aide, en se prévalant auprès d'elle de sa parenté, car la fierté de la duchesse était restée intacte au milieu de toutes ces épreuves.

— C'est par mon mari que j'ai su en détail toute cette triste histoire.

Il y a trois ans seulement que la duchesse est morte.

— Et... le fils, madame, sait-on ce qu'il est devenu? — demanda Mlle Duhamel avec émotion.

— Le fils?... — répondit la douairière. — J'ai entendu dire qu'il était officier. — C'est ce qu'il avait de mieux à faire, du reste, n'ayant pas de fortune.

Il a dû passer dans l'armée en sortant de Polytechnique.

« — Officier!... — pensa la Demoiselle du Château. — Officier!... oui, cela est probable, en effet.

Mais alors... ce jeune homme... ce n'est pas lui! — ajouta en soupirant Madeleine. »

CHAPITRE IV

MONSIEUR GÉRARD

GÉRARD était parti de Bois-Jolivet le cœur plein d'espoir.
Tout en refaisant à pied, afin d'être plus libre de réfléchir, la route qui le séparait de Saint-Nicolas-du-Port, le jeune homme se retraçait, point par point, la conversation qu'il venait d'avoir avec le grand industriel.

— Je serai accueilli, — murmurait-il avec joie, — cela est certain. On ne m'avait pas trompé sur le compte de M. Duhamel. On sent qu'il est la bonté même!... Et quelle simplicité!... Comme il fait le bien sans embarras, sans pose!... Car enfin, je ne suis pour lui qu'un inconnu... il avait cent raisons pour une de m'éconduire... et il m'a si bien reçu; il m'a encouragé, comme s'il avait pu comprendre tout ce que ma démarche avait pour moi de pénible et de douloureux.

Maintenant, il faut que je m'occupe d'avoir la lettre du général Henriot, — continua le jeune homme. — Il faut qu'après-demain je me présente, muni de sa recommandation.

Après en avoir parlé, il est indispensable que je la produise. — Cela, du reste, achèvera de décider M. Duhamel.

En affaires, les références sont indispensables... j'y avais bien pensé, mais je n'osais pas... avec tout autre que cet excellent homme, j'aurais été éconduit poliment. — La sympathie est une bonne chose, c'est vrai; elle dispose bien en faveur d'un solliciteur; mais les références déterminent, enlèvent une résolution. — J'irai demain à Nancy.

La plantureuse Mme Chamagne attendait son voyageur avec une impatience faite, mi-partie de son bon cœur — car elle avait deviné, à l'agitation du jeune homme, qu'il s'agissait pour lui d'une chose très importante, — mi-partie de la curiosité de connaître le but de sa démarche auprès de M. Duhamel.

Installée sur le pas de la porte, elle guettait son retour.

— Eh bien! monsieur Gérard, êtes-vous content? — lui cria-t-elle, — sitôt que le jeune homme fut arrivé à portée de sa voix.

— Mais oui, assez content, madame, j'ai bon espoir — répondit Gérard lorsqu'il se fut rapproché, en souriant de la curiosité amicale et familière de la brave femme.

— Vous avez vu M. Duhamel?

Et, sur un signe affirmatif de son voyageur :

— N'est-ce pas que c'est la crème des hommes? — continua l'aubergiste.

— C'est un excellent homme, en effet, vous ne m'aviez pas trompé, madame Chamagne.

— Et... vous avez réussi, monsieur Gérard, dans ce que vous vouliez? — questionna la commère, un peu déçue par les réponses laconiques de son voyageur.

— Réussi!..; je l'espère, du moins, — dit le jeune homme satisfaisant enfin la curiosité de son hôtesse. — M. Duhamel m'a presque promis de me trouver un emploi dans son usine.

— Ah! tant mieux!... tant mieux!...

— Il faut que j'y retourne, il n'y a rien de fait encore... Mais j'ai été très bien reçu et j'ai bon espoir... M. Duhamel lui-même m'a engagé à revenir.

— Bon, cela! — Si M. Duhamel vous a engagé à revenir, c'est quasiment comme si c'était chose faite, monsieur, — fit la bonne Mme Chamagne. — C'est un trop brave homme pour donner ainsi un espoir qui ne devrait pas aboutir. — Enfin, comme on ne sait jamais, je vous souhaite tout de même heureuse chance, monsieur Gérard, — ajouta l'hôtesse; je serais contente que vous restiez dans le pays.

— C'est-y demain que vous retournez à l'usine? — interrogea encore la loquace aubergiste.

— Non, après-demain seulement, — répondit Gérard.

A propos, avez-vous ici un Indicateur des chemins de fer? — ajouta le jeune homme.

— Bien sûr que oui, monsieur Gérard, et de cette année, encore, — fit l'aubergiste; — vous voulez le consulter?

— Oui, si cela est possible.

— Si c'est pour savoir l'heure du train, — observa Mme Chamagne, tout en allant prendre l'Indicateur dans le tiroir du comptoir où il était soigneusement serré derrière les piles de gros sous, — c'est pas la peine de vous donner ce mal, je vous la dirai tout aussi bien. — C'est-y pour Nancy que vous voulez savoir?

— Oui, s'il vous plaît, madame Chamagne, — répondit Gérard, en feuilletant malgré tout l'Indicateur.

— Je suis démissionnaire, mon cher parrain — répondit gravement et tristement Gérard de Soisy... (P. 52.)

— Du matin ou du soir?

— Du matin. Aussi matin que possible. Ah! voilà, j'y suis, — dit le jeune homme. — Nancy... voyons... six heures, il y a un train qui passe ici à six heures... C'est celui-là qu'il faut que je prenne. Le suivant me ferait arriver trop tard.

— Vous allez être obligé de vous lever de bien bonne heure, — fit remarquer la complaisante aubergiste.

— Bah! cela ne fait rien.

— Voulez-vous tout au moins qu'on vous réveille? — demanda Mᵐᵉ Chamagne, qui ne paraissait pas avoir grande confiance dans les habitudes matinales de son voyageur.

— Merci, ne vous donnez point cette peine, je me réveillerai seul; ce voyage a pour moi trop d'importance pour que je m'attarde...

— Comme vous voudrez, monsieur; mais sans cela c'était bien facile, — reprit la bonne femme; — Chamagne descend toujours vers cette heure-là pour ouvrir. Il aurait cogné à votre porte en passant.

— Encore une fois, merci, madame Chamagne, — mais c'est inutile, je suis sûr de me réveiller.

*
* *

Le lendemain matin à six heures, ainsi qu'il l'avait décidé, Gérard prenait le train pour Nancy à la station de Saint-Nicolas-du-Port.

Il avait laissé sa valise à l'auberge, changeant seulement de linge, car il comptait bien trouver le général et pouvoir rentrer le soir même à Saint-Nicolas.

Arrivé à Nancy, le jeune homme déjeuna dans le premier restaurant venu; puis il se dirigea vers la demeure du général Henriot.

— Je vais arriver, de cette façon, vers la fin de son déjeuner, — pensait-il; — je suis à peu près sûr ainsi de le trouver et de ne pas le déranger.

Va-t-il être surpris de me voir!... — ajouta le jeune homme en poussant un soupir, tandis qu'un voile de mélancolie venait assombrir encore l'expression déjà si triste de ses regards.

Ce n'était pas à la légère et contraint par la nécessité de donner une référence quelconque, que le protégé de Madeleine avait cité à M. Duhamel le nom du général Henriot.

Le général était le parrain de Gérard, un des plus anciens, un des meilleurs et des plus fidèles amis de sa mère. Il s'était intéressé à lui depuis son enfance, ne l'avait jamais perdu de vue, ayant pris vraiment au sérieux ce rôle de parrain, accepté parfois si légèrement.

Le jeune homme savait qu'il trouverait toujours auprès de lui protection et bon conseil.

— Que va-t-il dire? — se répétait Gérard, en approchant de la demeure du général — sans doute il pourra me blâmer quand il apprendra ma résolution, mais il ne refusera pas de me recommander à M. Duhamel. — Je crois avoir fait mon devoir.

Pouvais-je faire autre chose, d'ailleurs? — murmura-t-il tristement.

Ma mère m'a approuvé, j'en suis sûr, — je l'ai tant priée hier.
Et les yeux du jeune homme s'humectèrent de larmes.

— D'ailleurs, maintenant, il n'y a plus à reculer; ma démission est envoyée et acceptée au Ministère. Il faut que je me crée une situation par mon travail. Je crois qu'avec de l'énergie je puis y arriver en entrant chez M. Duhamel. — Mais il faut d'abord qu'il m'emploie, qu'il voie de quoi je suis capable. Le général comprendra ma position et il m'appuiera chaleureusement, j'en suis sûr... Pourvu que je le trouve!...

Et comme Gérard arrivait devant la porte de celui dont il espérait un si efficace appui, il sonna avec une anxiété très compréhensible.

— Le général est-il là? — demanda-t-il au brosseur qui venait d'ouvrir.

— Oui, monsieur, — répondit le cavalier; — mon général sort de table à l'instant. Il prend son café

— Veuillez lui faire passer cette carte.

Le jeune homme tira de sa poche de côté une carte qui y avait été sûrement mise à cette intention, car elle se trouvait toute seule, et sur laquelle on lisait ces mots :

GÉRARD DE SOISY

Sous-lieutenant au 2º Génie

Montpellier.

Il poussa un soupir, et biffa d'un trait de crayon nerveux et résolu, la qualification de sous-lieutenant du génie, puis il remit le petit carré de bristol à l'ordonnance.

— Cela va lui porter un rude coup... pauvre parrain! — murmura-t-il, tout en attendant le retour du cavalier.

Le général venait en effet de déjeuner, et, passé dans son fumoir, il savourait son café en compagnie de son officier d'ordonnance, le capitaine de Ponchartrain, lorsque le brosseur entra portant la carte de Gérard de Soisy.

— Ce monsieur attend mon général, — dit le brosseur.

Le capitaine se leva pour se retirer.

— Gérard!... tiens, c'est Gérard! — s'écria le général avec joie, en lisant la carte que venait de lui remettre son ordonnance. — Fais entrer tout de suite, parbleu!

Puis s'apercevant de la rature que le jeune homme venait de faire au crayon.

— Comment!... qu'est-il arrivé?... qu'est-ce que cela signifie? — se demanda-t-il en se levant tout bouleversé. — Un coup de tête sans doute?... le diable soit des jeunes gens !... Celui-ci me paraissait pourtant avoir la tête plus solide que son père !...

Vous permettez, Ponchartrain? — ajouta-t-il à haute voix.

Et tandis que le capitaine se retirait discrètement, le général Henriot vint à la rencontre de son visiteur, et au moment où Gérard parut sur le seuil :

— Qu'est-ce que cela signifie? — s'écria-t-il, après l'avoir embrassé affectueusement. — Toi! dans cette tenue civile !... ton grade effacé sur cette carte !... qu'est-il donc arrivé ?... que se passe-t-il ?... parle vite, mon enfant !

— Je suis démissionnaire, mon cher parrain — répondit gravement et tristement Gérard de Soisy. — Ma démission ayant été acceptée, je n'ai plus le droit de conserver mon titre d'officier...

— Démissionnaire!... toi !... Tu as quitté l'armée?... Es-tu fou? — murmura le général frappé de stupeur.

Mais, parle... parle donc, enfin !... explique-toi — continua le vieux soldat s'exaspérant du mutisme de son filleul. — Voyons, c'est un coup de folie !... une aberration !...

— C'est de la raison, hélas! tout simplement, mon général... — parvint enfin à dire Gérard, surmontant l'émotion qui lui avait étreint le cœur devant la surprise et l'indignation de son parrain.

— De la raison ! — Tu espères me faire avaler cela?

— Hélas !... murmura Gérard, tristement.

Le général regarda son filleul; la figure sérieuse et réfléchie du jeune homme devait faire écarter toute idée de coup de tête, de foucade.

Incontestablement un motif sérieux avait déterminé la résolution de Gérard.

— C'est absolument le regard triste et si doux, et le front intelligent et noble de sa pauvre mère ! — pensait le général Henriot, en s'attendrissant. — Évidemment ce garçon-là me paraît avoir tout son bon sens.

Comment a-t-il pu se laisser aller à faire cette folie?

— Mais donne-moi une raison, au moins, explique-moi,... fais-moi comprendre !... — bougonna le vieux soldat, furieux de sentir s'apaiser sous le regard triste et sérieux de son filleul, l'indignation qui l'avait suffoqué tout d'abord.

— Que puis-je vous dire, mon parrain? — dit Gérard.

— Ce que tu peux me dire?... Mais la raison qui t'a poussé à ce... à cette... inqualifiable et inexplicable détermination.

Je ne te demande pas autre chose.

La figure de Gérard s'assombrit encore.

— Vous connaissez, mon général, — murmura-t-il avec tristesse, — les malheurs de ma famille, la ruine, les deuils qui l'ont frappée.

— Oui, — fit l'ancien ami de la duchesse de Soisy; — oui, je sais tout cela, mon enfant. — La catastrophe qui a terminé la vie de folies de ton pauvre père, l'existence de ta malheureuse mère, — la noble femme! — dont chaque minute a été consacrée à l'héroïsme maternel.

Mais en quoi ces malheurs, terribles, j'en conviens, ont-ils pu déterminer ta résolution? Certes, c'était une des consolations de ma pauvre et héroïque amie, que grâce à ses efforts, ton éducation, ton instruction, n'eussent pas eu à souffrir de la ruine résultant des prodigalités et des folies du duc. — J'ai été témoin de sa joie lors de tes succès à Polytechnique.

« Il sera officier, mon cher général! ». — me disait l'admirable femme, en me montrant le télégramme par lequel tu lui faisais connaître le succès de tes examens. — « Maintenant je mourrai tranquille!... Mon fils, mon Gérard, aura une carrière digne de son nom! — Un Soisy ne peut pas déchoir! »

Et, en effet, ta carrière s'annonçait comme des plus brillantes. Sorti sous-lieutenant de l'École de Fontainebleau, tu passais au 2ᵉ régiment de Génie, — noté déjà comme un officier du plus sûr avenir... Qu'est-il donc arrivé?... quelle idée a traversé ton cerveau?... qu'espères-tu?... que peux-tu faire, maintenant, avec ton nom, ton titre?

— Hélas! mon parrain, vous l'avez dit, — fit Gérard en hochant tristement la tête; — mon nom, ce titre de duc de Soisy, comment, sans fortune, en soutenir le prestige?... Vis-à-vis de mes camarades qui ont le droit d'ignorer la débâcle complète de notre fortune, croyez-vous qu'il me soit possible de vivre avec ma solde?... Et alors, quel parti prendre?... Puis-je répondre de ne jamais me laisser entraîner?... Faire des dettes et des dupes, puisque je sais pertinemment ne pas pouvoir payer? — Profiter des facilités vénales que trouvent toujours autour d'eux les jeunes gens de famille?... escompter l'avenir comme si l'on en était jamais sûr?... se mettre dans une situation équivoque, s'enfoncer, s'embourber, risquer de perdre l'honneur, là où la fortune seule a sombré!...

Ah! ce nom! quel fardeau, mon parrain, — ajouta le jeune duc, en baissant la tête. — Si j'avais pu être un inconnu, n'importe qui, Durand ou Lenoir, avec quelle joie j'eusse poursuivi cette carrière militaire qui me passionnait!... L'armée, le génie, mon cher régiment, — poursuivit-il d'une voix émue, — aurais-je jamais songé à les quitter? — Ah! je serais arrivé, parrain, je vous en réponds!... Mais sans fortune, moi le descendant des ducs de Soisy, avec le poids de ce nom, de ce titre... Non, je ne m'en suis pas senti le courage!...

Pourtant, j'ai réfléchi longuement avant de me décider, — reprit le jeune homme après un douloureux silence que le général n'osa point rompre. — Ce sacrifice me semblait si dur, si pénible!... Enfin c'était le devoir, je l'ai compris, et à force de me raisonner, j'ai trouvé le courage nécessaire... J'ai envoyé ma démission au ministre! — acheva Gérard, le cœur gros.

— Oui, je te comprends, mon pauvre enfant — fit le général Henriot en prenant et en serrant avec émotion les mains de son filleul — quoique pourtant, sacrebleu! pour une question de fortune, briser ton avenir... quitter l'armée!... En y réfléchissant, il me semble qu'après tout, moi, à ta place...

— Vous eussiez agi comme moi, mon général — dit le jeune homme, votre émotion ne le prouve-t-elle pas?

— Eh bien, non!... — s'écria le général, en se montant. — Non!... cent fois non!...

— Vous n'eussiez pas démissionné?... Ah! ne dites pas cela, mon parrain, — répliqua Gérard avec amertume. — Sans fortune, avec le nom que je porte... Non, je n'avais pas d'autre parti à prendre!

— Mais enfin, au moins, on prévient... on en parle... on demande conseil... on n'agit pas en cachette, comme un sournois... on a un parrain, que diable!... C'est pour que cela vous serve à quelque chose...

— Ah! mon général, — fit le jeune duc, avec une émotion qui révélait toute l'étendue de la douleur que son énergique résolution avait dû lui causer et toute la résignation dont il lui avait fallu s'armer pour quitter son régiment et l'armée, — pourquoi vous aurais-je attristé ainsi d'avance? — Puis, avouez-le, n'aurais-je pas risqué de voir s'émousser dans une nouvelle et douloureuse lutte, une énergie déjà si péniblement acquise?

— Je le crois, parbleu bien! que j'aurais lutté contre une idée aussi saugrenue! — repartit le vieux soldat. — Tu es sans fortune! Et puis après? — Ne suis-je pas riche, moi?... Je n'ai pas d'enfant... Lorsque ta sainte mère m'a fait l'honneur de me demander d'être ton parrain, n'ai-je pas acquis le droit, en acceptant, de devenir à l'occasion mieux que cela pour toi?... d'être considéré un peu comme un père, toi pour qui le duc l'a si peu été? Tu aurais fait des dettes?... sacrebleu! la belle affaire!... Est-ce que je n'étais pas là pour les payer?... Est-ce que je n'aurais pas été heureux de t'aider de ma fortune comme je l'aurais fait pour un fils?... Heureux et fier de contribuer, pour ma petite part, à compléter l'œuvre de ton admirable mère?...

Voyons, est-ce qu'il n'est pas temps encore de revenir sur cette démission... je me charge d'écrire au ministre... veux-tu?...

— Mon parrain! mon parrain!... — s'écria le jeune duc, ému jusqu'au fond du cœur par la proposition spontanée du général, — je ne sais comment vous remercier, comment vous dire à quel point je suis touché par cette offre si généreuse, si paternelle...

— Bien!... bien! ne parlons pas de ça. — Tu acceptes, alors? — fit le général avec joie. — A la bonne heure, te voilà raisonnable. — Je vais écrire au ministre séance tenante. Il sera encore trop heureux de te rendre ta démission.

Et le général, tout ingambe, se leva et se dirigea vers son bureau.

Mais le jeune homme le retint :

— Je vous remercie de tout mon cœur, mon général, mais je refuse! — dit-il très résolument.

— Tu refuses? — s'écria le général avec un haut-le-corps.

— Oui, je refuse! — répéta le jeune duc.

— Tu refuses de me considérer comme un père?... tu me fais cet affront, Gérard!... — dit le vieux soldat avec une indicible émotion.

— Oh! mon général, — répliqua le jeune homme en se jetant dans les bras de son parrain, — je suis heureux et fier, et reconnaissant aussi, je vous le jure, de votre paternelle affection, de ce titre de fils que vous m'offrez. Mais n'insistez pas pour me faire revenir sur une décision qui doit être irrévocable! — Si je refuse, ce n'est point par une fierté déplacée, mais j'ai pris la ferme résolution de ne devoir ma situation qu'à moi-même, à mon seul travail.

— A ton travail... que veux-tu dire?

— Je veux dire que ce qui est impossible sous le nom et avec le titre de duc de Soisy, me deviendra facile si je suis inconnu. Je gagnerai ma vie en travaillant. — Le travail n'humilie pas, il relève l'homme.

— Le travail!... Mais que feras-tu? — interrogea le général, gagné malgré lui par les nobles sentiments de son filleul.

— Je trouverai, je l'espère, à employer l'instruction que j'ai reçue.

— Tu trouveras, tu trouveras, c'est bientôt dit, — grommela le vieux soldat. — Mais où, encore? As-tu des projets? quelque chose en vue? — La science est une chose plus difficile à utiliser que tu ne crois, mon pauvre enfant! — As-tu déjà fait quelques démarches?

— Oui, mon parrain, — répondit Gérard, — et j'espère réussir, surtout si vous voulez m'aider.

— T'aider?... En quoi puis-je t'aider?

— En me donnant une lettre de recommandation.

Vous voyez que si je refuse de faire des dettes pour vous procurer le plaisir de les payer, — ajouta en souriant vaillamment le jeune duc — je n'hésite pas à mettre votre amitié à contribution.

— Il ne manquerait plus que cela, parbleu! — Et pour qui cette lettre de recommandation?

— Pour un de vos amis, M. Duhamel.

— Le maître de forges?

— Oui, le propriétaire des usines de Varangeville et de la Neuveville. — Me souvenant de tout le bien que vous m'en aviez dit autrefois, j'ai espéré obtenir un emploi dans son exploitation. — Je me suis présenté hier à Bois-Jolivet.

— Tu as vu Duhamel?

— C'est de lui-même que je tiens l'espérance dont je vous parle. — Il m'a pour ainsi dire promis de me prendre dans ses bureaux.

Le général eut un mouvement de révolte.

— Non, ce n'est pas possible! — s'écria-t-il, — Avec toutes tes belles paroles tu ne me feras jamais admettre cette absurdité-là : le duc de Soisy employé dans un bureau comme le premier croquant venu.

— Rassurez-vous, parrain, — dit le jeune homme en souriant tristement, — ce n'est pas le duc de Soisy qui sera l'employé de M. Duhamel, si j'ai le bonheur d'être accepté par le propriétaire de Varangeville.

— Que veux-tu dire?... ce n'est pas le duc de Soisy?.. voyons, je ne comprends plus.

— Inconnu dans le pays, où ma famille, du reste, est presque oubliée, je me suis présenté à M. Duhamel sous le seul nom de Gérard.

— Allons donc! — s'écria le général en sursautant.

— Très bien reçu par M. Duhamel, — continua le jeune homme sans s'arrêter à l'exclamation de son parrain, — j'ai cru, après avoir, sans me nommer, raconté brièvement au maître de forges une partie de mon histoire, pouvoir me recommander de votre nom. — M. Duhamel m'a paru fort bien disposé pour moi et, en m'engageant à revenir chercher sa réponse, il m'a presque donné l'assurance qu'elle me serait favorable. — J'ai pensé, cependant, qu'une lettre de vous aurait raison des hésitations possibles résultant de deux jours de réflexion et enlèverait l'affaire, et je suis venu vous la demander, parrain.

— Une lettre au nom de Gérard? — Tu veux que je te recommande sous ce nom?

Le jeune homme eut un geste affirmatif.

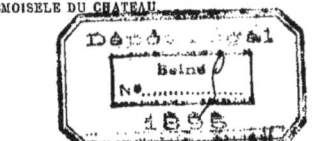

... Tandis que Madeleine servait le thé et les cigares dans la salle de billard. (P. 60.)

— Qu'est-ce que cela peut vous faire, le nom, puisque vous me connaissez, — dit-il. — Sous le nom de Soisy ou sous celui de Gérard, c'est toujours moi que vous recommandez.

— Cela me fait que c'est absurde, tout simplement! — fit le général en haussant les épaules. — Pourquoi cacher ton nom?... Pourquoi ne pas dire tout bonnement à Duhamel que tu es le duc de Soisy?

— Mais par la même raison qui m'a fait démissionner, parrain.

— Permets : ce n'est pas du tout la même chose. — A l'usine, où tu entres pour vivre de ton travail, tu ne peux pas retrouver les mêmes obligations nobiliaires qu'au régiment. Tu viens me demander une lettre pour Duhamel ; mais ton nom, ton titre, n'était-ce pas auprès de lui la meilleure des recommandations ? — Quand cela n'eût fait que de te procurer une situation meilleure.

— Je l'améliorerai par mon travail, parrain.

— Bon ! — Mais en attendant ?... Puisque, par une nécessité dont tu n'arriveras pas facilement à me convaincre, décidément tu veux faire ta carrière dans l'industrie, ne dois-tu pas chercher à réunir toutes les chances de réussite ? — Or, ne plus être un inconnu pour celui auquel vous avez demandé de vous employer, se faire connaître au contraire comme le descendant d'une des plus anciennes familles de France, n'est-ce pas une garantie de réussite, tout au moins un fort atout dont tu te prives bénévolement ? — Aie donc l'entier courage de ton opinion, et puisque tu veux travailler, fais-le bravement sous ton nom à toi, au lieu de chercher à te dissimuler sous un nom d'emprunt.

Comme tu l'as dit, le travail ne déshonore pas, il relève. — D'ailleurs, ce que l'on veut, il faut savoir le vouloir avec toutes ses conséquences.

— Peut-être avez-vous raison, parrain — fit Gérard pensif. — Peut-être eussé-je mieux fait, en effet, d'agir comme vous le dites... Cependant...

— Oh ! cela ne fait aucun doute, va — interrompit le général. — Du reste, puisque nous voilà d'accord, la chose est facile à réparer. — Duhamel comprendra fort bien....

Tiens, veux-tu que nous allions ensemble à Bois-Jolivet... j'expliquerai les raisons à mon vieil ami...

— Non, — fit vivement Gérard, — non, parrain, je n'oserais pas ; maintenant, que j'aie eu tort ou non, la chose est faite et je n'aurai jamais le courage de me démentir.

— Mais puisque je te dis que je me charge d'expliquer...

— Même sous le couvert de votre bienveillante intervention, — interrompit d'une voix ferme le jeune duc.

Le vieux soldat haussa les épaules avec humeur.

— Comme tu voudras, entêté ! — grommela-t-il.

— J'ajouterai, parrain, — continua timidement mais résolument Gérard de Soisy, — que si la lettre que je vous ai demandée pour M. Duhamel vous semble difficile dans ces conditions, j'aimerais mieux...

— Tu dis ?

— Je dis que peut-être, en effet, ai-je agi un peu à la légère en me présentant à l'usine sous un nom qui n'était pas le mien ; qu'en vous demandant une lettre de recommandation dans les conditions où je me suis placé vis-à-vis de M. Duhamel, je n'ai pas songé à l'indélicatesse qu'il y avait de ma part à vous rendre complice d'une...

— Bon!... Tu deviens tout à fait fou, maintenant! — interrompit le général en bondissant sur son fauteuil et en levant les bras au ciel d'un air de comique désespoir.

Et allant à son bureau, l'excellent homme prit une feuille de papier et y traça rapidement ces quelques lignes à l'adresse du maître de forges de Varangeville :

« Mon cher Duhamel,

« Je vous présente et vous recommande particulièrement, un jeune
« homme que j'aime fort et pour lequel j'ai une grande estime, M. Gérard.
« Ce jeune homme est orphelin et je lui ai pour ainsi dire servi de
« père, car j'étais un des meilleurs amis de sa famille. C'est vous dire que
« je crois pouvoir répondre de lui comme de mon propre fils.
« C'est un garçon de grandes capacités et très instruit. — Il désirerait
« avoir un emploi dans une de vos usines, et me dit vous avoir déjà pres-
« senti à ce sujet.
« J'espère que vous trouverez le moyen d'utiliser cette jeune intelli-
« gence qui ne demande qu'à travailler. — En le faisant, vous obligerez
« infiniment votre vieil ami, qui est tout heureux de l'occasion qui lui
« permet de se rappeler à votre bon souvenir et à celui de votre charmante
« famille.
« Recevez, mon cher ami, tous mes remerciements anticipés.

« Général HENRIOT. »

— Là, es-tu content? — fit l'excellent homme, en achevant la lecture de cette lettre à son filleul. — Trouves-tu que je le traite assez bien, ton M. Gérard?... Tu dois être accepté d'emblée avec cette lettre-là!...

— Si je suis content, mon parrain! — s'écria le jeune duc, en serrant avec soin la précieuse lettre dans son portefeuille — si je suis content! C'est-à-dire que je ne sais comment vous remercier! Maintenant je suis bien sûr de réussir... C'est comme si je faisais déjà partie de l'usine. Vous me demandez si je suis content!...

Gérard eut soudain la mystérieuse et douce vision de Madeleine Duhamel, l'encourageant de son compatissant et clair regard au seuil du domaine de Bois-Jolivet; sans se rendre compte de ses sentiments secrets, il pensa à la jeune fille, à cette admirable enfant qui la première l'avait accueilli.

— Je serai près d'elle, — se dit-il, — elle me portera bonheur. Ne s'est-elle pas présentée à moi comme un bon ange? Son influence rayonnera autour de moi dans les jours de découragement et de doute... Sa présence suffira à me consoler... Elle sera la fée bienfaisante dont la vue me donnera la force de supporter les inévitables déboires de l'existence nouvelle qui va devenir la mienne.

Gérard de Soisy passa le reste de la journée avec son parrain et ne repartit que le lendemain matin après avoir couché à l'hôtel de la Gare, afin d'être bien sûr de ne pas manquer le premier départ. Il lui importait de ne point arriver en retard au rendez-vous assigné par M. Duhamel.

Le général avait souhaité bonne chance à son filleul.

— Si tu ne réussis pas, malgré ma lettre, et la quasi promesse de Duhamel, — avait-il dit à Gérard en l'embrassant, — ou si, une fois entré, pour une raison quelconque, tu ne pouvais ou ne voulais rester à l'usine, tu vas me promettre de t'adresser à moi, de n'avoir recours à aucun autre que moi?

— Je vous le promets, parrain, — répondit le jeune duc, en embrassant à son tour le général avec une reconnaissante tendresse.

— Dans quelque occasion difficile que tu te trouves, je serai toujours là, ne l'oublie pas, mon cher enfant, — ajouta le vieux soldat, ému plus qu'il ne voulait le paraître du départ de son filleul, de ce premier pas de l'héritier des ducs de Soisy vers la nouvelle existence de travail et de lutte qu'il avait choisie.

— Je vous le promets, mon général, je vous le jure! — fit le jeune homme d'une voix émue, en soulignant sa promesse d'un dernier et vigoureux shake-hand.

* *

Le soir même du jour où Gérard s'était présenté à Bois-Jollivet, après le dîner, tandis que Madeleine servait le thé et les cigares dans la salle de billard, M. Duhamel, tout en faisant une partie avec l'ingénieur, avait parlé au directeur de ses usines du protégé de la jeune fille.

— A propos, Verneuil, — avait-il dit avec un sourire rempli de malice, au moment où Madeleine tendait à l'ingénieur une boîte pleine d'excellents trabucos; — à propos : vous savez que Mlle Duhamel a une requête à vous présenter.

— Moi, père? — s'écria Madeleine rougissante.

— Oui, toi; tu sais bien, ton protégé, ce jeune homme qui est venu aujourd'hui me demander un emploi... M. Gérard — continua l'usinier s'amusant de l'embarras de sa fille.

— Ah! oui, M. Gérard, — balbutia Madeleine, oppressée par un trouble indéfinissable.

L'ingénieur s'était incliné avec déférence.

— Aucune recommandation ne peut être meilleure que celle de Mademoiselle, — fit-il avec galanterie et conviction ; — et s'il y a possibilité de faire quelque chose...

— Ajoutez, Verneuil, que je joins ma recommandation à celle de ma fille, — dit le maître de forges avec une petite tape amicale sur la joue de Madeleine. — Je suis tout à fait de l'avis de Mlle Duhamel. Ce jeune homme me paraît absolument digne d'intérêt, sérieux et intelligent, ce qui ne gâte rien. — Vous pourriez peut-être, en le formant, en faire un auxiliaire précieux. — Vous avez toujours besoin d'aides jeunes et instruits. — Il m'a dit avoir reçu une instruction très solide.

— Mais, qui est-il ? — questionna l'ingénieur, prudent comme tout homme à qui incombe la responsabilité d'une maison. — Sous quels auspices se présente-t-il ?

— Ma foi ! — répliqua en riant, M. Duhamel, — il s'appelle M. Gérard, c'est tout ce que je sais ; c'est un garçon qui a eu des malheurs de famille, des revers de fortune ; il m'a raconté cela brièvement.

Quant à ses références, mon cher Verneuil, il a la protection de la « Demoiselle du Château » — ajouta-t-il avec un accent de tendresse et de fierté en donnant à sa fille ce nom sous lequel elle était connue et adorée dans tout le pays. — Avouez que c'est bien quelque chose, cela ?

— Certainement,... je n'en disconviens pas, — fit courtoisement l'ingénieur avec une légère nuance d'embarras. — Pourtant, j'avoue... hum !... que quelques recommandations... Cela ne gâte rien, dans tous les cas, — acheva-t-il victorieusement.

— Je croyais, père, que M. Gérard avait parlé du général Henriot, — fit Madeleine surmontant son trouble. — Est-ce qu'il ne t'a pas dit qu'il était un des amis de sa famille ?... C'est toi qui le disais...

— Tiens, en effet, c'est vrai, je l'avais oublié, — avoua M. Duhamel. — Il m'a même promis de revenir avec une lettre du général — car je lui ai donné rendez-vous pour après-demain.

Vous serez là, Verneuil, je veux vous le présenter. — Je suis sûr qu'il vous plaira. Je suis physionomiste, vous savez, — ajouta le maître de forges, dont c'était l'inoffensive prétention.

— Physionomiste avec votre cœur, monsieur Duhamel, — répondit le jeune ingénieur, — comme Mlle Madeleine. Cela est bon quelquefois ; malheureusement, on est trompé si souvent...

— Bah ! mon cher Verneuil, quand cela serait, — dit l'industriel avec un air d'exquise bonté ; — ne vaut-il pas mieux être dupe quelquefois que de risquer de fermer sa porte à un homme vraiment méritant et malheureux?

— Je ne dis pas...

— D'ailleurs, dans cette circonstance, nous avons la référence de mon vieil ami, le général Henriot. Ce n'est par conséquent point le cas d'avoir des craintes. — Ne faites donc pas le méchant, Verneuil, pour le protégé de ma fille. Voyez la figure de ma pauvre Madeleine.

— Oh! je ne discute que le principe, — dit courtoisement l'ingénieur. — Je connais le cœur de Mlle Madeleine et le bonheur qu'elle éprouve à faire le bien. — Je suis donc tout disposé à accueillir son protégé; mais encore faut-il que je trouve un emploi à lui donner... Je vais y réfléchir d'ici après-demain. — Ou plutôt, non, il vaut mieux que je le voie d'abord.

— Mais vous le connaissez, au fait, mon cher Verneuil, — interrompit l'industriel. — C'est ce jeune homme avec lequel vous vous êtes croisé tout à l'heure en me quittant pour aller donner des ordres pour le courrier, ce jeune homme qui m'a été amené par Mlle Duhamel.

— Ce grand garçon distingué et qui a l'air si triste? — questionna avec empressement l'ingénieur, évidemment satisfait du souvenir qu'avait laissé dans son esprit la silhouette élégante et sévère de son futur employé.

— N'est-ce pas que l'on voit bien tout de suite que c'est un jeune homme qui souffre, qui est malheureux? — s'écria Madeleine Duhamel, entraînée par l'élan de son cœur. — Oh! il faut lui trouver un emploi, monsieur Verneuil!... il faut lui venir en aide! Je devine qu'il en a besoin... que c'est une misère cachée, une noble misère à soulager.

— Je ferai mon possible, mademoiselle, je vous le promets, — répondit l'ingénieur en s'inclinant. — Je le verrai après-demain... Si ce jeune homme est capable, s'il est instruit comme il l'affirme, je trouverai bien le moyen de l'employer.

— C'est une bonne action que vous ferez, monsieur Verneuil, j'en suis sûre, — dit Madeleine Duhamel d'une voix émue.

— Et une bonne affaire, vous verrez, Verneuil, c'est ma conviction à moi, — ajouta l'industriel en voyant un furtif sourire se dessiner sur les lèvres de l'ingénieur. — Il me plaît, ce garçon-là, et je m'y connais, quoi que vous en pensiez!

*
* *

Le surlendemain, quand, exact au rendez-vous que lui avait donné M. Duhamel, Gérard se présenta à Bois-Jolivet, il trouva le maître de forges occupé à travailler avec son ingénieur.

— Monsieur Verneuil, le directeur des usines de Varangeville et de La Neuveville, — dit seulement l'industriel, après un geste affable de bienvenue au jeune solliciteur.

Gérard et l'ingénieur se saluèrent courtoisement, après quoi M. Verneuil sembla se replonger dans ses études.

— Eh bien, monsieur Gérard? — questionna M. Duhamel.

— Je viens chercher votre réponse, monsieur, ainsi que vous m'y avez invité, — fit le jeune homme d'une voix un peu émue, — et vous apporter en même temps une lettre du général Henriot, cet ami de ma mère dont je vous avais parlé avant-hier; il a bien voulu me cautionner auprès de vous.

Et Gérard chercha dans son portefeuille la lettre de son parrain.

— Vous avez vu le général?

— J'ai passé la journée d'hier avec lui, monsieur, — répondit le jeune homme en remettant la lettre à l'industriel.

— Il se porte toujours bien, j'espère? — demanda celui-ci.

— Très bien, monsieur.

— Et lui avez-vous dit que vous m'aviez vu, que vous étiez venu déjà à Bois-Jolivet? — interrogea M. Duhamel en s'apprêtant à lire la lettre que venait de lui présenter le jeune homme.

— Je le lui ai dit, monsieur, et aussi l'accueil bienveillant que j'y avais reçu, bien qu'inconnu de vous, — ajouta Gérard d'une voix chaude.

— Je lui ai dit votre encourageante bonté, l'espoir que vous m'aviez donné de trouver à m'occuper dans vos bureaux.

M. Duhamel avait ouvert la lettre du général Henriot; il la parcourut avec une satisfaction croissante.

— C'est bien! c'est parfait! — s'écria-t-il, en lançant du côté de l'ingénieur un regard éloquent qui semblait dire :

« Soutenez encore, après cette lettre-là, que je ne suis pas physionomiste! »

Puis, se tournant vers Gérard :

— Le général me fait de vous les plus grands éloges, — dit-il au jeune homme. — Il semble avoir pour vous, à tous égards, sous le rapport de l'instruction comme sous celui du caractère, la plus profonde estime, la confiance la plus entière.

— Le général m'aime beaucoup : il a beaucoup trop d'indulgence pour moi, je le crains, — répondit modestement le solliciteur.

— Pardon; il semble dire, au contraire, que vous n'en avez aucunement besoin, — rectifia en souriant l'industriel. — « C'est un garçon très intelligent et de grandes capacités »; — écrit-il; et ailleurs encore : « Je crois pouvoir répondre de lui comme de mon propre fils! » je cite textuellement. — Ce n'est pas là une manière de présenter le premier venu !

— J'ai fait en effet d'assez bonnes études, dont je tâche de tirer le meilleur parti possible, monsieur, — murmura Gérard en rougissant imperceptiblement.

— Bon ; alors, cela ira tout seul. — Vous sentez-vous capable de seconder un ingénieur ?

— Dès que je serai au courant, monsieur, je le pense, — répliqua le jeune homme.

— Eh bien ! c'est une affaire entendue, alors, — fit M. Duhamel, sûr de ne pas trop s'avancer, car il lisait sur le visage de l'ingénieur l'impression favorable produite sur lui par M. Gérard.

M. Verneuil, en effet, avait attentivement étudié le sympathique solliciteur, pendant la conversation que celui-ci venait d'avoir avec M. Duhamel, et cet examen avait été des plus favorables à Gérard.

Garçon intelligent, sympathique, — avait jugé à part lui M. Verneuil. — Cette fois, je crois que le patron aura eu la main heureuse. — Voilà qui va donner un regain à ses prétentions de physionomiste.

Tout de suite l'ingénieur devina tout le parti qu'il pourrait tirer de son nouvel employé.

— Ça me fera un excellent collaborateur, si le fond répond à la forme, — murmura-t-il.

Et comme M. Duhamel le questionna au sujet de l'emploi qu'il pourrait donner au jeune homme, M. Verneuil demanda qu'il lui fût adjoint.

— J'ai plus de travail que je ne puis en faire, — dit l'ingénieur, — M. Gérard m'aidera. Cela me permettra de m'occuper avec plus de suite de mes nouveaux projets de hauts-fourneaux.

Et les choses avaient été réglées ainsi, séance tenante.

Gérard entrerait en fonctions le lendemain même. Il serait logé dans un pavillon situé à mi-chemin du château et de l'usine, et où se trouvaient l'habitation de l'ingénieur, les bureaux, les ateliers de dessinateurs, le laboratoire, enfin toutes les annexes indispensables d'une vaste exploitation.

Les appointements seraient fixés par M. Verneuil aussitôt que celui-ci se serait rendu compte des capacités de son nouvel employé et des services qu'il pourrait lui rendre.

— Cela vous convient-il comme ça ? — questionna amicalement M. Duhamel.

Cet arrangement comblait tous les espoirs de Gérard. Il en manifesta sa joie avec l'effusion la plus reconnaissante.

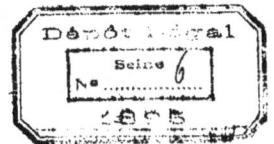

Madeleine et Gervaise taillèrent elles-mêmes les étoffes... (P. 67.)

— C'est plus que je n'aurais osé souhaiter, monsieur, — répondit-il à l'industriel, — beaucoup plus que je n'ambitionnais, car je ne suis pas habitué au bonheur. — Mon zèle, mieux encore que mes paroles, vous prouvera, je l'espère, ma profonde reconnaissance.

— C'est bien, c'est bien, — fit M. Duhamel avec bonté, touché jusqu'au fond du cœur par l'accent ému de la voix de Gérard, accent dont il ne pouvait suspecter la sincérité. — Si vous êtes content, monsieur Gérard, je le suis également et à meilleur titre encore, car au plaisir de faire un heureux, je joins la satisfaction d'avoir fait une excellente recrue pour mon usine. — La lettre du général Henriot ne me laisse aucun doute à ce sujet.

Madeleine apprit avec une joie vive la réussite de son protégé et son entrée dans les bureaux de M. Verneuil. Mais, dès ce moment, dès qu'elle fut tranquillisée sur le sort de son inconnu du cimetière d'Art, de celui que, malgré toutes les apparences, elle s'obstinait à considérer comme le descendant des ducs de Soisy, elle s'abstint de paraître s'occuper davantage du nouvel employé de son père.

La jeune fille sentait vaguement, en son cœur, l'éveil d'un sentiment qui la poussait à s'intéresser, plus qu'il n'eût fallu peut-être, à celui qui se faisait appeler Gérard. Un instinct de réserve, la pudeur inconsciente et native de la jeune fille aux premières manifestations de l'amour, lui fit renfermer en elle-même le secret de ses pensées.

Elle essaya même de ne plus songer à Gérard.

— Il était malheureux et digne d'intérêt et j'ai eu raison de m'occuper de lui, — se répétait Madeleine, surprise de ne pouvoir se délivrer de l'obsession du souvenir de Gérard, — j'ai fait tout ce que je pouvais pour ce jeune homme ; mais, maintenant qu'il n'a plus besoin de moi, cela suffit.

Et Mlle Duhamel avait cherché à s'absorber et à se reprendre dans le courant de ses occupations quotidiennes.

En compagnie de Miss ou de Gervaise, — car, aussitôt seule, la jeune fille retombait tout de suite dans ses rêves, — Elle s'était remise à visiter ses pauvres et ses malades, toujours compatissante et bonne, distribuant des secours et de douces paroles, mais avec, en elle, on ne sait quelle nouvelle et mystérieuse flamme qui la rendait encore plus douce et plus compatissante, la faisait plus vibrante au malheur.

L'œuvre des petites pupilles se trouvait maintenant en pleine activité.

Le cousin des Vosges, heureux de participer à une bonne œuvre dont sa cousine Madeleine était une des patronnesses, avait envoyé tout un assortiment de flanelles, de toiles et d'indiennes qu'il s'agissait de transformer au plus vite en trousseaux et en layettes.

Dès l'arrivée des ballots, expédiés par le cousin Rondel à Bois-Jolivet, Madeleine, radieuse, avait envoyé chercher Gervaise. Miss, expédiée avec la victoria, était chargée de ramener avec elle Mlle de Chatenay.

Pendant ce temps, la Demoiselle du Château et sa mère, aidées d'une femme de chambre, s'étaient occupées à déballer les colis.

— Elles en auront au moins pour dix ans de langes et de brassières, vos deux pupilles! — s'écria Mme Duhamel doucement railleuse, en mettant au jour d'innombrables pièces de flanelle. — A quoi a-t-il pensé le cousin Rondel?

Mais Madeleine se révolta.

— Du tout, maman, il n'y en a pas trop, va, il nous faut bien ça... pense donc, ces deux petites... ce que ça en salit!... et avant qu'elles soient élevées!... elles ont à peine cinq mois à elles deux!... sans compter qu'il peut en venir d'autres, car M. Tiercelet en cherchera.

— Mais vois donc, vois donc! — fit en riant Mme Duhamel, continuant à déballer de nouvelles étoffes.

L'envoi du cousin était en effet des plus importants. Il avait tablé sur un orphelinat composé d'au moins une ou deux douzaines de pupilles.

Heureusement pour la commune, l'établissement philanthropique du maire de Manoncourt avait peu de chances d'arriver de sitôt à ce chiffre élevé de pensionnaires. Les petites protégées de Madeleine et de Gervaise en auraient donc pour longtemps, quelques dispositions au gaspillage qu'elles montrassent, avant d'avoir mené à complet épuisement le don généreux du cousin Rondel.

Madeleine était aux anges.

Gervaise de Châtenay partagea la joie de son amie.

Il restait maintenant à faire transformer en layettes et en trousseaux ces inestimables richesses.

Madeleine et Gervaise taillèrent elles-mêmes les étoffes sous la direction habile de la femme de chambre de Mme Duhamel. Puis le travail fut distribué à des femmes ou veuves d'ouvriers, d'employés ou de retraités de l'usine.

Les deux jeunes filles s'occupèrent ensuite de l'installation d'un ouvroir attenant à l'orphelinat.

Madeleine se multipliait, sortait tous les jours avec Gervaise qu'elle allait prendre en voiture au château de Châtenay, visitant et activant ses ouvrières, courant à Manoncourt voir où en était la bâtisse que — grâce à une souscription récoltée dans le pays — le maire faisait élever pour ses petites pupilles.

Elle semblait insatiable de mouvement.

— On ne te voit plus, mignonne! — disait parfois M. Duhamel. — Tu te fatigues trop. Laisse donc un peu tes orphelines qui ne sont pas bien à plaindre, dorlotées et choyées comme des petits coqs en pâte, et reste au moins une journée tranquille avec nous.

La jeune fille riait, embrassait son père, et disait que toutes ces occupations ne la fatiguaient pas, au contraire.

— Cela mé distrait, père, et m'occupe ; elles sont si intéressantes, les chères petites !... Hier, on en a amené une nouvelle à M. Tiercelet, une adorable fillette de quatre ans dont le père s'est noyé l'autre jour en jetant ses filets dans le canal. La mère reste dans la plus extrême misère avec deux petits garçons en bas âge. Il a fallu s'occuper d'habiller la pauvrette, de lui procurer une couchette, de lui prendre des mesures pour son trousseau. Moi et Gervaise avons été porter un secours à la pauvre veuve. Tout cela ne pouvait être remis, père, tu vois bien, — concluait Mlle Duhamel.

Et l'usinier, fier et heureux au fond de cette ardeur de charité qui animait sa fille, renonçait à pousser plus loin ses amicales remontrances.

— Elle est si heureuse de faire le bien ! — murmurait-il. — Après tout, elle est bien portante, c'est l'essentiel. Pourquoi l'empêcher de s'occuper tout à son aise de ses petites protégées et de ses pauvres ?

*
* *

La vérité est que, malgré tous ses efforts et le soin qu'elle prenait de donner chaque jour un aliment nouveau à ses pensées, Madeleine ne parvenait pas à étouffer le sentiment qui, à son insu, depuis sa rencontre avec Gérard dans le petit cimetière d'Art-sur-Meurthe, avait pris naissance dans son cœur.

Elle ressentait pour ce jeune homme, dont la douleur avait éveillé en elle tant de compassion, une sympathie intime, mystérieuse, qui l'attirait inconsciemment et dont l'obsession même lui était douce.

Si Madeleine, prise d'une réserve subite, ne parlait plus de son protégé, en revanche, elle en entendait beaucoup parler par son père et par M. Verneuil. Les deux hommes ne tarissaient pas d'éloges sur leur nouvel employé. L'ingénieur était chaque jour plus satisfait de Gérard.

— C'est un garçon d'un mérite réel, un infatigable travailleur, — ne se lassait-il pas de répéter. — Il est d'une compétence inouïe ; il a même une intuition du métier qui m'étonne. Je n'ai presque rien eu à faire pour le mettre au courant. Aujourd'hui, au bout de trois semaines à peine, il en sait autant que moi !... Il serait, ma foi, fort capable de me remplacer, si j'étais obligé de m'absenter.

Quant au calcul, je le trouve encore plus remarquable, — ajoutait l'ingénieur. — Il a une facilité de mathématicien véritablement extraordinaire. C'est un homme merveilleusement doué pour les chiffres. — Ajoutez à cela que ses exposés sont écrits avec une élégance et une correction irréprochables. Le dernier rapport qu'il a rédigé était d'une clarté et en même temps d'une concision admirables. C'est un esprit sérieux, précis, bien équilibré...

— Hein! Verneuil, quand je vous disais que la physionomie de ce garçon-là me revenait! — s'écriait M. Duhamel, tout fier de voir si promptement et si pleinement justifiés les pronostics favorables portés par lui sur le protégé de sa fille. — Venez me soutenir après cela que je n'y connais rien et que je me laisse toujours entraîner par mon bon cœur!... Vous en trouverez beaucoup, vous, des employés comme celui-là ?

Si la satisfaction du maître de forges était complète, la joie de Madeleine, pour être moins expressive et moins bruyante, n'en était pas moins grande. La jeune fille se sentait heureuse des compliments enthousiastes qu'elle entendait faire sur celui qui, comme le premier jour de leur rencontre, était resté pour elle « l'inconnu ».

Car, si Madeleine demeurait toujours persuadée que ce nom obscur de Gérard cachait le descendant de l'illustre famille de Soisy, aucune preuve n'était venue corroborer des doutes qu'une circonstance fortuite avait fait naître et qu'elle avait soigneusement gardés comme un secret qui ne lui appartenait pas, et dont elle n'avait par conséquent pas le droit de disposer.

Cependant, pour ne point s'être affirmée d'une façon certaine, la conviction de Madeleine n'avait pas changé. Oui, c'était bien pour elle le duc de Soisy qui se cachait sous le pseudonyme de Gérard; ou plutôt, ce pseudonyme lui-même n'était que le nom de baptême du jeune homme.

Gérard de Soisy! C'était ainsi que Mme de Châtenay l'avait nommé, en parlant de lui, — Madeleine se le rappelait bien.

Parfois, la Demoiselle du Château apercevait Gérard, les rares fois où il venait, envoyé par l'ingénieur, pour soumettre quelque rapport ou quelque projet à M. Duhamel.

Ils se saluaient alors de loin, sans rien se dire. Mais Madeleine ressentait de ces rencontres une joie intime dont elle jouissait avec délices, car, dans l'ignorance où elle était de son amour, elle attribuait cette joie à la satisfaction que met, dans les cœurs bienfaisants, la conscience d'une bonne action.

Quant à Gérard, c'était avec un sentiment de profonde et respectueuse reconnaissance, comme avec une sorte de dévotion, un véritable culte, qu'il saluait l'adorable fille de l'usinier. N'était-ce pas elle, lui semblait-il, qui avait été son ange protecteur, elle dont l'encourageant accueil lui avait redonné la force nécessaire pour tenter sa démarche auprès du riche industriel, elle enfin, à qui il devait son bonheur!

Le jeune homme était heureux, en effet; il l'avait écrit au général

Henriot, en lui annonçant le bon résultat de sa recommandation et son entrée immédiate à l'usine.

C'était le calme, maintenant, pour lui, après toutes les angoisses de l'irrésolution et des cruelles incertitudes.

*　*　*

« J'ai rompu avec le passé, mon cher parrain, — écrivait le jeune duc. — Mon nom demeurera inconnu. Je ne suis plus que Monsieur Gérard, et, sous ce nom, j'espère arriver à me faire une existence sinon brillante, du moins honorable.

« Ma vie, ici, — bien que très occupée, — est des plus faciles. M. Duhamel est, du reste, l'homme le plus bienveillant et le meilleur du monde. Vous l'aviez bien jugé.

« Tel je l'avais vu la première fois, tel je l'ai retrouvé l'autre jour, avec, cependant, — après qu'il a eu pris connaissance de votre si charmante lettre, — cette nuance de soulagement et de détente que peut donner la quasi-certitude de n'avoir pas fourvoyé sa bienveillance.

« J'ai été accepté immédiatement et suis entré en fonctions le lendemain même.

« Ces fonctions me conviennent on ne peut mieux, comme vous l'allez penser, lorsque vous saurez qu'il s'agit pour moi de servir d'auxiliaire à l'ingénieur, M. Adrien Verneuil, qui est le neveu du secrétaire de M. Duhamel. C'est un garçon des plus sympathiques, avec lequel je n'aurai, je le vois, aucune peine à m'entendre. Très instruit, très capable, d'une intelligence vraiment hors ligne dans sa partie, il est de plus tout dévoué au maître de forges dont il admire le caractère et la bonté.

« Surchargé de travail, — car il surveille et dirige en même temps les deux usines, celle de la Neuveville et celle de Varangeville, — mon aide, que je cherche à rendre le plus efficace possible, tout en me mettant rapidement au courant, lui sera bientôt d'un réel secours. Aussi, M. Verneuil ne dissimule-t-il pas sa satisfaction.

« Je suis installé auprès de lui, dans un très confortable pavillon, auquel sont annexées toutes les dépendances de l'usine, c'est-à-dire les bureaux, le laboratoire, les ateliers de dessinateurs, etc., de façon que l'ingénieur soit dérangé le moins possible et qu'il ait sous la main tout ce qui peut être nécessaire à ses travaux.

« Son logement particulier occupe toute une aile du pavillon donnant sur un jardin qui descend presque jusqu'au canal. C'est de ce logement que M. Verneuil a fort aimablement distrait pour moi, deux pièces ayant une entrée particulière et dans lesquelles je serai fort bien, parrain, lorsque j'aurai fait venir mes livres et les quelques chers souvenirs qui résumeront désormais pour moi dans la vie tout le passé et toutes mes affections disparues.

« C'est donc de tout mon cœur que je vous remercie encore d'avoir si généreusement fait taire la révolte de vos convictions personnelles, pour me faciliter l'accomplissement d'une résolution pénible qui m'a paru être le devoir.

« Je crois que ma mère, si elle eût été vivante, m'aurait approuvé. En tout cas, je tâcherai que rien dans la modeste existence de monsieur Gérard ne soit indigne d'être ratifié par le descendant des ducs de Soisy.

« Je sais qu'au fond, vous me comprenez, mon cher parrain, et que peut-être même vous avez sur ma décision une opinion que vous n'avouez pas, mais que je devine et dont je suis fier : c'est que j'agis en homme de cœur et en digne fils de ceux qui eussent pu prendre pour devise ces mots du roi-gentilhomme : « Tout est perdu, fors l'honneur! »

« C'est cette conviction, inébranlable en moi, qui m'a donné le courage de résister aux offres délicates d'une tendresse dont je veux me rendre digne et dont mon cœur vous gardera à jamais une profonde reconnaissance.

« Recevez, mon général, l'assurance de mon affection filiale et de mon respect.

« Celui qui n'est plus que pour vous seul

« Gérard, duc de Soisy. »

* *

Cette lettre de Gérard au général Henriot était le résumé à peu près complet des impressions du jeune homme depuis son entrée aux usines de Varangeville et de la Neuveville.

Nous avons dit, à peu près complet, car Gérard, malgré sa tendresse pour son parrain, eût considéré comme un sacrilège de parler du sentiment secret et si doux qui l'attirait irrésistiblement vers la charmante fille du maître de forges.

Le jeune homme avait bien été forcé de se l'avouer, étonné de l'émoi subit qui le saisissait lorsque le hasard le mettait en présence de Madeleine.

Cette impression ineffaçable, ressentie dès le premier moment où il s'était trouvé en présence de la Demoiselle du Château, cet attrait exercé sur lui par l'exquise jeune fille, ce bonheur éprouvé subitement à sa vue et attribué par lui à la reconnaissance de son cœur, comme une résultante simple et toute naturelle de l'accueil bienveillant de Madeleine, c'était de l'amour !

Moins novice que la jeune fille, Gérard, — si fort qu'il s'en défendît, — avait dû arriver à en convenir.

Il aimait !... Il aimait d'un amour fou, sans espoir, la fille de M. Duhamel, la fille de son bienfaiteur et de « son patron », la Demoiselle du Château !

Cette découverte l'avait consterné.

Il n'était rien ! — De quel droit se permettait-il d'aimer une jeune fille comme Madeleine ?

Comment osait-il porter ses regards, lui, simple petit employé, sur la plus riche héritière du pays ?

— La plus élémentaire délicatesse m'ordonne de n'y plus penser, d'imposer silence à mon cœur ! — se répétait Gérard. — L'honneur même m'interdit toute espérance.

D'ailleurs, dans ma position, puis-je espérer jamais pouvoir aimer, me marier, me créer une famille, un intérieur ?... Non, je dois oublier, je dois étouffer un amour qui serait une chose coupable, indélicate !

Mais, oublier Madeleine !... Pour cela il eût fallu partir, s'éloigner de Bois Jolivet, quitter l'usine, fuir, sans retard, la moindre occasion de revoir la jeune fille qui s'était emparée de son âme.

Or, cela, Gérard ne le pouvait déjà plus !

Sans qu'il s'en rendît compte lui-même, l'existence de Madeleine était devenue partie inhérente de sa propre existence. — L'apercevoir quelquefois, la sentir vivre près de lui, savoir qu'à quelques minutes de là, sous les frais ombrages du parc ou derrière les murs du château, passait l'envolée de ses cheveux blonds, rayonnait la grâce de son sourire, était devenu aussi nécessaire au jeune homme que l'air et la lumière.

Comment eût-il trouvé la force de renoncer de plein gré à ce bonheur?

— N'est-elle pas ma Providence, mon bon ange !... — murmurait-il. — Dieu, en m'inspirant la pensée de m'adresser à M. Duhamel, ne m'a-t-il pas envoyé cette adorable enfant pour me rendre le courage, l'énergie ?...

Non, je ne m'éloignerai pas. — D'ailleurs, ne suis-je pas le maître de mon cœur ?... Mon amour est un secret que nul ne découvrira jamais... Mlle Madeleine l'ignorera toujours... Je garderai son souvenir en moi, comme un culte, et ce sera tout !...

*
* *

Lorsque la fin du premier mois fut arrivée, M. Duhamel, de plus en plus enchanté de son employé, se rendit lui-même au bureau de M. Ver-

Madeleine s'était approchée de la table sur laquelle se trouvaient les journaux. (P. 79.)

neuil pour féliciter Gérard, et lui annoncer que l'ingénieur avait fixé le montant de ses appointements mensuels à deux cents francs.

— Ces appointements sont provisoires, bien entendu, — ajouta le maître de forges, en répondant amicalement aux remerciements de son employé; — car je ne vous cache pas que M. Verneuil est on ne peut plus satisfait de vous. — Votre travail lui a rendu déjà de véritables services, et maintenant que vous voilà tout à fait au courant, il est persuadé que vous lui en rendrez à l'avenir bien davantage. — Il a de vous l'opinion la plus flatteuse. Continuez donc; ne vous découragez pas. Avec votre intelligence et votre zèle, et les extraordinaires facilités de travail que vous possédez, vous pouvez arriver promptement à vous faire ici une situation très enviable.

En attendant, — poursuivit l'industriel, — je viens d'écrire à mon vieil ami le général Henriot, pour lui dire à quel point je suis content de l'excellente idée qu'il a eue de vous recommander à moi. C'est une bonne fortune dont je lui sais gré, car on ne trouve pas tous les jours des employés de votre valeur.

Cette visite de M. Duhamel et les chaleureux compliments du maître de forges avaient rendu Gérard très heureux.

Désormais, il était sauvé

Comme le lui avait promis l'usinier, il ne dépendait que de lui de voir sa situation s'améliorer promptement. Le jeune homme pouvait donc espérer se faire à l'usine, et sans doute avant peu, une position, subalterne il est vrai, mais sûre et avantageuse.

— C'est là l'essentiel, — se disait Gérard de Soisy. — L'important est que j'aie pu trouver à gagner ma vie honnêtement. — Je dois donc me féliciter de plus en plus de ma décision.

Ici, personne ne me connaît, et M. Gérard a le droit de mener une existence modeste; tandis qu'au régiment le duc de Soisy n'eût fait que végéter misérablement... et, qui sait, peut-être, pis encore !

Ni M. Duhamel, ni M. Verneuil n'avaient le moindre soupçon sur l'authenticité du nom de leur nouvel employé.

Pour eux, c'était uniquement M. Gérard.

La lettre du général Henriot avait suffi au maître de forges et il n'avait demandé la production d'aucun papier.

Il s'abstenait même de le questionner sur sa famille, sur ses antécédents, sur ce qui le concernait, car il devinait sous la tristesse du jeune homme un esprit d'abnégation et de sacrifice, attestant des douleurs secrètes, des malheurs profonds contre lesquels il luttait avec courage.

Cela avait déterminé chez le père de Madeleine une sincère compassion qui déjà s'augmentait de la plus réelle sympathie et de l'estime la plus cordiale.

Il était évident, — et ses connaissances techniques, ses merveilleuses aptitudes, son instruction parfaite le confirmaient, — que M. Gérard devait appartenir à une excellente famille. Mais soupçonner la vérité, la Demoiselle du Château avait seule été à même de le faire.

CHAPITRE V

LA CARTE DE VISITE

L'IDÉE était venue à Madeleine d'intéresser à l'œuvre des petites pupilles, le général Henriot.

— Si tu veux, — avait-elle dit à sa mère, — nous irons toutes les deux à Nancy avec le landau. Le temps est encore si beau ; cela nous fera une promenade charmante.

— En landau ? Mais, c'est bien loin, — avait objecté la femme du maître de forges.

— Loin ! Mais non, maman... pas plus d'une quinzaine de kilomètres. — Les chevaux se reposeront pendant que nous serons chez le général et nous serons revenues ici à l'heure du dîner.

— Mais pourquoi ne pas aller à Nancy par le chemin de fer, tout simplement ?

— Parce que, par le chemin de fer, nous ne jouirions pas de la route !... Si tu savais comme tout est joli, le paysage, la rivière !

Demande à Miss lorsqu'elle sera là, si tu ne me crois pas, petite mère, — ajouta en riant Madeleine.

— A Miss ?

— Oui. — Elle m'a dit que le campagne il était maintenant dans toute son performance — fit Madeleine en imitant à merveille l'accent de la demoiselle de compagnie.

— Mais, je la vois d'ici, la campagne, — répliqua Mme Duhamel, amusée par la gaieté de sa fille.

— Oh ! mère, ce n'est pas la même chose ! — Et le soir, la belle lueur violette qui monte de la rivière, comme pour teindre les ombres !

— Du brouillard, tout simplement, ta lueur violette !

— Tu te couvriras bien, petite mère, — insista Madeleine. — Dis oui, je t'en prie ? C'est si ennuyeux, le chemin de fer !... La route est si belle, jusqu'à Nancy !

— Prenons donc le landau puisque cela te fait tant de plaisir, mademoiselle la rêveuse, — répondit enfin Mme Duhamel en mettant un baiser dans les cheveux blonds de sa fille.

Mais, — ajouta sans intention railleuse l'aimable femme, — depuis quand es-tu devenue si poétique, ma mignonne?

Madeleine rougit.

De fait, depuis la rencontre de Gérard au cimetière d'Art-sur-Meurthe, une tendance à la rêverie s'était emparée de l'esprit jusque-là si insouciant de la jeune fille.

A la sympathie que lui inspirait le mystérieux jeune homme se joignait la préoccupation du mystère douloureux dont elle avait cru surprendre le secret dans le sanglot de désespoir exhalé par l'inconnu sur la tombe des ducs de Soisy.

— C'est Gérard de Soisy! — se répétait Madeleine; — c'est le fils du duc. Sa douleur, sa distinction, le nom de Gérard sous lequel il se cache, tout le prouve. — Mais alors, pourquoi se cacher?... pourquoi chercher à dissimuler son nom... Ce titre si beau de duc de Soisy dont, malgré tout, il devrait être fier?...

Et la jeune fille demeurait songeuse, toute sa pensée reportée vers Gérard, oublieuse des résolutions prises, cherchant à percer le nuage mystérieux qui entourait le passé de son protégé.

— Après tout, — se donnait comme raison Mlle Duhamel, — je n'ai pas le droit de m'en désintéresser complètement. Qu'ai-je fait encore pour lui?... Si mes conjectures sont justes, s'il est bien le descendant de cette illustre famille, qu'est-ce qu'une modeste place d'employé et deux cents francs d'appointements pour l'héritier des ducs de Soisy?... Ai-je pu m'illusionner à ce point de penser que j'avais fait pour lui, après ce bel effort, tout ce qu'il m'était possible de faire?...

Mais comment savoir?... Comment être sûre?... — ne cessait de se répéter Madeleine.

Seule, la pensée de ses petites pupilles de l'orphelinat de Manoncourt parvenait à distraire la jeune fille de ses préoccupations secrètes.

Aidée de Gervaise de Châtenay, elle s'occupait activement de faire de la propagande à l'œuvre philanthropique de M. Tiercelet.

C'est ainsi que Madeleine avait pensé à obtenir la participation du général Henriot.

— Je tâcherai d'aller le voir avec maman, ma petite Gervaise, — avait-elle annoncé à son amie. — Le général est très bon et m'aime beaucoup; il a de hautes relations à Nancy. Il pourra nous être d'un grand secours. — Je réponds, d'abord, de sa cotisation.

— Pourvu que ta mère veuille bien t'accompagner!... — dit Gervaise.

— Pourquoi ne voudrait-elle pas, si je lui dis que cela me fera plaisir ? — répondit Madeleine avec une conviction toute filiale. — Elle est si bonne, maman !

— Et elle t'aime tant !... tu as raison. — Es-tu heureuse ! — s'écria Gervaise de Châtenay, avec un soupir.

— Ma pauvre mignonne ! — fit avec une affectueuse compassion Mlle Duhamel, qui avait compris la pensée intime et douloureuse de son amie.

Les deux jeunes filles s'embrassèrent tendrement.

Le lendemain même du jour où Madeleine avait décidé sa mère à faire avec elle une visite au général Henriot, pour tâcher de l'intéresser à l'œuvre des petites pupilles, la jeune fille reçut, dans la matinée, de Valérie de Belleuse, nièce du général, une lettre qui la décida ainsi que Mme Duhamel à ne pas retarder davantage le voyage projeté.

Valérie de Belleuse écrivait à Madeleine qu'elle venait d'arriver à Nancy, où elle allait vivre désormais auprès de son oncle.

Amie de pension de Mlle Duhamel, mais plus âgée qu'elle de quelques années, il y avait déjà trois ans que la nièce du général Henriot avait quitté le couvent des Dames du Sacré-Cœur de Nancy, où elle s'était liée d'amitié avec la fille de l'industriel.

A sa sortie du couvent, Valérie avait été habiter Paris chez ses parents, et Madeleine n'ayant pas quitté Varangeville, c'est-à-dire le château de Bois-Jolivet, les deux amies s'étaient perdues de vue. Mais elles avaient continué à s'écrire et c'est par Valérie que Mlle Duhamel avait appris la mort, — à six mois de distance à peine l'un de l'autre, — du père et de la mère de Mlle de Belleuse.

Le général Henriot avait été nommé tuteur de l'orpheline.

Veuf depuis de longues années et sans enfants, le général, après avoir d'abord laissé Valérie à Paris sous la garde d'une de ses parentes, s'était décidé à prendre la jeune fille avec lui.

Mlle de Belleuse avait aujourd'hui vingt et un ans et il était temps de songer à la marier.

— A Nancy, — avait pensé le général, — avec la situation que j'occupe, ma nièce sera plus à même de trouver un bon parti.

Valérie, consultée par son oncle, avait éprouvé une joie vive à la pensée de revenir dans une ville où elle espérait retrouver la plupart de ses amies de pension.

Elle avait, d'ailleurs, toujours beaucoup aimé le général et ne regrettait ni Paris, ni la vieille parente à qui son oncle l'avait confiée jusqu'alors et qui était une personne acariâtre et peu sociable.

Valérie comptait s'amuser beaucoup à Nancy, se doutant un peu du but matrimonial visé par son oncle.

.*.

« Je crois bien que cet hiver je ferai mes véritables et sérieux débuts dans le monde, ma petite Madeleine, car j'ai dans l'idée que mon oncle ne me fait pas venir ici pour me garder sous cloche, » — écrivait la jeune fille à Madeleine Duhamel, en lui annonçant son arrivée à Nancy et en lui disant tout le plaisir qu'elle aurait à l'embrasser le plus tôt possible.

— Cette bonne Valérie!... Moi aussi, je serai bien contente de la revoir, — s'écria Madeleine. — Il y a si longtemps que nous nous sommes quittées. — C'était une de mes meilleures camarades!... et si bonne fille! Comme cela se rencontre bien que nous ayons justement l'intention d'aller voir le général.

— Veux-tu que nous y allions aujourd'hui? — proposa Mme Duhamel.

— Oh! petite mère, je serais bien contente; je n'osais pas te le demander; — fit la jeune fille en battant des mains.

— Eh bien! donne l'ordre d'atteler le landau immédiatement après le déjeuner, qui sera avancé d'une demi-heure : je vais en prévenir ton père. — Ce sera une surprise pour ton amie, qui ne doit pas nous attendre de sitôt.

— C'est Valérie qui va me faire de la propagande pour mes petites pupilles! — dit Madeleine en embrassant Mme Duhamel. — Elle qui avait tant d'entrain et de brio au couvent. Je vais lui proposer d'être une des patronnesses.

— Elles seront bientôt plus riches que vous, vos petites pupilles! — fit en souriant la femme du maître de forges.

— Il n'y a pas de danger, va; pense donc que quand l'œuvre sera connue, il va nous arriver des fillettes de tous les coins du pays. Il faut tabler là-dessus; on ne peut pas se laisser prendre au dépourvu.

— Oh! je ne pense pas que cela soit à craindre au train dont vous marchez, — conclut en riant Mme Duhamel.

Allons, monte t'habiller, ma mignonne, si tu veux que nous allions à Nancy aujourd'hui, — ajouta l'excellente femme.

Lorsque le landau, attelé de ses deux vigoureux percherons, déposa Madeleine et sa mère à la porte du général Henriot, Valérie venait de sortir, accompagnée de sa femme de chambre.

Le général, lui, se trouvait là.

Seulement, il était au salon avec le préfet pour affaires de service et on ne savait pas s'il pourrait recevoir.

Mme Duhamel fit passer sa carte.

— Mon général sera libre dans un instant; il fait prier ces dames de l'excuser et de vouloir bien l'attendre dans son cabinet, — revint dire le brosseur après avoir remis au général la carte de Mme Duhamel. — Mon général a ajouté comme ça : « Surtout que ces dames m'attendent, qu'elles ne s'en aillent pas. Dis-leur bien que je suis à elles dans un instant ! »

— Bien, nous attendrons, — fit en souriant la femme du maître de forges, en suivant, ainsi que Madeleine, l'ordonnance qui leur ouvrit en s'effaçant la porte du cabinet.

— Si ces dames veulent entrer...

Et, montrant une table recouverte d'un tapis et sur laquelle s'étalaient, pêle-mêle, des journaux, des livres, des brochures :

— Si ces dames veulent lire, en attendant... — ajouta-t-il d'un air aimable.

Le brave garçon avait compris au ton de son général que les visiteuses étaient des amies et avaient droit à toutes ses prévenances.

— Merci, ne vous inquiétez pas de nous, — répondit Mme Duhamel, en s'asseyant.

Madeleine s'était approchée de la table sur laquelle se trouvaient les journaux.

— C'est contrariant tout de même que Valérie ne soit pas là... J'aurais eu tant de plaisir à la voir, — murmura-t-elle tout en dérangeant et en feuilletant machinalement quelques brochures qui se trouvaient sous sa main. — Pourvu qu'elle revienne avant notre départ !... Il aurait mieux valu la prévenir de notre visite par un télégramme.

— Il était trop tard, quand nous avons reçu sa lettre, — répondit Mme Duhamel. — Ton télégramme serait certainement arrivé après nous.

— Tu crois, petite mère ? — fit Madeleine pour dire quelque chose, car son attention venait d'être attirée par une carte armoriée égarée parmi les papiers épars sur la table et qu'elle venait de mettre en évidence en déplaçant un journal.

Mal éclairée par le demi-jour qui passait par l'entrebâillement des épaisses tentures garnissant les fenêtres du cabinet, la carte se trouvait trop éloignée pour que Madeleine pût lire le nom qui y était gravé. — Pourtant, une couronne avait frappé les regards de la jeune fille.

Avec une ruse toute féminine, tout en ayant l'air de feuilleter une brochure, elle fit glisser la carte jusqu'auprès d'elle.

— Ce n'est pas une indiscrétion que je commets, — se disait Madeleine, un peu émue cependant, — puisque cette carte se trouve là au milieu de livres et de journaux destinés à être lus ou feuilletés par n'importe quel visiteur du général.

Et le carré de bristol se trouvant maintenant à portée de sa vue, la jeune fille lut toute tremblante, — au-dessous de la couronne ducale qui timbrait le nom :

GÉRARD DE SOISY,

Sous-lieutenant au 2° Génie,

à Montpellier.

Cette qualité se trouvait rayée d'un trait au crayon.

C'était la carte que Gérard avait fait passer au général le jour où il était venu demander à son parrain une lettre de recommandation pour le maître de forges de Varangeville.

Dans l'émotion que lui causait l'inconcevable rature, le vieux soldat l'avait jetée sur la table pour courir au devant de son filleul.

Elle s'était trouvée prise sans doute dans un livre d'où le hasard venait de la tirer, juste à point pour la placer sous les yeux de Mlle Duhamel.

— Gérard de Soisy ! — pensa Madeleine, profondément troublée. — Ah ! je ne m'étais donc pas trompée !... J'en étais bien sûre !... Mais, à présent, aucun doute n'est plus permis. Je comprends cette pressante recommandation du général Henriot avec laquelle M. Gérard s'est présenté à l'usine... Le général connaît la famille de Soisy, en voici la preuve...

Oui, c'est lui, c'est le fils du duc !... Il était officier, ainsi que Mme Châtenay nous l'a dit. — C'est bien cela !

Tout en M. Gérard révèle une éducation brillante. — Ces aptitudes mathématiques, cette intelligence cultivée, cette facilité de travail, ces mille qualités si appréciées par mon père et par M. Verneuil, révèlent le polytechnicien, l'officier du Génie !...

Il a donc quitté l'armée ?... il a donc renoncé à son titre ?... — ajouta toute rêveuse la Demoiselle du Château.

Ah ! je comprends... je devine ! — se dit-elle tout à coup avec un vif sentiment de commisération. — Ruiné par son père, il a voulu changer sa destinée. — A l'armée comme partout, ce grand nom était un fardeau... un empêchement à une vie de travail et de retraite. — Il aura eu peur de ne pouvoir soutenir le prestige obligé de son titre. — Obsédé par le souvenir de la vie déplorable et de l'épouvantable fin de son père, des larmes de sa mère, il a préféré changer de nom, vivre obscur, ignoré. A l'armée, cela n'était pas possible; d'ailleurs, il y était trop connu. C'est pour cela qu'il a démissionné... Puis, il a cherché un emploi...

Oui, c'est bien cela; tout s'explique maintenant, — poursuivit la jeune fille, les yeux toujours fixés sur la carte de Gérard, tandis que son esprit lui rappelait le souvenir de Gérard, dans cette rencontre à Bois-Jolivet. —

LA DEMOISELLE DU CHATEAU

— Une propagande enragée, tu peux y compter! je mettrai tous mes ... à contribution! (P. 85.)

LIV. 11. — XAVIER DE MONTÉPIN. — LA DEMOISELLE DU CHATEAU — ROUFF, ÉDIT. LIVR. 11.

Comme il avait l'air triste et indécis !... Comme il paraissait souffrir !...
Toutes ces réflexions si longues à retracer, mais qui, dans la confirmation des conjectures, s'étaient présentées lumineuses quoique sans ordre à son esprit, la fille de M. Duhamel n'avait pas mis plus d'une minute à les faire... Pourtant elle tressaillit comme au sortir d'un rêve en entendant la voix de sa mère.

— Tiens, voilà Valérie qui revient probablement, mignonne, — dit la femme de l'industriel qui venait de s'approcher de la fenêtre donnant sur la rue et qui avait vu entrer dans l'hôtel une jeune fille accompagnée d'une femme de chambre.

— Elle !... tu crois !... — s'écria Madeleine avec une vivacité témoignant aussi bien son amitié pour la nièce du général, que le désir de dissimuler ses douloureuses préoccupations.

Quelques secondes après, en effet, Valérie de Belleuse sautait au cou de Mlle Duhamel en s'écriant :

— Que tu es gentille d'être venue, si vite, ma chérie, et que je suis heureuse de te voir !...

Puis elle alla saluer Mme Duhamel et, revenant à Madeleine ;

— Crois-tu, quelle chance !... me voilà à Nancy pour tout le temps, maintenant, ma bonne petite Madelon...

— Oui, jusqu'à ce que tu te maries, — dit en souriant Mlle Duhamel.

— Chut ! ne parle pas de cela, surtout devant mon oncle, — murmura la jeune fille en affectant une gravité comique. — On ne m'a rien dit, je ne sais rien, je ne dois rien savoir... Mais je te tiendrai au courant tout de même, va ! — ajouta la folle Valérie en riant et en embrassant de nouveau Madeleine. — Nous ferons nos petits potins par correspondance.

— Tu es toujours aussi gaie, — dit Mlle Duhamel.

— Toujours !... et je le suis encore plus en ce moment, tant je suis contente de te voir !...

Et puis, pense donc : j'ai eu de tels malheurs, de tels chagrins depuis que j'ai quitté notre pauvre couvent, — continua Mlle de Belleuse dont le front s'obscurcit soudainement. — Il me semble en te revoyant, en me retrouvant à Nancy si près des Dames du Sacré-Cœur, être revenue au temps heureux où, au dortoir, nous faisions tant enrager la sœur surveillante. Pauvre sœur Marguerite !

— Dis, Loulou, — reprit au bout d'un instant Valérie dont la gaîté était revenue et qui donnait à son amie l'amical diminutif d'autrefois, — te rappelles-tu le tricot de laine dévidé pendant la nuit jusqu'à la dernière maille, et la tête de la bonne sœur retrouvant le lendemain matin son gilet sous forme de pelote à côté d'elle dans son lit ?... Et les épingles au surplis de ce digne abbé Bruno les jours de catéchisme !... Je le revois encore gesticulant, faisant des efforts comiques pour passer sa tête et ses bras par les ouvertures que nous avions si artistement attachées. — Que nous étions folles tout de même, quand j'y pense !... Mais tu n'étais pas de tout cela, toi, la grave Madelon !

— Non, j'étais trop jeune, — dit en riant M{}^{lle} Duhamel.

— Ou trop sage, plutôt. — Combien de fois ne m'as-tu pas sermonnée, bien que je fusse ton aînée de près de trois ans.

— Il paraît que je manquais d'éloquence, — repartit Madeleine, — car mes sermons ne t'empêchaient pas de continuer !

— Ah ! quel bonheur, de pouvoir causer ensemble de tout cela ! — s'écria M{}^{lle} de Belleuse, en serrant affectueusement les mains de son amie. — Il y avait si longtemps, ma chérie !

Ce bonheur, naïvement exprimé par Valérie, M{}^{lle} Duhamel l'eût dans un autre moment aussi vivement éprouvé que la nièce du général, car elle s'était toujours senti une grande sympathie pour sa rieuse et aimable amie, mais depuis la certitude qu'elle avait acquise, en découvrant sur la table du général la carte de Gérard de Soisy, il lui tardait de rentrer à Bois-Jolivet, de se retrouver seule.

Elle voulait penser à Gérard, intéressée à lui encore davantage par toutes les réflexions que cette certitude lui suggérait.

A la compassion qu'elle éprouvait pour le jeune homme, se mêlait maintenant un sentiment très vif d'admiration pour son courage, pour sa résignation, pour ses mérites.

Sa sympathie pour sa personne s'était augmentée de toute l'estime que lui inspirait maintenant son caractère.

Elle allait donc chercher à abréger sa visite et celle de sa mère le plus possible, aussi impatiente du retour qu'elle s'était montrée ravie et empressée au départ.

Elle manœuvra néanmoins assez habilement pour que ni le général, qui les avait rejointes aussitôt après le départ du préfet, ni M{}^{me} Duhamel, ni Valérie ne s'aperçussent de sa diplomatie.

La crainte adroitement exprimée par Madeleine, d'arriver en retard à Bois-Jolivet pour l'heure du dîner, heure méthodiquement réglée à cause de la santé de M. Duhamel, fut plus que suffisante pour motiver aux yeux du général et de sa nièce l'insistance de la jeune fille.

M{}^{me} Duhamel et Madeleine se hâtèrent de prendre congé.

— C'est convenu, tu sais, pour tes petites protégées, — promit Valentine de Belleuse en disant adieu à son amie; — je vous enverrai ma cotisation et celle de mon oncle.

— Et tu nous feras de la propagande, cet hiver? — recommanda Madeleine.
— Une propagande enragée, tu peux y compter! je mettrai tous mes danseurs à contribution!
— Ça les fera fuir, prends garde!... répliqua Mlle Duhamel amusée.
— Je voudrais bien voir ça!... Ils seront encore trop heureux, va, malgré la mise à contribution, de faire pivoter la nièce et présomptive héritière du général Henriot.
— Folle! — fit Madeleine.
Les deux amies s'embrassèrent affectueusement.
Mme Duhamel, qu'accompagnait le général, était déjà dans la voiture.
Madeleine monta auprès de sa mère.
— Le plus vite possible, Jean, — recommanda la femme du maître de forges à son cocher, qui fit tourner bride à ses chevaux et reprit à une bonne allure la route de Bois-Jolivet.
Le retour fut presque silencieux.
Mlle Duhamel se laissait de nouveau envahir par le souvenir de Gérard. Toute sa pensée allait vers ce jeune homme si malheureux et si digne dans son malheur.
— Je respecterai son secret, — pensait-elle, — ce secret qui n'est pas le mien et dont je ne dois la découverte qu'au hasard. — Puisque M. de Soisy n'a rien voulu dire, je n'ai pas le droit d'en parler, même à Gervaise, à ma meilleure amie.
Lui surtout doit ignorer que je sais tout, que j'ai tout deviné, que je le plains... que j'admire sa conduite héroïque. — Elle est grande et noble, la résolution qu'il a prise!... Ça prouve un homme de cœur!
Mais combien cela a dû lui coûter!... lui, le duc de Soisy, quitter l'armée! abandonner son grade d'officier, son titre, son nom!... Ah! je le plains! Je le plains de toute mon âme...
— Comme te voilà rêveuse, mignonne, — fit Mme Duhamel, étonnée du silence prolongé de sa fille.
Tu n'es pas malade, au moins? — ajouta-t-elle avec un peu d'inquiétude.
— Malade?... pourquoi veux-tu que je sois malade, petite mère? — répliqua en sursautant la jeune fille, qui tirée de sa rêverie par la voix de sa mère n'avait entendu que les dernières paroles de Mme Duhamel.
— Je croyais... Tu n'as pas dit deux mots de suite depuis notre départ, toi si en train, si gaie ce matin!
— Je pensais à Valérie, mère, — répondit Madeleine dont une vive rougeur empourpra les joues.

Le jour décroissant avait fort à propos caché à la femme du maître de forges la rougeur et l'embarras de sa fille.

— Cette bonne Valérie, — fit l'excellente mère, — quelle joie elle a eu de te revoir !

— Moi aussi, j'en ai été très heureuse, — dit Madeleine. — C'est une bonne amie; elle est si gaie, si insouciante, si expansive !

Comme on voit bien qu'elle n'a pas de soucis ! — ajouta involontairement la jeune fille.

— Pas de soucis !... Quels soucis veux-tu qu'elle ait?... Est-ce qu'à votre âge on a des soucis ! — s'écria en riant Mme Duhamel.

— Pourtant, le malheur est de tout âge, maman, — fit presque malgré elle la « Demoiselle du Château ».

— Le malheur !... Mais, en vérité, qu'as-tu donc, ma mignonne?... à quoi vas-tu penser ? quelles idées as-tu aujourd'hui ? — dit vivement Mme Duhamel presque effrayée du son de voix mélancolique de sa fille.

— Moi?... mais je n'ai rien, je t'assure, — répondit Madeleine étonnée elle-même de la tristesse qui l'avait tout à coup envahie.

— Bien sûr ? — interrogea avec sollicitude la femme de l'industriel.

— Mais je te jure, petite mère, je n'ai rien, rien de rien, — répéta l'enfant en embrassant sa mère avec tendresse et en lui passant câlinement ses bras autour du cou.

— C'est que, vois-tu, — reprit avec une indicible émotion Mme Duhamel, — si tu te sentais souffrante, ou si quelque chose te contrariait, te faisait de la peine, il faudrait le dire, ma chérie... Tu sais bien que tu es tout notre bonheur à ton père et à moi !

— Maman, chère petite maman ; mais que pourrais-je avoir, voyons ? — dit la jeune fille en penchant son joli visage vers celui de sa mère et en essayant de sourire pour la rassurer. — Dis, ne suis-je pas la plus aimée et la plus heureuse des filles ?

— Ma mignonne ! — fit la femme du maître de forges encore émue, en serrant dans ses bras Madeleine.

— Si gâtée, si aimée, si heureuse ! — répéta celle-ci en appuyant sa tête blonde sur la poitrine maternelle, en y cachant, comme en un refuge, son doux visage inondé de larmes brûlantes,

Trop heureuse même, hélas ! — pensa-t-elle, secouée d'un incompréhensible frisson d'angoisse. — C'est ce bonheur-là qui me fait peur !

*
* *

— Regardez, Miss, — fit en souriant Madeleine en voyant le lendemain, de la fenêtre de sa chambre où elle travaillait avec l'Anglaise, Gervaise de Châtenay descendre de voiture devant le perron du château, suivie d'une grosse personne rougeaude, à figure commune et servile, — Regardez ! voilà Fraülein revenue.

— *Indeed!* — s'écria miss Annie en s'assurant, avec une affectation comique qu'aucun papier ne traînait sur les meubles. Et elle ramassa à la hâte et jeta dans un tiroir quelques lettres restées sur la table de Mlle Duhamel.

— Ce été une chose tout à fait inioutile de laisser traîner le correspondance, — murmura l'Anglaise, en refermant avec soin le tiroir, après s'être rendu compte qu'aucun écrit n'avait échappé à son investigation.

— Oh! miss Annie!... — dit la jeune fille en riant, car elle connaissait l'animosité existant entre sa dame de compagnie et la gouvernante de Gervaise ; — vous croyez vraiment que Fraülein serait assez indiscrète pour...

— Je ne crois pas, seulement je suis sûre, — répondit miss Trilby, avec conviction. — Ça aimé beaucoup le document, ces têtes carrées.

Et l'Anglaise, prenant un livre, alla s'asseoir dans l'embrasure de la fenêtre de façon à ce que, si les jeunes filles remontaient dans la chambre de Madeleine, elle pût, après avoir salué Gervaise, se replonger dans sa lecture et se dispenser de cette façon d'adresser la parole à la gouvernante de Mlle de Châtenay.

Miss Trilby était en effet l'ennemie déclarée de Fraülein. Cette inimitié datait du premier jour où les deux vieilles filles s'étaient trouvées en présence.

Au grand scandale du général Henriot, qui avait rompu à cette occasion presque toutes relations avec la vicomtesse, Mme de Châtenay avait pris l'année précédente, pour sa belle-fille, une gouvernante allemande.

Greetchen Von Puttmacker, « demoiselle noble », soulignait assez cocassement la traduction en mauvais français du document couvert de cachets germaniques et signé du révérend Pétermann, présenté comme titre de recommandation par la grosse et rougeaude personne à l'édification de la vicomtesse de Châtenay. — « Très instruite et très zélée, de toute sécurité pour les parents, s'attachant beaucoup à ses élèves ».

Plus encore que le document, l'air obséquieux et faux de l'Allemande avait plu de suite à la belle-mère de Gervaise. C'était bien là la gouvernante qu'il lui fallait pour sa belle-fille !

Bien chapitrée, Greetchen Von Puttmacker devait faire un excellent chaperon pour Mlle de Châtenay.

Ne voulant pas s'astreindre elle-même à ce rôle, la vicomtesse était bien obligée de confier la surveillance qu'elle tenait à exercer sur Germaine à une tierce personne.

Greetchen, engagée séance tenante, reçut mission de la remplacer auprès de la jeune fille.

Cette substitution, malgré le peu de sympathie que Gervaise ressentait pour la nouvelle venue, avait été un véritable soulagement pour elle. Nous avons dit l'intuitive frayeur que la vicomtesse causait à l'orpheline. Fraülein, au moins, n'était qu'une subalterne; la jeune fille était libre, une fois arrivée chez Madeleine, par exemple, de laisser, avec tous les égards dus à sa noble extraction, l'héritière des Puttmacker à l'antichambre ou dans le parc.

— Et je ne m'en priverai pas si elle m'ennuie, je t'assure; Mme de Châtenay dira ce qu'elle voudra, — avait affirmé en riant Gervaise à son amie.

Pourtant, à l'encontre de ce qu'elle en attendait, avec son petit nez surmonté d'énormes lunettes, ses cheveux jaunes, plats et lisses, coiffés à la vierge, sa face apoplectique et sa mine chafouine, Greetchen von Puttmacker s'était montrée jusqu'alors, au demeurant, assez bonne personne pour Gervaise.

Humble et souple, toujours satisfaite, elle se tenait dans son coin sans songer à imposer son contrôle. De fait, elle n'était ni gênante, ni indiscrète. Avec cela, ménagère et philosophe; menant de pair Schoppenhauer et la bonne cuisinière bourgeoise, musicienne consommée et sentimentale.

— Un cœur d'or dans l'enveloppe d'un éléphant ! — disait Gervaise qui, devant l'inaltérable bonne humeur de l'Allemande, commençait à se reprocher l'instinctive méfiance qu'elle lui avait d'abord inspirée.

Avec le besoin d'expansion qui était en elle et qu'avait refoulé la froideur glaciale de sa belle-mère, la jeune fille peu à peu se laissait gagner par le discret dévouement de l'humble Fraülein.

Son opinion avait fini par influencer celle de Madeleine.

Miss seule ne désarmait pas, immuable dans sa façon originale d'apprécier les sentiments de Greetchen von Puttmacker.

— Un cœur !... Ah ! no !... pas un cœur !... du tout !... Un boîte à miousique, si vous voulez, miss Gervaise, — répondait-elle à la jeune fille.

Malgré la méfiance de l'Anglaise, Mlle de Châtenay avait été très heureuse de voir se terminer le congé que s'était fait accorder, par la vicomtesse, la sentimentale Greetchen tracassée du désir d'aller embrasser l'auteur de ses jours, le noble Von Puttmacker.

L'absence de sa gouvernante avait en effet restreint la liberté de Gervaise, sa belle-mère s'étant complètement refusée à reprendre auprès d'elle,

— Je vous présente tous mes respects, mademoiselle Madeleine... (P. 90.)

pendant les deux mois que devait durer l'absence de Fraülein, son office de chaperon.

— Les Duhamel peuvent bien envoyer ici leur fille, puisqu'ils la laissent courir la pretentaine toute seule, — avait-elle sèchement répondu à Gervaise la première fois que celle-ci lui avait demandé de l'accompagner à Bois-Jolivet. — Quant à moi, j'ai autre chose à faire que de vous servir de dame de compagnie.

Du reste, Mme Duhamel ne m'a pas rendu ma dernière visite, et ce n'est pas pour vous, je pense, que moi, la vicomtesse de Châtenay, j'irais faire des avances à cette femme d'industriel !

Les larmes étaient montées aux yeux de Gervaise.

Elle n'avait rien répondu, car sa belle-mère lui causait une terreur insurmontable ; mais elle avait écrit à Madeleine pour la supplier de venir la voir, de ne pas la laisser seule, en tête-à-tête avec la détestable marâtre.

C'est ainsi que Mlle Duhamel avait pris l'habitude de venir presque tous les jours au château de Châtenay, soit seule, soit accompagnée de Miss, bien que la vieille Anglaise n'aimât guère la vicomtesse et se montrât un peu récalcitrante à de trop fréquentes entrevues avec l'acariâtre belle-mère de Gervaise.

Le retour de Fraülein allait permettre à Mlle de Châtenay de s'échapper à son tour pour venir retrouver son amie à Bois-Jolivet. — Cette perspective la rendait rayonnante.

Madeleine était descendue en courant au devant de Gervaise, et, lui sautant au cou :

— J'allais partir tout à l'heure pour Châtenay, ma chérie, — dit-elle ; — je m'attendais si peu à te voir arriver... Cette bonne Fraülein est donc revenue sans crier gare ?

— Je vous présente tous mes respects, mademoiselle Madeleine, — fit Greetchen Von Puttmacker en baisant avec humilité la petite main que lui avait tendue la jeune fille.

Et, poussant un soupir, la grosse femme ajouta en frappant de sa main épaisse et rougeaude son opulente poitrine :

— Mon congé expirait aujourd'hui à midi, aucune considération, même le désespoir de mon pauvre père, n'aurait pu m'empêcher de faire mon devoir et de me trouver aujourd'hui à mon poste. Je dois à moi-même de me rendre digne par mon zèle des bontés de Mme la vicomtesse à mon mon égard et de l'amitié dont m'honore Mlle Gervaise.

— Et je vous remercie de votre zèle, Fraülein, — dit Mlle de Châtenay en embrassant affectueusement le visage couperosé de l'Allemande.

— Vous devez être fatiguée de votre voyage, mademoiselle Greetchen ? reposez-vous dans ma chambre en nous attendant ; vous y trouverez Miss qui vous tiendra compagnie, — fit malicieusement Madeleine en passant son bras autour de la taille de Gervaise et en l'entraînant vers le jardin.

Une fois seules, les deux amies se regardèrent en souriant.

— C'est vrai que Miss est dans ta chambre ? — interrogea un peu inquiète Mlle de Châtenay.

Madeleine, souriante, fit de la tête une réponse affirmative.

— Et tu y envoies Fraülein?... elles vont se dévorer! — Miss déteste Fraülein!...

— Qui le lui rend bien — dit Madeleine. — Mais sois tranquille : elles sont de force toutes deux à se défendre. — D'ailleurs, Miss est armée d'un livre et je ne pense pas que la conversation soit très brillante.

— Fraülein dormira avant un quart d'heure, — ajouta Mlle Duhamel en riant.

L'Allemande avait en effet la spécialité de tomber dans des phases de sommeil subit et profond.

— Je suis si sensible!... la moindre émotion me brise!... expliquait la grosse et sentimentale Greetchen.

Miss Trilby, toujours sceptique, n'hésitait pas à affirmer, devant une tendance aussi extraordinaire, que « si le sommeil il fermait si souvent le paupière de Fraülein, c'était pour que l'Allemande pût ouvrir beaucoup davantage sa oreille?»...

— Elles viendront nous rejoindre si elles veulent; causons toujours en attendant, dit Madeleine en s'asseyant avec Gervaise sur un banc rustique abrité par une charmille.

— C'est chose faite, tu sais, continua la jeune fille; j'ai l'adhésion du général et de Valérie.

— Tu as été hier à Nancy?

— Oui, comme je te l'ai écrit, ma chérie, — répondit la Demoiselle du Château; — j'y suis allée hier avec maman. Cela s'est décidé tout d'un coup quand nous avons reçu la lettre de Valérie. — J'avais pensé un moment à faire un détour et à passer à Châtenay pour prier ta belle-mère de te laisser venir avec nous.

— Tu as bien fait de ne pas venir, elle t'aurait refusé, — répliqua Gervaise. — Tu sais bien que depuis l'entrée de Fraülein, elle est en froid avec le général.

— C'est ce que je me suis dit et c'est ce qui m'a retenue; mais je l'ai presque regretté lorsque j'ai vu combien Valérie aurait été heureuse de t'embrasser.

— Bonne Valérie!... moi aussi, cela m'eût fait plaisir, — un grand plaisir!...

— Elle est toujours la même, tu sais, aussi gaie, aussi folle.

— Et elle t'a promis de s'occuper de notre œuvre?

— Je crois bien, ma chérie. — Elle en est enthousiaste. Elle viendra un de ces jours nous chercher pour aller voir nos petites pupilles; mais, auparavant, elle enverra à M. Tiercelet sa cotisation et celle du général. —

Ensuite, cet hiver, elle m'a promis de mettre à contribution tous ses danseurs.

— Tous ses danseurs !... elle compte donc s'amuser beaucoup ? — s'écria Gervaise de Châtenay avec un soupir.

Mlle Duhamel prit une mine confidentielle.

— Elle espère même mieux que cela, — fit-elle en regardant Gervaise d'un air entendu.

— Elle espère mieux que de s'amuser ?

— Elle me l'a dit, toujours. — Elle croit que son oncle l'a fait venir auprès de lui pour la marier. Alors, tu comprends, elle compte aller beaucoup dans le monde.

Mlle de Châtenay soupira de nouveau :

— Le fait est que ce n'est pas en ne voyant personne... et en vivant comme nous vivons que l'on trouve à se marier.

— Et c'est ça qui te fait soupirer, ma chérie ? — demanda Madeleine en souriant.

— C'est ça... et c'est aussi la vie que je mène. — Pense donc, à mon âge, ne s'amuser jamais !... Vivre comme une ourse avec une belle-mère qui ne vous conduit jamais dans le monde !... qui vous déteste !...

— J'avoue que ta belle-mère !...

— Mais pourquoi ne me marie-t-elle pas, alors ?... puisqu'elle ne peut pas me voir, puisque je lui fais horreur ?...

— Ça, au fait, je ne le comprends guère ! — Elle te trouve trop jeune, peut-être, — fit Mlle Duhamel en réfléchissant.

— Qu'est-ce que ça pourrait lui faire si mon mari me trouvait bien comme je suis ?

— Elle craindrait que tu ne fusses pas heureuse... Peut-être aussi, cela lui fait-il de la peine de se séparer de toi... Aurait-elle plus d'affection pour toi qu'elle n'en a l'air ?...

Mme de Châtenay est froide, mais pourquoi ne t'aimerait-elle pas ?...

— M'aimer ?... elle !... ma belle-mère !... elle me déteste... Je te dis qu'elle me déteste, — déclara Gervaise avec véhémence.

— Mais, alors, à ta place, je lui dirais que je veux me marier.

— Je n'oserais jamais... elle serait capable de m'empêcher de sortir... de m'enfermer... tu ne la connais pas !... elle me regarde quelquefois si méchamment qu'elle me fait peur, — répondit Mlle de Châtenay avec un frisson.

— Et puis d'abord, — fit Madeleine, — encore faudrait-il pouvoir lui dire qui tu veux épouser. — Si quelqu'un te plaisait, peut-être trouverais-tu le courage de parler à ta méchante belle-mère... après tout, elle ne peut pas avoir le droit de t'empêcher de te marier si cela te fait plaisir.

— N'est-ce pas?... C'est ce que je me dis, — appuya Gervaise avec vivacité.

— Il est vrai qu'en fermant sa porte à tout le monde, en ne recevant personne au château, en ne te laissant voir aucun jeune homme, elle a pris le bon moyen pour que l'occasion d'avoir du courage ne se présente pas pour toi de sitôt, — continua Mlle Duhamel. — Car ce n'est point en te laissant venir ici où tu ne peux rencontrer personne...

Gervaise de Châtenay regarda son amie en souriant.

— Pourquoi ris-tu? — questionna Mlle Duhamel.

— Parce que tu dis qu'on ne rencontre pas de jeunes gens à Bois-Jolivet.

— Eh bien?... qu'est-ce qu'il y a là de si drôle?... qu'est-ce que tu as? Voyons, ma chérie, — insista Madeleine intriguée par l'air mystérieux et en même temps heureux et embarrassé de Mlle de Châtenay.

Gervaise regarda son amie du coin de l'œil, et traçant sur le sable avec le bout de son ombrelle, pour se donner une contenance, un dessin compliqué en forme de chapeau chinois :

— Il y a que je ne suis pas de cet avis, — fit-elle sans lever les yeux.

— De quel avis?

— Mais du tien, et que je trouve au contraire qu'on rencontre quelquefois des jeunes gens très gentils, très dignes d'inspirer de l'intérêt à Bois-Jolivet.

— Ici!... des jeunes gens? — s'écria Madeleine de très bonne foi.

Puis, réfléchissant et prise tout à coup d'une inquiétude secrète :

— Mais je ne vois, — dit-elle, — que M. Verneuil et... le nouvel employé de mon père, monsieur...

— Oui, M. Gérard, n'est-ce pas?

Le cœur de Madeleine se serra.

— C'est lui qui te plaît? — interrogea-t-elle en proie à une souffrance aiguë qui lui révéla soudain brutalement la nature du sentiment qui l'attirait vers Gérard de Soisy.

Je l'aime!... oui, ce que j'éprouve, ce doit être de l'amour, puisque l'amour fait souffrir! — se disait en ce moment la jeune fille.

Gervaise, toute préoccupée par sa confidence, continuait sans remarquer l'émoi de Mlle Duhamel :

— N'est-ce pas que tu penses comme moi?... que tu ne trouves pas que j'ai tort?... que bien qu'il n'ait pas de naissance, comme dit ma belle-mère, son cœur est assez noble pour mériter d'être aimé?

— Je... je le crois... — répondit la pauvre Madeleine suffoquée par la violence qu'elle se faisait pour ne pas éclater en sanglots.

Pourtant, — ajouta-t-elle presque malgré elle, étonnée de ce subit amour de Gervaise, — pourtant tu le connais à peine, comment se fait-il?...

— Je le connais à peine?...

— Dame! tu l'as à peine vu!

— Comment!... J'ai à peine vu M. Verneuil! — répliqua Gervaise en regardant Mlle Duhamel pour voir si la jeune fille plaisantait.

— M. Verneuil!... Ah! ma chérie!... — s'écria Madeleine, craignant de laisser échapper son secret et ne trouvant pas autre chose à dire dans l'excès de la joie qui l'étouffait.

— Alors, tu n'avais pas compris que j'aimais M. Verneuil?

— J'étais si loin de m'attendre,.. ma petite Gervaise... j'ai été si surprise, si saisie...

— Tu ne me désapprouves pas, au moins?

— Au contraire. — Je trouve M. Verneuil absolument digne de ton affection sous tous les rapports, — dit gravement Mlle Duhamel.

— N'est-ce pas?... Ah! que je suis contente!...

— Père dit en outre que c'est un garçon du plus grand avenir... une belle intelligence.

— Et il est si bon! — reprit Mlle de Châtenay, heureuse d'entendre Madeleine faire des compliments de celui qu'elle aimait.

— Mais lui?... il t'aime donc?... — interrogea la Demoiselle du Château.

— Il ne me l'a pas dit, tu comprends, — répondit Gervaise; — pourtant, à la façon dont il me regarde, à ses prévenances, j'ai cru m'apercevoir que je ne lui étais pas indifférente...

— Eh bien! alors, ma chérie, voilà l'occasion attendue, — dit Madeleine en souriant. — Dis à ta belle-mère que tu veux épouser M. Verneuil.

— A ma belle-mère!... parler à ma belle-mère de M. Verneuil? — Oh! non, jamais!... — s'écria Gervaise avec terreur. — A quoi cela servirait-il, d'ailleurs?...

— Pourtant, tu y seras bien forcée... tu ne peux pas te passer de son consentement...

— Son consentement!... — répéta la jeune fille en hochant la tête.

— Pourquoi ne le donnerait-elle pas?

— Jamais, je te dis, — elle ne le donnera jamais!

— Mais pourquoi?... encore une fois, pourquoi?

— Ah! tu ne connais pas l'orgueil et la vanité de cette femme! — répondit Gervaise avec amertume. — Elle qui est née Constance Couvreur, jamais elle ne consentira à un mariage qui, pour elle, sera toujours une mésalliance! — M. Verneuil... Qu'est-ce que M. Verneuil? pour la noble vicomtesse de Châtenay? — Un ingénieur?... Se rend-t-elle compte seulement de ce que c'est qu'un ingénieur?... C'est un employé, voilà tout... un salarié, c'est-à-dire, moins que rien...

— Mais alors?... ma pauvre Gervaise, — fit Madeleine.

Mlle de Châtenay éclata en sanglots.

— Alors, je suis condamnée à être malheureuse toute ma vie!... jamais je n'aurai le droit d'aimer, jamais je ne serai aimée surtout, moi qui ai tant besoin d'affection, car la seule personne de qui j'eusse voulu l'être, on ne me la donnera jamais!

— Voyons, — essaya de dire Mlle Duhamel pour tâcher de consoler son amie, — il n'y a pas que M. Verneuil au monde; si ta belle-mère ne veut pas à toute force te le laisser épouser, tu trouveras un autre gentil mari, orné de plusieurs quartiers de noblesse, puisqu'il faut cela pour attendrir la méchante femme. — Tu es assez noble toi-même, assez riche et assez jolie pour ça.

— Le visage de Gervaise devint grave.

— Ne dis pas cela, Madeleine; quand on aime, vois-tu, c'est pour toujours! — fit-elle avec conviction.

— Mais tu ne sais pas seulement si tu es aimée, puisque M. Verneuil ne t'a rien dit.

— Qu'importe!... Je l'aime, vois-tu, cela suffit, — déclara Mlle de Châtenay.

— Alors, moi, à ta place, j'essaierais quand même de faire une tentative auprès de ma belle-mère.

— Oh! non, non! — s'écria la jeune fille reprise par toutes les terreurs. — Elle m'empêcherait de te voir, je te dis... de venir ici, si elle pouvait seulement se douter qu'un autre motif que mon amitié pour toi, m'attire à Bois-Jolivet. Si elle me laisse venir chez toi, où je ne puis même pas me rendre sans être accompagnée, c'est qu'ici, à son point de vue, rien ne peut me faire songer au mariage, puisqu'en fait de jeunes gens il n'y a que des employés ou des ouvriers. Pense comme elle me recevrait, elle qui déjà ne veut pas entendre parler de mariage, si j'allais lui demander de me donner pour mari un des employés de M. Duhamel!

— Mais enfin... il faudra bien pourtant qu'elle se décide à te marier un jour. — D'abord, tu seras majeure dans quelques années, tu ne seras pas toujours sous sa dépendance. Personne ne pourra t'empêcher alors d'épouser qui tu voudras.

— Hélas!... autant dire jamais! — murmura tristement Gervaise de

Châtenay. — D'ici là, où sera M. Verneuil?... Marié sans doute, père de famille, et préoccupé de tout autre chose que de se souvenir de moi!...

Et toi aussi, tu me quitteras... et je resterai seule! — Ah! l'avenir n'est pas gai pour moi!... — sanglota la jeune fille en penchant sa jolie tête sur l'épaule de son amie.

— Moi!... pourquoi te quitterais-je? — fit Madeleine étonnée.

— Tu aimeras quelqu'un... tu te marieras. Tu es heureuse, toi, ma chère Madeleine!... et ne crois pas que je dise cela avec un sentiment d'envie, car personne n'en est plus content que moi. — Tu as de bons parents qui t'aiment... tu seras libre de choisir, d'épouser celui que tu voudras...

— Je n'aime personne, — balbutia la Demoiselle du Château, en baissant la tête.

— Aujourd'hui, peut-être, mais ce ne sera pas toujours comme ça.

— Je ne veux pas y songer, — reprit Madeleine; — tu connais mes appréhensions, ma peur de l'avenir... Non, j'aime mieux croire que jamais je n'aimerai... Quand je considère mon bonheur, je suis effrayée malgré moi... il me semble que c'est une dette que je grossis... une dette qu'il me faudra payer un jour par de douloureuses compensations... Je me dis qu'il n'est pas juste que je sois si heureuse quand tant d'autres souffrent et pleurent !

Que puis-je redouter, cependant?... mes parents m'adorent, je suis comblée de tous les dons de la fortune et de la santé. D'où pourra me venir le malheur, si ce n'est de l'amour?...

Et, rêveuse, Mlle Duhamel se tut et resta immobile, les mains croisées sur ses genoux, son regard triste et voilé de larmes, fixé sur un point de l'horizon, comme si elle cherchait à percer les ténèbres de l'avenir, à découvrir le point d'où devait venir ce malheur expiatoire du bonheur trop complet du présent.

— Oui, — pensait Madeleine, — je ne me trompe pas. C'est par l'amour que je souffrirai... C'est par lui que j'aurai ma part des tristesses et des larmes... Déjà n'ai-je pas commencé à souffrir !... Car j'ai menti tout à l'heure à Gervaise! — J'aime, moi aussi, je le sens; j'aime M. Gérard!... Et cet amour, n'est-ce pas déjà mon malheur?... Cet amour condamné à n'être jamais avoué, à n'être jamais partagé, car celui que j'aime occupe chez mon père une situation trop humble pour oser penser à moi. — D'ailleurs, y pensa-t-il, son incognito même le condamne au silence : il faudrait pour parler qu'il dévoilât son nom, qu'il avouât la ruine des siens. Il est trop fier pour consentir à paraître avoir cherché à faire de son titre une spéculation matrimoniale. — M'offrirais-je à lui qu'il me refuserait...

Et pourtant, — ajoutait en souriant la jeune fille, — pourtant quelque

— J'appelai un dé.ective qui arrêta ce malhonnête femme... (P. 100.)

chose me dit qu'il m'aime, lui aussi, qu'il éprouve à me voir le même bonheur que sa présence me fait ressentir... j'ai bien compris son trouble, son émotion à chacune de nos rencontres...

Il est vrai que parfois aussi, lorsque je le voyais de loin venir vers moi, sans qu'il pût s'en douter, il a soudain rebroussé chemin, il a pris un sentier détourné, comme s'il voulait me fuir...

Que croire?... M'aime-t-il?... poursuivit toute songeuse Mlle Duhamel.

LIV 13. — LA DEMOISELLE DU CHATEAU. LIV. 13.

— Sais-tu à quoi je pense, Madeleine? — fit tout à coup Gervaise en tirant la jeune fille de sa rêverie.

— A quoi tu penses?

— Oui.

— Dis, ma chérie.

— Eh bien! je pense que, si j'étais à Paris, j'irais voir une tireuse de cartes.

— Une tireuse de cartes!... Quelle idée!...

— Oui, pour savoir ce qui m'arrivera... si j'épouserai M. Verneuil. — J'ai entendu parler de ces femmes. Il paraît qu'il y en a de très fortes. Il existe des personnes auxquelles elles ont prédit des choses surprenantes.

— Mais voilà.. il faudrait en connaître une... être à Paris... c'est là que se trouvent les plus renommées...

Ça ne te tente pas, toi, Madeleine?

— De me faire tirer les cartes?

— Tu n'y crois point?

— Mon Dieu, — répondit la jeune fille avec une nuance d'indécision dans la voix, — sans y croire complètement, j'ai entendu raconter aussi à leur sujet des histoires très curieuses.

— Tu vois.

— Mais cela ne me suffit pas pour y croire, ce que l'on raconte; cela me paraît si extraordinaire que l'on puisse lire, sur de petits carrés de carton où sont tracées de simples figures, l'avenir des gens.

— Pourtant, il y a des faits qui ne sont pas niables... des prédictions historiques... pourquoi n'y aurait-il pas maintenant des tireuses de cartes aussi habiles que celles d'autrefois?

— Mais qui prouve que le hasard ne fait pas tout dans ces prétendus oracles et qu'autrefois, comme maintenant, ce n'est point grâce à un concours fortuit de circonstances que s'est établie la réputation de ces prétendues devineresses?

— Il y a cependant beaucoup de gens très intelligents qui y croient.

— C'est vrai. — En effet, c'est si tentant de connaître l'avenir!... Cet avenir redoutable pour tous, cette menace constante suspendue au-dessus de tous les bonheurs!... Ah! si je pouvais y croire, moi que cet avenir épouvante!... si je pouvais savoir!... mais non, c'est impossible, c'est absurde d'admettre cela!...

— Pourquoi serait-ce absurde? — demanda Gervaise de Châtenay qui tenait à son idée. — Pourquoi n'y aurait-il pas des gens assez savants pour lire l'avenir dans les cartes? — De tout temps cela a existé; il y a eu des sybilles, des prophètes, des devins, des mages...

Tiens, — ajouta la jeune fille, — voici Miss; nous allons lui demander son avis.

* * *

Miss Trilby venait en effet rejoindre les deux jeunes filles, chassée de la chambre de Madeleine par la présence exécrée de la plantureuse Greetchen.

L'Allemande, en effet, après une assez longue halte à l'office, où elle aimait fort à s'arrêter, appréciant comme il convient la conversation instructive des *gens de maison,* s'était décidée à aller attendre Gervaise dans la chambre de Mlle Duhamel.

Son entrée avait été pour miss Trilby le signal d'une sortie précipitée, que l'Anglaise n'avait effectuée, cependant, qu'après avoir sans se gêner passé une dernière fois la revue du buvard et de la corbeille à ouvrage de Madeleine et mis tranquillement dans sa poche la clé du petit bureau-secrétaire qui servait à la correspondance de la jeune fille.

Après quoi elle était sortie, toujours du même pas automatique, raide et guindée dans son costume de quakeresse, sans même se donner la peine de saluer l'Allemande, et ayant aperçu, en arrivant dans le parc, les deux jeunes filles assises sur un banc, sous le berceau, elle s'était dirigée de leur côté.

Arrivée à quelques pas à peine de Madeleine et de Gervaise, elle avait entendu l'exclamation de Mlle de Châtenay; aussi se tournant de son côté :

— Et sur quoi, miss Gervaise, voulez-vous avoir le avis de môa? — interrogea-t-elle avec un sourire aimable qui prouvait que la jeune fille, du moins, à défaut de la vicomtesse et de Greetchen, avait su conquérir sa sympathie.

— Nous parlions de tireuses de cartes, Miss, — dit Madeleine en se reculant pour faire à sa gouvernante une place entre elle et Gervaise.

— De somnambules, de devineresses, — ajouta Mlle de Châtenay.

— Aôh! très bien, je comprenais. — Et qu'est-ce que vous en disiez, misses, des somnambulist?... Quel est le chaôse sur lequel vous vouliez avoir le avis de môa?

— Est-ce que vous y croyez, vous, miss, aux tireuses de cartes? — interrogea Gervaise timidement.

L'Anglaise regarda Mlle de Châtenay avec curiosité.

— Vous voulez entrer en consultation avec un somnambulist? — miss Gervaise.

— Moi?... Oh! non, Miss! — répondit la jeune fille en rougissant. — C'était pour nous amuser, pour rire, nous en causions avec Madeleine... elle n'y croit pas.

— J'en ai vu des somnambulist très fortes, — dit miss Trilby avec un grand sérieux.

— Vous en avez consulté, Miss? — s'écrièrent à la fois les deux jeunes filles.

— Yès, un jour, — répondit laconiquement l'Anglaise.

— Vous avez été chez elle?... Oh! racontez-nous, miss, — supplia Gervaise de Châtenay.

— Nô, je avais pas été chez elle... le somnambulist il voyagé avec môa en railway dans le même compartiment de môa.

— Et vous l'avez consultée là, en wagon, miss Annie? — fit Madeleine étonnée.

— Yès, my darling, j'avais perdu ma portefeuille pleine de banknotes; tout mon fortionne. Vous pensez si j'avais le hâte de savoir s'il pouvait rester pour môa un petit espérance de ravoir le portefeuille.

— Et la somnambule vous a dit où il était?... Elle vous a donné le moyen de le retrouver?

— Nô; il ne dit pas à môa comment le chaose se ferait; seulement, les cartes ils étaient tout de même rassurantes : je n'avais pas besoin d'avertir personne, de faire de démarches, mon portefeuille il devait rentrer toute seule avec mon fortionne.

— Et vous l'avez retrouvé, effectivement — sans le chercher, Miss? — demandèrent Gervaise et Madeleine très intéressées.

— Aoh! yès, le jour même, en descendant du railway, — répondit miss Annie avec le plus grand sérieux.

— Le jour même!

— Tu vois, Madeleine? — exclama Mlle de Châtenay d'un ton triomphant; — tu vois que j'ai bien raison de croire aux cartes! — Encore une preuve!...

— Il était dans le poche de la somnambulist... dans le poche de côté de son jaquette, — continua l'Anglaise en regardant tour à tour en souriant les amies. — Je aperçus loui au moment où le diseuse de bonne aventioure il se préparait à sauter du wagon et à se sauver.

— Oh! Miss!... vous vous moquez de nous! — exclama Gervaise à demi fâchée.

— Nô, croyez pas, miss Gervaise : l'histoire il est bien arrivée à môa, — déclara l'Anglaise innocemment. — J'appelai un détective qui arrêta ce malhonnête femme et fit rendre l'argent à môa. Donc, les cartes ils avaient dit le vérité, et j'étais si contente du résultat de l'oracle de la diseuse d'aventioure que je lui fis passer dans son prison le doublement du montant de son petit consultcheun, et j'ai écrit une lettre à elle pour lui dire que je parlerai de son talent de double viou à un ami de môa, à London, qui est directeur d'un grand journal et qui racontera le aventure...

D'abord un peu dépitées, Gervaise et Madeleine avaient fini par rire de bon cœur de l'histoire de miss Annie, histoire qu'elles avaient prise pour une boutade de la vieille Anglaise.

Une légère inquiétude pourtant leur était venue que miss n'eût démêlé à travers leurs questions le désir secret qu'elles avaient de consulter une tireuse de cartes. Elles avaient donc travaillé de leur mieux à effacer, par leur gaîté, l'impression qui pouvait être restée dans l'esprit de la dame de compagnie de M{ll} Duhamel. Il ne fallait pas qu'elle pût se douter du mobile qui poussait Gervaise à se renseigner au sujet des cartomanciennes, car la jeune fille ne voulait révéler à aucune autre que Madeleine le secret de son cœur.

Comme il arrive toujours en pareil cas, le récit de Miss — qu'il fût fait à dessein ou sans autre intention que d'amuser les jeunes filles, — n'exerçait aucune influence sur le désir qu'avait fait naître dans leur esprit la proposition bizarre de Gervaise.

Madeleine, d'abord un peu réfractaire à l'idée de son amie, était maintenant plus préoccupée encore que Mlle de Châtenay de cette possibilité entrevue par elle de connaître l'avenir.

Depuis la découverte de son amour pour Gérard, les appréhensions de malheur de la jeune fille avaient encore augmenté. Son imagination en était de jour en jour plus fortement impressionnée.

Aussi, désormais, tout paraissait-il préférable à Madeleine, tout, même la réalité la plus noire, à ces angoisses cruelles qui empoisonnaient pour elle les heures heureuses du présent.

Elle était décidée à tout tenter pour sortir de cet état douloureux.

La nature féminine l'emportait en elle sur ce que cette démarche lui avait d'abord paru avoir de risqué et d'incorrect.

La crédulité toujours dominante chez la femme, son amour du merveilleux et du surnaturel lui faisait accepter comme possible l'art de la devineresse.

Elle voulait savoir. — Elle comptait suivre le conseil de son amie et consulter une tireuse de cartes.

Mais elle avait résolu d'y aller seule, en secret. Il ne fallait pas que Gervaise même l'accompagnât.

— Si cette femme allait me parler de mon amour ? — se disait la jeune fille ; — dévoiler le secret de mon cœur !... nommer M. Gérard !...

Bien décidée à recourir à la science mystérieuse d'une devineresse, la Demoiselle du Château ne savait quel moyen employer pour mettre son projet à exécution.

Agir seule, cela était encore possible ; mais où ?... Comment ?... Sous quel prétexte ?...

Madeleine était libre, il est vrai, d'aller et de venir à sa guise, M. et Mme Duhamel ayant en leur fille la plus entière confiance. Elle sortait sans être accompagnée quand cela lui plaisait, — ses parents lui avaient à cet égard donné l'éducation la plus largement, la plus intelligemment libérale. Ils savaient bien que la jeune fille n'en abuserait pas, qu'elle était non seulement incapable de mal faire, mais incapable même de céder à un entraînement, de commettre une imprudence.

Un autre résultat de cette éducation basée sur la confiance, et aussi sur la raison précoce de leur fille, avait été de laisser à Madeleine, avant sa majorité, la possession et l'administration de sa fortune personnelle.

Cette fortune, — très importante, car elle se montait à près de deux millions — venait à la jeune fille de l'un de ses oncles maternels, Christian Aubernon, de l'Institut, aussi savant qu'enragé célibataire, qui, en mourant, avait institué sa nièce, qu'il adorait, légataire universelle d'une fortune entièrement en valeurs au porteur, déposées chez son notaire de Paris, où résidait habituellement le vieux savant.

Après les formalités de succession remplies à Paris, au nom de sa fille mineure, par le maître de forges, M. Duhamel avait voulu que Madeleine eût la possession réelle et l'administration complète de cet héritage dont la jeune fille était libre de disposer à son gré et sans contrôle.

Il pensait avec raison, — connaissant assez bien sa fille pour savoir qu'elle n'en mésuserait pas, — que cela la distrairait, l'occuperait, lui donnerait aussi des habitudes de réflexion et d'initiative qu'il jugeait inséparables du système d'éducation adopté par lui et par Mme Duhamel et qui, appliqué à Madeleine, leur avait si bien réussi jusque-là.

Ayant été privés du bonheur d'avoir un fils, ils avaient voulu au moins que leur fille fût une vraie femme, pensant et agissant dans le libre arbitre d'une volonté sagement équilibrée, et non une poupée frivole n'ayant d'autre souci que celui de ses plaisirs, d'autre préoccupation que sa coquetterie, d'autre mobile que ses caprices, jouet de luxe uniquement préoccupée de briller et de plaire et qui, mariée, passerait ses après-midi chez le couturier à la mode, pour combiner quelque toilette inédite à sensation.

Et, de fait, Madeleine s'était intéressée et amusée à l'administration de sa fortune, s'occupant elle-même de détacher et de toucher les coupons, de tenir les comptes, de vérifier les listes de tirages.

Mais ce qui avait surtout charmé la jeune fille, c'était d'être désormais la dispensatrice directe de ses charités. — Bien que M. Duhamel lui eût alloué jusque-là une somme assez forte pour ses pauvres, le bien fait avec sa fortune personnelle lui semblait encore plus doux.

Depuis six mois environ qu'elle était en possession de l'héritage de son oncle, la Demoiselle du Château multipliait autour d'elle les bonnes œuvres.

Elle avait fondé déjà une crèche et un ouvroir à Saint-Nicolas-du-Port, où, pendant que les mères trouvaient un travail rémunérateur, les bébés recevaient, suivant leur âge, l'enseignement et les soins éclairés et dévoués des religieuses de Saint-Joseph-de-Cluny. — Elle avait encore en projet une foule de belles et charitables choses : un arbre de Noël, des étrennes, des dots, des pensions de retraite pour les vieillards nécessiteux ou les anciens ouvriers de l'usine.

A tous ces beaux et bons projets et sans leur porter aucunement préjudice, était venue s'ajouter l'œuvre des petites pupilles, à laquelle Madeleine s'intéressait si fort depuis quelque temps.

Toutes ces charitables préoccupations avaient suffi jusqu'à ce jour à calmer ses incompréhensibles tristesses et ses appréhensions pessimistes; mais la découverte de son amour pour Gérard, en la mettant brutalement face à face avec cet avenir qu'elle redoutait, les avait soudainement ravivées et exaspérées, au point de tout faire disparaître pour elle, hormis ce désir, ce besoin de « savoir », éveillé dans son esprit par les paroles de Gervaise.

— Oui, il faut que je sache !... Il faut que je sois enfin rassurée ou fixée. — Je consulterai une tireuse de cartes, j'y suis absolument décidée, je ne peux plus vivre dans ces horribles appréhensions, dans cette menace continuelle d'un malheur inconnu et terrible suspendu au-dessus de toutes mes joies !

Mais à qui m'adresser ?... quel prétexte pour aller seule à Paris ? Car ce n'est que là que je pourrai trouver celle dont le mystérieux savoir forcera mon sort à se dévoiler.

⁂

Madeleine ne devait cependant pas avoir besoin d'aller aussi loin pour rencontrer ce qu'elle cherchait.

Le hasard la fit tomber un jour sur cette annonce publiée en bonne place par un journal de Nancy qu'on recevait au château :

CÉLÉBRITÉ PARISIENNE

MADEMOISELLE PRUDENCE

Universellement connue pour l'infaillibilité de ses prédictions.

De passage, à Nancy, Grande Rue, n° 13.

Lit dans les cartes l'avenir, prédit les événements les plus mystérieux.

LUCIDITÉ — PRÉCISION — INFAILLIBILITÉ

Consultée par toutes les têtes couronnées de l'Europe et du Monde.
A reçu les témoignages d'admiration les plus flatteurs.

AVIS

Mademoiselle Prudence étant incessamment attendue dans le Midi et devant s'embarquer ensuite pour l'Amérique, ne passera à Nancy que quelques jours...

Consultations tous les jours de 9 heures à 6 heures.

Comme un fait exprès, Madeleine avait reçu sur ces entrefaites une lettre de Valérie de Belleuse, la nièce du général Henriot.

L'ancienne amie de pension écrivait :

« Ma chère petite amie,

« La bombe a éclaté plus tôt que je ne pensais et le complot devait être ourdi depuis longtemps sans que je m'en fusse aperçue, moi qui me targuais d'être si fine..

« Je t'annonce mon très prochain mariage avec le lieutenant de chasseurs, Fernand de Montalban, officier d'état-major de monsieur mon oncle, et fort riche, ce qui ne gâte rien.

« Tu vois que tout de même j'avais eu du flair en comptant m'amuser et aller dans le monde cet hiver. — Seulement, au lieu d'y faire mon entrée sous la forme d'une héritière bonne pour le conjungo, mes débuts auront lieu sous le pavillon du lieutenant Fernand de Montalban. Tant pis pour les coureurs de dots.

« Entre nous (mais entre nous seulement, ne va pas me trahir), mon futur mari me plaît beaucoup et je suis bien près d'en être toquée.

« C'est un grand, beau et bon garçon avec de superbes moustaches à la hussarde et des yeux pas méchants du tout, qui disent un tas de choses...

« Nous ferons un joli couple, c'est mon général qui l'a affirmé.

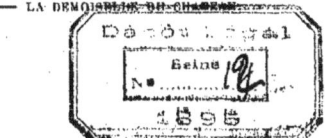

Mlle de Belleuse avait en effet obtenu de son oncle la permission
d'enterrer gaiement sa vie de jeune fille... (P. 106.)

« En attendant d'en être arrivée à ce « jour fortuné » de mon mariage, j'ai décidé de célébrer mes adieux à la vie de jeune fille par une petite « fête blanche » entre nous, sans hommes, dans l'intimité, — comme font ces messieurs quand ils se disposent à épouser l'une d'entre nous. — Au fait, pourquoi leur laisser ce privilège?

« Il est bien entendu, n'est-ce pas, que tu en es, ainsi que Gervaise? Je ne vous pardonnerais pas de me faire faux bond ce jour-là.

« Je vous présenterai une de mes amies de Paris, Armande Monval, la fille d'un banquier archimillionnaire, bonne fille, je crois, bien qu'elle « le fasse un peu à l'épate », comme dit Fer... pardon, M. de Montalban.

« Je compte sur toi pour arracher de gré ou de force Gervaise à sa redoutable belle-mère. — Quant à toi, je connais la bonté de tes excellents parents et je suis certaine d'avance qu'ils ne me feront pas le chagrin de me priver de ma plus chère amie.

« Remercie-les de ma part, ma bonne Lonlon en les assurant de mon plus affectueux et profond respect.

« Et reçois mille bons baisers de ta

« VALÉRIE. »

Mlle de Belleuse avait en effet obtenu de son oncle la permission d'enterrer gaiement sa vie de jeune fille en une fête de jour dont l'élément masculin devait être soigneusement exclu, — un garden-party dans les magnifiques jardins de la division. Il y aurait goûter, concert et orchestre de tziganes venus exprès de Paris. Les jeunes filles danseraient entre elles sur les pelouses au son de l'entraînante musique.

Nous n'affirmerions pas qu'à ce moment surtout aucune d'elles ne regretterait la rigueur de cette proscription du sexe fort et l'absence de quelque gentil cavalier; mais, originale et gaie, Valérie avait trouvé drôle d'imiter Fernand de Montalban, son futur mari, qui, lui aussi, devait fêter ce jour-là avec ses amis, par un joyeux souper, les derniers jours de son célibat.

— De cette façon, nous n'aurons rien à nous reprocher l'un à l'autre, — avait dit en riant la jeune fille, qui embrassa le général pour lui arracher l'autorisation désirée.

— Mais pourquoi veux-tu inviter tes amies, dans la journée?... pourquoi pas le soir? Ce serait bien plus gai, il me semble? — interrogea le vieux soldat, quand il eut enfin consenti.

— Le soir!... Oh! non, mon oncle! Vous n'y pensez pas! — répliqua Mlle de Belleuse. — Une soirée, ce serait tout de même trop triste sans cavaliers!

— Allons, comme tu voudras!... Mais au moins n'y aurait-il pas moyen de me réserver un petit coin pour assister à ces réjouissances intimes? — demanda le général, taquin.

Mlle de Belleuse secoua la tête négativement.

— Vous ne voudriez pas, mon oncle?... une fête de jeunes filles!... Nous n'admettrons aucun cavalier!... là, aucun!

— Mais je ne suis pas un cavalier, moi, que diable!... Je suis un vieux barbon, j'ai droit à être dispensé de l'exclusion, — s'écria le général avec une insistance comique.

— Ta, ta, ta, mon général, — fit Valérie avec un affectueux accent de flatterie câline, — vous savez bien que, sous l'uniforme, vous portez aussi beau que le plus galbeux de vos officiers d'état-major.

— Même que le beau Fernand de Montalban, peut-être, petit masque ? — dit l'excellent homme d'un air narquois.

Valérie embrassa son oncle.

— Fernand ne sera peut-être pas aussi bien que vous, à votre âge, mon général, — fit Valérie avec un sourire.

— A mon âge !... C'est cela ! Je m'y attendais !... faites fonds après cela sur les compliments de petites filles, — s'écria le général Henriot en donnant une tape amicale sur la joue de sa nièce. — Alors, c'est entendu, vous ne voulez pas de moi ?

— Vous irez déjeuner ce jour-là avec Fernand, mon oncle... Ça sera bien plus amusant !

— Et si cela m'amuse davantage, moi, de rester ici ?

— Non, mon oncle ! C'est impossible, à cause de vos moustaches, dit Mlle de Belleuse avec le plus grand sérieux.

— Vous savez que vous allez vous ennuyer comme des petites filles au bout d'une heure, avec ta « fête blanche », mon enfant, — insista le général d'un ton de compassion comique.

— Nous danserons pour nous amuser, mon oncle...

— J'interdis formellement aux danseuses de faire irruption dans les bureaux de l'état-major, — ajouta le vieux soldat, d'un air de feinte sévérité.

— Vous donnerez congé à votre état-major pour ce jour-là, mon oncle, si vous avez peur, — répondit Valérie sur le même ton. — Comme cela, vous serez tranquille.

*
* *

La lettre de Mlle de Belleuse avait, comme on le pense, fait le sujet de la conversation des hôtes de Bois-Jolivet.

L'idée de Valérie fut trouvée par tous originale et charmante.

Comme de coutume, Madeleine avait été laissée libre d'agir à sa guise, c'est-à-dire d'accepter ou de refuser l'invitation de son amie.

— J'irai certainement, puisque cela ne vous contrarie pas, — dit Mlle Duhamel à ses parents. — Outre le plaisir que j'y trouverai, je connais Valérie et je sais à quel point elle serait peinée de ne pas m'avoir.

— Tu iras avec Miss ?

— Pourquoi déranger Miss, petite mère? — demanda vivement Madeleine Duhamel. — J'irai prendre Gervaise à Châtenay et nous irons ensemble chez Valérie.

— Si sa belle-mère lui en donne l'autorisation, car elle n'est pas heureuse, la pauvre enfant, — fit observer le maître de forges. — Il est absurde de lui laisser prendre si peu de distractions.

— Tu crois qu'elle pourrait lui refuser celle-la?

— Je l'en crois fort capable. En tout cas, je t'engage à t'assurer de ses intentions avant de faire des projets au sujet de Gervaise, — recommanda M. Duhamel.

— Tu as raison, père, j'irai aujourd'hui à Châtenay, — répondit Madeleine. — Gervaise doit avoir reçu comme moi l'invitation de Valérie : je saurai ce qu'en a dit sa belle-mère. Quant à elle, je suis bien certaine qu'elle ne demande pas mieux que de venir.

— Ça, je le crois sans peine, — appuya M. Duhamel en riant.

— Enfin je tâcherai de décider Mme de Châtenay à me la confier.

— Tu auras de la peine, je crois, si cette vieille folle s'est mis dans la tête de dire non.

— Je vais toujours essayer, — fit Madeleine en embrassant M. et Mme Duhamel et en sortant pour donner l'ordre d'atteler la victoria.

*
* *

Ainsi que l'avait pensé Mlle Duhamel, Gervaise avait reçu le matin même, en même temps que son amie, l'invitation de Valérie de Belleuse. Seulement, la jeune fille n'avait pas encore osé en parler à sa belle-mère.

Ce fut Madeleine qui, à la grande joie de Mlle de Châtenay, se chargea d'ouvrir le feu auprès de la terrible femme. Mais, contrairement aux prévisions pessimistes de M. et Mme Duhamel, la vicomtesse ne s'était pas trop fait prier pour autoriser sa belle-fille à accepter l'invitation de la nièce du général Henriot.

Au fond, l'ex-Constance Couvreur devenue vicomtesse était très flattée de ce qu'elle prenait pour une avance du général, avec lequel elle était restée en froid depuis qu'elle avait choisi pour sa belle-fille une gouvernante allemande.

D'ailleurs, ce n'était pas à un bal qu'était invitée Gervaise ; mais à une simple réception de jeunes filles. — Il n'y avait donc aucun danger qu'elle trouvât là le mari tant redouté.

Mme de Châtenay pouvait ainsi, à peu de frais, se donner le bénéfice d'un semblant de complaisance envers sa belle-fille.

C'était pour cela, du reste, que, bien que décidée et ayant fait toutes ces réflexions dès le premier moment, la vicomtesse avait eu l'air de ne céder qu'aux instances de Madeleine.

La résistance, d'ailleurs, ne s'était point prolongée.

— Puisque Mme Duhamel vous permet d'assister seule à cette petite fête, ma chère enfant, — avait dit la vicomtesse, après avoir acquis la certitude que les invitations faites du reste au nom de Mlle de Belleuse, était exclusivement féminines, — je ne vois aucune raison, moi non plus, de priver Gervaise de ce plaisir.

— Vous me permettez d'aller avec Madeleine?... Ah! merci!... — s'écria Mlle de Châtenay avec élan.

La vicomtesse jeta sur sa belle-fille un regard vipérin.

— Est-ce donc si extraordinaire, pour mériter un si grand remerciment?... — observa-t-elle. — On croirait vraiment que je vous martyrise, ma chère! que je vous refuse tout plaisir! — Je crois cependant que je vous laisse assez libre d'aller et de venir à votre guise et que vous en usez et abusez comme il vous plaît. — Mais ça, c'est votre affaire. Tant pis pour vous, si vous fatiguez les gens! A Bois-Jolivet, par exemple, on ne voit que vous! C'est d'un sans-gêne!...

— Mais cela nous rend au contraire si heureuses, madame, — repartit Madeleine, contenant à grand'peine son indignation, en voyant les larmes prêtes à s'échapper des yeux de son amie. — Lorsque Gervaise ne vient pas, c'est moi qui viens la chercher; car maman m'avait chargée de vous prier de la laisser venir dîner ce soir avec nous, à Bois-Jolivet. Fraülein nous accompagnerait et la voiture les ramènerait dans la soirée.

— Je te remercie, Madeleine, — fit Gervaise, tristement.

— Et pourquoi n'iriez-vous pas, je vous prie? — dit aigrement la vicomtesse. — Quel besoin éprouvez-vous à tout propos de vous poser en victime?

— Alors, vous voulez bien, madame? Vous permettez que j'emmène Gervaise? — demanda Madeleine, en serrant à la dérobée la main de son amie.

Alors, viens vite mettre ton chapeau et prévenir Fraülein.

Et, entraînant la jeune fille, après avoir salué la vicomtesse de Châtenay:

— Ouf! Sauvons-nous, ma chérie, — glissa Mlle Duhamel à l'oreille de Gervaise, — je n'en peux plus. Dépêchons-nous de partir!... La méchante, l'horrible femme!...

Une fois en voiture, les deux amies eurent bientôt fait de retrouver leur gaieté.

La présence encombrante de Greetchen von Puttmacker, en les obligeant à causer de choses indifférentes, détourna fort à propos leur pensée de la scène pénible qui venait de se passer entre Gervaise et sa belle-mère.

Du reste, c'était chose coutumière maintenant pour la jeune fille et il ne se passait guère de jour que la bile amassée par la vicomtesse ne se répandît en paroles aigres ou blessantes.

Sa haine devenait de jour en jour plus impatiente.

Son cœur se révoltait à l'idée qu'un moment allait venir cependant, quoi qu'elle fît pour l'éloigner, où il lui faudrait rendre des comptes à Gervaise, se voir dépossédée de cette fortune sans laquelle, elle le sentait bien, elle ne pouvait plus vivre.

Car, en admettant qu'elle empêchât la jeune fille de se marier, Gervaise serait majeure bientôt, les quelques années qui la séparaient encore de sa majorité passeraient comme un rêve.

Ah! si, d'ici là, elle pouvait trouver le moyen de se dispenser de rendre ses comptes de tutelle, de faire passer en sa possession cette fortune dont la naissance de Gervaise l'avait frustrée !...

Car si la jeune fille n'avait pas existé, c'était elle qui héritait à la mort de son mari, elle qui, au lieu de n'être que la dépositaire, restait l'unique maîtresse de Châtenay et de la fortune du vicomte !...

Mais elle ne trouvait rien et sa haine pour Gervaise s'augmentait de son impuissance à la dépouiller.

De là, une animosité d'abord latente, mais que maintenant, à mesure que le temps s'écoulait, elle se sentait incapable de réprimer et qui perçait malgré elle en propos aigres dans ses rapports journaliers avec sa belle-fille.

De là aussi, par contre-coup, la terreur chaque jour grandissante de Gervaise qui, sans se douter du vrai motif de l'humeur acariâtre de la veuve de son père, constatait en frémissant les regards mauvais et les paroles acerbes de la méchante femme.

*
* *

Lorsque la voiture ramena, le soir, de Bois-Jolivet, Mlle de Châtenay et Fraülein, la vicomtesse, heureusement pour Gervaise, était depuis quelque temps déjà montée dans son appartement.

Cela permit à la jeune fille de garder intact, sans aucun mélange d'amertume, le souvenir de la bonne soirée qu'elle venait de passer chez les Duhamel.

Comme cela arrivait très souvent, Adrien Verneüil était venu après le dîner pendant quelques instants au château.

Bien que la conversation fût restée générale et que le jeune homme ne lui eût pas adressé une seule fois la parole d'une façon particulière, sa présence avait suffi pour remplir de bonheur l'âme de Gervaise.

Naturellement, le mariage de Valérie et surtout la fête originale donnée par Mlle de Belleuse, pour enterrer joyeusement sa vie de jeune fille, en avait fourni le principal thème.

Puis, pendant que l'ingénieur faisait une partie de billard avec M. Duhamel, les dames avaient causé toilette et écrit à leur couturière de Paris.

Gervaise et Madeleine se faisaient habiller toutes les deux dans la même maison.

Mlle Duhamel avait commandé une robe de crépon blanc avec ceinture rose ; Gervaise, une toilette semblable avec une ceinture blanche.

Ainsi habillées pareillement, blondes toutes deux, de même taille, de beauté presque jumelle dans l'ébouriffement de leurs cheveux d'or, elles auraient l'air de deux sœurs pour ceux qui les rencontreraient ensemble dans la voiture de Madeleine. Cela les avait beaucoup amusées, car elles avaient l'une pour l'autre la plus tendre amitié.

La partie de billard terminée, on avait fait un peu de musique, Gervaise étant excellente musicienne et Madeleine ayant une fort belle voix.

Puis, on avait pris une tasse de thé, et tout doucement, la soirée s'était écoulée, calme et familiale, sonnant trop tôt l'heure du départ.

Gervaise avait embrassé son amie le cœur gros.

— Quel malheur de ne pas pouvoir rester auprès de toi! d'être obligée de rentrer à Châtenay, de retrouver ma belle-mère!... Si tu savais comme cette femme me fait peur!... — avait-elle murmuré à l'oreille de Madeleine.

Mlle Duhamel s'était efforcée de la rassurer.

— Elle est méchante, c'est vrai ; mais qu'as-tu à craindre d'elle ? — avait-elle répondu sur le même ton.

Et, souriant :

— Elle ne te mangera pas, comme l'ogresse du *Petit Poucet*, bien qu'elle te montre ses vilaines dents.

— C'est bien ce que je me dis, — fit Gervaise ; — mais, que veux-tu ? je suis folle !... J'ai beau me raisonner, toutes les fois que je me retrouve seule avec elle dans le grand château, et que je vois ses yeux fixés méchamment sur moi, c'est comme une douche de glace qui m'étreint le cœur et me donne le frisson.

— Folle !... en effet, chère folle, — avait murmuré Madeleine en serrant tendrement la jeune fille dans ses bras. — Si ta belle-mère était si méchante, te laisserait-elle venir ici ?

— C'est vrai... tu as raison, sans doute, mais ma peur est plus forte que tous les raisonnements... Ce que je donnerais pour ne pas habiter avec elle à Châtenay !...

— Fenez-fous, matemoiselle Chervaise, la foiture attend, — dit Fraülein en apportant à la jeune fille son chapeau et son collet.

— Oui, ma bonne Greetchen, voilà, je vous suis, — répondit Gervaise, en embrassant une dernière fois son amie.

Et comme Adrien Verneuil se retirait en même temps, le jeune ingénieur avait accompagné Mlle de Châtenay et Fraülein jusqu'à la voiture qui devait les reconduire au château de Châtenay.

— Bonsoir, mademoiselle, — dit le jeune homme en saluant Gervaise, après avoir aidé la monumentale Greetchen à se hisser dans la victoria.

— Bonsoir, monsieur.

Et la jeune fille tendit de la voiture, à Adrien, sa petite main gantée.

— Prenez garde de vous enrhumer, le temps est frais, ce soir ; on aurait dû faire atteler le landau, — reprit le jeune homme en retenant rien qu'une seconde, bien respectueusement, la petite main qui s'abandonnait, confiante.

— Oh ! nous sommes bien couvertes, il n'y a pas de danger, — répondit Gervaise en riant d'un rire heureux.

— Matemoiselle a son gollet, — fit à son tour la grosse Greetchen.

— Et vous, mademoiselle Greetchen, — interrogea machinalement l'ingénieur, parlant au hasard, pour prolonger la conversation.

— Moi ! — fit Greetchen suffoquée. — Fous êtes bien honnête, monsieur Ferneuil. Che fais me ratatiner dans mon châle, — ajouta en minaudant la grosse fille de Von Puttmacker.

— Alors, tout va bien. — Au revoir, mesdames.

Vous pouvez partir, — ajouta Adrien Verneuil, en s'adressant au cocher, comme à regret.

Et, avant de prendre lui-même le petit chemin de traverse qui devait le conduire au pavillon qu'il habitait avec Gérard, le jeune ingénieur, debout, immobile sur la route, suivit d'un regard ému, aussi longtemps qu'il put l'apercevoir, le vague rayon lumineux que mettait, dans la poussière soulevée par les roues de la voiture, le passage de la victoria.

— Atieu, monsieur Ferneuil, — avait crié Greetchen Puttmacker, en

Mlle Prudence ?... au second, glapit la concierge sans se déranger... (P. 120.)

agitant son mouchoir comme une touffe de *vergissmeinnicht*, au moment où la voiture s'ébranlait.

— Quel charmant cheune homme ! — ajouta la plantureuse Fraülein, en retombant sur les coussins et en poussant un soupir qui ébranla sa volumineuse poitrine. — N'est-ce pas, matemoiselle Chervaise ?

Et la grosse femme attendit, mais en vain, la réponse de la jeune fille.

— Pourquoi ne dites-fous rien ?... fous tormez téjà ? — demanda l'Allemande, étonnée du silence de M{ⁱˡᵉ} de Châtenay.

— Non, Fraülein ; seulement, je suis un peu fatiguée, — répondit Gervaise, qui voulait garder intact dans son cœur le souvenir d'Adrien Verneuil.

Mais vous pouvez causer, ma bonne ; je vous entends, — ajouta la jeune fille en fermant les yeux et en se replongeant avec bonheur dans son rêve.

*
* *

C'est ce doux rêve qui, effaçant en elle toutes les autres impressions, avait bercé Gervaise jusqu'à Châtenay.

— Oui, il m'aime autant que je l'aime, je l'ai bien compris, ce soir encore, à l'émotion de sa voix quand il me parlait !... Cher Adrien ! — se répétait-elle, comme un refrain que son cœur joyeux ne se lassait pas de chanter.

Et la jeune fille eût voulu que le trajet de Bois-Jolivet à Châtenay durât toujours.

N'allait-elle pas retrouver en arrivant toutes ses tristesses et toutes ses terreurs ?

Tout à coup, Gervaise se sentit légèrement secouée par Fraülein.

— Nous foici au château, matemoiselle, — annonça l'Allemande qui croyait que Gervaise s'était endormie.

— Déjà !...

— Tiens !... matame la ficomtesse est tans sa champre, — ajouta Greetchen von Puttmacker, en voyant de la lumière dans l'appartement de M{ᵐᵉ} de Châtenay.

Cette remarque de la gouvernante rasséréna la jeune fille.

— Jusqu'à demain, du moins, — se dit-elle, — mon bonheur ne sera pas troublé par la figure revêche et le regard inquiétant de ma terrible belle-mère.

Et M{ⁱˡᵉ} de Châtenay s'endormit en pensant à Adrien.

*
* *

Ainsi que cela avait été convenu, le matin du jour fixé pour la fête donnée à ses amies par M{ⁱˡᵉ} de Belleuse, Madeleine était venue prendre Gervaise au château de Châtenay.

Adorables toutes deux dans leurs fraîches et élégantes toilettes blanches, les jeunes filles, après des adieux succincts à la belle-mère de Gervaise, s'étaient empressées de monter en voiture.

Toutes les deux semblaient avoir oublié leurs pressentiments moroses, tout entières au plaisir de la fête à laquelle elles se rendaient.

Comme le landau allait franchir la grille du château de Châtenay, il croisa un jeune homme qui venait d'entrer et qui s'arrêta pour saluer les deux amies.

Les regards de ce jeune homme se posèrent avec affectation sur la belle-fille de la vicomtesse.

— Tiens, Paul Mousset! — fit avec indifférence Madeleine Duhamel, en rendant légèrement son salut au jeune homme.

Comme il te regarde, ma chère; il te dévore des yeux! — ajouta-t-elle, en se tournant en riant vers Gervaise.

Mais, voyant l'émoi soudain et la pâleur de son amie :

— Qu'as-tu, ma chérie?... Qu'y a-t-il?... Qu'est-ce qui te bouleverse ainsi?... — interrogea Madeleine inquiète.

Oh ! réponds-moi !... dis, t'ai-je fait de la peine?...

Ce n'était pas la première fois que la présence de ce jeune homme produisait une pareille impression, — mélange d'épouvante et de répulsion, — sur l'adorable fille du vicomte de Châtenay.

Depuis quelque temps, Gervaise rencontrait fréquemment celui que nous avons entendu appeler Paul Mousset.

Il semblait se trouver volontairement sur son passage, comme s'il recherchait sa rencontre.

Cette épouvante et cette répulsion que subissait l'amie de Madeleine en sa présence étaient instinctives et par conséquent inexplicables.

C'était le résultat d'une impression purement psychique, et non l'œuvre du raisonnement.

La jeune fille n'aurait pas éprouvé une sensation différente si elle s'était trouvée inopinément en présence d'une bête venimeuse.

A cette impression causée par la présence de Paul Mousset, se mêlait une vague et indéfinissable appréhension, comme si ce jeune homme eût été pour elle une menace dans l'avenir.

CHAPITRE VI

LA TIREUSE DE CARTES

E taille moyenne, mais assez bien prise, roux, le front bas, les yeux verts, bien fendus mais au regard fuyant et hostile, assez joli garçon, en somme, bien que l'expression sournoise de sa physionomie lui donnât un aspect antipathique, ce Paul Mousset, dont la présence inopinée venait de tant effrayer Gervaise, était depuis quelque temps l'âme damnée de la vicomtesse de Châtenay.

Fils de Léon Mousset, ex-homme de confiance, sorte d'intendant du duc de Soisy, le jeune homme, très intelligent du reste, avait jusque-là vécu à Nancy sans faire parler de lui et sans que l'on connût au juste ses moyens d'existence.

Ayant été pendant quelque temps employé chez un huissier de Nancy, on prétendait qu'il travaillait aujourd'hui pour son compte.

Dans le temps, le père de Paul Mousset s'était vu très fortement soupçonné d'avoir profité des écarts, du désordre et des folles dissipations de son maître pour se livrer à des déprédations qui avaient complété la ruine totale du duc.

A la mort de la duchesse, Léon Mousset avait même été mis en accusation.

Le notaire, ne trouvant plus trace de l'immense fortune du duc, s'était adressé au parquet et on avait coffré Léon Mousset.

Le prévenu était mort en prison avant que l'instruction de l'affaire fût achevée.

Ni Gervaise, ni Madeleine, ne connaissaient à fond l'histoire du malhonnête intendant, l'enquête ayant été menée rapidement et sans bruit.

Elles savaient seulement qu'il avait été accusé de malversations, et qu'il était mort avant de s'être disculpé.

Ardemment défendu du reste par quelques-uns, l'innocence ou la culpabilité de Léon Mousset n'avait jamais été tirées au clair.

La ruine du duc était seule demeurée indéniable, laissant le champ libre à toutes les suppositions au sujet de la gérance de son intendant.

— Je ne sais si ce que j'ai entendu dire sur le compte du père est vrai, mais le fils me cause une répulsion invincible, — déclara Gervaise, pour justifier l'émotion éprouvée par elle à la vue de Paul Mousset.

Depuis quelque temps, il s'est habilement faufilé auprès de ma belle-mère, ayant pris prétexte d'une contestation entre elle et l'un de ses fermiers, — ajouta-t-elle. — Choisi comme conseil par celui-ci, il a su l'entortiller assez habilement pour qu'il renonçât à ses prétentions, fort justes à mon avis, et qu'il se soumît pieds et poings liés aux volontés de la vicomtesse.

Tu penses qu'il s'est prévalu de cela auprès de Mme de Châtenay ! — Depuis lors, il est l'âme damnée de celle-ci, constamment fourré au château ; ils ont toujours l'air de comploter ensemble quelque diablerie.

Obséquieux et plat dans ses très rares rapports avec moi, il a cependant parfois une façon de me regarder qui cause une révolte de tout mon être...

Tu l'as vu aujourd'hui ? — poursuivit Gervaise en s'animant. — Dans ces moments-là, — tu sais cependant que je ne suis pas fière, — je ne sais ce qui me retient de le chasser comme un laquais !... Mais, insolent ou plat, sa présence me cause une répulsion insurmontable.

Tel fils, tel père, tu sais ; on le dit et je crois que cela n'a jamais été si vrai.

— Pourquoi ? — fit Madeleine toujours indulgente. — Moi, je ne crois pas à l'hérédité du mal.

— Oh ! cependant...

— En admettant que le père ait été réellement coupable, qui te prouve que ce Paul Mousset n'est pas un très honnête garçon ?...

Tu le juges sévèrement parce qu'il est au mieux avec ta belle-mère... J'avoue qu'il a un air sournois qui ne le rend pas sympathique ; mais peut-être vaut-il mieux que sa mine ?

— Dans tous les cas, ton père doit être de mon avis, — repartit Mlle de Châtenay ; — puisqu'il n'a pas voulu l'admettre, lorsqu'il s'est présenté il y a un an pour avoir un emploi à l'usine.

— Peut-être mon père n'a-t-il pas trouvé à l'employer, tout simplement.

— Oh ! quand on veut trouver réponse à tout... — fit Gervaise.

— Allons, ma chérie, — reprit Mlle Duhamel en riant, — avoue que tu lui en veux, à ce pauvre garçon, d'avoir une trop grande admiration pour la fille du vicomte de Châtenay ? — C'est là, j'en suis sûre, ton principal grief ?

— Folle ! — répliqua la belle-fille de la vicomtesse, riant malgré elle, rassurée par le ton plaisant de Madeleine et commençant, en effet, à trouver puériles la frayeur et la répulsion que lui inspiraient le fils de l'intendant du duc de Soisy.

Dans tous les cas, — continua-t-elle sur le même ton que Mlle Duhamel, — si ton M. Mousset a une si profonde admiration pour ma personne, il ferait bien de la manifester d'une façon moins insolente.

— Il aura lu *Ruy Blas*, vois-tu, — dit Madeleine toujours rieuse; — il se prend pour une sorte d'hidalgo incompris :

« Ver de terre amoureux d'une étoile... »

Qui sait, — ajouta-t-elle, — peut-être est-il ambitieux et espère-t-il se faire remarquer...

— Oh! Madeleine, tu vas trop loin! — fit Gervaise en pâlissant de nouveau, malgré elle.

*
* *

La voiture approchait de Nancy.

— A propos, Gervaise, — s'écria tout d'un coup Mlle Duhamel, — as-tu vu dans le journal l'annonce de Mlle Prudence?

— Mlle Prudence?

— Oui, Mlle Prudence, la grande cartomancienne, une des premières de Paris, paraît-il, et qui est de passage à Nancy seulement pour quelques jours.

— Une des premières de Paris?

— Dame, vois l'annonce, — dit Madeleine, en tirant le journal de sa poche; — je voulais t'en faire la surprise, je l'avais mis de côté exprès pour toi.

Gervaise parcourut le boniment admiratif que le hasard avait placé sous les yeux de son amie.

Comme à Madeleine, il lui parut réunir toutes les conditions désirables et surtout inespérées, puisqu'elles s'offraient ainsi à portée de leur désir.

— « Grande rue, n° 13, » — continua Gervaise, lisant. — Nous passons devant!...

— Oh! Gervaise, si nous montions? — fit tout à coup Mlle de Châtenay.

— J'allais te le proposer.

— « Pour quelques jours seulement à Nancy! » — Pourvu qu'elle ne soit pas partie! — murmura Gervaise anxieuse.

Et, regardant la date du journal
— Huit jours... il n'y a que huit jours.
— Nous la trouverons encore sans doute.
— Quel bonheur!... Tu verras que j'ai eu une bonne idée!... Elle va tout nous dire, c'est certain!...

— Oh! moi, tu sais que je t'attendrai dans la voiture, — dit Madeleine qui craignait que la somnambule ne parlât devant Gervaise de son amour pour Gérard et qui se réservait de revenir seule consulter la tireuse de cartes.

— Tu ne monteras pas? — demanda Mlle de Châtenay, désappointée et hésitante.

— Pour quoi faire?... Tu sais bien que je n'y crois pas, — dit d'un ton détaché la fille du maître de forges.

Elle dissimulait avec soin ses projets et l'envie qui la dévorait, malgré l'incrédulité qu'elle affectait, de savoir si ses appréhensions d'avenir étaient fondées.

— Mais tu n'auras pas besoin de consulter, — insista Gervaise. — Viens toujours avec moi... Toute seule, je n'oserai jamais!

— Quelle drôle d'idée, ma chérie!... — fit observer Madeleine. — Tu seras bien plus à ton aise, au contraire, toute seule.

— Mais non, je t'assure, je ne saurai que dire... Je ne me déciderai jamais à aller seule chez cette femme que je ne connais pas, tu le sais bien.
— Pourquoi me l'offrir, alors, si tu ne voulais pas m'y accompagner?... Je croyais que tu comptais te faire faire les cartes avec moi.

— Non, cela je ne le veux pas, — dit Mlle Duhamel contrariée.

— Bon, c'est convenu! — Mais monte toujours; qu'est-ce que ça te fait, puisqu'il n'y a que moi qui me ferai tirer les cartes?

— Oh! pour ça, tu peux en être sûre, — fit Madeleine, consentant enfin à accompagner son amie chez la célèbre cartomancienne.

— Je verrai toujours ce qu'elle dira à Gervaise; en somme, cela vaut mieux, — pensa la jeune fille.

Et elle donna au cocher l'ordre d'arrêter devant le n° 13 de la Grand'-Rue.

— Bien, mademoiselle, — répondit le domestique, habitué à obéir sans commentaires à tous les ordres de la Demoiselle du Château.

Adorée par les serviteurs de ses parents, la jeune fille n'avait à redouter d'eux aucun contrôle... Ils l'aimaient, et surtout ils l'estimaient : pourquoi 'auraient-ils surveillée?

Ils ne songeaient qu'à exécuter les ordres qu'elle leur donnait, sans voir au delà, sans chercher à se rendre compte du motif qui la faisait agir. Ils savaient que ses intentions ne pouvaient être que louables.

Cette fois comme les autres, le cocher arrêta la voiture devant la maison que lui avait indiquée Madeleine, et le valet de pied ouvrit la portière et aida les deux jeunes filles à descendre, sans que ni l'un ni l'autre songeassent à se demander la raison de ce changement d'itinéraire.

Si leur jeune maîtresse s'arrêtait avant d'arriver à l'hôtel de la division, où Mlle de Belleuse habitait avec son oncle, et où ils avaient reçu l'ordre de toucher, c'était probablement parce que cela était nécessaire.

N'avait-elle pas des amies et surtout des pauvres partout?

Ils ne cherchèrent pas à en comprendre davantage.

— Allons, puisque tu le veux, — avait dit Madeleine en se levant comme à regret, lorsque le landau s'était arrêté devant la porte de la maison habitée par la célébrité parisienne.

— Ah! tu es gentille, à la bonne heure! — s'était écriée Gervaise de Châtenay en se levant à son tour et en sautant légèrement de la voiture à la suite de Mlle Duhamel.

Et les deux amies s'engagèrent sous la voûte, le cœur oppressé.

— Tu sais que je n'y vais que pour t'accompagner... c'est bien convenu, n'est-ce pas? — répéta Madeleine tout en montant l'escalier sur les pas de Gervaise.

— Bien sûr, ma chérie, puisque c'est moi qui vais consulter, — répondit Mlle de Châtenay avec assurance.

La jeune fille, cependant, se promettait bien *in petto* de décider Madeleine.

Une fois entrée, elle n'en doutait pas, son amie se laisserait entraîner par son exemple.

— Elle en a autant envie que moi, je la connais bien, — se disait Mlle de Châtenay qui, nous le savons, ne se trompait pas.

Seulement, Madeleine aurait voulu être seule pour interroger le destin et entendre de lui la confirmation ou l'infirmation de ses néfastes pressentiments d'avenir.

— Mlle Prudence?... au second, glapit la concierge sans se déranger, faite maintenant au va-et-vient qu'avait attiré dans la maison, à grands coups de réclame, sa nouvelle locataire.

— On nous a dit au second, c'est ici, — fit Gervaise en s'arrêtant devant une petite porte bâtarde.

A côté de cette porte s'ouvrait sur l'escalier une étroite fenêtre aux carreaux sales, devant lesquels retombait, à l'intérieur, un rideau de vitrage aux couleurs bigarrées.

LA DEMOISELLE DU CHATEAU

Grande, brune, assez jolie, des yeux de « voyante »... (P. 125.)

Entre la porte et la fenêtre pendait un cordon de sonnette terminé par un pied de biche dont le poil, usé sans doute par les mains impatientes des visiteurs ou dévoré par les mites, offrait par endroits des plaques lépreuses.

Les deux jeunes filles se regardèrent.

— Oui, c'est ici, — fit Madeleine.

Elle montrait, à côté du cordon au pied de biche, une plaque de cuivre fixée par quatre vis et sur laquelle se détachait en noir le nom de la célèbre pythonisse.

— Tu peux sonner, — ajouta la Demoiselle du Château.

— Sonne, toi, veux-tu? — supplia la belle-fille de la vicomtesse de Châtenay avec un mouvement d'hésitation et d'effroi qui fit à son tour sourire Mlle Duhamel.

— Allons-nous-en plutôt, puisque tu n'es pas plus décidée que ça, — dit celle-ci, prête à redescendre, le pied posé sur la première marche de l'escalier.

Cette proposition vainquit les dernières hésitations de Gervaise.

— Non, entrons, puisque nous y sommes, — répliqua-t-elle en tirant résolument le cordon de la sonnette.

La porte s'ouvrit, mue par un ressort, immédiatement repoussée derrière les jeunes filles, comme si la personne qui venait d'ouvrir eût pu être témoin de leur hésitation et eût voulu leur enlever toute possibilité de retraite.

— Vous demandez, mesdames? — interrogea une voix qui paraissait appartenir à une femme.

Nous disons « paraissait », car l'antichambre était noire, et les visiteuses n'apercevaient qu'une ombre vague, sur le compte de laquelle, vu l'accentuation hybride de la voix, il eût été difficile de bien préciser.

Madeleine et Gervaise, émotionnées malgré elles, restaient muettes, indécises.

— Veuillez répondre, — dit la voix.

— Mlle Prudence? — murmura enfin Gervaise de Châtenay timidement.

— C'est ici. — Est-ce pour une consultation?

— Oui... Nous voudrions nous faire tirer les cartes... mais nous sommes pressées. Est-ce que nous pourrions passer tout de suite?

— Bon. — Je vais voir. — Entrez ici.

Et une porte s'ouvrit devant les jeunes filles, laissant arriver dans l'antichambre un jet de lumière crue.

Le cœur un peu serré, Gervaise et Madeleine entrèrent.

Elles n'avaient pas eu le temps de se retourner que la porte s'était refermée derrière elles.

— Asseyez-vous, — avait commandé l'invisible introductrice.

*
* *

Les deux amies regardèrent autour d'elles.

Elles se trouvaient dans un salon vulgaire éclairé par deux fenêtres, devant l'une desquelles se trouvait une sorte de table de jeu en acajou, recouverte d'un tapis de velours vert foncé dont les franges de métal, maintenant noircies et oxydées, avaient pu jadis, à la lumière, donner l'illusion d'une crépine d'or.

Devant la table, dans l'embrasure de la fenêtre, tournant le dos au jour, un fauteuil également en velours vert, aussi peu frais que le tapis et orné de la même frange oxydée et lamentable.

Sur la table, une sébile russe aux tons violents. — De l'autre côté de la table, faisant face au fauteuil, deux sièges de velours rouge montés en acajou et pareils au reste de l'ameublement.

Ce petit coin, qui devait être le centre des opérations cabalistiques de la pythonisse, et qui tout de suite avait attiré les regards des jeunes filles, se trouvait pour ainsi dire isolé du reste de la pièce par un grand paravent aux feuilles recouvertes d'une cretonne passée aux larges fleurs.

Cette partie du salon était d'ailleurs le seul point de la pièce qui, — avec beaucoup de bonne volonté, — pût donner une vague idée de la position sociale peu ordinaire de la maîtresse du lieu. — Partout ailleurs régnait le bourgeoisisme le plus complet.

Au milieu du salon carrelé et passé à l'encaustique, — comme beaucoup de salons de province le sont encore, — une carpette feutrée aux tons criards, dont le point central était occupé par une table oblongue, en acajou, recouverte d'un tapis de fil au crochet et ornée d'un cache-pot, où achevait de se faner un orpisistra anémique et rabougri.

Tout autour de la pièce, soigneusement rangé le long des murs, un mobilier d'acajou et velours tramé, d'un rouge jauni et pisseux, dont les dossiers étaient garantis par un voile au crochet attaché aux angles avec des épingles, et d'un travail identique à celui du tapis qui couvrait la table.

La cheminée, garnie d'une tablette de reps bleu à lambrequins, supportait une pendule en zinc doré représentant sous un globe le sage Solon, des tablettes sur les genoux et un style à la main, occupé à rédiger ses lois. — De chaque côté de la pendule, deux flambeaux de même métal, montés sur un socle et également recouverts d'un globe. — Deux vases de porcelaine blanche grossièrement décorés et garnis de bouquets de fleurs en papier aux couleurs déteintes, achevaient cette ornementation peu artistique, mais qui se trouve reproduite dans la plupart des salons de la petite bourgeoisie de province.

Aux murs, quatre mauvaises lithographies avec cadres de noyer verni à filets noirs et représentant des sujets militaires ou patriotiques, la *Retraite de Russie*, le *Petit Caporal*, *Jeanne d'Arc sur son bûcher* et *Les Bourgeois de Calais*, la hart au cou, tandis que dans un coin de la composition on voit, sous la tente royale, la reine coiffée du hennin et dans un état de grossesse très avancée, supplier son royal époux de lui accorder la vie du généreux Eustache de Saint-Pierre et de ses compagnons.

Une porte, devant laquelle retombait une portière faite à l'aide d'un de ces anciens châles tartans écossais à grands carreaux rouges et bleus, s'ouvrait en face de celle par laquelle Gervaise et Madeleine étaient entrées.

Comme les jeunes filles, après avoir achevé l'inspection rapide du salon de la cartomancienne, portaient les yeux de ce côté, la portière se souleva et Mlle Prudence parut.

Grande, brune, assez jolie, des yeux de « voyante » gris et cernés, à la prunelle dilatée et lumineuse, sous les bandeaux crépelés d'une zingara, Mlle Prudence, la « grande célébrité parisienne », avait parcouru longtemps, dans sa voiture de somnambule, les fêtes de Saint-Cloud, du Trône, de Neuilly, de Versailles, de toutes les localités rayonnant autour de la capitale.

Persécutée, ainsi que ses pareilles, par la Préfecture de Police qui leur avait interdit les champs de foire, Mlle Prudence, en femme avisée qui sait le fonds qu'il faut faire sur la crédulité humaine, avait vendu sa roulotte et s'était mise à exploiter les diverses grandes villes, se faisant précéder d'une réclame intelligente et tapageuse, s'y installant en logis meublé et y restant tant qu'elle y trouvait un bénéfice.

La moisson achevée, elle n'hésitait pas à lever le siège et à aller exploiter une autre résidence, n'emportant avec elle, de ville en ville, que les quelques accessoires indispensables à son métier : la table d'acajou, avec le fauteuil et le tapis de velours vert aux crépines d'or, le vieux paravent de cretonne et une malle d'accessoires conservés précieusement lors de la vente de la roulotte.

Avec cela elle était partout chez elle.

Prudence avait exploité ainsi, avec des fortunes diverses, — avant d'arriver à Nancy, — Lille, où elle avait gagné beaucoup d'argent, ce qui avait encouragé ses débuts ; Châlons, où la chance l'avait également suivie ;

Lyon où, par contre, malgré une réclame tapageuse, elle avait fait buisson creux. — Du reste, elle ne s'y était pas entêtée, et l'avait quitté pour Besançon où elle avait retrouvé le succès de ses débuts et s'était complètement refaite.

A Nancy, où elle opérait depuis une quinzaine de jours, les affaires avaient été jusque-là beaucoup moins brillantes.

Aussi lorsque Prudence, aux aguets derrière la petite fenêtre donnant sur l'escalier, avait entendu le colloque des deux jeunes filles, s'était-elle empressée d'ouvrir au premier coup de sonnette, pour ne pas laisser à ces clientes indécises le temps de changer d'avis et de s'en aller.

Puis, Gervaise et Madeleine introduites dans le salon, la tireuse de cartes avait été se blottir derrière la portière de tartan dont les plis retombaient sur une porte entr'ouverte donnant dans l'intérieur de l'appartement; et, de ce poste, par des ouvertures ménagées dans l'étoffe, elle avait examiné à son aise les visiteuses, espérant saisir, dans leur conversation, quelque indice susceptible d'aider au besoin à la science des tarots. — Mais Madeleine et Gervaise étaient restées muettes, se contentant de regarder autour d'elles, étonnées et à demi rassurées par l'apparence bourgeoise de ce qui les entourait.

— Qui peuvent-elles bien être? — se demandait Mlle Prudence en les examinant. — Des jeunes filles, apparemment, car elles sont toutes jeunes; seize ans, dix-sept ans peut-être... Mais cette élégance... cette distinction... Ce doit être des demoiselles riches... nobles, peut-être. Il y a un équipage arrêté devant la porte... avec deux domestiques sur le siège; ça ne peut être qu'à elles, bien que je ne les en aie pas vues descendre. — Voilà la chance qui tourne?... si le grand monde se met à donner... je ne suis pas près de quitter Nancy...

Et voyant une nuance d'impatience se peindre sur le visage de ses jeunes visiteuses, la tireuse de cartes ajouta en s'apprêtant à faire son entrée.

— Tiens, c'est vrai, elles sont pressées, les pauvres chattes! allons, ne les faisons pas attendre davantage.

Et majestueuse, une flamme divinatrice allumée dans ses mystérieuses prunelles grises, l'ex-sibylle foraine souleva la portière et se trouva en face des deux amies.

*
* *

Elle eut une belle révérence, accompagnée d'un très accueillant sourire et dit :

— Ces dames veulent me consulter?

— Oui, mademoiselle, — répondit Gervaise de Châtenay seule.

— Comme somnambule?... pour quelqu'un de malade, peut-être?.. Une parente, une mère? car ces dames sont sœurs, sans doute?...

— Non, amies seulement, — dit Mlle Duhamel.

— Et pas mariées? — cela se devine.

— Non, pas encore, — fit Gervaise ne pouvant s'empêcher de rougir.

Le regard pénétrant de la somnambule sembla envelopper la jeune fille.

— Avez-vous apporté un objet, quelque chose appartenant à la malade? — interrogea-t-elle.

— Mais ce n'est pas pour une malade, c'est pour moi, je voudrais me faire tirer les cartes, — répliqua Mlle de Châtenay.

— Ah! c'est différent. — Veuillez me suivre, alors, — fit la cartomancienne en faisant passer la jeune fille de l'autre côté du paravent.

Gervaise avait pris Madeleine par la main.

— Vous désirez que mademoiselle reste avec vous?

— Oui, répondit Gervaise.

— Veuillez vous asseoir, alors, mesdemoiselles.

Ayant indiqué les sièges placés devant la table, la devineresse s'assit elle-même sur le fauteuil de velours vert rapé qui leur faisait vis-à-vis, et tirant un jeu de tarots d'un tiroir dissimulé sous la retombée du tapis qui couvrait la table :

— Désirez-vous le grand jeu, mademoiselle?

— Si vous voulez, cela m'est égal, pourvu que vous me disiez tout! — répondit naïvement Mlle de Châtenay.

— C'est vingt francs, le grand jeu, — fit observer la pythonisse en jetant un regard expressif vers la sébille.

Gervaise tira en rougissant une pièce d'or d'un mignon porte-monnaie d'écaille blonde et la laissa tomber dans le récipient.

La tireuse de cartes remercia avec un nouveau sourire et elle étala avec une admirable dextérité son jeu de tarots sur la table, en éventail.

Son visage mobile avait pris soudainement une expression étrange et illuminée. Il semblait vraiment qu'elle fût inspirée.

Elle ramassa les cartons, les mélangea et les présenta à Gervaise, la priant de couper.

— De la main gauche, s'il vous plaît, mademoiselle.

Alors, elle disposa les tarots hermétiques en paquets, l'image tournée vers le tapis et, par moment, lorsqu'elle arrivait à certains nombres, fatidiques sans doute, elle en retirait une qu'elle plaçait à part, la face découverte, formant, par leur réunion, des figures bizarres.

Elle recommença ce manège avec les cartes non employées, après les avoir de nouveau battues et fait couper, toujours de la main gauche, et ayant opéré une nouvelle sélection elle forma, avec ces nouveaux tarots, un demi-cercle autour des premiers.

Ces préparatifs impressionnaient les deux jeunes filles qui, portées en ce moment au merveilleux, suivaient attentivement tous les mouvements de la devineresse.

Pendant un instant M⁽ˡˡᵉ⁾ Prudence parut se recueillir et étudier l'ensemble du jeu ainsi étalé devant elle. — Puis son doigt prophétique se leva et alla d'une carte à l'autre, se posant sur certaines d'entre elles que lui désignait une numération cabalistique, tandis que son masque expressif, d'abord assombri, s'éclaircissait peu à peu.

Fortement impressionnée, M⁽ˡˡᵉ⁾ de Châtenay avait pris la main de Madeleine presque aussi émue qu'elle.

Les deux jeunes amies, anxieuses, interrogeaient le visage de la tireuse de cartes.

Enfin l'oracle parla. M⁽ˡˡᵉ⁾ Prudence regarda Gervaise.

— Je vois un jeune homme blond, — dit-elle, et, saisissant au passage la flamme qui passait dans les yeux de la belle-fille de la vicomtesse, elle ajouta : — Un jeune homme blond qui est aimé par une riche et jolie demoiselle.

Madeleine regarda son amie en souriant.

— Et lui, l'aime-t-il ? — interrogea M⁽ˡˡᵉ⁾ de Châtenay avec un battement de cœur.

La cartomancienne, avant de répondre, sembla consulter encore le jeu de tarots étalé sous ses yeux. Elle fit et refit plusieurs fois de gauche à droite et de droite à gauche, le tour du cercle formé par les cartes sur le tapis.

— Oui, il l'aime aussi, — affirma-t-elle enfin. — Mais je vois des obstacles, beaucoup d'obstacles, qui s'opposent à leur bonheur...

— Hélas ! — soupira Gervaise.

— Cependant, attendez... oui, il y a un espoir... Voici une bonne nouvelle... un changement de situation... Voyons... c'est curieux...

De nouveau, après avoir relevé nerveusement une partie des cartes, la devineresse les arrangea en des dispositions nouvelles.

M⁽ˡˡᵉ⁾ de Châtenay la regardait palpitante, suspendue à ses lèvres. Sa main, qui tenait toujours celle de Madeleine Duhamel, se crispait nerveusement.

— L'obstacle, c'est une dame âgée, une parente peut-être, — reprit M⁽ˡˡᵉ⁾ Prudence. — Et pourtant non, ce n'est pas la mère... Et puis, il y a un complot contre cette jeune fille, une conspiration de volontés néfastes

La devineresse commençait à disposer son jeu. (P. 131.)

dans laquelle un homme, représenté par le génie du mal que vous voyez sur cette carte, joue un rôle important!... Les difficultés sont sérieuses; mais tout s'arrange, — murmura la cartomancienne. — C'est étonnant!... Pourtant les cartes ne peuvent pas se tromper... les obstacles disparaissent... cela finira par un mariage!...

— Un mariage!... Oh! madame, êtes-vous bien sûre? — s'écria Mlle de Châtenay incapable de contenir sa joie.

— Ce n'est pas moi qui le dis, ce sont les cartes qui l'affirment, ma belle demoiselle, — répondit la pythonisse en désignant plusieurs cartes comme si elle en appelait à leur témoignage.

— Oh! Madeleine, à ton tour, essaie! — supplia Gervaise en se tournant vers Mlle Duhamel.

— Oui, à votre tour, ma jolie demoiselle, — dit la pythonisse avec un sourire engageant à l'adresse de Madeleine.

Mais la jeune fille secoua la tête.

— Non, — répondit-elle en souriant aussi; — non. — Tu te souviens de ce qui était convenu, Gervaise. Je ne t'ai accompagnée qu'à cette condition... Tu sais bien que je ne crois pas aux cartes.

— Tu n'y croyais pas tout à l'heure, je veux bien, mais maintenant? — insista avec une conviction profonde Mlle de Châtenay, comme si, après l'oracle que les cartes venaient de rendre, le doute n'était plus possible pour personne.

— Maintenant pas plus que tout à l'heure, ma chérie, — répliqua résolument la fille de l'industriel.

— Pourtant, tu ne me diras point que tu n'as pas été intéressée.

— Et amusée... Oh! oui, c'est vrai! — déclara Mlle Duhamel, riant d'un rire un peu forcé.

— Alors, essaie; qu'est-ce que ça te fait, puisque tu n'y crois pas?... Pour me faire plaisir, — reprit Gervaise.

— Tu es folle!... pourquoi faire?

— Pour rien... pour voir seulement ce que les cartes te diront... si elles vont te prédire à toi aussi l'amour d'un jeune homme brun ou blond...

— Quel enfantillage!

— Bon, tu te défends... tu as donc peur que les cartes parlent? — s'écria Mlle de Châtenay en plaisantant et bien loin de penser que c'était là, en effet, la préoccupation intime de Madeleine.

— Moi!... fit la jeune fille. — Peux-tu le supposer?

— Allons, décidez-vous, mademoiselle; ce n'est pas si terrible que ça, — insinua la cartomancienne en préparant ses tarots.

— Allons, voyons!... supplia la belle-fille de la vicomtesse. — Laisse-toi convaincre!

Madeleine Duhamel haussa les épaules.

— Après tout, ça m'est égal, faites comme vous voudrez, — dit-elle en mettant à son tour un louis dans la sébille.

— A la bonne heure!... tu es gentille! — murmura Mlle de Châtenay en embrassant son amie.

La devineresse commençait à disposer son jeu. — Madeleine eut une dernière velléité d'hésitation et de résistance.

Quoiqu'elle eût fait parade tout à l'heure de son incrédulité, elle redoutait la lucidité de la tireuse de cartes. — Un émoi intime l'agitait.

Si cette femme allait révéler son amour !... parler de sa tendresse pour Gérard !...

— Mais non, cela n'est pas possible !... — pensa Madeleine en se rassurant. — D'ailleurs, on ne nomme personne; Gervaise ne se doutera jamais qu'il s'agit de M. Gérard... Et puis, j'en serai quitte pour en rire, pour en plaisanter.

Et M{He} Duhamel, qui déjà avait fait le geste d'interrompre la devineresse et de se lever pour partir, se rassit avec résignation, décidée cette fois à affronter la sentence de l'oracle. Elle n'était même pas fâchée maintenant de l'insistance de Gervaise.

— Cela m'évitera de revenir !... — pensait-elle, — pendant que la cartomancienne faisait ses préparatifs; — si libre que je sois, un second voyage à Nancy, dans un espace de temps aussi rapproché, aurait présenté des difficultés. Oui, décidément, cela vaut mieux ainsi, puisque je ne peux plus vivre comme ça, puisque je suis décidée à savoir... Et qui me dit encore que cette femme ne serait pas partie, que je la retrouverais lorsqu'il me serait possible de revenir ? Le journal annonce qu'elle n'est à Nancy que pour quelques jours.

Mlle Prudence avait terminé la disposition de ses tarots et s'apprêtait à parler.

Bien que profondément émue par l'approche de l'oracle, Madeleine essayait de cacher son trouble et de garder sur ses lèvres un sourire incrédule. Mais son cœur battait avec violence, et, à la pâleur de sa figure, il était aisé de se rendre compte de l'émotion qui l'agitait.

Soudain, le visage de Mlle Prudence changea d'expression. Une épouvante se peignit sur ses traits.

Elle rassembla ses cartes avec colère, les battit de nouveau, de nouveau les étala en éventail devant ses yeux.

A mesure qu'elle les examinait, ses traits se crispaient dans une expression de compassion et de terreur.

— Qu'y a-t-il, madame ?... Mon Dieu ! que voyez-vous ? — s'écrièrent en même temps Gervaise et Madeleine, stupéfaites et tremblantes d'appréhension et de frayeur.

Mais la tireuse de cartes ne parut pas les entendre. Les yeux agrandis par l'émotion intense qui l'agitait, elle interrogeait les tarots, murmurant des mots sans suite qui remplissaient d'épouvante les deux jeunes filles.

— Pourquoi faut-il qu'elle se soit adressée à moi?... C'est affreux!... il y a des choses trop épouvantables!... pauvre enfant!... non, je ne dirai rien... Quel avenir! mon Dieu! C'est horrible!!!

— Mais parlez donc, madame!... dites-nous, enfin, qu'avez-vous vu? que doit-il m'arriver? Qu'annoncent donc les cartes de si affreux? — parvint à articuler Madeleine, le cœur oppressé par une inexprimable angoisse. — J'aime mieux tout que ces phrases incompréhensibles qui me terrifient.

— Oui, parlez, mademoiselle, — supplia à son tour Gervaise, désolée de ce qui arrivait à Madeleine. — Si un malheur menace ma pauvre amie, dites-le-nous!... Peut-être, le connaissant, pourrons-nous le conjurer.

Mais la devineresse secoua la tête.

— Non, je ne dirai rien, je ne veux rien dire, — déclara-t-elle résolument.

— Vous ne voulez rien dire?

— Madame, je vous en prie!... — supplia Madeleine. — Je m'attendais à quelque malheur... Je le savais!... mais croyez que j'ai du courage!... je préfère savoir... ne pas rester dans ce doute affreux.

— Non, non! — répéta Mlle Prudence.

— Mais je vous dis que, dussé-je apprendre ma mort prochaine, j'aime mieux savoir!... qu'à votre silence, je préfère les menaces les plus épouvantables!... — Parlez donc sans crainte!...

Non? vous ne voulez pas?... — s'écria Mlle Duhamel désespérée. — Alors, dites-moi au moins si ce malheur m'est personnel... si je suis seule menacée...

Et Madeleine attendit, haletante, la réponse de la cartomancienne.

Mais Mlle Prudence, au lieu de répondre, prit dans la sébille la pièce d'or que Mlle Duhamel y avait déposée un instant auparavant, et, la rendant à la jeune fille :

— N'insistez pas, tout est inutile, rien ne me fera parler! — dit-elle. — Partez!... Partez, je vous en supplie!

— Mais enfin...

— Partez! — répéta Mlle Prudence, bien décidée à ne pas céder aux instances de Madeleine et à ne rien révéler de ce que l'oracle lui avait fait entrevoir.

Et, accompagnant jusqu'à la porte les deux jeunes filles stupéfaites et terrifiées :

— Que Dieu vous protège, ma jolie demoiselle! — ajouta la devineresse d'une voix profonde. — Priez-le! Lui seul peut être assez puissant pour triompher du destin horrible que j'ai entrevu...

Puis comme Madeleine, toute pâle, s'accrochait à elle, essayant de la fléchir, la suppliant de parler, Mlle Prudence, qui était parvenue à ouvrir la porte, repoussa doucement, mais d'une main nerveuse et sûre, les deux jeunes filles sur le palier.

— Que Dieu vous protège!... — répéta-t-elle en verrouillant sa porte, d'un mouvement de frayeur machinal, comme si elle eût craint d'être atteinte elle-même par l'effroyable destin que l'oracle annonçait à Mlle Duhamel.

Stupéfaite, anéantie, Madeleine était restée immobile, le regard fixé sur cette porte inflexible derrière laquelle elle croyait avoir laissé le dernier rayon d'espoir qui, de temps à autre encore, venait dissiper ses tristes appréhensions d'avenir. Maintenant, tout était sombre autour d'elle. Une terreur secrète l'envahissait ! L'oracle avait confirmé ses plus noires prévisions.

Ah! elle le savait bien, elle, qu'elle serait malheureuse!

— Mais, pour que cette femme n'ait pas voulu parler, quel est donc l'avenir qui me menace? — se demandait Madeleine en frissonnant... — Quelle chose affreuse cache ce silence, ce refus obstiné, malgré mes supplications, de me dire ce que les cartes lui avaient appris?... — C'est donc bien horrible, pour qu'une étrangère se sente émue de compassion et recule devant la seule pensée de cette révélation?...

— Elle m'a même rendu mon argent! — ajouta la jeune fille en sentant dans sa main la pièce d'or que la devineresse lui avait rendue et qu'elle s'était obstinément refusée à reprendre.

— Viens, viens, — dit Gervaise en entourant et en entraînant son amie. — Viens, ma chérie. — Tu es folle de te bouleverser de la sorte. — C'est absurde, cette scène-là! — Quand je pense que c'est moi qui ai insisté pour te faire consulter cette toquée!... Pouvais-je penser aussi que tu la prendrais au sérieux, que tu te laisserais émouvoir à ce point par ses singeries et ses sornettes?

— Tu y a bien cru, toi, à ses sornettes, — dit simplement Madeleine avec un accent de reproche.

— Moi!... — s'écria Mlle de Châtenay un peu démontée.

— Oui, toi, lorsque cette femme t'a prédit que tu épouserais celui que tu aimes.

— Dame! — fit Gervaise avec un sourire qu'elle se reprocha aussitôt, en voyant l'air navré de son amie; — quand on vous prédit des choses si agréables, on est toujours tenté d'y croire.

— Tu vois bien!

— Mais cela n'a pas duré, va! — J'ai bien vu tout de suite que c'était une plaisanterie et que le hasard seul avait dicté la prédiction de Mlle Prudence.

— Et c'est pour cela que tu m'as tant engagée à consulter à mon tour la tireuse de cartes? — Merci bien! — fit amèrement Madeleine.

— Justement; puisque c'était sans importance. — D'ailleurs, pouvais-je deviner qu'elle allait jouer cette ridicule comédie?... Je croyais qu'elle allait t'annoncer, comme à moi, ton prochain mariage. — Cela m'amusait même beaucoup, moi qui sais que tu n'aimes personne. — Mais elles doivent prédire cela à toutes les jeunes filles...

— Tu vois bien qu'il y en a auxquelles elles ne le prédisent pas, — dit tristement Mlle Duhamel.

— Voyons, ma chérie, — fit gaiement Gervaise de Châtenay, navrée au fond d'être la cause du chagrin de Mlle Duhamel, — voyons, oublie toute cette sotte aventure; sans cela, je croirai que tu m'en veux.

— A toi?

— Oui, à moi, qui ai insisté pour te faire consulter cette folle.

— Est-ce ta faute, ma pauvre Gervaise, si ma vie est vouée au malheur, si je suis réservée à une sinistre destinée?

— Ne dis donc pas de bêtises, toi, toujours si raisonnable, — fit Mlle de Châtenay qui ne put réprimer un frisson devant l'air profondément désespéré de son amie. — Comme si le but de cette femme n'était pas facile à deviner, d'ailleurs.

— Que veux-tu dire?

— Nous voyant jeunes, élégantes, nous devinant riches et surtout novices, elle a tout bonnement cherché à nous faire chanter.

— Comment peux-tu penser cela, — répliqua Madeleine, — puisqu'au contraire cette femme a refusé mon argent?... elle m'a forcée à le reprendre!...

— Naturellement. Elle espérait ainsi en avoir davantage. Elle croyait, en refusant de parler, après avoir éveillé notre inquiétude, nous amener gentiment, sans en avoir l'air, à vider notre bourse dans la fameuse sébille. Elle est restée muette au premier louis, elle a fait même mine de le dédaigner; mais je gage qu'au cinquième, au dixième à coup sûr, elle se serait décidée à dévoiler cette terrible destinée mystérieuse! — Parions que la prédiction eût fini, comme la mienne, par un mariage.

— Non, — fit Madeleine songeuse, — non, je ne crois pas à cette duplicité chez cette femme. — Cependant, peut-être as-tu raison dans un sens; peut-être, en lui offrant de l'argent, la déciderait-on à parler.

— Oh! quant à cela, j'en suis sûre! — s'écria en riant Mlle de Châtenay. — Tiens, veux-tu en faire l'expérience?

Et Gervaise se penchait déjà à la portière du landau pour arrêter le cocher.

— Non, folle! — fit vivement Madeleine en la retenant, effrayée à la pensée de se retrouver en face de la devineresse. — A quelle heure déjà allons-nous arriver chez Valérie!

— Tu ne veux pas?... C'est dommage!... Je parie que pour dix louis, la célèbre sorcière aurait arboré le chapeau pointu et la robe à queue constellée d'étoiles et de comètes!... ç'aurait été si drôle!

Bon! tu ris, enfin, — s'écria Gervaise, heureuse de voir un sourire sur les lèvres de Mlle Duhamel.

Madeleine passa son bras autour du cou de son amie, et, l'embrassant avec effusion :

— Ne t'inquiète pas et surtout, ma chérie, ne te reproche pas ma tristesse, — dit-elle en se dominant, — j'ai été surprise, voilà tout! — D'ailleurs, tu as raison, tout cela n'est que comédie et mensonge, et ce serait bien fou d'y croire.

Tiens, je n'y pense plus, — ajouta la pauvre et courageuse enfant en souriant à Mlle de Châtenay et en s'efforçant de refouler ses larmes, pour ne pas attrister son amie.

*
* *

Gervaise et Madeleine arrivèrent des dernières chez Mlle de Belleuse. La visite chez la devineresse avait pris longtemps et la nièce du général, après les avoir vainement attendues, commençait à désespérer de les voir venir.

Quand elles parurent enfin dans le jardin où Valérie se tenait, entourée d'un cercle de jeunes filles, la future lieutenante poussa un cri de joie, et, courant au-devant des retardataires :

— Ah! les méchantes, les vilaines qui se font autant désirer!... Enfin! vous voilà! — s'écria-t-elle en les embrassant et en les entraînant vers le groupe des jeunes filles.

Et, tout en courant :

— Sont-elles jolies!... sont-elles belles!... — ajoutait la folle Valérie. — Oh! que je voudrais être pâle et rose comme cela!... Et sans un grain de poudre, encore! — On dirait deux roses de Noël.

Les émotions par lesquelles elles venaient de passer avaient en effet répandu, sur le visage des deux amies, une pâleur charmante que les amicaux reproches de Valérie, la conscience de se trouver en faute, et aussi la surprise du ravissant spectacle qu'elles avaient sous les yeux, venaient de colorer d'un fugace et délicat velouté de carmin.

Les jardins de la division avaient été, sous la direction de Valérie, transformés en un véritable Éden.

Des arcs de feuillage et de fleurs avaient été dressés, reliés entre eux par des guirlandes de vigne vierge et de clématite fleurie, remplissant l'air d'un délicieux parfum.

Le soir, ces guirlandes devaient s'éclairer d'invisibles lampions dissimulés sous le feuillage et qui peupleraient l'air de lucioles immobiles.

Tout autour de la pelouse, centre de réunion des invitées de Mlle de Belleuse et où, sous une tente élégante, une table avait été dressée, luxueusement couverte de fleurs rares et de cristaux, et garnie d'un goûter délicat expédié par Chevet, une immense guirlande de roses blanches, de myrtes et d'œillets blancs, semblait entourer d'un ruban virginal et parfumé le gracieux essaim des jeunes amies de Valérie.

A l'une des extrémités de la pelouse, dissimulé derrière un massif de feuillage, l'orchestre des tziganes jouait en sourdine, — de sorte que l'harmonie semblait venir de très loin comme apportée par la brise, — le prélude d'une valse de Strauss.

Arrivées auprès du groupe de jeunes filles, Mlle de Belleuse présenta Gervaise et Madeleine à ses amies, et comme elle achevait de nommer celles-ci et de les présenter à leur tour aux deux nouvelles venues, une grande jeune fille brune et très belle, mais d'une beauté un peu altière et marquée, malgré sa jeunesse, absente au moment de la présentation, s'approcha, une coupe de champagne frappé à la main.

— Ah! mes amies, — fit Valérie de Belleuse en prenant la jeune fille brune par la taille et la conduisant aux deux retardataires, — Mlle Armande Monval, dont je vous ai si souvent parlé dans mes lettres et qui a été assez gentille pour venir de Paris, afin d'être des nôtres.

Puis elle nomma à Mlle Monval les deux jeunes filles :

— Gervaise de Châtenay, Madeleine Duhamel, mes meilleures amies de pension.

Madeleine et Gervaise s'inclinèrent.

Un instant, le regard dur et orgueilleux d'Armande Monval croisa le mélancolique et pur regard de la fille du maître de forges.

Madeleine ressentit une secousse, ses yeux s'abaissèrent, évitant de se fixer plus longtemps sur cette jeune fille belle et élégante qui venait de lui être présentée et qu'elle ne connaissait pas une minute auparavant.

Il semblait qu'elle devinât instinctivement en elle une ennemie.

— Je suis folle!... — se dit la Demoiselle du Château en cherchant à se rendre compte de la singulière impression causée par la vue d'Armande

Armande attirait autour d'elle, par l'éclat de ses yeux noirs, tout un essaim de jeunes gens.
(P. 140.)

Monval. — Cette tireuse de cartes, avec ses prédictions inachevées et plus terribles encore par cela même, m'a mis l'esprit à l'envers !... Maintenant, je vois partout des présages de malheur. — Oui, Gervaise a raison, il faut réagir et promptement !... Tout cela n'est que folie et mensonge !... Pourquoi ma vie serait-elle vouée à la douleur?... Qu'ai-je fait pour que l'avenir ne soit pour moi que tristesses et que larmes?... Pourquoi Dieu serait-il à ce point cruel? — Oui, je suis ingrate envers la Providence qui m'a faite si heureuse, envers mon père et ma mère si bons pour moi, en me laissant dominer par ces pressentiments absurdes et ridicules.

Et, décidée à réagir contre l'inexplicable antipathie que lui avait inspirée Armande Monval, Madeleine la chercha des yeux pour lui sourire et rompre le fatal sortilège en faisant avec elle plus ample connaissance.

— Je suis sûre qu'elle me plaira, car ma première impression a été sotte et sans consistance, — pensait Mlle Duhamel.

Mais Armande s'était éloignée.

Madeleine l'aperçut au milieu d'un groupe de jeunes filles qu'elle dominait de son altière beauté et écrasait de sa toilette tapageuse.

Elle essaya, pleine d'indulgence et de bonne volonté, de se dire en l'observant :

— On la prétend hautaine, arrogante, mais ce n'est peut-être qu'une supposition !... Elle est réellement belle... On doit être bonne quand on est douée d'une pareille beauté !

Puis, la Demoiselle du Château sollicita l'avis de Gervaise, afin de corroborer l'opinion qu'elle s'efforçait de se faire au sujet de Mlle Monval.

— Qu'en penses-tu ?... quel effet t'a-t-elle produit ? — Demanda-t-elle.

— Moi, je la trouve ravissante.

— Oui, bien jolie, — répondit l'amie de Madeleine, — mais d'une froideur orgueilleuse...

— Il ne faut pas la juger sévèrement avant de la connaître, — interrompit avec bienveillance la fille du maître de forges.

— Que veux-tu? c'est ainsi que je la juge !... dit Gervaise... Je ne lui crois pas beaucoup de cœur.

— Il faudrait mieux la connaître.

Mais, au cours de la soirée, la même impression ressentie lors de sa présentation avec Mlle Monval traversa de nouveau l'âme de Madeleine Duhamel.

Au lieu de faire un pas en avant pour se rapprocher de l'amie de Valérie, la jeune fille recula instinctivement, comme si elle ressentait le besoin d'augmenter encore la distance qui la séparait de la jeune fille.

Et, détournant son regard :

— Non, décidément, elle ne me plaît pas, — murmura-t-elle avec un frisson.

CHAPITRE VII

FILLE DE BANQUIER

ARMI les amies de Mlle de Belleuse, Madeleine n'était pas la seule sur laquelle la belle Armande Monval eût fait impression. En effet, Armande était sinon la reine, du moins la plus remarquée des jeunes filles qui assistaient à la fête donnée par Valérie, à l'occasion de son prochain mariage, dans les jardins de la division.

Belle d'une incontestable beauté, grande, majestueuse, le teint chaud, les cheveux d'un brun doré, les yeux noirs aux sourcils altiers admirablement arqués, Armande Monval avait, jusqu'à l'arrivée de Gervaise et de Madeleine, remporté sans contestations la palme de la beauté, parmi cet essaim de jeunes filles, pourtant toutes jolies et élégantes.

Elle « détenait le record » de l'élégance parisienne et du chic du meilleur goût, — pour nous servir d'une expression moderne consacrée par les sports divers auxquels se livre la jeunesse de notre fin de siècle.

La richesse de sa toilette, — qu'un esthète grincheux et qui ne se fût pas laissé éblouir par les airs d'impératrice d'Armande, eût seul pu trouver peut-être entachée d'une pointe d'excentricité trop marquée pour une jeune fille, — n'avait pas peu contribué à lui attirer tous les suffrages et à faire converger vers elle cet étrange sentiment fait d'un mélange d'admiration et, il faut le dire, d'envie et de jalousie, éveillé dans le cœur de toutes les femmes, même les meilleures et les plus simples, par la présence au milieu d'elles, d'une de ces beautés indiscutables et parfaites sur lesquelles aucune critique ne peut mordre.

Cette excentricité même, à peine visible et de fort bon goût, du reste, fruit des laborieuses combinaisons de nos plus grands couturiers parisiens, seyait à merveille au type majestueux et au port de reine d'Armande Monval qu'elle semblait faire descendre de son Olympe.

Il y avait là une intention d'être remarquée et de plaire par laquelle la déesse se faisait accessible et devenait femme.

Cette allure altière et les grands airs qui, à ses premiers débuts dans le monde, avaient peut-être été cherchés et voulus par la jeune fille, Armande se les était complètement assimilés ; ils étaient devenus sa nature même.

Certes, on pouvait trouver qu'il y avait en elle de la prétention ; mais personne n'aurait pu dire : « elle pose ! »

Elle en imposait plutôt.

Somme toute, malgré son extrême beauté, Armande Monval, — quoique fort adulée, à cause de sa très grosse fortune, — paraissait en général peu sympathique.

L'arrivée de Madeleine et de Gervaise de Châtenay, sans reléguer Armande au second plan, car nulle part elle ne pouvait passer inaperçue, lui avait du moins donné des rivales dignes d'elle.

Armande le constata au bout de quelques instants avec un secret dépit.

Belles, Gervaise et Madeleine l'étaient autant que Mlle Monval ; mais d'une beauté toute différente : beauté douce, captivante, parlant à l'âme, pénétrant jusqu'au plus intime du cœur ; tandis que l'altière et sculpturale beauté d'Armande Monval n'exerçait son action que sur les sens.

Dans toutes les fêtes, il en avait toujours été ainsi ; dès qu'elle paraissait, Armande attirait autour d'elle, par l'éclat de ses yeux noirs, tout un essaim de jeunes gens.

Fille du richissime banquier de la rue Saint-Lazare, dont l'hôtel princier du boulevard Haussmann s'ouvrait tous les hivers pour des fêtes fastueuses présidées par « la belle madame Monval, » Armande, — aussi belle que sa mère, plus belle peut-être encore, — était bien connue dans les salons de la haute vie parisienne, où son élégance audacieuse et ses airs de reine, mis en relief par les millions du célèbre banquier, l'avaient fait placer au nombre des cinq ou six *professional beauty* qui se disputaient alors le sceptre de la mode et du chic.

*
* *

La fortune d'Armand Monval, son père, datait du second empire.

Petit banquier rue d'Hauteville en 1850, tirant le meilleur de ses bénéfices de la commerçante clientèle du quartier du Sentier, M. Monval avait eu, — disait-on, — l'occasion de rendre quelques services au prince-président. — De ces services, dont on ne connaissait ni la nature, ni l'étendue, le président devenu empereur s'était montré largement reconnaissant.

Dès les premières années de l'empire, au cours de l' « haussmanisation » parisienne, on avait vu le banquier, dont la maison prenait alors une importance de premier ordre, acheter des terrains et des maisons qui, l'année suivante, parfois même quelques mois seulement après, se trouvaient juste situés sur le tracé d'un percement dont le projet était demeuré ignoré jusqu'au jour des premières affiches et de la première procédure « à fin de déclaration d'utilité publique ». — Le verdict du jury d'expropriation, bien avant le premier coup de pioche, faisait couler le Pactole dans les coffres du « prévoyant » spéculateur.

En même temps la clientèle de la banque s'étendait, se tranformait, acquérait, grâce à de hautes influences, l'appoint des chemins de fer et des grandes compagnies d'assurances.

Les bureaux étaient transférés de la rue d'Hauteville dans un superbe immeuble tout battant neuf de la rue Saint-Lazare.

Le même jour, le banquier inaugurait par une fête splendide, dont les détails et le faste défrayèrent la presse et les échos mondains, le somptueux hôtel du boulevard Haussmann.

Monval devenait en quelques années incalculablement millionnaire.

Peu de temps auparavant il s'était marié. — Il avait épousé une des plus jolies femmes de Paris, celle qui devait être et rester, « la belle Madame Monval ».

A cette occasion, la faveur de l'empereur, faveur jusqu'alors occulte, s'était manifestée d'une façon éclatante : riches cadeaux des Tuileries et de tous les gens bien en cour, mariage splendide bénit dans la chapelle de la nonciature, et auquel l'empereur s'était fait représenter par son premier chambellan, tout l'apparat possible avait été donné à cette solennité à laquelle assistèrent les familiers les plus intimes de la cour.

On avait bien quelque peu chuchoté dans les cercles du high life, entre deux tirages à cinq, que Monval épousait la maîtresse d'un favori de Napoléon III; mais cela n'était pas prouvé, et dans tous les cas, on ne sut jamais si le banquier en était instruit ou s'il ignorait les bruits ayant couru sur celle qui portait aujourd'hui son nom.

La naissance d'Armande avait eu lieu juste neuf mois après cette union.

Jusque-là, le jeune ménage avait vécu dans une retraite relative. Fatiguée par sa grossesse, Mme Monval était peu sortie, médiocrement soucieuse peut-être de laisser voir aux fervents admirateurs de sa beauté, la sveltesse de sa taille déformée par l'envahissant épanouissement de sa maternité prochaine.

Mais après sa délivrance, Eugénie Monval, plus jeune et plus belle que jamais, fit dans le monde une triomphale et mémorable rentrée, et redevint une des reines des fêtes et des réceptions officielles.

La pendaison de crémaillère de l'hôtel du boulevard Haussmann fut le commencement d'une série de réceptions princières où, malgré les bruits fâcheux qui avaient couru sous le manteau, à l'époque du mariage de la belle Mme Monval, chacun voulut se faire inviter.

Le faste déployé par le banquier et par sa femme et dont chacun désirait prendre sa part en jouissance, les millions royalement dépensés, firent taire les mauvaises langues.

La jolie femme, du reste, depuis son mariage, n'avait donné prise à aucune critique. — Très courtisée, elle avait su éloigner les admirateurs compromettants, et les tenir à distance, en grande dame qui ne permet pas aux hommages de s'égarer hors de la limite du respect qui lui est dû.

**

Elevée dans ce riche milieu, servie par vingt domestiques qui obéissaient à tous ses caprices, habituée à ne voir irréalisée aucune de ses fantaisies, Armande avait grandi dans cette pensée que l'argent prime tout en ce monde et que rien n'est impossible à celui qui possède une fortune en quelque sorte sans limites, car il suffisait en réalité à son père d'un simple coup de bourse, toujours basé sur les meilleurs « tuyaux », pour l'accroître instantanément d'un nouveau groupe de millions.

La vie, jusque-là, avait paru lui donner raison.

L'existence dorée de la fille du banquier avait été un enchantement et un triomphe.

Habituée à se voir adulée, Armande en avait pris une haute opinion d'elle-même, et se considérait comme bien au-dessus du commun des mortels.

La jeune fille s'était faite définitivement à cette idée que, grâce à ses millions, sa volonté ne devait jamais rencontrer d'obstacles, mais pour la première fois cependant, elle était forcée de s'apercevoir que l'or ne suffit pas toujours à la satisfaction d'un caprice, et qu'il y a encore de par le monde quelques êtres d'élite, — ou arriérés, suivant le point de vue auquel on se place, — pour lesquels les millions ne sont pas tout et qui leur préfèrent l'honneur, la considération, la noblesse du sang, perpétué par une longue et glorieuse lignée d'ancêtres, toutes choses dont s'était jusque-là fort peu préoccupée la fille du richissime banquier.

Bien qu'elle eût à peine dix-huit ans, Armande songeait à se marier.

Précoce, ayant fait très jeune ses débuts dans le monde, déjà blasée sur le flirt, ayant jaugé ses adorateurs à leur juste valeur, — c'est-à-dire fait d'un coup d'œil très juste la part qui devait revenir aux millions paternels dans les déclarations et les protestations de ses plus enthousiastes poursuivants, — Mlle Monval était décidée à prendre un mari, afin d'être au moins courtisée pour elle-même.

— Cela me changera, — disait en riant la jeune fille. — Peut-être mes prétendants seront-ils moins sots quand il n'auront plus en vue la perspective d'épouser les millions de la fille du banquier Monval.

Certes, Armande ne serait pas embarrassée pour choisir.

— Avec ma fortune, — pensait-elle encore, — je n'aurai qu'un mot à dire pour trouver les plus brillants partis. Quand on saura que Mademoiselle Monval songe à se marier, chacun a l'envi, même les moins disposés au conjungo, se précipiteront pour tâcher d'enlever le lingot. Je n'aurai que l'embarras du choix, parmi ceux qui seront à la fois les plus nobles et les plus riches.

Mais, après avoir réfléchi, Armande avait été forcée de s'avouer que ses prévisions étaient fausses, tout au moins sur plusieurs points.

Assurément, quand elle voudrait un mari, elle n'aurait que l'embarras du choix; mais uniquement dans l'aristocratie de la finance, dans cette ploutocratie des parvenus, ou encore parmi cette colonie étrangère qui, à quelques exceptions près, est passablement entachée de rastaquouérisme.

En fait de noblesse, elle n'avait raisonnablement à espérer comme prétendants que les comtes et les barons du second empire.

Pourtant, la jeune millionnaire voulait un titre authentique et une couronne; c'était son caprice, son idée fixe en fait de mariage.

— Cela ira bien à mon genre de beauté, — disait avec le plus grand sérieux la fille du banquier, en prenant ses airs de reine.

Et certes, personne ne songeait à contester que, duchesse, princesse ou marquise, jamais couronne n'eût produit meilleur effet que sur les admirables cheveux bruns aux tons fauves de la séduisante « Armandine ».

Mais où chercher ce titre et cette couronne?

Qui pourrait-elle trouver, — elle qui n'était même pas de noblesse récente, — qui lui apportât en mariage ces antiques parchemins et le blason dont elle avait fait elle-même les conditions expresses et uniques de son choix?

— Car pour ce qui est de la fortune, je n'en ai cure, — se disait Mlle Monval; — je suis assez riche pour ne pas m'en préoccuper. Il m'importe peu d'ajouter encore des millions à ceux de papa.

La fille du banquier avait inutilement cherché autour d'elle le mari rêvé.

C'était alors que, pour la première fois, était apparue à Armande, la possibilité, jusqu'à ce jour inadmissible pour elle, que, malgré sa richesse, quelque chose de plus fort que les millions de M. Monval pouvait faire échec à sa volonté ou à son caprice.

La fille du banquier avait été forcée de s'avouer que, parmi les nobles et les riches familles du faubourg Saint-Germain qui la recevaient ou même qui fréquentaient chez la belle Mme Monval, aucune n'eût voulu d'elle pour bru, et que, malgré ses millions, nulle douairière n'eût consenti à se mésallier en lui laissant épouser son fils.

Il y avait bien un moyen peut-être, pour Armande, d'arriver à posséder cette couronne et ce titre qu'elle convoitait, et ce moyen, par la supériorité apparente qu'il lui laisserait sur son mari, était loin de déplaire à l'orgueilleuse fille du parvenu Monval.

C'était de trouver quelque blason à redorer.

Il ne manquait pas de ces nobles ruinés, victimes des disgrâces ou des folles prodigalités de leurs ancêtres, qui demandaient au commerce ou à la finance de rendre à leur nom cet éclat et ce lustre qu'ils se sentaient eux-mêmes impuissants à reconquérir.

Mais ce moyen était presque irréalisable pour Armande, car ces nobles nécessiteux et disposés à échanger leur blason contre une dot, pourvu que cette dot fût suffisante, ne se rencontraient point dans le somptueux hôtel du boulevard Haussmann, ni dans les riches familles que les Monval voyaient habituellement.

La jeune fille avait eu un instant la pensée de parler à son père et à sa mère de ses projets.

Mais le banquier, qui devait tout à l'Empire, pourrait-il admettre qu'elle ne se contentât pas d'un titre inscrit sur le livre d'or de la noblesse impériale, et qu'elle désirât pour mari un de ces descendants des croisés, gens arriérés, aux idées étroites, ne sachant seulement pas causer finances et incapables de vous renseigner sur la cote de la bourse et les évolutions du cinq pour cent ? Consentirait-il à lui le donner quand même, fût-il ruiné et plus gueux que Job.

— Non, — réfléchit Armande, — papa ne me comprendrait pas. — Je connais sa manière de voir à ce sujet. — J'aurais à subir une foule de raisonnements inutiles, puisque je suis décidée à ne pas changer d'avis, mais qui me dégoûteraient du mariage, avant même que j'en aie esquissé les préliminaires.

Quant à maman, elle s'occuperait de ça entre deux déclarations ou deux visites à son couturier.

Mieux vaut encore que je fasse mes affaires moi-même. — Je trouverai bien un moyen de découvrir le merle blanc ; — dussé-je mettre une annonce

Tout à coup, en parcourant en sleeping les annonces du *Gil Blas*... (P. 146.)

dans le *Figaro*, ou dans les *Petites affiches*, ajouta en riant la jeune fille.
— Mais je réussirai sans cela.

A quoi me servirait donc l'argent de papa, si ce n'était pour satisfaire mes caprices?... Or, cette fois, c'est plus qu'un caprice, c'est une décision bien arrêtée, une idée fixe!... Je veux pouvoir timbrer mon papier à lettre d'une couronne. J'ai assez de millions pour me passer cette fantaisie. — Est-ce que tout ne cède pas devant la fortune?

Et le raisonnement fait, la fille du banquier s'était mise à chercher le moyen d'arriver à ses fins et de mettre la main sur l'authentique blason, objet de ses rêves.

*
* *

Persévérante et tenace, entière dans ses idées, persuadée d'ailleurs du succès final et de l'irrésistible influence des millions dans la destinée, Armande Monval ne s'était pas laissé décourager par les difficultés.

Le moyen seul lui manquait pour agir, car une fois qu'elle l'aurait trouvé, elle était certaine d'en mener l'exécution à bonne fin.

*
* *

C'est dans cette disposition d'esprit qu'Armandine était partie pour Nancy, accompagnée par Mme de Terrenoire, sa dame de compagnie, afin de répondre à l'invitation de Valérie de Belleuse, avec laquelle elle s'était assez intimement liée à Paris.

Tout à coup, en parcourant en sleeping les annonces du *Gil Blas*, le moyen, — ce moyen qu'elle cherchait sans se décourager avec tant d'opiniâtreté, — était apparu à Mlle Monval.

— Tiens, mais au fait, c'est vrai, que je suis sotte! — avait murmuré la fille du banquier en voyant la réclame faite dans le journal par une agence d'entreprises matrimoniales. — Une agence de mariage!... Voilà mon affaire!... Inutile de m'entêter à chercher mieux, je ne trouverai pas.

D'ailleurs l'idée est originale et elle me plaît, — ajoutait Armandine, — car indépendamment du stock d'authentiques parchemins que les établissements de ce genre doivent tenir en réserve tout préparés pour le bain d'or régénérateur, il serait amusant de voir la fille unique du banquier Monval se marier par l'entremise d'une agence.

Oui, décidément, l'idée est excellente, et je m'en occuperai à Paris dès mon retour, — avait conclu Armandine en découpant dans le journal l'adresse de la maison dont la réclame venait de lui suggérer le moyen d'arriver au résultat si ardemment convoité.

Et plaçant soigneusement la coupure dans son portefeuille :

— Voilà!... Maintenant je me moque pas mal des comtes et barons de l'empire, fussent-ils plus millionnaires encore que papa! — se dit-elle bien résolue et pleine d'espérance. — Je serai marquise... ou duchesse, voire même baronne ou comtesse, pourvu que ma baronnie ou ma comté me donne le droit de figurer en bonne place dans l'armorial.

Et interpellant sa dame de compagnie, tout en se gardant bien de lui rien dire de ses intentions :

— Combien faut-il de quartiers, ma bonne, pour être inscrit dans l'armorial ? — Vous devez savoir ça, vous ? — interrogea Mlle Monval.

* * *

Placée par le banquier auprès de sa fille, non pour lui servir de gouvernante, — comme l'étaient Miss et Fraülein auprès de Madeleine et de Gervaise, — mais simplement de compagne, Mme de Terrenoire, veuve d'un colonel de dragons de la garde impériale, avait quelques années seulement de plus qu'Armandine.

Mariée toute jeune, presque enfant, au colonel de Terrenoire, elle était restée veuve après un stage très court dans l'état de mariage, stage pendant lequel, cependant, le colonel, homme à bonnes fortunes et superbe officier de salons, mais fort mauvais mari, avait eu le temps de dissiper au jeu et en nopces de toutes sortes une fortune assez ronde. Il est juste pourtant de dire à sa décharge, qu'il ne devait rien à sa femme, épousée absolument sans autre fortune que la très mince dot réglementaire.

Réduite à sa seule demi-pension de veuve d'officier, la jeune Mme de Terrenoire avait été obligée de chercher pour vivre une occupation qui augmentât ses ressources. — Elle en avait facilement pris son parti, étant d'un caractère gai et naturellement philosophe.

Pourtant, si ce n'avait pas été sans un certain soupir de soulagement que la jeune veuve avait revêtu ses longs vêtements de deuil, — car le colonel, malgré la grande différence d'âge existant entre lui et Mme de Terrenoire, ne lui avait pas rendu la vie très heureuse, — la jeune femme avait du moins gardé de ses courtes années de mariage la haine apparente du gouvernement républicain, et le regret de l'Empire qui, lui, savait au moins faire des rentes aux veuves de ses officiers.

Ce n'était pas comme cette affreuse République !...

Mais ceci constituait une simple façon de parler, car, au fond, la colonelle n'était pas une révoltée, mais seulement une femme aimable, s'occupant fort peu de politique et s'accommodant très bien de tous les régimes.

Depuis surtout qu'elle avait trouvé une situation dans la maison et auprès de la fille du riche banquier de la rue Saint-Lazare, Mme de Terrenoire ne songeait plus guère à se plaindre de l'existence.

Elle avait retrouvé le luxe douillet dont la perte avait été le seul regret de son veuvage.

Choyée par les Monval à cause de ses allures décoratives, elle se laissait vivre doucement, tranquille sur l'avenir, sûre de tenir cette fois, lorsque le moment serait venu de quitter Armande, une « retraite » sérieuse qui, sous la forme d'un titre de rentes, lui permettrait de vivre à son aise dans ses vieux jours.

Les Monval, qui devaient tout à l'Empire, ne pouvaient pas faire moins pour la veuve d'un colonel de la garde impériale.

— Je crois que la mort de M. de Terrenoire m'a porté bonheur et que j'ai enfin trouvé mes Invalides, — disait un jour en riant la jeune colonelle.

**

Après le lunch servi dans les jardins de la division, après l'arrivée de Gervaise et de Madeleine, les invités de Mlle de Belleuse avaient été rappelés dans les salons par un concert admirablement organisé grâce aux soins d'un excellent artiste, auquel Valérie avait donné carte blanche et qui avait amené de Paris une pléiade de chanteurs et de comédiens *di primo cartello*.

Puis la journée s'était terminée gaîment par une sauterie improvisée, que conduisait l'orchestre endiablé des tziganes.

La douceur presque estivale de la température avait permis d'organiser une farandole sous les arcs feuillus et fleuris et à travers les verdoyantes pelouses du jardin.

Cette farandole était une invention gracieuse de Valérie, qui en gardait la surprise à ses invitées.

Chaque danseuse avait reçu, en souvenir de la fête, un léger cercle d'or surmonté d'une flamme, ou d'une étoile que faisait étinceler une mignonne pile électrique. Ainsi couronnées les jeunes filles s'étaient prises par la main et la farandole, conduite par deux « tambourinaires » en costumes arlésiens, s'était déroulée sous les arceaux de verdure du jardin.

Coiffées de flammes et d'étoiles, avec leurs claires toilettes qu'avivaient les étincelles électriques, à la lueur douce des globes dépolis dont la lumière était encore tamisée par le feuillage, les légères danseuses paraissaient une troupe aérienne de fées ou de feux follets s'ébattant sous la pâle clarté de la lune.

Soudain, comme les jeunes filles commençaient à se fatiguer et à s'arrêter, le gaz alimentant les globes de verre dépoli, dissimulés dans le feuillage, s'éteignit.

L'effet qu'avait prévu Valérie ne manqua pas.

Ce fut dans l'obscurité une explosion de rires frais et de cris de joie, puis toute une débandade de lucioles vers les portes et les fenêtres largement éclairées du salon.

Cette rentrée joyeuse devint le signal de la retraite; la farandole avait dignement couronné une journée si bien remplie.

Les amies de Valérie se retirèrent après avoir chaudement embrassé et complimenté le future Mme de Montalban.

Madeleine et Gervaise étaient parties des premières.

Seules peut-être de toutes les jeunes filles réunies chez la nièce du général Henriot, elles n'avaient pas joui pleinement de la réception si réussie de Mlle de Belleuse.

Le souvenir de la scène étrange qui s'était passée chez la tireuse de cartes et aussi, sans qu'elles se le fussent avoué, la présence d'Armande Monval, avaient jeté un voile de tristesse sur leur plaisir.

De même que Madeleine, Mlle de Châtenay avait éprouvé pour la fille du banquier un vif et inexplicable sentiment d'antipathie.

Cependant, si Mlle Monval, jalouse de cette beauté rivale, s'était montrée envers Madeleine Duhamel d'une indifférence un peu dédaigneuse, elle avait au contraire fait d'incontestables avances à Gervaise.

Comme tous les parvenus, Armandine appréciait fort la noblesse.

Mais elle en avait été pour ses frais.

Moins capable que Madeleine de dissimuler ses sentiments, Mlle de Châtenay, tout en restant polie par égard pour Valérie de Belleuse, avait répondu plus que froidement aux avances de l'orgueilleuse héritière.

Ni Madeleine, ni Gervaise, n'eussent pu dire, du reste, d'où venait l'instinctive antipathie que leur inspirait Mlle Monval.

— Elle est cependant bien jolie ! — pensait la fille du maître de forges.

Préoccupée par la même idée, Mlle de Châtenay se disait tout en montant en voiture à côté de Madeleine :

— Je ne sais pas pourquoi, mais, malgré sa beauté, cette Armande Monval me fait l'effet d'un reptile ! — Quels yeux noirs et quels regards méchants !... Bien sûr, elle ne doit pas être bonne !

Quant à Armandine, elle avait quitté Nancy plus résolue que jamais à s'occuper au plus vite de son mariage.

Quelque impression qu'eussent produite sur elle ses deux rivales en beauté, cette préoccupation l'emportait sur toutes les autres.

Cela lui paraissait blessant de voir ses amies se marier avant elle.

Cette Valérie !... Armandine était cependant presque du même âge !

Dans le wagon salon qui la ramenait vers Paris en compagnie de Mme de Terrenoire, la fille du banquier, tout en causant de la fête à laquelle elles venaient d'assister, avait agité avec sa dame de compagnie la question de son mariage.

— Valérie de Belleuse !... C'est moi qui aurais dû me marier la première et non pas elle, — s'était-elle écriée tout à coup en se tournant vers Mme de Terrenoire.

— Vous marier !... vous, Armandine ?... Vous plaisantez ? — répliqua la jeune colonelle.

— Pourquoi donc ?... ne suis-je pas plus jolie et plus riche qu'elle ?

— Mais vous n'avez pas vingt ans ! — fit en riant Mme de Terrenoire. — Heureuse comme vous êtes, vous songez déjà au mariage ?

— Qu'est-ce que cela fait ? — riposta la jeune fille. — Vous croyez que c'est bien agréable de voir passer avant soi toutes ses amies ?

— Mais Mlle de Belleuse est votre aînée.

— Et Blanche de Brétigny aussi, peut-être ?... et Alice de Fougeray ?... et Berthe Grandval ? — Sans compter Marthe et Angèle qui sont fiancées et Betty Harvey qui a pourtant un an de moins que moi et qui est à la veille de l'être !

Il n'y a que moi qui resterais, moi qui ai tout pour être recherchée et qui aurais dû me marier bien avant elles ! — poursuivit la fille du banquier presque avec colère. — Vous croyez que c'est amusant cette défaite-là ?... Ce qu'elles doivent se moquer de moi !

— Il y a pourtant encore beaucoup de jeunes filles qui ne sont pas mariées à votre âge, ma chère Armandine, — fit observer en souriant Mme de Terrenoire.

— Oui : les laides... ou les pauvres, les filles sans dot !... — repartit amèrement la jeune millionnaire.

— Non : de jolies et de riches, et de titrées même. — Pas plus tard qu'hier chez Mlle de Belleuse....

— Ah ! oui, — interrompit Armandine Monval, — vous voulez parler de Gervaise de Châtenay et de la petite Duhamel. — Vous la trouvez jolie, vous, la fille de ce marchand de ferraille ?

— Mais, oui... Très jolie, — avoua la colonelle.

— Pas moi ! — déclara Armande. — Je n'aime pas ce genre-là !... Gervaise de Châtenay passe encore !...

— Mlle Duhamel est de plus millionnaire, dit-on.

— La croyez-vous si riche que ça, ma bonne Terrenoire ?

— Son père est un des premiers industriels de France.

— Peuh !... dans l'industrie, est-ce qu'on est jamais sûr ?... — dit Armande avec dédain. — Les mauvaises affaires arrivent si vite !

Pour amener la faillite du père de cette Madeleine Duhamel, qui aujourd'hui a des millions, dites-vous, il suffit d'une hausse sur les aciers, d'un krach sur les fers... Sans compter la concurrence de l'Allemagne et de l'Angleterre, — acheva méchamment Mlle Monval. — Je comprends qu'une jeune fille dans ces conditions devienne difficile à marier.

— Vous ne nierez pas cependant que Mlle Duhamel ne soit elle aussi un excellent parti? — reprit la jeune veuve; — elle est fille unique et avec des millions...

— La belle affaire si ces millions ne sont pas sûrs. — Moi aussi, je suis fille unique et autrement millionnaire qu'elle! — continua Armandine outrée que Mme de Terrenoire osât établir une comparaison entre elle et la simple fille du maître de forges.

Quant à la beauté, avec ses yeux bleus sans expression et son teint de papier mâché, vous la trouvez peut-être aussi plus jolie que moi? — ajouta-t-elle ironiquement.

— On ne peut pas être plus jolie que vous, ma chère Armandine, vous le savez bien, — dit la colonelle. — Mlle Duhamel a simplement un autre genre de beauté.

— Merci de la leçon!... Vous n'êtes pas en veine d'amabilité aujourd'hui, ma bonne! — murmura la jeune fille d'un air pincé.

— C'est vous qui êtes injuste. Quant on est royalement belle comme vous, pourquoi n'avoir pas l'indulgence ou même la justice de reconnaître la beauté des autres?

— Encore faut-il qu'elle existe!... — fit Mlle Monval un peu radoucie par le compliment.

— Niez-vous réellement la beauté de Mlle Duhamel?

— Non, pas complètement, pour être franche, — déclara Armande; — seulement je la trouve surfaite... et peu solide... Comme les millions de son père. — Ces blondes fades là, c'est un déjeuner de soleil!

Quand je me marierai, je ne veux pas d'un mari qui soit d'un blond fade.

— Bon!... Comment le voulez-vous, ma chère? — se hâta de demander la colonelle, heureuse de détourner cette conversation épineuse et d'amener sa compagne sur un autre sujet.

— Vous désirez que je vous fasse le portrait de mon futur mari, ma bonne madame de Terrenoire? — dit Armandine que le jeu amusait. — Serait-ce au physique ou au moral?

— Au physique d'abord. C'est généralement par là que l'on commence à plaire, bien que ce ne soit pas le point capital. — Nous passerons au moral ensuite, — dit en riant la colonelle.

— Oh! le portrait sera bientôt fait, alors: de taille moyenne, je déteste les gens trop grands ou trop petits; élégant, distingué; les yeux noirs et les cheveux noirs, j'ai horreur des blonds. Pour moi, les bruns, il n'y a que ça de vrai pour l'homme. — N'êtes-vous pas de mon avis?

Comment était-il, brun ou blond, monsieur de Terrenoire?

— Oh! lui!... il était « chauve », — répondit la colonelle, avec une secrète satisfaction de cette petite vengeance posthume.

— Bravo! — s'écria en riant Mlle Monval. — Comme ça vous pouviez, suivant votre goût, le croire blond ou brun. — Il était toujours sûr de vous plaire.

— Je ne pense pas que cela le préoccupât beaucoup, — murmura en aparté et en étouffant un soupir, la veuve du colonel, qui se contenta de répondre par un sourire un peu forcé à la réflexion d'Armandine.

— Enfin, pour moi, — reprit la jeune fille, — il n'y a que les bruns; donc je tiens essentiellement à ce que mon mari soit brun. Voilà pour le physique! — Quant au moral...

— Voyons le moral! — fit Mme de Terrenoire intéressée.

— Eh bien!... ma foi, il peut être tout ce qu'il voudra, pourvu qu'il soit noble, de vieille noblesse, qu'il ait un grand nom et qu'il appartienne à une illustre famille!

— Et qu'il soit millionnaire avec cela? — ajouta en riant la dame de compagnie.

— Millionnaire?... Eh bien! c'est ce qui vous trompe, ma bonne Terrenoire!... je m'en moque, des millions! — déclara Armandine. — Je trouve que j'en ai assez pour deux et j'épouserais fort bien un noble ruiné qui ne mettrait dans ma corbeille que ses parchemins et une couronne fermée.

— Prince alors?

— Oui, princesse ou duchesse, voilà ce que je veux!

— C'est donc sérieux?

— Comment, si c'est sérieux?... Mais c'est tout ce qu'il y a de plus sérieux, ma chère colonelle, — fit Mlle Monval en riant et en cachant sous le ton de la plaisanterie une inébranlable résolution. C'est si sérieux que s'il me fallait renoncer à trouver un mari réunissant dans sa personne les deux seules qualités auxquelles je tienne, c'est-à-dire des cheveux noirs et un titre, — mais entendons-nous, un titre appuyé sur des parchemins authentiques, — eh bien! je crois que j'abjurerais sans hésiter mon horreur pour les tons filasse, plutôt que de renoncer à ma fantaisie de noblesse, — ajouta Armandine d'un ton demi sérieux demi plaisant. — Je me convertirais au blond, quelle que fût sa place dans la gamme des nuances, du rouge ardent au vilain blond terne de la fille de votre marchand de ferraille.

— Oh! voilà qui est grave, en effet, — déclara la dame de compagnie en se gardant bien de relever l'allusion lancée par Mlle Monval à la beauté blonde de Madeleine Duhamel.

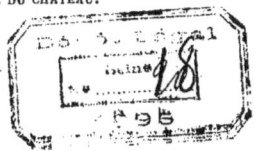

Le général Henriot tendit cordialement la main au jeune homme. (P. 156.)

— N'est-ce pas?... Et difficile à trouver, — fit Armandine, qui ne jugeait pas nécessaire d'apprendre à la colonelle le moyen qu'elle comptait employer pour y arriver.

— Bah!... — difficile, ça dépend encore, — dit Mme de Terrenoire en plaisantant. — Les jeunes gens bruns et distingués ne sont pas une denrée rare en France. Ah! si nous étions en Norvège ou en Suède...

— Mais le titre?...

— Le titre ?... Oui, c'est vrai, c'est une monnaie un peu moins courante. Mais enfin, on en trouve encore, de fort authentiques même, et de plus, appuyés de fortunes princières, ce qui ne gâte rien.

— Assurément ! je le sais bien. Mais ceux-là, ma chère, ne sont pas pour la fille du banquier Monval. Ne cherchons pas dans les impossibilités.

— Allons donc ! quand on est belle et millionaire comme vous l'êtes, ma chère Armandine, est-ce qu'en fait de maris surtout il existe des impossibilités !

— Peut-être. Dans tous les cas, et ce qu'il y a de sûr, — fit la jeune fille d'un air convaincu, — c'est que si j'arrive à dénicher ce merle blanc, je jure bien que je ne le laisserai pas échapper.

— Il ne fera pas bon se poser en rivale, alors? s'écria la colonelle en plaisantant.

— En rivale !... Non, je vous l'assure, — répliqua avec une étrange vivacité Mlle Monval dont le visage prit une expression de cruelle énergie dont la vue eût suffi à décourager les plus intrépides. — Non, il ne faudra pas me le disputer... ou alors...

— Alors, ma belle amazone? — demanda en riant Mme de Terrenoire amusée de l'air tragique que venait de prendre la fille du banquier.

— Ne riez pas, Terrenoire, fit la jeune fille ; — je ne plaisante point !

— Bon, vous m'effrayez ! — continua sur le même ton la colonelle. — Vous n'iriez pas jusqu'au crime, peut-être, pour vous débarrasser de votre rivale?

— Qui sait ?... — fit sérieusement Armandine.

Puis, se mettant à rire à son tour :

— Dans tous les cas, je plains celle qui s'y risquerait, ma chère Terrenoire !... — ajouta-t-elle avec conviction.

CHAPITRE VIII

AU COURS D'UNE MISSION MILITAIRE

E lendemain du jour où Valérie de Belleuse avait fêté avec ses amies, d'une façon si originale et si gaie, ses adieux à la vie de jeune fille, le général était rentré radieux à la division.

— Tu sais que tu es l'héroïne du jour, tout bonnement, — avait-il dit à sa nièce en l'embrassant.

— Pourquoi cela, mon oncle? interrogea curieusement la jeune fille.

— Mais, parce que tout le monde parle de ta grâce, de la façon charmante de recevoir. — Il paraît que tu es une maîtresse de maison accomplie. — Je sors de chez la préfète; ses deux filles lui ont conté des merveilles! — Du reste, d'après ce que j'en connais, elle devait être assez réussie, ta petite fête.

— Mais oui, assez, mon oncle, — dit Valérie avec une souriante satisfaction.

— Et si bien ordonnée! — Car il paraît aussi que tu as un talent d'organisatrice hors ligne. Rien n'a raté. — Ah! il ne sera pas malheureux, ce gredin de Montalban! Quand je pense que c'est moi qui lui ai mijoté ce gentil mariage-là!... Je crois qu'il ne se plaindra pas, le scélérat.

— Vous êtes un amour d'oncle, — fit Mlle de Belleuse en embrassant sur les deux joues le vieux général. — Alors, on s'est réellement bien amusé?

— Je te dis que c'est du délire! Ç'a été une journée charmante, admirable, que sais-je!... Tous les qualificatifs y passent.

— Eh bien! mon oncle, — s'écria malicieusement Valérie, — vous qui prétendiez que nous nous ennuierions comme des petites folles, que nous ne pourrions pas nous passer de cavaliers?... Vous qui aviez peur que nous ne fassions irruption au milieu de votre état-major?... Qu'en dites-vous?

— J'avais tort, je l'avoue, — répondit le général, un peu penaud.

— Nous sommes-nous assez bien passées de vous?

— Entre nous, cependant, — insinua le vieux soldat obstiné dans son idée, — je ne vois pas quel inconvénient ça aurait pu avoir, d'inviter en même temps que tes amies quelques jeunes gens ; ni ce que quelques uniformes, par exemple, au milieu de vos robes blanches ou roses, auraient pu gâter.

— Mais cela aurait détruit tout mon effet, mon oncle, voyons ! — répondit Valérie. — Réfléchissez : Ma fête n'avait plus raison d'être, alors ! Puisque c'était pour enterrer ma vie de jeune fille... Nous devions célébrer ça entre amies. Est-ce que Fernand a invité des femmes, lui, au déjeuner qu'il offrait le même jour à ses amis ?

— Bon, bon, hum !... Oui, tu as raison, je me rends, — fit le général, embarrassé.

En effet, c'était beaucoup mieux ainsi. — D'ailleurs, l'essentiel est que vous vous soyez amusées et que tu sois contente.

— Je suis contente, si vous l'êtes, mon oncle, — dit câlinement Valérie.

— Comment ! si je suis content ?... Mais, je suis fier, je triomphe de tous les compliments que j'ai reçus !

— Et M. de Montalban, que dit-il ? Est-il heureux de mon succès ? — demanda Valérie, en rougissant.

— Ma foi, ça n'est pas mon affaire ; demande-lui, à lui-même, il te le dira bien mieux que moi, — répliqua le général, en voyant la porte du salon s'ouvrir et la tête du fiancé de Valérie apparaître derrière celle du domestique.

— Le lieutenant de Montalban, — annonça le brosseur en s'effaçant.

Le général Henriot tendit cordialement la main au jeune homme.

*
* *

La conclusion du mariage de Valérie avec un de ses officiers d'état-major, — mariage que, sans en rien dire, il avait préparé de longue main, — avait rempli de joie le vieux soldat.

Le général aimait beaucoup Fernand.

Il connaissait sa famille dont les hommes appartenaient presque tous à l'armée, où plusieurs d'entre eux occupaient une situation élevée.

Un oncle de Fernand de Montalban était intendant-général ; un autre colonel instructeur à l'école d'artillerie de Fontainebleau.

M. de Meyrieux, un frère de sa mère, dirigeait une manufacture de poudres et salpêtres.

Très riches, avec cela, et fort bien apparentés, les Montalban jouissaient d'une grande considération et étaient très recherchés dans la haute société de Nancy, où Mme de Montalban, veuve d'un officier général commandant de corps d'armée, était venue s'installer auprès de son fils, lieutenant de chasseurs à cheval et officier d'état-major du général Henriot.

Aussi, lorsque après la mort des parents de Mlle de Belleuse, l'oncle de Valérie s'était vu confier la tutelle de sa nièce, avait-il aussitôt pensé à la marier au lieutenant, dès que l'âge de la jeune fille l'obligerait à la prendre auprès de lui à Nancy, afin de pouvoir s'occuper plus facilement de l'établir.

— Ce mariage m'arrangerait de toute manière, — pensait le général, — car je ne me vois pas trop remplissant les fonctions de mère de famille ayant une grande fille à marier, et servant de chaperon à une jeune personne de vingt ans.

Puis, quelle responsabilité d'amener ici, à la division, une jolie fille comme Valérie, au milieu de tous ces officiers parmi lesquels, — ma foi, je ne les connais pas tous, — peut se trouver quelque dangereux et peu scrupuleux coureur de dot. — Et quelle servitude aussi !

Et le général poussait un soupir préventif de regret en songeant que, dans ses nouvelles fonctions de tuteur, il lui faudrait renoncer à la fréquentation de certain boudoir demi-mondain où le vieux soldat d'Afrique, veuf depuis de longues années et resté sans enfants, avait pris l'habitude de venir après son dîner fumer son cigare et faire sa partie de trente et un.

— Du diable ! cela va changer toute ma vie ! — grommelait-il. — Sans compter que, habitué comme je le suis à agir en vieux garçon et à ne pas avoir de femme autour de moi, ce froufrou agaçant d'une jupe toujours sur mes talons va m'horripiler !

Non, décidément, je ne puis garder cette épée de Damoclès plus longtemps suspendue sur ma tranquillité de vieux célibataire ; il faut que je me débarrasse de ce souci !

Et décidé à se décharger sur un mari des responsabilités que son imagination lui faisait si lourdes, mais cependant respectueux de ses devoirs, et voulant avant tout faire faire à sa nièce, pour laquelle il éprouvait une grande affection, un mariage digne d'elle tant sous le rapport de la fortune que sous celui de la naissance et du caractère, le général avait jeté son dévolu sur le lieutenant de Montalban.

Il le connaissait assez pour savoir qu'avec lui Valérie serait heureuse ou, tout au moins, se risquerait à cette hasardeuse loterie du mariage avec toutes les chances possibles d'y gagner le bonheur.

C'était tout ce que l'on pouvait exiger du plus rigoriste des tuteurs.

Une fois décidé, le général, avant d'en parler à Fernand, s'était ouvert de ses projets à Mme de Montalban.

Bien accueilli par la mère du jeune lieutenant, qui s'était montrée très flattée de la recherche, en augurant au mieux pour le bonheur et l'avenir de son fils, l'oncle de Valérie avait alors chargé la vieille dame de pressentir les intentions de l'officier d'état-major.

Mlle de Belleuse n'était pas une inconnue pour Fernand, qui l'avait vue à la préfecture, — la jeune fille étant l'amie intime des deux filles de la préfète.

Mais c'était pendant les vacances, à l'époque où Valérie était encore pensionnaire chez les dames du Sacré-Cœur de Nancy, c'est-à-dire qu'il y avait de cela plus de trois ans.

Très jeune de caractère et de visage, Valérie conservait encore à cette époque l'air d'une gamine et d'une véritable pensionnaire.

Le jeune homme l'avait donc fort peu remarquée, sûr de son côté d'être resté complètement inaperçu de la jeune fille, — ce en quoi il se trompait d'ailleurs, « l'enfant » étant déjà beaucoup plus femme que ne permettaient de le supposer ses gestes brusques et ses airs évaporés.

Donc, tout en faisant un très bon accueil aux ouvertures transmises par sa mère de la part du général Henriot, le jeune lieutenant avait cependant réservé sa réponse définitive jusqu'au jour où il aurait été admis à faire sa cour à Mlle de Belleuse.

Il voulait être sûr d'aimer Valérie, sûr de n'être pas indifférent à la jeune fille.

— Il faut que nous soyons au moins à peu près certains de nous plaire, vois-tu, mère, — avait dit le jeune homme à Mme de Montalban qui le pressait de donner une réponse au général.

Le nom, la situation, la fortune, c'est très joli, je le veux bien, mais j'ai l'intention d'aimer ma femme et d'en être aimé ; donc, il faut tout au moins, pour cela, que nous soyons assurés de ne pas nous détester à première vue.

Mme de Montalban avait dû se contenter de transmettre cette réponse au général qui, d'ailleurs, s'en était montré satisfait, donnant raison à Fernand, estimant fort le motif qui le faisait agir.

Il se croyait certain, du reste, de l'effet que Valérie produirait sur le jeune lieutenant et, — sans se douter, cependant, que la cause de son protégé était déjà à moitié gagnée auprès de la jeune fille, — presque aussi certain de l'acceptation de sa nièce.

— Montalban est jeune ; il est beau cavalier, il a une paire de moustaches superbes, sacrebleu !... — se disait le général. — Si, avec cela, la petite n'est pas contente !... Sans compter que ce mariage est admirablement assorti sous tous les rapports.

Et, en effet, ainsi que l'avait auguré l'excellent homme, lorsque Valérie et Fernand s'étaient revus, ils avaient été enchantés l'un de l'autre et, lorsque Mme de Matalban, pressée par son fils, était venue demander officiellement la main de la jeune fille au général Henriot, Mlle de Belleuse, consultée par son tuteur, n'avait fait aucune façon pour répondre qu'elle serait très heureuse de devenir Mme de Montalban.

Dans ces conditions, les choses ne pouvaient pas traîner en longueur, et bien que le général, tout de suite séduit par la gaieté et la grâce originale câline de sa pupille fût, dès le premier jour de l'arrivée de Valérie, revenu de l'appréhension que lui causaient ses délicates et nouvelles attributions paternelles, il avait été décidé que le mariage des deux jeunes gens aurait lieu dans le plus bref délai.

***

La fête donnée par Valérie à ses amies, tandis que Fernand, de son côté, réunissait ses camarades pour fêter avec eux, dans un déjeuner rempli d'entrain et de franche gaîté, ses adieux à la vie de garçon, en avait été en quelque sorte l'annonce officielle, le dîner de fiançailles venu ensuite ayant été limité au notaire et à la seule famille des deux futurs.

La vue du bonheur de Valérie et de Fernand ravissait d'aise le vieux soldat.

— Sont-ils heureux ! sont-ils heureux !... Ai-je assez bien réussi !... — ne cessait-il de se répéter.

Cela finit par le faire penser à son filleul.

— Mais, au fait, — se dit-il un jour, — maintenant que voilà Valérie casée, il faut que je m'occupe de ce pauvre Gérard. Il faut que je le marie aussi, parbleu !...

Le cher enfant ! J'ai eu tort d'accepter aussi facilement son sacrifice. Ce n'est pas sérieux, ça, à son âge, ce renoncement et cette vie de labeur acharné. Un duc de Soisy pâlir sur des paperasses et des chiffres, tirer des plans, faire des devis, établir des calculs de rendement et de revient comme le premier rond de cuir venu !

Non, il n'est pas possible que Gérard se soit fait à cette vie-là, lui, un officier ! Je suis un benêt d'y avoir cru.

Ses dernières lettres, du reste, sont loin de respirer le même contentement que les premières; on y sent une gêne, un je ne sais quoi, comme un secret qui voudrait sortir et qu'on retient...

Parbleu ! c'est clair ! Il s'ennuie, il regrette son coup de tête ; il n'arrive pas à s'habituer à sa nouvelle situation !... Quelle situation, en effet, et quel avenir ! Un présent qui se chiffre par une mensualité de deux cents francs!... Vivre avec si peu !... même quand on s'appelle M. Gérard tout court!...

Et, quand l'avenir devrait être superbe, — continuait le général, — sera-t-il jamais digne d'un duc de Soisy? Car, enfin, abandonner son nom, c'est une plaisanterie, cela!... Est-ce qu'un nom se change comme un vêtement, au hasard des conditions de la vie?

Et surtout un nom comme celui-là! un des plus grands noms de l'armorial français!... Le regret ne doit-il pas en venir bientôt au renégat, avec la conscience de s'être dérobé devant le devoir, le remords d'une tâche inacceptable?...

Que diable!... S'il est lourd de porter sans fortune un nom et un titre comme les siens, il n'est que plus glorieux de résister aux tentations et aux entraînements du milieu frivole dans lequel ce nom vous force à vivre!...

C'est à vous d'être fort. — On n'a pas plus le droit de refuser l'héritage d'un nom glorieux que celui des dettes paternelles! — Ce qu'a fait Gérard est une désertion! Comment me suis-je laissé prendre à ses sophismes!...

Mais, je le vois d'ici!... Sans doute, il a déjà reconnu son erreur et l'amour-propre seul l'empêche de l'avouer; de là, la gêne, les hésitations de ses dernières lettres...

Soit; je suis bon prince, je ferai les premiers pas, — ajouta le vieux soldat en se frottant les mains de satisfaction à la pensée de la surprise qu'il ménageait à son filleul. — Je vais me mettre en campagne et lui dénicher une jolie petite duchesse de Soisy. — J'ai eu une première fois la main heureuse avec Valérie; je veux faire encore ce mariage-là!... Hé! hé! nous verrons comment Gérard va prendre cette charge à fond de train et inattendue! — Ah! tu crois m'avoir converti à tes idées, mon garçon!

Pardieu! — s'écria tout à coup le général Henriot, tandis que son visage s'épanouissait dans la satisfaction d'un problème résolu, — mais oui!... je la tiens, ma petite duchesse : jeune, riche, jolie, spirituelle, bien élevée, adorablement bonne avec cela, et fille de marquis, s'il vous plaît ! Mlle Marthe de Salberg... la fille de mon vieil et excellent ami le général marquis de Salberg, qui est à l'état-major de Paris.

La noblesse des Salberg est presque aussi ancienne que celle des ducs de Soisy : Gérard ne m'accusera pas de vouloir le faire déroger.

Quant au marquis, je suis sûr qu'il donnera des deux mains son consentement à ce mariage. Je sais dans quels termes il m'a toujours parlé de mon filleul et de la haute estime en laquelle il le tenait.

Quant à la fortune, cela ne fera pas pour Salberg une question. Il est

LA DEMOISELLE DU CHATEAU

Ces excursions topographiques, fort en honneur maintenant dans l'armée, sont faites par des missions d'officiers à cheval... (Pa. 164).

immensément riche et très désintéressé. C'est le plus excellent cœur que je connaisse.

D'ailleurs, je suis là, moi, que diable! Je n'ai pas d'enfants, et je n'aurai pas d'autres héritiers que Valérie et Gérard. Ils se partageront à ma mort ce que je laisserai. Si cela ne constitue pas pour Gérard une fortune comparable à celle de Mlle de Salberge, ce sera du moins suffisant pour garantir sa dignité et son indépendance vis-à-vis de sa femme. — Donc, sous ce rapport, et sa ruine acceptée par le marquis de Salberge et sa fille, mon filleul n'aura rien à m'opposer.

Reste l'alternative que Gérard ne plaise point à Marthe; mais cela ne me paraît pas possible, étant donné surtout l'esprit romanesque des petites filles. — Gérard ne serait pas le charmant cavalier et le parfait gentilhomme qu'il est, qu'il plairait encore par ses malheurs...

Non, aucun obstacle ne viendra de ce côté, — ajouta le général en réfléchissant ; — tout sera parfait, archi-parfait !... Il n'y a que cette sacrée démission... Quel besoin avait-il de tant se presser ?... Comme s'il n'aurait pas toujours été temps de la donner !... Sous quel jour le marquis va-t-il voir la chose?

Bah! j'arrangerai cela... Pour avoir obéi à des craintes, à des scrupules exagérés, je l'avoue, mais venant d'un cœur haut placé, Gérard n'en paraîtra que plus chevaleresque à Salberge.

D'ailleurs, j'écrirai au ministre... je ferai revenir ce poltron de la vie sur cette démission que l'on n'a pas dû s'expliquer au ministère. — Gérard doit être regretté, c'est certain. Si sa démission n'a pas encore été publiée officiellement, on ne demandera pas mieux que de la considérer comme non avenue et de lui rendre sa place dans l'armée.

Sacrebleu! ce jour-là, j'aurai un rude poids de moins sur le cœur! — grommela le vieux soldat avec émotion. — En attendant, je vais toujours pressentir le marquis au sujet de Marthe.

Mais, en y réfléchissant, le général avait compris qu'avant de faire aucune démarche et d'engager, si peu que ce fût, Gérard vis-à-vis du marquis de Salberge, il fallait qu'il s'assurât tout au moins que le jeune homme n'opposerait pas à ses projets un refus et une hostilité systématiques.

— Car, après tout, je puis me tromper, — murmurait le vieux soldat — je puis avoir mal interprété les lettres de mon filleul. — Il peut ne pas être disposé à se marier...

Je ne dois pas agir ainsi à la légère, m'exposer, en m'avançant sans être à peu près certain que ma démarche sera ratifiée par le duc, à une rétractation pénible et inexplicable et qui me brouillerait, à justes titres, avec mon excellent ami.

Il faut avant de rien faire que je voie Gérard, que je le confesse, que je m'assure de la justesse de mes pressentiments. — Si je découvre en lui les regrets que je suppose, j'agirai sans crainte auprès de Salberge et je ne craindrai pas d'engager le duc. La grâce et le charme de Marthe feront le reste. — Cela ne m'a-t-il pas déjà admirablement réussi avec Valérie?...

*
* *

Le jour où le général avait pris la résolution de voir Gérard et de le pressentir sur ses dispositions actuelles, il avait justement reçu, le matin même, une lettre datée de Bois-Jolivet.

Cette lettre était de M. Duhamel.

Le maître de forges avait lu dans le journal de Nancy que des excursions militaires étaient commandées par le général en chef, et qu'elles devaient s'effectuer très prochainement sous la direction du général Henriot.

Ces excursions topographiques, fort en honneur maintenant dans l'armée, sont faites par des missions d'officiers à cheval sous la conduite d'un officier supérieur, quelquefois même d'un général.

Elles ont pour but de faire des reconnaissances de terrain, de dresser des graphiques, de relever des points statégiques, en un mot, de familiariser l'officier avec le pays qu'il peut être un jour appelé à défendre.

L'expérience nous a malheureusement instruits, à notre préjudice, de la nécessité de ces études jusqu'alors trop négligées par la routine d'une éducation militaire incomplète.

A la bravoure, maintenant, l'officier français doit joindre le savoir ; la paix ne veut plus de ces oisifs de garnison traînant leurs sabres dans les estaminets ou les boudoirs et s'abrutissant en des fêtes interminables.

Il faut que celui qui est le premier par le bras, le soit aussi par la tête. La valeur ne se mesure pas au sang répandu, mais au courage prévoyant et raisonné qui sait épargner ce sang précieux. Bien connaître le pays où ses troupes doivent manœuvrer, c'est le premier des devoirs d'un véritable tacticien.

C'était donc une de ces missions instructives, que le général Henriot allait diriger.

La lettre de M. Duhamel avait pour but d'engager son vieil ami à pousser cette reconnaissance du côté des forges de Varangeville, en faisant une halte à Bois-Jolivet.

Un déjeuner attendrait au château le général et son état-major.

« ... En dehors du plaisir que vous me ferez en acceptant, mon cher général, — ajoutait le maître de forges, en terminant sa lettre, — vous me donnerez en même temps l'occasion de vous remercier de vive voix de l'excellente idée que vous avez eue en m'adressant votre protégé, M. Gérard.

« Ce jeune homme, dont j'apprécie chaque jour davantage la valeur, est déjà un très précieux auxiliaire pour mon ingénieur, M. Verneuil, qu'il seconde avec une sûreté mathématique et une « intelligence du métier » laissant supposer les études les plus sérieuses et les plus poussées.

« Votre recommandation, mon cher ami, si flatteuse qu'elle fût pour votre protégé, était encore au-dessous de la vérité. M. Gérard, je n'ai pas été long à le comprendre, n'a pas à l'usine la situation qu'il mérite et que je ne puis lui donner encore, ayant à ménager les susceptibilités de mon ingénieur.

« Mais cette situation s'améliorera rapidement.

« Votre protégé est, du reste, de la plus grande modestie et ne paraît point se douter de son mérite.

« N'allez pas trop lui ouvrir les yeux, mon cher général, quand vous le verrez à Bois-Jolivet; si, comme je l'espère, vous me faites le plaisir d'accepter mon invitation.

« Nous serions désolés, Verneuil et moi, de perdre un si précieux auxiliaire, et vous pourriez y joindre les regrets de Mme Duhamel qui, en femme du monde, apprécie fort son aisance et ses manières distinguées de parfait gentleman.

« M. Gérard nous fait l'amitié de venir de temps à autre, le dimanche, passer la soirée avec nous et partager nos distractions familiales, et il se montre un cavalier accompli autant qu'un causeur plein de charme, quand il fait trêve à la tristesse dont il paraît possédé et dont nous respectons le secret.

« Venez donc recevoir tous nos remerciements, mon cher général; le pays, d'ailleurs, est intéressant, — vous le connaissez, — vous savez donc que les ressources ne manqueront pas pour vos études et vos relevés stratégiques.

« Nous attendons un petit mot de vous qui nous fixe le jour que vous aurez choisi, car nous comptons bien vous avoir et nous n'accepterons pas de défaite.

« Votre vieil ami,

« P. Duhamel. »

Cette invitation, que le maître de forges avait faite à l'instigation indirecte de Madeleine, cadrait à merveille avec les projets du général à l'égard de Gérard.

— J'irai, j'irai certainement, — s'était dit le vieux soldat, en relisant la lettre si aimable de M. Duhamel. — Voilà justement l'occasion que je cherchais! — Ce sera bien le diable si, avant ou après le déjeuner, je ne trouve pas le moyen de confesser Gérard et de le sonder au sujet de l'accueil que mes projets matrimoniaux auraient chance de recevoir.

Je dois, d'ailleurs, une visite aux Duhamel. — J'en profiterai pour les remercier de la façon charmante dont ils ont reçu mon protégé et pour le leur recommander de nouveau de vive voix, si celui-ci s'entête à ne vouloir rien entendre, — car je ne m'en irai pas sans être complètement fixé à ce sujet.

Plus j'y pense, plus je comprends qu'il m'est impossible de faire aucune démarche auprès du marquis de Salberge sans être certain du consentement de Gérard.

Il est vrai que je ne vois pas trop quelle raison il aurait à opposer à mes projets...

Pourtant, avec ce diable de garçon, il faut s'attendre à tout, — conclut le général.

Et, ayant autant d'excellents motifs d'accepter l'invitation de M. Duhamel, le général s'était hâté d'écrire dans ce sens à l'industriel.

Cette lettre avait fait en arrivant le plus grand plaisir aux habitants de Bois-Jolivet et surtout à Madeleine, dont l'unique but, en suggérant à son père l'idée de cette invitation, avait été de rapprocher Gérard du général Henriot.

— Je serai bien aise de les voir ensemble, — avait pensé la jeune fille; — leur attitude vis-à-vis l'un de l'autre me sera une preuve de plus que M. Gérard et le duc de Soisy, dont j'ai vu la carte chez le général, sont une seule et même personne. — Pour moi, cela ne fait aucun doute, et chaque jour augmente ma persuasion à cet égard. — Cette rencontre m'apportera encore une preuve nouvelle.

Et Madeleine avait attendu avec impatience le jour fixé par le général Henriot.

* * *

Ce jour arriva enfin.

Au grand déplaisir de Gervaise, qui s'était fait un plaisir de cette fête, la vicomtesse de Châtenay, prétextant une indisposition, avait refusé, pour sa belle-fille et pour elle-même, l'invitation des Duhamel.

« Ma chère belle-mère a eu peur, tu comprends, que je ne fasse la conquête de quelqu'un de vos hôtes, bien que je ne sois guère séduisante, car tu connais son opinion peu flatteuse sur ma personne, » — écrivait Gervaise à Madeleine, le matin même du jour où l'on attendait à Bois-Jolivet le général et son état-major.

En effet, dans le but d'éviter l'insistance de Madeleine, Mme de Châtenay avait attendu jusqu'au dernier moment pour donner une réponse définitive.

« Lorsque j'ai voulu insister, — continuait Gervaise, — lui offrant de venir seule, puisqu'elle se trouvait trop souffrante, si tu l'avais vue bondir de frayeur à la pensée que je pourrais passer quelques heures dans la société de jeunes et brillants officiers... je suis sûre qu'elle voyait déjà tout l'état-major du général transformé en prétendants.

« — Aller seule à ce déjeuner! Vous êtes d'une incorrection et d'une inconséquence inconcevables! — s'est-elle écriée. — Que penserait-on?... Que je suis embarrassée pour vous trouver un mari?... Que je cherche toutes les occasions pour vous faire remarquer, que je vous jette à la tête du premier venu?...

« — Mais non, madame, — ai-je essayé d'insinuer. — On ne peut penser cela... on connaît bien l'amitié qui me lie à Madeleine... Ce n'est pas la première fois que j'aurais déjeuné, sans vous, chez ses parents...

« — Oui, mais, ces jours-là, il n'y avait pas toute une troupe de godelureaux pour faire des réflexions désavantageuses sur la façon dont je vous élève et sur la liberté ridicule que je vous laisse!...

« La liberté!

« — Alors, madame, — ai-je dit, les larmes aux yeux, — il faut que j'écrive à Madeleine de ne pas compter sur nous?... Après avoir presque promis, prévenir ainsi au dernier moment.... Qu'est-ce que ces dames vont penser?...

« — Excusez-moi auprès de Mme Duhamel, mais je suis réellement trop souffrante, — m'a répondu sèchement l'aimable vicomtesse. — Quant à vous, j'en suis fâchée, mais votre place est auprès de moi et je ne vous céderai pas, je vous en préviens!... Il serait donc de la plus grande inconvenance et parfaitement inutile, du reste, d'insister.

« Tu la connais, tu peux te faire une idée de son air mauvais et du ton qu'elle a pris pour dire ça.

« Et elle n'est pas malade du tout, tu sais? Elle ne s'est jamais mieux portée! — C'est une méchanceté qu'elle me fait.

« Que peut donc avoir cette vilaine femme à vouloir ainsi m'empêcher de me marier?... Pourtant, elle ne m'aime pas!... elle devrait être contente à la pensée de se débarrasser de moi... Mais elle veut me garder auprès d'elle pour me faire souffrir... pour empêcher que personne ne m'aime jamais! Je le vois bien... elle n'a pas d'autre raison... elle est si méchante! Ah! si elle savait pourtant, ma chère... »

* *

L'idée que sa belle-fille se trouverait dans une réunion où il y aurait des jeunes gens et pourrait y rencontrer ce fiancé si redouté et de plus en plus redoutable, car Gervaise était maintenant tout à fait femme, avait été, en effet, le seul motif empêchant la vicomtesse d'accepter l'invitation des Duhamel.

Au fond, elle en enrageait; car, si elle redoutait le monde pour sa belle-fille, elle le goûtait fort pour elle-même et, très portée vers la gourmandise, bien que par avarice elle se réduisît chez elle à un menu fort ordinaire, elle appréciait comme il faut les fins morceaux et les mets choisis et délicats.

Or, ce jour-là, il y aurait certainement gala chez les châtelains du Bois-Jolivet.

L'animosité de la vicomtesse en avait augmenté contre Gervaise.

Elle ne pardonnait pas à sa belle-fille d'être obligée de refuser à cause d'elle les invitations et les bons dîners.

La haine, qu'elle ne se donnait plus guère la peine de dissimuler, tournait à la cruauté, fouettée par les regrets de son vice contrarié.

— Qu'avait-elle besoin de naître, aussi! — grommelait-elle, — cette voleuse de fortune!...

N'était-ce pas à moi que tout devait revenir?... La femme ne devrait-elle pas hériter de son mari?... Je ne suis pas sa mère, moi, pour partager avec elle?... Que dis-je? partager!... C'est tout! tout! qui lui reviendra à sa majorité!... Je devrai me dépouiller pour elle!...

Si elle n'était pas là, pourtant, — songeait l'horrible femme, en jetant ses regards féroces sur sa belle-fille.

On pense si la vicomtesse avait tenu bon pour empêcher Gervaise d'aller à ce déjeuner où la jeune fille pouvait rencontrer un mari dont l'intervention viendrait avancer de quelques années l'heure terrible de la restitution et des comptes.

* *

Quoique peinée de ne pas avoir son amie, Madeleine avait été peu surprise de la lettre de Mlle de Châtenay.

LA DEMOISELLE DU CHATEAU

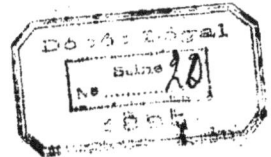

Valérie, arrivée en break dans la matinée avec quelques dames de Nancy, était la plus fêtée de toutes. (P. 170.)

Elle connaissait bien, sans se les expliquer plus que Gervaise, les idées de la vicomtesse, au sujet du mariage de sa belle-fille.

— La pauvre mignonne! — avait-elle murmuré en pensant au chagrin que devait avoir Gervaise obligée de renoncer aux joies promises de ces quelques heures passées auprès d'Adrien Verneuil.

A midi, heure militaire, le général était arrivé avec son état-major.

Tous ces jeunes officiers avaient déjà fourni une longue étape, la mission s'étant mise en route au petit jour, et se trouvaient affamés.

Aussi, après les présentations que l'affabilité de M. et de Mᵐᵉ Duhamel abrégèrent le plus possible, le maître de forges donna bien vite l'ordre de servir.

Le déjeuner fut plein de gaieté et d'entrain.

Valérie, arrivée en breack dans la matinée avec quelques dames de Nancy, était la plus fêtée de toutes.

Chacun complimenta la jeune fille de sa façon originale et charmante de recevoir et, les deux fiancés étant là, on but à la santé et au bonheur du futur ménage.

Après le café pris sous la véranda, toute la jeunesse s'était répandue dans le parc et des jeux s'organisèrent.

C'était le moment qu'attendait le général Henriot pour avoir une conversation sérieuse avec son filleul.

Voyant que le jeune homme s'écartait, rêveur, des groupes joyeux de joueurs de crocket et de lawn-tennis, il passa doucement son bras sous le sien, et, l'entraînant vers la charmille où déjà nous avons vu Mˡˡᵉ de Châtenay faire à Madeleine la confidence de son amour pour Adrien Verneuil, il lui dit à brûle-pourpoint :

— Sacrebleu! mon cher garçon, voilà une mine bien sombre pour un homme heureux!

— Que voulez-vous dire, parrain? — demanda le jeune duc en tressaillant.

— Je veux dire simplement que ta mine ne répond guère au ton des lettres que j'ai reçues de toi depuis ton entrée en fonctions auprès de M. Verneuil.

Et posant, paternellement, sa main sur l'épaule du duc de Soisy :

— Allons, avoue-le; sois franc!... — Parbleu! je sais bien ce que c'est qu'une tête de vingt ans. — Tu regrettes ta résolution?... Gérard, tu regrettes le régiment?

— Moi?... — fit le jeune homme avec un geste de dénégation.

— Oui, toi. — Crois-tu donc que cela ne se voie pas?

— Pourtant, je vous assure, parrain... — affirma Gérard, en se rassurant, car il avait craint un instant que le général n'eût remarqué son émoi en présence de Mˡˡᵉ Duhamel.

— Que tu es on ne peut plus satisfait?... Allons donc!... N'essaie pas de me faire croire cela!

— Pourtant...

— Duhamel est parfait pour toi, je le veux bien; Verneuil aussi. Ce sont de très braves gens. — Mais, sacrebleu! ta situation est-elle celle qui convient à un garçon comme toi?

— Elle est ce que j'ai voulu qu'elle fût, mon parrain, — répliqua doucement Gérard.

— Un des premiers numéros de polytechnique, commis dans une usine!... secrétaire d'un usinier!...

— Pas même, parrain, — rectifia le jeune homme, en souriant. — Adjoint tout simplement, à titre d'auxiliaire, à l'ingénieur.

— Avec deux cents francs d'appointements!...

— Que j'ai été bien heureux de trouver, je vous l'assure.

— Un duc de Soisy!

— Mais, mon général, — s'écria vivement le jeune homme, — vous savez bien que le duc de Soisy n'existe plus, que ce n'est pas lui qui est employé à l'usine de M. Duhamel.

— Oui, c'est M. Gérard, je sais cela, — fit le général. — Une drôle d'idée que tu as eue là, entre nous.

— Cependant, parrain, — reprit le jeune duc avec fermeté, — je croyais qu'après les raisons sérieuses que je vous ai fait connaître, vous aviez fini par approuver ma détermination?

— Approuvé!... approuvé!... j'ai approuvé une chose semblable, moi! — s'écria le vieux soldat, en levant les bras au ciel. — Tu donnes ta démission, tu quittes l'armée où tu avais devant toi une carrière superbe et digne d'un Soisy; tu renonces à ton nom, à ton titre pour l'honneur desquels j'ai vu faire à ton admirable mère tant de sacrifices, tu prends un emploi subalterne dans une usine sous prétexte de gagner ta vie, — comme si un duc de Soisy pouvait vivre avec deux cents francs par mois — et tu oses dire que je t'ai approuvé!

— Pourtant, mon parrain, ne m'avez-vous pas recommandé vous-même à M. Duhamel?... et sous le nom de Gérard, encore? — fit le duc. — N'était-ce pas la meilleure manière de me prouver que j'avais raison?

— Dis que tu m'as fait tourner la tête avec tes belles paroles, — répondit le général. — Je me suis assez reproché d'avoir consenti!... — Voyons, ce n'est pas définitif, pas irrévocable?... Tu as assez joué à l'ingénieur. Tu ne vas pas rester ici plus longtemps?

— Et que voulez-vous que je fasse, maintenant, parrain? — demanda le jeune duc.

— Que tu reprennes ton nom, d'abord, parbleu!... — je me charge d'arranger ça avec Duhamel. C'est un charmant garçon. Je lui ferai comprendre très bien : fantaisie de jeune homme... coup de tête... tendances libérales... — Tu peux t'en rapporter à moi, je m'en charge...

— Pardon, mon parrain; mais à quoi cela m'avancera-t-il, s'il vous plaît?

— Comment!... à quoi cela t'avancera? — Mais à reprendre ta place dans le monde, à te remettre à ton rang, à n'être plus un déclassé?...

— Et puis?

— Et puis... à rentrer dans l'armée que tu n'aurais jamais dû quitter, sacrebleu!

— Vous savez bien que cela n'est pas possible, puisque j'ai donné ma démission.

— Tu la reprendras.

— Jamais, parrain! — D'ailleurs, elle a été acceptée au Ministère.

— Oh! je me charge bien...

— Je vous en prie!... Vous me désobligeriez beaucoup en tentant une démarche.

— Bon, bon, sois tranquille, — fit le général vexé.

Et, arrivant au véritable motif de sa conversation avec Gérard:

— Si tu ne veux pas reprendre ta démission, tu te marieras au moins?... — dit-il d'un ton à demi interrogatif.

— Me marier!... — s'écria le jeune homme en bondissant. — Pourquoi me dites-vous cela?

Et pris d'un battement de cœur subit, le regard rivé sur son parrain:

— Quelqu'un vous a donc chargé?... — interrogea Gérard avec une sorte d'égarement.

— Non, ma foi, personne, — avoua avec bonhomie le général Henriot, sans remarquer l'émoi qui venait de s'emparer de son filleul. — C'est moi qui y ai pensé en voyant le bonheur de Valérie...

Le jeune homme poussa un soupir douloureux.

— Valérie est riche, parrain, — dit-il; — celui qu'elle épouse a au moins autant de fortune qu'elle. — Comme cela, à la bonne heure; on peut songer au mariage. — Mais, moi, un pauvre diable, sans le sou!

— Un pauvre diable qui est duc de Soisy.

— Vous êtes incapable de spéculer sur mon nom! — interrompit le jeune homme avec vivacité.

— Bon, ne t'emporte pas! — Cela s'appelle-t-il spéculer sur son nom, que d'épouser une jeune fille d'aussi vieille noblesse que soi?

— Pauvre, alors; sans le sou, comme moi; l'union de deux misères! — fit Gérard avec amertume.

— Riche, au contraire, entêté! — s'écria le général d'un air de triomphe, — et bonne et jolie comme tous les anges du ciel.

Eh bien ! tu ne dis plus rien ?... tu n'as plus rien à m'objecter ?... Alors tu m'autorises à aller de l'avant et à t'engager ?

— C'est donc sérieux, mon parrain ?... — fit Gérard sur un autre ton. — Est-ce sérieusement que vous m'offrez de me marier ?

— Comment ! si c'est sérieux ?... tu me demandes si c'est sérieux ? tu vas voir !

Je vais écrire dès ce soir en rentrant au père de ta future, à mon vieil ami le marquis de...

— Ce n'est pas la peine, parrain, — interrompit vivement le jeune duc. — Je ne veux pas me marier !

— Hein ! tu dis ?... s'écria le général en bondissant.

Gérard prit la main de son parrain et la serrant avec effusion :

— Je dis que vous êtes le meilleur des hommes ; que je vous suis on ne peut plus reconnaissant de tout ce que vous voulez faire pour moi, que je vous en remercie au nom de ma mère bien aimée ; que je vous en garderai toujours une profonde reconnaissance...

— Hé ! prouve-le au moins en ne répondant pas toujours non à tout ce que je te propose ! — murmura le général d'un air navré.

— Mon cher parrain, — fit Gérard d'un ton grave, — si quelque chose avait pu me faire revenir sur ma résolution, c'est votre insistance, la pensée seule du plaisir que je vous ferais.

— Pour ça, tu peux en être sûr ! — grommela le vieux soldat.

— Mais cette résolution est inébranlable, reprit le jeune duc. — Non seulement je suis absolument résolu à ne reprendre ni mon nom ni mon titre et à vivre avec le simple nom de Gérard, sous lequel je me suis présenté ici et qui est mon seul nom désormais ; mais encore, j'ai complètement renoncé à me marier. Il serait donc cruel de votre part d'insister.

— Bon ! — Dis moi tout de suite que je suis un importun, parbleu ! — murmura le général le cœur étreint par l'émotion que lui causait l'insuccès de sa démarche, et l'irréductible volonté de son filleul.

— Un importun !... Vous ?... Ah ! parrain !... s'écria Gérard en se jetant dans les bras du vieux soldat.

Et sous l'étreinte paternelle du général, le cœur du jeune homme creva en sanglots.

Ah ! que ne pouvait-il avouer à ce vieil ami de sa mère, le sentiment qui avait envahi son cœur tout entier, car à la douleur que Gérard avait ressentie à la seule pensée que quelqu'un avait pu le croire capable d'aimer une autre femme que Madeleine, il venait de mesurer toute la profondeur de son amour pour la fille du maître de forges.

Amour sans espoir, car il n'a pas de fortune et ne peut se faire connaître; mais qu'il gardera toujours dans son cœur et dont personne ne connaîtra le secret.

※ ※

En voyant s'éloigner Gérard au bras du général Henriot, Madeleine Duhamel, de son côté, les avait suivis longtemps des yeux.

Obligée de rester avec les invités, la jeune fille ressentait au cœur une angoisse profonde.

— Que vont-ils se dire? — murmurait-elle, tandis que sa pensée absente d'elle-même tâchait de deviner et de suivre la conversation des deux hommes.

Évidemment, le général est complice de Gérard, — pensait-elle. — Lui seul sait son secret.... et moi, peut-être!...

Pourquoi le général l'emmène-t-il à l'écart? — car c'est lui qui l'a emmené, — je l'ai bien vu. — Pour parler de sa situation, sans doute?... Lui aussi déplore comme moi de voir un duc de Soisy occuper un emploi si peu en rapport avec son rang et son mérite?...

Avec quel courage, ce vaillant garçon se résigne, pourtant!... Comme il accepte noblement l'adversité!...

Oui, il est digne d'être aimé, — ajoutait Madeleine en s'exaltant; — il est digne d'être aimé... et je l'aime, je le sens bien!...

Ce sentiment de pitié que je croyais éprouver et qui était entré en moi en le voyant sangloter et prier sur une tombe, c'était de l'amour!... Je l'ai aimé dès le premier jour, dès que je l'ai vu!... Je l'ai aimé à mon insu!... Ce sentiment qui m'absorba à ce point, tout entière, c'est bien l'amour; je ne peux plus en douter.

Hélas! à quoi bon?... Je sais bien que je ne puis pas être heureuse!... L'oracle a confirmé mes plus funestes pressentiments.

Mais ce que la devineresse a lu dans les cartes est donc bien terrible pour que cette femme ne se soit pas senti le courage de me l'apprendre?... Quel avenir sera le mien?... Déjà, je le sens, j'aime sans espoir... Gérard de Soisy ne sera jamais pour moi que M. Gérard, car jamais il ne révélera son nom; jamais, non plus, il ne se déclarera.

Et pourtant il m'aime aussi, lui, je le sens!... Il sera... il est malheureux!...

Est-ce là l'affreux avenir qui m'est réservé?... Suis-je condamnée à voir souffrir par moi tout ce qui m'est cher?...

Non, il y a pire encore, — murmura Madeleine, — car la conviction d'un amour partagé serait déjà un adoucissement à ma douleur, et la devineresse a vu dans les cartes des choses terribles!...

Quel est donc ce malheur inconnu, qui me menace? — se demanda la pauvre enfant avec un frisson.

Puis, baissant la tête avec accablement :

— Hélas! quel qu'il soit, — se répondit-elle avec une douloureuse résignation, — je sais que mon avenir est voué aux pires douleurs, que ma vie est perdue, qu'il ne reste plus rien désormais pour moi, en ce monde, que des larmes !

Et un voile de tristesse s'étendit sur l'adorable visage de la Demoiselle du Château.

La préoccupation des devoirs qui lui incombaient, — car la jeune fille était obligée de seconder sa mère auprès de leurs invités, — ne parvint pas à le dissiper complètement.

Cette fête, dont elle s'était promis une joie, puisqu'elle en attendait la confirmation de ses conjectures au sujet de Gérard de Soisy, devenait maintenant pour elle un supplice.

Il lui tardait d'être seule pour pleurer.

En allait-il être ainsi désormais de tous ses bonheurs?...

*
* *

Enfin, le général prit congé, emmenant son état-major.

Le vieux soldat était mécontent de son échec.

Après de chaleureux adieux aux Duhamel, il avait serré la main de son filleul en maugréant et, l'attirant un peu à l'écart :

— Promets-moi de réfléchir, au moins, — lui glissa-t-il dans l'oreille, essayant sans grand espoir une dernière tentative.

— De réfléchir?... à quoi, mon cher parrain? — fit distraitement Gérard, que préoccupait l'air de profonde tristesse soudain répandu sur le visage de Madeleine Duhamel et que malgré ses efforts la jeune fille ne parvenait pas à dissimuler.

— Comment, à quoi?... mais à la proposition que je t'ai adressée tout à l'heure, — répondit le général. — Il n'est pas possible que ta résolution soit définitive.

Le jeune homme fit un violent effort pour se ressaisir.

— Ah! oui, dit-il, — tout à l'heure, au sujet de...

— De ton nom, de ton titre, du mariage que je te propose... Tu sais que je suis toujours prêt à faire les démarches nécessaires, et si tu changes d'avis...

Gérard secoua négativement la tête.

— Voyons, promets-moi au moins d'y réfléchir, laisse-moi espérer, — reprit le général.

— Ah! parrain, — murmura le jeune duc, en serrant avec une émotion fébrile la main de l'excellent homme; — si vous saviez comme votre insistance me navre! — Mais ma résolution est inébranlable : je veux travailler, me faire une situation modeste mais honorable. — J'y suis décidé; rien ne peut me faire changer!

— Cependant...

— Adieu, adieu, — fit Gérard en s'enfuyant pour échapper à l'affectueuse mais pénible obsession du général.

Le vieux soldat laissa échapper un geste de découragement.

— Rude nature, tout de même! — murmura-t-il, ne pouvant s'empêcher de suivre son filleul d'un regard admiratif. — Il a l'âme énergique et opiniâtre de sa noble et malheureuse mère! — Au fond, peut-être est-ce moi qui ai tort et a-t-il choisi le parti le plus sage!...

Allons, dans tous les cas, je perds mon temps, — ajouta mentalement le vieux soldat, en prenant son cheval des mains du domestique qui venait de le lui amener.

Et sautant en selle avec l'agilité d'un jeune homme :

— Quand vous voudrez, messieurs, — fit-il en se tournant vers ses officiers, — après avoir fait un dernier et cordial salut aux hôtes de Bois-Jolivet.

* * *

Ce départ avait amené celui de tous les autres invités des Duhamel.

Le break suivait de loin le petit peloton de cavaliers, ramenant à Nancy Valérie et les quelques amies intimes qui assistaient à cette partie improvisée.

Gérard et Adrien Verneuil, ce dernier tout désappointé par l'absence de Gervaise, s'étaient également retirés.

Madeleine, enfin, avait pu rester seule, s'isoler dans le tourment de ses douloureuses préoccupations.

La jeune fille était loin d'avoir retiré de cette entrevue de Gérard avec le général Henriot la satisfaction qu'elle en attendait.

Une inquiétude, au contraire, naissait pour elle de cette réunion provoquée par elle.

Madeleine avait remarqué l'agitation du général et l'émotion du jeune homme pendant la longue conversation qu'ils venaient d'avoir sous la charmille du parc.

L'industriel, en visitant les travaux au commencement de l'été, les avait trouvés fort avancés. (P. 179.)

Elle aurait donné tout au monde pour connaître la cause de cette agitation et de cette émotion.

— Que se sont-ils dit?... — se demandait-elle avec angoisse. — Quelque chose en moi m'avertit que notre amour même est en jeu...

Madeleine tremblait maintenant que cette entrevue ne fît écrouler le fragile bonheur que son cœur échafaudait à son insu, sur la tendresse problématique du duc de Soisy.

Et de fait, à partir de ce jour, du reste, comme si ces appréhensions voulaient se justifier, une nouvelle tristesse vint s'ajouter aux sensations pénibles de la jeune fille.

Gérard de Soisy semblait la fuir depuis son entretien avec le général.

Il n'était plus le même.

Lui qui avait paru un moment si heureux des soirées du dimanche passées au château, lui dont la tristesse avait semblé se dissiper et se fondre à la douceur de ces réceptions familiales, il éludait maintenant toutes les invitations; ou s'il acceptait parfois, forcé par l'insistance amicale de M. Duhamel, c'était pour se retirer le plus tôt possible sous le prétexte d'un travail pressé, aussitôt après le café ou le thé.

Ses regards même, en lesquels Madeleine avait cru deviner le rayonnement d'une tendresse respectueuse et discrète, semblaient maintenant éviter de se poser sur la jeune fille et craindre la rencontre des siens.

— Qu'a-t-il?... Que se passe-t-il en lui? — se demandait Mlle Duhamel. — Il me fuit évidemment, malgré la sympathie que je lui témoigne!... Je me suis donc trompée, il ne m'aime pas! — S'il m'aimait, ne devinerait-il pas la tristesse que sa conduite me cause?... Je lui suis indifférente, je le vois bien; il me hait peut-être, car, sans cela, pourquoi me fuirait-il?...

Oui, il me hait, et moi je l'aime!... — ajoutait Madeleine avec désespoir. — Je l'aime et je sens que c'est pour la vie!

Hélas! ma destinée s'accomplit.

Je le savais bien!... l'oracle, d'ailleurs, ne m'a-t-il pas laissé deviner le plus effrayant avenir!

Condamnée à être malheureuse!... Oh! pourquoi?... Qu'ai-je fait... mon Dieu?... — murmurait la pauvre enfant dans un sanglot.

CHAPITRE IX

L'ESPION

Au milieu de toutes ces angoisses, un chagrin nouveau vint encore s'ajouter à la tristesse de Madeleine.

L'hiver approchait, c'est-à-dire le moment de quitter Bois-Jolivet pour Paris, où l'on devait passer une partie de la saison.

L'hôtel que M. Duhamel s'était fait construire à cette intention rue Murillo, près du parc Monceau, devait être complètement prêt et ne plus attendre que ses hôtes.

L'industriel, en visitant les travaux au commencement de l'été, les avait trouvés fort avancés, tout le gros œuvre achevé, et déjà les décorateurs, peintres et ornemanistes à l'ouvrage.

L'hôtel, construit dans le style Renaissance, était très artistique. M. Duhamel en fut absolument satisfait.

Dans un récent voyage, fait en compagnie de Madeleine, le maître de forges avait arrêté, avec son tapissier, les derniers détails d'ameublements et de décorations. Tout devait être prêt et installé pour l'hiver, et cette promesse fit à cette époque le plus grand plaisir à la jeune fille.

C'était, en effet, uniquement pour Madeleine que M. et Mme Duhamel s'étaient décidés à habiter Paris une partie de l'hiver.

Toujours soucieux de tout ce qui pouvait contribuer au bonheur de leur enfant, ils se disaient que la vie de province, si opulente qu'elle fût, ne conviendrait pas toujours à la jeune fille; qu'à son âge, elle aurait besoin d'autres distractions, d'autres plaisirs que les plaisirs tranquilles que pouvait offrir l'existence monotone et calme de Bois-Jolivet.

Bien que Madeleine adorât la campagne, au retour, après les distractions et les fatigues d'un hiver parisien, elle trouvait le château et le pays encore bien plus agréables et bien plus beaux.

Mlle Duhamel s'était montrée heureuse et reconnaissante de cette attention de ses parents. Elle se disait que peut-être la vie de Paris dissiperait les vagues tristesses qui déjà commençaient à l'envahir, et elle avait attendu le premier hiver avec impatience.

Un instant, cependant, la pensée de ses pauvres qu'il lui faudrait abandonner au moment de la saison rigoureuse, avait gâté sa joie.

— Qui les soignera? qui s'occupera d'eux, lorsque je ne serai pas là? Qui s'inquiétera de leurs besoins, de leurs maladies?... Qui fera en mon absence la distribution de secours et de bonnes paroles à ces malheureux déshérités?... — se demandait-elle.

Mais M. Duhamel avait répondu à Madeleine qu'elle n'avait qu'à charger de ce soin M. Peyron, son secrétaire, l'oncle de M. Verneuil.

— Avec lui, tu peux être tranquille pour tes pauvres, — affirma le maître de forges ; — ils ne seront pas négligés et tes aumônes seront distribuées intelligemment, car Peyron est le meilleur des hommes et il connaît tous les nécessiteux du pays.

Madeleine connaissait en effet la bonté proverbiale du secrétaire de son père ; elle s'en était donc remise à lui du soin de ses protégés, se promettant bien, du reste, de lui laisser avant son départ une note détaillée les concernant.

Rassurée sur ce point, la jeune fille n'avait plus pensé qu'au plaisir qu'elle se promettait de son séjour à Paris, jusqu'au jour où Gérard était entré à l'usine. Mais, à ce moment-là même, le départ était trop éloigné pour qu'il pût l'inquiéter.

D'ailleurs l'intérêt qu'elle ressentait pour le jeune homme ne s'était encore révélé à elle que sous la forme de la compassion inspirée par une infortune dont le hasard l'avait mise à même de pénétrer le secret.

A présent que ce départ approchait, à présent que Mlle Duhamel comprenait la nature du sentiment qui l'entraînait vers Gérard, l'idée de cet éloignement, si court qu'il dût être, la remplissait de tristesse.

Il lui semblait impossible de rester si longtemps éloignée de lui.

— Il ne m'aime pas, — pensait Madeleine, faisant allusion à l'indifférence que semblait marquer depuis quelque temps à son égard l'employé de son père. — Il ne m'aime pas, mais qu'importe? Ici, au moins, je le vois, je vis près de lui, même quand il ne vient pas au château, quand il refuse obstinément comme à présent les invitations qui lui sont adressées, je puis encore apercevoir de loin, au hasard d'une promenade, sa silhouette fière et mélancolique.

C'est le même air que nous respirons, le même horizon qui nous limite, les mêmes fleurs qui nous embaument, le même paysage qui passe devant nos yeux. Il semble que, malgré son affectation à me fuir, ces impressions communes nous rapprochent, mettent entre nous comme un lien. Tandis que là-bas, hélas !... si loin de lui !...

La Demoiselle du Château parvenue cependant à dissimuler sa tristesse avait, sous des prétextes quelconques, fait différer le départ pour Paris le plus longtemps possible.

— Il fait si beau, restons encore quelques jours, — s'écriait-elle, dès qu'il s'agissait de fixer sérieusement la date de leur installation à l'hôtel de la rue de Murillo.

Ou bien c'était l'œuvre des petites pupilles qui nécessitait sa présence à l'orphelinat de Manoncourt.

— Ils sont incroyables, ils ne savent rien faire sans moi, — disait-elle en riant à M. et Mme Duhamel.

Et, prenant un air d'importance :

— Je ne sais pas comment ils s'arrangeront lorsque je serai partie !

Madeleine également essaya de gagner quelques jours, en paraissan s'intéresser à la prospérité de l'usine.

— Pourquoi tant nous presser de partir, mon petit père chéri ? — demandait-elle en embrassant le maître de forges. — Je t'assure que nous sommes très bien ici. Je ne veux pas que pour moi tu déranges ton travail, que tu te surmènes pour laisser toutes tes affaires en ordre !... Ne te presse pas, va ; la saison n'est pas si avancée ; nous avons bien le temps d'arriver à Paris.

— Mais je n'ai rien à faire, ma mignonne, — répondait en riant le maître de forges. — Les travaux vont à merveille et l'on n'a pas besoin de moi ici. Nous pouvons partir demain si tu veux et passer nos quatre mois d'hiver à Paris ; on ne s'en apercevra seulement pas à l'usine. Tout marchera aussi bien que si j'y étais. Je m'en repose pour cela en toute sécurité sur Verneuil. Il suffira amplement à la besogne, surtout maintenant qu'il a quelqu'un de capable pour le seconder.

*
* *

Force avait donc été de se résigner au départ.

Une fois la date fixée, Madeleine compta les jours, les heures, ne pouvant se faire à cette idée que dans si peu de temps elle serait loin de Gérard.

— Huit jours encore à rester ici, près de lui !... plus que six jours !... quarante-huit heures... hélas ! comme le temps passe ! — pensait-elle. Et je l'ai à peine vu !... c'est à peine s'il est resté dimanche un peu plus longtemps avec nous pendant la soirée...

Pourtant il m'a paru attendri lorsqu'il m'a serré la main en s'en allant... son regard, me semble-t-il, ne fuyait plus le mien...

C'est demain ! demain !... le verrai-je encore une fois avant de partir ?... Viendra-t-il nous faire ses adieux ?

Le jour du départ enfin arriva.

On devait quitter Bois-Jolivet dans l'après-midi.

Les bagages furent envoyés à la gare dès le matin.

Gervaise, venue déjeuner au château accompagnée par Fraülein, était attristée du départ de la famille Duhamel.

— Que vais-je devenir quand vous ne serez plus là ?... Qu'il me tarde que cet hiver soit fini ! — ne pouvait-elle s'empêcher de répéter, tout effrayée par la perspective de passer ces quatre mois en tête-à-tête avec sa belle-mère.

Si tu savais comme elle me fait peur !... Comme ses regards sont mauvais ! — ajoutait, tout bas, la pauvre Gervaise de façon à n'être entendue que de Madeleine.

Après le déjeuner, l'ingénieur était venu avec son nouvel employé pour prendre les derniers ordres de M. Duhamel et faire ses adieux aux voyageurs.

La vue d'Adrien Verneuil avait remis un peu de baume dans le cœur de Mlle de Châtenay.

— Heureusement, que lui me reste, — avait-elle murmuré à l'oreille de son amie, tandis qu'Adrien aidait Mme Duhamel à monter dans le landau.

Madeleine se pencha vers Mlle de Châtenay et, l'embrassant, tandis que ses mains serraient les siennes d'une douloureuse étreinte :

— Ce n'est pas toi qui devrais pleurer, ma chérie, — fit-elle, les paupières toutes débordantes de larmes. — Que crains-tu ? tu restes auprès de celui que tu aimes, qui sera ton mari un jour, la devineresse te l'a prédit.

— Tandis que moi... qui sait où l'avenir me mène ?... Qui sait si ce départ n'est pas ma première étape vers ce malheur inconnu qui m'attend et auquel je ne puis échapper ?

— Que dis-tu ?... s'écria Gervaise. — A quoi vas-tu penser ?... Tu es folle !...

— Chut ! — fit Madeleine, mettant un doigt sur ses lèvres à la vue de Gérard qui s'approchait pour lui dire adieu après avoir salué M. et Mme Duhamel.

La fille du maître de forges tendit la main au jeune homme.

— Au revoir, monsieur, — dit-elle, en essayant de cacher sous un sourire la tristesse dont son cœur était plein.

— Adieu, mademoiselle, — fit gravement M. Gérard.

Madeleine se pencha vers Gervaise et, l'embrassant de nouveau, faisant un effort douloureux pour retenir ses larmes :

— Adieu, ma chérie, ne m'oublie pas !... — balbutia-t-elle, tandis qu'une émotion insurmontable faisait trembler sa voix.

Et, parvenant pourtant à se ressaisir :

— Je crois qu'on n'attend plus que moi pour partir; n'est-ce pas, monsieur Gérard? — questionna-t-elle en se tournant vers le jeune homme.

— Je le crois aussi, mademoiselle, — répondit celui-ci en s'inclinant. — M. et Mme Duhamel sont déjà en voiture, ainsi que Miss.

— Miss Annie aussi?... Bon, alors je vais me faire gronder, — fit Madeleine en s'efforçant de sourire ; — allons, vite !...

Et son regard gonflé de larmes se détourna du visage impassible de Gérard.

— Quelle indifférence !... — pensait la jeune fille en se dirigeant vers le landau. — On croirait qu'il est heureux de me voir partir. — Et j'ai pu croire qu'il m'aimait !... j'ai pu croire que son cœur éprouvait pour moi une tendresse égale à celle qu'il m'avait inspirée... Ah ! malheureuse ! malheureuse que je suis !... Comment ai-je pu m'illusionner à ce point?...

— Eh bien ! arrive donc, fillette ! cria de la voiture M. Duhamel. — Tu sais que tu vas nous faire manquer le train. J'allais envoyer Verneuil à ta recherche.

— J'étais avec Gervaise, père, — répondit Madeleine en sautant légèrement dans le landau et en s'asseyant à côté de Miss.

— Ces jeunes filles ! — s'écria plaisamment le maître de forges, — ça a toujours quelques petites confidences à se faire.

— Bon, des confidences que je connais, — répliqua en riant Mme Duhamel. — Des commissions pour la couturière et la modiste !... N'est-ce pas, Madeleine?

— Demande à Gervaise, maman, — dit la jeune fille en se penchant hors de la voiture pour cacher son embarras et pour échanger avec Mlle de Châtenay un dernier regard d'adieu.

Elle vit M. Verneuil à côté de son amie; mais ses yeux cherchèrent en vain Gérard.

Madeleine étouffa un soupir.

— Je vous recommande nos pauvres, monsieur Verneuil, — fit-elle en tendant sa main à l'ingénieur. — Que les pauvres gens ne s'aperçoivent pas trop de mon absence !

— Soyez tranquille, mademoiselle Madeleine, — répondit le jeune ingénieur. — Mon oncle et moi ferons de notre mieux pour vous remplacer.

— Je vous remercie; je compte sur votre promesse. — Allons, adieu !
— Au revoir, bon voyage, Mademoiselle !
— Adieu, Madeleine ! — cria une dernière fois Gervaise.
Et la voiture partit au grand trot de ses vigoureux percherons.
— Quel charmant garçon que ce Verneuil !... et si capable avec cela, si sérieux, — dit M. Duhamel. — Avec lui je puis partir tranquille ; mon exploitation est en bonnes mains.
— Sans compter qu'il est à présent admirablement secondé par M. Gérard. Il faut avouer que tu as de la chance, mon ami, — fit observer Mme Duhamel.
— Oui, ma foi, — avoua le maître de forges ; — ce Gérard est un garçon extraordinaire, une intelligence d'élite. Je ne serais pas éloigné de le croire même plus fort que Verneuil.
— Vraiment ?
— Ou je me trompe beaucoup, ou il ira loin s'il tient ce qu'il promet, — ajouta l'industriel.
— Et avec cela si distingué, si comme il faut !!... appuya la mère de Madeleine. — Il a reçu certainement une éducation des plus soignées, et il doit appartenir à une excellente famille.

* *

Ainsi, même loin de Gérard, tout rappelait la jeune fille à son amour !
Cette appréciation de son père et de sa mère sur celui qu'elle aimait remplissait de joie son cœur.
Gérard était donc réellement digne de sa tendresse, puisque ses parents, pour lesquels elle avait une si grande admiration et en qui elle plaçait toute sa confiance, en faisaient un tel éloge.
Le souvenir du jeune homme restait en elle d'autant plus victorieux chaque jour que l'éloignement l'immatérialisait en quelque sorte, lui ôtait toute apparence d'une chose défendue ou coupable.
Madeleine, sans cela, se fût émue du silence qu'elle continuait à garder vis-à-vis de son père et de sa mère sur un sentiment qui tenait déjà une si grande place dans sa vie.
Ce sentiment se fût-il atténué, du reste, que la sympathie que le protégé du général Henriot avait inspirée à M. et Mme Duhamel fût venue à chaque instant le raviver.
— Mieux vaudrait l'oublier, pourtant, puisqu'il ne m'aime pas !... — murmurait Madeleine avec un soupir.

LA DEMOISELLE DU CHATEAU

En digne fille d'Albion elle eût voulu tout voir... (P. 186.)

Le mouvement nécessité par l'installation à l'hôtel de la rue Murillo avait pourtant un instant distrait la jeune fille de ses pensées.

Bien que l'hôtel eût été entièrement et très artistement meublé par un habile tapissier, sous la direction et les indications du maître de forges, il manquait encore, à la parfaite installation des dames Duhamel, ces mille riens coûteux dont le raffinement constitue le nécessaire d'un intérieur élégant et riche.

Madeleine dut courir les magasins soit avec sa mère, soit, le plus souvent, accompagnée par Miss.

L'Anglaise n'était jamais venue à Paris; aussi sa curiosité était-elle insatiable.

En digne fille d'Albion elle eût voulu tout voir dès le premier jour, et, après avoir parcouru avec Mlle Duhamel les immenses bazars de l'élégance parisienne, elle brûlait maintenant de visiter les musées, les monuments et les édifices religieux. — Elle ne pouvait pas quitter la capitale, même avec la perspective de revenir l'année suivante, sans avoir parcouru, le « Bœdeker » à la main, le Louvre, la Bibliothèque, les églises; sans être descendue sous terre pour la visite des égouts, sans avoir grimpé les marches usées des tours séculaires de Notre-Dame; sans contempler Paris du haut du dôme des Invalides et du Panthéon, et opérer l'ascension de la tour Eiffel, jusqu'à la troisième plateforme, au sommet de laquelle elle aurait voulu se faire photographier.

Seule, la colonne Vendôme voyait passer Miss raide et guindée, sans qu'elle daignât jamais manifester à son égard l'intention d'une « petite excurchieune ». — Miss Annie ne voulait pas pardonner au Petit Caporal d'avoir donné à son pays l'occasion de mériter une fois de plus son surnom de perfide Albion et de s'être montré lâche et cruel devant la postérité et l'histoire.

— C'été une fléau, *indeed !* une monstre ! — répétait-elle avec indignation.

— Pourtant, Miss, c'était un grand homme, — opposait Madeleine, amusée par la colère de l'Anglaise.

— Une grande destructeur, vous voulez dire, miss Madeleine.

— Bon !... et Jules César, votre héros favori; ce n'était donc pas un conquérant aussi, miss ? — demandait malicieusement la jeune fille.

— Aôh ! Jules César, ce n'été pas du tout la même chaôse, — répondait miss Annie en pinçant les lèvres, sans qu'on ait jamais pu, du reste, et pour cause, lui faire expliquer le motif de la différence.

A part cet accès de chauvinisme tout britannique, miss Trilby montra un enthousiasme débordant, lorsqu'elle se trouva jetée tout à coup hors de sa nature froide et compassée par cette révélation d'une vie d'excursionniste, réalisant en elle l'atavisme endormi de plusieurs générations d'ancêtres, visiteurs de musées et vandales collectionneurs, sous son vernis aristocratique, précurseur du touriste flegmatique dont l'agence Cook promène les bandes disciplinées à travers les curiosités classiques de la vieille Europe.

Madeleine s'était prêtée de bonne grâce à satisfaire l'infatigable curiosité de miss Annie, aimant fort, malgré ses ridicules, l'excellente et originale vieille fille.

Cette vie occupée et fiévreuse avait apporté pour un moment une trêve aux tristes pensées de Mlle Duhamel; mais ce répit avait pris fin forcément et la jeune fille était bientôt retombée dans la mélancolie de ses sombres et douloureuses appréhensions, de plus en plus attristée à la pensée de se voir, pour si longtemps encore, éloignée de Gérard.

***

Le départ de la famille Duhamel pour Paris avait été au contraire un soulagement pour le filleul du général Henriot.

Gérard s'était réjoui, — ou, du moins, il avait cru se réjouir — en voyant la Demoiselle du Château s'éloigner pour un temps relativement long.

Quand la voiture, qui emportait le maître de forges et sa famille, avait franchi la grille du parc de Bois-Jolivet, le jeune homme avait poussé un soupir de soulagement.

Il lui avait semblé qu'avec Madeleine disparaîtrait l'obsession de ce sentiment contre lequel il luttait en vain depuis son arrivée à l'usine.

— Oui, — dit alors avec joie le fils du duc de Soisy, — maintenant, du moins, je vais pouvoir oublier... me ressaisir !... C'était sa vue qui entretenait en moi toutes ces folles pensées!... Qu'aurais-je jamais pu être pour la Demoiselle du Château, pour Madeleine Duhamel... même sous mon nom et avec mon titre, eussé-je pu espérer de me voir agréer par cette jeune fille millionnaire?...

Et maintenant, c'est bien pis : Sous cet incognito auquel je ne peux pas renoncer, car il cache la détresse de ma famille, puis-je être autre chose pour elle qu'un modeste employé salarié par M. Duhamel?... Penser autrement, espérer autre chose, serait fou ou malhonnête.

Mais, elle présente, aurais-je eu la force de résister à l'entraînement coupable qui m'attirait vers cette adorable et candide enfant?... Déjà, n'ai-je pas repoussé avec indignation les propositions de mon parrain?... Ah! si mon cœur n'avait pas été en jeu, eussé-je montré la même force d'âme, la même énergique résistance?

Où tout cela va-t-il m'entraîner, cependant?

Oui, tout est pour le mieux, tout est pour le mieux ! — se répétait Gérard. — Je dois me réjouir de ce départ et me féliciter d'avoir repris possession de moi-même.

Et tout heureux, en effet, sentant réellement son cœur délivré, sauvé d'une épreuve douloureuse, Gérard s'était mis au travail avec ardeur.

Il voulait occuper son esprit, donner un aliment à son imagination, ne pas laisser au regret et au souvenir de Madeleine le temps d'entrer en lui et de pénétrer de nouveau jusqu'à son cœur.

Il se surmena et fit des prodiges; il trouva d'emblée une bielle nouvelle avec excentrique dont l'emploi devait tripler la force des formidables marteaux-pilons servant à battre les énormes tiges de fer et d'acier.

Un modèle, exécuté d'après ses dessins et sur ses indications, fut mis immédiatement à l'essai et donna des résultats qui émerveillèrent l'ingénieur.

Sous le coup de cette admiration, M. Verneuil écrivit à M. Duhamel, au sujet de son nouvel employé et de l'invention qu'il venait de faire, une lettre des plus élogieuses.

Cette lettre se terminait par cette appréciation, qui était aussi, nous l'avons vu, aux termes près, l'opinion du maître de forges :

« Je n'ai plus rien à lui apprendre, si jamais je lui ai appris autre chose que ce qui a trait à l'organisation particulière de l'usine.

» Il est pour moi, mieux qu'un aide, c'est un collaborateur des plus précieux et, avant peu, lorsqu'il aura acquis l'expérience ou plutôt la pratique qui lui manque, c'est moi qui m'inspirerai de ses conseils.

» Et cela, je l'avoue sans honte, mon cher monsieur Duhamel, — continuait l'ingénieur, — tellement je reconnais à M. Gérard un esprit supérieurement doué, une intelligence d'élite. — Il n'y a que sa modestie qui puisse aller de pair avec son mérite.

» Dès aujourd'hui, je considère sa présence à l'usine et sa collaboration comme une bonne fortune, capable de modifier d'une façon très avantageuse la prospérité de l'exploitation ».

— Eh bien ! fillette, te moqueras-tu encore de moi, lorsque que je me prétendrai physionomiste ? — s'écria M. Duhamel après avoir lu cette lettre à haute voix. — L'ai-je assez deviné, ce garçon-là ?

— Le fait est que tu as eu la main heureuse, — approuva Mme Duhamel.

— Je n'ai jamais songé à me moquer de toi, méchant père, — dit à son tour Madeleine, — et surtout à propos de M. Gérard. — Oublies-tu que c'est aussi mon protégé et que c'est sous mes auspices qu'il s'est présenté à toi ?... Je revendique une part du mérite !...

Madeleine avait dit ça d'un ton enjoué, dissimulant avec peine l'émotion qui l'étreignait.

Ainsi donc, elle avait beau chercher à l'oublier, tout venait lui rappelèr Gérard; tout se liguait contre elle pour la confirmer dans son amour.

— Et, après tout, pourquoi ne l'aimerais-je pas, — se disait la jeune fille, — puisqu'il est digne en tous points d'être aimé? — Son cœur, je le sens, est à la hauteur de son intelligence...

La réserve, la froideur avec laquelle il répond à la sympathie que je lui témoigne, sont une preuve de la délicatesse de ses sentiments.

Ne suis-je pas la fille unique du propriétaire des forges de la Neuveville et de Varangeville, du plus riche industriel du pays?...

Il ne veut pas qu'on puisse l'accuser d'avoir cherché à exploiter cette sympathie, à se rendre maître du cœur et de la dot de l'héritière.

Et pourtant, — ajoutait Madeleine pensive, — pourquoi chercher à échapper à la fatalité?... Ce qui doit arriver n'est-il pas écrit?... Malgré tout ce que Gérard fait pour me détourner de mon amour et m'éloigner de lui, je l'aime et je sens bien que, quoi qu'il arrive, je ne pourrai jamais l'oublier!... Mon cœur se souviendra toujours

*
* *

Ainsi que Gervaise l'avait dit à Madeleine Duhamel, Paul Mousset, le fils de l'ancien intendant prévaricateur de feu le duc de Soisy, entrait de jour en jour plus avant dans les bonnes grâces de la vicomtesse de Châtenay.

Très processive, l'ex-cousine pauvre entrée en possession sinon définitive, du moins temporaire, — ce qui était déjà quelque chose, — de l'immense fortune des de Châtenay, s'était laissé séduire par l'habileté chicanière de l'ancien clerc d'huissier.

Poussée par lui, il n'y avait plus de contestations devant lesquelles elle reculât, et dont l'habileté de Paul Mousset ne la fît sortir à son honneur.

Ah! il ne faisait pas bon, maintenant, avoir maille à partir avec la châtelaine de Châtenay!

Après s'être d'abord insinué tout doucement auprès de la vicomtesse, le fils de l'ancien intendant était bientôt parvenu à se rendre indispensable.

Gervaise n'avait rien exagéré en prétendant qu'on le voyait maintenant sans cesse fourré au château, en conciliabule mystérieux avec sa belle-mère.

Mᵐᵉ de Châtenay, adroitement circonvenue, venait même de décider, afin de l'avoir plus à sa portée, de donner au jeune homme un logement situé dans une dépendance à peu de distance du château.

Mais ce n'était pour lui qu'une étape, car il espérait bien arriver sous peu à se faire loger dans le château même.

Il avait à cela un intérêt capital. — Il voulait se rapprocher de Léonore, la femme de chambre de Gervaise de Châtenay. Cette fille, devenue sa maîtresse, venait de lui annoncer qu'elle allait être mère.

Au château, tout le monde ignorait cette grossesse.

Pourtant Léonore n'était rien moins que rassurée. Elle craignait que sa position, jusque-là ignorée, ne devînt bientôt impossible à cacher.

Elle serait sûrement chassée par la vicomtesse, si l'on connaissait son inconduite.

Paul n'arrivait pas à la rassurer. Il avait beau lui affirmer qu'elle n'avait rien à craindre, que sa grossesse, encore à son début, ne pouvait de longtemps se trouver divulguée par des signes extérieurs; que lorsqu'il ne serait plus possible de la dissimuler, il lui deviendrait facile, sous prétexte de parents éloignés à aller voir, de se faire donner un congé par Mme de Châtenay et de le prolonger le temps nécessaire; rien ne parvenait à calmer les craintes de la femme de chambre.

— Si j'étais auprès d'elle, — se disait Mousset, — j'arriverais bien à la tranquilliser et à lui faire comprendre le mal fondé de ses inquiétudes.

En attendant, l'intrigant se ménageait des intelligences dans la place, il se mettait dans les bonnes grâces de Fraülein, avec laquelle, du reste, il avait sympathisé dès le premier moment.

Il se rendait aussi, de jour en jour, plus indispensable à la vicomtesse, multipliant ses services, afin de se trouver, quand le moment serait venu, maître de la situation.

Plein d'astuce et d'intelligence, le fils de l'ancien intendant n'avait pas tardé à voir clair dans la conduite de Mme de Châtenay vis-à-vis de sa belle-fille et à découvrir le but malhonnête auquel elle tendait.

Au courant des antécédents de la dame, il avait pu facilement pénétrer ses convoitises.

Digne fils de son père, — Paul Mousset avait vu là, tout de suite, une nouvelle et productive mine à exploiter.

D'instinct, il s'était rangé du côté fort contre le faible.

Il avait tout à gagner à servir, — ou tout au moins à laisser aboutir sans les entraver, — les intentions de l'indigne belle-mère de Gervaise.

Au courant des secrets de la vicomtesse, il saurait se faire payer plus tard son silence au poids de l'or.

A quoi, au contraire, l'eût mené la défense de l'innocente que l'on allait dépouiller?

Mlle de Châtenay eût sans aucun doute refusé de le croire et l'eût repoussé avec indignation, s'il lui eût révélé les intentions de sa belle-mère.

Pourtant, Paul Mousset était bien sûr de ne pas se tromper sur le mobile qui poussait l'ex-Constance Couvreur et sur les raisons qui faisaient qu'à aucun prix, la seconde femme du vicomte de Châtenay ne voulait entendre parler de mariage pour Gervaise.

Il n'avait pas été long à mesurer toute la profondeur de la haine cupide qui animait l'horrible femme contre celle qu'elle accusait de lui avoir volé un héritage sur lequel, sans cette enfant, elle aurait eu tous les droits.

Comme la hyène qui suit le chacal auquel elle dispute ensuite sa proie, l'amant de Léonore épiait les agissements de la marâtre, comptant avoir, tôt ou tard, la plus belle part du butin.

Un autre motif tout aussi bas guidait en outre les préférences de Paul Mousset. Amie intime de Madeleine, Gervaise avait supporté le contre-coup de la haine vouée par le fils de l'ancien intendant du duc de Soisy à la famille Duhamel.

Furieux de s'être vu repoussé de l'usine lorsque, l'année précédente, il s'y était présenté pour y demander du travail, le jeune homme s'était juré de se venger de cet affront et il avait englobé dans son injuste ressentiment tous ceux qui, de près ou de loin, touchaient d'une façon quelconque, par le sang ou par l'affection, à l'intimité des Duhamel.

Quand après être parvenu à s'immiscer dans les bonnes grâces de la vicomtesse de Châtenay et à devenir en quelque sorte son factotum, son homme de confiance, Mousset avait pénétré le but et les convoitises coupables de la belle-mère de Gervaise, il en avait éprouvé une joie secrète.

Gervaise n'était-elle pas l'amie de cœur de Madeleine Duhamel ? — A ce titre n'était-elle pas solidaire de la haine qu'il portait à la Demoiselle du Château ?

Atteindre l'une, ce serait encore atteindre l'autre !

Bientôt à ce sentiment s'était joint, pour Paul Mousset, le malfaisant désir de voir la vicomtesse se compromettre dans quelque louche affaire.

— De cette façon, maître de son secret, j'en aurai ce que je voudrai !... — murmurait le drôle. — Qu'elle se laisse seulement aller à quelque coupable manœuvre, et je la mènerai loin, la vieille ; car je la tiens. Il faudra bien qu'elle m'achète mon silence. — Ce sera la fortune pour moi !

Dès lors, Mousset s'était attaché aux pas de Gervaise, épiant la jeune fille, espérant bien un jour ou l'autre découvrir quelque indice, qui, convenablement présenté et enjolivé pour les besoins de la cause, pousserait la marâtre à quelque extrémité compromettante.

— Et je ne la perdrai pas de vue, je saurai tout ce qu'elle fera, — se disait l'amant de Léonore. — D'ailleurs, ne suis-je pas son homme de confiance?... A qui s'adresserait-elle, sinon à moi, pour l'aider dans ses desseins?... Où trouverait-elle un complice plus expert à accommoder au gré de sa cupidité et sans que personne y voie goutte, les comptes de tutelle de sa belle-fille?...

Je suis tout désigné comme confident et comme conseil, — continuait Mousset en se frottant les mains, — je lui ai donné assez de preuves de mon dévouement et de mon habileté. Que je trouve seulement un semblant de prétexte à présenter!... Les soupçons joints à la crainte de voir Mlle Gervaise tomber en puissance de mari et l'obliger ainsi à lui rendre des comptes, elle ne sera pas longue à se décider à agir.

Mais voilà. Le prétexte me manque malheureusement encore, — murmurait le drôle avec humeur.

— J'ai beau surveiller la petite, je ne trouve rien qui puisse me fournir même une apparence, si vague soit-elle...

Depuis quelque temps cependant, Mousset semblait tout joyeux. Sa figure chafouine et rusée avait une expression inusitée de contentement.

C'est que la haine clairvoyante du jeune homme lui faisait deviner autour de Gervaise et de Madeleine quelque doux mystère d'amour.

Soupçons très vagues, d'ailleurs, ne reposant sur rien de probant. — Divination intuitive plutôt même que soupçons, car l'homme de confiance de la vicomtesse eût été bien embarrassé de dire sur quoi il appuyait ses nouvelles conjectures.

Pourtant, il se serait déclaré sûr de son fait.

— Maintenant, quelle est celle que je dois surveiller? — se demandait-il, — Gervaise de Châtenay ou Madeleine Duhamel?... Laquelle est l'amoureuse, laquelle est la confidente?... C'est ce qu'il me reste à apprendre et il faudra que je le sache!...

Et, pour y arriver, l'amant de Léonore s'était mis à surveiller étroitement les deux amies.

La chose n'avait pas été difficile, du reste, Gervaise et Madeleine étant presque toujours ensemble.

Grâce à sa finesse et à l'habileté de ses déductions, la moindre démarche pouvait lui servir d'indice. Il fallait donc veiller à ce qu'aucune des démarches de celles qu'il surveillait ne lui restât inconnue.

Coupant alors au plus court, l'ancien clerc d'huissier modifia son itinéraire... (P. 197.)

C'est ainsi que Mlle de Châtenay avait pu remarquer le fils de l'ancien intendant du duc de Soisy rôdant constamment autour d'elle.

Dans ces rencontres, les regards volontairement effrontés et persistants de Paul Mousset avaient rempli d'effroi l'âme craintive de Gervaise.

— Bon cela; c'est parfait ! — pensait l'amant de Léonore en voyant Gervaise de Châtenay rougir d'indignation et se troubler sous la fixité blessante de ses regards. Bien sûr, la petite doit me croire amoureux fou. —

Toutes les jeunes filles sont romanesques. — Pendant qu'elle ne songe qu'à foudroyer de son mépris le ver de terre qui se permet cette outrecuidance, elle ne cherche pas ailleurs, du moins, le motif de mon assiduité à me trouver sur sa route. C'est une façon assez distinguée, je crois, d'assurer la sécurité de mon petit espionnage.

Et, fort tranquille, l'homme de confiance de la vicomtesse avait continué son manège.

C'est ainsi qu'il s'était trouvé sur le passage de la voiture qui emmenait Madeleine et Gervaise le jour où elles allaient à Nancy assister à la fête donnée par M{}^{lle} de Belleuse.

Mousset était au courant de l'invitation faite par la nièce du général Henriot.

— C'est juste, — se dit-il en voyant les deux amies en grande toilette, — c'est aujourd'hui la réception de M{}^{lle} de Belleuse... Une réception entre jeunes filles... je crois que, pour aujourd'hui encore, je puis renoncer à découvrir quelque chose. Il ne me reste qu'à rentrer chez moi.

Ou plutôt, puisque je suis là, — continua-t-il, — je vais faire une petite visite à cette chère vicomtesse. Je ne l'ai pas vue depuis deux jours ; il ne faut pas se laisser oublier. — Peut-être trouverai-je l'occasion de dire en même temps quelques mots à Léonore.

Mousset avait donc continué la route, du côté du château. Mais il s'arrêta soudain.

— Crédieu ! j'allais faire une gaffe ! — murmura-t-il en se retournant pour voir si l'on apercevait encore la voiture qui emportait les deux jeunes filles.

Il l'aperçut au loin, gravissant la longue rampe qui suit la route en cet endroit.

— Elles sont loin déjà, — fit-il désappointé. — Je sais heureusement où les rejoindre.

Oui, — poursuivit-il avec mauvaise humeur. — Les rejoindre !... Mais qui sait si en chemin ne se présentera pas justement la preuve qui me permettrait de justifier mes soupçons ? Quelque rencontre, peut-être !...

Parbleu ! l'occasion n'est-elle pas belle et tentante ?... Elles sont seules, loin de tout contrôle... car ces imbéciles de domestiques ne comptent pas ! — La Demoiselle du Château !... pensez donc !... Ils tiendraient la chandelle sans y voir plus clair ! — Triple sot que je suis de leur avoir laissé prendre tant d'avance !... Allons, il s'agit de jouer des jambes, maintenant. — Il faut que je rattrape la voiture !

Mousset, tout en maugréant, s'élança au pas gymnastique à la poursuite de Gervaise et de Madeleine.

Mais il avait beau faire, le landau, attelé de ses deux vigoureux percherons, avait sur lui une trop grande avance pour qu'il pût parvenir à le rejoindre.

L'amant de Léonore, essoufflé et exténué de fatigue, parvint enfin à trouver une place dans une voiture de maraîcher qui se rendait lentement à la ville pour le marché, et il arriva à Nancy sans avoir aperçu le landau.

— C'est bizarre tout de même! — pensait-il, toujours disposé à voir dans chaque menu fait concernant Gervaise ou Madeleine la confirmation de soupçons que sa haine eût été si heureuse de préciser. — Elles ne devaient cependant pas avoir une si grande avance sur moi.

Se seraient-elles arrêtées en route?... Il faudrait alors que je fusse passé à côté d'elles sans les voir... et, s'il en est ainsi, elles peuvent s'être détournées. Ce serait idiot de les avoir laissé m'échapper!...

Mais non, cela n'est pas possible, — ajouta le jeune homme en haussant les épaules. — Je n'aurai pas couru aussi vite que je le pensais, voilà tout, et, comme le landau avait déjà sur moi une bonne avance, elles sont arrivées, tout simplement.

Je vais retrouver leur voiture stationnant devant la porte de la division.

Pressé de vérifier son dire, Paul Mousset allongea le pas et se dirigea en toute hâte vers la demeure du général Henriot.

Mais là, pas plus que sur la route, l'espion n'aperçut ombre d'équipage à la livrée des Duhamel.

— C'est par trop fort! — s'écria-t-il très désappointé.

Ce fait anormal l'excitait à penser qu'il se trouvait bien réellement cette fois sur la piste de quelque découverte intéressante, et, plus désireux que jamais de réussir, Mousset refit patiemment, jusqu'à l'entrée de la ville, le chemin qu'il venait de parcourir.

Il s'informa adroitement, tout en procédant à l'achat d'un journal ou d'un cigare, si l'on n'aurait pas vu par hasard passer un landau attelé de deux chevaux bais, avec deux domestiques en livrée marron. Il donnait le signalement des deux jeunes femmes vêtues de blanc et très élégantes.

— Ce sont les dames de l'usine de Varangeville, — expliquait-il pour justifier ses recherches. — C'est un mot très pressé que je dois leur remettre.

Mais aucun des commerçants auxquels Mousset s'était adressé n'avait pu lui donner de renseignements. Personne n'avait vu ou n'avait remarqué le landau.

— Un moment cependant, l'homme de confiance de la vicomtesse crut être sur la piste de celles qu'il cherchait. — Un papetier chez lequel il entra sous prétexte de quelques emplettes et à qui il renouvela sa question, l'arrêta en apprenant qu'il était question des propriétaires de l'usine de Varangeville. — Fournisseur du général Henriot et des bureaux de la division, le commerçant possédait aussi la clientèle de l'usine et avait souvent fait des livraisons, soit de livres, soit de papiers, à Bois-Jolivet.

— Les dames Duhamel? — s'écria-t-il en interrompant son interlocuteur. — Ce sont les dames Duhamel que vous cherchez?

— Oui, elles-mêmes. — Vous les avez vues?... De quel côté allaient-elles? — demanda l'amant de Léonore avec la satisfaction d'un homme qui se voit enfin sur le point de réussir une opération délicate.

— Vues?... Non, ma foi, je ne les pas vues, — répondit le papetier. — Seulement, si ces dames vont à Nancy en grandes toilettes, c'est sûrement pour assister à la fête que donne aujourd'hui à la division, à l'occasion du prochain mariage de Mlle Valérie de Belleuse, la mère du général Henriot. — Je sais que les dames Duhamel et Mlle Valérie sont très intimes. — Donc, si vous avez absolument besoin de les voir, vous les trouverez sans aucun doute à la division.

— Ah!... vous pensez?... je vous remercie beaucoup, — dit Mousset désappointé.

— C'est plus que sûr, allez!

Et, voyant que le jeune homme s'apprêtait à sortir:

— Savez-vous où se trouve la division? — demanda le papetier obligeamment. — Voulez-vous que je vous accompagne jusque-là? — mon petit commis gardera le magasin.

— Non, ne vous dérangez pas, je vous en prie, je connais le chemin, — fit Mousset en saluant et en se hâtant de s'éloigner.

Idiot! va, — murmurait le jeune homme, tout en marchant et en réfléchissant. — Me donner une fausse joie!... Où chercher maintenant?... A qui m'adresser?... Ce que j'ai de mieux à faire, c'est de m'en retourner, tout bonnement. En admettant qu'elle se soit présentée, l'occasion est manquée pour aujourd'hui.

Bah! il faudra bien que je la retrouve; ce n'est que partie remise, ajouta l'espion avec un méchant sourire.

Il regarda l'heure à sa montre.

— J'ai plus de temps qu'il ne m'en faut pour prendre le train, — constata-t-il avec satisfaction. — Je puis repasser par la division, à la condition toutefois de ne pas m'amuser en route... Peut-être apercevrai-je le landau.

Coupant alors au plus court, l'ancien clerc d'huissier modifia son itinéraire en homme qui connaît à fond la topographie de la ville.

Ce nouveau trajet devait forcément amener Mousset à passer par la grande rue. — Le hasard le servait donc mieux que toute sa perspicacité n'aurait pu le faire.

En effet, la première chose que le jeune homme aperçut en débouchant dans cette voie, fut la voiture des Duhamel arrêtée devant la porte d'une maison.

Il n'y avait pas à s'y tromper, c'était bien la livrée marron à passepoils rouges et l'attelage bai des propriétaires de l'usine.

L'amant de Léonore eut un vif mouvement de joie.

— Tiens, pensa-t-il, tout en s'avançant avec précaution pour ne pas être aperçu des domestiques qui le connaissaient. Chez qui sont-elles donc? Je savais bien, parbleu, que je les trouverais!...

Que diable peuvent-elles faire là-dedans? — se demanda le jeune homme en traversant la rue pour examiner la maison, devant laquelle était arrêtée la voiture.

Il se blottit derrière une porte cochère, afin d'attendre sans être vu la sortie des deux jeunes filles.

— Quelque rendez-vous?... — Non, en plein jour, en pleine ville, ce serait trop de toupet. Elles sont plutôt chez un fournisseur. Peut-être tout bonnement un menu détail, qui, au dernier moment, se sera trouvé incomplet dans leur toilette.

Dans tous les cas, je le saurai bientôt, car les voilà qui sortent, — continua Mousset qui venait d'apercevoir de son abri les silhouettes de Gervaise et de Madeleine.

L'espion se dissimula précipitamment.

— Inutile maintenant de les suivre, — murmura-t-il, — je sais où elles vont. L'essentiel est de ne pas me laisser voir et d'attendre leur départ pour faire ici ma petite enquête.

Il attendit que Gervaise et Madeleine eussent repris place dans la voiture.

— Bon, les voilà qui dérapent, — fit-il, — toujours abrité derrière sa porte cochère, en entendant le bruit des roues de la voiture.

Et, se risquant à sortir de sa cachette:

— Maintenant, il va falloir opérer avec art, — murmura-t-il, en examinant la maison d'où venaient de sortir les deux amies.

L'immeuble paraissait être habité bourgeoisement.

Pas de magasins, pas d'annonces commerciales s'étalant en lettres dorées aux balcons des fenêtres.

— Si c'est chez un fournisseur qu'elles sont allées, il faut que ce soit une maison bigrement connue pour ne pas faire plus de pétard, — pensa l'homme de confiance de la vicomtesse.

Il traversa de nouveau la rue, afin d'examiner de plus près le numéro treize.

Arrivé devant la porte, il resta un instant pensif; puis, se décidant tout à coup, il entra et fut heureux d'apercevoir au pied de l'escalier une pancarte indiquant :

CHAMBRES MEUBLÉES
S'ADRESSER AU 1ᵉʳ ÉTAGE

Il ne savait, en effet, auprès de qui s'informer, la plupart des maisons en province n'ayant pas de concierge.

Cet écriteau avait la valeur d'une invitation.

Les logeuses en garni sont généralement curieuses et bavardes.

Celle-ci devait avoir vu monter les deux jeunes filles.

Paul Mousset frappa à la porte vitrée et se présenta quand on eut répondu :

— Entrez !

— Pardon, madame, — dit-il, en saluant poliment avec une contenance volontairement embarrassée, — je devais rejoindre ici deux jeunes dames, et je ne sais pas au juste...

— Chez moi ?... fit la logeuse.

— Je ne peux pas vous dire...

— Oh ! monsieur, je ne loue pas à des dames seules. — Je n'ai d'ailleurs que le premier étage en meublé, et nos locataires sont tous des jeunes gens de la Préfecture ou des officiers.

— Mais peut-être bien...

La propriétaire l'interrompit.

— N'est-ce pas par hasard les deux jolies dames que j'ai vu monter chez la tireuse de cartes ? — demanda-t-elle.

— Oui, madame, — répondit Mousset vivement. — C'est bien cela !

Il dissimulait avec peine la joie que lui causait la réponse de la logeuse.

— Madeleine Duhamel et Gervaise chez une tireuse de cartes ! — se disait-il déjà, — chez une somnambule !

— Deux jeunes dames jolies et très élégantes, — continua le jeune homme en précisant.

— Et qui ont dû venir dans une voiture de maître, attelée de deux chevaux bais ?

— Ce sont bien elles !

— Avec cocher et valet de pied en livrée marron sur le siège, — paracheva la brave femme.

— C'est cela, c'est cela même !... Et alors, vous dites qu'elles sont allées chez une tireuse de cartes ?...

— Mam'zelle Prudence, pardi ! vous deviez le savoir, puisque vous aviez rendez-vous avec les jeunes dames, — ajouta la logeuse, sans malice.

L'amant de Léonore n'était pas homme à se démonter pour si peu.

— Parfaitement, madame, — répondit-il avec un sourire aimable ; — Mlle Prudence, je savais cela, naturellement. Seulement, ce que je ne sais pas aussi bien, c'est à quel étage demeure cette demoiselle Prudence.

— C'est tout de même vrai, ma fine, — s'écria en riant la dame. — C'est au deuxième, monsieur, avec toutes mes excuses, la porte à droite. Il y a à la porte un pied de biche et une pancarte.

— Mille fois merci, madame, — fit l'espion en saluant et en faisant mine de se diriger vers l'escalier.

— Monsieur, monsieur !... — cria tout à coup la loueuse.

Le jeune homme s'arrêta.

— Qu'y a-t-il, madame ? — demanda-t-il en jouant l'étonnement.

— Alors, monsieur monte tout de même ?

— Dame, puisque je suis attendu, — dit Mousset avec naturel.

— Mais les petites dames ne sont plus là.

— Elles ne sont plus là ?

— Je croyais l'avoir dit à monsieur. Elles viennent de partir il n'y a qu'un instant.

— Ah ! c'est fâcheux !... Je me suis mis en retard !... — dit l'ancien clerc d'huissier jouant son rôle dans la perfection. — Elles doivent m'avoir attendu... Elles se seront impatientées !...

Enfin peut-être cette dame, Mlle Prudence, saura me dire où je les retrouverai ; — elles peuvent lui avoir laissé un mot pour moi, sachant que j'allais venir.

— Au second, monsieur, — répéta la logeuse. — Vous verrez la pancarte.

— Merci bien !

Introduit dans le salon de la tireuse de cartes, l'amant de Léonore avait essayé, vis-à-vis de la célébrité parisienne, de continuer, avec une légère variante, le manège qui lui avait si bien réussi avec la logeuse.

« Il devait rejoindre chez elle, — prétendit-il, — deux jeunes dames pour consulter avec elles; mais empêché par une circonstance imprévue, il se trouvait en retard et il venait d'apprendre, par la dame du premier, qu'elles étaient reparties depuis un moment.

« Avaient-elles consulté? Qu'est-ce que l'oracle leur avait prédit?

« Il brûlait de l'apprendre avant d'avoir, lui aussi, recours aux lumières de la célèbre somnambule. »

Mais, soit méfiance naturelle, soit que l'habitude de pronostiquer d'après la physionomie de ses clients, lui rendît suspecte la démarche du jeune homme, la devineresse ne voulut rien dire et elle se retrancha derrière le secret professionnel.

Malgré son habileté, Mousset ne put en tirer que des demi-réponses.

Cela pourtant suffit à l'espion, non pour avoir l'assurance, sans doute, mais l'intuition à peu près exacte, du moins en ce qui concernait Gervaise de Châtenay, de ce qui s'était passé chez la cartomancienne.

Le drôle était fort expert à interpréter les réticences, et le mutisme que l'on pouvait opposer à ses questions n'existait pas pour lui, pour peu qu'il lui fût permis de suivre, sur la physionomie de son interlocuteur, la trace de ses impressions intimes.

Or, Mousset était un questionneur habile et, malgré le silence gardé par la tireuse de cartes sur tout ce qui aurait pu compromettre ses clientes, il arriva à déduire une partie de la vérité.

— Évidemment, — pensait le jeune homme, — c'est Mlle Gervaise qui a dû consulter et se faire dire la bonne aventure; Mlle Duhamel n'a fait que l'accompagner. Mais bah! la fille du maître de forges n'en a pas moins été vue chez cette tireuse de cartes et, en m'y prenant adroitement, je saurai bien tirer parti de la circonstance.

Quant à Gervaise, c'est autre chose, la question est toute résolue.

Pourquoi serait-elle venue consulter une tireuse de cartes sinon par amour? Il n'y a que cela qui puisse préoccuper une jeune fille!

Parbleu; je savais bien qu'il y avait anguille sous roche et que l'une des deux amies, pour le moins, était amoureuse!... Il suffisait de voir leurs airs de mystère!...

Mais pour qui, diable, à l'insu de la belle-mère, peut soupirer Mlle Gervaise de Châtenay?...

Parbleu! — fit tout à coup Mousset en se frappant le front; — il n'y a

LA DEMOISELLE DU CHATEAU

Et, ayant, dans un baiser, dit adieu à son amant, elle se hâta de rentrer au château. (P. 206.)

que l'ingénieur!... ce ne peut être que ce Verneuil!... — Il est assez intrigant pour avoir convoité et pour chercher à s'approprier la fortune de la petite.

Voilà donc pourquoi M¹¹ᵉ Gervaise était toujours fourrée à Bois-Jolivet!... Grâce à moi, la vicomtesse l'aura échappé belle!

Le misérable se rappela que Gervaise avait dû rencontrer l'ingénieur presque tous les dimanches chez les Duhamel.

— C'est lui, et ce ne peut être que lui, — répéta l'amant de la femme de chambre. — Allons, je saurai quelque chose par Fraülein.

De retour au château, Mousset s'était mis en quête de la gouvernante.

A demi-mots, il lui fit entrevoir ses soupçons.

Naturellement, ce qu'il en disait c'était dans l'intérêt seul de M¹¹ᵉ de Châtenay.

Greetchen n'avait-elle rien remarqué, rien surpris de suspect dans la conduite de Gervaise?

Si bien disposée pour le jeune homme que fût la plantureuse fille de Von Puttmacker, elle fut forcée d'avouer que la manière d'être de Gervaise de Châtenay à l'égard de M. Verneuil lui paraissait des plus régulières et des plus correctes.

— Non, monsieur Paul, che ne puis pas être de fotre afis, — déclara-t-elle. — M¹¹ᵉ Cherfaise est une cheune fille trop bien élevée pour se permettre...

— Alors, vous n'avez rien remarqué?... Aucun coup d'œil, aucun sourire, rien qui puisse faire supposer une intrigue entre M¹¹ᵉ de Châtenay et quelqu'un des jeunes gens qu'elle rencontre chez M. Duhamel, par exemple?

— Des cheunes chens?... Quels cheunes chens? — interrogea Greetchen Puttmacker.

— Mais que sais-je?... Est-ce moi qui accompagne M¹¹ᵉ de Châtenay le dimanche chez les Duhamel? Vous devez le savoir mieux que moi, vous, Fraülein... L'ingénieur, peut-être... ou quelque autre que je ne connais pas.

— L'inchénieur?

— Oui! — N'est-ce pas que, maintenant que vous y pensez, vous trouvez qu'il se pourrait bien que j'aie raison?

— L'inchénieur avoir une intrigue avec M¹¹ᵉ Cherfaise? — s'écria Fraülein sur le ton de la protestation.

— Eh bien!... qu'est-ce que cela aurait d'étonnant? — fit Mousset impatienté.

— Che grois que M. Ferneuil a d'autres fues, — soupira l'Allemande en minaudant.

Mousset partit d'un éclat de rire impertinent.

— Vous ne voulez pas me laisser supposer, Fraülein... qu'à votre âge?...

— Fous ne gombrenez rien aux choses tu cœur, monsieur Paul! — fit la grosse femme scandalisée.

Et elle tourna, sans plus de façon, le dos à l'homme de confiance de la vicomtesse.

— Vieille folle! — murmura le jeune homme en s'éloignant. — Avec ces idées-là, ce n'est pas la peine de chercher à tirer d'elle quoi que ce soit...

Heureusement que Léonore me reste. Avec elle ce sera bien le diable si je n'arrive pas à découvrir quelque preuve de l'amour de Mlle de Châtenay pour ce Verneuil.

*
* *

Mousset donna immédiatement rendez-vous, pour le soir même, à la femme de chambre de Gervaise, espérant en obtenir les renseignements qu'il lui avait été impossible d'arracher à la trop romanesque Greetchen.

Mais, pas plus que l'Allemande, Léonore n'avait pu trouver dans la conduite de sa jeune maîtresse rien qui fût de nature à servir les intentions du haineux garçon.

Quelque désireuse qu'elle fût de contenter son amant, elle ne voyait rien qui pût motiver les soupçons que celui-ci avait conçus au sujet de Gervaise.

— Es-tu bien certaine? — répétait Mousset. — Rappelle-toi...

— Non, rien!... rien!...

— Quoi! pas un mot écrit ou reçu?... pas un bouquet, pas une fleur retirée le soir du corsage et soigneusement enfermée au fond d'un coffret?

— Non!

— Pas de coquetteries?... pas d'impatiences, le dimanche, devant son miroir, pour une frisure mal réussie ou un ruban peu seyant?

— Je ne sais pas... On ne fait pas toujours attention.

— Pas de rêveries au retour, pas de caprices, pas de larmes?...

— Jamais!

— Pas de promenades solitaires dans le parc, un livre à la main?... Voyons, il est impossible que tu n'aies pas remarqué quelque chose.

— Rien, rien, rien, — affirma de nouveau Léonore en secouant la tête. — Mademoiselle est toujours la même.

— Dis plutôt que tu n'y as point fait attention, grosse bête, — fit l'homme de confiance de la vicomtesse. — Je suis bien sûr, moi, qu'il y a anguille sous roche...

— C'est fort possible, après tout, — avoua la femme de chambre ébranlée. — J'étais si loin de me douter que mademoiselle... Pense donc, une jeune fille de la noblesse, avoir un galant...

— Crois-tu qu'elles soient faites autrement que les autres les jeunes filles de la noblesse ? — s'écria Mousset en ricanant.

— Mais mademoiselle est si surveillée !...

— Raison de plus ! — Réfléchis : si à seize ans on t'avait tenue enfermée et privée de toutes distractions comme l'est Mlle de Châtenay, qu'est-ce que tu aurais fait?

Léonore eut un petit rire libertin.

— Moi, je ne dis pas, — fit-elle. — Mais mademoiselle, ce n'est pas la même chose.

— Pourquoi?

— Dame...

— Crois-tu qu'elle n'ait pas, comme une fille du peuple, le désir de se marier?

— Quand même? — Tiens, elle est assez riche pour trouver des épouseurs!

— Avec ça que sa belle-mère leur facilite l'approche, aux épouseurs ! — dit l'amant de la femme de chambre. — Ce n'est pas à Châtenay qu'ils viendront la chercher, toujours !

— Pour ça, tu as peut-être raison...

— Pardieu!

— Alors! tu crois?

— Je ne le crois pas, je suis sûr, — affirma Mousset. — Mais il me faut une preuve, et c'est toi qui me la trouveras. — Cherche habilement. Tu es intelligente, je m'en rapporte à toi, maintenant que te voilà prévenue.

— Je ferai de mon mieux.

— Ne laisse rien échapper de tout ce que tu croiras pouvoir se rapporter à l'intrigue que je soupçonne entre Mlle de Châtenay et l'ingénieur de M. Duhamel.

— Sois sans crainte, j'y veillerai.

— C'est à notre fortune que tu travailleras du même coup, ma grosse Nonore, — ajouta le misérable intrigant.

— Compte sur moi, mon chéri, — promit la femme de chambre.

Et, ayant, dans un baiser, dit adieu à son amant, elle se hâta de rentrer au château avant le jour, de crainte que son absence ne fût remarquée.

— Avec tout ça, je ne suis pas plus avancé, — murmura Mousset, après le départ de sa maîtresse. — Bah! tant pis!... J'en sais assez pour agir auprès de la vicomtesse. — Je n'ai pas de preuves, c'est vrai, mais ce que j'ai appris, ma visite à la tireuse de cartes me suffit.

J'ai assez d'imagination pour broder sur ce thème un peu écourté une romance sentimentale. L'essentiel pour moi est d'effrayer suffisamment la rapace douairière, pour l'amener à se compromettre par quelque mesure imprudente.

La haine que m'inspirent Verneuil, Peyron, et toute cette clique des Duhamel, qui n'a pas voulu de moi à l'usine, me guidera, et si mon éloquence se mesure à ma rancune, — ajouta Mousset en édifiant des plans sur la façon dont il aborderait la question avec la belle-mère de Gervaise, — je réponds d'être persuasif!...

Nul doute que la vicomtesse ne se montre reconnaissante de l'inappréciable service que je lui aurai rendu par ma vigilance. — D'ailleurs au besoin, on l'y forcera, — je m'en charge!

CHAPITRE X

MARATRE

euillez, je vous prie, m'expliquer vos réticences, monsieur Mousset.
— Madame la vicomtesse...
— Je n'admets pas d'excuses. Vous semblez insinuer que des propos désobligeants courent sur Mlle de Châtenay. Comme tutrice de cette chère enfant, j'ai le devoir de vous obliger à me donner l'explication de vos paroles.
— Pourtant, madame, je vous assure...
— Oh! pas d'échappatoire, — interrompit la noble dame. — Il ne fallait pas commencer alors et éveiller ma susceptibilité par des paroles imprudentes.
Veuillez parler catégoriquement, à présent, monsieur Mousset.
Que dit-on sur ma belle-fille?
— Puisque vous l'exigez, madame la vicomtesse, — fit le jeune homme en feignant une hésitation qu'il était bien loin de ressentir, — on trouve dans le pays, que Mlle de Châtenay est trop... libre... qu'elle a des allures trop indépendantes... Cela fait causer...
— Trop libre!... Gervaise!...

C'était quelque temps seulement après l'enquête inutile faite auprès de Greetchen et de Léonore, que Mousset, renonçant à avoir la preuve qu'il avait espéré vainement obtenir de l'habileté de sa maîtresse, s'était décidé à se passer de cet atout et à agir sans plus de retard auprès de la belle-mère de Gervaise.

Saisissant la première occasion qui s'était offerte, il avait par ses insinuations perfides amené la châtelaine à l'interroger.

Il savait d'ailleurs par avance que la marâtre se prêterait volontiers à un entretien où il s'agissait d'entendre dire du mal de sa belle-fille.

Connaissant la haine qui l'animait contre Mlle de Châtenay, — haine dont son esprit subtil avait découvert le motif bas et cupide, — Mousset savait ce qu'il fallait penser au juste de la feinte indignation de la vicomtesse. Aussi se donnait-il le plaisir de faire languir la douairière impatiente d'apprendre quelle tare on avait pu trouver à l'impeccable Gervaise.

— Cherche, cherche!... — ricanait le jeune homme, fort amusé par l'idée de l'effet que sa révélation devait produire sur la vicomtesse; — tu ne te doutes pas de la surprise que je te prépare!... Tu ne seras peut-être pas si contente tout à l'heure, quand tu connaîtras le petit roman, si gentiment ébauché par l'innocente Gervaise... surtout avec les légères retouches que mon imagination se charge d'y faire!

Et enchanté de voir la vicomtesse de Châtenay mordre facilement à l'hameçon, Paul Mousset se laissait complaisamment tirer les vers du nez par la belle-mère de Gervaise.

— Mais enfin, à votre avis? — demanda la douairière, — qu'est-ce qu'ils peuvent vouloir dire avec leur « trop libre », mon cher monsieur Mousset?

— Mon Dieu, madame la vicomtesse, cela doit signifier apparemment, — répondit le fils de l'ancien intendant, avec une attitude de circonstance, — que Mlle Gervaise sort trop facilement, qu'elle est trop livrée à elle-même.

— Greetchen pourtant ne la quitte pas?

Mousset haussa les épaules comme pour laisser entendre à son interlocutrice qu'il n'était aucunement responsable des bruits qui pouvaient courir sur la jeune fille.

— Je vous répète ce que l'on dit, madame la vicomtesse, — répliqua-t-il de l'air du plus complet désintéressement. — Vous comprenez que si je me suis décidé à vous avertir, quoi qu'il m'en coûtât, et au risque de vous déplaire, c'est simplement par amour du bien, poussé par le dévouement que j'ai pour vous et pour ce qui touche à votre noble famille.

— Je le sais, monsieur Mousset, et je vous en remercie, — dit la veuve du vicomte de Châtenay. — Pourtant, je crois que dans cette circonstance votre dévouement s'est alarmé à tort, s'est montré un peu trop chatouilleux pour de méchants propos sans importance.

— Il n'y a pas de fumée sans feu, malheureusement, croyez-moi, madame la vicomtesse... — insinua le drôle. — Il faut toujours se méfier des propos même quand ils semblent dénués de tout fondement.

— Que voulez-vous dire, Mousset? — interrogea la belle-mère de Mlle de Châtenay, avec un commencement de réelle inquiétude.

— Dame, je dis que pour que des bruits courent ainsi à propos d'une jeune fille, il faut qu'ils s'appuient sur quelque fait répréhensible.

— Un fait répréhensible!... répéta la marâtre.

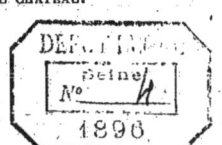

Elle arpentait le salon avec agitation. (P. 213.)

— Ou seulement imprudent, — poursuivit l'habile gredin.

Et il ajouta :

— Evidemment, pour que l'on ait pu dire que Mlle Gervaise était trop libre, il faut, — pardonnez-moi d'insister, mais vous m'y forcez, madame la vicomtesse, — que dans quelque circonstance Mlle de Châtenay ait donné la preuve qu'elle abusait de cette liberté.

— Abuser !... — s'écria de nouveau la vicomtesse d'un accent de protestation. — Mais abuser comment, mon cher monsieur Mousset?... Je ne vois pas trop de quelle façon Gervaise pourrait abuser du peu de liberté que je lui laisse?

— Dame, je ne sais pas, moi non plus, — fit d'un air hypocrite l'homme de confiance de la vicomtesse.

— Vous ne savez pas!... Dites plutôt que vous refusez de parler! de vous expliquer...

— Je vous en prie, madame la vicomtesse, n'insistez pas... Mettons que je n'aie rien dit, — implora l'amant de Léonore, qui voulut paraître regretter d'avoir trop parlé et feindre de ne pas avoir le courage de s'expliquer plus amplement.

— Vous voyez bien que vous me cachez quelque chose !... — s'écria la vicomtesse sérieusement alarmée par les réticences habilement calculées du jeune homme. — Il y a certainement plus que des propos en l'air. Est-ce ainsi que vous reconnaissez mes bontés et ma confiance? — ajouta-t-elle d'un ton de reproche.

L'expression de la figure de Mousset dénota une contrainte violente.

— Alors vous exigez que je parle, madame la vicomtesse? — balbutia-t-il.

— N'ai-je pas le droit de savoir tout ce qui touche à la réputation de Mlle de Châtenay? — La pauvre enfant n'a plus que moi au monde... Je dois la défendre contre ceux qui l'attaquent!... — fit la vicomtesse d'un ton larmoyant.

— Ah! madame, combien vous êtes bonne, combien vous êtes admirable! — dit avec une belle conviction l'amant de Léonore, feignant de se laisser prendre à la tendresse de Mme de Châtenay pour sa belle-fille.

— Gervaise n'est-elle pas ma fille? — répliqua la vicomtesse avec emphase. — Parlez donc, mon cher monsieur Mousset!... ne craignez pas de me peiner. — Je connais cette chère enfant et je sais que tout ce que l'on peut inventer contre elle n'est que de la calomnie. Mais cette calomnie, encore faut-il que je sache ce qu'elle est pour la confondre, vous le comprenez?

— Dans ce cas-là, je n'hésite plus, madame la vicomtesse.

— Parlez donc, je vous écoute...

L'amant de Léonore jeta un regard sournois sur la vicomtesse.

— Voilà, — dit-il en paraissant faire un violent effort pour parler, — on dit, excusez-moi de le répéter, madame, que Mlle Gervaise a une intrigue...

— Une intrigue !... répéta la belle-mère. — Quel genre d'intrigue?... Une intrigue d'amour sans doute?...

— Oui... Un amoureux, si vous préférez.

— Gervaise un amoureux!... La petite misérable! — s'écria M™⁰ de Châtenay en bondissant.

Mais réfléchissant aussitôt à l'absurdité de l'accusation :

— Vous êtes fou, mon cher, — ajouta-t-elle, en haussant les épaules avec dédain. — Comment voulez-vous que cela soit possible, d'ailleurs?...

— Je ne sais pas!... — répondit le drôle avec un geste qui déclinait toute responsabilité dans cette accusation. — Je répète ce que j'entends dire... voilà tout!...

— Gervaise ne sort jamais, elle ne voit personne, elle ne fréquente uniquement que chez les Duhamel.

Ce n'est pas là, je pense... — ajouta la vicomtesse en se rassurant.

— Pourquoi ne serait-ce pas là?... insinua l'homme de confiance de la vicomtesse. — Qui sait?...

— Chez les Duhamel!... — répliqua la châtelaine. — Vous perdez la tête, mon pauvre Mousset!... Dites-moi donc un peu qui Gervaise pourrait avoir connu chez les Duhamel?... Dites-le, allons!... dites qui?... Car enfin on doit lui donner une forme quelconque à cet amoureux!... Il doit avoir un nom!...

— Ah! par exemple, je ne sais pas, moi, madame la vicomtesse, — répondit Paul Mousset. — En cela, comme pour le reste, je ne suis qu'un écho...

Il se peut bien après tout que tous ces propos ne soient que des calomnies, — ajouta-t-il d'un ton d'ironique complaisance.

Pourtant, — reprit-il avec perfidie, — il me semble qu'une jeune fille que l'amour ne tracasse pas, ne chercherait point à connaître l'avenir... n'éprouverait pas le besoin de consulter une tireuse de cartes.

— Vous dites?... — exclama la vicomtesse stupéfaite. — Gervaise a consulté une tireuse de cartes?... Qu'est-ce que c'est encore que cette histoire-là?...

Mousset prit la mine d'un homme navré d'avoir laissé échapper ce qu'il voulait taire.

— Après tout, madame la vicomtesse, vous me faites dire là des choses qui ne me regardent aucunement.

— Mais non!... non!...

— Tout cela sont des cancans que j'ai eu tort de vous répéter... Mon zèle, comme vous le disiez tout à l'heure, m'a entraîné plus loin que je ne le devais.

Mais enfin, ce qui est dit, est dit, malheureusement. Seulement, — déclara l'hypocrite, — ne comptez pas me faire parler davantage! je ne dirai plus rien!

D'ailleurs, — ajouta le jeune homme, comme s'il eût voulu revenir sur la révélation qu'il venait de faire, — qui prouve après tout que ce soit pour une question d'amour que Mlle de Châtenay est allée consulter une tireuse de cartes?... qui dit que ce soit même pour son propre compte, puisqu'elle était accompagnée de la demoiselle du château?...

— Comment?... Gervaise était avec Mlle Duhamel?... elles ont été ensemble chez une tireuse de cartes?...

— J'ai eu l'honneur de vous le dire.

— Mais où?... quand?... Comment?... — interrogea la vicomtesse ne revenant pas de sa surprise.

Après s'être encore fait pendant un assez long temps tirer l'oreille, Mousset raconta enfin à la belle-mère de Gervaise, de quelle façon il avait surpris le secret de la visite de Mlle de Châtenay et de Madeleine Duhamel à la tireuse de cartes de Nancy, le jour de la fête donnée par Mlle de Belleuse, et il eut soin de mettre sur le compte du hasard sa rencontre avec les deux jeunes filles.

— Mais enfin, êtes-vous bien sûr de ne pas vous être trompé?... êtes-vous bien certain que c'étaient elles? — répétait la vicomtesse, affolée par le récit du jeune homme.

— Sous ce rapport-là, malheureusement, madame, le doute n'est pas possible, vous le comprenez bien, — répondit hypocritement Mousset.

— Et vous dites que c'est à Nancy, le jour de la fête donnée par la nièce du général Henriot?

— Ce jour-là même, oui, madame la vicomtesse, — affirma l'amant de Léonore.

— Voyez-vous ces rouées, ces saintes n'y touche!... — s'écria la noble dame avec une grande indignation. — Mais que pouvaient-elles aller faire chez cette demoiselle Prudence, si ce n'est, en effet, la consulter pour quelque ridicule question d'amourettes?...

Le mouchard leva les épaules en signe d'ignorance.

— Ce qu'il y a de sûr, toujours, c'est qu'elles y sont allées, — fit-il, jetant de l'huile sur le feu. — Quant à ce qu'elles y ont dit ou fait...

— Oh! je le saurai bien, je le saurai bien, moi!... — interrompit avec rage la vicomtesse. — Il faudra que j'éclaircisse cette démarche inqualifiable!... il faudra qu'elle me dise le but de cette consultation ridicule!...

Ah! je vous jure que je me charge de l'y forcer si elle refuse, — ajouta Mme de Châtenay perdant toute mesure et se laissant dominer par la crainte, si habilement mise en elle par son homme de confiance, de voir cette fortune, dont elle n'était que dépositaire, lui échapper tout à coup, grâce à la dissimulation effrontée de sa belle-fille.

— Un amoureux!... — cria-t-elle avec colère, — nous verrons bien!..
Elle arpentait le salon avec agitation.

— Il faudra qu'elle avoue!... — murmurait-elle entre ses dents. — Ah! il le faudra!...

— Je vous en supplie, madame la vicomtesse, — reprit l'amant de Léonore jouant à merveille l'émotion, — je vous en supplie, calmez-vous!... Ne me faites pas repentir d'avoir parlé!... J'étais pourtant bien résolu à ne rien dire, mais mon dévouement l'a emporté sur ma prudence.., je me suis laissé aller comme un imbécile!... Hélas! il est trop tard maintenant pour reprendre mes paroles; mais je vous en conjure, madame la vicomtesse, ne me faites pas repentir de mon zèle... ne me compromettez pas auprès de Mlle Gervaise!...

— Une intrigue d'amour!... — murmurait la douairière en un accès de fureur concentrée.

— Pensez donc! — continua le misérable, — que dirait Mlle de Châtenay si elle venait à savoir que c'est grâce à mon indiscrétion que vous avez eu connaissance de sa visite à cette tireuse de cartes!... que c'est par moi que vous avez découvert le pot aux roses!... elle ne me pardonnerait pas mon bavardage... Cela me ferait ici une situation intolérable!...

— Tranquillisez-vous, monsieur Mousset, et comptez sur ma discrétion, — promit la vicomtesse. — J'agirai sans vous compromettre. Ma belle-fille n'a pas besoin de savoir de qui je tiens ce que j'ai appris. L'essentiel est qu'elle ne puisse en nier l'exactitude.

Et de cela vous me répondez, n'est-ce pas? — demanda la marâtre avec un regard inquisiteur, où se confondaient, dans un double sentiment également bas et vil, l'espoir d'une rétractation qui lui rendrait la quiétude au sujet de la fortune de Gervaise et la crainte vague de voir innocenter la conduite de la fille exécrée de Lina de Maupertuis, la première et bien aimée femme du vicomte Rolland de Châtenay.

— J'affirme, madame la vicomtesse, l'exactitude des faits que j'ai avancés, — affirma Paul Mousset avec componction. — J'ai vu, vu de mes propres yeux, Mlle de Châtenay et son amie, Mlle Duhamel, sortir de chez la tireuse de cartes.

— C'est bien, monsieur Mousset, je vous remercie de votre zèle à m'en instruire.

Croyez que je saurai le reconnaître et que vous aurez tout lieu de vous en féliciter, — ajouta la vieille dame en se levant pour congédier son homme de confiance.

— Le reconnaître!... Parbleu, j'y compte bien!... — pensait l'amant de Léonore, tout en saluant très bas la douairière.

C'est même ce qui pourra t'arriver de plus heureux. — Maintenant, reste à savoir à quel taux tu évalues les petits services de cette nature-là! — ajouta en se retirant le digne fils de l'ancien intendant du duc de Soisy, avec un sourire énigmatique sur ses lèvres minces.

* *

Mousset parti, Mme de Châtenay ne se donna pas la peine de faire prévenir sa belle-fille de venir lui parler.

Il lui tardait trop de se trouver en face de Gervaise pour la souffleter avec les bruits injurieux qui couraient sur sa conduite, et lui jeter à la face le récit de sa visite à la tireuse de cartes.

En deux bonds, elle fut à l'appartement de la jeune fille et, trouvant Gervaise en train de travailler à un ouvrage d'aiguille avec sa gouvernante :

— Ah! vous êtes là, — s'écria-t-elle, — c'est bien, j'ai à vous parler, mademoiselle!

Veuillez nous laisser, Greetchen, — ajouta-t-elle impérativement en se tournant vers l'Allemande.

— Tout te suite, matame la vicomtesse, — fit la grosse femme en quittant précipitamment son travail et en s'empressant d'obéir servilement.

Gervaise s'était levée, vaguement inquiète.

— Qu'y a-t-il donc, madame?... — interrogea-t-elle, étonnée et effrayée de la mine tout à la fois courroucée et triomphante de sa belle-mère.

— Il y a que vous menez une jolie conduite, mademoiselle!... — cria la vicomtesse en repoussant le fauteuil que lui avançait la jeune fille et en se plantant, menaçante, devant elle.

Une jolie conduite, bien digne d'une personne de votre rang !... répéta-t-elle.

— Quelle conduite!... que voulez-vous dire, madame?... — demanda Mlle de Châtenay, ne comprenant pas où sa belle-mère voulait en venir. — Que vous a-t-on raconté sur moi?

— Des choses qui ne sont pas à votre honneur, vous pouvez vous en douter, — fit sarcastiquement la vicomtesse en se décidant à s'asseoir. — Vous me récompensez bien, vraiment, de la liberté que je vous laisse!...

— La liberté!... vous avez dit : la liberté que vous me laissez, madame!... — fit amèrement Gervaise.

— Trouvez-vous donc que vous n'en avez pas assez pour ce que vous en faites?

— Pour ce que j'en fais!... ce que je fais de ma liberté!... Je ne comprends pas ce que vous voulez dire, madame, — dit la jeune fille avec dignité.

— Vraiment? — s'écria la vicomtesse en ricanant...

Les larmes montèrent aux yeux de Gervaise.

— Veuillez m'apprendre, madame, quelles calomnies on vous a faites contre moi! — reprit-elle.

— Des calomnies! — répéta Mme de Châtenay furieuse. — Des calomnies!... C'est bien cela!... je m'y attendais!... Ce sont des calomniateurs, peut-être, mademoiselle, ceux qui prétendent vous avoir vue en compagnie de Madeleine Duhamel chez une tireuse de cartes de Nancy... une somnambule, Mlle Prudence!

— Chez une tireuse de cartes!... — balbutia Gervaise épouvantée. — On m'a vue avec Madeleine chez une tireuse de cartes!

— Faut-il que je précise et que je vous donne le jour et l'heure?... — glapit Mme de Châtenay. — Je vous dis qu'on vous a vues, vues toutes les deux à Nancy sortir du logis de cette femme, de cette demoiselle Prudence! — Auriez-vous l'aplomb de me nier encore?

— A Nancy!... — essaya de protester Gervaise, ahurie par la précision de l'accusation de sa belle-mère et tremblant que son amour ne fût découvert.

— Vous n'y avez pas été, peut-être, avec Mlle Duhamel, le jour de la fête donnée par Mlle de Belleuse?

— Madame... — fit Gervaise interdite. — Qui donc a pu vous dire?...

Qui donc a pu ainsi renseigner cette mauvaise femme?... — se demandait la jeune fille avec terreur. — Que sait-elle de ce qui s'est passé chez la tireuse de cartes?

La pauvre Gervaise ne s'expliquait pas la façon dont sa belle-mère avait pu être instruite de sa visite avec Madeleine chez Mlle Prudence.

— Alors, vous persistez à nier? — interrogea avec colère la vicomtesse. — Vous osez nier devant les preuves accablantes que je vous donne?

— Je ne nie pas... madame, — balbutia Gervaise.

— Ah! vous avouez donc, enfin! — fit la marâtre avec triomphe. — Ce n'est pas malheureux!... Vous avouez donc que vous avez été chez cette demoiselle Prudence... pour la consulter en cachette?

— Nous ne nous cachions pas, madame, — rectifia Mlle de Châtenay.

— Vraiment!... vous ne vous cachiez pas!... Vous trouvez aussi que la place de deux jeunes filles de votre monde est chez une somnambule!...

— Nous ne pensions pas faire de mal, madame, — répondit Gervaise qui s'enhardit en comprenant que sa belle-mère ne savait rien de ce qui s'était passé chez la tireuse de cartes. — C'est une idée qui nous était venue en voiture, avec Madeleine, en lisant dans le journal la réclame que faisait cette femme... Comme nous passions devant la maison nous avons eu l'idée de monter pour nous amuser !...

— Jolie distraction pour des jeunes filles ! dit dédaigneusement la vicomtesse.

— Nous ne pensions pas que cela pût tirer à conséquence.

— C'est pour cela sans doute que vous avez eu soin de ne m'en point parler.

— Nous ne voulions que nous distraire.

— Vous ne pensiez pas surtout que je serais instruite de cette équipée-là?... ricana la marâtre d'un air de triomphe.

— Cela est vrai, madame, — avoua Mlle de Châtenay.

— Et que vous a prédit cette sotte femme?... l'arrivée de quelque prince charmant, sans doute?

Gervaise regarda sa belle-mère en hésitant, prise d'une nouvelle inquiétude.

Cette question de Mme de Châtenay cachait-elle un piège ?

La vicomtesse était-elle au courant de l'oracle révélé par la tireuse de cartes ?

— Si je nie tout, je me perds, — pensa la jeune fille ; — j'avoue l'importance attachée à cette consultation... Qui sait alors jusqu'où n'ira pas la clairvoyance de cette méchante femme ?

Et se forçant à sourire :

— Naturellement, madame, — fit-elle, tandis que son regard essayait de supporter vaillamment le regard aigu et profond de sa belle-mère. — Naturellement !... Le prince charmant n'est-il pas toujours le héros de tous les oracles ?

— Et vous avez cru à ces billevesées, sans doute ? — demanda rageusement la vicomtesse.

— Oh ! madame, comment pouvez-vous penser... — fit simplement la jeune fille. — Nous en avons ri, Madeleine et moi... Cela nous a amusées, voilà tout !... Cela amuse toujours une jeune fille quand on lui parle de mariage...

— Vraiment ! — répliqua aigrement Mme de Châtenay. — Et sans doute l'oracle vous aura dit aussi comment devait être ce futur mari qu'il vous promettait.

Est-il brun ou blond ? — ce futur ?... — Voyons, vous n'êtes pas sans avoir une préférence ?

LA DEMOISELLE DU CHATEAU

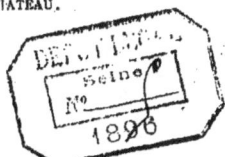

En ce moment la voiture de l'ingénieur arrivait devant la terrasse. (P. 224.)

— Moi!... madame, je vous assure... — murmura Gervaise faisant un effort violent pour cacher son trouble.

— Allons donc!... pensez-vous me faire croire que, lorsque l'on va se faire tirer les cartes, ce n'est pas dans une intention déterminée.

— Mais je vous ai dit, madame, — balbutia la pauvre Gervaise, — que nous avions fait cela simplement pour nous amuser, sans aucune autre intention.

— Vous, peut-être, je veux bien vous croire, — accorda la vicomtesse.
Elle sentait bien que sa belle-fille ne lui disait pas toute la vérité et elle voulut essayer d'un autre moyen pour la faire parler.
— Vous, peut-être, — répéta la douairière, en feignant de se radoucir; — mais Madeleine Duhamel?... Allons, avouez qu'il y a là-dessous quelque amourette. Votre amie vous a bien fait ses confidences?...
— Madeleine?...
— Eh bien! oui, Madeleine. — C'est elle, n'est-ce pas, qui a voulu consulter?... Dans quel but?... que lui a-t-on prédit?...
— Non, madame, — affirma Mlle de Châtenay, entraînée par la franchise de sa nature. — Non, Madeleine ne voulait pas... c'est moi qui l'ai fait monter chez Mlle Prudence, qui l'ai entraînée...
— Je vous félicite!... Et à elle aussi, sans doute, on a prédit la venue de ce fameux prince charmant?
— Non, — répondit Gervaise en secouant la tête, — l'oracle n'a pas parlé pour Madeleine. La tireuse de cartes n'a rien voulu lui dire.
— Allons donc?... Quelle plaisanterie!...
— Je dis la vérité, je vous le jure, madame, — affirma Mlle de Châtenay.

Quelque insistance que mit la vicomtesse, qui s'entêtait dans son interrogatoire, la jeune fille ne voulut point sortir de cette affirmation.
Mme de Châtenay dut céder.
Renonçant à tirer quelque chose de Gervaise, elle se leva brusquement.
— Alors, vous ne voulez pas parler?... Vous ne voulez pas me faire connaître l'intrigue pour laquelle vous et Madeleine Duhamel avez été consulter une tireuse de cartes? — s'écria la méchante femme en jetant sur sa belle-fille des regards chargés de haine.
— Je vous ai dit ce qui était, madame, — répondit doucement Mlle de Châtenay. — Je ne puis que vous le répéter : Madeleine et moi avons fait cela dans le but de nous amuser, comme on fait une chose sans importance... Nous ne nous sommes pas cachées; nous ne pensions pas mal faire...
— C'est votre dernier mot?
— Je ne sais pas autre chose...
— A votre aise!... Vous êtes entêtée, ma chère, mais j'aurai raison de votre entêtement!
En attendant, comme j'ai accepté la lourde charge de veiller sur vous, vous me ferez le plaisir de ne plus fréquenter chez les Duhamel, — ajouta durement la vicomtesse. — Leur fille n'est pas une société pour vous! Ils

sont partis, du reste, bon voyage!... A leur retour, je saurai veiller à ce que les relations interrompues ne reprennent pas !

Pour le moment, tâchez que sous aucun prétexte on ne puisse vous rencontrer sur les grandes routes sans que vous soyez accompagnée de Greetchen ! — Je ne trouve pas convenable qu'une jeune fille de votre âge sorte seule. — Je vais du reste faire à votre gouvernante mes recommandations à ce sujet.

Et, en sortant, la vicomtesse donna, en effet, à l'Allemande les ordres les plus sévères pour qu'elle surveillât sa belle-fille avec la plus extrême vigilance.

— Vous êtes ici, Fraülein, comme demoiselle de compagnie, — déclarat-elle sévèrement — et votre devoir est de ne pas quitter, un seul instant, Mlle de Châtenay. — J'exige que vous le remplissiez strictement.

Ayez soin également de me mettre au courant des faits et gestes de ma belle-fille, — ajouta la marâtre; — j'ai des raisons très sérieuses que vous n'avez pas besoin de connaître et qui me font tenir essentiellement à être informée de tout ce qui se passe. — Si vous voulez garder votre place, arrangez-vous pour que je sois satisfaite de votre zèle !

Vous me comprenez ?

— Ch'opéirai, fous poufez gompter sur moi, matame la ficomtesse, — répliqua la plantureuse fille de Von Puttmacker en s'inclinant avec obséquiosité.

* *

Le silence gardé par Gervaise était loin d'avoir rassuré la vicomtesse de Châtenay.

Elle se sentait furieuse de n'avoir rien pu tirer de sa belle-fille.

— Il y a sûrement quelque amourette là-dessous !... Qui sait, pis que cela peut-être, — murmurait la méchante femme.

Elle se creusait la tête pour deviner quel pouvait être le héros de l'intrigue dont elle soupçonnait pour le moins une des deux jeunes filles.

— Et ne pouvoir rien tirer de cette sotte !... — ajoutait-elle. — Après tout, elle est si bornée, qu'il est fort possible, quoi qu'en pense Mousset, qu'elle n'en sache pas davantage qu'elle n'en dit ! — Oui, plus j'y réfléchis, plus cela me paraît probable même. Gervaise n'aurait pas osé me résister avec autant d'aplomb !

C'est l'autre, cette rouée de petite Duhamel, qui se sera fait accompagner et qui, sous prétexte de s'amuser, aura consulté pour son propre compte, — pensa la marâtre. — La voilà donc, la vertu de cette Demoiselle du Château dont on parle tant!... Une jeune fille qui se pique d'être bien élevée!... Jolie éducation, parlons-en!

Ces parvenus, — murmura dédaigneusement la vicomtesse, oubliant qu'elle était née Constance Couvreur, — ça a beau jeter de la poudre aux yeux et faire étalage de beaux sentiments, ça finit toujours par montrer le bout de l'oreille!

Je mettrai bon ordre à ce que Gervaise, à leur retour, n'ait plus aucune relations avec cette famille, cela est pour elle d'un trop mauvais exemple!

Pourvu qu'il ne soit pas trop tard, — pensa la rapace vieille femme, reprise de ses craintes au sujet de la fortune de sa belle-fille. — Quoi qu'il arrive, maintenant que je suis avertie, je réponds que je ne me laisserai pas voler, quelque moyen que je doive employer pour cela!...

Une résolution menaçante se lisait dans ses yeux mauvais.

— Tant pis pour cette sotte si elle a cherché à me tromper! Je ne me laisserai pas dépouiller d'un bien qui est à moi!

Depuis la scène qu'elle avait eue avec sa belle-mère, scène dans laquelle son amour pour Adrien Verneuil avait donné à Gervaise le courage de tenir tête à la méchante femme, la jeune fille était restée inquiète et triste.

Elle pleurait en silence, enfermée dans sa chambre, n'osant écrire à Madeleine de peur que la lettre ne fût interceptée par sa marâtre, mais en proie à l'ennui le plus profond et au découragement, depuis le départ pour Paris de la famille Duhamel.

D'ailleurs, bien qu'elle n'eût rien avoué de ce qui s'était dit chez la tireuse de cartes, malgré l'insistance de la vicomtesse, Gervaise sentait bien qu'elle n'avait pas convaincu sa belle-mère, que des doutes étaient demeurés dans son esprit.

Aussi tremblait-elle à la pensée que ses soupçons clairvoyants pouvaient, à un moment donné, se porter sur l'ingénieur de M. Duhamel.

— Que deviendrai-je alors si elle m'interroge?... — songeait la malheureuse avec angoisse. — Aurai-je la force de dissimuler?... Aurai-je le courage de mentir?

Ah! la tireuse de cartes avait bien raison en me prédisant les obstacles qui devaient s'opposer à mon bonheur!... — soupira-t-elle. Je ne serai jamais heureuse!... La haine inexplicable de ma belle-mère se mettra toujours entre le bonheur et moi!... Je suis condamnée à ne jamais épouser celui que j'aime!...

Qu'ai-je fait pourtant à cette femme, pour qu'elle se montre aussi méchante envers moi, pour qu'au lieu d'une mère qui m'aime je n'aie trouvé en elle qu'une marâtre qui me hait?... Quel but peut-elle avoir en m'empêchant de me marier?...

Ah! si tout au moins Madeleine était ici!... — pensait tristement Gervaise.

Ne plus la revoir!... mon Dieu, que deviendrai-je alors?..

*
* *

Quelques jours à peine après le premier choc qui avait eu lieu entre Gervaise et sa belle-mère, Mousset monta en toute hâte au château et rejoignit la vicomtesse dans le parc.

S'occupant des revenus et des fermages des terres de Châtenay, le jeune homme avait depuis longtemps, pour ce motif, ses entrées libres auprès de la châtelaine.

Il n'eût pas grand'peine à trouver un prétexte plausible motivant sa venue.

La belle-mère de Gervaise, d'ailleurs, le voyait toujours arriver avec plaisir!

C'étaient deux natures faites pour s'entendre, animées toutes deux des mêmes instincts rapaces et bas.

L'intelligence astucieuse et sans scrupules du digne fils de l'ancien intendant du duc de Soisy, devait plaire fatalement à cette Constance Couvreur que sa duplicité, son habileté et sa ruse avaient faite vicomtesse.

Ils n'avaient eu qu'à se rencontrer pour se comprendre.

L'âpreté et l'adresse mises par Mousset à faire rentrer certaines sommes en litige dans les coffres de la châtelaine de Châtenay avaient complété pour l'habile et peu scrupuleux garçon la conquête de l'âpre châtelaine.

Aussi, malgré l'humeur acariâtre de la vicomtesse, Paul Mousset était-il toujours à peu près sûr d'être bien reçu.

En la circonstance présente, Mme de Châtenay avait encore un nouveau motif pour faire bon accueil au jeune homme. — Elle tenait à lui parler de Gervaise; elle voulait essayer de connaître par lui la vérité qu'elle n'avait pas pu arracher à sa belle-fille, de savoir le fin mot de la visite de Gervaise et de Madeleine chez la tireuse de cartes.

— Il en sait sûrement plus qu'il n'a voulu en dire, — avait-elle pensé,

— mais il a évidemment peur de se compromettre. — Il s'agit d'être assez habile pour l'amener à compléter ses confidences.

Dans ces idées, la vicomtesse fut enchantée de voir arriver Mousset.

De son côté, le jeune homme, qui avait son but, se prêta de bonne grâce aux questions de la belle-mère de Gervaise.

Tout en causant, il conduisit la douairière jusqu'à la magnifique allée de tilleuls, dominant la terrasse au bord de la route et qui était une des beautés du parc de Châtenay. Cette allée formant charmille pendant près d'un kilomètre, s'échancrait au milieu de sa longueur pour dégager la façade du château assez proche de la route.

On avait ménagé là un rond-point en forme de parterre, orné de fleurs et de statues et dont l'extrémité se terminait par une balustrade de pierre du plus bel effet. C'est vers ce rond-point, — mais abrités par les derniers arbres de la charmille de façon à ce qu'on ne pût les apercevoir du château, — que l'amant de Léonore s'arrêta avec la vicomtesse.

Accoudé à la balustrade de pierre, ses regards embrassaient toute la profondeur de la route.

Ce n'était pas sans intention que le jeune homme venait de diriger de ce côté les pas de la belle-mère de Gervaise.

Mousset avait, depuis son dernier entretien avec la vicomtesse, causé de nouveau avec Léonore.

Cette conversation plus complète que la précédente, car la femme de chambre s'était donné le temps de retrouver et de classer dans sa tête certains indices lui ayant d'abord échappé, avait de plus en plus convaincu le jeune homme de la justesse de ses premières conjectures, c'est-à-dire de l'existence d'un courant sympathique entre Gervaise de Châtenay et le neveu du secrétaire de M. Duhamel, l'ingénieur Adrien Verneuil.

Maintenant, jusqu'où était arrivée cette sympathie ? Là devaient s'arrêter les conclusions affirmatives de l'amant de la femme de chambre.

Le jeune homme, du reste, n'avait pas confié au hasard le soin de compléter le commencement d'informations.

Sûr, ou à peu près sûr, de tenir une bonne piste, il s'était promis de surveiller avec soin les deux jeunes gens.

Les amoureux sont imprudents ; ils ne tarderaient pas d'eux-mêmes à lui livrer leur secret.

Aussi, ayant vu Adrien Verneuil sortir avec sa petite charrette anglaise pour se rendre à une de ses usines, l'ancien clerc d'huissier s'était-il empressé de courir au château.

De là, il pourrait surveiller Gervaise et la route par laquelle devait forcément repasser l'ingénieur vers l'heure du déjeuner, pour rentrer au pavillon qu'il occupait en compagnie de Gérard, à mi-chemin de Bois-Jolivet et de Varangeville.

Mousset était donc bien décidé à prolonger son entretien avec la vicomtesse jusqu'après le retour du jeune homme, irritant à dessein, par ses adroites réticences, la curiosité inquiète de la belle-mère de Gervaise.

— Non, — assurait-il de nouveau, — il ne savait pas qui la jeune fille pouvait aimer.

Il avait eu tort, — répétait-il encore, de se faire l'écho des bruits qui couraient dans le pays.

Le monde est si méchant !... toujours prêt à changer en abominations les moindres peccadilles !...

Même, il ne devait rien y avoir du tout : Mousset en était convaincu maintenant, ainsi qu'il le disait l'autre jour à la vicomtesse.

Mme de Châtenay devait se rassurer, ne plus penser à tout cela.

— Mais enfin, — insista la châtelaine, — puisqu'on jase sur la conduite de Gervaise, on doit au moins nommer quelqu'un... on n'est pas sans donner une forme palpable au héros de ces inconséquences ?

— Des calomnies qu'il faut mépriser, tout cela, madame la vicomtesse, — répondit l'amant de Léonore d'un air bienveillant. — A quoi bon chercher à donner un corps à ces propos ?... D'ailleurs, sur qui ne jase-t-on pas ?

— D'accord ! — Mais dans le cas présent — répliqua la marâtre, — la chose m'intéresse et me touche tout particulièrement, vous en conviendrez ? — Il n'y a donc rien d'étonnant à ce que je cherche à dissiper mes doutes par tous les moyens possibles... Or, le nom de celui que l'on donne comme amoureux à ma belle-fille me sera, j'en suis certaine, une preuve de plus de l'insanité de ces propos.

— Dame, je ne sais pas, moi, — fit Mousset.

— Vous n'avez entendu nommer personne ?

— Il n'y a guère le choix dans le pays, — répondit le misérable.

Il venait d'entendre au loin un bruit de grelots paraissant venir de l'attelage de la petite voiture de l'ingénieur, et ce tintement se rapprochait de plus en plus.

De la façon dont ils étaient placés, les deux interlocuteurs ne pouvaient être aperçus de la route ; en revanche, ils la voyaient parfaitement bien.

Mousset se pencha un peu pour s'assurer que la voiture qui arrivait était bien celle d'Adrien Verneuil.

— Il faut pourtant que je sache, — je donnerais beaucoup pour savoir... — fit tout à coup et avec intention la vicomtesse en regardant l'amant de Léonore.

Et, rompant les chiens :

— Voyons, vous, mon cher Mousset, — demanda-t-elle catégoriquement, — vous qui m'êtes tout dévoué, vous ne trouvez donc pas un moyen pour découvrir le secret de Gervaise?

En ce moment la voiture de l'ingénieur arrivait devant la terrasse.

Mme de Châtenay se tourna machinalement.

— Tiens, M. Verneuil, — fit-elle d'un ton indifférent.

Mais elle eut soudain un geste de surprise.

L'ingénieur, qui ne pouvait l'avoir aperçue, venait de saluer et de sourire en regardant dans la direction du château.

— A qui donc en a-t-il?... — murmura la vicomtesse en faisant volte-face pour voir à qui s'adressait la galanterie du jeune homme.

De la fenêtre de sa chambre donnant sur la façade, Gervaise, sans défiance, un sourire de bonheur aux lèvres, répondit par un geste amical au salut et au sourire d'Adrien.

La main de la vicomtesse se crispa sur le bras de son compagnon, son regard croisa le regard ironique de Paul Mousset.

Elle étouffa un cri de rage furieux.

— C'est lui !... c'est le Verneuil !... — s'écria-t-elle. — Avouez-le, allons !... C'est l'ingénieur, n'est-ce pas ?... j'ai deviné ?...

L'ancien clerc d'huissier esquissa un geste de vague acquiescement.

— Les misérables !... Et elle a osé nier !... Ah ! nous allons bien voir ! — s'écria Mme de Châtenay hors d'elle-même en s'élançant vers le château avec une vivacité que l'on n'eût pas attendue de ses allures compassées et automatiques.

La peur, encore toute vibrante en elle, du danger qui, sans qu'elle s'en doutât, l'avait menacée dans la tranquille gérance de la fortune de sa belle-fille, la galvanisait.

— Tout de même, — pensait-elle en courant, — si Mousset ne m'avait pas ouvert les yeux, je n'étais rien moins que dupée par cette péronnelle ! — Décidément, c'est un garçon précieux.

Ah ! mademoiselle, vous vous avisez d'avoir des galants et de vouloir vous marier sans ma permission !... Nous verrons bien !

Resté seul après le départ de la vicomtesse, Mousset se frotta les mains avec satisfaction.

Un rire silencieux contracta ses lèvres minces.

— Vous allez nier encore, peut-être, effrontée que vous êtes!... (P. 227.)

— A la bonne heure!... murmura-t-il d'une voix railleuse, — il n'y a encore que le hasard pour venir en aide aux honnêtes gens! — Trouvez-moi quelque chose de mieux machiné. — A cette heure-ci je ne donnerais pas cher des amours de ce pauvre Verneuil.

Cela t'apprendra à ne pas vouloir de moi à l'usine, monsieur l'important!... conclut-il avec l'odieuse satisfaction de la haine triomphante.

CHAPITRE XI

VISÉES AMBITIEUSES

EBOUT à sa fenêtre, immobile, comme si elle craignait de perdre une minute du bonheur que la vue et le sourire de celui qu'elle aimait venaient de mettre dans son pauvre cœur endolori, Gervaise avait suivi du regard, le plus longtemps possible, la petite voiture emportant Adrien Verneuil.

Depuis le départ de Madeleine, c'était le seul instant de joie qu'eût goûté la pauvre enfant.

Bien que jusqu'à la scène que lui avait faite sa belle-mère poussée par les insinuations perfides de Paul Mousset, l'amie de Madeleine eût été libre de sortir et de se promener à sa guise, et qu'elle se fût même rendue plusieurs fois, accompagnée de Gretchen, à l'orphelinat de Manoncourt, elle n'avait pas osé, obéissant à un sentiment tout intime et tout instinctif de pudeur, se rapprocher des endroits où elle aurait pu rencontrer l'ingénieur.

Elle ne l'avait plus aperçu depuis leur rencontre à Bois-Jolivet le jour du départ de la famille Duhamel.

Gervaise bénissait donc la Providence qui, par une heureuse intuition, l'avait amenée à la fenêtre, juste à point pour recevoir le bonjour et le salut amical du jeune homme.

Il faut souvent peu de chose aux amoureux pour leur donner de grandes joies.

C'est ainsi que Gervaise de Châtenay ressentait une des plus douces émotions de sa vie, à suivre dans les nuages poudreux de la route, la trace de la petite voiture, en revoyant par la pensée le sourire de celui qu'elle aimait...

A la chaleur réconfortante de ce sourire, elle s'était sentie tout à coup moins triste et moins abandonnée.

— Oui, je suis sûre qu'il ne m'oublie pas! — pensa-t-elle, avec cette adorable confiance d'un cœur que la vie n'a pas encore désabusé. — De loin, il veille sur moi!...

Si quelque danger me menaçait, je n'aurais qu'un signe à faire pour qu'il accoure aussitôt à mon secours.

Puis, elle devint tristement songeuse, les regards perdus dans le lointain de la route déserte.

— Mais, hélas ! que peut-il contre la méchanceté de ma belle-mère ? — ajouta tout bas la pauvre enfant. — C'est à moi de lutter pour notre amour, à moi d'arriver à le faire triompher !...

J'y parviendrai !... — se disait-elle encore avec assurance, car la joie qu'elle venait d'éprouver avait réveillé dans son cœur toutes les illusions de l'espérance.

J'y parviendrai !... Il n'est pas possible que ma belle-mère s'obstine à ne pas vouloir me marier ; et le mari que je veux, ce sera M. Verneuil !

La jeune fille sourit de bonheur à cette pensée.

— Oui, lui seul ! — ajouta-t-elle, dans la résolution de son amour. — Pas un autre, je le jure bien !...

Le bruit que faisait en s'ouvrant la porte de sa chambre violemment projetée sous la poussée brutale de la vicomtesse, vint interrompre la douce rêverie de Gervaise.

Elle se retourna en tressaillant.

Brusquement arrachée à ce rêve charmant où déjà elle se croyait en possession du bonheur, la vue inattendue de sa belle-mère la terrifia.

Haletante, toute décoiffée par la course, des mèches de cheveux gris tombant sur ses épaules osseuses, la marâtre se précipita vers Gervaise et la saisissant violemment par le bras, la secouant dans une poussée d'aveugle colère :

— Vous allez nier encore, peut-être, effrontée que vous êtes !... — s'écria-t-elle. — Vous aurez encore l'audace de dire que les propos qui courent sur votre compte sont des calomnies ?

— Madame, vous me faites mal ! — murmura Mlle de Châtenay, en essayant d'échapper à l'étreinte féroce de sa belle-mère.

— Parlez... parlez donc,... ne vous gênez pas ! — cria avec rage la vicomtesse, sans desserrer la main qui broyait comme dans un étau le bras de la jeune fille.

Dites-moi que je mens aussi... que ce n'est pas vrai !... Osez soutenir que je ne viens pas de vous voir échanger des signes d'intelligence et des sourires avec M. Verneuil, qui faisait le joli cœur tout à l'heure sur la route à votre intention...

— Je vous répète que vous me faites mal, madame, — répéta douloureusement Gervaise, terrifiée à la pensée que sa belle-mère avait surpris le secret de son innocent manège avec Adrien.

— Si ce n'est pas honteux ! — continua avec indignation Mme de Châtenay, se décidant pourtant à lâcher dans une secousse le bras de sa victime.

— Honteux !... Mais, je n'ai rien fait de mal, madame, — protesta la jeune fille avec une dignité touchante.

— Voyez-vous mademoiselle ! J'ai la berlue, probablement... — glapit injurieusement la marâtre. — C'est à moi peut-être que s'adressaient les tendres sourires de ce monsieur ?... C'était moi aussi, sans doute, qui lui faisais des signes de la fenêtre de votre chambre ?...

— Je n'ai fait aucun signe, — affirma Gervaise, révoltée de la mauvaise foi de sa belle-mère.

M. Verneuil m'a saluée et je lui ai rendu son salut, tout simplement. Je ne vois pas ce qu'il y a de coupable là-dedans. — Je le connais pour l'avoir vu chez M. et Mme Duhamel...

— C'est déjà trop et j'ai été trop bonne et trop aveugle de vous laisser aller dans cette maison !

— Nous ne nous sommes jamais parlé que devant eux... M. Verneuil est très aimable, bien élevé, voilà tout !...

— Taisez-vous ! Vous êtes une éhontée ! — cria la vicomtesse hors d'elle.

— Madame...

— Je vous dis de vous taire !... Ce que j'ai vu me suffit ! — Croyez-vous que je vais me laisser prendre à vos mensonges ?...

— Je ne dis que la vérité, pourtant, — répondit fermement Gervaise de Châtenay, bien décidée à ne pas avouer son amour.

— Voilà donc pourquoi vous alliez consulter une somnambule et vous faire tirer les cartes en cachette avec cette petite peste de Duhamel ?... — ricana avec fureur la marâtre, sans faire attention aux protestations de sa belle-fille.

Vous niez encore cela, aussi, peut-être ? — Si ce n'est pas honteux !... ridicule !... grotesque !... Une fille de vicomte s'abaisser à ce point !...

Devant ce flux de paroles injurieuses ou blessantes, suivant que la vicomtesse passait de la colère à l'ironie, Gervaise avait dû renoncer à se défendre.

Qu'eût-elle pu dire, d'ailleurs, puisque ses affirmations étaient réputées d'avance fausses par sa belle-mère ?

Mieux valait se taire. — Le silence aurait au moins l'avantage de couper court rapidement à une scène odieuse.

L'amie de Madeleine, malgré l'indignation qui bouillonnait en elle, n'avait donc plus opposé aux injures de Mme de Châtenay que le calme d'une conscience sûre d'elle-même.

De guerre lasse, la vicomtesse finit, en effet, par abandonner la place ; mais ses conclusions furent terrifiantes pour Gervaise.

— Je vous mâterai ! — s'écria-t-elle avec colère en terminant. Puisque vous êtes assez inconséquente pour compromettre, — et avec qui ? grand Dieu ! — le nom que vous portez, non seulement, vous n'irez plus au château, chez les Duhamel, mais vous ne sortirez plus d'ici et je ferai faire autour de vous assez bonne garde pour que la scène scandaleuse de la matinée ne se renouvelle pas.

Gervaise reçut un coup douloureux en plein cœur.

— De cette façon, au moins, il n'y aura pas de ma faute, — acheva Mme de Châtenay, — et personne ne pourra me reprocher d'avoir rien négligé de ce qu'il était possible de faire pour avoir raison des mauvais instincts de votre nature !

Puis, ayant appelé Fraülein et Léonore, la femme de chambre de Gervaise, la vicomtesse leur enjoignit, sous peine de renvoi immédiat, de veiller avec le plus grand soin sur les faits et gestes de sa belle-fille.

— Surtout, qu'elle ne puisse écrire en cachette, ni communiquer avec personne du dehors, si vous tenez à votre place, vous m'entendez bien, — leur commanda-t-elle rageusement.

Si j'apprenais qu'un fait de ce genre ait pu se produire, vous seriez renvoyées toutes les deux sur l'heure, tenez-vous-le pour dit !

L'horrible femme partit enfin, non sans avoir jeté un dernier regard de haine sur sa victime.

Une fois seule, la pauvre Gervaise laissa librement éclater son violent désespoir.

Les larmes que sa fierté avait retenues en présence de sa belle-mère, coulèrent alors avec abondance ; ses nerfs se détendirent dans les sanglots.

Mais, à cette première crise où l'indignation contre son injuste et cruelle marâtre mettait encore comme une sorte d'intérêt dans l'existence de la jeune fille, succéda bientôt un ennui profond.

Condamnée à la seule société de l'Allemande, Gervaise ne tarda pas à tomber dans le plus noir découragement.

Fraülein, d'ailleurs, lui devint odieuse.

A cent lieues de soupçonner Paul Mousset, qui avait agi avec la plus grande habileté et s'était bien gardé de se compromettre vis-à-vis de la jeune fille dans toute cette affaire, elle accusait la fille de von Puttmacker de l'avoir espionnée et vendue à sa belle-mère.

Comment expliquer sans cela que Mᵐᵉ de Châtenay ait pu se trouver au courant de la visite faite en compagnie de Madeleine à la tireuse de cartes?

— Elle aura assisté, cachée dans quelque coin, à une de nos conversations, — pensait la Gervaise, devenue soupçonneuse.

Ne nous méfiant pas, Madeleine et moi, et ne nous sachant pas écoutées, nous aurons parlé de Mˡˡᵉ Prudence ; elle nous aura entendues et sera venue tout rapporter à ma belle-mère...

C'est elle aussi, sans aucun doute, qui lui aura monté la tête au sujet de M. Verneuil.

— Qui sait, — se demandait-elle encore, — si cette méchante femme ne l'a pas placée uniquement auprès de moi pour m'espionner?

On devine qu'avec ces idées, Gervaise de Châtenay accueillit très froidement les tentatives de consolation de la compatissante Gretchen.

Un : « Mêlez-vous de vos affaires ! » très sec, et cinglé d'un ton revêche, avait été la seule réponse de la jeune fille aux avances de sa gouvernante.

Peu habituée à cette manière d'être de Gervaise, la plantureuse Fraülein s'en émut et en chercha aussitôt la cause.

Elle n'avait, du reste, pas été longue à trouver cette explication et à comprendre la suspicion qui pesait sur elle dans l'esprit de Mᵐᵉ de Châtenay.

L'Allemande s'en défendit par une protestation énergique.

— Gomment afez-fous pu groire une chosse bareille, matemoiselle Chervaise? — s'écria-t-elle avec émotion.

Et des larmes contenues provoquèrent, par leur refoulement, un ébranlement profond dans les charmes débordants de la compatissante Fraülein.

— Gomment afez-fous pu groire? — répétait-elle, consternée ; — gomment poufez-fous penser que chavais pu fous espionner?... lifrer à Mᵐᵉ de Jâtenay fos bedits secrets de cheune fille?... Ça n'est bas pien!... non, ça n'est bas pien! — murmurait la plantureuse Gretchen, d'un ton de reproche.

Et d'un geste comique de petite fille qu'on gronde, l'Allemande essuyait du revers de sa main ses gros yeux bleus à fleur de tête.

Le bon cœur de Gervaise finit par se laisser radoucir par les doléances et les protestations de sa gouvernante.

— Après tout, — pensait-elle, — il se peut que Fraülein dise la vérité et que ce ne soit pas elle qui ait prévenu ma belle-mère.

Comment aurait-elle connu, d'ailleurs, notre visite à la tireuse de cartes, puisque nous n'en avons jamais parlé devant elle, Madeleine et moi?

A moins de nous avoir espionnées et suivies!... Ce n'est guère possible, puisque nous étions en voiture.

Mais alors, si ce n'est pas elle, qui est-ce?... Qui est-ce? — se demandait anxieusement Gervaise.

Si ces réflexions n'éclaircirent pas les doutes cruels de Mlle de Châtenay, elles eurent du moins pour résultat de la rendre moins méfiante vis-à-vis de Gretchen von Puttmacker.

L'Allemande, du reste, n'était-elle pas maintenant sa seule société?

Aussi, bien que se tenant toujours sur la défensive, Gervaise, peu à peu désarmée, se laissa aller à répondre aux arguments de Fraülein.

Celle-ci en profita pour la raisonner.

— Foyez-fous, au fond, matemoiselle Cherfaise, Mme la ficomtesse a raison, — insinua doucement l'Allemande.

Un simple inchénieur, der Teufel! ça n'est pas fait pour une noble temoiselle comme fous!

Gervaise n'était point de cet avis.

— Si charmant qu'il soit, tu reste, — ajouta la romanesque et désillusionnée Greetchen, avec un soupir de regret dont la signification échappa à Mlle de Châtenay, — che ne fous fois pas la femme t'un inchénieur... t'un homme qui est opliché te quagner sa fie en trafaillant!

Mais, bien que revenue en partie de ses préventions, Gervaise ne se montra pas disposée à suivre sa gouvernante sur le terrain où celle-ci venait de placer la conversation.

Elle eût cru profaner son amour en en parlant à une étrangère.

Madeleine seule en était la confidente.

Mais, hélas! Madeleine était loin!... Et qui sait quand elle la reverrait, puisque son implacable marâtre lui interdisait désormais toutes relations avec le château?

Gervaise se renferma donc dans sa désolation et son ennui, se claquemurant à Châtenay, trop ennemie de la lutte pour se révolter et enfreindre par un coup d'éclat les volontés de sa belle-mère.

— Que m'importe, après tout, de ne pas sortir? — pensait-elle, résignée. — Mon amour pour Adrien ne me tient-il pas lieu de toutes les distractions du monde?...

Quand je le verrais, quand je le rencontrerais de loin, l'aimerais-je davantage?... Son image est en moi, et cette mauvaise femme ne parviendra pas à l'en arracher!

Je n'ai qu'à fermer les yeux pour le revoir, pour entendre le son de sa voix, pour sentir sur ma main la pression, à la fois respectueuse et tendre de sa main, — se disait la pauvre recluse, en un délicieux ravissement.

Il semble même que, condamnée à vivre loin de lui par la cruauté de ma belle-mère, je l'aime encore davantage, tant je trouve de bonheur à analyser et à faire revivre en moi ces mille riens passés!...

Jusqu'ici, tout s'envolait presque inaperçu!... Un mot, un regard, un sourire, une phrase jetée comme au hasard et que mon cœur recueillait sans y prendre garde!... Je retrouve tout cela aujourd'hui et il me semble le comprendre pour la première fois!...

L'amour de Gervaise pour Adrien Verneuil, amour qui s'ignorait presque encore, semblait, en effet, avoir subitement grandi en raison des obstacles élevés par Mme de Châtenay.

Cette intervention violente de la vicomtesse dans la tendresse timide et chaste de Gervaise, venait de forcer la jeune fille à lire dans son cœur et à y découvrir toute la profondeur de son amour pour Adrien Verneuil.

Soutenue par la force même de cette chaste tendresse, la fille de Lina de Maupertuis avait d'abord supporté courageusement les soupçons injurieux et les injustes persécutions de sa marâtre; mais bientôt, seule, privée de toute tendresse, n'ayant même pas la consolation de se retremper dans l'amitié de Madeleine, les plus tristes pressentiments envahirent son esprit.

Un découragement profond ne tarda pas à succéder à l'exaltation des premiers jours.

Avec l'exagération de la jeunesse, elle crut, tout d'un coup, ne plus apercevoir de limites à son malheur.

— Hélas! — pensait-elle, en se rappelant l'oracle de la tireuse de cartes, — ce n'est pas à Madeleine, c'est à moi que Mlle Prudence aurait dû prédire cet avenir douloureux qu'elle n'a pas eu le courage de dévoiler!...

C'est dans mon jeu qu'elle aurait dû lire toutes ces terribles choses, et c'est sans doute sous l'influence de ma destinée qu'elle les a vues.

C'est moi qui suis vouée au malheur!...

C'est moi qui dois renoncer à l'espoir d'être jamais heureuse!...

Je sens bien que mon amour fera le désespoir de ma vie!...

Tout me dit qu'Adrien Verneuil est perdu pour moi!...

Malgré la surveillance active, établie autour d'elle, par la rage soup-

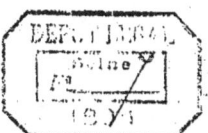

Léonore éclata en sanglots : (P. 240.)

çonneuse de sa marâtre; Gervaise parvint pourtant à écrire en cachette une lettre à Madeleine Duhamel.

Cette lettre, qu'elle sut habilement dissimuler, elle la jeta elle-même à la poste le dimanche suivant, en revenant de la messe, seule sortie qu'autorisait encore, sous la surveillance de Gretchen, la vicomtesse de Châtenay.

Gervaise n'avait pas eu de peine à détourner pour un instant l'attention de sa gouvernante.

Dans cette lettre, écrite sous l'influence de ses noirs pressentiments, elle exposait à Madeleine, tristement, toute son infortune :

« ... Je ne sais quand je pourrai t'écrire de nouveau, ma chérie, — « concluait-elle, — car, tu le vois par ce qui précède, je suis gardée à vue « et surveillée comme un malfaiteur.

« Il m'a fallu employer des ruses de sauvage pour arriver à te grif- « fonner ces quelques lignes.

« A chaque instant, je tremble que ma lettre ne me soit prise et remise « à Mme de Châtenay.

« Pour cette même raison, ne me réponds pas directement, je t'en prie, « ma petite Madeleine.

« Tu ne peux te douter, cependant, à quel point j'aurais besoin, en « ce moment, des consolations de ton affection et du secours de tes « conseils.

« Hélas ! Je ne puis même me promettre de te voir et de t'embrasser « à ton retour, puisque cette méchante femme m'a menacée de s'opposer à « la continuation de nos relations, et d'interdire désormais mes visites à « Bois-Jolivet.

« Que vais-je devenir alors ?

« Tu penses si je suis triste et si je pleure,... moi, qui, il y a si peu de « temps, avais tant de raisons pour espérer enfin être heureuse !

« Et toi, ma chérie ?...

« Je voudrais tant savoir ce que tu deviens, et si tu es contente.

« Embrasse bien tes bons parents que je t'envie !...

« Ah ! l'horrible femme, que le bon Dieu m'a donnée pour marâtre !...

« Même après ce que je viens de te raconter, tu ne peux te faire une « idée de ces ignobles scènes !

« Adieu, adieu !...

« Je tremble qu'on ne me surprenne !

« N'avoir même pas le droit de t'écrire !

« Je t'embrasse avec tout mon cœur.

« Ton adorée amie qui t'aime tendrement.

« GERVAISE. »

Après le départ précipité de la vicomtesse, Paul Mousset était rentré chez lui, fort satisfait.

La façon dont il venait de se venger de l'ingénieur, auquel il attribuait son échec auprès de M. Duhamel, lui paraissait des plus réussies.

Il se trouvait heureux que sa vengeance eût marché d'accord avec ses intérêts.

Il se félicitait également d'avoir si bien réussi à faire entrer l'inquiétude dans l'esprit méfiant de Mme de Châtenay.

— Au point où en est la vieille, — se disait le drôle, avec une joie mauvaise, — montée comme la voilà contre sa belle-fille et contre Verneuil, il est moins que douteux qu'elle ne se décide à prendre ses précautions le plus tôt possible, car enfin, quoique la vicomtesse fasse, elle ne peut pas séquestrer à perpétuité cette petite sotte de Gervaise !... Cela ferait jaser dans le pays où la noble châtelaine n'est déjà pas très aimée ! C'est un jeu trop dangereux !

Il faudra bien qu'elle se décide à prendre un parti et à demander conseil à son bon ami Mousset.

C'est immanquable, ça, et inévitable comme le destin, — ajoutait avec confiance le jeune homme.

A qui s'adresserait-elle, d'ailleurs ?

N'est-elle pas en droit de compter sur mon dévouement, et ne lui ai-je pas donné assez de preuves de mon habileté, et, — avouons-le, — de mon peu de scrupule, lorsqu'il s'agissait de ses intérêts ?...

Je saurai bien m'arranger de manière à forcer sa confiance et à l'amener à déshabiller devant moi sa vilaine âme, quoi qu'elle en ait.

J'ai trop d'intérêt à être son confident pour laisser prendre ma place par un autre !

D'ailleurs, c'est moi qui ai éveillé sa méfiance et ce n'est pas mon habitude de tirer les marrons du feu pour d'autres.

C'est donc à moi que la combinaison doit profiter, et si je sais bien conduire ma barque, je crois que la petite affaire ne sera pas mauvaise.

Paul Mousset en était là de ses réflexions, quand la vue de Gérard, qui se rendait à l'usine, vint donner un nouveau cours à ses pensées.

Ce n'avait pas été sans une rage profonde que, quelque temps auparavant, l'envieux personnage avait vu cet étranger réussir à se faire accepter par M. Duhamel et prendre à l'usine la place que lui, Mousset, convoitait et sollicitait en vain.

Il en avait aussitôt conçu contre ce M. Gérard qu'il connaissait à peine, l'ayant seulement aperçu de loin quelquefois, une haine presque égale à celle vouée par lui à l'ingénieur.

Gérard était à ses yeux celui qui lui prenait sa place, c'est-à-dire l'usurpateur qu'on déteste, et de ce jour, en effet, l'ex-clerc d'huissier devint, sans que le jeune homme s'en doutât, son plus mortel ennemi.

— Qu'est-il donc, pour qu'on l'ait ainsi accueilli ? — ruminait dans son dépit l'amant de Léonore.

D'où vient-il ?...

Qui est-ce qui le connaît dans le pays ?...

Personne ne l'y avait jamais vu auparavant... On ne sait rien de lui.

Et, effectivement, Mousset avait eu beau chercher à se procurer des renseignements sur M. Gérard; il avait eu beau questionner habilement à droite et à gauche, il n'avait rien découvert.

Le digne descendant de Léon Mousset était loin de se douter que celui qu'il détestait et qu'il accusait de lui avoir pris sa place à l'usine Duhamel était le fils du duc de Soisy, dont son père à lui avait consommé la ruine en sa qualité d'intendant concussionnaire.

A cette époque, alors que le château de Soisy appartenait encore à la famille de Gérard, le jeune Paul faisait ses études au collège d'une petite ville, grâce à une bourse obtenue pour lui par le duc.

Gérard, lui, était dans un lycée de Paris.

Les deux jeunes gens, — le fils du maître et le fils de l'intendant, — ne s'étaient donc jamais vus.

Quand, après avoir inutilement tenté les épreuves du baccalauréat, Paul Mousset rentra dans sa famille, le château était depuis longtemps devenu la proie des créanciers du père de Gérard, et la famille de Soisy avait quitté le pays.

Cela explique l'ignorance dans laquelle se trouvait Mousset à l'égard du jeune duc.

Plein de rage contre ce nouveau venu, contre cet inconnu enlevant d'emblée cette situation après laquelle il courait si inutilement, le fils de l'intendant avait dû cependant, — quelque mal qu'il se fût donné pour cela, — renoncer à rien apprendre sur le compte du jeune homme, et sa rancune s'en était encore augmentée contre son rival heureux.

Un peu atténuée par les nouvelles préoccupations qui l'absorbaient, cette rancune venait de se réveiller à la vue du jeune employé de M. Duhamel.

— Il faut pourtant qu'il ait fait agir en sa faveur une fameuse protection, celui-là, — grommela l'homme de confiance de la vicomtesse avec un mouvement de rage envieuse, — pour s'être faufilé de cette façon dans l'intimité des Duhamel!

Il paraît qu'il est toujours au château, qu'il est de tous les dîners, de toutes les fêtes!...

Par qui diable a-t-il pu se faire recommander?

Remarquant alors pour la première fois la tournure élégante et la mâle beauté de Gérard:

— Parbleu! Que je suis bête!... — s'écria, en se frappant le front, Mousset, subitement éclairé.

Ce protecteur mystérieux n'est autre, je le parierais, que la Demoiselle du Château!...

La belle Madeleine opère à la sourdine, comme sa petite amie Gervaise!...

Elle ne faisait pas qu'accompagner Mlle de Châtenay chez la tireuse de cartes; elle y était aussi pour son propre compte. Elle aime ce monsieur Gérard, comme Gervaise aime cet imbécile de Verneuil.

C'est sûrement elle qui l'a appuyé, qui l'a fait entrer à l'usine, qui lui a fait donner une place auprès de l'ingénieur.

Ne fait-elle pas tout ce qu'elle veut de son idiot de père?...

— Tiens, tiens! — ajouta le jeune homme, en s'assombrissant de plus en plus. — Il y a peut-être quelque chose là-dessous!... Oui, il faudra voir!... Je tirerai ça au clair ou le diable m'emporte!

Cette découverte, en effet, augmentait encore le dépit que le fils de l'intendant ressentait contre le nouvel employé de M. Duhamel.

C'est que Mousset, en briguant un emploi dans les bureaux de l'usine, avait eu en même temps des visées secrètes.

N'avait-il pas rêvé de plaire à Madeleine?

C'était le but secret qui lui faisait rechercher avec tant d'insistance un emploi chez le maître de forges.

Il voulait entreprendre la conquête de la Demoiselle du Château et avec elle des millions de son père.

Le jeune homme était loin de considérer la chose comme impossible.

Madeleine n'était pas une fille de noblesse, comme Gervaise. C'était une roturière, une simple fille d'industriel... Riche, mais d'une richesse acquise par le travail.

Remarqué par elle, aucun obstacle insurmontable n'existait qui pût empêcher qu'on la lui donnât.

La distance entre eux ne venait que de la différence de situation et de fortune, non de la naissance.

— Or, cette différence, je la comblerai, — avait pensé orgueilleusement le jeune homme. Que je puisse seulement entrer à l'usine, je saurai bien me rendre indispensable!... Je parviendrai à me faire intéresser dans l'affaire, à m'élever jusqu'à elle.

D'ailleurs, — ajoutait le chenapan avec un mauvais sourire, — que j'arrive seulement à lui plaire et je n'aurai pas besoin d'autre chose!... Je me charge bien de m'arranger de façon à ce que les Duhamel soient encore trop heureux de me la donner!

Le refus absolu opposé à la demande d'emploi de Paul Mousset paraissait avoir momentanément réduit à néant ses ambitieuses et peu scrupuleuses visées.

Cependant le fils de l'intendant du duc de Soisy n'avait pas complètement perdu courage et il conservait un secret espoir de parvenir à ses fins, jusqu'au jour où il apprit l'admission de Gérard à l'usine et sa mise en possession de la place convoitée par lui.

— Je suis volé! — s'écria alors Mousset, avec autant de conviction que de colère.

Et il nourrit contre « son voleur », une rancune qu'augmentèrent les succès de Gérard dans son nouvel emploi, et la satisfaction débordante du maître de forges et de son ingénieur.

Le bruit en était arrivé jusqu'à l'envieux garçon, en même temps que l'affirmation de la façon plus que bienveillante dont le nouvel employé était reçu chez les Duhamel.

Cela avait changé en haine la rancune éprouvée d'abord par le jeune homme contre celui qu'il accusait de l'avoir supplanté.

M. Gérard était devenu pour Mousset un ennemi, au même titre qu'Adrien Verneuil.

L'intuition éprouvée par le fils de l'intendant, ou plutôt la conviction qui venait de le saisir, de la protection accordée au nouvel employé par la Demoiselle du Château et de l'amour de Madeleine pour Gérard n'était pas faite pour émousser cette haine.

— Il faudra bien, pourtant, qu'un jour il me paie tout cela! — pensait-il en le regardant s'éloigner d'un œil plein de rage et de colère. — Qu'est-il venu faire ici, d'ailleurs?... Qu'avions-nous besoin de lui dans le pays?...

En attendant, me voilà rasé. Plus rien à espérer avec la petite Duhamel, car il est clair comme le jour qu'elle en pince pour ce Gérard. Quoi que je puisse tenter de ce côté-là, grâce à lui, tout est inutile désormais!...

Ce ne fut que lorsqu'il eut vu disparaître M. Gérard, que Paul Mousset se décida à rentrer chez lui.

L'ex-clerc d'huissier habitait à peu de distance du château de Châtenay un pavillon de chasse assez isolé que, pour garder ce précieux conseiller plus à sa portée, la vicomtesse lui avait généreusement abandonné.

En rentrant dans ce pavillon qu'il occupait seul, et qu'une paysanne venait simplement tous les matins épousseter et mettre en ordre, Mousset s'était trouvé en face de Léonore sa maîtresse, la femme de chambre de Gervaise de Châtenay.

Les relations de l'homme de confiance de la vicomtesse avec Léonore étaient restées des plus discrètes.

Mousset avait trouvé prudent de ne pas compromettre la jeune servante, qu'une conduite légère eût pu faire renvoyer du château.

Il s'était dit qu'il était plus habile de se conserver auprès de la châtelaine cette auxiliaire dévouée et intelligente.

Les deux amants ne se voyaient donc qu'avec la plus extrême prudence, profitant des jours de sortie de Léonore, où la jeune femme venait dans le plus grand secret rejoindre Paul dans le pavillon.

Leurs relations étaient en conséquence restées complètement ignorées, si ce n'est de Gretchen qui, en sa qualité d'Allemande, avait l'œil à tout, et encore celle-ci les soupçonnait-elle seulement, sans jamais avoir pu découvrir rien de positif.

Les préoccupations causées par la rencontre de M. Gérard et ses nouvelles idées à son égard avaient fait oublier à l'amant de Léonore que ce jour-là était justement un des jours de sortie de sa maîtresse.

Aussi, eut-il un mouvement de surprise, en la voyant.

— Toi?... C'est toi, Léonore? — fit-il.

— Ben, qu'est-ce qu'il y a d'étonnant?... Ne m'attendais-tu pas? — répondit la femme de chambre, vexée.

Tu as donc oublié que c'était aujourd'hui que je me défilais?

— Oublié!... Tu ne voudrais pas, Nonore, — murmura d'un ton d'amical reproche Paul Mousset, qui venait de s'apercevoir de sa bévue. — Seulement, je n'espérais pas te voir sitôt, voilà tout!

Et, embrassant sa maîtresse :

— Tu es bien gentille d'être venue dès ta sortie du château.

— Et où veux-tu que j'aille avec une tournure comme celle-là? — demanda la jeune femme, d'un ton piteux, en se regardant dans une glace.

Examine un peu de quoi j'ai l'air! Et encore, je suis serrée à me couper la respiration!

Et se mettant à pleurer :

— Je ne peux plus... non, je ne peux plus; j'ai beau faire, bientôt tout le monde va s'apercevoir que je suis enceinte...

Mousset se mit à réfléchir sérieusement.

— Il faut décider quelque chose.... — reprit avec résolution la femme de chambre de Gervaise. — Il n'est pas possible que je reste au château dans cet état !... Pense donc, si la vicomtesse découvre ma position, elle me chassera, c'est sûr !... Et qu'est-ce que je deviendrai, car je ne pourrai plus me placer nulle part?

— Bon! Nous n'en sommes pas là, — dit le jeune homme, ennuyé. Je t'assure que c'est une idée que tu te fais... cela ne se voit pas du tout... C'est parce que tu le sais; autrement...

— Cela ne se voit pas!... Mais regarde-moi donc, voyons... — répliqua Léonore en retirant le long fichu de laine qui couvrait ses épaules et dissimulait l'épaisseur de sa taille, déjà visiblement déformée. — Eh bien! qu'en dis-tu?

— Dame! sans corset, je ne dis pas, — avoua Mousset; — cela se voit un peu, c'est certain...

Léonore éclata en sanglots :

— Tu vois bien! tu vois bien!... Qu'est-ce que je vais devenir, mon Dieu! — s'écria-t-elle avec désespoir. — Il avait bien besoin de venir, celui-là !

Paul Mousset regarda longuement sa maîtresse en réfléchissant.

Lui aussi, et bien plus encore qu'il ne voulait le laisser voir à Léonore, la venue de cet enfant le gênait.

Sa paternité ne le préoccupait à aucun autre point de vue.

Il était même tout disposé, si ses intérêts l'exigeaient, à planter là, sans scrupules, la mère et l'enfant; mais, provisoirement, il craignait de voir sa maîtresse, chassée par Mme de Châtenay, lui retomber sur les bras et redoutait, pour ses projets, le scandale qui résulterait pour lui de la découverte de ses relations avec la femme de chambre de Gervaise.

Depuis l'abandon forcé de ses espérances, au sujet de Madeleine Duhamel, une nouvelle combinaison avait commencé à germer dans l'âme basse et ténébreuse de Paul Mousset.

Bien que cette combinaison ne fût encore qu'à l'état informe d'ébauche, la suppression de cet enfant, dont la naissance pouvait donner prise sur lui à Léonore, lui paraissait indispensable.

Jusque-là, pourtant, le misérable avait hésité à en parler à sa maîtresse.

Il ne redoutait point de se heurter aux scrupules de la femme de chambre. Il la connaissait assez pour savoir qu'il s'en rendrait facilement maître, si toutefois elle élevait la prétention d'en avoir.

Mais, malgré tout, pour éviter les hésitations possibles de Léonore, il avait préféré attendre la crise d'affolement où ne manquerait pas de la jeter l'imminente découverte de sa faute.

LA DEMOISELLE DU CHATEAU

La femme de chambre put donc partir... (P. 246.)

LIV. 31. — XAVIER DE MONTÉPIN. — LA DEMOISELLE DU CHATEAU. — J. ROUFF ET Cⁱᵉ, ÉD.   LIV. 31.

Mais le moment était venu.

Malgré les précautions qu'elle prenait, la grossesse de la malheureuse était déjà visible; bientôt il ne lui serait plus possible de la dissimuler.

Aussi Mousset n'hésitait-il plus; sa maîtresse ne devait avoir son prochain congé qu'à la fin de la quinzaine.

Qui sait si d'ici là le scandale n'aurait pas éclaté, si l'état de Léonore ne serait pas découvert?

Il fallait donc tout décider entre eux ce jour même.

Le gredin s'approcha de sa maîtresse et, la prenant dans ses bras, la caressant :

— Bête!... — lui glissa-t-il à l'oreille, — il ne faut pas te désoler comme ça!... Voyons, est-ce raisonnable?... Tu vas te faire du mal!...

— Ça m'est bien égal! — sanglota Léonore. — D'ailleurs, je ne puis pas m'empêcher de pleurer. — Quand je pense à ce que je vais devenir, si je suis chassée du château!...

— Il est certain que ta situation ne serait point gaie, ma pauvre fille, car tu sais que je ne suis pas riche!... Ce que je pourrais faire pour toi serait bien peu de chose, tout en me privant beaucoup.

— Je le sais bien, va! — fit la femme de chambre; — alors, tu comprends que ce n'est pas gai pour moi!...

— Quel malheur que cet enfant soit venu! — murmura le jeune homme. — Nous étions si heureux, si tranquilles!...

— Ah! — s'écria la servante avec une sourde rancune contre le petit être qui, dès avant sa naissance, venait déranger cette tranquillité, — c'est ce que je me suis dit bien souvent!... Qu'est-ce qu'il vient faire, celui-là?... C'est-y pas malheureux qu'il nous arrive toujours des enfants, à nous autres, pauvres filles, qui avons tant besoin de travailler!

— Après tout, ma petite Nonore, — risqua Mousset, — quel mal y aurait-il à l'empêcher de venir, ce gêneur?... Ce qu'il faut, avant tout, c'est de ne pas risquer de perdre ta place... ton gagne-pain!...

Léonore tressaillit, mais sans aucune angoisse.

— Tu seras bien avancée quand vous crèverez de faim tous les deux! — ajouta le misérable, croyant qu'elle hésitait. — Ce sera un malheureux de moins, va, puisque tu comprends parfaitement qu'il m'est impossible de m'en charger.

La fille-mère baissa la tête avec confusion.

— J'y ai bien pensé déjà, — avoua-t-elle en rougissant. — Mais, comment faire?... Je ne connais personne...

— Je connais quelqu'un, moi, — fit Mousset, enchanté de voir que la chose marcherait sans difficulté. — Une brave femme qui s'en chargera, sans aucun doute. Mme Colombet, qui est établie sage-femme à Manoncourt-en-Vernois.

— Mme Colombet!... — fit Léonore qui connaissait ce nom. — Tu penses qu'elle consentirait?...

— La mère Colombet?... — répondit le cynique gredin. — Elle fera peut-être quelques petites manières... mais je suis sûr d'elle; tu peux y aller avec confiance.

C'est la femme la plus obligeante du monde, surtout quand on lui rend justice et que l'on sait bien payer ses services. — Tu sais, pour ces choses-là, il ne faut pas marchander.

— Tu ne m'accompagneras donc pas?

— T'accompagner?... Moi?... — s'écria Mousset, qui ne se souciait nullement de se compromettre. — Mais ce serait la chose la plus maladroite du monde!... Ce serait attirer l'attention sur nous, amener la découverte que nous voulons éviter!... Tu as donc perdu la tête, ma petite Nonore?

— Je n'oserai jamais, moi, y aller toute seule, — dit la femme de chambre.

— Allons donc! — répliqua le jeune homme, railleur, — avec ça que tu es si timide!

D'ailleurs, elle te comprendra à demi-mot, n'aie pas peur!... Tu n'auras pas besoin d'entrer dans de grandes explications. Mme Colombet est une femme intelligente.

— Mais, comment ferai-je pour m'absenter?

— C'est ma foi bien difficile! — Tu n'as qu'à demander ton congé annuel à la vicomtesse sous le premier prétexte venu... Une maladie de ton père ou de ta mère, un héritage, que sais-je, moi?... Cela n'est pas malin!

— Je veux bien encore. Mais après?... J'aurai un mois de congé, comme tous les ans; et au bout de ce mois?...

— Tu écriras que tu es tombée malade, que tu te trouves dans l'impossibilité de reprendre encore ton service, — conseilla le jeune homme.

Tu demanderas une prolongation de congé.

— Et si la vicomtesse se lasse?

— Je serai là, moi, pour veiller à ce qu'on ne te prenne pas ta place. S'il y avait danger, je t'écrirais. Tu arriverais coûte que coûte.

— Mais si cette Mme Colombet se refuse à... faire la chose? — insista la femme de chambre qui ne pouvait se décider à partir seule.

— Alors, il sera temps que je m'en mêle, — déclara l'ex-clerc d'huissier. — Mais je te dis que tu n'as rien à craindre sous ce rapport. Mme Colombet est une femme très arrangeante; tu verras!

— Et... — demanda encore Léonore en regardant timidement son amant, — tu crois qu'il n'y aura aucun danger pour moi...

— Quant à ça, ma chère, ça te regarde, — répondit cyniquement l'odieux jeune homme en ricanant.

Qui ne risque rien, n'a rien!... Moi, je ne t'oblige à quoi que ce soit! Vois, si tu préfères, en restant, t'exposer à perdre ta place.

D'ailleurs, ma pauvre chatte, de toute façon... maintenant que ça y est...

— Tu as raison, — fit Léonore d'un air sombre, attestant sa résolution d'en finir.

— Alors, tu décides?

— Je demanderai demain un congé d'un mois à la vicomtesse pour aller au pays voir mes parents.

— Tâche de ne pas te faire refuser.

— Je dirai que le père est très malade et qu'il veut me voir.

— Et tu es bien sûre, au moins, que ton père ne te jouera pas le mauvais tour d'arriver pendant ton absence?... C'est ça qui serait un coup à te faire perdre ta place.

— Pas de danger. — Il y a beaux jours qu'il est mort!

— A la bonne heure! Comme ça c'est parfait! Dans ce cas, tâche de partir le plus vite possible.

— Cette semaine, si je peux, — promit Léonore en poussant un soupir. — Mais, es-tu bien sûr, au moins, que je ne serai pas remplacée pendant mon absence?

— Sois tranquille, je te dis. — Je serai là pour y veiller. — Tu sais bien que je fais ce que je veux de la vicomtesse.

— Ça, c'est vrai, — dit en riant la femme de chambre. — Tu lui as tapé dans l'œil, à la vieille! — Si elle n'était pas si décatie, je ne serais pas tranquille de te laisser seul avec elle, tu sais!

— Bon. Ne t'y fie pas, ma petite, — s'écria sur le même ton le jeune homme, enchanté de voir sa maîtresse prendre si gaillardement son parti des événements qui venaient de se décider.

Cette décision était, en effet, pour Léonore, dans les circonstances présentes, la meilleure chance qu'elle eût de ne pas être renvoyée de Châtenay.

Or, il entrait dans l'exécution du nouveau plan de Paul Mousset que la femme de chambre restât au château.

Le jeune homme s'était dit que, ne pouvant avoir Madeleine, puisqu'elle s'était toquée de ce M. Gérard, il aurait Gervaise, coûte que coûte, et, pour la réussite de ce nouveau et diabolique projet, le concours de Léonore lui semblait indispensable.

Les circonstances le servaient aujourd'hui merveilleusement, car cette absence forcée de sa maîtresse allait lui permettre d'élaborer ses nouvelles combinaisons et de préparer la réussite de son plan sans éveiller sa méfiance.

Au retour de la femme de chambre, il n'aurait pas de peine à en faire son inconsciente complice.

Conformément aux instructions de son amant, Léonore, prétextant une maladie grave de son père, demanda, dès le lendemain, un congé d'un mois à la vicomtesse.

Ce congé lui fut très facilement accordé.

Il fut même convenu que, pendant toute la durée de son absence, le service de Mlle de Châtenay serait fait par Léonide, la seconde femme de chambre de la vicomtesse.

Cette Léonide était une personne sur laquelle la marâtre pouvait absolument compter.

L'absence de Léonore, dans ce cas, importait peu.

La femme de chambre put donc partir dans la semaine même qui suivit sa demande de congé, au grand contentement de Paul Mousset.

Tranquille maintenant, car jusqu'au dernier moment il avait tremblé que sa liaison avec Léonore ne fût découverte, le jeune homme allait pouvoir donner tous ses soins à ses nouveaux projets et chercher, à tête reposée, le moyen de les mener à bonne fin.

De ce nouveau plan, encore à l'état d'étude, ce que le fils de l'intendant du duc de Soisy savait en principe, c'est que, Madeleine Duhamel étant perdue pour lui, il fallait qu'il devînt le mari de Gervaise de Châtenay.

C'était là le but qu'il venait de se tracer, sa dernière étape dans ses tentatives de fortune.

Gervaise n'était pas, il est vrai, aussi riche que son amie; mais sa richesse se trouvait encore fort suffisante pour satisfaire les conditions de l'amant de Léonore.

« Faute de grives, on mange des merles », pensait-il.

Et le merle, en la circonstance, était encore pour Paul Mousset un véritable merle blanc.

Le jeune homme trouvait donc le pis aller fort respectable.

Seulement, il ne se dissimulait pas les difficultés de l'entreprise.

Il avait depuis longtemps mis à jour les menées ténébreuses de la vicomtesse, et savait qu'elle ne cherchait à empêcher le mariage de Gervaise que pour garder la fortune de sa belle-fille.

Il aurait donc à lutter tout d'abord contre la rapacité de la vieille femme.

Victorieux de ce côté, — et pour cela il comptait beaucoup sur l'ascendant qu'il avait su prendre sur la vicomtesse, — Mousset aurait contre lui la noblesse de celle qu'il convoitait et encore, et surtout, l'amour de Gervaise pour Adrien Verneuil.

— Mais, bah! qu'importe! — pensait le cynique et audacieux gredin. — Pour vaincre tout cela, il ne s'agit que d'être habile!... Du moment que mon avenir est en question, que peut me faire l'assentiment des autres intéressés?

Par les dispositions que je vais prendre, je saurai bien rendre mon mariage inévitable!... — ajoutait-il avec une pensée criminelle. — Il ne me faut qu'un peu d'audace pour forcer la vicomtesse à me donner sa belle-fille.

Quant au consentement de Gervaise... je saurai bien m'arranger pour m'en passer!

CHAPITRE XII

UNE INTERMÉDIAIRE

 Paris, à l'hôtel de la rue Murillo, résidence de la famille Duhamel, malgré les distractions dont le maître de forges et sa femme l'entouraient, Madeleine comptait les jours qui la séparaient du moment où elle quitterait Paris pour rentrer à Bois-Jolivet, c'est-à-dire pour se rapprocher de Gérard.

De même qu'à Gervaise, l'éloignement avait donné à Mlle Duhamel la mesure de la tendresse qu'elle éprouvait pour le jeune homme.

Son amour grandissait, lui semblait-il, de toute la distance qui la séparait de celui qu'elle aimait.

Il s'était définitivement affirmé; il avait pris corps, il s'était emparé en maître de son esprit et de son cœur.

Avant de venir à Paris, Madeleine savait bien qu'elle aimait Gérard, ou plutôt elle le soupçonnait; mais elle s'en défendait encore, se refusant à accepter cet amour comme un fait indéniable.

Maintenant, elle était sûre.

Dans ces dispositions, la lettre de Gervaise devait la trouver toute prête à une compatissante sympathie.

Souffrant de la même peine que son amie, Mlle Duhamel la plaignait d'autant plus, de se voir séparée de celui qu'elle aimait par la méchanceté de sa belle-mère, qu'elle aussi souffrait de l'éloignement de Gérard.

— Pauvre Gervaise! Doit-elle être malheureuse! — s'écria-t-elle, en se disposant à répondre tout de suite à Mlle de Châtenay.

Elle sentait bien que Gervaise avait plus que jamais besoin de son amitié.

Pourtant, au moment d'écrire, elle s'arrêta un moment, sérieusement embarrassée.

Comment ferait-elle parvenir sa lettre à sa pauvre amie?

Comme celle-ci le lui disait, il ne fallait pas songer à écrire directement

Avant d'être mis en possession de sa cure, l'abbé Bonnard avait été aumônier au couvent des Dames-du-Sacré-Cœur de Nancy. (P. 250.)

à Châtenay, où sa lettre serait sûrement ouverte par la vicomtesse et courrait grand risque de ne point parvenir à sa destinataire.

Dans cette alternative, une lettre semblable ne pouvait contenir que des choses insignifiantes.

Pour pouvoir consoler efficacement Gervaise, pour lui dire ce qu'elle pensait, quelle part elle prenait à sa peine, il fallait trouver le moyen de lui faire remettre la lettre en secret, malgré l'espionnage organisé autour d'elle par sa belle-mère.

Madeleine pensa aussitôt à ce bon abbé Bonnard, le curé de la petite église d'Art-sur-Meurthe.

Avant d'être mis en possession de sa cure, l'abbé Bonnard avait été aumônier au couvent des Dames-du-Sacré-Cœur de Nancy.

C'est lui qui avait fait faire la première communion à Gervaise et à Madeleine.

Devenu curé d'Art-sur-Meurthe, l'excellent homme avait retrouvé avec bonheur ses deux jeunes pénitentes, — les meilleures brebis de son troupeau, — comme il les désignait au couvent du Sacré-Cœur.

Il était devenu l'un des principaux dispensateurs des aumônes de la Demoiselle du château.

Heureux de constater la bonté de cœur et les charitables dispositions de Madeleine et de Gervaise, il en jouissait comme de son œuvre, toujours fort bien reçu à Bois-Jolivet, où M. et Mme Duhamel le tenaient en grande estime.

L'inspiration de la jeune fille était donc toute naturelle.

— Non, il ne me refusera pas cela, — pensa Madeleine.

Quel que soit son rigorisme, quand il saura ce qu'il en est, il ne pourra trouver mal ma correspondance secrète avec Gervaise.

D'ailleurs, il lira ma lettre, il verra ce qu'elle contient et n'hésitera pas, j'en suis certaine, à la remettre à ma pauvre persécutée.

Il est si bon !... — ajouta-t-elle.

Sa visite sera en même temps une consolation pour Gervaise.

Et, heureuse de son idée, Madeleine Duhamel envoya sa réponse à Gervaise à l'adresse de l'abbé Bonnard, y ajoutant un petit mot pour le bon curé, afin de lui expliquer sa conduite.

« Vous ferez un acte de charité, monsieur le curé, en allant voir ma pauvre Gervaise et en lui donnant ma lettre, » — disait la Demoiselle du Château.

« Elle est malheureuse et a bien besoin d'être consolée.

« Je pense que ce sera pour elle un grand bonheur de vous voir.

« Vous saurez, par ma lettre, tout ce que ma pauvre amie a à souffrir de sa méchante belle-mère. »

Quant à Gervaise, Madeleine la consolait du mieux qu'elle pouvait, l'assurant de son affection, lui conseillant la patience, mais, en même temps, la fermeté à l'égard des indignes traitements de la vicomtesse.

« Tâche de trouver encore le moyen de m'écrire, ma chérie, — ajoutait-elle.

« Ne fût-ce que par un petit mot, tiens-moi au courant des dispositions nouvelles qui pourraient se manifester dans l'esprit de ta belle-mère.

« Tu penses avec quelle anxiété je vais attendre maintenant de tes nouvelles !...

« Tu vois que, malgré tes craintes, j'ai bien trouvé le moyen de te faire arriver ma réponse.

« N'aie pas peur, il en sera de même à mon retour, et, quel que soit le château fort où te tienne enfermée cette vieille fée Urgèle, je m'arrangerai bien pour te voir, pour t'embrasser et pour t'arracher de ses vilaines griffes.

« Malheureusement, oh ! oui, bien malheureusement, ma pauvre chérie, il se passera encore beaucoup de jours avant que nous rentrions à Bois-Jolivet et que je puisse t'apporter une plus efficace consolation.

« J'espère, en attendant, t'avoir envoyé un protecteur et un consolateur dans monsieur le curé.

« Je t'engage à tout lui dire.

« Qui sait s'il ne trouvera pas le moyen d'arranger bien des choses.

« Dans tous les cas, comme ses visites ne peuvent être suspectées par ta belle-mère, qui se pique d'être une personne bien pensante, tu pourras toujours par lui me tenir au courant de ce qui t'arrive,

« Tu dois penser si ta lettre est venue donner un nouvel essor à mes idées noires, et à quel point j'en ai été attristée.

« Je crois pourtant que tu t'effrayes à tort de l'avenir, ma petite Gervaise ; pour moi seule, tu le sais bien, il sera fatalement inexorable, tandis que le bonheur est au bout de tes dures épreuves !... Cela doit te donner le courage de les supporter.

« Adieu ; je t'embrasse bien fort et je ne t'oublie pas. Tranquillise-toi donc et reprends courage.

« Ta MADELEINE. »

Cette lettre et toutes les réflexions qu'elle fit naître réveillèrent les plus noires tristesses dans l'esprit de Madeleine.

Elle songeait, avec un redoublement d'effroi, à la scène émouvante qui s'était passée chez la tireuse de cartes et frissonnait en revoyant l'expression d'épouvante et de pitié qui s'était peinte sur le visage de Mlle Prudence quand elle lisait, dans les tarots cabalistiques, le terrible mystère de son avenir.

— Hélas ! Gervaise se plaint d'être malheureuse, — pensait Madeleine.

— Que dirai-je, moi ?...

Quelle existence est la mienne, passée dans l'appréhension continuelle des malheurs qui me menacent?...

Gervaise, au moins, après ses épreuves, épousera celui qu'elle aime, la devineresse le lui a prédit. Tandis que moi!...

Oui, je sens que c'est par mon amour que je souffrirai, que c'est lui qui fera le malheur de ma vie!...

Une circonstance, futile en apparence, mais qui impressionna vivement Mlle Duhamel, était encore venue augmenter les dispositions mélancoliques de la jeune fille.

A une « première » à sensation, qui avait attiré tout le Paris mondain, Madeleine s'était rencontrée avec Mlle Monval.

La loge occupée par Armande était contiguë à celle louée par la famille Duhamel.

En se reconnaissant, les deux jeunes filles se saluèrent très froidement.

La même impression désagréable et antipathique qu'elles avaient déjà éprouvée en face l'une de l'autre à la fête donnée par Valérie de Belleuse, se renouvela dans cette nouvelle rencontre, en s'accentuant davantage.

Par un mouvement inconscient et pour ainsi dire involontaire, Madeleine s'assit de façon à tourner le dos à la fille du banquier.

Armande, de son côté, ne parut plus s'occuper de sa voisine.

La riche jeune fille, du reste, était très entourée.

Venue seule avec son père et sa dame de compagnie, la colonelle de Terrenoire, Armande, très en beauté, faisait pendant les entr'actes les honneurs de sa loge qui ne désemplissait pas, tandis que le banquier, laissant sa fille à la colonelle, s'occupait de son côté à aller saluer dans la salle quelques relations influentes.

La société affectait de parler haut, et si Madeleine ne voyait pas, restant obstinément tournée du côté opposé à la loge de Mlle Monval, elle pouvait par contre entendre tout ce qui se disait dans la loge du banquier.

Elle n'y apportait, d'ailleurs, qu'une oreille distraite, attristée, sans savoir pourquoi, et elle s'efforçait de ne pas entendre, gênée par ce bavardage inopportun qui la distrayait malgré elle de ses mélancoliques pensées.

Tout d'un coup, la voix d'Armande s'éleva, attirant l'attention de Mlle Duhamel.

— Me marier?... — disait négligemment la fille du banquier; — mais oui, je compte me marier bientôt... avec un duc, vous verrez!

Elle affirma cela d'un ton d'assurance parfaite, bien que n'ayant encore découvert aucun parti à sa convenance.

Armande Monval avait confiance dans son projet de s'adresser à une agence, projet né de sa conversation avec la colonelle, au retour de la fête donnée à Nancy, par Valérie de Belleuse, à l'occasion de son prochain mariage.

Bien que rien dans ces paroles ne pût faire songer à Gérard, Madeleine, en les entendant, tressaillit douloureusement.

Son cœur se serra sous l'étreinte d'une inexprimable angoisse.

Cette impression pénible ne reposait sur quoi que ce soit de positif, et pourtant la fille de M. Duhamel la conserva bien après cette représentation.

En s'éloignant, le souvenir de ce qu'avait dit Armande Monval, au lieu de s'effacer, s'enfonça dans son cœur comme un fer rouge.

— Pourtant elle ne m'est rien, — pensait Madeleine, — elle ne sera jamais rien dans ma vie... D'où peut venir cette inexplicable et mutuelle antipathie?

Car je sens bien qu'elle non plus ne m'aime pas!

Si Armande Monval avait tant tardé à mettre à exécution le projet formé par elle de s'adresser à une agence matrimoniale pour découvrir le mari de ses rêves, c'est-à-dire l'homme qui lui apporterait un blason et des parchemins authentiques, c'est qu'elle tenait à étudier la question et à ne se risquer qu'à bon escient.

Armande ne se fiait que très peu à la discrétion des agents qui font, au sujet de l'industrie matrimoniale, une réclame incessante et bruyante et, si son audace ne s'effarouchait aucunement du moyen douteux qu'elle comptait employer pour arriver à ses fins, elle ne voulait pas cependant que l'on pût un jour savoir ce qu'elle avait fait.

Son mariage réussi dans les conditions où elle l'entendait, elle se promettait de jeter un voile sur les peu ordinaires péripéties par lesquelles il serait passé avant d'aboutir.

Elle serait marquise ou duchesse, c'était l'essentiel; mais cela ne regardait personne de savoir de quelle façon elle avait acquis le droit d'écussonner d'un blason l'angle de ses cartes de visite.

Aussi n'était-ce pas à une agence officielle, avérée, connue, qu'Armande se proposait de s'adresser.

Son caractère préférait l'intrigue secrète, mystérieuse, où sa dignité trouverait encore un semblant de sauvegarde.

Elle avait enfin fait son choix.

Après y avoir longuement réfléchi, elle crut avoir trouvé ce qu'elle cherchait.

C'était Mme de Terrenoire qui, sans s'en douter, fixa les hésitations de la jeune fille.

La colonelle reçut un jour la carte d'une de ses anciennes connaissances, une certaine Mme de Morranteuil avec laquelle elle s'était liée assez intimement du vivant de son mari, mais qu'elle avait à peu près complètement perdue de vue, depuis la mort du colonel.

Cette Mme de Morranteuil avait eu son heure d'éclat sous l'empire.

Très jeune, très jolie, menant grand train, — car M. de Morranteuil possédait une grosse fortune, — elle avait été une des beautés à la mode de la cour de Napoléon III.

Veuve de très bonne heure, elle s'était gardée de rien changer à son genre de vie, si bien qui tout le monde pouvait croire qu'elle avait hérité de son mari, alors qu'au contraire, toute la fortune de M. de Morranteuil faisait retour à sa famille.

Dans un certain milieu seulement, milieu très discret, on savait que ce luxe était payé par les fonds secrets.

Le salon de la jeune veuve étant des plus fréquentés, surtout au point de vue international, la sûreté générale avait continué les frais de cet opulent train de maison et établi chez la grande dame un de ses principaux centres d'informations.

La chute de l'empire avait malheureusement mis fin aux agissements lucratifs de l'intelligente veuve.

Mais Mme de Morranteuil était une femme de ressources.

Après trois années passées à l'étranger elle était rentrée sans bruit à Paris.

Moins somptueusement installée, mais avec un confortable d'un goût sévère, la veuve ne tarda pas à reprendre ses réceptions.

Privée de la ressource du Ministère de l'Intérieur, elle s'était tournée d'un autre côté. Elle s'occupait discrètement de mariage.

On se rencontrait chez elle et la présentation se faisait sous le couvert d'un bal ou d'une fête.

Point de trace d'agence.

C'était l'intermédiaire aimable et en quelque sorte avouable d'une femme du monde.

Ces façons de procéder, que lui facilitaient ses anciennes relations mondaines et sa clientèle exclusivement composée de riches héritières, faisaient réaliser encore à la veuve de M. de Morranteuil d'assez jolis bénéfices.

Rien d'affiché, rien d'officiel dans les mariages conclus par la mondaine et habile intrigante, rien qui sentit l'intermédiaire intéressé.

— Personne ne sait ce qu'elle fait, — expliqua Mme de Terrenoire, les fiancés même l'ignorent.

C'est une aide discrète, une confidente sûre, un cœur que la philanthropie seule entraîne à s'occuper du bonheur de ses semblables.

Bien loin de soupçonner les projets de la jeune fille, la colonelle montra donc à Armande la carte de Mme de Morranteuil en lui racontant ce qu'elle savait de l'histoire de cette ancienne « lionne » de l'Empire.

Ce récit fort amusant en lui-même intéressa au plus haut point la fille du banquier.

Tout de suite Mlle de Monval comprit le profit qu'elle pouvait en faire.

— C'est absolument ce qu'il me faut, — pensa-t-elle.

Et, sous prétexte de pure curiosité, elle se fit donner force détails concernant les jours et les heures de réception de la veuve.

— C'est mieux que tout ce que je pourrais trouver ailleurs, — se dit-elle. — Oui, c'est bien là l'intermédiaire qu'il me faut.

J'irai voir cette Mme de Morranteuil.

Elle est intelligente et a fait partie de cette haute société impériale si avide de se mêler à la vraie noblesse ; elle doit connaître son armorial par cœur ; elle me dénichera ce que je cherche.

Décidée à confier son futur mariage aux mains expertes de Mme de Morranteuil, Armande prit cependant encore quelques jours pour réfléchir.

Elle voulait étudier et régler d'avance les conditions dans lesquelles elle accepterait l'intermédiaire de la veuve.

— Je ne ferai pas comme les autres, — fut la conclusion de la fille du banquier. — Je ne veux ni de la présentation dans ses salons ni du reste !…

Au surplus, je n'ai point à m'inquiéter, — ajouta-t-elle, — je payerai royalement et Mme de Morranteuil fera tout ce que je voudrai.

Le jour de réception de la veuve arrivé, Armande s'y rendit seule.

Elle s'arrangea pour arriver de très bonne heure de façon à être la première et à ne rencontrer personne.

Mme de Morranteuil demeurait rue des Écuries-d'Artois, dans une de ces belles et vieilles maisons de grande allure où le concierge a des airs de majordome et que l'on prendrait volontiers pour des hôtels particuliers tant tout y est tranquille et bien ordonné.

Elle occupait au premier un vaste appartement sobrement meublé, avec le goût discret et sûr d'une personne habituée aux élégances raffinées du grand monde.

Tout y était de la plus parfaite correction et rien n'aurait pu faire deviner l'agence, car la marieuse, — ci-devant éclaireuse de la police impériale — était une très habile metteuse en scène.

Le coupé de Mlle Monval s'arrêta devant la porte.

Le valet de pied sonna pour faire ouvrir, — car cette porte restait constamment fermée comme dans les maisons les mieux tenues.

Armande descendit de voiture et donna l'ordre de l'attendre.

Renseignée par Mme de Terrenoire, la jeune fille n'avait aucune indication à demander et elle monta au premier directement.

Un domestique en livrée l'introduisit.

Armande prit dans un élégant portefeuille une de ses cartes de visite et la fit passer à Mme de Morranteuil.

— Armande Monval!...

Ce nom stupéfia la marieuse du grand monde.

Ce ne pouvait être que la fille du banquier Monval!...

Que pouvait venir faire chez elle cette richissime héritière?

Fort surprise et pressentant que cette visite inattendue amènerait quelque excellente affaire, la veuve donna l'ordre d'introduire Armande, non dans le grand salon, mais dans un petit boudoir attenant, où la jeune fille, qui devait désirer garder l'incognito, ne risquerait pas de se rencontrer avec ses visiteuses ordinaires.

Elle l'y rejoignit presque aussitôt.

De taille moyenne, plutôt grande, mais sans maigreur, élégante, de manières aisées, l'ancienne lionne de l'empire était encore belle, malgré ses cinquante ans.

Sa vue produisit un excellent effet sur Mlle Monval.

— Elle est très chic!... — murmura-t-elle en voyant la veuve s'approcher en dissimulant sa curiosité, mais avec un empressement fort concevable.

— Qui me vaut l'honneur de votre visite, mademoiselle? — demanda en même temps Mme de Morranteuil, faisant à sa jeune visiteuse son plus avenant sourire et l'engageant à s'asseoir près d'elle sur un élégant petit canapé Louis XVI garni d'une étoffe de soie ancienne.

— Mon Dieu, madame, — répondit carrément et sans embarras Mlle Monval, — je vous avoue que ma visite est des plus intéressées!... Je viens vous demander de me trouver un mari.

— Au revoir, et à bientôt !
— Oui, à bientôt ! répéta Armande. (P. 261.)

— Comment !... vous !... — s'écria l'ancienne policière, — ma chère enfant, avec une fortune comme la vôtre ?... et belle comme vous l'êtes, — car vous êtes adorable, savez-vous ?... J'avais entendu parler de votre beauté, et je suis heureuse d'avoir aujourd'hui l'occasion de l'apprécier.

Armande était habituée à ces éloges.

— Vous venez me demander de vous trouver un mari !... Vous, un des meilleurs partis de France !... vous qui n'avez qu'à choisir !... C'est une plaisanterie, sans doute ?...

Voyons, ce ne peut être là le véritable motif de votre visite ?...

— Je parle cependant très sérieusement, madame, — fit Mlle Monval.

Mme de Morranteuil se mit à rire.

— Vous êtes embarrassée pour vous marier ?

— Oui, pour me marier comme je l'entends, — répliqua la fille du banquier. — Je sais bien que si je veux me marier dans un certain monde, c'est-à-dire dans le monde de la finance ou de la noblesse de l'empire, dans le monde qui est le nôtre enfin, je trouverai plus de prétendants qu'il ne m'en faudra pour choisir. Mais je ne veux pas me marier dans ce monde-là.

— Ah ! ah !... — s'écria la veuve, qui commençait à comprendre.

— Oui ; je veux autre chose. — Mieux ou plus mal, cela n'est pas la question. Mais il me faut un titre, je veux un titre authentique.

C'est une fantaisie que j'ai bien les moyens de me payer, je pense !...

— Une fantaisie qui part du cœur le plus élevé, — approuva avec onction Mme de Morranteuil, enchantée de l'aubaine qui lui arrivait. — Mais laissez-moi m'étonner, seulement, ma chère enfant, que vous ayez eu l'idée de vous adesser à moi pour cela...

— C'est au contraire ce qu'il y a de plus naturel, madame, — répondit Armande avec un air de profonde déférence et feignant d'ignorer la petite industrie matrimoniale de la charmante et maternelle veuve. — Vous comprenez bien, n'est-ce pas ? qu'avec mon nom, ma fortune, je suis tenue à un certain décorum...

La fille du banquier Monval ne peut avoir l'air de faire appel au secours d'une agence. Il faut que rien ne révèle l'intermédiaire.

— En effet, vous avez complètement raison, — approuva de nouveau Mme de Morranteuil.

— C'est pour cela que j'ai pensé à vous, poursuivit la jeune fille. — Ma famille, vous le savez, était des plus attachées au régime impérial. C'est vous dire que l'on vous y connaît avantageusement. Mes parents ont souvent parlé de vous devant moi.

Je sais que vous recevez beaucoup, que vous avez conservé de très grandes relations...

Je sais aussi que des mariages très heureux se sont faits sous vos auspices. — Toutes ces raisons m'ont décidée à venir vous voir et à vous consulter sur mes projets.

Cette phrase à double entente débitée avec le plus parfait aplomb par Mlle Monval prouvait surabondamment à la veuve que, malgré les formes qu'elle y mettait, la fille du banquier n'ignorait rien de sa petite industrie matrimoniale. Elle pouvait donc aller de l'avant, sans inquiétudes sur sa commission.

Elle s'arrangerait même, comme cela lui arrivait d'habitude, pour la toucher largement des deux côtés.

— Votre démarche me flatte, ma chère enfant, — fit-elle en prenant les mains de la jeune fille.

Mais cette démonstration était insuffisante à Mlle Monval.

— Alors vous pensez trouver ce qu'il me faut? — demanda-t-elle avec une netteté qui pensa démonter l'ancienne émissaire de la sûreté générale.

— Je ferai tout au moins l'impossible pour cela, ma toute belle, — répondit-elle en se remettant. — Je vais y penser sérieusement... voir, chercher parmi mes amis...

— Je tiens à la couronne héraldique, mais la fortune m'est indifférente, — fit observer Mlle Monval.

— Cela rendra la chose plus facile encore, ma chère enfant, sans aucun doute, — affirma la marieuse.

— A dire vrai, même, — ajouta Armande, je préférerais que mon mari ne m'apportât rien que son titre... qu'il fût ruiné, complètement à sec...

— Par exemple!... quelle singulière idée! — s'écria Mme de Morranteuil.

— De cette façon, — expliqua Mlle Monval, — je conserverai mieux mon indépendance, je serai mieux maîtresse, plus libre.

L'ancienne « lionne » jeta un regard admiratif sur Armande.

— A ce point de vue-là, en effet, — murmura-t-elle.

— Vous comprenez, madame, — fit avec suffisance la fille du millionnaire. — Il y aura là pour moi une grande satisfaction d'orgueil.

Si mon mari apporte son blason, dont il a le droit d'être fier, moi j'apporte les millions qui le redorent et lui rendent le lustre sans lequel il eût fait triste figure.

C'est donc moi qui apporte le plus en somme, dans l'association, puisque, de fait, l'apport de mon mari ne prend de valeur que par moi.

— C'est fort juste, — déclara Mme de Morranteuil, — et admirablement raisonné.

— Cette différence de fortune me permettra de réserver mon indépendance. — Élevée librement comme je le suis, je ne pourrais m'accoutumer à une sujétion, si douce qu'elle soit, car je suis habituée à être maîtresse et seule juge de mes actions.

Vous le voyez, madame, je suis venue sans être accompagnée, personne ne connaît la démarche que je fais auprès de vous, pas même cette bonne Terrenoire.

— La colonelle? — demanda Mme de Morranteuil. — La colonelle de Terrenoire?

— Ma dame de compagnie, oui, madame, — répondit Mlle Monval. — C'est elle qui la première m'a parlé de vous. Elle m'a dit que vous étiez autrefois fort bonnes amies.

— Cette chère Terrenoire, je le crois bien, — murmura la veuve de M. de Morranteuil en dissimulant avec peine une grimace.

Elle pensait que si Mlle Monval lui était envoyée par la colonelle, il lui faudrait sans aucun doute écorner largement en sa faveur la commission qu'elle toucherait d'Armande.

— C'est elle, je le devine, qui vous a conseillé de vous adresser à moi; n'est-ce pas, ma chère enfant? — reprit la marieuse en cachant son inquiétude sous un sourire.

— Conseillé?... vraiment, non!... — fit cavalièrement la fille du banquier.

Je ne dis pas que ce qu'elle m'a raconté de vous n'a pas contribué à me décider; mais je n'ai pris pour cela, comme pour le reste, conseil que de moi-même, je vous l'affirme!...

— Et je vous crois...

— J'agis toujours à ma fantaisie et ne reçois jamais de conseils de personne, chère madame, — affirma Armande d'un ton qui ne permettait ni le doute ni la discussion.

Mme de Morranteuil ne put dissimuler un geste de contentement.

— Ma profession de foi vous effraie peut-être, madame? — questionna Mlle Monval, interprétant à son désavantage le geste involontaire de la marieuse. — Vous hésitez à vous occuper de moi?

— J'hésite?... mais pas du tout, ma chère enfant, — répondit avec empressement la veuve qu'effrayait déjà la crainte de voir lui échapper cette riche aubaine.

Cette indépendance de caractère de votre part, prouve au contraire la virilité, la force de votre esprit!...

C'est un charme de plus, une originalité plus grande!...

— Alors, trouvez-moi ce qu'il me faut, vous n'aurez pas à vous plaindre de moi... — répliqua en souriant la fille du millionnaire.

— Je vous le promets, ma toute belle, — je vais me mettre immédiatement en campagne.

Vous ne pouviez pas mieux vous adresser qu'à moi.

Je connais tout ce qu'il y a d'illustre en France; la chose me sera donc relativement facile, et vous pouvez compter sur mon zèle.

— Et vite!... agissez vite, je veux être mariée avant peu, — conclut Armande en se levant.

— Soyez tranquille.. — Avec votre fortune, cela ne sera pas long, — promit la marieuse dont l'esprit travaillait déjà.

Armande était encore là qu'elle cherchait déjà de quel côté elle pourrait agir pour mener à bien cette riche affaire.

— Tiens, — pensa-t-elle tout à coup, — le duc de Soisy n'avait-il pas un fils?... qu'est devenu ce fils?...

C'est lui qui ferait bien l'affaire... Ruiné, c'est certain, car il n'est pas possible, à moins qu'elle ne lui soit tombée du ciel, que le fils, s'il vit encore, ait réédifié la fortune démolie par son père.

Une couronne ducale!... des parchemins remontant aux croisades!... Et avec cela, joli garçon, sans aucun doute, car il doit ressembler à sa mère, qui était une des plus jolies femmes que j'aie vues. — Les garçons ressemblent généralement à leur mère.

Oui, voilà une excellente idée, — conclut l'intrigante dame. — Il faudra que je m'informe.

Et sur cette perspective qui lui ouvrait l'horizon d'une réussite probable, Mᵐᵉ de Morranteuil assura à la jeune fille un prompt résultat.

— Avant peu, en tout cas, je vous donnerai des nouvelles, ma chère enfant, — ajouta-t-elle en reconduisant Mˡˡᵉ Monval. — Je vous écrirai... ou plutôt non, j'irai vous voir, cela vaut mieux!... j'irai vous porter moi-même des nouvelles de mes démarches... sous prétexte de renouer connaissance avec cette bonne Terrenoire.

Au revoir et à bientôt!

— Oui, à bientôt! — répéta Armande.

CHAPITRE XIII

UN PORTRAIT

ussitot après le départ d'Armande Monval, Mme de Morranteuil se précipita sur le d'Hozier, dont les volumes luxieusement reliés en maroquin écrasé, occupaient la place la plus en vue dans sa bibliothèque et elle y chercha les renseignements concernant la famille ducale de Soisy.

— Excellente affaire, — murmurait-elle tout en feuilletant fiévreusement le volume.

Elle est renversante cette petite Monval...

Pourvu que j'aie la chance de réussir ce mariage-là !

Voyons, Soisy... Soisy... Ah! voilà. Parfait!... Voyons si mes souvenirs ne me trompent pas.

Bigre! très ancienne noblesse, ces Soisy. C'est bien cela. Noblesse datant des Croisades. Un Eginhard de Soisy, troisième du nom, mort en Palestine en 1252.

Son fils Roland faisant ses premières armes aux côtés de son père, et mourant de la peste, en vue de Carthage, le même jour que Louis IX qu'il avait suivi à la croisade.

— Vieille noblesse absolument et haute noblesse aussi, diantre!... alliés aux Montmorency, aux Mortemart, à tout ce que l'armorial français compte d'illustre.

Et quel joli blason !...

Si la fille du banquier n'est pas contente de ce mari-là !

Ah! voici qui le concerne spécialement — ajouta-t-elle en arrivant à la fin de la notice. — Gérard de Soisy, seul descendant, duc aujourd'hui.

C'est bien lui!... Donc, il vit, puisque l'*Annuaire* ne l'indique pas comme décédé.

Seulement, tout cela ne me dit pas où il est, — remarqua judicieusement Mme de Morranteuil.

Que peut-il être devenu ?...

Que peut-il faire ?

Ruiné, il est infiniment plus difficile à retrouver qu'en possession de sa fortune.

Voyons, quel âge peut-il avoir? — calcula la veuve.

La duchesse a dû accoucher l'année de la guerre, en 70; je me souviens de l'avoir rencontrée peu de temps auparavant, dans une position très intéressante. — Cela ferait vingt-cinq ans!... Vingt-cinq ans, déjà! — Peut-être a-t-il quitté la France, est-il marié. — Bah! tant pis, c'est une chance à courir; je vais me remuer, m'informer; il faut que je sache!

Et, sans perdre de temps, la marieuse chercha immédiatement auprès de ses amis, à obtenir des renseignements sur Gérard.

Mais personne ne put lui en donner, les de Soisy ayant complètement disparu, à l'époque de leur ruine.

— Il faudrait, pour savoir cela, le demander à quelques descendants des grandes familles de France, — lui dit la dernière personne qu'elle consulta à ce sujet.

Cette réflexion la fit penser à sa vieille amie la baronne douairière de Coutanges.

Répertoire vivant de la noblesse, ne s'occupant que de choses nobiliaires, la baronne était très au courant, très renseignée sur tout ce qui concernait ces questions. Elle aimait à être consultée et faisait complaisamment parade de sa science, d'ailleurs réelle, car ce qui touchait à la noblesse lui paraissait la seule chose digne d'intérêt.

— Positivement, il n'y a qu'elle qui puisse me renseigner, — se dit tout à coup la marieuse. — Une grande famille comme les Soisy, elle doit la savoir sur le bout du doigt; elle a dû recueillir tous les bruits la concernant.

Quand je ne tirerais d'elle que des présomptions, ce sera toujours quelque chose, un point sur lequel je pourrai m'appuyer pour agir. Tandis que maintenant je n'ai rien, rien, aucune donnée...

Mme de Morranteuil décida donc de faire au plus tôt une visite à la baronne.

Celle-ci recevait le dimanche de une heure à trois heures avant les vêpres, auxquelles elle assistait religieusement, cessant brusquement ses réceptions au premier coup de cloche appelant les fidèles à l'office. — C'était une chose convenue et acceptée par ses amis, fort nombreux, car le salon de la baronne était une sorte de potinière de bon ton où les vieux représentants de la noblesse aimaient à se retrouver.

Au coup de cloche annonçant les vêpres, la femme de chambre de la douairière apportait à sa maîtresse sa douillette puce et son capuchon de dentelles. — Mme de Fontanges se levait.

— Allons, à dimanche prochain, — disait-elle en congédiant ses visiteuses.

C'était pendant cinq minutes un remue-ménage de fauteuils, un frou-frou de soie, de mains serrées, et toute cette élégante société disparaissait comme par enchantement.

La baronne donnant le bras à sa femme de chambre, s'en allait alors de son petit pas trottinant jusqu'à Sainte-Clotilde, où elle avait son prie-Dieu, marqué d'une plaque, et sa place réservée de temps immémorial.

Mme de Morranteuil arriva de bonne heure à la réception de la douairière pour ne pas la trouver trop entourée.

Dans cet aristocratique milieu où elle se faufilait un peu comme une intruse, grâce à ses relations d'amitié avec la baronne, amitié qui datait de leurs années d'éducation au couvent des Oiseaux, où la future douairière de Coutanges avait été la « petite mère » de celle qui devait devenir plus tard la belle Mme de Morranteuil, — la marieuse n'eût voulu pour rien au monde laisser deviner le mobile de ses questions; aussi amena-t-elle fort adroitement la conversation sur la famille de Soisy.

Après avoir déploré discrètement les folies et les prodigalités du duc Hector qu'elle « avait connu, ainsi que cette admirable et malheureuse duchesse » :

— Mais, il y avait un fils, je crois, — continua-t-elle; — qu'est-il donc devenu?... le sait-on?

— Le petit Gérard?... mais il est soldat, ma toute belle, — s'écria la douairière de sa voix de fausset.

— Soldat?

— Pouvait-il faire autre chose, mon cœur, puisque son mauvais sujet de père l'avait complètement ruiné?

— C'est vrai.

Soldat, le duc de Soisy se trouvait donc en France, ou tout au moins dans les possessions françaises.

C'était une bonne nouvelle pour la marieuse.

— Il ne va pas être difficile à retrouver, alors, — pensait-elle tout en causant avec la douairière.

Malgré son impatience, elle attendit pourtant le signal des vêpres pour se retirer.

Elle savait qu'il n'était pas d'usage d'interrompre la réception avant l'arrivée de la douillette de soie puce.

Elle ne voulait pas non plus avoir l'air d'être venue uniquement pour obtenir des renseignements sur la famille de Soisy.

LA DEMOISELLE DU CHATEAU   265

Elle demanda à consulter l'*Annuaire militaire*. (P. 265.)

Mais aussitôt sortie, la veuve fit arrêter son coupé devant le premier cabinet de lecture qu'elle rencontra.

Pour faire ses visites dans les milieux qu'elle fréquentait au temps de sa splendeur, l'ancienne « lionne » prenait à la demi-journée une voiture de remise qu'elle paraissait avoir au mois.

Elle demanda à consulter l'*Annuaire militaire*.

— La baronne aurait peut-être pu me renseigner sur le régiment auquel appartient le duc, — pensait-elle, — mais au moins, de cette façon, je n'ai pas l'air de m'intéresser plus qu'il ne faut à l'héritier des Soisy.

— Ah! voilà, — dit-elle enfin avec satisfaction, après avoir feuilleté l'*Annuaire* pendant un assez long temps, inexperte à débrouiller quelque chose dans ce fouillis de grades et de régiments.

La publication, en effet, contenait encore le nom de Gérard. C'était l'édition de l'année, et la démission du jeune homme ne devait amener sa suppression que dans l'*Annuaire* de l'année suivante.

Elle lut :

« DE SOISY, Gérard, sous-lieutenant au 3ᵉ génie, à Montpellier. »

— Parfait, — fit Mme de Morranteuil en inscrivant sur un calepin bourré de notes et d'adresses les indications fournies par l'Annuaire.

Voilà qui est pour le mieux et cela va marcher rondement! Armande Monval ne pourra pas se plaindre de mon zèle.

Pour moi, c'est un mariage conclu, car le petit lieutenant va sauter à pieds joints sur cette occasion inespérée de redonner du lustre à sa famille. S'il a les goûts de son père, surtout, il doit passablement se faire vieux, sans le sou, dans sa garnison de Montpellier! Il doit avoir un véritable appétit! Je gage que les millions de la fille du banquier vont recevoir une rude brèche et que le premier assaut sera terrible. — Bah! c'est leur affaire, et la petite Monval, du reste, me paraît de taille à ne pas se laisser dépouiller comme la défunte duchesse.

Elle connaît le prix de l'argent et ne se laissera point plumer sans se défendre. A la bonne heure ! elle a bec et ongles, cette fille de banquier.

De retour chez elle, Mme de Morranteuil envoya sans plus tarder sa carte au sous-lieutenant de Soisy, à Montpellier, s'autorisant de prétendues relations avec sa mère, — « relations que vous devez sans doute ignorer, car elles ont été trop courtes, malheureusement, mais qui ont laissé dans mon esprit le souvenir le plus durable et le meilleur », — écrivait la veuve de M. de Morranteuil.

Cette carte envoyée, elle attendit la réponse avec confiance.

Le moyen employé par elle lui paraissait infaillible pour entrer en relations avec le jeune duc... Le sous-lieutenant ne pouvait être qu'heureux de retrouver une ancienne amie de sa mère.

— Il va m'écrire, c'est indubitable, — se disait Mme de Morranteuil.

Armande de son côté attendait avec impatience les nouvelles promises par la marieuse.

Ne voyant rien venir, elle se décida à écrire au bout de trois jours.

« Venez toujours me raconter ce que vous avez fait, — disait-elle ; — vous m'avez promis de ne pas me faire trop attendre, et déjà voilà trois jours écoulés sans que j'aie aucune nouvelle de votre part. Je vous attends dans le délai le plus bref. »

Cette lettre fut la première que reçut Mme de Morranteuil.

— Bon, la petite est pressée, — murmura la veuve en la lisant. — Ça ne fait rien. Elle verra que je n'ai pas perdu mon temps, lorsque je lui communiquerai la réponse du duc de Soisy.

Mais le courrier suivant ne lui apporta qu'une déception. Sa carte lui était retournée par la poste, avec la mention :

« Démissionnaire, parti sans adresse. »

Cette nouvelle la remplit d'inquiétude.

Qu'est-ce que cela pouvait bien vouloir dire ?... Quelles raisons pouvait avoir eu le duc pour démissionner ?

— Pourvu que ce ne soit pas pour se marier... pour épouser quelque fille sans dot !... — murmurait la veuve avec dépit. — L'imbécile !..., avec son nom !... me faire manquer une si belle affaire !...

Sous le coup de sa déception, la marieuse courut à l'hôtel du banquier Monval, avec la carte que la poste venait de lui renvoyer.

— Je prouverai toujours à Armande que j'ai fait quelque chose — se disait en chemin Mme de Morranteuil ; — elle verra que ce n'est pas de ma faute si je n'ai pas encore trouvé le mari qu'elle veut et que je lui ai promis. — Tout le monde peut s'égarer sur une mauvaise piste.

Si ça avait réussi, cependant, comme c'était chic !... duchesse de Soisy !
— Du reste, tout n'est pas désespéré. C'est un retard seulement. Il ne doit pas être introuvable, ce duc ?

Ainsi que cela avait été convenu, la veuve demanda Mme de Terrenoire.

Les deux amies se retrouvèrent avec le plus grand plaisir. Cela fut pour elles comme une résurrection de leur splendeur et de leurs élégances passées.

— Ah ! voyez-vous, ma chère, l'empire, il n'y avait que ça ! — soupirait la colonelle, résumant en ces quelques mots toutes les amertumes de son existence présente.

Cet avis était aussi celui de Mme de Morranteuil.

— Oui, il n'y avait encore que l'empire. C'était le bon temps !... Au moins savait-on apprécier les personnes de mérite !... Mais sous cette affreuse république, ma chère, je vous le demande, que faire pour les gens bien nés au milieu de cette cohue populacière qui se rue à l'assaut des places et des honneurs ?... On n'a qu'à se retirer, à rester dans son coin, et à attendre que cela passe.

La conversation des deux veuves fut interrompue par Armande.

Impatiente, la jeune fille, qui avait vu arriver Mme de Morranteuil, se décida à rejoindre la colonelle.

— Il n'y a aucun inconvénient à parler devant cette bonne Terrenoire, — pensait Armande. — Point de danger qu'elle soit d'un autre avis que moi. — Elle n'oserait pas, d'ailleurs, elle tient trop à sa situation pour cela.

Et, entrant dans la petite pièce d'un élégance confortable qui servait de salon à sa dame de compagnie, la fille du banquier vint droit à Mme de Morranteuil.

— Enfin ! vous voilà, madame, — s'écria-t-elle. — Qu'y a-t-il de nouveau?... Qu'avez-vous fait?... Avez-vous trouvé quelque chose? — Vous pouvez parler devant la colonelle, c'est une amie. — Il n'y a point à craindre qu'elle me trahisse.

N'est-ce pas, Terrenoire?

— Mais vous connaissez donc Mme de Morranteuil? — demanda la colonelle stupéfaite.

— Je vous raconterai cela, ma bonne, — fit Mlle Monval. — Laissez d'abord parler votre amie. — Je bous d'impatience, vous devez le comprendre...

— Mais je ne comprends pas du tout, au contraire, — répliqua la colonelle avec un effarement comique.

— Patience, — reprit en riant Armande. — Quand vous aurez entendu Mme de Morranteuil, vous verrez que vous comprendrez tout de suite.

Alors, vous avez du nouveau? — ajouta la fille du banquier en se tournant vers la veuve.

— Oui, ma chère enfant, — répondit la marieuse ; — mais malheureusement la chose n'est pas aussi avancée que je l'espérais. Votre lettre si pressante m'a prise de court.

— Que penseriez-vous du duc de Soisy.

— Duchesse !... bravo !... — Mais est-il bien authentique, votre duc?

— C'est le descendant d'une des plus vieilles familles de France.

— Alors, il n'a pas le sou?

— Il est ruiné, je l'avoue, — déclara l'élégante veuve un peu inquiète. — Mais ne m'avez-vous pas dit vous-même...

— Oui, oui, c'est toujours mon avis, ma chère Mme de Morranteuil, — interrompit Armande. — Vous l'avez vu... votre duc?... Vous êtes sûre qu'il consentirait à se mésallier avec des millions?

— Je ne l'ai pas vu, mais j'en suis certaine, — répondit la veuve avec assurance. — Surtout des millions présentés par une aussi jolie main.

— Il n'est pas vieux, au moins? — demanda la jeune millionnaire avec une nuance d'inquiétude.

— Vingt-cinq ans environ, — répondit en souriant Mme de Morranteuil.
— Et pas trop laid?... ni infirme?... insista Armante Monval.
— J'ai connu le père et la mère, qui étaient, chacun dans leur genre, deux types de beauté achevée.
— Orphelin?
— Oui, depuis assez longtemps déjà.
— Mais lui, chère madame, vous ne le connaissez pas?
— Ah! voilà bien le guignon!... — fit la veuve avec un grand geste désolé. — Non seulement je ne le connais pas, ce qui ne serait rien, mais je le cherche en vain depuis trois jours.
— Bah!... un duc de Soisy!...
— Sous-lieutenant au deuxième régiment du Génie, le jeune duc a démissionné et disparu.
— Il faut le retrouver...
N'est-ce pas, Terrenoire? — ajouta la jeune fille en se tournant vers sa dame de compagnie. — Duchesse de Soisy, cela m'ira bien, qu'en pensez-vous?
— Il est donc question d'un mariage? demanda la colonelle assez intriguée.
— Ne m'aviez-vous pas vous-même parlé des hautes relations de Mme de Morranteuil!...
— Et vous avez été la voir toute seule!...
— Le hasard nous a mises en présence, — dit en riant Armande.
— Mais au fait, ma chère Terrenoire, — s'écria tout à coup Mme de Morranteuil, — vous avez connu le père et la mère du duc actuel, vous?
— Oui, — répondit la colonelle, — pendant toute une saison nous nous sommes vus à Bade. J'ai même connu le petit Gérard, le futur duc de Soisy, qui à cette époque-là était un amour d'enfant.
— Blond?
— Non, brun, au teint mat. Avec de longs cheveux bouclés.
— Ah! tant mieux! — fit Armande.
— Mais alors, ma chère, vous pourriez nous aider à retrouver le duc, — dit la marieuse du grand monde.
— Dame, ma bonne Morranteuil, je ne vois pas trop comment...
— Peut-être, parmi les relations des de Soisy, pourrait-on trouver quelqu'un qui saurait ce qu'est devenu le petit duc et pourquoi il a démissionné.
— Oui, c'est une idée. — Tâchez de vous rappeler, ma chère colonelle, je vous en prie...

— Attendez, — fit Mme de Terrenoire. — A cette époque, le duc Hector était très lié avec le colonel Henriot.

— Le colonel Henriot !… — s'écria l'amie de Valérie de Belleuse.

— Celui qui est maintenant général de division à Nancy ? — questionna à son tour Mme de Morranteuil, qui connaissait tout le monde.

Le général, d'ailleurs, figurait à son insu sur ses listes matrimoniales, comme veuf, sans enfants et fort riche.

— Ce doit être lui, — répondit Mme de Terrenoire. — Le colonel Henriot était un des rares amis du duc que la duchesse consentit à recevoir. Il paraissait aimer beaucoup le petit Gérard. — C'est tout ce que je sais.

— Mais c'est très précieux, ces renseignements-là, et je vais partir immédiatement pour Nancy, — déclara Mme de Morranteuil. — Je verrai le général Henriot. Il est certain qu'il a dû conserver ses relations avec le fils de son ami. Je le ferai causer et je saurai par lui ce qu'est devenu le duc de Soisy sans lui rien laisser entendre de nos projets.

— Ne me compromettez pas, surtout, chère madame de Morranteuil, — recommanda Armande, qui savait le général en relations avec ses parents.

— Soyez tranquille, ma toute belle !… Ça me connaît, ces petites enquêtes-là, — laissa échapper l'entremetteuse, tellement la perspective de la forte somme qu'elle entrevoyait et qu'elle espérait bien toucher à bref délai la faisait sortir de sa réserve habituelle.

Elle ne se donna même pas la peine de réparer sa maladresse.

— Je serai demain sans faute à Nancy, — conclut-elle en faisant ses adieux à Armande et à Mme de Terrenoire.

Le lendemain, en effet, Mme de Morranteuil arrivait à Nancy, d'assez bonne heure pour pouvoir se présenter dans la journée même chez le général Henriot.

Le prétexte à trouver ne l'embarrassait pas.

Elle était, par métier, associée à toutes les œuvres de charité importantes de France. Cela lui donnait du poids et une entrée toute naturelle dans les familles riches ; et, bien que la chose lui coûtât de l'argent, elle en retirait encore un réel profit.

Chez le général, elle se présenterait sous le couvert de l'association des Dames de France. — Elle s'était précautionnée à cet effet.

Au besoin, elle s'appuierait sur d'anciennes relations imaginaires avec la famille de Soisy.

De toutes façons, elle éviterait de mettre en avant les Monval que le général connaissait.

Elle n'était pas femme à se formaliser d'un refus ou d'une hésitation à la recevoir.

Si les prétextes qu'elle avait préparés étaient insuffisants, elle suivrait l'inspiration du moment, sûre de réussir à forcer la porte du général.

L'aristocratique intrigante fit d'abord passer sa carte de mandataire de l'association des Dames de France.

Bien qu'un peu ennuyé de cette visite intempestive, le général, qui « faisait un billard » avec son officier d'ordonnance en attendant l'heure du dîner, donna l'ordre de l'introduire.

Très charitable, il était rare qu'il refusât de participer à une bonne œuvre.

Cependant, l'allure de la dame ne lui revenant qu'à moitié, il la reçut assez fraîchement.

A peine assise, Mme de Morranteuil trouva le moyen de parler de Gérard.

Elle venait d'apprendre, dans une maison amie, la démission du jeune duc. La nouvelle l'avait renversée! Qu'est-ce qu'il pouvait bien y avoir eu? Pour quelle raison avait-il pu quitter l'armée?

Elle s'excusait de son indiscrétion; mais elle avait beaucoup connu le duc et la duchesse de Soisy et s'intéressait fort au jeune homme. Elle savait qu'une grande amitié liait Gérard au général Henriot. Aussi, tout en faisant sa tournée de charité, en profitait-elle pour se rassurer.

Rien de fâcheux n'était-il arrivé au pauvre enfant?... le général devait savoir les motifs de cette démission.

Où était-il?... que faisait-il?... elle l'avait connu tout petit... et déjà si joli enfant. Ce devait être un beau garçon, maintenant... Elle serait si heureuse de l'embrasser!

Mais le vieux soldat coupa court au bavardage de la maricuse.

Depuis la dernière conversation qu'il avait eue avec son filleul, il respectait aujourd'hui sa courageuse décision, quelque excessive qu'il la trouvât tout en l'admirant, et il était résolu à ne pas trahir l'incognito de Gérard.

Il se leva.

— Je regrette, madame, — dit-il, — de ne pouvoir vous répondre d'une façon plus satisfaisante au sujet du duc de Soisy. Je sais, en effet, qu'il a quitté l'armée; mais j'en ignore complètement le motif : la nouvelle m'a surpris autant que vous.

— Peut-être a-t-il démissionné pour se marier ? — insinua Mme de Morranteuil.

— Non ; ça, je le saurais, — déclara le général Henriot.

Et, remettant un billet de cent francs à la visiteuse, désireux d'échapper à ses indiscrètes questions :

— Voilà mon offrande aux Dames de France, madame, — fit-il courtoisement, bien qu'au fond il envoyât au diable l'indiscrète. — Comme cela, au moins, votre démarche vous aura toujours servi à quelque chose. Croyez que je suis au regret, voyant l'intérêt que vous portez au duc de Soisy, de ne pouvoir tout au moins vous rassurer à son sujet. Mais vous en savez autant que moi, puisque vous connaissez la démission de Gérard. — J'ignore les motifs qui l'ont poussé à prendre cette détermination.

— Pauvre enfant !... c'est qu'il a été déjà si malheureux ! — soupira Mme de Morranteuil.

Mais comme le général ne s'était pas rassis et ne paraissait pas disposé à prolonger l'entretien, la marieuse, tout en remerciant le vieux soldat de sa générosité, fut bien obligée de battre en retraite.

Elle enrageait cependant.

— Il en sait plus long qu'il n'en dit, j'en jurerais, — murmurait-elle entre ses dents, tout en retournant à l'hôtel où elle était descendue pour réfléchir à ce qu'il y avait lieu de faire dans l'occurrence.

Le mieux est que j'aille continuer mon enquête sur place, — ajoutait la veuve qui avait la décision prompte. — Cette démission n'est pas venue sans cause. Gérard de Soisy a eu une raison pour la donner.

Cette raison doit être connue au régiment, ou, si elle ne l'est pas entièrement, elle doit être tout au moins soupçonnée. On a dû se livrer dans tous les cas, parmi ses camarades, à une foule de conjectures.

Un duc de Soisy ne démissionne point sans que ses amis s'inquiètent de cette démission. — D'ailleurs, il a dû en parler autour de lui avant de l'envoyer.

On ne prend pas à huis clos une décision aussi importante, et, si discrets que se soient montrés ses confidents, quelque chose de la vérité a certainement transpiré. De tous les *on dit* que je pourrai recueillir, je saurai bien trouver le plus vraisemblable, celui qui me mettra sur la trace de Gérard.

De l'hôtel, Mme de Morranteuil écrivit à Paris le résultat négatif de sa démarche auprès du général Henriot et la décision qu'elle avait prise de se rendre sans perdre de temps à Montpellier.

En femme élégante et en outre habituée aux contre-temps imprévus, elle avait, malgré le court séjour qu'elle comptait faire à Nancy, emporté avec elle un léger bagage. Elle ne serait donc pas obligée de s'arrêter à Paris et filerait sans retard sur Montpellier. — Mais elle attendait pour partir une réponse d'Armande.

Cette réponse arriva poste pour poste. Elle contenait deux billets de

Pour oublier, il s'était livré au travail avec acharnement... (P. 277.)

mille francs « pour indemniser cette chère Mme de Morranteuil des frais qu'elle allait être obligée de faire; » et la recommandation d'agir le plus promptement possible.

De plus, un mot d'instruction de la colonelle pour un chef d'escadrons, ancien ami du colonel de Terrenoire.

Maintenant qu'elle était dans le secret, la dame de compagnie d'Armande donnait son appui de tout cœur.

Le mot était charmant et arrivait fort à propos.

Au reçu de la lettre de Mlle Monval, la veuve quitta immédiatement Nancy. — L'attention d'Armande l'avait touchée.

— A la bonne heure, en voilà une au moins qui sait comprendre les choses ! — murmura-t-elle joyeusement en serrant les deux précieux billets dans une pochette de cuir qui ne la quittait pas. — Il y a plaisir à s'occuper de ses affaires.

Allons !... nous allons faire de notre mieux pour contenter cette charmante enfant et lui retrouver son petit duc.

Malheureusement pour les projets matrimoniaux de Mlle Monval, le voyage de Mme de Morrantcuil à Montpellier ne donna pas plus de résultat que son entrevue avec le général Henriot.

Fort bien reçue par l'officier auprès duquel l'accréditait la lettre d'introduction de la colonelle, cela ne lui servit qu'à constater qu'on n'en savait pas plus à Montpellier qu'à Nancy sur les causes ayant amené la démission du duc de Soisy.

— Cette démission nous à tous surpris comme un coup de foudre, car aucun de nous ne s'y attendait, — dit l'ancien ami du colonel de Terrenoire à la veuve qui s'était donnée comme une parente éloignée de Gérard.

Nous ne l'avons connue qu'après le départ du lieutenant de Soisy que nous croyions parti en permission ; sans cela, vous le comprenez, nous nous y fussions opposés de tout notre pouvoir.

C'était un charmant camarade et un brillant officier que ses chefs avaient en haute estime.

Ça a été une consternation générale dans son régiment.

— Mais enfin, on ne se doute pas un peu de ce qui a pu motiver une décision aussi surprenante ? demanda la veuve.

L'officier leva les épaules de l'air d'un homme qui renonce à comprendre quelque chose.

— Nous nous sommes perdus en conjectures, — dit-il.

— Quelque histoire de femme, peut-être ?... — reprit Mme de Morranteuil, d'un air de maternelle indulgence.

— C'est peu probable, — fit le chef d'escadrons.

Personne n'a jamais connu ici à de Soisy de maîtresse en titre. Bien qu'excellent camarade, et fort indulgent pour les autres, il était très sérieux, très travailleur et, semblait-il, incapable de compromettre son nom dans une aventure de ce genre.

— Ce cher enfant !... Cela aussi m'étonnerait bien de lui, — s'écria avec conviction l'ex-auxiliaire de la Sûreté générale.

De gré ou de force, la marieuse avait dû se contenter comme renseignements de ce brevet de bonne vie et mœurs décerné à l'ex-lieutenant par l'ancien ami du colonel de Terrenoire.

Elle avait pourtant poussé activement et habilement son enquête partout où elle espérait trouver quelque trace du duc.

Toutes ses démarches furent vaines.

— Fichue campagne !... — grommelait-elle avec humeur. — Rentrer bredouille ! que va dire la petite Monval ?...

Elle est capable de m'envoyer promener... Une affaire qui paraissait marcher si bien !... C'est désolant, tout de même !

A force de se démener, la marieuse arriva cependant à se faire indiquer l'adresse d'un photographe de Montpellier chez qui elle pourrait trouver le portrait de Gérard en officier.

Il n'avait fallu rien moins que l'intervention du chef d'escadrons, ami du colonel de Terrenoire et qui s'était porté garant de la parenté de la vieille dame avec le duc de Soisy, pour décider le photographe à céder à Mme de Morranteuil deux exemplaires de ce portrait.

— Nous ne faisons cela pour personne, madame, — affirma l'Industriel. — Jamais un portrait ne sort de chez nous que sur la demande expresse de celui qui nous l'a commandé.

Munie de ce piètre et unique butin, Mme de Morranteuil repartit enfin pour Paris.

— Ça calmera toujours un peu l'impatience de Mlle Monval, — se disait-elle, pour se tranquilliser, en regardant la photographie du jeune duc.

Ça l'amusera, tandis que je chercherai le moyen de me retourner.

C'est qu'il est fort joli garçon ! elle ne serait pas à plaindre, la mâtine !

Ah ! si j'avais seulement vingt ans de moins, ce n'est pas pour elle que je le chercherais, — ajouta, d'un air demi sérieux, l'ancienne lionne de l'empire, avec le soupir de regret de la femme mûre pensant à sa jeunesse.

Après tout, — continua-t-elle en réfléchissant, — peut-être ferais-je bien d'attendre pour montrer cette photographie, d'avoir tout au moins retrouvé les traces de l'original. — Cela serait, il me semble, plus raisonnable.

Pourtant, devant le désappointement et la colère d'Armande, il fallait bien user de tous les moyens pour la calmer.

Aux reproches véhéments de la jeune fille, la marieuse répondit en mettant sous ses yeux le portrait de Gérard.

Ce fut le coup de foudre pour Mlle Monval.

Comme une héroïne de roman, la fille du banquier tomba follement amoureuse de l'image du jeune duc.

Subitement calmée, elle devint persuasive et câline envers l'entremetteuse.

— Oh ! ma bonne madame de Morranteuil, trouvez-le-moi, je vous en supplie !... — demanda-t-elle langoureusement, les yeux noyés.

Il me le faut, je le veux !... Employez tous les moyens que vous voudrez... Dépensez sans compter ; mais retrouvez-le !...

— Je ne demande pas mieux, soyez-en certaine, — répondit l'aristocratique marieuse.

— Voyons, il ne doit pas être si impossible que cela de découvrir les traces d'un officier, même démissionnaire, surtout quand cet officier s'appelle le duc de Soisy ?

— Je vous ai dit tout ce que j'ai fait.

— Voyez au ministère !... faites agir la police !... que sais-je, moi ?... Mais, trouvez-le !... Je mettrai tout l'argent qu'il faudra à votre disposition... Vous avez carte blanche.

D'ailleurs, maintenant, je n'en veux pas d'autre, — affirma la jeune millionnaire.

J'épouserai le duc de Soisy ou je renoncerai à me marier !...

Je le veux, je le veux, comprenez-vous, ma chère madame de Morranteuil ?... Il faut me le retrouver à tout prix !

Et, la marieuse congédiée, retrouvant toute la violence de son caractère entier et dominateur, Mlle de Montval s'écria :

— Oui, je le veux !... et je l'aurai !... — Quels que soient les obstacles, il faut qu'il soit à moi, car je l'aime !...

CHAPITRE XIV

L'AGENT PERCIER

Tandis que la fille du banquier se montait la tête et mettait tout en campagne pour retrouver le duc de Soisy, Gérard, à l'usine de M. Duhamel, s'applaudissait de plus en plus de la détermination qu'il avait prise.

Le jeune homme était bien loin de se douter des préoccupations dont il était l'objet.

Il se trouvait maintenant relativement heureux. Sa situation s'était notablement améliorée à la suite de l'invention due à son travail et dont Adrien Verneuil s'était montré l'admirateur enthousiaste auprès de M. Duhamel.

Le maître de forges avait écrit une lettre personnelle à son nouvel employé, pour le féliciter et lui annoncer en même temps que ses appointements mensuels étaient portés à cinq cents francs.

C'était pour Gérard, en même temps que la tranquillité pour le présent, la quasi certitude de l'avenir. Car ce premier essai n'était pas le seul perfectionnement qu'il se proposât d'apporter à l'outillage et à l'organisation de l'usine. Il avait en tête une foule de projets dont plusieurs déjà à l'étude.

Le cœur toujours épris, malgré la lutte engagée contre lui-même, en dépit même de l'absence de la Demoiselle du château, Gérard luttait avec courage contre cet amour que sa conscience réprouvait.

Il s'était juré de le chasser de son cœur.

Pour oublier, il s'était livré au travail avec acharnement et ce surmenage intellectuel lui faisait faire des prodiges.

Sa science s'élargissait, se coordonnait par l'application et la pratique.

Pourtant, loin de le guérir de son amour, ces facultés qu'il sentait bouillonner en lui éveillaient par instants, dans un coin de son cœur, un espoir secret. Ce n'était qu'un éclair, mais cet oubli rapide de sa volonté suffisait à le faire retomber tout entier sous la dépendance de sa passion amoureuse.

Il sentait alors que son mal était incurable, qu'il lui faudrait briser son cœur pour en arracher l'image de Madeleine...

Pourtant, il luttait toujours, il luttait encore, armant sa conscience contre son amour, appelant au secours de sa fléchissante volonté le souvenir de la noble et courageuse duchesse.

— Ma mère réprouverait cet amour comme un manquement à l'honneur, — pensait Gérard. — Elle ne me pardonnerait pas d'y céder. Mon devoir est de l'arracher de mon cœur, dussé-je en mourir !...

Et il se replongeait dans ses travaux avec un acharnement nouveau.

Il était devenu l'ami inséparable d'Adrien Verneuil.

La sympathie qui d'abord avait poussé les deux jeunes gens l'un vers l'autre s'était encore accrue, aussitôt que l'ingénieur avait pu constater la supériorité intellectuelle de Gérard.

L'assimilation rapide de son intelligent auxiliaire à ses travaux d'ingénieur lui avait fait comprendre que, bien que celui-ci ne se targuât d'aucun diplôme, il avait affaire à un garçon d'un mérite exceptionnel et ayant fait les plus hautes et les plus complètes études.

Dès lors, les rapports entre eux étaient devenus non ceux d'un supérieur et d'un subalterne, mais ceux de deux véritables camarades.

Bien que Gérard fût en réalité sous les ordres d'Adrien Verneuil, il n'y eut bientôt plus entre eux aucune ligne de démarcation.

Ainsi que l'avait voulu Adrien lui-même, vis-à-vis des employés Gérard paraissait être à l'usine au même titre que lui.

Travaillant au même bureau, les deux jeunes gens se soumettaient leurs calculs, leurs plans et leurs dessins; ils échangeaient leurs projets d'améliorations et étudiaient ensemble une nouvelle méthode d'organisation des travaux.

Exceptionnellement doués tous les deux, Adrien Verneuil n'avait eu aucune peine à reconnaître la supériorité générale et créatrice de son nouvel ami; cela ne faisait qu'augmenter son admiration pour Gérard.

Cette agréable intimité, un instant retardée par la fierté un peu ombrageuse du jeune duc et par la mélancolie que mettait en lui son amour pour Madeleine, s'était ensuite accentuée et, rapidement, depuis le départ de la famille Duhamel pour Paris, elle était devenue une véritable et solide amitié.

Les deux jeunes gens passaient maintenant tous leurs dimanches ensemble, causant art, littérature, sciences, avenir.

Cependant, sur ce dernier point, Gérard, qui sur tout autre sujet était un causeur charmant et original, plein d'enthousiasme et de profondeur, se contentait de laisser parler son ami.

Adrien Verneuil respectait cette réserve qu'il attribuait à quelque chagrin secret.

Quant à lui, il n'avait pas tardé à faire de Gérard le confident de son amour pour Gervaise de Châtenay.

— Je crois que c'est depuis toujours, — répondait-il à son ami qui lui demandait s'il y avait longtemps qu'il s'était aperçu de son amour pour la jeune fille. — Depuis que je la connais, depuis le jour où je l'ai rencontrée dans la famille Duhamel, je n'ai plus travaillé que dans l'espoir de me faire une situation qui me rendît digne d'elle.

N'ayant pas la noblesse du nom, je veux tout au moins pouvoir lui offrir la fortune.

Je veux aussi me faire apprécier suffisamment par M. Duhamel pour le décider, lorsque je m'ouvrirai à lui, à se faire mon interprète, à s'employer auprès de la vicomtesse de Châtenay, dans le but de me faciliter ce mariage.

J'espère y être parvenu et avoir conquis l'estime de cet excellent homme.

Je vois avec joie et en même temps avec frayeur, tant je crains de ne pas réussir, le moment arriver de réclamer son appui, — ajouta le jeune ingénieur. — Intéressé dans l'usine, je gagne maintenant près de cinquante mille francs par an.

C'est déjà une petite fortune, et cela ne peut qu'augmenter.

Mais voilà : Mme de Châtenay s'en contentera-t-elle pour sa belle-fille ?

— On la dit acariâtre et méchante, — fit Gérard.

— Hélas ! voilà bien ce qui m'effraie. De quelle façon recevrait-elle ma demande ?... Voudrait-elle seulement consentir à écouter M. Duhamel ?

— Et... Mlle Gervaise ? — questionna Gérard, mais en mettant à sa question le ton de la plus entière discrétion.

— Oh ! elle... je suis sûr d'elle ! — répondit avec confiance Adrien Verneuil. — Bien que je ne lui aie jamais rien dit de mon amour, comme bien vous pensez, je suis sûr qu'elle l'a deviné...

Je n'ose dire qu'elle le partage, et pourtant je crois... j'espère... car il m'a semblé lire dans ses yeux que je ne lui étais pas indifférent.

— Et moi, j'en suis sûr comme vous, — dit en souriant Gérard.

— Vous croyez, mon cher ami ? — s'écria Adrien en rougissant de bonheur.

— Oui, je crois que Mlle de Châtenay vous aime autant que vous êtes digne d'être aimé, mon cher Verneuil.

Je crois qu'un refus de la vicomtesse la désolerait comme vous, car sans qu'elle s'en doute, peut-être, son cœur bat à l'union du vôtre.

— Oh ! mon cher ami !...

— Pourquoi ne vous aimerait-elle pas, d'ailleurs ?

— Je suis si au-dessous d'elle !... — murmura Adrien.

— Vous êtes un garçon plein de cœur et de mérite. Croyez-vous que Mlle de Châtenay ne soit pas assez intelligente pour savoir apprécier ce que vous valez ?... D'ailleurs, le cœur calcule-t-il ?

— Vous avez raison, mon cher Gérard, — approuva vivement Adrien Verneuil.

Oui, je crois avoir maintenant quelques motifs d'espérer.

J'étais si malheureux dans les premiers temps !... je me disais que tous mes efforts seraient vains, que jamais Mlle de Châtenay ne ferait attention à moi, ne daignerait me remarquer... Parfois aussi, je pensais dans ma conscience d'honnête homme que je n'avais pas le droit de chercher à arriver jusqu'à elle et à m'en faire aimer... que, quoi que je fisse, ma situation serait toujours tellement au-dessous de la sienne, que ma recherche paraîtrait inspirée par l'intérêt le plus vil,... que c'était pour moi une question d'honneur absolu de renoncer à mon amour et de l'oublier... Vous comprenez ce que ces pensées me faisaient souffrir ?

— Oui... je le comprends, — répondit d'une voix sourde Gérard de Soisy en poussant un soupir.

— Mais l'amour a été plus fort que tout, — continua Adrien, — tellement il s'était rendu maître de mon cœur !... Il a triomphé de tous mes scrupules !

D'ailleurs, il est noble aussi de chercher à s'élever pour arriver à celle que l'on aime.

Je me moque de ce que le monde pourra penser si ma conscience est pour moi.

Ensuite, quelque chose me dit que Gervaise est malheureuse, qu'elle a besoin d'être protégée...

— Protégée !... contre qui ?... Penseriez-vous que sa belle-mère, si méchante qu'elle soit...

— La vicomtesse déteste la pauvre enfant, cela ne se voit que trop...

Tenez, mon cher Gérard, voilà quelques jours que je n'ai pas aperçu Mlle de Châtenay et cela me met dans une inquiétude mortelle.

— Quelle folie !... que voulez-vous qu'il lui soit arrivé ?...

— Que sais-je ?... fit Adrien d'un ton pensif.

— Voyons, mon cher Verneuil, je gage que ces noires pensées se dissiperaient bien vite si vous aperceviez seulement, à travers les charmilles du parc de Châtenay, un peu de la robe blanche de Mlle Gervaise.

Vous êtes malheureux de ne pas la voir, tout vient de là !

LA DEMOISELLE DU CHATEAU

Son premier soin après cela, fut de s'aboucher avec le sapeur du génie Berlureau... (P. 288.)

— Oh! oui, j'en suis malheureux, mon cher Gérard! — s'écria le jeune ingénieur.

Malheureux au point de ne penser qu'à cela, d'en perdre le sommeil et l'appétit. C'est que, voyez-vous, mon cher ami, mon amour pour cette adorable Gervaise, c'est tout l'espoir de mon avenir, toute la joie de ma vie!...

Et vous? — questionna chaleureusement le jeune homme, oubliant sa réserve ordinaire, entraîné par l'élan des confidences qu'il venait de faire à Gérard. — N'aimez-vous personne?... Votre cœur n'a-t-il pas encore fait un choix?... Ne vous êtes-vous pas senti attiré quelque part?

Le duc tressaillit douloureusement :

— Je n'aime personne, — répondit-il d'une voix brève.

— Oh! pardon! — murmura Verneuil, qui comprit au ton de cette réponse l'indiscrétion qu'il s'était laissé entraîner à commettre; — pardon, mon cher Gérard!... Croyez bien que c'est l'amitié seule... le désir de vous savoir heureux... qui m'a poussé... Excusez-moi...

— Il n'y a aucune indiscrétion, mon cher Verneuil, — dit le jeune homme, qui, par un violent effort de volonté, parvint à surmonter le trouble où l'avait jeté la question inattendue de son ami.

Et serrant cordialement la main d'Adrien :

— Non, il n'y a aucune indiscrétion, — répéta-t-il; — il ne peut pas y en avoir entre nous.

Puis, sentant bien qu'il devait à son ami une sorte d'explication de ses paroles :

— Oui, mon cher Verneuil, — reprit-il, — comme tous les jeunes gens de mon âge, j'ai été, en effet, tenté d'aimer... j'ai cru parfois avoir rencontré celle qui serait la compagne de ma vie; mais j'ai toujours su m'arrêter sur la pente de l'amour. — Je ne me sens pas fait pour le mariage, voyez-vous... Je me trouve heureux comme je suis... J'ai peur d'engager ma tranquillité...

— Vous avez tort, je vous assure, — dit Adrien, ajoutant foi à cette explication. — Vous avez tort. Je ne suis pas de votre avis...

Tous les mariages ne sont pas malheureux.

— Parbleu! mon cher Verneuil, vous êtes amoureux, vous, — fit en souriant Gérard.

— Qui vous empêche de le devenir aussi?

— Je préfère ne pas me risquer, — dit le jeune homme d'un ton plaisant.

— Bah! vous finirez bien par vous laisser prendre, mon cher, — affirma en riant Adrien.

— Je ne le crois pas. Contre ce que je redoute, j'ai une forte dose de résistance.

— On ne résiste pas à l'amour. Vous verrez, mon ami, — fit l'ingénieur avec conviction.

— Pourtant, ne vous ai-je pas dit que déjà...

— Ah! c'est que ce n'était pas de l'amour, croyez-moi!... C'est que vous n'aviez pas encore rencontré celle que vous deviez aimer réellement, la compagne adorée de votre vie, — dit chaleureusement Verneuil. Sans cela vous n'auriez pas pu résister ainsi, je le sais par expérience. Votre volonté eût désarmé, votre cœur fût resté sans forces pour la lutte. Ce que vous avez cru être de l'amour n'en était que l'ombre, que l'image.

Sans répondre, Gérard baissa la tête sur sa poitrine.

Cette conversation, où innocemment son nouvel ami se complaisait, d'une main inconsciente, à aviver et à faire saigner la plaie douloureuse de son cœur, le faisait horriblement souffrir.

L'amour!... hélas! Gérard n'avait que trop ressenti sa triomphante et impérieuse étreinte!...

Était-il seulement sûr de sortir vainqueur de cette lutte douloureuse?... Mais il combattrait quand même, résolu à immoler son bonheur à la conscience.

Pourtant il sentait bien que jamais il n'oublierait Madeleine.

Si le raisonnement de Verneuil était le bon, cependant?

Il lui prenait alors une envie folle de raconter son amour à son ami, de le faire juge de son devoir.

— Mais non, je ne puis pas parler, je ne le dois pas, cela n'est pas possible!... — se disait-il avec un morne accablement. — Même à mon ami je ne puis avouer le secret de mon cœur, car il me faudrait en même temps dévoiler mon nom et dire : « Avec mon nom, je ne puis me mésallier; ruiné, je ne puis avoir l'air de trafiquer de mon titre et de redorer mon blason avec la fortune de ma femme!... »

* *

En sortant de l'hôtel des Monval, les réflexions de Mme de Morranteuil étaient loin d'être des plus agréables.

Elle qui croyait d'abord terminer cette affaire si promptement, voilà que non seulement elle la voyait retardée par la disparition du duc de Soisy, mais encore, des plus compromises.

Par-dessus le marché, la toquade subite d'Armande pour celui que représentait la photographie rapportée de Montpellier, rendait illusoire tout espoir de renouer avec un autre, — fût-il duc ou prince, — le mariage de la fille du banquier.

— « Retrouvez-le-moi, retrouvez-le-moi, ma chère madame de Morranteuil. C'est lui qu'il me faut... Je n'en veux pas d'autre... » — se disait la marieuse en se répétant les paroles, les ordres de la jeune millionnaire.
— Parbleu! je ne demande pas mieux que de le lui « retrouver; » mais avec ça que c'est commode!... Où le chercher?... quels indices?... Et elle n'en démordra pas, cette petite entêtée, c'est certain; il ne faut pas longtemps pour la connaître!...

Quelle bête d'idée j'ai eue, aussi, de montrer ce portrait!... mais qui pouvait prévoir?

En attendant, que faire? — se demanda Mme de Morranteuil d'un air perplexe.

Il n'est pas possible que je laisse échapper une aussi riche aubaine!

Sans compter que sur le crédit qui m'est ouvert pour couvrir les dépenses nécessitées pour mes recherches, il me reviendra bien encore quelques petites choses, c'est bien le moins, pour le mal que je vais avoir.

Oui, tout cela est très bon; mais encore faut-il les faire, ces recherches, et je ne vois pas trop par où commencer...

Employer la police pour retrouver le duc?... ma foi, je ne vois guère que ce moyen.

— Tiens, mais au fait, — pensa tout à coup la bonne dame, — Percier... Percier va me les faire, ces recherches-là!...

Je serais vraiment bien sotte de m'adresser à la Préfecture et de mêler la police à mes affaires, lorsque j'ai Percier sous la main. Comment n'ai-je pas pensé plus tôt à ce garçon-là?... Je vais lui écrire de passer chez moi le plus vite possible.

La marieuse regarda sa montre.

— Si j'y allais, plutôt, — reprit-elle. — A cette heure-ci, je suis sûre de le trouver. Cela me ferait gagner toujours au moins une demi-journée.

Et décidée à mener à bien, par tous les moyens possibles, une opération dont, par la pensée, elle avait déjà escompté les profits, Mme de Morranteuil prit une voiture et se fit conduire rue des Dames, aux Batignolles, à l'angle de l'avenue de Clichy, où demeurait le personnage sur lequel elle comptait pour la tirer d'embarras.

Ce n'était pas sans raisons que l'entremetteuse éprouvait une telle confiance dans les capacités de celui auquel elle venait de songer si à propos. Elle avait eu plusieurs fois déjà recours à ses services, et s'en était toujours bien trouvée.

Hilaire Percier était, en effet, un garçon précieux...

Ancien limier de la sûreté générale, disgracié pour quelques irrégularités de service, il faisait maintenant de la police pour son propre compte et mettait ses talents au service des particuliers.

Jouisseur et joueur, il était toujours besogneux, ce qui le rendait plus coulant sur la question des honoraires. C'était là un détail fortement apprécié par Mme de Morranteuil, qui souvent avait eu recours à lui pour prendre des renseignements délicats sur quelques-uns de ses clients.

Avec cela méridional, petit, sec, nerveux, à l'épreuve de toutes les fatigues, plein d'astuce et de malice, ne reculant devant rien pour arriver à son but.

— Pour quelques centaines de francs, j'en serai quitte, — se dit la marieuse et au moins je suis sûre que tout ce qu'il est humainement possible de faire, sera fait!

Elle se félicitait de sa bonne inspiration.

— Pourvu, maintenant, qu'il ne soit pas en campagne!... — ajouta-t-elle avec quelque inquiétude.

Mais la chance la servit à souhait.

Comme elle l'avait d'abord supposé, elle trouva Percier chez lui, libre pour le moment de tout engagement et même sans occupation, c'est-à-dire fort désireux de travailler.

En quelques mots, Mme de Morrenteuil, sans lui dire le motif qui nécessitait ces recherches, mit l'ancien agent au courant de l'affaire.

— Il y a mille francs pour vous, si vous arrivez à découvrir ce qu'est devenu le fils du duc, mon cher Percier, — conclut-elle; — vous voyez que l'on ne marchande pas. Mais il faut que cela soit mené avec discrétion et rapidité. — Cela vous convient-il?

— Et pour mes frais? — demanda l'agent positif et pratique par-dessus tout.

— Vos frais payés à part, naturellement, — répondit la grande dame. — Vous passerez chez moi toucher une avance.

— Parfait!... Cela va comme ça, alors, — fit Percier avec satisfaction.

— Nous sommes d'accord?

— Oui.

— Quand partirez-vous? — Car je ne pense pas que vous comptiez agir à Paris.

— Non. Il faut que je fasse d'abord ma petite enquête sur place. Mais avant j'ai besoin de me procurer la date exacte de la démission du duc de Soisy et de connaître le jour où le récépissé en a été envoyé du ministère.

Or, je ne connais personne à la Guerre; cela va forcément me faire perdre un peu de temps.

— J'y connais quelqu'un, moi, — dit Mme de Morranteuil. — Je vous aurai ces renseignements demain. Je vous les remettrai en même temps que vos frais de voyage.

— Tout va bien, alors.

— A deux heures, je serai au Ministère.

— Et moi, à trois heures, je serai devant votre porte à vous attendre.

— Et vous partirez?

— Le soir même.

— Quand pensez-vous pouvoir me donner des nouvelles?

— Té, sitôt que j'en aurai moi-même, — répondit le méridional. — Je ne vais pas m'endormir sur le rôti, n'ayez pas peur!

— Si vous partiez ce soir? — fit Mme de Morranteuil.

— Ce soir?... et mes renseignements?

— Je vous les enverrai demain par le télégraphe en sortant du Ministère. Cela vous ferait gagner un jour.

— Comme ça, en effet, cela est possible. Alors où recevrai-je votre télégramme?

— Bureau restant, à moins que vous n'ayez un hôtel à m'indiquer.

— Non. Bureau restant, cela vaut mieux, — dit Percier en réfléchissant.

— Alors, c'est entendu?

— Et pour toucher?

— Nous allons aller jusqu'à chez moi. J'ai une voiture en bas devant la porte, vous la garderez pour revenir ici.

— Allons, — fit l'ancien agent en prenant son chapeau.

Muni d'une bonne provision, car la marieuse avait tout intérêt à satisfaire son agent et à activer son zèle, et en possession du second exemplaire de la photographie du duc de Soisy, dont, — on se le rappelle, — Mme de Morranteuil avait eu la précaution de prendre deux épreuves, Percier partit en effet le soir même pour Montpellier.

C'était là le dernier séjour de Gérard de Soisy, c'était de là qu'il fallait partir afin de reprendre le fil conducteur au bout duquel on devait arriver jusqu'au duc.

Malgré son origine méridionale, Percier était un classique.

Il procédait méthodiquement, prenant la piste où il la trouvait, la suivant par la force de la logique, ne livrant rien au hasard ni à l'imprévu.

Ainsi que le lui avait promis Mme de Morranteuil, il reçut, le jour même de son arrivée, le relevé pris par elle au ministère, des dates concernant la démission du sous-lieutenant de Soisy et le jour de la délivrance du récépissé de ladite démission.

Il put ainsi, connaissant la filière administrative aussi boiteuse au militaire qu'au civil, calculer le jour où Gérard de Soisy avait dû envoyer sa lettre.

Son premier soin après cela, fut de s'aboucher avec le sapeur du génie Berlureau, l'ancien ordonnance de Gérard, dont il obtint facilement le nom à la caserne.

Amadoué par une série de petits verres et de glorias, le sapeur n'avait pas demandé mieux que de lier conversation avec un particulier aussi aimable.

Par lui, Percier apprit que le sous-lieutenant de Soisy avait été appelé chez le colonel, puis chez le général, et que le jour même, il était parti en permission.

Berlureau l'avait conduit à la gare.

— Il a craint que le bruit de sa démission ne se répandît; il a voulu éviter les remontrances et les sollicitations de ses camarades, — pensa l'agent.

Donc, en attendant l'acceptation de sa démission, Gérard avait quitté Montpellier et le régiment.

Où pouvait-il être allé ?

Cette hâte de partir dénotait aussi pour Percier, chez l'officier démissionnaire, une résolution bien arrêtée.

Mais voilà, le tout était de savoir laquelle ?... — à quelle inspiration avait-il obéi ?...

De nouveau, l'émissaire de Mme de Morranteuil eut recours à Berlureau. C'était, d'ailleurs, la meilleure et la plus discrète façon de se renseigner.

Seul, il faut l'avouer, le sapeur possédait une assez forte couche de bêtise pour ne pas s'étonner et se tenir sur ses gardes devant l'insistance indiscrète de Percier au sujet du duc.

Une dernière tournée fut donc commandée par l'agent, au grand contentement de l'ancien brosseur, et quand les deux nouveaux amis eurent trinqué :

— Alors, comme ça, pour où a-t-il pris son billet, votre lieutenant ? — questionna négligemment Percier.

Le sapeur caressa sa barbe avec complaisance, et cherchant à se rappeler :

— Ma foi, je ne me remémoire pas, foi de Berlureau ! — répondit-il.
— C'est-y drôle, ça ? Voyons, c'était comme qui dirait un nom en I...

Et Mousset, ayant à peine salué, s'éloigna, laissant l'agent fort perplexe. (P. 296.)

— Paris, peut-être ? demanda Percier.

— Farceur, va! — fit le sapeur en riant d'un gros rire, comme si je ne vous l'aurais pas dit tout de suite.

— Le Puy, alors ?... Annecy ?... — continua l'ancien policier.

— Attendez donc, minute, — fit Berlureau en se grattant le front avec fureur. — Je l'ai là, ce sacré nom de nom !... C'est-y bête, pourtant, qu'il ne veut pas sortir !...

— Nancy !... — lâcha-t-il tout à coup triomphalement en envoyant à l'agent assis en face de lui une bourrade qui faillit le renverser.

Oui, je crois bien que c'est Nancy. — C'est-y cocasse tout de même que je me le soye pas remémoiré séance tenante, qu'il lui ait fallu tout ce temps là pour sortir !...

Faut pas être bien malin, pas vrai ?

— Nancy !... pardi, en effet, — pensa aussitôt l'ancien limier de la préfecture, — chez le général Henriot. C'est moi qui ne suis pas un malin !... Comme si je n'aurais pas dû m'en douter !... La belle Mme de Morranteuil a été plus fine que ça.

Elle avait bien vu tout de suite que le général en savait davantage qu'il ne voulait en dire.

En attendant, — ajouta-t-il avec quelque découragement, — cela ne me laisse guère d'espoir de réussir, car il n'a pas l'air de causer facilement, le général.

Enfin, je vais toujours chercher de ce côté. Il n'y a pas autre chose à faire pour le moment.

Et Percier, après avoir dit adieu à son ami Berlureau, rentra à l'hôtel pour régler sa note et s'assurer, en consultant l'indicateur des chemins de fer, s'il y avait encore dans la soirée, un train lui permettant d'être à Nancy le lendemain même.

L'express passait quelques heures plus tard.

— Très bien, — pensa l'agent, — j'ai le temps d'aller à la poste pour voir s'il est arrivé pour moi de nouvelles instructions et télégraphier à Mme de Morranteuil que je quitte Montpellier pour Nancy.

C'est, en sens inverse, le chemin qu'elle a fait il y a quelques jours. — Décidément elle est très intelligente, cette femme-là !

Pourvu maintenant que j'aie plus de chance qu'elle !...

Percier arriva à Nancy le lendemain assez tard dans la soirée.

Toute réflexion faite, après l'échec subi par Mme de Morranteuil, l'agent avait décidé de ne s'adresser au général, si bon que fût le prétexte qu'il eût trouvé pour cela, que lorsque tout espoir serait perdu d'un autre côté.

Après une bonne nuit de sommeil et de repos, il commença donc une tournée dans les hôtels.

Muni de la photographie de Gérard et d'une carte d'agent de la préfecture de police, — carte qu'il s'était facilement procurée auprès d'un de ses anciens collègues, — il chercha à savoir si aucun voyageur ressemblant au portrait qu'il exhibait, n'avait logé à l'hôtel il y avait cinq mois environ.

Le résultat de ce commencement d'enquête fut absolument nul.

Personne ne reconnut Gérard.

Sans se décourager, Percier, se servant du même procédé, continua son manège dans les principales maisons meublées de la ville.

Une des premières l'une des plus en vue et des mieux placées, fut celle où demeurait Mlle Prudence la somnambule.

Procédant comme à son ordinaire, sans nommer le duc de Soisy, l'ancien policier montra la photographie de Gérard à la logeuse du premier étage.

— N'avez-vous pas eu pour locataire, il y a cinq mois, cinq mois et demi environ, — demanda-t-il, — un jeune homme dont le signalement réponde à ce portrait?

— Oh! le joli garçon! — s'écria la femme en prenant la photographie des mains de Percier et en l'examinant attentivement. — Ma foi non; il n'a pas logé ici, ce joli tourtereau-là, sans cela je ne l'aurais pas oublié. C'est pas tous les jours qu'on en voit des officiers tournés comme celui-là!... Un locataire de ce chic-là, c'est pour sûr pas pour lui que ma mémoire serait en défaut!

— Alors, vous ne le connaissez pas?... Vous ne vous rappelez pas l'avoir vu?

— Non, serment d'honnête femme, — fit la logeuse en étendant la main avec une solennité comique.

— Vous ne pouvez me donner aucun renseignement?

— Ma foi, je ne vois pas trop, — répondit-elle en réfléchissant. — Avez-vous été à l'hôtel du Cheval Blanc?... je sais qu'ils ont en ce moment pas mal d'officiers.

— J'en viens, — répliqua l'émissaire de Mme de Morranteuil. — Il y est inconnu.

— Alors...

Et la logeuse s'apprêtait à rendre à l'agent la photographie de Gérard, lorsque quelqu'un entra dans la loge.

— Tiens! — fit la femme en reconnaissant Mousset, et en le saluant, — vous venez pour voir Mlle Prudence.

— Oui, est-elle chez elle?

— Minute, que je termine avec monsieur.

Et rendant à Percier la photographie :

— Je regrette, mais je ne me rappelle pas avoir vu cet officier, — conclut-elle en forme de congé.

Mousset put au passage jeter un regard rapide sur le portrait, et, malgré l'uniforme militaire, il reconnut sans hésitation le nouvel employé de M. Duhamel.

— M. Gérard en officier! — se dit-il avec quelque surprise. — Allons donc, je savais bien qu'il y avait quelque chose!...

Mais il dissimula le saisissement qu'il venait de ressentir en reconnaissant Gérard.

— On le recherche! — pensa-t-il. — Pourquoi donc? — Tiens, tiens, voilà qui peut être intéressant!...

Il se garda bien de rien dire, se réservant maintenant qu'il était résolu à faire son enquête personnelle.

Percier reprit la photographie des mains de la logeuse, la replaça dans son portefeuille et partit en saluant.

Mais une fois sorti de la maison, l'émissaire de Mme de Morranteuil s'arrêta.

Observateur perspicace, la subite et fugitive impression d'étonnement qui, à la vue du portrait, venait de se peindre sur le visage de Mousset, ne lui avait point échappée.

— En voilà un qui connaît le duc! — avait-il pensé. — Té! j'en suis aussi certain que si le nom de Soisy lui était échappé tout au long sous le coup de la suprise. Il connaît le duc... et il ne veut pas en avoir l'air... Quelles raisons peut-il avoir pour cela?...

Peut-être, tout bonnement, n'a-t-il pas voulu parler devant la logeuse... mais alors, il m'aurait fait signe, m'aurait fait comprendre qu'il avait quelque chose à me dire... Non, il doit exister une autre raison...

Bah! je vais toujours l'attendre, nous verrons bien, — ajouta Percier, décidé à ne pas quitter la place et à guetter l'inconnu jusqu'à sa sortie. — J'arriverai toujours bien à savoir s'il connaît le duc. Quant aux motifs de son silence, ma foi, je m'en fiche, il pourra les garder s'il veut, ce n'est pas de ça que j'ai besoin.

Malgré la façon peu encourageante dont il avait été reçu une première fois par la tireuse de cartes, Mousset s'était décidé à faire une nouvelle tentative auprès de Mlle Prudence.

Il s'était engagé vis-à-vis la marâtre de Gervaise à savoir ce qui s'était passé, et surtout ce qui s'était dit, entre la devineresse et les deux jeunes filles et il n'avait guère que ce moyen-là, pour y arriver.

Il s'était donc décidé à cette nouvelle démarche pour satisfaire la vicomtesse.

D'ailleurs, cela lui importait beaucoup aussi, depuis la naissance de ses nouveaux projets, et il y avait pour lui un double intérêt à s'acquitter habilement de la commission de Mme de Châtenay.

Percier sorti, Mousset se dirigea vers la porte, s'apprêtant à monter chez Mme Prudence, mais la propriétaire le retint.

— Pas la peine, mon cher monsieur, — fit-elle en l'arrêtant par la manche, — justement, c'est ça que je voulais vous dire.

— Cette dame n'est pas chez elle? — questionna Mousset vivement contrarié. — Ah! c'est assommant!... J'aurais surtout voulu la voir en dehors de l'heure de sa consultation.

— Je crois bien que vous vous y êtes pris un peu tard pour ça, — fit la logeuse.

— Comment?... tard, et pourquoi? — demanda l'envoyé de la vicomtesse en faisant le geste de regarder sa montre.

— Parce que Mlle Prudence n'est plus ici.

— Elle a déménagé?

— Partie de Nancy, oui, mon bon monsieur, — répondit d'un air satisfait la logeuse, qui n'avait jamais tenu sa locataire en grande estime. — Elle a déménagé depuis hier.

— Et pourquoi?... savez-vous?... — questionna Mousset désappointé.

— Dame, vous comprenez, monsieur, — fit la propriétaire d'un ton précieux, — ce n'est pas à Nancy qu'une personne comme ça devait faire ses affaires.

La population n'est point assez arriérée...

Il venait bien un client par-ci par-là, mais cela n'était pas suffisant, n'est-ce pas? Ce n'est pas avec ça qu'elle pouvait faire ses frais.

— Et vous êtes sûre qu'elle a quitté Nancy?... Peut-être a-t-elle pris simplement un logement moins coûteux?...

— Puisque c'est mon mari qui a porté lui-même « en sa personne », ses bagages à la gare!... Ainsi, vous voyez bien!

Même qu'il m'a dit qu'elle lui avait payé pour sa peine un litre chez le marchand de vins en attendant le départ du train.

Car, voyez-vous, au fond, on ne peut pas dire, ce n'était pas une mauvaise femme, bien qu'elle le fît un peu à la pose avec ses cartes, ses « carots » comme elle les appelait, et toutes ses diableries.

Comme si on était des gens à se laisser monter le coup!...

— Et vous ne savez pas pour quel endroit elle est partie? — interrogea encore Mousset, interrompant la loquace épouse de l'employé de la bibliothèque municipale.

— Ma foi non; peut-être bien pour Paris; où elle nous avait dit comme ça qu'elle y avait écrit pour se faire faire de la « pudicité » dans les journaux.

— Publicité, chère madame, — rectifia en souriant Mousset.

La logeuse s'arrêta interloquée.

— Et alors, vous ne pouvez rien me dire de plus? — demanda le jeune homme profitant de l'ahurissement de la brave femme pour couper court à son bavardage.

— Rien de plus, non, monsieur, — répondit-elle un peu pincée.

— Pensez-vous que votre mari puisse me renseigner davantage sur la nouvelle résidence de cette dame?

— Mon mari n'a pas de secret pour moi, — fit la logeuse avec dignité.

L'homme de confiance de la vicomtesse ne put rien en tirer de plus et il partit fort désappointé.

Comme il franchissait le seuil de la porte, tout en pestant contre le mécompte qu'il venait d'éprouver et en se demandant de quelle manière il rendrait compte de la mission à Mme de Châtenay, il se trouva en face de Percier.

Celui-ci l'aborda carrément.

— Je vous attendais, monsieur, — dit-il en saluant.

— Vous m'attendiez, moi?... — fit Mousset d'un ton de mauvaise humeur. — Vous devez vous tromper.

— Du tout!...

— Qu'est-ce que vous pouvez avoir à me dire? — Je n'ai pas l'honneur de vous connaître.

— J'étais tout à l'heure dans cette maison en même temps que vous, — reprit l'agent sans se démonter.

— Chez la propriétaire du garni?...

— En effet, je crois vous remettre, — dit évasivement l'ancien clerc d'huissier.

— Vous ne vous trompez pas.

— Alors que me désirez-vous?

— Voilà. — Je recherche un jeune homme, et je n'ai pour me guider dans mes recherches que son portrait en officier...

— Pardon, — interrompit railleusement Mousset, — mais il me semble que vous faites fausse route. — Un officier, ce n'est pas auprès des logeuses de maisons meublées que je le chercherais, mais au mess de son régiment, à la caserne, auprès de ses chefs.

— Té, pardi, vous avez raison! — répliqua Percier avec une bonhomie voulue. — Seulement, voilà! mon jeune homme n'est plus militaire; il a quitté l'armée, et on ne sait pas ce qu'il est devenu.

— Vous m'en direz tant!

— Alors, vous comprenez, il ne me reste que mon pauvre petit moyen.

— C'est peu de chose, en effet !... Mais, je ne vois toujours pas ce que je viens faire dans tout cela.

— Voilà, justement : tout à l'heure, lorsque vous avez jeté un coup d'œil sur le portrait qui était entre les mains de cette dame, j'ai compris que vous deviez en connaître l'original.

— Moi !... quelle plaisanterie !

— Ne craignez pas de l'avouer, mon cher monsieur, il s'agit d'une affaire très avantageuse pour ce jeune homme.

J'appartiens à une agence de renseignements de Paris... C'est un notaire qui recherche ce monsieur. Je crois qu'il s'agit d'une succession. — Ainsi donc, si vous le connaissez...

— Une succession ?... Oui, je la connais ;... on dit toujours ça, — fit Mousset, qui, roublard, eût bien voulu savoir de quoi il était véritablement question et, essayant de faire parler l'agent : — Avouez, entre nous, que c'est de la blague, ces successions-là, les trois quarts du temps !

— Ma foi, je n'en sais pas plus long qu'on ne m'en a dit, — affirma Percier, bon enfant.

Quant à prétendre que la succession existe ou n'existe pas... vous comprenez que je ne vais point demander des comptes à mon patron.

— Ah ! tu ne veux pas parler, — pensa Mousset, — à ton aise ; moi, non plus, je ne te dirai rien !... Ce n'est pas moi, je pense, qui suis allé te chercher.

Et comme l'agent lui mettait de nouveau le portrait de Gérard sous les yeux :

— Oui, effectivement, vous ne vous étiez pas trompé ! — fit-il en rendant la photographie à l'agent après l'avoir attentivement examinée. — J'avais cru, à première vue, reconnaître un officier que j'ai connu... mais ce n'est pas cela. Il y a bien de loin une certaine ressemblance. C'est le costume militaire, sans doute, qui produit cet effet.

— Alors, vous êtes sûr de ne pas vous tromper, maintenant ? — demanda Percier, en insistant. — Vous êtes certain de ne pas connaître mon jeune homme ?

— On ne peut plus certain, — affirma Mousset, que son dernier et minutieux examen achevait de convaincre qu'il avait bien sous les yeux le portrait du nouvel employé de M. Duhamel.

— C'est guignonnant !... Té, après tout, si vous voulez bien, dites-moi toujours avec qui vous aviez cru trouver une ressemblance. On ne peut pas savoir !

C'est peut-être quelqu'un de la famille !... C'est peut-être même mon bonhomme. Une photographie, ça vous dénature quelquefois tellement les traits.

— Eh bien ! voyez du côté des forges de Varangeville ; c'est par là qu'il m'avait semblé au premier abord avoir rencontré votre type, — fit Mousset, hésitant entre le désir de nuire à Gérard, et la crainte de contribuer à faire arriver à celui qu'il détestait quelque chose d'heureux.

Mais il ne s'arrêta pas à cette dernière perspective, et cédant à la curiosité.

— Bah ! — pensa-t-il, — il est bien rare, que l'on mette un agent en campagne pour obliger les gens à recevoir une bonne nouvelle. Ce doit être une forte tuile qui va lui tomber dessus !... Si j'en étais sûr, seulement !... En tout cas, maintenant, j'en ai dit assez ; je ne parlerai pas davantage. Que ce monsieur se débrouille et qu'il déniche le Gérard s'il le peut. Je ne m'en mêle plus. J'y veillerai, simplement, et me tiendrai au courant pour en avoir le fin mot. Après ça, au petit bonheur !

Et Mousset, ayant à peine salué, s'éloigna, laissant l'agent fort perplexe.

Irait-il ou n'irait-il pas aux forges de Varangeville ?

Le jeune homme lui avait-il désigné cet endroit comme il lui en aurait indiqué un autre, pour se débarrasser de lui ?

— Pourtant, je suis sûr qu'il a reconnu le portrait, — se disait Percier, je suis certain qu'il connaît le duc. Je l'ai bien vu sur sa figure, au premier regard qu'il a jeté sur la photographie. J'ai trop l'habitude d'observer pour me tromper à l'expression d'une physionomie.

Celle-là peignait la stupeur la plus complète. — Et tout à l'heure, ici même, lorsqu'il examinait tout à son aise et de nouveau le portrait, s'il se figure que je me suis payé de ses raisons !... Oui, il l'a bel et bien reconnu ; mais pourquoi n'a-t-il pas parlé ?...

Imbécile ! va ! — décocha l'émissaire de Mme de Morranteuil à l'adresse de Mousset, comme la flèche du Parthe.

Tu ne sais pas ce que tu aurais gagné à te montrer plus bavard ! — J'ai mille francs à gagner dans cette affaire ; je t'en aurais bien donné cent.

Quoi qu'il lui parût très probable que son interlocuteur se fût moqué de lui, Percier se décida à suivre le conseil qu'il lui avait donné et à visiter les environs de l'usine de M. Duhamel.

— Qui sait ?... peut-être a-t-il dit la vérité, — pensait l'agent ; — peut-être n'a-t-il pas osé s'expliquer davantage de crainte de se compromettre.

Dans tous les cas, ce que je risque le plus, c'est de perdre une demi-

C'était l'heure de la rentrée du personnel. (P. 298.)

journée, et je crains fort qu'à rester à Nancy et à suivre la voie dans laquelle je me suis engagé, je n'en perde bien davantage.

Mieux vaut donc tenter la chance de ce côté, et ne pas abandonner, sans même en avoir relevé les brisées, la singulière piste sur laquelle le hasard m'a fait tomber.

D'ailleurs, quelque chose me dit que cette piste est la vraie, et que je suis sur le bon chemin au bout duquel sont accrochés mes mille francs.

— Té, mon bon, — conclut gaîment Percier, réjoui par cette perspective — pour un vieux classique comme toi, voilà qui va renverser un peu tes principes. Nous y sommes en plein, cette fois, dans cet imprévu que tu t'entêtais à nier et qui déroute toutes tes savantes déductions. Si cela ne s'appelle pas de la fantaisie !...

Et, prenant une voiture, l'agent se fit sans plus tarder conduire du côté de Varangeville.

Une fois arrivé, Percier laissa sa voiture à l'auberge, recommanda au cocher de faire boire et manger le cheval, lui remit une pièce de vingt sous pour prendre une consommation en l'attendant et vint rôder dans les alentours de l'usine.

C'était l'heure de la rentrée du personnel.

L'agent, tout en causant avec l'un et avec l'autre, questionnant de-ci de-là afin de savoir de quelle manière il fallait s'y prendre pour tâcher de se faire recevoir à l'usine, ne laissa passer sans l'examiner aucun des arrivants.

Mais il ne vit personne ressemblant au portrait.

— Pardieu, j'aurais dû m'en douter, — pensa-t-il. — Je suis encore bien naïf !... Qu'aurait-il pu faire ici, le duc de Soisy ?... Quelle vraisemblance que je le trouve dans cette usine ?...

Ou je me suis laissé moquer de moi, ou le duc peut, si on l'y a réellement vu, n'y être venu que comme visiteur. La chose est assez vraisemblable de la part d'un polytechnicien. — Mais il n'a fait que passer, et quant à songer à l'y retrouver...

— Tiens, mais, au fait !... reprit tout à coup Percier avec un renouveau d'espoir, qu'y aurait-il d'invraisemblable à ce que le duc fût en relations avec le maître de forges, M. Duhamel ?... Cela expliquerait sa présence dans le pays...

Ma foi, tant pis !... Je vais demander à parler au directeur. Il ne sera pas dit que je suis venu ici pour rien. Au moins j'en aurai le cœur net !

Alors, se faisant passer pour un voyageur de commerce, représentant d'une des premières maisons d'outillage de France, Percier demanda à voir M. Duhamel.

En l'absence du propriétaire des forges, l'agent fut reçu par M. Peyron.

— Que diable vais-je lui dire ? — se demandait Percier, un peu inquiet, tandis qu'on l'introduisait dans le cabinet du secrétaire de M. Duhamel.

C'est que je suis loin d'être ferré sur l'article. Il est peu probable que je fasse beaucoup de tort à mes confrères improvisés.

Pourtant, il est urgent qu'avant de m'engager, je tâte un peu le terrain. Ça ne marche pas tout seul, les renseignements, quand on s'adresse à la bourgeoisie.

Elle est méfiante avec la police. Ce n'est pas comme ma clientèle ordinaire. Je ne puis exciper ici d'un titre que je n'ai plus, ce serait trop risquer ; et quant au truc de la succession... ma foi, il ne m'a pas déjà si bien réussi tout à l'heure.

Non, je préfère agir par ruse, conserver ma qualité de voyageur de commerce, mettre à l'improviste et comme par mégarde, d'une façon quelconque, sous les yeux de cet honnête directeur le portrait du duc de Soisy.

Je verrai bien s'il le connaît. Si oui, la chose ne sera plus qu'un jeu pour moi et je m'inspirerai des circonstances.

Mais, en attendant, tâchons de ne pas commettre d'imprudences, et de ne pas nous faire bêtement chasser de la place.

Malgré son inquiétude, Percier, mis à son aise par la réception avenante de M. Peyron, se montra beaucoup plus entendu dans la partie qu'il ne l'espérait.

Il était universel, par métier, et possédait une teinture générale de toutes choses, dont sa faconde méridionale pouvait, pendant un certain laps de temps, déguiser l'insuffisance.

Il arrivait donc aisément à donner le change pourvu que les conversations ne traînassent pas en longueur.

Cette fois, le hasard se déclarait décidément pour lui.

Il était à peine en train de causer depuis un instant avec le directeur, lorsqu'un jeune homme entra dans le cabinet, portant des papiers et des plans qu'il était urgent de faire expédier à M. Duhamel.

En le voyant, éclairé par la large fenêtre faisant face à la porte, l'agent eut peine à dissimuler un joyeux mouvement de surprise.

C'était lui !...

C'était l'original du portrait !...

C'était le duc de Soisy !

Le doute devenait impossible, car le directeur venait de saluer le nouvel arrivant du nom de Gérard.

« Bonjour, monsieur Gérard... très bien, monsieur Gérard. »

Gérard... c'était bien là le prénom de celui qu'il cherchait.

Comment !... Le duc de Soisy était alors dans cette usine, à titre d'employé, sous les ordres du directeur qui l'appelait familièrement par son petit nom !...

La chose paraissait à peine croyable.

— Pourtant il n'y a pas à dire, c'est bien lui ! — se dit l'ancien policier. — Malgré la différence de costume, la ressemblance est parfaite entre ce jeune homme et la photographie que j'ai dans ma poche!

D'ailleurs, l'élégance et la distinction originelles de Gérard n'échappaient point à la perspicacité de l'agent.

— Oui, oui, c'est bien lui! — se répétait-il, ne parvenant pas à en croire ses yeux; — mais c'est égal, c'est étrange!... Et c'est pour cela qu'il a quitté l'armée?...

Maintenant, sachant ce qu'il voulait savoir, et certain de retrouver le duc, Percier n'avait plus qu'à profiter pour se retirer de l'occasion qui se présentait.

Il se leva :

— Je reviendrai, monsieur, — dit-il. — Je ne veux pas vous déranger dans ce moment. Du reste, je compte passer un jour ou deux dans le pays.

M. Peyron le salua courtoisement sans le retenir.

Il était, en effet, pressé de revoir et de classer, avant de les envoyer, les papiers que Gérard venait de lui remettre.

Le départ du soi-disant représentant de commerce l'enchanta. — Il savait bien, d'ailleurs, qu'il reviendrait, s'il avait vraiment à lui proposer un marché acceptable.

M. Peyron se contenta donc de se mettre à sa disposition pour le lendemain.

Avant de retourner à l'auberge, où il avait laissé sa voiture, Percier, tout en se félicitant de la façon rapide et inespérée dont il avait accompli sa délicate mission, fit un tour dans le pays pour tâcher d'obtenir quelques renseignements sur le duc.

Personne ne le connaissait.

L'agent en conclut que Gérard de Soisy devait se cacher.

Du reste, tout le faisait présumer.

Pourquoi, sans cela, le duc eût-il quitté le régiment avec autant de précipitation et de mystère, sans qu'aucun de ses camarades pût avoir même le moindre soupçon du motif qui le décidait à démissionner.

— Peut-être s'est-il simplement fait connaître sous le nom de Gérard!... — pensa l'émissaire de Mme de Morrantenil, qui se rappelait que c'était de ce nom-là que s'était servi pour lui parler le secrétaire de M. Duhamel.

— « Bonjour, monsieur Gérard, merci bien, monsieur Gérard », se répéta-t-il. Parbleu! Parbleu! C'est évident, c'est de son nom de famille que croyait se servir M. Peyron.

Partant de ce point qu'il considérait comme acquis, Percier passa le reste de la journée à se renseigner.

Cette fois il fut plus heureux et sa nouvelle enquête ne lui laisssa aucun doute sur l'identité de l'employé de l'usine Duhamel.

Rentré à Nancy d'assez bonne heure, il télégraphia à la marieuse pour lui annoncer son retour et le succès de sa mission.

« *Ai retrouvé le jeune homme*, disait laconiquement le télégramme. — *Serai à Paris demain matin* ».

Après quoi, Percier régla sa note à l'hôtel et muni de sa valise il se dirigea d'un pas léger et l'air satisfait vers la gare.

— Té! — murmurait-il allègrement, — je crois que pour une affaire, en voilà une lestement menée et qui n'a pas traîné en longueur!... J'espère bien que cela me vaudra de la dame de Morranteuil quelque gratification supplémentaire!...

Dans tous les cas, le joli billet de mille qui ne m'aura pas donné grand'peine à décrocher.

Décidément, le hasard a du bon!... Enfoncée la routine, — ajouta joyeusement Percier en prenant son billet de seconde classe pour l'express qui allait passer à Nancy dans une demi-heure.

CHAPITRE XV

MÈRE DÉNATURÉE

IEN qu'il eût refusé de répondre, au moins d'une façon catégorique, aux questions de Percier, au sujet de ce qu'il pouvait savoir sur l'original du portrait que l'agent lui montrait, Paul Mousset n'en était pas moins fort intrigué par les recherches concernant le nouvel employé de M. Duhamel, celui qui lui avait volé la place qu'il ambitionnait auprès de l'ingénieur.

Quel pouvait être ce M. Gérard, qu'un notaire prenait, disait-on, la peine de faire rechercher autrement que par la voix des journaux?...

Il s'agissait donc d'un héritage bien important?

L'amant de Léonore, d'abord, n'ajoutait que peu de foi à l'explication fournie par l'agent.

Était-ce bien un notaire qui faisait opérer les recherches?... Qui l'affirmait?...

— Il n'y a aucune preuve que cet homme dise la vérité, — pensait l'ancien clerc d'huissier. — Il peut tout aussi bien avoir pris ce prétexte espérant me délier plus facilement la langue sur le compte de celui qu'il cherche. — Il n'a d'ailleurs guère la mine de quelqu'un que puisse employer décemment un notaire qui se respecte. Il a des allures louches de limier.

Ce doit être plutôt un homme d'affaires, ou l'agent d'une de ces véreuses officines de Paris, qui se mettent à la piste des gens pour des chantages... ou tout au moins pour des dettes !...

Oui, c'est plutôt cela, conclut Mousset, à qui souriait particulièrement cette perspective de trouver en défaut celui qu'il détestait.

Dans tous les cas, par cet homme, on peut arriver à découvrir ce qui concerne ce mystérieux M. Gérard.

Qui sait ce que j'apprendrai?

S'il allait y avoir une raison suffisante pour le faire chasser de l'usine !...

Sur ces réflexions, qui faisaient naître en lui l'espoir de voir de nouveau libre et à sa portée la place qu'il convoitait à l'usine Duhamel et dont Gérard l'avait dépouillé, Mousset, qui avait fait volte-face pour s'éloigner de l'agent, se ravisa.

Il s'arrêta à peu de distance, et, à l'abri d'une porte cochère, il observa Percier.

Qu'allait faire celui-ci? — Allait-il s'en rapporter au vague renseignement qu'il lui avait donné et partir pour Varangeville?

Mousset regrettait de n'avoir pas été plus explicite.

Tout en suivant Percier qui, décidé à tenter des recherches du côté de l'usine, avait repris sa marche et se dirigeait rapidement vers la maison d'un loueur de voitures, l'ancien clerc d'huissier se reprochait de n'avoir pas agi franchement avec lui.

Qui sait si cette franchise n'eût pas entraîné la reconnaissante loquacité de l'envoyé de la maison de renseignements de Paris?

— Je saurais maintenant tout ce qui concerne ce Gérard, — pensait-il.

A moins qu'une fois possesseur de mes indications, il ne m'eût envoyé à la balançoire, — ajouta-t-il en se ravisant, — ce qui est, ma foi, fort possible!...

Oui, j'ai tout de même mieux fait de voir venir et de me tenir sur mes gardes avec cet agent, espèce ordinairement fort peu susceptible de reconnaissance.

Il me reste toujours la ressource d'une surveillance occulte.

Il sera temps de parler si j'y ai intérêt et de le remettre sur la bonne voie, si je vois qu'il n'a pas été assez intelligent pour me comprendre à demi-mot...

Quand l'homme de confiance de la vicomtesse vit Percier louer une voiture pour se faire conduire à Varangeville, il s'applaudit davantage encore de sa prudente discrétion.

— Bravo! il est intelligent, il y va tout droit, murmura-t-il en voyant l'agent monter en voiture, et l'attelage prendre la route des usines de M. Duhamel.

Le voilà lancé! Maintenant, je n'ai plus qu'à surveiller mon individu.

Et il s'apprêta à prendre à distance le même chemin que l'agent.

— Tout de même, — pensa-t-il, — avec un gaillard de cette trempe-là ce n'est point le moment de s'endormir si je veux savoir le fin mot de cette affaire. Il faut ouvrir l'œil et le bon. Il me paraît de force à ne pas être long à découvrir le Gérard. Il ne faut pas qu'il me file entre les doigts, avant que je connaisse le véritable motif des recherches dont il est chargé. Car, pour ce qui est de son histoire d'héritage, à d'autres; ce n'est pas à moi qu'on fait croire ces calembredaines!

Le jeune homme était en ce moment plus convaincu que jamais, que celui qu'il détestait devait être recherché pour quelque affaire plus ou moins louche.

Mousset n'avait pas besoin de suivre Percier de bien près pour savoir où il allait.

Il n'y avait pas d'erreur possible. Il savait bien qu'il le retrouverait dans les environs de l'usine, puisque c'était là que l'avaient envoyé ses indications.

Il se contenta donc de monter dans la patache faisant le service entre Nancy et Saint-Nicolas-du-Port, avec des relais à Varangéville et à la Neuveville.

Une fois arrivé, connaissant le pays comme sa poche, il n'aurait pas de peine à retrouver les traces de celui qu'il suivait.

En effet, en passant devant l'auberge où s'était arrêté Percier, l'ancien clerc d'huissier aperçut la voiture dételée et le cocher en train de faire boire son cheval à l'abreuvoir.

— Voilà qui est parfait, — pensa le jeune homme. — Je mets le nez sur le gîte du premier coup.

Mousset n'avait pas autre chose à faire qu'à attendre, certain que l'agent reviendrait là pour prendre sa voiture.

Il descendit donc de la patache et entra à l'auberge, où il s'installa dans un coin obscur.

Puis, il se fit servir à déjeuner; après quoi il demanda du café et, pour se donner un prétexte à demeurer davantage, se fit apporter de quoi écrire.

C'était assez son habitude, du reste, de griffonner sur un coin de table de cabaret, les minutes ou les brouillons des exploits qu'il préparait contre les débiteurs de la vicomtesse.

Mousset était peu aimé, mais, en revanche, très craint dans le pays.

L'aubergiste vint lui-même lui apporter ce qu'il demandait, en essayant un brin de causette pour se faire bien venir du jeune homme.

— Alors, vous voilà de nos côtés aujourd'hui, monsieur Mousset?

— Comme vous voyez, patron, mais pas pour bien longtemps, par exemple. Le temps d'écrire quelques notes, puis je repars.

— Pour le château? — interrogea l'aubergiste.

— Non, je n'aurai pas le temps d'y monter aujourd'hui. Pour Nancy, où je suis attendu.

A ce propos, père Vincent, vous n'auriez pas une voiture, une carriole quelconque à mettre à ma disposition, — ajouta-t-il, — je vous la ramènerais ce soir. — Cela m'éviterait de courir jusqu'à la gare.

Mousset aida lui-même à atteler la carriole du père Vincent... (P. 306.)

— Dame, on pourrait vous atteler la Grise, tout de même, — fit l'aubergiste très ennuyé, mais n'osant refuser ce service.
— Va pour la Grise!... Marche-t-elle au moins?
— Pour ce qui est de ça, soyez tranquille. Y en a pas une autre qui pourrait lui faire la nique. Pas besoin de vous servir du fouet. Vous serez bien plutôt obligé de la retenir.
— Parfait alors!

Cette précaution prise pour se réserver le moyen de retourner à Nancy à la suite de Percier, Mousset, après avoir remercié l'aubergiste, se mit à écrire ou plutôt à faire semblant d'écrire avec ardeur.

Cela, du reste, ne l'empêcha pas de voir rentrer l'agent.

— Diable ! aurait-il déjà réussi ? — se demanda l'ancien clerc d'huissier en remarquant l'air de contentement qui animait la figure de Percier.

Mousset s'apprêtait à se lever et à se faire reconnaître de l'agent, lorsqu'il l'entendit commander sa voiture pour le plus tôt possible.

— Il est pressé, je n'en tirerai rien maintenant, — pensa l'homme de confiance de Mme de Châtenay. — Il vaut bien mieux le laisser filer et le rejoindre à Nancy, puisque, grâce à la complaisance de l'aubergiste, j'ai la possibilité de le suivre...

A partir de maintenant je ne le perds pas de vue et je saurai bien choisir mon temps pour l'aborder.

Effectivement, Mousset aida lui-même à atteler la carriole du père Vincent, et quitta l'auberge avant que la voiture qui emportait l'agent eût atteint le premier coude de la route.

Ainsi que l'avait prédit son maître, la Grise fit merveille et soutint son allure jusqu'à Nancy.

Le jeune homme put donc, ainsi qu'il se l'était promis, ne pas perdre de vue pour ainsi dire, celui qu'il suivait.

La voiture déposa l'agent à la porte de l'hôtel du Grand-Monarque.

— C'est là qu'il a dû descendre, — dit judicieusement Mousset en voyant l'agent payer son cocher et le renvoyer, — j'ai donc un petit moment à moi pour réfléchir, car, apparemment, il ne va pas sortir de sitôt.

Il attendit alors que Percier fût dans l'hôtel et, à son tour, arrêta la carriole devant la porte, au « Grand Monarque », confia la « Grise » à un garçon en lui recommandant de la laisser, tout attelée, dans la cour jusqu'à son retour.

Puis il s'éloigna ostensiblement, mais pour se rapprocher sitôt après le départ du garçon et, à l'abri derrière l'auvent d'une boutique, il guetta la sortie de l'agent.

— Maintenant, il va me falloir un peu de patience, — murmura-t-il en s'installant le plus confortablement possible.

Mais, contrairement à ce qu'il avait auguré, Percier ressortit presque aussitôt de l'hôtel, tenant un papier à la main et se dirigeant vers la poste.

Mousset le suivit à quelques pas.

— Il va envoyer un télégramme, — se dit-il en voyant l'agent entrer dans le bureau. — Si je pouvais savoir ce qu'il contient !

Avec d'infinies précautions, afin de ne pas éveiller l'attention, l'ancien clerc de notaire se glissa à la suite de Percier.

— Pourvu qu'il ne s'aperçoive de rien avant d'avoir déposé son télégramme!... — pensait-il.

Mais l'agent était trop préoccupé de la réussite rapide et inespérée de son expédition et de la perspective que ce succès faisait naître, d'émarger le lendemain même à la caisse de Mme de Morranteuil, pour s'apercevoir de quoi que ce fût.

Mousset parvint donc à s'approcher du guichet, où déjà attendaient plusieurs personnes, et à se mettre à la suite de Percier, sans que celui-ci l'eût remarqué.

Quand vint le tour de l'agent et qu'il passa son télégramme tout ouvert à l'employé, Mousset réussit facilement à lire par-dessus son épaule.

Cette dépêche était adressée à Mme de Morranteuil.

— Pardieu, je savais bien que le notaire était une blague!... — murmura l'ancien clerc d'huissier en notant soigneusement dans sa mémoire l'adresse lue en tête du télégramme.

« Mme de Morranteuil, rue des Écuries-d'Artois. »

— C'est cela qui ressemble peu à un notaire!

Il feignit alors de reconnaître seulement, dans celui qui était devant lui, son interlocuteur du matin.

— Tiens!... C'est vous, monsieur? — fit-il en ramassant aussitôt le timbre qu'il avait demandé pour justifier sa présence et se disposant à suivre Percier.

Quelque absorbé qu'il fut, l'agent se retourna à la voix.

— Eh bien! — continua Mousset en le rejoignant. — Avez-vous réussi?... êtes-vous content?... Est-ce bien celui que vous cherchiez?... Mon renseignement était-il bon?...

— Excellent, cher monsieur, bien qu'un peu incomplet, il faut l'avouer, — répondit en souriant Percier. — Mais, enfin, il s'est trouvé suffisant.

— Vous avez retrouvé l'original du portrait?...

— Oui, en cherchant du côté de Varangeville, comme vous me l'aviez indiqué. Vos souvenirs ne vous avaient pas trompé.

— C'est un habitant du pays? — interrogea Mousset négligemment.

— Il y réside toujours en ce moment, — fit péremptoirement l'agent, discret par métier et désireux de se débarrasser des questions du jeune homme.

— C'est un employé de l'usine, peut-être?

— Oui, — fit laconiquement Percier.

— Bon, je sais qui c'est alors!... C'est M. Gérard, le secrétaire de l'ingénieur... je l'avais bien pensé en voyant la photographie; mais j'étais tellement dérouté par le costume militaire...

— En effet, c'est lui, — avoua Percier ne voyant aucun inconvénient à satisfaire sur ce point la curiosité du jeune homme, mais se gardant bien de dire le vrai nom de l'employé de M. Duhamel.

— Il doit avoir été content de la nouvelle que vous lui apportiez? — interrogea Mousset, brûlant d'apprendre quelque chose.

— Content?... Mais je ne l'ai pas vu, moi!

— Comment! — fit l'ex-clerc désappointé.

— D'ailleurs, je ne sais rien. — J'avais seulement été chargé des recherches à faire pour retrouver le jeune homme. J'ai fait mes recherches. Le reste ne me regarde pas.

— Mais enfin, vous avez bien une idée des raisons pour lesquelles on vous a mis en campagne?... Voyons, vous ne me ferez pas croire le contraire.

— Ma foi, non, — répondit l'agent avec un air de franchise, sinon sincère, du moins parfaitement jouée. — L'essentiel pour moi, est de gagner l'argent qu'on me donne. Le reste m'importe peu.

— Alors, vous allez rentrer à Paris?

— Ce soir même, — et demain je toucherai ma prime, c'est ce qu'il y a pour moi de plus clair.

— Mes compliments!... et bon voyage, — fit l'homme de confiance de Mme de Châtenay, obligé de se contenter des explications illusoires de l'agent.

Et, le quittant :

— Je saurai toujours qui est cette Mme de Morranteuil, — pensait Mousset qui n'était pas embarrassé pour se procurer des renseignements.

Le jeune homme avait en effet, à Paris, un ex-collègue, Jérôme Bérenger, ancien clerc d'huissier à Nancy, occupant actuellement les fonctions de premier clerc chez Me Dalleron, rue Paradis-Poissonnière.

— Je lui écrirai, en le priant de se renseigner sur cette Mme de Morranteuil, se dit-il en pensant à lui.

Cela lui sera facile, puisqu'il se trouve sur les lieux. — Je le prierai de faire diligence, attendu que c'est pour une affaire de contentieux.

— Fameuse idée que j'ai eue tout de même de surveiller le télégramme, ajouta-t-il avec satisfaction. — Sans cela je ne savais rien avec cet idiot de méridional mâtiné de Parisien. — J'en étais pour mes frais.

Rentré chez lui à la fin de cette fatigante journée, après avoir ramené la

« Grise » à son propriétaire, Mousset écrivit, sans attendre au lendemain, à son camarade de Paris, au sujet de Mᵐᵉ de Morranteuil.

La réponse, que Mousset demandait immédiate, ne se fit point attendre.

« Cette Mᵐᵉ de Morranteuil, lui apprit-on, est une dame du monde, du grand monde, paraissant riche, recevant, vivant assez largement dans un confort de bon goût, mais dont, malgré cela, les revenus sont obscurs.

« Si c'est pour du crédit, mon vieux, — concluait le premier clerc, — je crois que, malgré ces dehors rassurants, il ne sera pas prudent de trop s'aventurer.

« Avis à l'intéressé et à ton service lorsque tu auras besoin de moi. »

Cette réponse fut loin de satisfaire la curiosité haineuse de Mousset.

L'aventure survenue dans l'existence de M. Gérard restait pour lui un mystère.

Quelle pouvait être cette grande dame qui faisait rechercher le jeune homme?...

Dans quel but s'informait-elle de lui?...

C'est ça qu'il aurait fallu savoir.

Mais comment y arriver à présent?

Mousset aurait bien voulu pouvoir partir pour Paris afin de compléter les renseignements envoyés par son ami Jérôme Bérenger sur Mᵐᵉ de Morranteuil. Ceux qu'il venait de recevoir ne pouvaient lui servir qu'à piquer davantage sa curiosité.

Pourtant, il n'osait pas écrire de nouveau pour préciser, il se méfiait fort des petits papiers compromettants.

— Non, il vaudrait mille fois mieux y aller, — murmura-t-il.

Malheureusement, il ne pouvait s'éloigner en ce moment.

Léonore était partie pour aller chez Mᵐᵉ Colombet. Quelque affirmatif qu'il eût été avec sa maîtresse, il ne se sentait malgré tout pas certain du consentement de la sage-femme. Bien que cela fût peu probable, elle pouvait se refuser à satisfaire les coupables désirs de Léonore.

— Qu'arriverait-il alors?

Cette affaire qui le préoccupait retenait Mousset à Châtenay.

En effet, il fallait qu'il fût là pour parer le coup qu'amènerait peut-être un refus de Mᵐᵉ Colombet.

Mousset connaissait sa maîtresse, il la savait capable de tout dans un moment d'affolement.

— Elle n'hésiterait pas à me compromettre, il faut que je veille! — se disait-il.

Une lettre de Léonore lui était arrivée déjà. Elle avait vu Mᵐᵉ Colombet. Mais dans cette entrevue rien n'avait été précisé.

Léonore s'était en effet bien gardée de parler dès le premier jour du service criminel qu'elle venait réclamer de la sage-femme.

Elle ne s'en était pas senti le courage, elle avait préféré attendre une occasion propice pour faire sa terrible confidence.

En attendant, elle n'avait parlé que du moment de sa délivrance prochaine.

Elle voulait savoir si elle en avait encore pour longtemps?... elle témoignait le désir de passer ce temps-là dans la maison de l'accoucheuse.

La maîtresse de Mousset s'était présentée sous un faux nom : Elise Rollin, se donnant comme une fille de ferme, employée dans une commune de la frontière.

Bien que les préoccupations intimes de Léonore eussent rendues un peu suspectes à la sage-femme les explications de sa cliente, Mme Colombet n'avait aucune raison pour ne pas l'admettre. Elle était d'ailleurs habituée, par métier, aux drames douloureux des maternités honteuses et clandestines.

— Encore quelque pauvre fille qui s'en sera laissé conter et que son amoureux aura plantée là, — pensa-t-elle.

Ce qu'il lui en était passé par les mains, de ces malheureuses!

Léonore d'ailleurs, ou plutôt Elise Rollin, offrait de payer la quinzaine d'avance.

C'était un argument péremptoire pour Mme Colombet.

La jeune femme avait demandé une chambre où elle serait seule.

Bien que ce raffinement parût excessif pour une fille de ferme, la sage-femme n'avait rien à objecter à ce désir qu'Elise Rollin appuyait en montrant une bourse bien garnie.

Elle la reçut donc et l'installa dans une petite chambre assez confortable qu'elle réservait à ses clientes de choix, puis elle l'examina.

Son visage exprima l'étonnement.

— En effet, il était temps de venir, — dit-elle. — Vous n'en avez guère plus que pour un mois. Si je pouvais m'en douter, par exemple! Vous pouvez vous vanter de bien tromper votre monde, vous!

La sage-femme s'exprimait avec cette rudesse familière des gens du peuple, dont l'apparente bonhomie s'assaisonne toujours d'un peu de malice.

— Là, le voilà à l'aise maintenant, le mignon, à la bonne heure, — ajouta-t-elle en achevant de débarrasser Léonore des vêtements et du corset qui l'emprisonnaient et qui, sanglés sans pitié, maintenaient sa taille dans des proportions à peu près normales. — S'il est permis de se serrer comme ça!

Ce n'était, en effet, que par des imprudences insensées et un martyre de tous les instants, que la femme de chambre avait pu arriver à un état de grossesse aussi avancé, sans que cela fût soupçonné par les autres gens de service, race ordinairement fort peu indulgente, et la première à crier haro, quand un des siens a eu la maladresse de se laisser pincer en flagrant délit d'irrégularité de conduite ou de service.

— Allons, tout marchera bien, malgré tout, n'ayez pas peur, — dit Mme Colombet, — l'enfant est admirablement placé et, si rien ne se présente d'anormal, vous aurez une délivrance superbe, malgré vos imprudences.

Mais, saperlotte, vous avez de la chance, — ajouta l'experte praticienne, en aidant la jeune femme à passer une ample et chaude robe de flanelle, que celle-ci avait tirée de sa malle.

Vous pouviez tuer l'enfant et vous exposer vous-même à d'irrémédiables désordres avec ces folies!...

Là, voilà qui est bien, — acheva-t-elle en jetant un peu de bois dans le feu qu'elle avait allumé en entrant dans la chambre.

Maintenant, je vais vous laisser un moment, car j'ai affaire. Voulez-vous prendre quelque chose avant de dîner?

— Non, merci, madame, — répondit la fausse Elise.

— Alors, on vous servira à six heures, ou plutôt vous dînerez avec moi, dans la salle à manger, voulez-vous? Cela vous distraira un peu. Vous êtes ma seule pensionnaire pour le moment, — poursuivit Mme Colombet, pensant que cela soulagerait d'autant le service de sa vieille bonne.

— Comme vous voudrez, madame.

— Alors, à tout à l'heure; si vous avez besoin de quelque chose, vous n'avez qu'à sonner, — et la sage-femme se retira.

Une fois seule, la pauvre Elise se roula sur son lit avec désespoir.

— Ah! ce maudit enfant!... s'écria-t-elle, — comme s'il n'aurait pas pu se dispenser de venir!...

Vraiment! on n'était pas bête comme cette Mme Colombet : elle le savait bien qu'elle s'exposait, qu'elle risquait même sa vie à faire ce qu'elle avait fait. Mais, que lui importait? Tout lui était bien égal, pourvu qu'elle se débarrassât de cet enfant!...

Ah! pourquoi n'avait-elle pas réussi?... Cela eût bien mieux valu que d'en arriver où elle en était!... Maintenant toutes ses économies allaient y passer!... Et qui sait, encore, si cette imbécile de femme consentirait...

Léonore avait, en effet, emporté avec elle une grosse somme, quinze cents francs environ, c'est-à-dire toute sa fortune, provenant de ses profits au château, profits plus ou moins licites, et de quelques maigres générosités de Mousset.

Elle pensait avec douleur que la plus grande partie de cette fortune allait passer entre les mains de Mme Colombet. — Qui sait quelles seraient les exigences de cette sage-femme, race généralement avide et indélicate.

— Et tout cela à cause de cet enfant de malheur! — ajoutait sourdement la maîtresse de Mousset. — Dire qu'il y a des riches qui font des neuvaines pour en avoir !... faut-il que ça tombe sur de pauvres filles qui ont déjà toutes les peines du monde à se tirer d'affaire toutes seules!... Pour sûr, il n'y a pas de justice !

Léonore avait peur surtout de voir échouer sa tentative auprès de Mme Colombet.

— Que deviendrai-je si elle me refuse? — pensait-elle avec effroi. — A qui m'adresserai-je?... D'ailleurs, connaissant mes projets, elle serait capable de me dénoncer, de me faire surveiller !... Comment faire pour arriver à la pressentir sans me compromettre?

Une lettre de Mousset vint pourtant ranimer le courage de la jeune femme.

Il s'informait à mots couverts, de façon à ne pas être compromis, des résultats obtenus par sa maîtresse...

Etait-elle contente?... Avait-elle été satisfaite de la personne en question? — Il lui tardait d'avoir des nouvelles, de revoir sa petite Nonore. — Il fallait qu'elle se dépêchât de terminer cette affaire au plus vite ; qu'elle ne lésinât pas sur la question d'intérêt.

« Ecris-moi, dis-moi ce qu'il y a de fait, — continuait Mousset. — Tu sais que tu m'as promis d'être sérieuse. Si c'est comme nous le pensions, il ne doit pas y avoir de temps à perdre. »

Léonore répondit à son amant en lui faisant part de ses hésitations.

« Non, il n'y avait encore rien de fait, — écrivit-elle. — Je n'ai pas osé. — La sage-femme, du reste, ne m'y aide guère.

« J'ai bien peur qu'elle ne soit pas du tout dans « le train » la Mme Colombet. C'est encore une râleuse comme il y en a tant !... Comme si elle n'aurait pas dû comprendre, rien qu'à la façon dont je dissimulais mon état, et me faciliter la confidence !... Au lieu de cela, madame la fait à la pose !

« Pour sûr, dans tous les cas, avec les airs qu'elle se donne, que cela ne se fera pas pour rien. Tout mon pauvre argent y passera... Si je n'y reste pas, encore, par-dessus le marché.

« Ah ! si c'était à refaire !...

« En attendant, je n'ose pas me décider à parler. J'ai tellement peur de ne pas réussir... »

Mise en demeure par la lettre de son amant, la femme de chambre essaya pourtant, quelques jours plus tard, de faire auprès de la sage-femme

Il en avait assez d'être lanterné. (P. 316.)

une première tentative. Elle se sentait du reste, de jour en jour, plus fatiguée par sa grossesse. — Mousset avait raison, il ne s'agissait point de s'amuser à lanterner, le temps pressait.

Une après-midi où la sage-femme l'avait trouvée toute en larmes, Léonore profita adroitement de la circonstance pour essayer de l'attendrir sur sa position ; et comme Mme Colombet, inquiète, lui demandait si elle souffrait, la fausse Elise se mit à sangloter de plus belle.

LIV. 40. — LA DEMOISELLE DU CHATEAU.   LIV. 40.

— Voyons, ma petite, qu'avez-vous? — demanda l'accoucheuse avec sollicitude. — Pourquoi ne pas dire si vous souffrez?... Allons, voulez-vous que nous examinions... Car, enfin, le terme approche, et, bien que cela m'étonnât beaucoup pour sitôt...

— Mais je ne souffre pas, madame, — interrompit Léonore en redoublant ses sanglots.

— Alors, pourquoi vous mettre dans cet état?... Croyez-vous que ce soit raisonnable dans votre position !

— Je le sais bien, mais c'est plus fort que moi... je ne puis pas être raisonnable... — balbutia la fausse Elise au milieu de ses larmes. — Je me mange les sangs, voyez-vous, ma bonne madame Colombet.

— C'est-il que vous avez peur de voir arriver le grand moment? — interrogea en plaisantant l'accoucheuse. — Voyons, ce ne serait pas à faire, bâtie comme vous l'êtes !... Puis, ça n'est pas si terrible que ça, allez ! — sans compter que, sans me vanter, il n'y en a pas beaucoup comme la mère Colombet pour amener les choses en douceur.

— Oh ! ça m'est bien égal de souffrir, — répliqua la femme de chambre.

— Alors?

— C'est bientôt fini, ça, d'abord !... S'il n'y avait que ça !... Mais c'est après...

— Comment?... Après?

— Ben oui, après. — Et le gosse? — sanglota Léonore. — Pensez-vous que ce soit drôle ? dans ma position?... Qu'est-ce que je vais en faire?... Est-ce que les pauvres filles comme moi devraient avoir des enfants?...

— Quant à ça, ma petite, il est un peu tard pour y songer. — Ce n'est pas *après* qu'il est temps de penser à ces choses-là.

— Ce n'est pas avant, pour sûr, non plus, vous le savez bien, madame Colombet, — répondit Léonore en essuyant ses yeux. — Est-ce qu'une honnête fille peut se douter de quelque chose?... D'abord on a confiance dans celui qu'on aime, pas vrai?... on vous promet le mariage... quelle raison aurait-on de se méfier ?

— Pour ça, c'est sûr que les hommes sont des monstres, — déclara la sage-femme.

— Qu'est-ce que je vais devenir maintenant avec un enfant sur les bras?... Comment vais-je pouvoir me placer ?

— Voyons, est-ce que le père ne vous donnera pas seulement de quoi le mettre en nourrice, ma pauvre petite ?

— Lui !... Ah ! ben, il y a beau jour qu'il m'a abandonnée !... dès qu'il s'est aperçu que j'étais grosse. Après m'avoir fait tant de beaux serments.

il ne veut censément plus me reconnaître. C'est comme si je n'avais jamais été rien pour lui.

— Vous avez essayé de le voir?... de lui parler de l'enfant?

— Il m'a traitée comme la dernière des dernières! — dit la fausse Élise en éclatant de nouveau en sanglots. — Moi qui n'ai jamais aimé que lui!... moi qui étais si sage avant de le connaître?...

— Ma pauvre fille! — fit l'accoucheuse, toujours sensible à ce genre de scènes, sur lesquelles son métier eût cependant dû, malheureusement, la blaser un peu.

— Ah! s'il pouvait ne pas venir, cet enfant de malheur!... — gémit Léonore à demi-voix.

— Voyons, calmez-vous!...

— Oui, qu'a-t-il besoin de vivre, celui-là? — continua en s'exaltant la femme de chambre, voulant profiter de l'émotion visible de l'accoucheuse.

— On dit ça, puis après on est bien content d'avoir à aimer ces chers petits êtres.

— Oui!... pour que plus tard ça fasse un petit gueux ou une petite malheureuse comme moi!... une belle avance!...

Pour sûr, que si je savais qu'il vive, ce gosse-là, j'aimerais mieux me « le faire passer » tout de suite.

Et, regardant la sage-femme avec un air de feinte naïveté:

— On dit qu'il y en a qui le font, — ajouta-t-elle. — C'est-il vrai, madame Colombet?

— Hélas! oui, c'est vrai, — répondit l'accoucheuse, — mais celles-là sont des mères dénaturées!

— Alors, moi, je pourrais, vous croyez?...

— Ne dites pas de bêtises, allons, — fit la sage-femme, qui ne prenait pas au sérieux les questions de sa cliente et les mettait sur le compte de l'état de surexcitation dans lequel elle la voyait.

— Eh bien! où serait le mal, après tout, puisque l'enfant n'est pas encore de ce monde?

Le beau malheur de l'empêcher d'y venir?... Ce n'est pas déjà quelque chose de si propre, la vie!

— Ça se peut, ma petite, mais nous n'avons pas le droit de décider cela, — dit sévèrement Mme Colombet.

C'est déjà une vilaine chose que d'en prévoir la possibilité même en plaisantant. — Allons, calmez-vous, et ne parlons plus de toutes ces turlutaines-là. Ce sont de méchantes idées à vous mettre en tête.

Tenez, je vais vous préparer une bonne tasse de tilleul avec un petit verre d'eau de fleurs d'oranger. Cela vous remettra les nerfs, et vous aidera à redevenir raisonnable.

— Cela me fera peut-être du bien, en effet, ma bonne madame Colombet, — dit Léonore d'un ton radouci.

Mais, dès que la porte se fut refermée sur l'accoucheuse, la jeune femme se dressa avec colère.

— C'est pas tout ça, car le temps passe !... — murmura-t-elle en grinçant des dents. — Alors, qu'est-ce que je fiche dans cette boîte-ci ?... Rien à faire avec une buse comme cette Mme Colombet !

Un peu d'espoir rentra, cependant, dans son esprit.

Déjà, avec cette faculté spéciale aux gens de service, dont l'oreille a une acuité particulière pour recueillir les réclamations des créanciers, elle avait pu se convaincre, dès les premiers jours de son arrivée dans la maison, que la sage-femme était loin d'être au-dessus de ses affaires.

De sa chambre, ouvrant sur le vestibule, elle avait souvent assisté à des sorties faites par des fournisseurs mécontents.

Elle savait bien que la première quinzaine, payée d'avance par elle, avait servi à « arroser » un peu les plus récalcitrants. Mais quelques jours après la conversation de la fausse Élise avec la sage-femme, un des créanciers était revenu à la charge et avait fait une scène terrible.

Il en avait assez d'être lanterné. On n'allait pas lui faire croire que depuis le temps, avec un peu de bonne volonté, on n'aurait pas pu trouver le moyen de le payer, car, c'était un état qui ne chômait jamais, celui de sage-femme, et qui rapportait gros, — ce n'était pas à lui qu'on en contait, pardi ! il n'y avait qu'à ouvrir un journal à l'article des tribunaux, pour s'édifier sur les ressources secrètes du métier.

C'était du propre ! — Au moins, ne devraient-elles pas faire du tort aux honnêtes gens et les voler, par-dessus le marché !

Mme Colombet n'avait pu arriver à le calmer.

Le créancier ne voulait rien entendre ; il voulait être payé, et de la totalité, encore. Il y avait assez longtemps qu'il se laissait berner avec des promesses. Ça ne mordait plus.

Que lui importait que les temps fussent durs ! ils l'étaient pour lui aussi bien que pour les autres, et c'est pour cela qu'il avait besoin de son argent.

Il voulait tout, ou il allait poursuivre à boulets rouges, en vertu du jugement déjà obtenu, et pousser jusqu'à la saisie et à la vente du mobilier.

Et le créancier furieux partit en faisant battre la porte et sans consentir à rien entendre.

Cette scène, dont Léonore ne perdit pas un mot, lui rendit tout son espoir. Il n'était pas possible que, réduite à cette extrémité, acculée à cette menace de vente, la sage-femme ne cédât point devant l'appât d'une forte somme qui, pour elle, représenterait le salut.

Léonore croyait peu à la véritable et honnête indignation de Mme Colombet.

— Allons donc, c'est des manières, tout ça, — pensait la maîtresse de Paul Mousset. — C'est de la pose; et, du reste, elle n'a pas cru que je parlais sérieusement. — J'ai eu tort d'y mettre tant de façons. — J'aurais dû lui dire carrément la chose.

Alors, bien décidée à profiter du désarroi dans lequel la visite et les menaces de son créancier l'avaient mise, la maîtresse de Mousset, renonçant à toutes ses inutiles tergiversations, mit carrément la sage-femme en demeure de la « débarrasser » avant terme.

Mme Colombet protesta avec une sincère indignation.

— Ah ça! voyons, ma petite, — s'écria-t-elle, — pour qui me prenez-vous?...

C'était donc sérieux, toutes ces bêtises de l'autre jour?

C'était pour me pressentir, ce que vous en disiez?...

Mais alors, vous avez bien dû voir de quelle manière j'ai accueilli vos propositions.

Comment, vous m'avez donc cru capable de ça?

— C'est un service que vous ne serez pas la première à rendre, — insinua Léonore.

— Non, ma petite, ne comptez pas sur la mère Colombet pour cette abomination, — déclara catégoriquement la sage-femme suffoquée.

Si c'est pour ça que vous êtes venue, vous auriez tout aussi bien fait de chercher ailleurs, tenez-vous-le pour dit!

Et comme la femme de chambre insistait, offrant de la payer largement, de lui donner une grosse somme qui la tirerait de ses ennuis :

— Ni pour or, ni pour argent, entendez-vous, ma petite, — protesta-t-elle de nouveau avec colère.

La maman Colombet ne se chauffe pas de ce bois-là!...

Ce refus catégorique de la sage-femme, ne découragea pourtant point Léonore.

Elle savait trop bien que les embarras d'argent sont souverains pour faire capituler les consciences et amener les plus honnêtes aux pires concessions. — Celle de Mme Colombet ne devait pas résister plus que les autres.

La maîtresse de Mousset résolut seulement de s'y prendre différemment, d'agir en douceur, de ne plus mettre brutalement l'esprit timoré de l'accoucheuse en face de cette proposition qui l'effrayait.

Elle attendrait le commencement de l'exécution des menaces du créancier.

Jusque-là, elle sentait bien qu'il n'y avait rien à faire avec Mme Colombet, qui conserverait toujours jusqu'au dernier moment l'espoir de s'en tirer.

Mais une fois là, Léonore saurait par ses complaisances la mettre dans l'impossibilité d'un refus.

— Une fois qu'elle aura accepté de l'argent de moi, il faudra bien qu'elle s'acquitte ! — pensait la misérable. — Elle sera trop heureuse de s'en tirer à ce prix-là et ne songera plus à faire sa mijaurée. Le tout est de dissimuler, en attendant, de ne plus lui parler de rien, de paraître avoir complètement renoncé à mon projet.

Léonore reçut, sur ces entrefaites, une nouvelle lettre plus pressante de son amant.

« Je trouve que cela traîne trop en longueur, — disait Mousset. — Tu t'y es prise maladroitement. Tu es stupide avec toutes tes hésitations.

« Je t'assure que cette bonne Mme C... est, quoi que tu en penses, très susceptible de séduction. Il n'y a qu'à savoir lui présenter les choses.

« Tu as dû vouloir lésiner sur les petits profits.

« Allons, termines-en vite, ma grosse Nonore, et écris-moi un mot pour me rassurer, car je commence à m'inquiéter.

« N'oublie pas surtout, en même temps, de me renvoyer ma lettre. »

C'était, en effet, une formalité que Mousset, toujours prudent, exigeait de sa maîtresse.

Sous prétexte qu'elle pourrait les égarer, le jeune homme avait eu soin de se faire renvoyer exactement par Léonore, au fur et à mesure de ses réponses, toutes les lettres qu'il lui avait écrites.

— On ne sait pas ce qui peut arriver avec les femmes, — pensait-il. — Ce qu'il y aurait de mieux encore, serait de ne point écrire... mais cela n'est quelquefois pas possible. De cette façon, du moins, je suis à peu près tranquille. Diable ! c'est qu'il faut faire attention, je ne me soucie nullement d'être compromis dans cette histoire. Tout cela ne me regarde pas, après tout.

C'est égal, je ne suis guère tranquille. Pourvu que Léonore ne fasse point quelque maladresse.

La réponse de sa maîtresse le rassura pourtant.

« C'est probablement la dernière fois que je t'écris avant, » disait Léonore en renvoyant à son amant la lettre qu'il lui avait redemandée.

« Dans quelques jours tout sera terminé heureusement, je puis te le promettre, car je suis sûre maintenant de réussir.

« Mais vrai, cela n'a pas été facile !... Toi qui prétendais que cette Mme Colombet était une femme commode !... Enfin, je la tiens, mais cela coûtera gros, et je vais me trouver sans le sou ! — Va, je ne suis pas prête à recommencer !

« Surtout, mon Paul, surveille bien ma place au château, ainsi que tu me l'as promis, et ne me laisse pas remplacer auprès de Mlle Gervaise. C'est une bonne place que je ne voudrais point perdre, quoique la vieille soit bien regardante et qu'il y ait bien peu de profits. Mais pour le moment, je ne puis pas être trop difficile, car je vais avoir terriblement besoin de travailler.

« Je voudrais bien être revenue et près de toi, car je languis de t'embrasser, mon gros chéri ; j'espère que ce sera bientôt. Mais, plus de bêtises par exemple ; c'est fini, j'en suis revenue, ça coûte trop cher. Il va falloir être sage, monsieur Paul ! »

Ces dernières lignes de la lettre de sa maîtresse avaient amené un sourire ironique sur les lèvres minces de Paul Mousset.

— Sages !... On le sera peut-être encore plus que tu n'y comptes, ma bonne Nonore, — murmura-t-il en serrant dans son portefeuille la lettre de la femme de chambre ; — car il va falloir songer à ne pas faire d'imprudences si je veux réussir dans le nouveau plan que je combine. En attendant, je ne suis pas fâché de savoir que cette histoire de là-bas va se terminer. Pourvu encore que la chose réussisse !...

Je ne serai tranquille que lorsque Nonore m'aura annoncé son retour.

Ainsi qu'elle l'écrivait à son amant, la fausse Élise Rollin avait en effet trouvé le moyen de s'assurer les bons offices de Mme Colombet.

Feignant d'avoir renoncé complètement à ses projets, elle avait amené la sage-femme à lui parler de ses ennuis et s'était offerte à lui prêter de l'argent.

D'abord méfiante, celle-ci avait fini par accepter. Elle était aux abois, harcelée par l'huissier mis à ses trousses par son créancier grincheux, à la veille d'être affichée et vendue. L'offre de Léonore la sauvait.

Où trouverait-elle, en effet, les mille francs qu'il lui fallait pour solder cet intraitable fournisseur ?

Mme Colombet avait épuisé toutes ses ressources avant d'en arriver à la culbute finale.

Cette vente, c'était la ruine complète ; car, avec rien, comment faire face à une nouvelle installation ?

Elle accepta donc avec reconnaissance l'offre de sa cliente et courut chez l'huissier payer et faire arrêter la procédure.

C'était tout ce que voulait Léonore.

Sûre maintenant de son affaire, elle attendit encore quelques jours pour laisser à la sage-femme le temps d'apprécier les douceurs de la tranquillité matérielle, puis elle revint à la charge brusquement.

Mais Léonore avait affaire à forte partie. Délivrée de ses soucis, Mme Colombet avait retrouvé tous ses moyens. Décidée à ne pas céder et cependant intéressée à ne point mécontenter celle qui l'avait sortie de ce mauvais pas, la sage-femme vit bien qu'elle ne s'en tirerait qu'en feignant de consentir aux odieux projets de sa cliente.

Elle eût été bien sotte, d'ailleurs, de laisser échapper l'occasion qui s'offrait de gagner l'argent que lui avait prêté la fausse Elise et de se libérer ainsi de cette dette gênante.

Tout en se promettant de ne rien faire, l'accoucheuse avait donc fini par paraître céder aux instances et aux sous-entendus menaçants de Léonore.

Mais c'était bien à son corps défendant, — disait-elle, — qu'elle se livrerait à ces coupables manœuvres.

— Ce sera le remords de toute ma vie, voyez-vous, ma petite ; moi qui jusqu'à présent ai eu une carrière si honorable !

Car, il n'y a pas à dire, il n'y a pas eu ça à me reprocher, — dit la sage-femme en faisant claquer l'ongle de son pouce sous les dents.

— Vous aurez la satisfaction de m'avoir rendu un fier service, — répondit Léonore, — et de m'avoir sauvée du désespoir.

— C'est quelque chose qui peut compter pour une compensation !

— Puis, mille francs, ma bonne, ça n'est pas non plus désagréable à garder.

— Ah ! si je pouvais vous les rendre, ces mille francs, — soupira Mme Colombet.

— Oui, mais vous ne pouvez pas, — reprit Léonore triomphante ; — il faut donc en prendre votre parti. — Avouez que c'est encore bien heureux pour vous, cette façon que je vous offre de vous libérer ?

— Si on peut dire !... Vous abusez de ma malheureuse situation !... Ah ! pourquoi me suis-je mise entre vos mains !...

— Préféreriez-vous celles dont je vous ai tirée ?

— Compromettre toute une vie honorable.

— Est-ce que ça se saura ?... Est-ce que j'ai intérêt à parler ?... Allons, madame Colombet, décidez-vous sans récriminer !

LA DEMOISELLE DU CHATEAU

Mais la femme de chambre la repoussa avec horreur. (P. 326.)

LIV. 41. — XAVIER DE MONTÉPIN. — LA DEMOISELLE DU CHATEAU. — J. ROUFF ET C°, ÉD. LIV. 41.

— Il le faut bien, soupira la sage-femme, puisque vous me menacez de me mettre sur le pavé.
— Je ne vous menace pas, mais j'ai besoin de mon argent, car c'est tout ce que je possède, et si j'ai le malheur d'avoir un bébé, il faudra bien que je le nourrisse! Alors cet argent m'est indispensable!... Il me le faut!...
— Pourquoi me l'avez-vous offert?
— Dites que je ne vous ai pas rendu service, ingrate!
— Oui, un joli service! — grommela l'accoucheuse. — C'est-à-dire que je me suis laissée prendre à vos mines et mettre dedans comme une bête.
— Enfin, est-ce oui, ou est-ce non? — demanda Léonore, que commençaient à inquiéter toutes ces hésitations.
— La belle malice, vous savez bien que c'est oui, pardi, puisque vous me tenez!

Mais quand vint le moment d'agir, Mme Colombet déclara qu'il était trop tard maintenant, qu'on avait trop attendu.

— Ce serait vouloir votre mort, ma petite dame, votre santé courrait de trop grands risques, — expliqua-t-elle, coupant court aux récriminations de Léonore. — Faites ce que vous voudrez, mais je ne vais pas m'exposer pour mille francs à aller en Cour d'assises.

— Cependant, — fit Léonore matée, — comprenant la justesse du raisonnement de Mme Colombet, vous m'aviez bien promis...

— Oui, je sais ce que je vous ai promis, et je ne m'en dédis pas. Mais maintenant il vaut mieux laisser arriver, pour agir, le moment de la délivrance; — c'est dans votre intérêt que je vous parle. — Alors vous ne courrez plus aucun risque.

— Comment? — questionna Léonore avec un frisson. — C'est à ce moment-là que vous ferez ce que vous m'avez dit?

— Dame, il faut vouloir ou ne pas vouloir, vous savez, — fit l'accoucheuse brutalement, avec un vague espoir d'éveiller la fibre maternelle dans le cœur de sa cliente. — Maintenant, je ne puis agir que sur l'enfant, quand il sera là... Vous comprenez bien ce que je veux dire?...
C'est si fragile en naissant, ces petits êtres!...

Léonore cacha sa figure dans ses mains sans répondre.

— Si vous avez changé d'avis, il est encore temps, ne vous gênez pas pour le dire, — insinua d'une voix radoucie la sage-femme, attribuant ce silence à une hésitation, à un revirement de conscience et de bons sentiments.

Mais Léonore releva la tête.

— Attendons, madame Colombet, attendons, puisqu'il le faut, — dit-elle d'une voix sombre.

Puis, parlant tout bas, comme si le son de sa voix l'eût effrayée :

— Mais, au moins, cette fois, êtes-vous sûre de réussir ? — demanda-t-elle.

— Soyez tranquille, — répondit l'accoucheuse. — Ça, c'est mon affaire, puisque je vous ai dit que je m'en chargeais !

Mme Colombet n'avait aucunement l'intention de se prêter au crime que la misérable attendait d'elle. En outre de sa conscience d'à peu près honnête femme, qui la faisait frémir d'horreur à la seule pensée d'une semblable abomination, elle savait son code sur le bout du doigt, et était bien trop avisée pour se compromettre dans une affaire d'infanticide.

C'est que la justice ne plaisante pas avec les sages-femmes !

« — Pour mille francs, merci bien !... elle ne voudrait pas peut-être que je m'expose à passer en Cour d'assises ! — pensait l'accoucheuse. — Elle ne manque pas de toupet, Mlle Elise Rollin !...

Ce n'est pas elle qui me fera une rente après, quand je sortirai de prison, car ça se découvre toujours tôt ou tard, ces histoires-là.

Sans compter que toutes ces saletés, ce n'est pas mon affaire, ah ! non, pas du tout ! »

La maîtresse de Mousset avait donc dû forcément prendre patience et attendre la fin de sa grossesse.

Mais elle ne jugea pas utile de faire part à son amant de ce nouveau mécompte.

— Il serait furieux, — pensa-t-elle, — lui qui déjà me reprochait dans sa dernière lettre de manquer de courage et d'initiative !... Mieux vaut lui dire la chose quand tout sera terminé.

Et la fausse Elise Rollin se résignait à patienter jusqu'au jour de sa délivrance.

Le moment arrivé, Léonore renouvela ses recommandations à Mme Colombet.

— Oui, oui, c'est convenu !... — dit la sage-femme. — Je sais ce que je vous ai promis !... D'ailleurs, je suis payée d'avance, et puisque j'ai accepté le marché, je ne peux pas m'en dédire ! — Il faudra bien que votre enfant ne soit point né viable... j'en fais mon affaire.

— En êtes-vous bien sûre ?... — demanda la misérable mère.

— Soyez donc tranquille et dormez sur vos deux oreilles, — répliqua l'accoucheuse, révoltée de l'inconscient cynisme de sa cliente.

Les premières douleurs qui s'étaient emparées d'elle subitement, avaient empêché Léonore d'obéir à cette dernière injonction de la sage-femme.

Grâce aux « précautions » prises par la femme de chambre pour dissimuler sa grossesse, les couches s'annonçaient comme très douloureuses.

En proie aux plus cruelles souffrances, Léonore avait complètement cessé de se défendre contre sa maternité prochaine. Les crises de douleurs la laissaient anéantie et sans pensée sur son étroite et dure couchette.

D'ailleurs, n'avait-elle pas la promesse de Mme Colombet?

— Elle n'oserait y manquer, — se répétait la maîtresse de Mousset, quand dans les moments d'accalmie sa pensée se reportait sur ce qu'elle avait demandé à la sage-femme. — Elle sait qu'il faut qu'elle s'exécute ou qu'elle me rembourse!... Et elle n'a pas le sou, j'en suis sûre!... Donc...

Et Léonore s'endormait dans cette sécurité trompeuse.

La crise suprême l'arracha dolente à ses pensées.

Comme la sage-femme s'empressait auprès d'elle, un dernier effort délivra la patiente.

Bientôt, dans le calme profond et la torpeur de bien-être succédant à cette secousse douloureuse, une angoisse tenailla subitement le cœur de cette mère dénaturée.

— C'est fait!... — avait-elle pensé en frissonnant, tandis qu'elle se laissait aller affaissée sans forces sur ses oreillers.

Comme pour répondre à cette criminelle pensée et détromper cette monstrueuse espérance, un vagissement, parti d'un coin de la pièce, frappa soudainement Léonore.

Elle tressaillit.

Elle se redressa comme galvanisée, se tenant sur son séant, pâle, épouvantée.

Du regard, explorant la chambre, elle cherchait la sage-femme.

Stupéfiante, suffoquée de fureur, elle aperçut Mme Colombet en train de laver et d'emmailloter le petit être qu'elle venait de mettre au monde.

C'était « lui » qui avait poussé ce vagissement.

— Vivant! il est vivant!... — cria la misérable d'une voix rauque, saccadée, à peine distincte!

Rien n'était donc fait!... la sage-femme l'avait trompée, elle lui avait menti!...

Un cri de rage sortit des lèvres pâles de Léonore.

D'un geste furieux elle montra l'enfant à Mme Colombet.

— Misérable!... — siffla-t-elle entre ses dents.

Mais la sage-femme ne se laissa pas démonter. Elle s'attendait à ce premier accès de colère de sa cliente.

Tout en continuant à donner des soins au nouveau-né, elle haussa les épaules de l'air désolé d'une femme qui ne peut plus rien changer aux événements.

— Eh bien! oui ;... que voulez-vous, ma petite?... — fit-elle avec une consternation très bien jouée, — j'ai manqué mon coup!... l'émotion sans doute!... Je sais bien, parbleu! que je vous ai promis... Je n'ai pas eu la force... Je n'ai pas pu!...

— C'était si facile!... — reprit la mauvaise mère. — Et maintenant encore...

— A présent il est trop tard, — répondit l'accoucheuse ; — je n'aurais jamais ce courage!... le tuer?... Oh! non!...

Regardez : Il est si beau, le mignon!... — ajouta-t-elle montrant le nouveau-né.

Et espérant attendrir cette mère dénaturée, Mme Colombet, tenant l'enfant dans ses bras, s'approcha de Léonore.

Mais la femme de chambre la repoussa avec horreur.

Elle se sentait perdue!

Qu'allait-elle faire de cet enfant?

Il allait falloir le mettre en nourrice, l'élever!... C'était une charge pour toute sa vie !

Très intéressée, cette question surtout touchait Léonore. — Elle avait payé, donné tout son argent, et maintenant non seulement l'enfant lui resterait sur les bras, mais tout serait perdu, puisqu'elle n'avait aucun recours sur l'accoucheuse.

Mme Colombet avait, en effet, été assez adroite et, disons-le, assez peu délicate pour se faire rendre sa signature le matin même de la délivrance de sa cliente.

— Elle peut bien payer, elle m'a fait faire assez de bile ! — avait-elle murmuré en rentrant en possession du précieux papier qui anéantissait sa dette.

Folle de rage après avoir vomi toutes les imprécations possibles, Léonore, brisée de fatigue, finit par s'endormir en roulant dans sa tête les plus sinistres projets. La nature fut plus forte que les nerfs, et, malgré sa surexcitation, elle tomba dans un sommeil de plomb.

L'enfant reposait à côté d'elle dans un berceau, mais rien au monde ne put la décider à le regarder.

Mme Colombet, après avoir veillé une partie de la nuit, rassurée par le sommeil de la fausse Elise, rentra dans sa chambre. Elle n'était pas exempte d'inquiétude, au sujet de l'influence que pourrait avoir sur la santé de sa cliente l'épouvantable crise de colère et de rage, provoquée en elle par le désappointement cruel qu'elle venait d'éprouver.

Elle ne s'était pas attendue à une explosion aussi violente. Un moment elle avait eu peur que la fièvre ne s'arrêtât pas et n'amenât quelque complication, un transport au cerveau, une explosion de folie puerpérale, dans l'état de faiblesse extrême de l'accouchée. Mais, lorsqu'elle vit Léonore s'endormir, elle se rassura.

— Enfin!... fit-elle. — C'est une nerveuse, toute de premier mouvement, je connais ces natures-là... Demain il n'y paraîtra plus, elle en aura pris son parti. Il le faut bien, du reste!... — Qui sait?... lorsqu'elle aura réfléchi, elle me remerciera peut-être de ma « maladresse »... Si on les écoutait « avant », toutes ces filles mères, on en enverrait des anges au ciel!... Mais je ne mange pas de ce pain-là... merci!... — « Après », ce sont souvent celles qui criaient le plus qui deviennent les meilleures mères.

Sur cette pensée rassurante, la sage-femme, après avoir encore attendu un instant pour voir s'il n'y avait pas un retour de fièvre chez Léonore, finit par rentrer dans sa chambre.

Cette chambre, du reste, était presque contiguë à celle de l'accouchée; seulement séparée d'elle par un cabinet étroit. Les deux portes en resteraient ouvertes.

Mme Colombet était bien sûre de se réveiller au premier appel, au moindre mouvement de sa cliente. Elle avait l'habitude de ces sommeils en « gendarme » qu'un rien coupe.

Mais le repos de l'accoucheuse ne fut point troublé; quand elle se leva et vint la voir, Léonore paraissait avoir dormi jusqu'au matin, et bien qu'elle ne voulût encore ni embrasser ni regarder son enfant, Mme Colombet la trouva relativement plus calme.

Elle en profita pour sortir et aller faire sa déclaration à la mairie.

Avant de partir elle fit une nouvelle tentative auprès de la jeune mère, mais elle fut repoussée en pure perte.

— Voyons, mademoiselle Elise, — insista-t-elle — c'est tout de même votre fils!... Il faut bien en prendre votre parti!... et maintenant il faut que j'aille à la mairie pour faire la déclaration. La loi en fait une obligation aux sages-femmes. Comment voulez-vous que je l'appelle?... Il faut lui donner un nom, à ce mignon-là!

— Oh! je m'en moque un peu, — répliqua cruellement la misérable. — Appelez-le comme vous voudrez!... ça ne me regarde pas!

— Mais pourtant...

— Je vous dis que je m'en moque! — fit Léonore en s'exaltant.

— Vous le reconnaîtrez, au moins?...

— Le reconnaître!... Jamais de la vie! — cria l'accouchée en se soulevant furieuse sur son lit. — Ah! bien, il ne manquerait plus que ça!... Reconnaissez-le, vous, si vous voulez, je m'en fiche!... mais pour ce qui est de moi!...

La sage-femme partit sans avoir pu en tirer autre chose; la fausse Elise s'enferma dans un silence farouche.

Restée seule avec l'enfant et la bonne, la surexcitation de Léonore, un instant comprimée dans le but de donner le change à la sage-femme, atteignit son paroxysme. Son regard se porta pour la première fois sur le petit être, dont la figure menue, encore toute congestionnée et bouffie, ressortait seule au milieu de la blancheur des langes et de l'oreiller. Une atroce expression de haine se peignit sur le visage de la femme de chambre.

C'était « ça » son enfant?... ce paquet de chair sanguinolent et informe!... « Ça » qu'il allait falloir envoyer en nourrice!... C'était pour élever « ça » qu'elle allait se mettre sur le dos une dette qui durerait des années!... Sans compter que cela se saurait peut-être, l'empêcherait de se placer, de gagner sa vie.

Que deviendrait-elle alors?... Elle avait déjà assez de mal comme cela!

— Je n'en veux pas!... je n'en veux pas!... — répétait Léonore avec une rage croissante. — Je ne veux pas de cet embarras dans ma vie... Est-ce que j'ai demandé à ce qu'il vienne, moi?... Est-ce ma faute s'il est là?...

Il n'a pas le droit d'y être, d'abord, — continua la femme de chambre en s'exaltant de plus en plus. — Il n'était pas destiné à vivre!... Pourquoi cette femme n'a-t-elle pas tenu sa promesse?... Est-ce que je puis supporter une charge comme celle-là?

Léonore se trouvait seule encore en ce moment dans la maison; la vieille bonne venait de sortir pour faire des commissions. La misérable se souleva et attira l'enfant à elle.

Son regard haineux se fixa sur le petit être.

— Non, je n'en veux pas, je n'en veux pas!... — répéta-t-elle d'une voix égarée.

Tout en parlant ainsi, elle secouait l'innocente créature, qui se mit à vagir lamentablement!...

— Mais tais-toi donc!... — glapit Léonore, en appliquant brutalement sa main sur la bouche délicate du frêle petit être.

L'enfant criait de plus en plus fort.

— Veux-tu te taire!... — continua-t-elle affolée, furieuse, la tête perdue, les doigts nerveusement crispés autour du cou de l'enfant. Vas-tu te taire, petit monstre!... Tu veux me perdre, me dénoncer!...

Tais-toi! tais-toi donc!... — continua-t-elle d'une voix rauque, les yeux hors de la tête, secouant comme une furie le pauvre innocent.

Alors, dans un état de fureur impossible à décrire, l'horrible femme resserra le cercle fiévreux de ses doigts sur le frêle cou de l'enfant.

La mère dénaturée se pencha de nouveau hors du lit, saisit avec un horrible sang-froid le petit cadavre... (P. 331.)

— Je te forcerai bien à te taire !... — répéta-t-elle encore.

Puis elle n'entendit plus rien.

— Ah !... enfin !... — murmura la maîtresse de Mousset avec un soupir de triomphe.

Les vagissements, en effet, avaient cessé.

Les yeux convulsés, la bouche ouverte, laissant apercevoir la langue violette, la petite tête du nouveau-né ballottait inerte entre les mains crispées de Léonore.

La femme de chambre s'arrêta tout à coup blêmissante.

Ses doigts lâchèrent le petit corps qui roula sur le tapis.

Elle se pencha hors du lit pour l'examiner.

L'enfant était tombé sur le dos, les bras écartés hors du maillot, ses petites mains rouges sortant des manches blanches de la brassière. Ses yeux, aux prunelles de ce bleu incertain des nouveau-nés, étaient fixes et grands ouverts. La face congestionnée offrait toutes les marques de la strangulation.

— Il a passé!... — murmura la fausse Élise avec un frisson.

Elle regarda un moment autour d'elle, inquiète, comme pour s'assurer qu'on ne l'avait pas vue.

— Ah! ma foi, tant pis! — s'écria-t-elle tout à coup en regardant d'un œil sec le petit cadavre. — Tant pis, après tout!... Cela vaut mieux pour lui que d'aller aux enfants trouvés! — D'ailleurs, il ne fallait pas me pousser à bout... m'exaspérer...

Elle cherchait une excuse à son crime.

— M'en voilà débarrassée, ce qu'il y a de sûr, — fit-elle sans aucun remords. — Est-ce que je pouvais le nourrir... supporter la charge d'un enfant?... C'est la faute de Mᵐᵉ Colombet. Pourquoi n'a-t-elle pas voulu faire ce que je lui demandais, lorsqu'il en était encore temps?... C'est elle qui m'a poussée à ce que j'ai fait!... C'est sa faute!

Oui, c'est sa faute, — répétait Léonore, toujours accroupie au bord du lit, le regard machinalement rivé au corps inanimé du petit être qui gisait à terre.

Tout d'un coup, la maîtresse de Mousset se redressa avec épouvante; la sueur perla à la racine de ses cheveux.

On allait venir!... on verrait le petit cadavre!... la bonne allait rentrer d'un instant à l'autre!... elle s'apercevrait de la mort de l'enfant.... Elle verrait à son cou les empreintes bleues des doigts qui l'avaient étranglé!...

Elle la dénoncerait!... on l'accuserait d'infanticide!... On la mettrait en prison, elle passerait en cour d'assises?... Le bagne!... Que dirait-elle pour se disculper?

La peur faisait claquer les dents de la criminelle.

Elle se rejeta en arrière, s'enfonça dans le lit, se cachant sous les couvertures, le plus près possible de la ruelle, comme une bête qui se terre.

Mais, soudain, elle se redresse de nouveau, le front pâle.

Elle venait d'entendre dans l'escalier le pas traînant de la vieille bonne.

C'était bien elle. Le pas venait de s'arrêter à la porte du palier.

L'imminence du danger rendit soudain à la fausse Élise toute sa lucidité et son énergie.

Il fallait d'abord gagner du temps. — On verrait après. Elle aurait le loisir de réfléchir, elle trouverait peut-être un moyen pour se tirer d'affaire!

La mère dénaturée se pencha de nouveau hors du lit, saisit avec un horrible sang-froid le petit cadavre, le souleva et le posa à côté d'elle, tout en faisant disparaître d'un mouvement rapide le désordre des couvertures.

Pâle alors et défaite, mais faisant bonne contenance, son bras passé autour du corps de sa victime, afin de soutenir la petite tête inerte et de l'empêcher de retomber, elle attendit, le cœur serré par l'angoisse de l'épouvante.

Il était temps!

Retenue dehors plus longtemps qu'elle ne le pensait, la bonne, qui avait reçu de Mme Colombet la recommandation de veiller avec soin sur sa cliente pendant son absence, s'empressait d'accourir.

Son regard, en entrant, explora la chambre. Elle vit le berceau vide, et distingua couché à côté de la jeune mère le corps emmailloté du nouveau-né.

— A la bonne heure!... — fit-elle, avec un regard d'approbation à l'adresse de l'accouchée. — Vous vous êtes fait une raison! Ce n'était pas Dieu possible, aussi, que vous teniez longtemps rigueur à ce cher ange du ciel!... Pauvre mignon, ce n'est pas sa faute, après tout!...

— Il pleurait tellement, voyez-vous, ma bonne!... — fit Léonore d'une voix qu'elle s'efforçait de rendre maternelle. — Si vous l'aviez entendu! — Je ne pouvais pourtant pas le laisser s'étouffer à crier dans son berceau!...

— Pardine! vous n'avez pas besoin de chercher une excuse! — fit la vieille domestique avec un gros rire. — Je le lui avais bien dit, à Mme Colombet, que vous n'étiez pas si terrible et que vous feriez comme les autres une fois votre colère passée. — C'est des exceptions, voyez-vous, les mauvaises mères... Ça ne se voit pas tous les jours, heureusement!...

— C'est la douleur d'avoir été abandonnée par le père qui me rendait comme ça, — dit Léonore, se défendant malgré elle. — Voyez-vous, ce n'est pas drôle, d'avoir seule la charge de l'enfant!

— Pardienne, je vous crois!... C'est des pas grand'chose, les hommes; c'est toujours là pour la rigolade, avant; après, je t'en fiche! Va-t-en voir s'ils viennent!...

— Et la mère reste avec l'enfant!... Quand elle peut à peine se suffire à elle-même!...

— Bah! — fit la vieille bonne, — vous l'élèverez bien toute seule, allez, le chérubin. Le bon Dieu n'abandonnera pas une bonne mère. Vous êtes jeune, vous êtes robuste... Il n'en faut pas tant pour nourrir ces petits moineaux-là !

— Il le faudra bien, — dit la fausse Elise avec une hypocrite résignation.

— Lui avez-vous donné un peu d'eau sucrée, au moins, pour calmer sa colère à ce mômichon ? — interrogea la brave femme en se rapprochant du lit.

Le sang de Léonore se glaça dans ses veines. — Elle fit cependant un violent effort sur elle-même, et se soulevant à demi, soutenant avec le bras qu'elle avait passé sous l'enfant, le petit corps inerte et déjà froid...

— Chut !... il dort, — dit-elle.

— Ne vaudrait-il pas mieux le remettre dans son berceau ?

— Non, laissez-le moi.

— Alors, vous n'avez besoin de rien ?... je puis aller à mon ouvrage ? — questionna la domestique.

— De rien, non ; merci !

— Ne vous fatiguez pas, au moins. Tâchez de vous reposer, ça vous fera du bien. Vous me sonnerez si vous avez besoin de quelque chose, — recommanda la vieille bonne en s'en allant sur la pointe des pieds pour ne pas réveiller l'enfant.

— Soyez tranquille !

La porte à peine refermée, Léonore passa la main sur son front où perlait une sueur d'angoisse.

Se sauver !... Il fallait se sauver avant que l'infanticide fût découvert !... Il fallait fuir, échapper à la justice, disparaître avant le retour de la sage-femme.

— Tout cela, à cause de ce monstre d'enfant !... — murmura l'atroce créature avec un accent de rage et de fureur impossible à décrire.

Ses regards rivés au cadavre de l'innocent étaient chargés d'une haine indicible.

— Il faut que je me sauve, que je trouve un moyen, — dit la maîtresse de Mousset regardant avec effarement autour d'elle.

Il faut que je m'arrange pour détourner les soupçons !... Je ne veux pas qu'on m'accuse..., qu'on m'arrête... qu'on me condamne !... Si Mme Colombet voyait que mon petit est mort, elle courrait me dénoncer ; pardi ! afin de se faire bien venir de la justice à qui elle aurait l'air de dire : « Vous voyez, je ne suis pas, moi, une de ces faiseuses d'anges que vous condamnez !... Un infanticide a été commis chez moi, je ne veux pas en être accusée !... Venez, je vais vous montrer la criminelle ! »

Alors une idée infernale traversa l'esprit de Léonore.

— Pardieu ! le moyen de me sauver est bien simple?... — pensa-t-elle. — Du coup, je détourne le danger qui me menace !... Ah ! Mme Colombet me dénoncerait !... Elle me livrerait à la justice, elle que j'ai payée pour faire ce que j'ai fait !... Eh bien ! c'est sur elle que je ferai tomber les soupçons !... c'est elle que j'accuserai !...

Cette idée monstrueuse se présentait encore assez confuse à l'esprit de la mauvaise mère.

— Pourvu que j'aie le temps d'agir, — se dit l'accouchée, dont le front se rassérénait à mesure que ses idées devenaient plus nettes. — La mairie est loin... Elle ne peut être encore de retour !...

Puis, se rappelant tout à coup.

— Toutes les chances sont pour moi, suis-je bête ! j'ai plus de temps qu'il m'en faut. La mère Colombet ne rentrera pas de là nuit, d'après ce que je lui ai entendu dire à sa bonne !... Elle a une cliente à voir à quelque distance ; oui, je l'ai bien entendu !... Elle ne sera de retour que demain matin !

La misérable eut un soupir de soulagement.

C'était le salut !

— Moi, à minuit, je serai loin déjà, — pensa-t-elle. — On pourra me courir après !... Ils seront bien fins s'ils m'attrapent !... Ah ! j'ai été rudement avisée en ne me faisant pas connaître !...

La maîtresse de Mousset eut un ricanement de triomphe.

Alors, avec un monstrueux sang-froid, elle prit dans ses bras le petit cadavre et le coucha du côté de la ruelle, la tête tournée vers le mur et dissimulée par le douillet renfoncement de l'oreiller.

Puis, cela fait, pour le cas où la bonne serait rentrée inopinément, elle attira un guéridon placé près du lit, et sur lequel se trouvait un buvard et tout ce qu'il fallait pour écrire.

Elle s'en était déjà servie plusieurs fois pour correspondre avec son amant.

Assise sur son séant, Léonore plaça le buvard sur ses genoux, chercha une feuille de papier à lettre et une enveloppe, et se mit à écrire.

Dans la scélératesse de son esprit, elle avait imaginé d'écrire une lettre anonyme afin de dénoncer l'accoucheuse et de l'accuser de l'infanticide qu'elle venait de commettre.

— J'adresserai ma lettre au juge de paix et je la ferai mettre à la poste par la bonne, — pensait Léonore, tout en réfléchisssant à la façon la plus adroite de formuler son abominable dénonciation. — Cette fille ne sait pas lire, elle ne se doutera donc pas de la commision que je lui fais faire. —

Moi, ce soir, dès que la vieille dormira, je partirai!... Il y a à onze heures un train allant à Laval. — Au petit jour, je serai à Landivy, chez mes parents.

Ce projet rapidement conçu, facile à exécuter, la rassurait complètement.

— Une fois là, la justice pourra agir, — murmura la misérable. — Ce n'est pas à Landivy que l'on viendra me chercher!... On arrêtera cette imbécile qui n'a pas voulu me rendre service et dont je me vengerai!... Elle aura beau m'accuser pour se défendre; est-ce qu'on la croira?... les sages-femmes sont toujours suspectes!...

Alors, s'appliquant à contrefaire son écriture, la maîtresse de Moussel, après avoir réfléchi un moment, traça au crayon les lignes suivantes :

« Si la justice veut connaître une faiseuse d'anges, elle n'a qu'à se rendre à Manoncourt, chemin des Aubépines, chez Mme Colombet, sage-femme.

« Elle trouvera même quelque part, si elle veut s'en donner la peine, les preuves du récent infanticide commis par elle. »

— Là, c'est bien comme cela, — fit la femme de chambre satisfaite de son infamie.

Elle plia sa lettre et, après l'avoir relue, elle la glissa dans l'enveloppe qu'elle ferma soigneusement.

— Maintenant il n'y a plus qu'à l'envoyer.

De la même écriture contrefaite, Léonore libella ainsi l'adresse:

MONSIEUR LE JUGE DE PAIX

à Manoncourt-en-Vernois.

— Voilà le jour qui baisse, — se dit-elle, en regardant au dehors. — Je crois qu'il est temps maintenant de la faire partir.

Elle sonna pour appeler la vieille domestique et l'envoyer à la poste.

— Tout de suite, n'est-ce pas, ma bonne, — recommanda-t-elle en lui remettant la lettre. — Il faut que j'annonce à un de mes parents la naissance de mon petit. Il pourra me venir en aide. — Dépêchez-vous!

— Je vais y courir, vous pouvez être tranquille, — dit la brave femme. Et le mignon, — questionna-t-elle, — il dort toujours?

— Toujours, vous voyez.

— Est-il sage, hein?

— Il a assez pleuré tout à l'heure, — répondit la fausse Elise en arrangeant les couvertures autour de l'enfant de façon à le dissimuler encore aux regards de la bonne.

— Ces moucherons-là, voyez-vous, — fit en riant la servante de l'accoucheuse, — une fois que ça vous a attrapé le sommeil après une colère, ça vous dort des heures d'affilée. — Celui-là est bien capable de ne pas se réveiller avant ce soir. Lorsqu'il se réveillera, vous m'appellerez et je viendrai le changer.

— Non, vous me laisserez ce qu'il faut, — répondit l'accouchée, — et je le changerai moi-même. Il faut bien que j'apprenne !

— Ah! vous avez le temps!... Ben, et moi, pourquoi suis-je là?..

— Non. Je veux que vous vous couchiez de bonne heure, que vous vous reposiez, car vous devez être fatiguée après la nuit que je vous ai fait passer.

D'ailleurs, cela m'amusera de jouer à la maman, — ajouta la maîtresse de Mousset avec un révoltant cynisme.

— Si c'est comme ça, je veux bien tout de même, — fit la vieille bonne enchantée.

Ce ne sera pas de refus de me reposer un peu; à mon âge, voyez-vous, on ne vaut plus grand'chose. Pour une nuit que j'ai aidé Mme Colombet à vous veiller!...

— Il faut réparer ça cette nuit-ci, ma bonne, — fit la soi-disant Élise Rollin avec un feint intérêt. — Moi-même, je sens que je reposerai bien.

— Je suis capable, une fois endormie, de ne faire qu'un somme jusqu'à demain matin.

— Eh bien! dans ce cas, je veillerai, — dit la bonne pleine de dévouement. — Il faudra bien que je sois là, si le petit se réveille.

— Allons, vous voyez bien que c'est pour plaisanter ce que j'en dis, — fit vivement Léonore. — Est-ce que je pourrais dormir comme cela avec un enfant à côté de moi?

Ne vous faites donc pas de tourment, je me réveillerai toujours avant lui.

— Alors vous ne voulez décidément pas que je reste? — demanda encore la bonne.

— C'est tout à fait inutile, je vous assure, vous pouvez même vous coucher de suite après avoir dîné, si cela vous fait plaisir.

— Je cours mettre la lettre à la poste, et ensuite je vous prie de croire que cela ne traînera pas, car je ne sens plus mes vieilles jambes.

— Enfin, elle est partie, — se dit Léonore heureuse d'être débarrassée de la domestique.

Jusqu'à la nuit, elle demeura aux aguets, écoutant tous les bruits de la maison.

Quand elle entendit la bonne s'enfermer dans sa chambre, elle se leva doucement, s'habilla et commença sans le moindre bruit ses préparatifs de départ.

— Avant une heure elle dormira et je pourrai partir, — se dit-elle tout en remettant avec précaution les divers objets qui lui appartenaient dans sa valise.

Il lui tardait d'avoir quitté la maison.

Elle était talonnée par la peur de voir revenir la sage-femme.

— Pourvu qu'il n'y ait pas un contre-temps, — pensa-t-elle avec une réelle inquiétude; — pourvu que Mme Colombet ne revienne pas avant que je sois partie !

A son effroi, se joignait une faiblesse bien compréhensible en son état. Elle avait chancelé en se levant, obligée de se soutenir à un meuble.

Elle se sentait la tête vide et les jambes molles.

Alors, dans cet état d'esprit contre lequel il était difficile de réagir d'un seul coup, elle se troubla.

La présence de l'enfant qu'elle avait tué, le petit cadavre si près d'elle vers lequel ses regards étaient attirés comme par une fascination irrésistible, produisaient en elle une hallucination étrange.

Quoiqu'elle l'eût enfoui derrière l'amoncellement des couvertures, il lui semblait le voir s'agiter, entendre sortir, de ce coin d'ombre, des plaintes, de vagues vagissements.

Elle sentait une terreur formidable l'envahir peu à peu.

La fièvre la faisait grelotter.

Et cependant il fallait fuir !... Il fallait trouver les forces nécessaires !

Léonore se raidit et puisa dans son épouvante même le courage de sa résolution.

Vers dix heures elle n'y tint plus.

Le calme le plus grand régnait alors dans la maison. La bonne devait dormir depuis longtemps.

La perspective du départ, à l'approche du moment décisif, lui donnait du courage. La misérable s'approcha de nouveau du lit et elle prit le petit cadavre déjà raide.

Elle ne pouvait pas le laisser là.

Quand on constaterait son départ, on penserait qu'elle s'était enfuie avec son enfant.

— Qu'en faire ?...

Léonore chercha un instant autour d'elle.

Il y avait, à la tête du lit, un placard que Mme Colombet avait ouvert plusieurs fois. Elle y enfermait les draps de lit, les serviettes, le gros linge.

Cela fait, la valise à la main, se soutenant aux murs pour ne pas tomber... (P. 338.)

— Dans le bas du placard, elle entassait le linge sale en attendant le jour de la lessive.

Ce fut une inspiration.

L'horrible mère ouvrit la porte, écarta le linge, jeta le corps de l'enfant dans le fond du placard et le recouvrit ensuite.

Comme cela, si la bonne se levait la nuit et entrait dans sa chambre, elle ne soupçonnerait pas le crime, elle la croirait simplement partie avec l'enfant.

Cela fait, sa valise à la main, se soutenant aux murs pour ne pas tomber, pâle, défaite, mais résolue à se sauver, à échapper à la justice, elle sortit sans bruit de la maison et se traîna jusqu'à la gare.

Elle prit son billet et attendit sur un banc, dans le coin le plus sombre, le départ du train.

Dans le compartiment de seconde classe où elle monta et où elle se trouva heureusement seule, la maîtresse de Mousset faillit perdre connaissance; mais cette fois encore elle eut la force de réagir.

Enfin elle arriva au petit jour, brisée, exténuée, à moitié morte à Landivy.

Sa première pensée fut d'écrire à Mme de Châtenay, afin de lui bien prouver qu'elle était dans sa famille.

Elle entra dans une auberge et se fit d'abord donner un bouillon, car elle se sentait à bout de forces; ensuite, un peu réconfortée, elle écrivit à Mme de Châtenay et jeta elle-même sa lettre à la poste en passant à Landivy.

Ensuite elle se rendit chez sa tante, une vieille fille qui l'avait élevée, la seule parente qui lui restât.

Celle-ci s'effraya de voir arriver sa nièce si pâle et si faible.

— Dans quel état te voilà! qu'est-ce qui t'est donc arrivé?... Tu as l'air d'un cierge, petite!... s'écria la brave femme en levant les bras au ciel. — Autant dire qu'on va te donner les derniers « saints sacrements » tout à l'heure!... Qu'est-ce qu'ils t'ont donc fait pour t'arranger comme ça?

— Ah! ma pauvre tante, si tu savais comme j'étais malade!... — répondit la maîtresse de Mousset.

— Malade!... et je n'en ai rien su!

— Si malade que je n'ai même pas eu la force de t'écrire. Mais j'ai été très bien soignée, et Madame la Comtesse a été très bonne pour moi. — Sitôt que j'ai été en état de voyager, elle m'a donné un congé pour venir me rétablir au pays.

— Sans compter que tu en as bien besoin de te rétablir, bonne sainte Vierge! — grommela la vieille paysanne. — Toi qui étais si fiérotte quand tu m'a quittée!

— Ça reviendra vite, ici, allez, ma bonne tante, — fit Léonore en tombant épuisée sur un escabeau. — C'est si bon de se retrouver en famille!

Tandis que, circonvenue par l'hypocrisie de sa nièce, la vieille femme s'empressait autour d'elle, à Manoncourt-en-Vernois, la police et la justice, représentées par le juge de paix et le brigadier de gendarmerie, faisaient irruption chez Mme Colombet.

Bien qu'il fût peu enclin par nature à ajouter foi aux dénonciations anonymes, cette fois l'accusation était si précise, que le juge de paix n'hésita pas à opérer une perquisition immédiate chez l'accoucheuse.

La position sociale de celle qui était l'objet de cette accusation le rendait, du reste, plus facile à convaincre.

Bien qu'il n'y ait eu encore jusque-là aucune plainte portée contre Mme Colombet, il savait qu'il suffit parfois d'une imprudence pour faire découvrir le pot aux roses.

Les sages-femmes sont fortement sujettes à caution et facilement suspectes à la gent judiciaire.

La dénonciation arrivée au petit jour, le juge de paix était parti immédiatement pour se rendre à la demeure de l'accoucheuse. — En passant, il avait réquisitionné le brigadier de gendarmerie.

Mme Colombet n'était pas encore de retour lorsque les deux hommes arrivèrent au chemin des Aubépines.

Ce fut la vieille bonne qui vint leur ouvrir; elle demeura tout interloquée à la vue des représentants de la loi.

Elle connaissait bien le juge de paix, elle savait qu'il n'était pas marié, et que, par conséquent, il ne pouvait avoir besoin des bons offices de la sage-femme. D'ailleurs, pour cela, il lui aurait été inutile de se faire accompagner par le brigadier de gendarmerie?

Elle s'efforça de maintenir la porte entre-bâillée.

— C'est bien ici Mme Colombet? — demanda le représentant de la loi.

— Oui, c'est ici !... Après? Qu'est-ce que vous y voulez? — répondit la vieille avec méfiance, tout en tâchant de diminuer encore l'ouverture qui donnait accès dans la maison.

Mais le brigadier maintint la porte solidement et l'ouvrit peu à peu.

— Dans ce cas, conduisez-nous vers elle, au nom de la loi; — commanda le magistrat.

— Jésus! Seigneur!... qu'est-ce qu'il y a donc? — s'écria la domestique.

— Où est votre maîtresse?

— Mme Colombet est absente !... elle est chez une de ses clientes.

— Ouvrez-nous, et accompagnez-nous.

— Que je vous accompagne?... Et où, mon Sauveur?

— Dans l'appartement où nous devons perquisitionner

— Perquisition !... quoi?... qu'est-ce que tout cela veut dire, ma bonne Sainte Vierge?

— Allons, ne faites pas tant de manières, ma brave femme, sans ça, on se passera de vous, — fit le brigadier en prenant la bonne par le bras.

Celle-ci frissonna de terreur.

— Qu'est-ce que vous me voulez? — balbutia-t-elle avec cette frayeur instinctive des gens du peuple pour la justice.

— Ce n'est pas à vous que nous avons affaire, — dit le juge de paix. — Nous voulons visiter la maison, où un crime a été commis.

— Un crime!... répéta la domestique stupéfaite.

— Oui. — Allons, conduisez-nous de bonne grâce, ma fille.

Résignée, la bonne se décida enfin à introduire les deux hommes. Cette histoire de crime la laissait pourtant incrédule.

— Mais qui? qui peut avoir commis un crime, ici, Seigneur?... murmurait-elle en haussant irrévérencieusement les épaules, tout en suivant plutôt qu'elle ne les précédait, le juge de paix et le brigadier de gendarmerie dans les pièces composant l'appartement de Mme Colombet.

La brave femme semblait avoir renoncé à protester contre les recherches opérées par le brigadier sous la direction du magistrat; elle ouvrait elle-même une à une, avec un air de condescendance moqueuse, les portes des placards, des armoires, et se prêtait docilement aux recherches, dans la hâte de les voir partir.

— Cherche!... Cherche ton crime, mon bonhomme, — marmonnait-elle triomphalement à chaque nouvelle déconvenue des deux hommes.

Pourtant à la porte de la chambre de Léonore, elle se récria.

— Il y a là une dame, une cliente, qui vient d'accoucher. J'espère que vous n'allez pas la déranger, — fit-elle à demi-voix. — C'est pas là; d'ailleurs, n'est-ce pas, que vous trouverez quelque chose?

— Ouvrez! — ordonna le juge de paix.

— Mais cette pauvre dame est dans la fièvre de lait, et, pour sûr, ça va lui donner un revirement, — répliqua la vieille bonne. — Laissez, au moins, que je la prévienne.

Le magistrat s'arrêta :

— Allez, et laissez la porte ouverte, — fit-il.

Mais à peine entrée, la domestique poussa un cri de surprise en voyant le lit et le berceau vides.

— Où donc que vous êtes, madame Elise? — demanda-t-elle ahurie, en regardant autour d'elle.

Cette exclamation avait fait entrer les représentants de la loi.

Dès lors, les recherches ne furent pas longues. Le petit cadavre fut bientôt découvert au fond du placard où Léonore l'avait caché.

En le voyant, la vieille bonne poussa un cri d'horreur.

— Est-ce possible! mon doux Jésus! — s'écria-t-elle en se laissant tomber comme une masse, les jambes cassées par l'émotion.

La justice avait ce qu'elle était venue chercher; il ne restait plus qu'à verbaliser, en attendant que l'on mît la main sur la coupable.

Mais d'abord, il fallait s'assurer que la sage-femme n'était pas en fuite.

Comme le juge de paix s'apprêtait à interroger la bonne au sujet de sa maîtresse, Mme Colombet, justement, parut sur le seuil de la pièce.

Dans le demi-jour, elle ne reconnut pas les visiteurs.

— Qu'y a-t-il donc? — fit-elle, étonnée de voir son appartement en désordre et des étrangers installés dans la chambre de sa cliente.

Mais, s'étant avancée, elle pâlit soudain en apercevant le petit cadavre.

— Qu'est-ce que cela veut dire, mon Dieu? — s'écria-t-elle en levant les bras au ciel.

— Ah! madame!... — fit la domestique. — Si vous saviez!

— Cela veut dire que si vous êtes Mme Colombet, je vous arrête, — dit le brigadier sur un signe du juge de paix.

— Vous m'arrêtez, moi!... que signifie? — demanda Mme Colombet en se tournant vers le magistrat qu'elle venait de reconnaître.

— Un infanticide a été commis, vous ne pouvez le nier, — répondit celui-ci en montrant le corps raidi.

— Mais ce n'est pas moi qui ai tué cet enfant! — protesta la sage-femme révoltée.

— Vous vous en expliquerez avec le juge d'instruction.

— Alors, on m'accuse?

— Jusqu'à preuve contraire, oui, — fit le juge de paix.

— Mais je vous jure que ce n'est pas moi, — reprit la sage-femme.

Puis, s'adressant à la bonne:

— Où est Elise Rollin?

— Hélas! madame, elle est partie, — répondit la servante.

— Partie!

— C'est elle qui a fait le coup, pour sûr, — insinua la domestique. — Elle le détestait, le pauvre petit. Ah! la canaille, m'avait fait croire que c'était pour l'empêcher de pleurer qu'elle l'avait couché auprès d'elle, dans le lit.

— Vous l'avez donc quittée? — interrogea Mme Colombet.

— Le moins que j'ai pu; mais, dame, il a bien fallu que je sorte pour mon service. — C'est pendant mon absence qu'elle aura tué le petit.

— Vous entendez ce qu'elle dit, cette fille? Oui, c'est cette Elise Rollin... du moins, c'est le nom sous lequel elle s'est présentée à moi pour prendre pension ici jusqu'au jour de son accouchement.

— Et vous dites qu'elle avait exprimé des sentiments hostiles à son enfant?

— Elle ne voulait même pas le laisser venir à terme, monsieur. Elle m'avait pressentie pour voir si je consentirais à la faire avorter.

— Mais, si vous avez refusé, comment est-elle restée chez vous, après votre refus?

— J'avais feint d'accepter. Je lui avais promis d'agir au moment de la délivrance.

— Dans quel but?

— Mais pour éviter qu'elle ne fît un malheur, je la voyais si exaltée.

— Et vous prétendez n'avoir pas « agi » comme vous dites? — répliqua le magistrat visiblement incrédule.

— Si j'avais voulu le faire, j'aurais eu bien plus d'avantage à ne pas attendre la fin de la grossesse, —. déclara la sage-femme qui se défendait pied à pied.

— Peut-être. De cette façon, vous ne risquiez pas pour votre cliente des accidents pouvant mettre sa vie en danger et attirer sur vous l'attention de la justice.

— Avouez que j'aurais pu m'y prendre plus adroitement, dans ce cas-là, — fit Mme Colombet en montrant sur le cou de l'enfant les ecchymoses causées par la pression furieuse des mains de Léonore.

— Le juge d'instruction appréciera en prenant note de vos réponses.

— Vous me maintenez donc en arrestation? — Vous n'allez pas me relâcher?... s'écria douloureusement la sage-femme.

— Mon devoir est de vous arrêter; c'est l'affaire du juge d'instruction de vous faire remettre en liberté, — déclara le juge de paix.

— Mais je ne suis pas coupable! — jamais il n'y a rien eu à dire sur mon compte! Je ne suis pour quoi que ce soit là-dedans!

— Vous ne pouvez nier que l'infanticide ait été commis chez vous? — fit observer le magistrat.

— J'étais absente. — J'avais chargé ma bonne de veiller sur l'accouchée pendant que j'allais déclarer l'enfant et visiter une de mes clientes.

Je n'étais pas inquiète; ma bonne est une fille dont je suis sûre, qui a l'habitude de me suppléer pour les petits soins lorsque je m'absente... Malheureusement, cette femme a été obligée de sortir un instant. C'est pendant ce temps-là qu'Elise Rollin a étranglé l'enfant.

— On recherchera cette Elise Rollin, soyez tranquille, — fit le juge de paix.

— En attendant, est-ce utile de me mettre en prison, moi, une femme honorable, dont jamais personne n'a eu à se plaindre?

— On vous relâchera lorsque vous aurez donné au magistrat chargé de votre instruction la preuve de votre innocence.

— Mais c'est ma ruine!... — gémit Mme Colombet.

— Que voulez-vous, je n'y peux rien, — fit le juge de paix en haussant les épaules.

Enfermée d'abord à la gendarmerie, Mme Colombet avait été conduite le lendemain matin sous bonne escorte à la prison départementale, et le parquet avait été saisi de l'affaire.

Interrogée par le juge d'instruction, la sage-femme n'avait malheureusement pu fournir que de très vagues renseignements sur la fausse Elise Rollin.

Ce qu'elle savait sur sa cliente était peu de chose.

Les recherches faites dans le pays où Elise avait prétendu servir comme fille de ferme, n'avaient naturellement donné aucun résultat.

La complice de Mme Colombet, car, pour le magistrat, l'accoucheuse, malgré ses dénégations, avait trempé dans le crime, était restée introuvable.

La sage-femme avait donc répondu seule de l'accusation.

L'enquête faite sur son compte avait fourni contre elle une preuve accablante.

On savait maintenant qu'à l'époque où Elise Rollin était venue chez elle, la sage-femme, menacée de saisie par un créancier, avait payé intégralement sa dette.

On ne doutait pas que ce fût avec le prix de sa criminelle complaisance.

La condamnation de Mme Colombet, malgré ses protestations et la déclaration favorable de la domestique, ne faisait donc aucun doute et pouvait être considérée comme certaine.

CHAPITRE XVI

SECRET DÉCOUVERT

N réponse à la lettre écrite à la vicomtesse le matin même de son arrivée à Landivy, Léonore, qui s'était plainte d'une rechute, avait reçu de Mme de Châtenay l'autorisation de prolonger son congé. Elle devait se soigner et se remettre complètement avant de reprendre son service.

Sa place lui serait conservée.

Mme de Châtenay n'aurait pu remplacer Léonore.

En effet, habile et hypocrite, la femme de chambre était tout indiquée pour remplir à merveille le rôle que lui confiait la vicomtesse auprès de sa belle-fille.

D'instinct, elle avait servi Mme de Châtenay contre Gervaise et organisé un espionnage habile autour de sa jeune maîtresse.

Cette surveillance avait manqué à Mme de Châtenay depuis le départ de Léonore.

Greetchen était trop sentimentale. Quant à la remplaçante de la femme de chambre, bien qu'elle fût toute dévouée à la vicomtesse, elle n'était pas assez rusée pour comprendre à demi-mot ce que celle-ci attendait d'elle.

Mme de Châtenay avait par conséquent tout intérêt à ménager Léonore et à provoquer par quelques bontés la reconnaissance de cette fille.

La femme de chambre pouvait donc compter sur sa place et achever de se rétablir complètement.

Mousset vint bientôt lui apporter la confirmation de la lettre de la vicomtesse.

Au courant de l'arrestation de Mme Colombet, et impatient de connaître les détails de l'affaire de la bouche même de sa maîtresse, le jeune homme prit le premier prétexte venu et partit en cachette pour Landivy.

Il se donna auprès de la tante comme l'intendant de la vicomtesse de Châtenay et se dit envoyé par elle pour prendre des nouvelles de Léonore.

Le jugement, en effet, ne tarda pas à être rendu dans l'affaire de la faiseuse d'anges. (P.347.)

Cela donna à la vieille femme une haute idée de la façon dont sa nièce était considérée et la confirma dans sa croyance à la maladie de la jeune fille.

En même temps cela procurait à Mousset les moyens de voir librement sa maîtresse.

Dès qu'ils se trouvèrent seuls, la tante partie aux champs pour son travail, Léonore raconta tout à son amant.

Celui-ci l'approuva entièrement.

Elle avait été très adroite, jamais il n'aurait pensé qu'elle eût la force d'agir ainsi !...

Il n'y avait pas à dire, c'était une crâne fille !... Mais comment avait-elle eu l'idée de toutes ces combinaisons ?

— J'étais si furieuse d'avoir été dupée par cette gueuse de femme! expliqua-t-elle. — Tu comprends que j'étais dans une rage...

— Le fait est qu'elle t'a joué un vilain tour, dit Mousset.

— Me refaire de mille francs, — fit avec aigreur Léonore, — sans compter le mois de pension que je lui avais payé...

— Et te laisser le moutard pour compte !

— J'étais comme une enragée, je te le répète... Qu'est-ce que tu aurais pensé, d'abord, de ta Nonore ?

— Le fait est que j'aurais trouvé la chose un peu forte, — déclara Mousset.

— Puis, voyons, c'était-il possible que je le traîne toute ma vie après moi, cet enfant-là ?

— Tu as eu de la chance tout de même qu'elle se soit absentée, la maman Colombet.

— Oh ! j'aurais bien trouvé un moyen, va — fit Léonore les dents serrées.

— Ce qu'elle doit faire une tête à l'heure qu'il est, dit le jeune homme avec un ricanement.

— Alors, elle est arrêtée ? — demanda Léonore.

— Parfaitement, — répondit Mousset.

— Ça lui apprendra à faire à la vertu, — conclut la femme de chambre.

— Elle s'est assez démenée, elle a assez protesté que ce n'était pas elle qui avait fait le coup.

— Pourvu qu'on ne finisse pas par me découvrir ! — murmura Léonore avec un frisson de terreur.

— Il n'y a pas de danger... Tu t'y es prise trop adroitement, il y a longtemps qu'ils ont renoncé à te trouver.

— On m'a donc cherchée ?... demanda la femme de chambre en pâlissant.

— Tiens, cette malice ! Tu penses bien que la mère Colombet ne s'est pas gênée pour t'accuser.

— Et tu crois qu'ils n'arriveront pas à trouver ma piste ?

— Puisque je te dis que l'instruction va être close.

— Tu penses que la Colombet sera condamnée ?

— A moins que tu ne sois prise d'un bon mouvement et que tu ne viennes réclamer auprès du tribunal, — fit en riant le jeune homme.

— Mais comment pourra-t-on prouver que c'est elle qui?... balbutia la femme de chambre.

— Ne t'inquiète pas de cela. Une sage-femme, vois-tu, on trouve toujours le moyen de la condamner, dit cyniquement l'amant de Léonore.

Mousset repartit le lendemain pour Châtenay en promettant à sa maîtresse de la tenir au courant du procès et de lui indiquer l'instant où elle pourrait sans danger reprendre son service auprès de Germaine.

— Ne te fais pas de mauvais sang jusque-là, — ajouta-t-il, — tu n'as rien à craindre au sujet de ta place. D'ailleurs, tu as vu ce que la vieille te dit dans sa lettre.

Dépêche-toi de te remettre, seulement, car l'affaire ne va pas traîner. L'instruction est menée bon train...

Le jugement, en effet, ne tarda pas à être rendu dans l'affaire de la faiseuse d'anges.

La vérité était impossible à deviner. — Vu le résultat négatif des recherches faites pour retrouver Élise Rollin, l'affaire n'offrait plus qu'un intérêt secondaire.

L'infanticide n'ayant pu être mis à la charge de la sage-femme, celle-ci, bénéficiant de la disparition de sa soi-disant complice, ne fut condamnée qu'à un an de prison pour homicide par imprudence.

Elle fut transférée à la prison de Nancy.

Dès lors, il n'y avait plus aucun danger pour Léonore, à revenir dans le pays.

Mousset aussitôt la prévint.

Complètement rétablie, la femme de chambre reprit son service auprès de Gervaise, à la grande satisfaction de Mme de Châtenay.

La condamnation de la sage-femme assurait l'impunité de la mère coupable.

Aucune trace ne restait de son crime.

Qui pourrait maintenant avoir l'idée de l'accuser?

***

Le matin même de l'arrivée de Percier à Paris, Mme de Morrantenil, sans attendre qu'on l'annonçât, fit irruption, sur les pas de la colonelle, dans le cabinet de toilette où la femme de chambre achevait de coiffer Armande Monval.

A l'air triomphant de la marieuse, la fille du banquier comprit qu'elle lui apportait une nouvelle.

— Vous avez appris quelque chose, ma chère madame de Morranteuil? — s'écria-t-elle, après avoir, d'un geste, renvoyé la femme de chambre. — Vous savez du nouveau au sujet du duc?

— Oui; depuis ce matin, ma chère enfant, et j'accours pour vous en faire part.

— Quelque chose d'important?

— Mais, assez, répondit l'entremetteuse en s'asseyant, bien décidée à se faire arracher les mots pour donner plus de prix au renseignement attendu.

— On est sur les traces de M. de Soisy? demanda Armande.

— Mieux que cela!...

— Le duc est retrouvé!... reprit vivement la jeune fille.

— Tout le fait supposer, du moins, répliqua Mme de Morranteuil avec un sourire de triomphe.

— Retrouvé!... Enfin!... Comment!... Où cela?... dites vite, ma bonne madame — supplia la fille du banquier, en s'asseyant auprès de l'entremetteuse.

— Cela n'a pas été sans peine, — par exemple, déclara Mme de Morranteuil. Ni sans frais, — ajouta-t-elle négligemment.

— Bon; vous savez que vous avez carte blanche, sous ce rapport, — fit Armande en tirant du tiroir d'un chiffonnier Louis XVI, rayé de blanc, plusieurs billets bleus, qu'elle tendit à l'ancienne cocodette.

Celle-ci crut devoir esquisser un geste de refus :

— La provision que vous m'avez donnée a été suffisante jusqu'à présent, ma chère demoiselle, — dit-elle en avançant le bras pour repousser la main tendue d'Armande.

— Bah! prenez toujours. Il faut éviter que vous soyez à court, n'est-ce pas? — ajouta, en insistant, Armande Monval, qui n'était pas dressée au manège de l'entremetteuse.

Et lui mettant de force les billets dans la main, elle répéta :

— Prenez toujours, ma bonne madame de Morranteuil.

La marieuse trouva inutile de résister plus longtemps.

— Le fait est que nous aurons encore pas mal d'argent à débourser, murmura-t-elle en serrant soigneusement les billets de banque dans son portefeuille.

— Et maintenant, parlez, — dit la jeune fille, — car je meurs d'impatience, ma bonne, vous le comprenez.

Racontez-moi comment vous avez retrouvé le duc. — Où d'abord?

— Dans une usine près de Nancy.
— Comment, dans une usine!... et qu'y faisait-il dans cette usine ? Pourquoi s'y trouvait-il ? à quel titre ?...
— Ma foi, tout bonnement à titre d'employé, déclara Mme de Morranteuil.
— Employé !... le duc de Soisy !... mais ce n'est pas possible, chère madame, — s'écria Armande désappointée.

Est-ce qu'un officier, à moins d'être détaché secrètement pour une mission militaire, peut être employé dans une usine à quelque titre que ce soit ? Voyons, ma bonne Terrenoire, vous qui savez toutes les questions militaires sur le bout du doigt, je vous prends pour juge ?

— Je ne crois pas que cela soit possible, en effet, — fit la colonelle.
— Vous voyez, on se sera trompé. Ce n'est pas le duc... Tout est à recommencer, — murmura Armande avec dépit.
— Comment ? Ce n'est pas le duc ? — s'écria Mme de Morranteuil.
— Dame, puisque le duc est officier...
— Mais il a démissionné, vous le savez bien, fit la marieuse...
— En effet. — C'est vrai ! — s'écria Armande Monval reprenant espoir.
— Et il a démissionné, justement pour pouvoir prendre un emploi, continua Mme de Morranteuil.
— Mais dans quel but ? — interrogea la jeune fille.
— Dans le but de se faire une situation, très probablement, — répondit l'entremetteuse.

M. de Soisy a sans doute trouvé que, sans fortune, il lui serait impossible, dans l'armée, de soutenir dignement le prestige de son nom.

— Ce jeune homme est-il donc complètement ruiné ? — demanda la colonelle.
— Ah ! quant à cela, complètement, affirma Mme de Morranteuil.
— C'est égal, — reprit Armande dédaigneuse, — un duc de Soisy employé !...
— Non, pas un duc de Soisy, — rectifia la marieuse — le duc n'est connu à l'usine que sous le nom de M. Gérard.
— Ah ! je commence à comprendre, — s'écria la fille du banquier. — C'est bien romanesque, tout cela ! Le duc ruiné qui cache son nom et son titre pour dissimuler sa détresse ; cela me plaît beaucoup.

Cela dénote un caractère. — N'est-ce pas, Terrenoire ?

La colonelle s'inclina dans une approbation.

Armande Monval avait repris toute sa bonne humeur. La jeune fille croyait déjà son rêve réalisé !

Elle ne doutait plus du consentement du jeune homme; tout ne s'achetait-il pas?

— Il n'est pas impossible qu'il ne soit pas heureux d'accepter de moi une fortune qui l'aidera à relever le prestige de son nom, — fit tout à coup Mlle Monval,

Je ne pense pas qu'il refuse.

— Refuser!... il serait bien difficile, ma chère enfant. — Cela n'est nullement à craindre.

Surtout lorsqu'il vous connaîtra, belle comme vous êtes, il ne pourra faire autrement que de vous adorer tout de suite.

— Vous pensez?... — demanda Armande flattée.

— Croyez-en mon expérience — affirma la marieuse.

— Et quand aurai-je des nouvelles, ma bonne madame de Morranteuil!

— Voyons, — calcula celle-ci. — Je vais partir ce soir même pour Nancy, car maintenant je ne veux plus confier à personne le soin de cette affaire. Demain dans la matinée, je puis être à l'usine Duhamel...

— Duhamel!... Le duc de Soisy est à l'usine Duhamel! — interrompit vivement Armande.

— Oui. — Vous connaissez les Duhamel? — ils sont immensément riches, dit-on.

— Oh! immensément riches!... une fortune bourgeoise, — fit dédaigneusement Mlle Monval.

— Je les croyais millionnaires?

— Dans ce cas ils feraient bien de veiller un peu à la toilette de leur fille. Ce qu'elle était fagotée, à l'Opéra, l'autre jour.

— Ils ont donc une fille!

— Oui, une blonde, une mijaurée, qui joue à l'ingénue, — fit jalousement la fille du banquier, voyant déjà en Madeleine une rivale.

Elle se rappelait l'impression désagréable éprouvée par elle à la vue de Mlle Duhamel.

— Je savais bien qu'elle me gênerait un jour, celle-là, poursuivit mentalement Armande, persuadée que Gérard de Soisy n'était entré à l'usine Duhamel que pour chercher à épouser Madeleine, qui, sans doute, ne demandait pas autre chose. — Cette fille de marchand de ferraille serait naturellement bien aise de devenir duchesse.

Oui, mais ils ont compté sans moi, ajouta l'altière jeune fille. D'ailleurs, je le suppose, quand le duc saura qui je suis, il n'hésitera pas entre nous deux. — Est-ce que la fortune d'un Duhamel peut se comparer à celle de mon père?

Ce que ces marchands de fer doivent être fiers d'avoir employé le duc de Soisy! — poursuivit Armande en se tournant vers Mme de Morranteuil.

— Fiers?... dit celle-ci, — mais non, comme tout le monde dans le pays, ils ne connaissent le duc que sous le nom de M. Gérard.

— Allons donc ; ce serait incroyable! Vous ne me ferez pas croire, ma chère madame de Morranteuil, que votre duc ruiné n'ait pas en vue, en se rapprochant de la fille des Duhamel, de redorer son blason avec la dot de cette petite bourgeoise.

— Je vous dis que les Duhamel, comme les autres, ignorent absolument la véritable position sociale de leur employé, — affirma avec vivacité Mme de Morranteuil. — Sans cela, pensez-vous que la chose n'eût pas transpiré dans le pays? — Pour tous, le duc n'est que M. Gérard.

— N'importe, — fit Armande, — il faut agir rapidement et pressentir le duc sans perdre de temps.

Mme de Morranteuil se leva.

— Je pars ce soir, dit-elle, pour Nancy, je vous le promets.

— Sans faute? insista Armande.

— Vous pouvez y compter. Je serai aussi heureuse que vous, vous le pensez bien, de voir réussir ce mariage.

— Soyez sûre de ma reconnaissance si nous réussissons, ma chère madame de Morranteuil, dit la jeune fille du banquier, ne jugeant pas inutile de stimuler, par la perspective du bénéfice futur, le zèle de la marieuse.

— J'espère vous apporter bientôt une bonne nouvelle, — annonça celle-ci.

— Justement les Duhamel sont à Paris, cela tombe bien, — murmura Armande Monval qui ne pouvait se défendre de ses craintes au sujet de Madeleine. — Elle ne sera pas là au moins pour combatre par son influence les propositions de Mme de Morranteuil!

Et comme l'entremetteuse se retirait :

— Alors, aujourd'hui, sans faute, vous me le promettez?... Vous partirez aujourd'hui, n'est-ce pas?... — insista Armande talonnée par le désir d'agir au plus tôt avant le retour de Madeleine Duhamel.

— Après-demain vous recevrez une lettre de moi, je m'y engage...

— Une bonne lettre... — fit Mlle Monval.

— Je ferai tout mon possible pour cela, soyez tranquille, — répliqua la marieuse.

Mme de Morranteuil partie, reconduite par la colonelle, Armande sonna sa femme de chambre pour achever sa toilette et se mit à réfléchir.

Quelles chances avait-elle de réussir?

Le résultat de ces réflexions fut, il faut le dire, des plus rassurants pour la fille du banquier.

— Des chances ; mais elle les avait toutes, c'était évident.

La présence à l'usine de Gérard de Soisy ne faisait que les rendre plus sérieuses.

— Car enfin, — murmura Armande, — si le duc a eu la pensée de faire un mariage d'argent en épousant Madeleine Duhamel, à plus forte raison sera-t-il charmé par la perspective d'une union bien autrement avantageuse et plus digne de son grand nom.

Il voudra tout au moins connaître la jeune fille qui lui apporterait cette fortune princière...

Et quand il m'aura vue, — continua avec un orgueilleux sourire la fille du banquier — en voyant se réfléchir, dans la glace placée devant elle, sa provocante et altière beauté aux irréprochables lignes, — quand il m'aura vue, Mme de Morranteuil a raison, il ne pourra faire autrement que de m'aimer.

Je serai duchesse!...

*
* *

Le lendemain de ce jour, au sortir du bureau où il travaillait avec Adrien Verneuil, Gérard, au lieu d'attendre son ami, ainsi qu'il en avait l'habitude, était parti aussitôt pour faire dans la campagne une promenade solitaire.

Le jeune homme pensait à Madeleine Duhamel.

L'amour dont il s'était cru victorieux renaissait en lui avec une vigueur nouvelle.

L'absence de la Demoiselle du Château, de « son bon ange », de cette adorable et belle enfant qui s'était montrée envers lui si compatissante et si bonne, lui devenait chaque jour plus pénible, plus insupportable.

Gérard souffrait de ne plus voir Madeleine.

L'éloignement de Mlle Duhamel, en déplaçant, pour le jeune duc, la vision nette du devoir, amenait tout doucement sa conscience à entrer en composition avec son amour.

— Quand elle serait ici, — pensait-il, — serais-je plus malheureux ? Son absence a-t-elle amené un changement quelconque dans mon cœur?... Au contraire, il semble que je l'aime chaque jour davantage, — au moins, si elle était ici, je la verrais, j'entendrais sa voix, je pourrais m'enivrer en secret du spectacle de sa grâce et de sa beauté ! — Je sais bien, hélas ! que

— Oui, m'sieu. Elle a demandé à parler à M. Gérard. (P. 355).

Madeleine ne sera jamais à moi. — Mais, si elle était à Bois-Jolivet, je respirerais le même air qu'elle, je vivrais de sa vie pendant les courtes heures passées au château, le dimanche!... Je profiterais, au même titre que tout ce qui l'entoure, du charme qu'elle répand autour d'elle!...

Et résigné à étouffer l'espoir de surmonter le trouble que mettait en lui la présence de la jeune fille, Gérard s'abandonnait maintenant, sans arrière-pensée, à la douceur de son innocent amour.

LIV. 45. — LA DEMOISELLE DU CHATEAU.   LIV. 45.

Il appelait de tous ses vœux l'époque où le beau temps ramènerait la famille Duhamel à Bois-Jolivet, où il reverrait Madeleine, passant ses instants de repos à songer à la jeune fille, à compter les heures qui le séparaient encore de ce retour si ardemment désiré.

Depuis que, confiant dans ses résolutions, Gérard s'abandonnait à son amour pour Mlle Duhamel, il s'était senti repris d'un besoin de solitude que respectait Adrien Verneuil, tout en le plaisantant doucement.

Maintenant, au sortir du bureau, le jeune ingénieur s'attardait volontairement, sous n'importe quel prétexte, pour laisser à son ami le temps de s'éloigner, en riant sous cape des ruses naïves employées par Gérard pour ne pas être accompagné.

Adrien devinait en son compagnon quelque amour discret dont il espérait bien que l'ami lui ferait un jour la confidence.

En attendant, il se contentait de le railler sur sa manie subite de solitude.

— Si tu n'es pas amoureux, toi !... — pensait l'ingénieur en voyant Gérard s'éloigner à grandes enjambées, sitôt qu'il croyait avoir trouvé un prétexte suffisant pour ne pas attendre son ami ; — si tu n'es pas amoureux, j'y perds mon latin !... Essaie un peu maintenant de me plaisanter sur mes intentions matrimoniales !

Ce jour-là, comme de coutume, Adrien Verneuil avait prétexté un dessin à finir et avait laissé partir Gérard.

— Ne m'attendez pas, mon cher, je vous rejoindrai, — avait-il dit, bien décidé du reste à n'en rien faire.

Mais le jeune duc crut devoir insister.

— Bon, mon cher Verneuil, vous me promettez toujours cela, et vous ne venez jamais, je passe toute ma promenade à vous désirer.

L'ingénieur se mit à rire.

— Que voulez-vous?... Ce n'est pas faute de bonne volonté, il y a toujours au dernier moment quelque chose qui me retarde. Quand je vois que j'aurais trop de mal à vous rattraper, je préfère vous attendre tranquillement au coin du feu. Si vous ne me voyez pas venir, nous nous retrouverons toujours au dîner.

— Alors, cela ne vous contrarie pas que je parte sans vous?

— Mais pas du tout, pas du tout. Allez, mon cher Gérard, je vous rejoindrai.

Le jeune homme partit enchanté.

Mais comme il allait atteindre la route, et se préparait à allonger le pas de façon à distancer suffisamment l'ingénieur, afin que celui-ci ne fût pas tenté de le rattraper, Gérard s'entendit appeler. Il se retourna de mauvaise humeur.

Un jeune employé de l'usine courait après lui.

— Monsieur... monsieur Gérard, — fit l'enfant en arrivant tout essoufflé auprès de l'employé, — c'est une dame qui vous demande.

— Une dame,... qui me demande ?... Moi ?... — fit le jeune homme tout étonné.

— Oui, m'sieu. Elle a demandé à parler à M. Gérard.

— Et elle n'a pas dit son nom ?

— Elle a répondu, comme cela, que son nom ne vous apprendrait rien ; mais elle a ajouté qu'elle avait absolument besoin de vous voir.

— Bien. J'y vais, — fit Gérard intrigué et troublé malgré lui par cette visite inattendue.

Mme de Morranteuil, — car c'était elle, — attendait Gérard dans un petit cabinet de travail dépendant de l'appartement particulier du jeune homme, où on l'avait introduite sur le désir qu'elle avait formulé de parler en particulier à M. Gérard.

Dès que celui-ci entra, l'entremetteuse n'eut besoin que d'un coup d'œil pour reconnaître, ainsi que l'avait fait Percier, l'original de la photographie rapportée de Montpellier.

Bien que Gérard fût en civil, la ressemblance était frappante.

— A qui ai-je l'honneur de parler ? — demanda le jeune homme.

Sûre de ne pas faire fausse route, Mme de Morranteuil se nomma.

— Mon nom ne vous dit rien, sans doute, monsieur ? — ajouta-t-elle.

— Je l'avoue, madame, — répondit Gérard en s'inclinant, après avoir avancé un fauteuil à la visiteuse.

Et le jeune homme s'assit à son tour, attendant que Mme de Morranteuil s'expliquât.

— Cela ne me surprend pas, — fit l'ancienne grande dame avec une affabilité pleine d'aisance. — Les jeunes gens de votre génération connaissent peu les femmes de la mienne.

— J'avoue, en effet, madame, que mes souvenirs... Je vous serais donc reconnaissant de m'expliquer...

— Mon Dieu, — fit en souriant l'entremetteuse, — il faut que je vous dise d'abord que ce n'est pas à M. Gérard, l'employé de M. Duhamel, que j'ai affaire...

— Mais alors, madame...

— Attendez, laissez-moi finir, — interrompit Mme de Morranteuil sûre de son effet.

Et, regardant le jeune homme :

— C'est à M. le duc Gérard de Soisy.
— Que voulez-vous dire, madame ? — fit l'ancien officier en pâlissant.
— Je veux dire, mon cher duc, qu'il est inutile de chercher à conserver plus longtemps votre incognito vis-à-vis de moi.
— Vous savez ?...
— Tout ! Vous le voyez, — fit en souriant Mme de Morranteuil.
— Tout !... — répéta machinalement le duc avec stupeur.
— Oui, tout, — fit la vieille femme se faisant presque maternelle ; — votre départ de l'armée, la démission envoyée au ministre, votre admirable et stoïque résolution de cacher votre nom glorieux et de devenir un travailleur, de vous faire le fils de vos œuvres...
— Mais, qui a pu vous dire ? — interrogea le jeune homme de plus en plus surpris.
Et il ajouta à mi-voix :
— Le général seul connaît... et ce n'est pas lui...
— Oh ! ne l'accusez pas, ce cher général, — répliqua la marieuse qui avait deviné plutôt qu'entendu la réflexion du jeune duc et pensait bien qu'il était question du général Henriot. — C'est bien l'homme le plus discret du monde !
— Vous connaissez le général Henriot, madame ? — demanda Gérard surpris.
— J'ai eu le plaisir de le voir, il y a à peine quelques jours, — répondit avec aplomb la visiteuse.
— Mais ce n'est pas lui qui vous a appris ?...
— Non, je vous l'affirme.
— Une autre personne sait donc ?
— Que voulez-vous, mon cher duc, ce n'est pas avec votre nom que l'on peut disparaître impunément sans éveiller autour de soi un peu de curiosité.
— Ainsi, mon secret est connu !... — s'écria le jeune homme avec effroi.
— Oh ! rassurez-vous, il est en bonnes mains. — On le gardera, puisque vous paraissez le désirer
— Si je le désire !... — s'écria Gérard.
Mais en somme, madame, — continua le jeune homme, — vous ne m'avez pas dit dans quel but...
— Je vous fais cette indiscrète visite, n'est-ce pas ? — acheva Mme de Morranteuil.
Gérard s'inclina.
— En deux mots, mon cher duc, je suis chargée près de vous d'une

mission, fort délicate. — Voyons, cherchez. — De quoi peut bien s'occuper une vieille femme comme moi, sinon de faire le bonheur de la jeunesse?

— Je ne comprends pas.

— En deux mots, mon cher duc, je suis envoyée auprès de vous par une personne...

— Veuillez vous expliquer, madame, — fit le jeune homme d'un ton grave, le cœur serré par une inexprimable appréhension.

— Eh bien, — reprit l'entremetteuse avec une aisance parfaite, — je suis chargée de demander votre main...

— Ma main !...

— Oui, — affirma en riant Mme de Morranteuil.

— Qu'est-ce que cela signifie, madame?... Veuillez vous expliquer, de grâce... — fit Gérard avec une certaine impatience.

— Cela signifie, mon cher duc, qu'une de mes amies, une ravissante jeune fille, immensément riche, — ce qui ne gâte rien, — a entendu parler de vous, dernièrement, à une fête donnée chez le général Henriot.

Vous rappelez-vous de cette fête?

Gérard répondit affirmativement d'un signe de tête.

— Parfait. — Eh bien! à cette fête, ma petite amie, qui est fort remarquée, a entendu parler de vous, raconter votre histoire...

— Comment?... On parlait de moi chez le général?... mon secret est-il donc déjà connu de tous ! — s'écria le jeune homme, vivement contrarié.

— Rassurez-vous, mon cher duc, se hâta de déclarer Mme de Morranteuil, — on parlait de votre famille, seulement, des revers de fortune qui l'ont atteinte, de la gêne, passez-moi le mot, à laquelle ces revers vous avaient réduit.

— Mais pardon, madame, — interrompit vivement Gérard — ma situation n'intéresse que moi...

— Laissez-moi achever, voyons, — reprit Mme de Morranteuil. Pouvez-vous nier votre ruine?

— Non, en effet, — fit amèrement le duc.

— Eh bien ! ma petite amie s'est émue au récit de tant de détresse injuste succédant à tant de gloire. Depuis ce jour-là, elle vous aime, elle ne pense qu'à vous, elle rêve de vous épouser.

Elle ne dit rien, car elle comprend que toute démarche de sa part serait déplacée, mais elle souffre, et s'absorbe dans le sentiment qui a pris possession de son cœur.

Quand je l'ai vue, moi, sa vieille amie, j'ai bien compris qu'il y avait dans cette tristesse quelque tendre secret.

Je l'ai interrogée, je l'ai confessée, elle m'a avoué son amour pour vous...

J'ai su alors ce dont il s'agissait et je lui ai dit de prendre courage ; je lui ai promis que la démarche qu'elle ne pouvait faire, je la ferais pour elle. — Vous comprenez, je l'ai vue naître, cette chère enfant, et je l'aime tant, que je ne puis la voir souffrir.

Vous pensez si elle me sauta au cou !... je venais justement, par hasard, d'apprendre ce qu'elle ignorait encore, c'est-à-dire votre démission et la décision virile qui l'avait suivie. Je savais où vous retrouver... Je n'ai pas hésité à partir, bien que, je l'avoue, à mon âge les voyages semblent un peu fatigants.

Mais le bonheur de mon amie avant tout.

Vous connaissez à présent, mon cher duc, le motif pour lequel je suis ici. — Voyons, que vais-je répondre à ma pauvre chérie ?

Tout en écoutant le récit de la visiteuse Gérard réfléchissait.

L'histoire n'offrait rien d'invraisemblable, et le jeune homme n'avait aucun motif pour suspecter la sincérité de Mme de Morranteuil.

Loin de se douter qu'il avait affaire à une entremetteuse matrimoniale, Gérard pensa que le général reprenait en secret ses projets.

— C'est mon cher parrain qui m'adresse cette vieille dame, c'est certain, — se dit-il. — Cette jeune fille est celle qu'il m'a déjà proposée. Désolé de mon refus, il essaye d'un autre moyen pour me séduire.

Pauvre parrain ! il ne prendra jamais son parti de ma résolution !

Il fallait pourtant donner une réponse à Mme de Morranteuil.

La visiteuse renouvela sa demande.

Prenant le silence du duc pour une hésitation, elle crut devoir insister sur la fortune de celle qu'elle appelait son amie.

— Voyons, mon cher duc, songez que c'est une des plus riches héritières de France, ajouta-t-elle, après avoir de nouveau énuméré, mais toujours sans nommer la jeune fille, toutes les qualités d'Armande.

Mon amie vous apportera en dot une fortune digne de votre nom !

Cette idée que l'on avait pu penser qu'il se laisserait influencer par l'appât de l'argent, indigna le duc.

— Ma couronne ducale n'est pas à vendre, madame ! — dit-il d'un ton cassant.

— Ah ! voyez la mauvaise tête !... comme on retrouve bien là nos fiers chevaliers du temps jadis!... — s'écria la marquise, voyant qu'elle avait fait fausse route.

Qui vous parle d'acheter votre nom, mon cher duc ? — Ma petite amie a de vous une trop haute idée pour avoir songé à cela. C'est moi qui, en vieille femme radoteuse qui connaît la vie, me disais que les millions de ma jolie protégée ne gâteraient rien à votre gentil ménage.

Mettons-les de côté, si vous voulez, et n'en parlons plus; ma jeune amie ne manque pas d'autres qualités à faire valoir pour vous décider.

La première est qu'elle vous aime. Allons, c'est un oui, n'est-ce pas? que je vais lui rapporter.

Vous n'allez pas condamner à pleurer sans espoir les deux plus beaux yeux du monde.

— C'est non, madame, — répondit résolument Gérard.

En voyant lui échapper la superbe commission qu'elle croyait déjà tenir, Mme de Morranteuil eut un mouvement de véritable désespoir.

— Voyons, ce n'est pas sérieux, vous ne pouvez pas être aussi cruel! abandonner à la douleur cette pauvre enfant!... vous réfléchirez, vous changerez d'avis, mon cher duc!...

— Jamais! Je suis pauvre et resterai pauvre!...

— C'est impossible!... avec votre nom...

— Le duc de Soisy n'existe plus, madame, je l'ai voulu ainsi, justement pour éviter de me laisser aller à des compromis que ma conscience réprouverait.

— Des compromis!...

— Comment appelez-vous pour un gentilhomme le fait de vendre son nom?

— Mais c'est un mariage d'amour que je vous propose!... Votre nom n'est en rien dans tout ceci, je vous prie de le croire!...

— Je vous crois, madame, — dit Gérard en s'inclinant courtoisement.

— Et vous persistez dans votre refus?

Le jeune homme fit un geste affirmatif.

— Je ne veux pas me marier, madame, — déclara-t-il.

— Allons donc, mon cher duc, ce n'est pas sérieux. Un homme de votre nom doit faire souche. Noblesse oblige!... Vous ne pourrez pas vous dérober à ce devoir-là.

— Mon devoir est de garder honorable le nom que j'ai reçu. C'est à ce devoir seul que je n'ai pas le droit de faillir.

— Mais vous ne pourrez toujours vivre comme aujourd'hui, cependant. — Un duc de Soisy rester employé, se contenter de cette existence médiocre!

— Cette existence et très suffisante pour monsieur Gérard, madame, — fit le duc.

C'est le seul nom sous lequel je désire être connu maintenant.

— Eh! monsieur le duc, croyez-vous que cela soit possible? Ce que je sais, d'autres ne peuvent-ils pas le savoir également?

— Ah! — madame, s'écria Gérard, songeant que Mme de Morranteuil savait son secret, qu'il dépendait d'elle que ce secret fût ébruité et bientôt connu de ceux qui s'intéressaient à lui, — madame, je vous en conjure, promettez-moi de garder le silence sur ce que vous avez découvert?...

— Etes-vous bien certain que ce soit là vous rendre service, mon cher duc?

— Qu'importe! — insista Gérard, — je vous en supplie.

— Mais que répondrai-je à ma petite amie, elle à qui j'avais si formellement promis le succès?... Quel désespoir pour la pauvre enfant...

— Dites-lui, madame, que j'ai quitté l'armée pour on ne sait quelle destination; que vous avez cru me trouver, mais que vous vous étiez trompée, que ce n'était pas moi...

— Croyez-vous que cela la consolera beaucoup?... Puis, mentir...

— Vous avez raison. Alors dites-lui, à elle seule, je vous en conjure, madame, — fit Gérard d'une voix touchante, — que le duc de Soisy ne doit plus exister, que ma décision est irrévocable, qu'il n'y a désormais que monsieur Gérard, simple employé, qui a résolu de vivre modestement de son travail et a renoncé à tout autre bonheur que celui que donne la conscience du devoir accompli.

— Pensez-vous, mon cher duc, que pour une jeune fille romanesque, cela soit un moyen de guérison bien radical?... la chère fille va certainement joindre l'admiration à l'amour.

— Vous lui ferez comprendre, madame, que, s'il en était autrement, je serais indigné de la sympathie dont elle m'honore.

— Oh! — murmura à part elle Mme de Morranteuil. — Voilà un raisonnement que j'aurai de la peine à faire entrer dans la tête de Mlle Monval. Je ne la crois pas fille à se payer de cette monnaie. — Au diable les grands sentiments!... Voilà une affaire ratée. Quelle guigne!

Et la marieuse poussa un profond soupir.

— Allons... — fit-elle en se levant, comprenant bien qu'il n'y avait plus rien à espérer du duc.

— Alors, madame?... — interrogea Gérard avec anxiété. — C'est bien entendu, n'est-ce pas?

— Quoi?... — fit l'entremetteuse à laquelle ses désagréables réflexions avaient fait oublier la promesse réclamée par le jeune homme.

— Vous ne direz rien?... vous ne parlerez qu'à votre amie, à elle seule, de mon secret?...

LA DEMOISELLE DU CHATEAU

Gérard avait reconduit Mme de Morranteuil jusqu'à sa voiture... (P. 364.)

LIV. 46. — XAVIER DE MONTÉPIN. — LA DEMOISELLE DU CHATEAU. — J. ROUFF, ÉDIT. LIVR. 46.

— Eh ! mon cher duc, quel intérêt voulez-vous que j'aie à ébruiter tout ceci ?

— Promettez-le-moi?... insista le duc.

— Je vous le promets, là, êtes-vous content ?

Mais de votre côté, voyons, faites quelque chose pour moi, — ajouta-t-elle presque suppliante. — Laissez-moi espérer que vous ne m'avez pas dit votre dernier mot ; que vous réfléchirez?... — Tenez, voulez-vous que nous ajournions à demain votre décision ?

— C'est inutile, madame, — répondit le jeune homme avec une fermeté qui enleva tout espoir à l'entremetteuse.

— Vous êtes cruel, monsieur le duc !... La douleur de celle qui vous aime ne vous touche pas ?

— Rien ne peut me faire revenir sur une résolution dont je considère l'accomplissement comme un devoir, madame, — déclara Gérard de Soisy en s'inclinant.

CHAPITRE XVII

SENTIMENT D'ENVIE

ÉRARD avait reconduit Mme de Morranteuil jusqu'à sa voiture, qui l'attendait à la porte du pavillon de l'ingénieur.
La marieuse, on le comprend, partait fort dépitée.
L'affaire était manquée ou peu s'en faut.
Ce n'était pas de chance, vraiment : tomber sur le seul, peut-être, parmi les jeunes gens à marier, capable de refuser un parti aussi avantageux!...
— Une jeune fille d'une beauté parfaite, archi-millionnaire et sans tache! s'il ne faut pas avoir perdu le sens! — marmottait l'entremetteuse toute déconcertée.
— Comment m'y prendre pour renouer cette affaire-là?... ce ne sont pas les épouseurs qui feront défaut.
J'en trouverai plus qu'il n'en faudra et d'aussi bonne noblesse que cet imbécile de Soisy, et qui ne demanderont pas mieux que de satisfaire le caprice nobiliaire de Mlle Monval. Mais voilà, avec un caractère aussi absolu que celui d'Armande, arriverai-je à lui faire accepter cette légère modification dans le programme?... Elle va m'envoyer promener, lorsque je lui conseillerai de renoncer à son duc!...
Elle s'est mis en tête d'être duchesse de Soisy et ne voudra rien entendre.
Le refus du jeune homme ne fera que l'exciter.
— Il me le faut... C'est lui que je veux... Je suis assez riche pour me le payer, je pense!... — Je l'entends d'ici. — Et, par le fait, elle a raison. On n'a pas idée d'un original de cette trempe, avec ses grands mots et ses idées saugrenues sur l'honneur. — Monsieur ne veut pas vendre son nom! — Pauvre petit! — Comme si tout ne s'achetait pas, maintenant! L'honneur se mesure au prix qu'on y met.
Je crois que les millions de Mlle Monval valent bien les parchemins de ce duc ruiné!... Quelle idée ai-je eue aussi d'aller m'adresser là, tandis que j'avais autour de moi de charmants garçons tout aussi titrés et non moins

sans le sou qui, eux, n'eussent point fait tant de façons pour équilibrer du poids de leur couronne l'argent du banquier!

Comme s'il n'était pas tout naturel que chacun des époux fasse son apport dans un bon ménage. — En voilà un qui n'est pas dans le train, par exemple!... Si j'avais pu me douter!...

Tandis que l'ancienne cocodette se lamentait en se voyant déjà frustrée de la superbe commission qu'elle comptait toucher, Gérard, de son côté, demeurait tout bouleversé par la visite inattendue qu'il venait de recevoir.

Cette visite le remplissait de trouble.

— Comment son secret avait-il pu être dévoilé?...

Malgré la promesse arrachée à Mme de Morranteuil, le jeune homme sentait bien que maintenant ce secret ne lui appartenait plus. Il était subordonné au plus ou moins de discrétion d'une étrangère.

La visiteuse attacherait-elle à cette promesse l'importance que le duc avait espéré lui donner? Dans tous les cas, maintenant, Gérard ne serait plus tranquille. Il tremblerait à chaque instant de se voir découvert.

Le visage du jeune homme exprimait une telle préoccupation qu'Adrien Verneuil, qui venait de le rejoindre, ne put s'empêcher de l'interroger.

— Cette visite vous aurait-elle apporté quelque ennui, mon cher Gérard? — demanda l'ingénieur avec l'accent du plus vif intérêt. — Peut-être n'aurait-on pas dû recevoir cette dame sans vous avoir consulté. On m'a demandé mon avis. Ma foi, vous étiez loin, j'ai cru pouvoir donner l'ordre de l'introduire et de la faire attendre. J'ai eu tort, sans doute?...

— Mais pas du tout, mon cher Verneuil, — affirma le duc en s'efforçant de rendre à son visage son expression habituelle.

— Vrai?... Eh bien! là, j'en suis enchanté, — dit franchement l'ingénieur, — car j'avais peur, en vous voyant si triste, d'avoir commis quelque grosse maladresse.

— Il n'y en a aucune, je vous l'affirme...

— Parfait, alors, — fit Verneuil qui n'insista pas, mais qui demeura persuadé que la cause de cette tristesse subite de son ami restait attachée à la visite qu'il venait de recevoir.

Quelque question d'intérêt, des ennuis de famille, peut-être, — pensa-t-il, en respectant le silence que paraissait devoir garder Gérard au sujet de la visiteuse inconnue.

Pourtant cette visite, restée mystérieuse pour lui, l'avait fait réfléchir; cela lui avait, malgré lui, remis en mémoire certaines particularités au sujet de son ami.

Adrien avait commencé à pressentir un secret dans la vie de Gérard.

Cet emploi modeste accepté avec tant de joie par le jeune homme, lui paraissait bien peu en rapport avec l'instruction supérieure et l'éducation si soignée de son ami.

— Je ne suis qu'un rustre, un paysan à côté de lui, — pensait l'ingénieur. — Il a une noblesse, une distinction d'allures qui parfois m'en imposent à moi-même.

Certainement il doit appartenir à une excellente famille. Des revers de fortune l'auront obligé à se créer des ressources, à chercher à tirer parti de son instruction. Mais il n'était pas destiné à gagner sa vie.

Cette idée que quelque infortune imméritée pesait sur son ami, rendait Adrien encore plus discret.

— Peut-être un jour me dira-t-il le secret de sa vie, — pensait-il; — mais il ne m'appartient pas de forcer sa confiance.

En attendant, l'amitié d'Adrien pour Gérard ne prenait pas ombrage du silence gardé par celui-ci.

Plus concentré que jamais depuis la visite de Mme de Morranteuil, le duc, en effet, était loin de songer aux confidences.

Cette proposition vénale de mariage qui venait de lui être faite et qu'il avait repoussée avec tant d'indignation, avait renouvelé une fois de plus toutes les perplexités de son âme.

La possibilité, brutalement démontrée par cette proposition, qu'il pourrait en effet aimer, épouser une autre femme que Madeleine, lui avait de nouveau donné la mesure de son amour pour Mlle Duhamel.

Comme il avait bien senti que son cœur ne serait jamais à une autre qu'à l'adorable enfant!... Mais en même temps lui était apparue, plus inexorable encore que par le passé, l'impossibilité de jamais satisfaire cet amour.

Épouser Madeleine, ne serait-ce pas encore vendre son titre, trafiquer de son amour aux yeux du monde?... exposer à des doutes injurieux cet honneur, seul héritage intact que, par un renoncement à toutes les jouissances de la vie, lui avait transmis son admirable mère?

— Non, tout espoir serait coupable, — se répétait Gérard avec fermeté. — J'oublierai... il faut que j'oublie!... Je ne puis pas, je ne dois pas aimer Mlle Duhamel!...

Cet amour, qui est toute ma vie, je l'arracherai quand même de mon cœur!... et si je n'y parviens pas, — ajoutait le jeune homme d'un ton tristement résolu, — *je sais bien ce que je ferai!...*

En femme habile et ne perdant pas la tête, malgré sa déconvenue, Mme de Morranteuil n'avait pas voulu passer près de Châtenay sans aller voir la vicomtesse.

Bien qu'elle ne la connût point personnellement, l'intrigante était, par métier, assez ferrée sur toute la noblesse pour pouvoir se présenter sans crainte d'être mal reçue.

Elle connaissait l'histoire des Châtenay et savait que le vicomte était veuf, lorsqu'il avait épousé en secondes noces son arrière petite-cousine, Mlle Constance Couvreur. Elle savait aussi que, de son premier mariage avec Lucie de Maupertuis, Roland de Châtenay avait eu une fille.

Qu'était devenue cet enfant?

Elle devait être à présent bonne à marier et offrir un parti présentable, fille unique, ayant hérité de toute sa famille maternelle.

— Il y a peut-être quelque chose à faire par là!... — pensa Mme de Morranteuil. — La vicomtesse ne doit pas demander mieux que de caser sa belle-fille.

Je me présenterai comme ayant connu le vicomte avant son second mariage, et la veuve, ne pouvant contrôler mon dire, ne pourra faire autrement que de me bien recevoir.

D'ailleurs, en province, on est toujours enchanté d'une visite qui vous arrive. Je demanderai à voir la fille de mon pauvre ami.

Si j'allais amorcer quelque bonne affaire de ce côté-là, mon voyage ne serait pas au moins complètement perdu, — murmura la marieuse avec un soupir. — Certes, cela ne vaudrait pas le mariage de la petite Monval. — Mais je ne retrouverai jamais ça, il ne faut pas y compter; ça ne se présente pas deux fois dans la vie, des affaires comme celle-là. — Il faut toujours voir.

Et, passant la tête à la portière de la voiture qui la ramenait vers Nancy, Mme de Morranteuil avait donné l'ordre de tourner bride et de la conduire à Châtenay.

Elle fut reçue par Moussel, qui se chargea de prévenir sa maîtresse de la visite qui lui survenait.

— Mme la vicomtesse vous prie de l'attendre, madame, — fit le jeune homme, en revenant fort intrigué par l'arrivée de cette femme inconnue au pays et dont il avait déjà remarqué la voiture aux environs de l'usine.

— Je serai heureuse de la rencontrer.

— Madame n'est pas du pays? — s'empressa de demander Moussel, saisissant un prétexte pour essayer de faire causer la visiteuse.

— Non, je ne suis ici qu'en passant et je n'ai pu résister au désir de venir prendre des nouvelles de la fille du vicomte de Châtenay.

— De Mlle Gervaise?

— Oui, de ma petite Gervaise, — fit l'entremetteuse enchantée de connaître le prénom de la jeune fille. — Pourrais-je l'embrasser?... Est-elle ici?

— Mais oui, madame.

— Il y a si longtemps que je ne l'ai vue!

— Mlle Gervaise est une grande jeune fille maintenant.

— Eh! oui, je sais bien!... Comme le temps passe! — fit en manière de réflexion Mme de Morranteuil.

Elle doit être en âge de se marier, — ajouta-t-elle.

— Oh! mademoiselle n'y pense guère encore, — affirma Mousset.

— Elle ne doit pourtant pas manquer de prétendants, car elle était jolie comme un cœur, étant enfant. Et si mignonne!... A-t-elle beaucoup changé?

— Elle est toujours jolie, madame, — affirma Mousset.

— Et riche par-dessus le marché!... cette chère petite Gervaise!... Ce doit être la plus riche héritière du pays.

— Oh! pour ce qui est de la fortune, elle n'en manque pas, à coup sûr, — dit Mousset absolument sans défiance. — Je puis en parler savamment, c'est moi qui m'occupe de gérer les biens de la vicomtesse.

— Vous êtes depuis longtemps dans le pays?

— J'y suis né, madame, et je ne l'ai pour ainsi dire pas quitté. Ainsi, vous voyez.

— De sorte que vous devez y avoir de nombreuses relations? — questionna Mme de Morranteuil pensant que Mousset pourrait peut-être la servir dans ses intentions au sujet de Gervaise de Châtenay.

— Oh! j'y connais autant dire tout le monde, — répondit en riant le jeune homme.

— Vous êtes l'intendant de la vicomtesse?

— Son homme de confiance plutôt, car ma situation ici n'a rien d'officiel. Malgré cela Mme de Châtenay ne fait rien sans me consulter.

— Ah! — fit Mme de Morranteuil en jetant un long regard sur Mousset.

L'arrivée de la vicomtesse avait interrompu cette conversation dont l'habileté de l'entremetteuse avait su tirer si bon profit.

Elle était sûre, maintenant, de la présence de Gervaise au château, et savait que ses présomptions étaient justes au sujet de la fortune de la jeune fille. Mlle de Châtenay était une riche héritière.

— Riche et jolie, cela ne gâtait rien!...

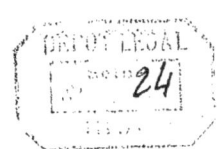

— C'est l'heure de ses pauvres... (P. 373).

Elle pouvait donc sans crainte aller de l'avant et faire ses offres de service discrètes à la vicomtesse.

En province il est si difficile de marier les jeunes filles! Elle allait proposer à Mme de Châtenay de s'occuper de cette charmante Gervaise qu'elle avait connue toute enfant.

— Le hameçon jeté, je verrai bien si ça mord, — pensa la noble entremetteuse tout en faisant à la vicomtesse de Châtenay qui venait d'entrer, suivie de Gervaise, sa révérence la plus select.

Puis elle embrassa la jeune fille.

— Vous permettez, ma chère mignonne?... Vous permettez, madame la vicomtesse... Je suis si heureuse de la revoir!... Est-il possible que ce soit là ma petite Gervaise?... Cette grande et belle jeune fille!... Je le disais bien à ce cher et regretté vicomte, qu'il aurait là, dans quelques années, une petite merveille!

— Madame, je vous en prie, devant cette enfant,— fit la comtesse d'un air rogue, tandis que Gervaise demandait d'une voix émue :

— Vous avez connu mon père, madame?

L'intrigante profita de l'exclamation de la jeune fille pour placer son petit conte : elle dit avoir été en relations avec le père de Gervaise, l'année même de la mort de la première vicomtesse, dans une maison amie, où M. de Châtenay venait fréquemment avec sa fille.

Adorant les enfants, son plus grand désespoir étant de n'en pas avoir, elle s'était attachée tout de suite à la petite fille du vicomte.

— Elle était déjà si gracieuse, si jolie, une vignette de keepsake! — ajouta-t-elle.

Elle m'aimait aussi beaucoup dans ce temps là, la mignonne ; mais elle a complètement oublié sa vieille amie aujourd'hui, n'est-il pas vrai ?

— C'est vrai, madame, — avoua Gervaise, un peu confuse.

— Ne vous excusez pas, ma toute belle!... Est-ce que l'on se souvient, à l'âge heureux que vous aviez? c'est bon pour nous, les vieilles gens, de vivre avec le passé. Les enfants ne regardent que l'avenir.

Mme de Morranteuil se tourna ensuite vers la vicomtesse.

— Vous me pardonnerez, madame, de m'être présentée à Châtenay, sans être connue de vous, avec autant de sans façon. Mais appelée à Nancy par une affaire..... d'intérêt, chose toujours si fastidieuse, je n'ai pu résister au désir de me remettre un peu de joie au cœur en venant prendre des nouvelles de ma petite amie d'autrefois. Je savais que la jolie enfant était devenue une grande et belle jeune fille.

Quand l'occasion se représenterait-elle pour moi de l'embrasser ?

A mon âge, on voyage peu.

Cette démarche pouvait vous paraître, il est vrai, un peu déplacée.

— Mais nullement, vous avez fort bien fait, madame.

Cette phrase qui s'efforçait d'être aimable avait été mâchée du bout des dents par la vicomtesse.

Bien que l'histoire débitée avec un merveilleux aplomb par Mme de Morranteuil fût par le fait fort vraisemblable, la vieille femme restait méfiante.

Soit qu'elle fût cette fois plus perspicace que Mousset, ou soit que les compliments dont l'ancienne amie du vicomte accablait Gervaise eussent indisposé l'acariâtre belle-mère, Mme de Châtenay flairait vaguement une ennemie dans cette visiteuse inattendue qui tombait du ciel. Que prenait-il à cette vieille folle de s'occuper de Gervaise après l'avoir oubliée pendant tant d'années ?

Aussi la vicomtesse s'empressa-t-elle de saisir le premier prétexte venu pour renvoyer la jeune fille.

— Elle a des ordres à donner, elle reviendra vous faire ses adieux, madame, il faut l'excuser; mais, voyez-vous, j'ai tenu à ce que Gervaise s'occupât de tout ce qui concerne les devoirs d'une maîtresse de maison. — C'est elle qui dirige tout ici, et il est temps qu'elle aille à ses occupations, — ajouta l'effrontée vieille femme avec un regard impératif à l'adresse de sa belle-fille.

Celle-ci se leva sans protestation. Bien qu'elle eût préféré rester encore auprès de cette vieille dame qui avait connu son père et qui paraissait si bonne, la jeune fille était devenue pour ainsi dire indifférente à tout, depuis que, cloîtrée par sa méchante belle-mère, elle avait dû renoncer à voir même de loin Adrien Verneuil.

Elle vint sans rien dire présenter son front à Mme de Morranteuil.

— Les admirables cheveux blonds ! — s'écria la marieuse en posant ses lèvres dans le fouillis de boucles légères qui auréolaient d'or le front pur de la pauvre enfant.

— Allons, Gervaise, dépêchez-vous, — reprit aigrement la vicomtesse qu'horripilaient les compliments de la visiteuse.

— Adieu, madame, — fit la jeune fille énervée, prête à fondre en larmes.

— A tout à l'heure, ma chère enfant.

— Puisque vous devez revenir, vous voyez bien que tous ces attendrissements sont ridicules, Gervaise, — dit brutalement la marâtre incapable de se contenir malgré la présence d'une étrangère.

Puis se reprenant, croyant devoir excuser sa brusquerie:

— Ces enfants ! ce que ça donne de mal à élever ! — murmura-t-elle en se tournant vers Mme de Morranteuil, lorsque sa belle-fille eut refermé la porte derrière elle.

— Du mal !... — protesta la marieuse ! — Mais cette chère enfant est une perfection tout bonnement !

— Vous croyez cela? — répliqua la vicomtesse laissant déborder sa bile. — Eh bien ! alors, les perfections ne sont pas toujours commodes !... Celle-ci a ses nerfs, ses vapeurs. A la moindre observation elle fond en larmes.

Vous l'avez vue tout à l'heure? On croirait qu'on la persécute, qu'on la martyrise, quand elle a tout ce qu'il faut pour être heureuse !

— Bah! nous avons toutes été un peu comme ça, à cet âge-là, rappelez-vous, chère madame, — fit avec un sourire indulgent l'entremetteuse, saisissant l'occasion de lancer son premier ballon d'essai.

— Oh ! non, par exemple! s'écria la vicomtesse.

— L'enfant s'ennuie peut-être un peu, c'est déjà une grande fille, vous devriez songer déjà à la marier...

Mais peut-être trouve-t-on difficilement en province.

— S'ennuyer ? — Et pourquoi s'ennuierait-elle ? — dit aigrement Mme de Châtenay évitant de répondre à l'insinuation de la marieuse.

Elle a tout ce qu'il faut ici pour être heureuse, certes, on ne la prive d'aucune distraction.

— Je n'en doute pas ; mais à cet âge-là on commence à désirer d'autres joies... à rêver à quelque gentil mari, à envisager l'avenir à travers le prisme séducteur d'une moustache blonde ou brune.

— Gervaise est une jeune fille trop bien élevée pour se permettre de ces rêveries là, — madame, — fit sèchement la vicomtesse.

— Je le veux bien. Mais il faudra pourtant que vous pensiez à la marier, — insinua Mme de Morranteuil.

— La marier !... — répéta d'une voix effrayée la vieille femme. — La marier !... Et pourquoi faire, mon Dieu! Elle est bien plus heureuse comme ça, cette chère enfant !

Il n'est pas encore temps d'y penser.

— Elle ne doit pas avoir loin de dix-huit ans.

C'est l'âge où l'on doit s'occuper sérieusement de l'établissement d'une jeune fille. Plus tard, les conditions du bonheur sont bien plus difficiles à rencontrer.

— Je suis seule bon juge dans la question, je l'espère, en ce qui concerne le bonheur et l'établissement de ma belle-fille, madame, — interrompit la vicomtesse de Châtenay avec un regard coupant destiné à faire comprendre à l'indiscrète visiteuse qu'elle outrepassait les droits que lui donnaient ses anciennes relations d'amitié avec le vicomte.

Mme de Morranteuil ne se méprit pas à l'intention.

— Rien à faire pour le moment, — pensa-t-elle en se préparant à prendre congé. — Inutile que je perde mon temps ici.

Elle n'était pas dupe du motif qui guidait la vicomtesse et la faisait si réfractaire à l'idée de marier sa belle-fille.

— Il doit y avoir quelque question d'intérêt là-dedans, — se dit-elle, tandis que la vicomtesse sonnait pour qu'on la reconduisît.

Toi, ma bonne dame, tu dois avoir du mal à lâcher la fortune de cette jolie Gervaise. Tu ne serais pas fâchée de faire durer le plus longtemps possible ton rôle de tutrice. — C'est égal, j'aurai l'œil de ce côté, car, ou je me trompe fort, ou elle ne doit pas s'amuser beaucoup dans ta société, cette charmante enfant !

Bien contre son gré, Mme de Morranteuil avait dû quitter Châtenay sans revoir Gervaise.

Les insinuations matrimoniales qu'elle s'était permises au sujet de la jeune fille avaient réveillé toutes les méfiances de la vicomtesse.

Elle se borna à excuser sa belle-fille.

— C'est l'heure de ses pauvres, je n'y avais pas songé ; la chère enfant regrettera beaucoup, mais !...

— Ne la dérangez pas, alors, — s'empressa de dire Mme de Morranteuil, qui comprit tout de suite que c'était un parti-pris de prudence à son égard et que la châtelaine ne voulait pas lui laisser revoir Gervaise.

— Je n'ai pas besoin de la revoir pour m'occuper d'elle, — pensa-t-elle, — j'en ai vu assez ici pour comprendre que la pauvre petite n'est guère heureuse et fera meilleur accueil que sa belle-mère à mes ouvertures. Donc, j'en sais plus qu'il ne m'en faut pour le moment ; cette vieille avare prend une précaution bien inutile.

C'était Léonore, la femme de chambre de Gervaise, qui avait reconduit la visiteuse. La maîtresse de Mousset était apostée là par son amant.

L'ayant rencontrée au moment où il sortait du salon après l'arrivée de la vicomtesse de Châtenay et de sa belle-fille, Mousset, très intrigué par la visite de l'inconnue, avait chargé la femme de chambre d'écouter adroitement à travers la porte. Il la savait très experte dans ce genre d'espionnage, habile à ne point se laisser surprendre.

— Je veillerai de ce côté pour qu'on ne te dérange pas et je t'avertirai si quelqu'un vient, — avait ajouté le jeune homme qui, en effet, s'était installé dans le vestibule.

Mousset avait donc appris de cette façon tout ce qui s'était dit entre la vicomtesse et la visiteuse.

Mais le renseignement en somme était insignifiant, la conversation étant restée banale, une fois la présentation faite.

Les propos tenus au sujet du mariage n'offraient aucune consistance. L'amant de Léonore n'avait nulle raison d'en augurer la position sociale de l'entremetteuse. Il ne soupçonna pas un instant le double but de la visite de Mme de Morranteuil à Châtenay ; ce but resta pour lui mystérieux et inexpliqué.

Pourtant, ces propos en l'air au sujet du mariage de Gervaise avaient achevé de mûrir dans l'esprit du misérable un projet diabolique datant du départ de Léonore pour Manoncourt.

— Un mari pour la petite, mais j'en ai un tout trouvé ! — murmura l'homme de confiance de la vicomtesse, lorsque la femme de chambre fut partie. — Il n'y a pas besoin d'aller le chercher si loin !

Pourquoi ne serait-ce pas moi?... J'en vaux bien un autre! Il suffit de savoir s'y prendre!

Il est sûr que si je vais, comme un benêt, demander la demoiselle en mariage, on me la refusera, cela ne fera pas un pli. Mais il y a moyen d'éviter cet écueil. On peut rendre le mariage indispensable.

Si je la séduisais, par exemple, il faudrait bien qu'on me la donnât.

Oui, mais ça, c'est impossible, ajouta Moussel après réflexion ; il ne faut pas compter là-dessus, Mlle Gervaise n'est pas de celles qu'on séduit, et, le serait-elle, que, dans tous les cas, ce ne serait pas à moi d'y songer.

Elle est bien trop fière, la demoiselle, pour s'occuper du fils d'un intendant !

Mais ce qui ne se fait pas d'une manière devient possible d'une autre, continua le jeune homme avec un mauvais sourire.

Et il conclut cyniquement :

— Qu'est-ce que je veux, d'ailleurs? — Quoi de plus honnête? Est-ce que je ne cherche pas à aboutir au mariage ?

La fin justifie les moyens.

Qu'importe que le procédé soit douteux, s'il rend le mariage nécessaire, s'il l'impose même comme la seule réparation possible?

Est-ce que je suis un gentilhomme, moi? est-ce que j'ai à m'embarrasser d'inutiles considérations? L'essentiel est que j'épouse ; — ce but atteint, mon ambition sera satisfaite.

Ce que je ne puis espérer obtenir de gré, je l'aurai par ruse !... Et puis après ?... Cela prouvera que j'ai été plus malin qu'un autre, voilà tout!

Chaque créature prend pour faire son nid les moyens que la nature lui a donnés. L'aigle cherche le soleil, la taupe s'enfouit sous terre.

L'un et l'autre suivent leur instinct, agissent suivant leur force.

Hé, hé ! moi aussi, je prépare mon nid comme je peux. L'essentiel est qu'il soit douillet, et il le sera, j'en réponds! Mon petit projet ne peut manquer de réussir!

Servi par cette bête de Léonore, qui n'y verra goutte, cela va marcher à merveille.

Mon plan est mûr maintenant et bien arrêté.

Il n'y a plus qu'à passer à l'exécution... A moi de m'arranger pour me rendre indispensable et digne du bonheur d'être le mari de cette charmante Gervaise !!

* * *

Armande Monval attendait avec impatience le retour de Mme de Morranteuil.

Pendant l'absence de la marieuse, elle avait assisté à une fête donnée par les Duhamel dans leur hôtel de la rue Murillo et elle en était revenue plus irritée que jamais contre Madeleine.

L'incontestable beauté, l'élégance de bon goût, le succès de la jeune fille l'avaient exaspérée.

Elle ne pouvait s'empêcher de voir en Madeleine une rivale; elle la détestait.

Bien qu'elle n'eût jamais fréquenté chez les Duhamel, prise d'une rage de voir de près, d'écraser de sa beauté et de son luxe cette fille de marchande de fer, que, par une intuition de femme jalouse, elle considérait comme le seul obstacle sérieux à son mariage avec le duc de Soisy, elle s'était fait inviter par l'intermédiaire d'une amie connue des deux familles.

Quoique peu enthousiasmée, car, elle aussi, avait le pressentiment d'une rivalité existant entre elle et Mlle Monval, Madeleine n'avait pu refuser l'invitation qu'on lui demandait.

Elle n'avait aucune raison valable pour cela.

Mais, toute la durée de la soirée, elle s'était tenue instinctivement éloignée d'Armande.

Cela n'avait pas empêché la fille du banquier de constater avec rage le triomphe de sa rivale.

Elle était rentrée furieuse. Loin de faire pâlir l'étoile de Mlle Duhamel, la beauté tapageuse de la fille du banquier avait, au contraire, fait ressortir et mis en plein relief la grâce modeste et le charme tout intime de Mlle Duhamel.

Aussi, dès que Mme de Morranteuil, revenue de Nancy dans la matinée qui avait suivi la fête donnée par les Duhamel, s'était fait annoncer chez Mlle Monval, Armande s'était élancée au-devant d'elle.

Enfin! elle lui apportait sans doute la revanche de l'affront subi la veille à la soirée du maître de forges, devant l'incontestable succès de Madeleine.

— La pimbêche !... — murmurait Armande avec dépit, tout en allant au-devant de la marieuse. — Il n'y en avait que pour elle, avec ses airs hypocrites!... C'est à peine si l'on me remarquait !

J'avais l'air vraiment de faire partie du cortège de cette mijaurée! Heureusement que je vais être bien vengée en lui enlevant le duc. Je vois d'ici sa tête, quand elle l'apprendra.

Mais, tout de suite, en apercevant Mme de Morranteuil, Armande comprit bien que les choses ne devaient pas être aussi avancées qu'elle se le figurait.

— Allons, qu'est-ce qu'il y a, qui cloche encore? — s'écria-t-elle en entraînant la marieuse dans sa chambre.

— Il y a que rien ne marche, que mon voyage n'a servi à rien, répondit l'ancienne affidée de la Préfecture de police en se laissant tomber dans son fauteuil.

— Comment!... rien ne marche?... Vous n'avez pas vu le duc?

— Autant vaudrait-il, — fit l'entremetteuse, décidée à aborder la question carrément.

— Ce qui veut dire que vous ne lui avez parlé de rien?... Vous m'aviez cependant promis...

— J'avais promis et j'ai tenu, mais il refuse, tout simplement, avoua avec accablement Mme de Morranteuil.

— Comment!... il refuse!... — s'écria Armande qui bondit comme si une mouche l'eût piquée. — Le duc refuse de m'épouser?

— Voyons, que dites-vous là, ma chère enfant? — fit avec vivacité Mme de Morranteuil. — Pour qui me prenez-vous? Vous pensez bien que je n'ai pas été assez sotte pour vous nommer, avant de m'être assurée des dispositions de M. de Soisy.

— Eh bien! alors?... — interrogea avec étonnement Mlle Monval.

— Alors, le refus du duc ne peut s'adresser à vous, naturellement

— Mais quelles raisons donne-t-il?

L'entremetteuse haussa les épaules d'un air de pitié.

— Il a des scrupules et ne veut pas faire un mariage d'argent.

— C'est sérieux?

— On ne peut plus sérieux, je vous jure.

— Ah!... — fit simplement Armande désappointée.

— Il appelle cela vendre son nom.

— Mais lui avez-vous dit, au moins, que le prix en valait la peine? — reprit sceptiquement la fille du banquier.

— Je lui ai dit tout ce que je croyais capable de l'influencer : que celle que je voulais lui faire épouser était une des plus riches, une des plus belles héritières de France.

— Et cela n'a point paru l'impressionner?

— Non!

La mauvaise saison était pour la jeune fille un motif suffisant de ne pas courir les routes. (P. 380.)

— Peut-être n'avez-vous pas assez insisté sur la fortune, ma bonne madame de Morranteuil?

La jeune fille, habituée à considérer comme souveraine la puissance de l'or, ne pouvait croire que l'énumération des millions qu'elle apporterait en dot n'avait pas suffi à dissiper les scrupules de Gérard de Soisy.

— Insisté!... — protesta Mme de Morranteuil; — c'est-à-dire que j'ai soulevé, en insistant, une véritable indignation de la part de M. de Soisy.

Voyant que je faisais fausse route, j'ai changé de tactique et pris la note sentimentale.

— Vous avez dit au duc que je l'aimais? — interrompit Armande en rougissant.

— Je pouvais le faire sans crainte, puisque notre jeune homme ne vous connaìt pas.

— Et... qu'a-t-il répondu?

— Que sa résolution était inébranlable; que sans fortune et ne voulant pas trafiquer de son titre, il avait renoncé au mariage, qu'il voulait rester inconnu et vivre de son travail sous le nom de Gérard; que le duc de Soisy n'existait plus.

En somme, il est peu intéressant. C'est un homme fini et vous auriez tort de vous entêter, ma chère belle, — conclut la marieuse; — quand on occupe votre situation, un de perdu, dix de retrouvés !

Les titres courent les rues! Dieu merci, tous nos jeunes nobles ruinés ne sont pas aussi arriérés et aussi sots que ce Soisy. Nous n'aurons pas de peine à le remplacer. Voyons, il ne sera pas dit que je resterai sur un échec, que je n'aurai pas réussi à faire votre bonheur.

Et, paraissant réfléchir, bien qu'elle eût depuis le matin préparé l'effet qu'elle espérait produire sur Armande :

— Voulez-vous un prince?... Tenez, un prince polonais, un prince authentique, un prince dont les ancêtres ont occupé le trône de Pologne?

Mlle Monval secoua la tête.

— C'est le duc de Soisy que je veux! — déclara-t-elle.

— Le duc de Soisy?

— Oui.

— Mais puisqu'il refuse!... puisqu'il ne veut pas se marier!... — s'écria l'entremetteuse consternée.

— Je n'en veux pas d'autre, — dit brièvement et catégoriquement Armande.

Et, achevant tout bas sa pensée :

— Je ne veux pas, surtout, que Madeleine Duhamel puisse l'avoir ! — murmura-t-elle.

Elle avait l'intuition de l'amour de la jeune fille pour Gérard. Elle se disait que peut-être aussi ce délicat sentiment d'honneur n'avait pas guidé seul la réponse de M. de Soisy.

Cette pensée remplissait son cœur d'envie et de haine contre Madeleine, attisait en elle le désir d'enlever le duc à sa rivale.

Elle se tourna vers Mme de Morranteuil :

— J'ai décidé là que ce mariage se ferait! — dit-elle en touchant son front.

— Mais comment? — Je vous avoue, ma chère enfant, — que je ne vois pas trop...

Mlle Monval se pencha coquettement vers la marieuse et, avec un sourire où se lisait l'assurance de sa provocante beauté :

— Comment me trouvez-vous, ma bonne madame de Morranteuil? — questionna-t-elle.

— Comment je vous trouve?

— Oui. — Suis-je jolie?

— Mais belle comme le jour, ma chère enfant! — s'écria avec conviction l'entremetteuse.

— Très bien! — fit triomphalement Armande; — alors rien n'est perdu.

— Expliquez-moi...

— C'est bien simple. Le duc a refusé de vendre sa couronne, soit! mais il n'a pas dit qu'il ne m'aimerait pas?...

S'il m'aime, il n'y aura plus en lui cette fière révolte...

— Dame, il est évident que l'amour...

— Il ne m'a pas vue, — continua la jeune fille. — Je suis belle, vous en convenez; mais je le serai encore plus pour le séduire!... je suis sûre de lui plaire!

Ce n'est pas vous, c'est moi qui aurais dû aller à Varangeville.

Il faut que le duc me voie... Quand il m'aura vue, il m'aimera, c'est certain!

La marieuse regarda Armande Monval avec admiration.

La violence du sentiment qui agitait la jeune fille décuplait encore sa beauté, la rendait réellement irrésistible.

— Est-elle assez jolie! — pensa Mme de Morranteuil. — Elle est bien capable de réussir!... Elle a raison. Qui ne l'aimerait en la voyant?

Tant mieux, — ajouta-t-elle, — ce mariage se fera et je toucherai!

CHAPITRE XVIII

DEUX AMOURS

L'IMPRESSION pénible laissée à Gérard par la visite de Mme de Morranteuil s'effaça peu à peu de son esprit.

Fort des résolutions qu'elle lui avait inspirées, le jeune homme reprit peu à peu ses occupations, ses allures habituelles. Il sembla ne plus rien rester du trouble apporté en lui par les réflexions douloureuses qu'avaient fait naître la proposition inattendue de l'entremetteuse.

Il se remit au travail avec ardeur.

Le voyant animé de si bonnes dispositions, Verneuil avait cessé de se préoccuper de son ami.

L'ingénieur avait, du reste, bien assez de ses propres ennuis.

Longtemps il avait combattu l'inquiétude que lui causait la disparition inexplicable de Gervaise de Châtenay.

La mauvaise saison était pour la jeune fille un motif suffisant de ne pas courir les routes.

Cette pensée, cependant, ne rassurait Adrien qu'à demi. Gervaise ne l'ayant pas habitué à tant de prudence.

— Serait-elle souffrante? — se demandait-il.

Une semaine entière s'était écoulée depuis la lumineuse apparition de la jeune fille lui souriant et lui envoyant un bonjour affectueux de la fenêtre du château de Châtenay.

Pendant tout ce temps il avait cherché à la voir sans y parvenir, ne s'étonnant cependant pas encore outre mesure de ce changement subit dans les habitudes de Gervaise.

Évidemment l'absence de Mlle Duhamel devait être pour quelque chose dans sa nouvelle façon de vivre, car elle lui rendait plus rares les occasions de sortir.

Mais ne plus l'apercevoir du tout, ni dans les allées du parc de Châtenay, où elle avait l'habitude de se promener en compagnie de Fraülein, ni sur la route de Manoncourt, où il l'avait rencontrée si souvent avec

Madeleine, à l'aller ou au retour de la visite des deux amies à l'orphelinat!... Qu'est-ce que cela signifiait?...

Gervaise avait-elle abandonné complètement l'Œuvre des petites pupilles, en l'absence de Mlle Duhamel?

— C'est singulier, je n'y comprends rien! — se dit Verneuil, quand, après d'infructueuses tentatives pour apercevoir au moins de loin celle qu'il aimait, il avait dû constater l'inutilité de ses efforts.

Gervaise serait-elle partie sans que je l'aie su?... Aurait-elle rejoint à Paris Mlle Duhamel?

Telle avait été, d'abord, la première pensée d'Adrien.

Si invraisemblable qu'elle fût, car il ne paraissait pas admissible qu'il n'eût pas eu vent du départ de la jeune fille, cette idée calma un instant ses inquiétudes.

— C'est possible, après tout, se répétait le pauvre garçon, — cherchant à se persuader de la vraisemblance de son explication. — Ce voyage était peut-être décidé avant le départ des Duhamel.

Mais, un jour, Adrien avait rencontré Fraülein, et cette rencontre avait réduit à néant ses conjectures rassurantes.

— Si l'Allemande est ici, c'est que Gervaise n'a pas quitté Châtenay, — murmura le jeune homme.

Mais, alors, que se passe-t-il? — se demanda-t-il aussitôt, le cœur serré, pris d'une inexprimable inquiétude. — Pourquoi ne voit-on plus Gervaise?... Que devient-elle?

Et, envahi par un immense chagrin causé par cette disparition inexplicable, Adrien, à son tour, subissait l'influence de ses désolantes préoccupations.

Travailleur acharné jusque-là, il en arrivait à ne plus s'intéresser à son travail, à accomplir sa besogne machinalement, obsédé par l'idée fixe de l'étrange disparition de Mlle de Châtenay.

— J'en mourrai, si je ne la revois pas, je le sens bien!... — se disait-il à chaque instant, les yeux pleins de larmes, tandis que sa main, qu'une grande habitude guidait seule, traçait les chiffres de ses calculs ou dessinait ses plans.

L'esprit, le cœur d'Adrien étaient auprès de Gervaise. Il sentait, plus que jamais, combien l'amour de la jeune fille était nécessaire à sa vie.

A son tour, Gérard remarqua l'état d'esprit de son ami, et il fut profondément étonné de l'apathie dans laquelle il le vit plongé.

Victorieux de sa douleur par le travail, le jeune duc venait encore de créer, par une combinaison ingénieuse, une importante amélioration dans un système de machines ; il en fit part à son ami, mais la communication qui, quelque temps auparavant, eût enthousiasmé Adrien, pouvait à peine l'intéresser aujourd'hui.

Bien qu'il apportât une apparente attention au dessin et aux explications de Gérard, l'ingénieur resta froid.

C'est que Verneuil n'avait plus qu'un seul objectif : revoir Gervaise, la revoir à tout prix.

Devant cette pensée tout s'annihilait, tout disparaissait à ses yeux.

Son amour, surexcité par l'inquiétude, mettait en lui une véritable fièvre.

Dans l'espoir de rencontrer la jeune fille, il multiplia ses visites aux usines.

On ne rencontra plus que son tilbury sur les routes.

Presque chaque jour il passait et repassait à proximité du château de Châtenay, espérant que le hasard lui ferait apercevoir Gervaise...

Mais la jeune fille demeurait invisible, bien qu'Adrien fût certain, à présent, qu'elle n'avait pas quitté le château.

— C'est fini !... Je ne la verrai plus !... — se répétait-il avec désespoir.

— Qu'est-il donc arrivé ? Pourquoi ne sort-elle plus ?

La surveillance s'était, en effet, resserrée autour de Gervaise.

La pauvre enfant n'avait même plus l'autorisation de sortir pour assister aux offices du dimanche. C'est en vain que Verneuil l'y attendait ; elle ne paraissait plus à l'église.

* *

Ainsi qu'elle en avait menacé sa belle-fille, la vicomtesse avait su prendre d'habiles précautions. Gervaise ne pouvait plus faire un pas, un geste, sans que ses moindres actes ne fussent immédiatement rapportés à l'odieuse marâtre.

— Je n'aurai même bientôt plus le droit de penser, si cela continue, — disait tristement l'amie de Madeleine. — Quand donc cette injuste persécution finira-t-elle ?

Trop fière pour se plaindre, Mlle de Châtenay se contentait de pleurer en cachette au souvenir d'Adrien.

— Que peut-il penser ? — se demandait-elle. — Certainement il doit s'étonner de ne plus me voir. Il s'inquiète, peut-être, il me croit malade... Ah ! si je pouvais m'échapper une seule fois !

Mais la chose devenait de plus en plus difficile. Mousset et Léonore entourant Gervaise d'une surveillance étroite.

Ils étaient fidèles à cette tâche, Mousset dans un but connu de lui seul, et Léonore pour complaire à sa maîtresse.

Sans soupçonner ce que pouvait tramer son homme de confiance, la vicomtesse de Châtenay se félicitait du zèle de ce précieux auxiliaire et lui montrait parfois, ainsi qu'à Léonore, qu'elle appréciait leur désir de lui être agréable.

— Avec eux je puis dormir sur mes deux oreilles!... pas de danger que cette petite sotte fasse des bêtises sans que je le sache! — pensait l'odieuse vieille, encore toute frémissante de rage au souvenir de l'innocent échange de saluts qu'elle avait surpris entre l'ingénieur et sa belle-fille.

J'arriverai bien à mettre cette dévergondée à la raison.

Voyez-vous cela!... Mademoiselle se permettre des sourires d'intelligence avec ce Verneuil!

Et l'autre, le joli cœur, qui lui faisait des yeux doux!...

Il n'eût pas été fâché d'empocher la dot de cette petite sotte!... Mais il peut en faire son deuil, l'ingénieur! On ne dépouille pas aussi facilement que ça la vicomtesse de Châtenay.

Et les semaines s'étaient, en effet, passées sans qu'Adrien parvînt à entrevoir la jeune fille.

La vicomtesse avait fait condamner les fenêtres du château donnant sur la route.

Verneuil se désespérait, s'exaspérant chaque jour davantage de l'inutilité de ses tentatives.

— Je ne trouverai donc pas le moyen de la voir? — se répétait-il en se désolant.

Une lettre du maître de forges, qui lui apportait les souvenirs amicaux de Mme Duhamel et de sa fille, le fit tout à coup penser à Madeleine.

— Si elle était ici, — murmura-t-il avec un secret mouvement d'espoir, — Gervaise de Châtenay irait bien certainement à Bois-Jolivet. Et alors je la reverrais... Cette affreuse incertitude finirait!

Le chagrin du pauvre Adrien était si violent qu'un moment il eut la pensée folle d'inventer un prétexte quelconque pour obliger les Duhamel à quitter Paris et à rentrer à Varangeville en toute hâte.

Il se prit la tête dans les deux mains.

— Qu'est-ce que je pourrais bien leur dire? — se demanda-t-il, cherchant de bonne foi quelle raison il pourrait trouver qui fût assez forte pour amener le retour immédiat du maître de forges et de sa famille. — Je ne vois que quelque chose ayant trait à l'usine ; mais encore... inventer un accident... une catastrophe... — Mais non! je suis fou!... C'est insensé! A quoi vais-je rêver là ?... Je perds l'esprit ! — s'écria tout à coup le pauvre amoureux retrouvant un éclair de bon sens.

Et, laissant tomber avec accablement la tête sur sa poitrine :

— Avec tout ça, il faut pourtant que je trouve un moyen pour revoir Gervaise, — murmura-t-il.

*
* *

Les fréquentes apparitions de Verneuil aux alentours de Châtenay ne pouvaient manquer d'attirer l'attention de Paul Mousset.

Cette constatation du manège de l'ingénieur procura à l'amant de Léonore un accès de joie mauvaise.

— Ah ! ah ! il en tient !... Je ne m'étais donc pas trompé, il en tient décidément ! — ricana-t-il en constatant avec joie la mine attristée et inquiète du jeune homme.

Et, suivant avec un rire méchant les regards désespérés que l'ingénieur jetait à la dérobée sur les fenêtres closes de la façade du château et sur les allées solitaires du parc :

— Rôde, mon bonhomme, va, — quelle chance ! murmura-t-il en se frottant les mains de satisfaction. — Le gibier est à l'abri, sois tranquille !... On fait bonne garde !...

Et, voyant Verneuil qui, de guerre lasse, venait de rendre les rênes à son cheval et de lui faire reprendre le chemin de l'usine, Mousset ajouta en ricanant :

— N'aie pas peur, on te la soignera, ta colombe !... On ne lui fera pas de mal... au contraire !

Mais que veux-tu ?... à deux de jeu !

Voilà ce que tu as gagné à m'empêcher d'entrer à l'usine et de réaliser mes plans sur la petite Duhamel !... J'avais les forges, je te laissais le château ! — Mais, ma foi, il faut bien que je me rattrape sur quelque chose. Gervaise se trouve là fort à propos pour me consoler de mon échec chez les Duhamel.

Elle était destinée à déroger, Mlle Gervaise, ajouta avec aplomb l'ancien clerc d'huissier. Ni toi ni moi ne descendons des croisés, mon pauvre vieux ! Au lieu de s'appeler Mme Verneuil, elle s'appellera Mme Paul Mousset. Après tout, la différence ne sera pas grande. Ce sera bien toujours à peu près la même chose.

A cette petite nuance près, toutefois, — reprit Mousset en se félicitant par anticipation et en jetant autour de lui un regard de convoitise satisfaite, — que c'est « bibi » qui sera le légitime possesseur du château et de la fortune de Mlle de Châtenay !

— Une explication!... avec moi?... Vous vous oubliez, monsieur Mousset. (P. 392.)

Il faut bien que chacun se débrouille comme il peut!

L'intendant de la vicomtesse était, comme on le voit, fort éloigné de renoncer au secret espoir qu'il avait formé de devenir un jour le mari de Gervaise de Châtenay.

Pourquoi pas, après tout?

Une fois qu'il serait arrivé à rendre impossible le mariage de la jeune fille et d'Adrien, et il étudiait le moyen de couper les ailes à cet amour-là, pourquoi n'arriverait-il pas à se faire aimer?

— Hé! hé! après tout, — pensait le drôle, — il y a beaucoup de godelureaux huppés qui ne sont pas bâtis comme moi, et, quand elle ne verra plus son Verneuil...

C'est ça qui serait épatant tout de même, hein, papa? — ricana le fils de l'intendant, avec un irrespectueux souvenir pour le peu recommandable auteur de ses jours, — de voir ton fils épouser Mlle de Châtenay?...

Sans compter que si je pouvais arriver à plaire, j'aimerais bien mieux cela, — ajouta Mousset. — Mais voilà : la chose est plus facile à rêver qu'à exécuter.

Qui sait?... Peut-être, au fond, Gervaise aime-t-elle moins l'ingénieur que le mariage avec la liberté qu'il lui apportera!...

Mais comment le savoir!... Comment s'y prendre? Surtout avec une jeune fille aussi honnête, aussi pure que Mlle de Châtenay, car, il n'y a pas à se le dissimuler, elle est honnête.

Une déclaration?... Ah! non, gardons-nous-en bien, — continua le gredin avec un certain effroi, — cela risquerait fort de produire un effet tout opposé à celui que j'attends.

Avec ça qu'elle n'est pas facile à aborder, Mlle Gervaise!... Quand j'arrive d'un côté, elle se sauve d'un autre : mauvais pronostic pour une déclaration!... Je crois que j'aurai du mal à apprivoiser cette colombe-là?

Gervaise semblait, en effet, éprouver pour l'homme de confiance de sa belle-mère une aversion profonde.

Mousset lui inspirait un instinctif dégoût qu'elle ne se gênait nullement du reste pour manifester.

Elle l'évitait ouvertement, lui tournait le dos toutes les fois qu'il laissait voir l'intention de se rapprocher d'elle et de lui parler.

— Qu'as-tu donc fait à mademoiselle pour qu'elle te reçoive toujours comme un chien dans un jeu de quilles? — demanda un jour Léonore, frappée de la façon dédaigneuse dont Gervaise avait coupé court aux politesses exagérées de Mousset.

Le jeune homme haussa les épaules.

— Bête! — fit-il, en regardant sa maîtresse avec pitié. — Tu te figures donc qu'elle ne s'aperçoit pas du métier que nous fait faire la vicomtesse?

— Tu crois qu'elle se doute?

— Parbleu! C'est bien difficile à voir! Nous ne la quittons pas plus que son ombre, dans quelque partie du parc qu'elle se réfugie, elle est toujours sûre de rencontrer l'un de nous prêt à lui rappeler la défense de sa belle-mère de se promener dans les allées qui aboutissent à la grille de clôture et d'où l'on pourrait l'apercevoir de la route.

Penses-tu qu'elle ne s'est jamais aperçue qu'on avait fouillé dans ses papiers ou dans ses tiroirs?

— C'est donc cela qu'elle n'est pas non plus la même pour moi.

— Tiens! ce n'est pas bien malin à deviner.

— Le fait est que ce ne doit pas être amusant d'être surveillée comme ça... Ce qu'elle doit s'embêter, hein? — dit Léonore avec un gros rire.

Il faut qu'elle soit « gnole » tout de même, pour se laisser faire. Je sais bien qu'à sa place, moi, il y aurait longtemps que j'aurais sauté par-dessus le mur!... Et si seulement elle me demandait conseil, je lui dirais bien...

— Ne t'avise pas de cela, — interrompit Mousset avec vivacité en serrant brusquement le bras de sa maîtresse.

— Que je ne m'avise pas de quoi?

— De conseiller à Mlle Gervaise de se sauver.

— C'est pour rire, va, il n'y a pas de danger!... La place est trop bonne depuis quelque temps!

Puis, qu'est-ce que ça me fait à moi, après tout? — ajouta la femme de chambre. — C'est la vieille qui me paie.

— C'est que ça serait un coup à perdre ta place! — dit le jeune homme pour expliquer sa vivacité, craignant qu'elle n'eût éveillé les soupçons dans l'esprit de Léonore.

— N'aie aucune crainte!

— La vicomtesse n'entend point la plaisanterie.

— Ce n'est pas très propre, tout de même, la conduite de cette vieille vis-à-vis de sa belle-fille!

— Ça ne nous regarde pas.

— Pour sûr, s'il fallait s'occuper de tout ce que font les maîtres!... Il vaut bien mieux avoir l'air de ne rien voir.

— Et se mettre du côté du manche, c'est plus productif, — fit Mousset en riant.

— Je te crois, — approuva Léonore. — Ainsi, la vieille, qui était si pingre, j'en fais tout ce que je veux, maintenant!... je lui ferais donner n'importe quoi!

— Profites-en, ma petite, je te le conseille, — répliqua le jeune homme, se promettant bien, à part lui, de débarrasser la vicomtesse des exigences de Léonore, sitôt qu'il n'aurait plus besoin de son aide.

— Si j'en profite !... Tu le penses bien, — s'écria la femme de chambre.

Et, voyant Gervaise sortir du château en compagnie de Fraülein :

— Parfait ! — fit-elle, — voilà la prisonnière qui va faire son tour de préau. Je me sauve pour opérer ma petite perquisition dans ses papiers et faire mon rapport à la vicomtesse.

A tout à l'heure, mon gros !

Elle a l'air gai comme un enterrement, tout de même ! regarde-moi cette tête ! — dit la jeune femme de chambre avec un rire moqueur.

Mlle de Châtenay était, en effet, de plus en plus triste.

Chaque jour augmentait la terreur instinctive et irraisonnée que lui causait sa belle-mère.

Elle ne voyait autour d'elle que des gens hostiles. Elle se sentait vaguement menacée ; elle avait le pressentiment d'un malheur.

Greetchen, seule, avait recouvré en partie la confiance de la jeune fille.

Bonne femme, au fond, l'Allemande éprouvait une joie sincère de voir sa jeune amie lui revenir quelque peu.

Obligée par sa situation de prêter la main aux agissements de la vicomtesse envers sa belle-fille, Fraülein plaignait en secret Gervaise, et tâchait, en adoucissant autant que possible sa surveillance, de combiner son intérêt avec sa compassion.

Un moment désappointée par la perte de ses illusions au sujet de l'ingénieur, la grosse femme s'était vite consolée et trouvait une compensation à s'intéresser au chaste roman d'amour qu'elle devinait au fond de la tristesse de Gervaise, car Mlle de Châtenay ne lui avait pas fait de confidences.

Ne se rendant point compte du motif bas et honteux qui guidait la conduite de la vicomtesse, Greetchen trouvait barbare l'inflexible sévérité de la douairière.

Elle avait assisté à une partie de la scène, prétexte des mesures rigoureuses prises contre Gervaise par sa belle-mère et ne s'était jamais expliqué la rage folle dont Mme de Châtenay semblait animée contre la jeune fille.

— Un bedit ponchour par la fenêtre, ce n'est cependant pas pien danchereu !... — se répétait la sentimentale Allemande. — Ils ne faisaient pas peaucoup de mal, les pauvres enfants !

Et, comprenant la tristesse de son élève, Fraülein laissait à Gervaise le plus de liberté possible, lui permettant, lorsqu'elle était sûre de ne pas être observée, quelques prudentes excursions dans la partie du parc qui lui était interdite, c'est-à-dire la partie bordant la route et d'où elle aurait pu apercevoir Verneuil ou être aperçue par lui.

— Allez, allez, mademoiselle Chervaise, — disait la gouvernante, feignant d'ignorer le motif qui faisait désirer à la jeune fille de se rapprocher de la route, — courez un bedit peu par là. Ça vous changera. Je vous attends ici, che suis fatiguée.

Mais n'allez pas trop loin, surtout, — ajoutait-elle, un peu effrayée de sa complaisance, — ne me faites bas cronder. Ah! non, pas de pétise !... Si matame la ficomtesse apprenait, elle serait capable de me mettre à la porte.

— N'ayez pas peur, Fraülein, — répondait Gervaise en embrassant la compatissante fille de Vou Puttmacker.

Et, aussitôt elle s'élançait légère du côté de la terrasse avec l'espoir toujours déçu d'apercevoir Adrien et d'échanger avec lui un salut, ou un sourire.

Mais elle y était à peine, qu'elle s'entendait rappelée par la voix tremblante de Fraülein.

— Fite, fite, matemoiselle Chervaise, on vient de ce côté, ch'ai entendu du bruit, — disait la prudente Allemande, qui, n'avait rien entendu du tout, mais qu'aiguillonnait la crainte de perdre sa place.

Et la pauvre Gervaise, ayant à peine fait quelques pas vers le but de son désir, revenait docile et mélancolique, sans même avoir aperçu la route, mais reconnaissante quand même à l'Allemande de ses bonnes intentions.

Pour rien au monde, elle n'eût voulu l'exposer à être renvoyée.

Que fût-elle devenue d'ailleurs sans Greetchen?... N'était-elle pas, dans ce triste château, la seule personne qui montrât pour elle un peu de sympathie et d'affection?

Au moins, comme cela, elle n'était pas absolument seule; elle pouvait sortir un peu, dans la partie du parc qui ne lui était point interdite, sans être exposée à se trouver tout à coup en tête-à-tête avec la vicomtesse ou avec ce Mousset, l'âme damnée de sa belle-mère, pour qui elle éprouvait une répulsion si vive.

C'était pourtant ce tête-à-tête, tant redouté de Gervaise, que, malgré la présence presque continuelle de l'Allemande à ses côtés, Mousset rêvait de se ménager.

La visite de Mme de Morranteuil à Châtenay avait déterminé sa résolution. Il avait réfléchi aux propos rapportés par Léonore.

Il savait l'entêtement des vieilles femmes, lorsqu'elles se sont mis dans la tête de s'occuper de quelque mariage.

— Celle-là est capable de revenir à la charge, — pensa-t-il, — et de trouver le moyen de communiquer avec Gervaise.

L'opposition de Mme de Châtenay ne le rassurait qu'à moitié.

— Tout cela est bel et bon, — poursuivit-il. — Mais quelque autorité que la loi donne aux parents sur leurs enfants, on n'enferme pas contre son gré une fille de dix-huit ans. La petite finira par se révolter, si malléable qu'elle paraisse. Elle arrivera bien à trouver l'occasion, un jour ou l'autre, d'avertir Verneuil, qui rôde toujours par là, de se mettre en rapports avec lui, de le charger de prévenir les Duhamel. Je ne veux pas risquer de perdre encore cette partie et de me laisser couper l'herbe sous le pied par l'ingénieur.

Il est temps d'agir !

Et Mousset avait résolu de faire une tentative auprès de Gervaise.

Il voulait se rendre compte de la façon dont la jeune fille accueillerait ses ouvertures.

— Si ça a l'air de mordre, j'y vais de ma déclaration, — pensa le drôle. — Tant pis, je risque tout; je joue la grande scène de *Ruy Blas* :

« Ver de terre amoureux d'une étoile. »

Elle croira que c'est arrivé. Ça réussit souvent avec les femmes, cet effet-là... leur vanité est tellement grande !

Et s'armant d'audace, bien qu'au fond, au moment d'agir, il se sentit pris d'une timidité de rustre vis-à-vis de la fille du vicomte de Châtenay, le misérable s'arrangea pour se trouver seul un instant dans le parc avec elle.

Greetchen lisait à quelque distance, assise sur un banc, tandis que la jeune fille, plus mélancolique et plus triste encore que de coutume, avait continué sa promenade, heureuse de cet instant de solitude où son cœur pouvait s'abandonner tout entier au souvenir consolant de son amour, de sa chaste et pure tendresse pour Adrien.

C'était l'occasion que guettait Mousset. Il fit un détour pour ne pas être aperçu et se présenta inopinément devant Gervaise.

Brusquement tirée de sa rêverie, elle eut un mouvement de recul en reconnaissant l'homme de confiance de sa belle-mère.

Que lui voulait-il ?... Comment osait-il l'aborder ?...

Elle leva sur lui un regard dédaigneux et interrogateur.

— Je vous dérange, mademoiselle ? — fit Mousset en saluant obséquieusement.

— Pas pour longtemps, je pense, monsieur ? — répondit-elle avec une moue méprisante. — Parlez vite, je vous prie, si vous avez une communication à me faire de la part de Mme de Châtenay.

— Une communication !... pourquoi aurais-je une communication à vous faire ? — balbutia l'intendant un peu décontenancé par le ton de Gervaise.

— Ne m'arrêtiez-vous pas?... n'aviez-vous pas l'intention de m'adresser la parole?... Je l'avais cru en vous voyant là, devant moi...

— Mais c'est le hasard tout simplement, mademoiselle ; j'allais au château pour consulter Mme la vicomtesse au sujet des étangs, lorsque je vous ai aperçue. Alors, j'ai pensé...

— Les étangs?... en quoi cela m'intéresse-t-il ? — demanda Gervaise.

— Il y a le maire de Varangeville qui demande à les affermer. Il voudrait avoir une réponse immédiate. Je crois que ce ne serait pas une mauvaise affaire.

— Dans ce cas vous perdez ici un temps précieux, monsieur Mousset, — fit ironiquement la jeune fille. — Vous savez bien que ces choses-là ne sont pas de mon ressort. Cela regarde ma belle-mère.

— J'avais pensé que, pour une décision d'aussi peu d'importance, vous voudriez m'éviter...

Gervaise leva ses beaux yeux bleus sur le jeune homme et, le regardant bien en face :

— Pourquoi vous donner autant de peine pour mentir, monsieur Mousset ? — fit-elle dédaigneusement.

— Pour mentir?... Que voulez-vous dire, mademoiselle ? — balbutia l'ancien clerc d'huissier se sentant deviné.

— Avouez que vous m'espionnez, tout simplement.

— Mademoiselle... je vous jure...

— Vous pouvez rassurer ma belle-mère, je ne suis pas seule, Fraülein n'est pas loin. — Tenez, la voilà sur ce banc, — reprit la jeune fille en montrant Greetchen.

Et, sans faire attention à la protestation de l'amant de Léonore, elle ajouta d'un ton sec :

— Et maintenant, bonjour, monsieur...

Mlle de Châtenay passa devant le jeune homme avec un geste bref de la tête destiné à lui faire comprendre que la conversation avait assez duré et lui déplaisait.

Mais Mousset, décidé à aller jusqu'au bout de l'épreuve, continua à marcher à côté d'elle.

— Mademoiselle a tort de supposer... — insinua-t-il, en cherchant à donner à sa voix une intonation navrée.

— Pardon, monsieur, mais je croyais vous avoir fait comprendre que votre présence m'était désagréable, — fit la jeune fille un peu surprise de cette obstination inaccoutumée.

Mousset esquissa un geste de découragement.

— Pardon, mademoiselle, — fit-il avec un véritable accent de désespoir et comme s'il prenait une décision brusque; — mais il faut que vous m'écoutiez.

— « Il faut » que je vous écoute!... Qu'est-ce que cela signifie, monsieur Mousset? — s'écria Gervaise vaguement troublée et quelque peu inquiète.

— Vous avez raison, mademoiselle, je vous cherchais, en effet... je vous ai menti.

— Monsieur!...

— Je vous ai espionnée pour mon propre compte. Il y a si longtemps que je désire vous trouver seule... avoir avec vous une explication.

— Une explication!... avec moi?... Vous vous oubliez, monsieur Mousset.

— Non, mademoiselle, je sais tout le respect que je vous dois, — fit le jeune homme d'un ton d'humilité. — Mais, cependant, je crois avoir le droit de vous demander en quoi j'ai pu mériter l'hostilité que vous témoignez à mon égard... pourquoi vous me traitez en ennemi...

— Je vous dispense de vous en inquiéter. La confiance de ma belle-mère doit vous suffire, — répondit Gervaise d'un ton dédaigneux.

— Mais, enfin, que me reprochez-vous?

— Moi!... je ne vous reproche rien.

— Vous me méprisez!

— Dispensez-moi de vous répondre! — dit la jeune fille avec impatience.

Mousset se mordit les lèvres violemment, ses yeux lancèrent un éclair de fureur. Mais il se contint et, se rapprochant de Gervaise :

— Peut-être avez-vous tort de me juger si mal, mademoiselle, — balbutia-t-il d'un ton insinuant.

— La sympathie ne se commande pas, monsieur.

— Je voudrais tant vous convaincre...
Vous êtes cruelle!

— Me convaincre... De quoi?

— Que vous vous êtes trompée sur mon compte, — reprit Mousset à voix basse et en se rapprochant. — Que vous n'avez pas d'ami plus dévoué.

— Vous, un ami! — s'écria Gervaise avec un rire ironique.

— Oui, un ami! un esclave, si vous voulez, — continua le drôle d'une voix contenue.

Mlle de Châtenay le regarda d'un air surpris.

Pendant ce temps, Adrien avait été au bourg... (P. 400.)

— Je ne vous en demande pas tant, — fit-elle avec une ironie plus mordante.

— Pourquoi ne voulez-vous pas comprendre, — poursuivit Mousset sans s'arrêter à l'exclamation de la jeune fille, — combien vos rigueurs me causent de peine!... Un mot de bonté de votre part me rendrait si heureux!.... Si vous saviez combien le regard méprisant de vos yeux m'a souvent fait de mal, vous regretteriez de m'avoir fait ainsi souffrir!

Je vous suis dévoué, quoi que vous en pensiez, et je voudrais pouvoir vous prouver mon dévouement!... Mais vous repoussez toutes mes avances! Avec quelle impatience n'ai-je pas attendu le moment de me disculper à vos yeux, de vous faire mieux connaître les sentiments que vous m'aviez inspirés!... Mais vous me fuyiez toujours!...

Mousset s'était animé, emporté, grisé par ses propres paroles.

Le silence de la jeune fille l'encourageait.

Instinctivement inquiète de ces paroles, dont elle devinait sans peine la fausseté et sous lesquelles elle sentait un danger, l'amie de Madeleine avait interrompu brusquement sa promenade, elle s'était arrêtée, frémissant d'une impatience qu'elle manifestait ouvertement.

Décidément, n'arriverait-elle pas à se débarrasser de Mousset.

— Que lui prend-il donc aujourd'hui à cet homme?... — se demandait-elle; plus effrayée par ses avances, sous lesquelles elle démêlait quelque nouvelle machination de sa belle-mère, que par son hostilité ouverte.

Quelle méchanceté nouvelle prépare-t-il?

Du regard, Gervaise chercha Greetchen, dont elle s'était, en marchant, sensiblement éloignée.

L'Allemande lisait toujours, assise sur son banc, mais ce banc, maintenant à l'autre bout de l'allée, parut à la jeune fille à une distance énorme.

Effrayée subitement par cette solitude, par ce quasi tête-à-tête avec un homme qui, sans qu'elle sût pourquoi, lui avait toujours causé une terreur insurmontable, Mlle de Châtenay, plantant là Mousset tout interdit, se mit à fuir dans la direction de Fraülein.

La peur, une peur inconsciente, la talonnait.

Elle arriva toute pâle et toute frissonnante auprès de Greetchen.

— Qu'avez-fous, bon tieu?... Qu'est-ce qui fous est arrivé, matemoiselle Chervaise? — s'écria la grosse Allemande levant la tête au bruit des pas précipités de la jeune fille, et toute effrayée de la mine bouleversée et défaite qu'elle lui voyait; — fous fous êtes laissée surprendre par Mme la ficomtesse?...

— Non... Ce n'est rien!... Rassurez-vous, ma bonne Fräulein, — répondit Gervaise.

Maintenant qu'elle ne se sentait plus seule, qu'elle était sous la protection de Greetchen, elle commençait à se trouver un peu ridicule de sa terreur enfantine et irraisonnée.

Qu'est-ce qui lui avait pris de s'effrayer à ce point sans raison? Qu'avait-elle eu?... Que risquait-elle?...

N'eût-elle pas mieux fait, plutôt que de s'enfuir ainsi sottement, d'écouter jusqu'au bout le jeune homme, malgré la répulsion instinctive qu'il lui inspirait ?

Peut-être qu'il était sincère ? Avait-elle à lui reprocher autre chose que cette répulsion dont il semblait peu charitable de le rendre responsable ?

— J'ai eu tort, évidemment, c'était peut-être un allié qui s'offrait, — pensa Gervaise.

Il fait tout ce qu'il veut de ma belle-mère.

Il lui aurait fait comprendre l'injustice et la cruauté de sa conduite à mon égard.

Mais, non, c'est plus fort que moi... il me fait peur... — ajouta-t-elle en frissonnant.

Voyant alors que Greetchen recommençait à s'inquiéter, Mlle de Châtenay s'efforça de sourire, et, ne voulant pas avouer à l'Allemande la véritable cause de son émoi :

— Ce n'est rien, rien du tout, ma bonne Fräulein, — répéta-t-elle. — Une peur bête que j'ai eue. Un faisan qui s'est levé près de moi à l'improviste... je ne sais pas pourquoi je me suis laissé effrayer comme une sotte !

Supposant la jeune fille complètement remise, la gouvernante s'était contentée de cette explication, dont elle n'avait du reste aucun motif de suspecter la véracité.

Rassurée quant à sa place, le reste, en somme, lui importait peu, du moment que l'émotion qui avait bouleversé Gervaise s'était si promptement dissipée. Ce ne pouvait être rien de bien grave. L'Allemande ne s'en préoccupa pas davantage.

L'émotion visible de Mlle de Châtenay en entendant le langage inattendu de l'homme qu'elle considérait à bon droit comme l'âme damnée de sa belle-mère, le mutisme soudain qui en était résulté, avaient donné au cynique coquin l'espérance que ses protestations étaient sinon tout à fait comprises, du moins favorablement accueillies en principe par celle qu'il voulait séduire.

Le départ précipité de la jeune fille venait de lui prouver combien cette espérance était illusoire.

Mousset, d'abord surpris, avait frémi de rage quand il s'était rendu bien compte de l'effet de sa démarche.

Il avait fait un mouvement pour se précipiter, mais la frayeur donnait des ailes à Gervaise et l'indécision de Mousset lui avait laissé prendre une grande avance.

— J'arriverai pour tomber en même temps qu'elle dans les bras de

Greetchen! Merci bien, ce n'est pas la peine! — murmura le jeune homme en se contenant.

Et se contentant de suivre d'un regard haineux et plein de rancune Mlle de Châtenay, dont le bruit des pas sur le sable de l'allée se perdait en décroissant :

— Avec ces pimbêches-là, ce ne sont pas des discours qu'il faut, — grommela-t-il sourdement avec un geste de vague menace du côté de la jeune fille.

C'est du temps perdu!... Elles sont bien trop orgueilleuses pour vous écouter.

Il n'y a pas besoin d'y mettre tant de façons.

Je me faisais à moi-même l'effet d'un serin avec mes précautions oratoires.

Plus on s'humilie, plus on est sûr d'être méprisé. — M'a-t-elle assez repoussé et malmené!... Mais patience!

Il n'y a qu'une chose à faire, c'est d'y aller carrément. C'est par là que j'aurais dû commencer!

Et tandis que Gervaise, en apparence remise de sa frayeur, s'éloignait accompagnée de Fräulein dans la direction du château, un rire cruel, énigmatique, un rire silencieux de faune souleva les lèvres minces de Moussel..

— Va, ma petite, — murmura-t-il d'une voix contenue, mais pleine de menaces, — tu as beau faire, te sauver et ne pas vouloir m'entendre, je te prépare un plat de ma façon dont tu garderas, quoi que tu en aies, un bon souvenir

CHAPITRE XIX

PIÈGE INFAME

A plus grande préoccupation de Madeleine Duhamel, en quittant Bois-Jolivet pour aller passer l'hiver à Paris, avait été l'abandon de ses pauvres pendant la saison rigoureuse dans laquelle on allait entrer.

Qu'allaient devenir tous ces malheureux qu'elle avait pris la douce habitude d'aider de sa bourse et de réconforter par de bons conseils et de consolantes paroles?

De l'argent, elle pourrait leur en laisser à la rigueur, bien que dans ces petits ménages d'ouvriers, où tout fait défaut, rien ne vaille le secours apporté pour ainsi dire quotidiennement.

Mais qui leur donnerait en même temps la bonne parole qui fait pardonner l'aumône, qui la fait accepter sans humiliation?... Qui s'occuperait des malades? qui veillerait à ce que les petits ne manquent de rien, tandis que la fièvre cloue les parents sur un lit de douleur, ou, pis encore, les force à aller à l'hôpital?

Madeleine était la Providence du pays et la Providence se remplace difficilement.

La jeune fille ne s'était consolée que sur la promesse formelle d'être suppléée dans ses charitables fonctions, pendant toute la durée de son absence, par M. Peyron, le secrétaire de M. Duhamel, et l'oncle d'Adrien Verneuil.

Elle connaissait l'excellent cœur du brave homme; elle savait que personne, mieux que lui, n'était capable de continuer l'œuvre bienfaisante des consolantes et charitables visites de la « Demoiselle du Château », visites si impatiemment attendues des pauvres gens.

Elle n'était partie, néanmoins, qu'après avoir fait au secrétaire de son père mille recommandations et avoir reçu de lui la promesse formelle de ne pas faillir à cette mission de confiance.

Cette promesse M. Peyron l'avait tenue religieusement, ne se remettant à personne du soin de s'acquitter de son charitable mandat.

Il avait pu ainsi se rendre compte des sentiments d'adoration que la délicate bonté de Mlle Duhamel semait autour d'elle dans le pays.

Cette constatation avait causé un véritable plaisir au vieillard. Il éprouvait une profonde affection pour Madeleine, l'admirait et l'aimait comme tous ceux qui l'approchaient, qui vivaient dans le rayonnement de sa grâce.

D'abord acceptée comme un devoir, cette obligation, où, à chaque fois, il trouvait l'occasion d'entendre chanter les louanges de la jeune fille, était devenue bientôt pour lui un besoin.

Pour un empire, maintenant, il n'eût pas manqué sa charitable tournée de chaque dimanche.

La grippe, pourtant, l'avait forcé une semaine à s'aliter.

Quoi qu'il en eût, il avait bien fallu résigner pour une fois, en d'autres mains, ses délicates et si agréables fonctions.

Voyant son embarras, Gérard et Adrien Verneuil s'étaient offerts à le remplacer.

— Nous nous en acquitterons à merveille, vous verrez, mon oncle, — affirma l'ingénieur, soucieux de calmer l'inquiétude du vieillard.

— A merveille, hum!... — fit M. Peyron hésitant.

— Nous y apporterons tous nos soins et tout notre cœur, monsieur, — déclara à son tour Gérard, à qui souriait fort cette pensée de suppléer, ne fût-ce que pour une fois, dans sa charitable mission, celle qu'il aimait d'une passion si vive.

— Je sais bien que vous êtes remplis tous deux de bonne volonté, — fit avec un sourire l'oncle d'Adrien encore hésitant, — mais voilà...

— Voilà quoi, mon oncle? — demanda le jeune homme gaiement.

— Cette bonne volonté est-elle suffisante pour vous rendre capables de me remplacer?...

— Oh! mon oncle!...

— Eh! oui. Vous êtes des jeunes gens, vous allez me faire ça à la légère... oublier les trois quarts de mes visites.

— Nous écrirons la liste de vos pauvres sur notre carnet, — proposa Adrien. — Comme cela, nous n'oublierons personne...

— Oui, c'est un moyen; mais c'est égal, j'aimerais bien mieux y aller moi-même, — dit le mandataire de Madeleine, en faisant un mouvement pour se lever.

— Mais vous ne le pouvez pas, mon oncle, — dit vivement l'ingénieur en forçant M. Peyron à se remettre au lit.

Le médecin vous a absolument défendu de quitter la chambre.

— Tu as raison ! Allez !..., alors, — fit le vieillard résigné; — mais vous m'assurez bien... J'ai tant promis à Madeleine... Vous comprenez, j'ai une responsabilité...

— Du moment qu'il s'agit d'une œuvre patronnée par Mlle Madeleine, vous pouvez être tranquille, monsieur, — affirma Gérard d'une voix grave.

— Oui, j'ai tort de m'alarmer, mon cher monsieur Gérard. En effet, qui ne se mettrait en quatre pour contenter cette charmante, cette adorable enfant !

— Eh bien! alors, mon oncle, la liste, — demanda l'ingénieur en prenant son carnet.

Et M. Peyron donna aux deux jeunes gens tous les renseignements désirables pour qu'ils pussent s'acquitter à leur honneur et surtout à la satisfaction de Madeleine, de leur délicate mission.

L'excellent homme ne pouvait, malgré tout, se décider à les laisser partir, craignant toujours d'omettre quelques indications indispensables.

— N'oubliez pas surtout la veuve Lecomte, cette pauvre femme qui a perdu son mari dans le dernier accident des hauts-fourneaux de la Neuveville, — recommanda-t-il, — ni les enfants de Claude Lusson, auxquels j'ai promis d'apporter des vêtements et des chaussures. Les pauvres petits sont tout nus, depuis le chômage forcé causé par la longue maladie de leur pauvre père!... Ni la Marianne, au coin de la grand'rue, au fond de la cour, dans la maison du bourrelier. Il faut savoir si le médecin y a été. — Passez aussi chez le pharmacien.

— Oui, oui, mon oncle, tout cela est écrit, soyez tranquille, — dit Adrien en se levant ainsi que Gérard.

— Nous viendrons vous rendre compte de notre mission à notre retour, monsieur, — ajouta celui-ci en saluant M. Peyron.

— Merci d'avance pour moi... pour Madeleine et pour eux, — murmura l'oncle d'Adrien.

Et il demanda :

— Vous faites atteler?

— Non, mon oncle, nous irons à pied, — répondit le jeune homme; et se tournant vers son ami, il ajouta : — si cela vous est égal, mon cher Gérard. Il fait beau, cela nous servira de promenade. Qu'en pensez-vous?

— Je pense que ce sera en effet beaucoup plus agréable, — répondit Gérard, auquel il importait fort peu d'aller à pied ou en voiture, du moment qu'il s'occupait d'une chose touchant à Madeleine Duhamel.

— Dépêchez-vous, alors, et surtout n'oubliez personne, — recommanda de nouveau M. Peyron, en remettant aux deux jeunes gens l'argent des aumônes qu'ils étaient chargés de distribuer.

— Ne craignez rien, monsieur.

Gérard et son ami étaient partis très heureux.

Au plaisir de faire le bien se joignait, pour Gérard, la satisfaction de le faire au nom de celle qu'il aimait.

Aussi, ressentait-il de cette mission de confiance, que lui avait donnée M. Peyron, un véritable bonheur.

Adrien se laissait influencer par la joie de son ami qu'il partageait et dont il subissait l'influence.

Les idées noires qui envahissaient son esprit, depuis l'inexplicable disparation de Mlle de Châtenay, s'étaient un peu dissipées.

La réflexion lui montrait soudain l'impossibilité d'un malheur arrivé à la jeune fille. — Comment ne l'eût-il pas su?

Le hasard seul, sans doute, avait fait qu'il n'eût point rencontré Gervaise, depuis le départ de la famille Duhamel.

C'était donc sous une impression heureuse que commencèrent les charitables visites des deux amis.

A leur tour, Adrien et Gérard entendirent, en distribuant les aumônes de Madeleine Duhamel, chanter les louanges de la jeune fille.

Ce concert d'éloges et de reconnaissance, doux fruits qu'avaient fait germer, dans le cœur de ses humbles et intéressants protégés, la touchante bonté et l'inépuisable charité de la « Demoiselle du Château » portait aux nues le bonheur de Gérard.

Si le jeune homme s'était interdit tout espoir au sujet de Madeleine, il ne pouvait défendre à son cœur de se réjouir du sentiment unanime d'adoration et de respect de tous ces braves gens pour celle dont il avait fait en secret l'idole de sa vie.

Il se livrait donc tout entier à ce pur et innocent bonheur.

La matinée entière avait été prise par les visites aux pauvres de Madeleine Duhamel.

Chez Claude Lusson, surtout, l'arrivée des deux jeunes gens avait donné lieu à une scène des plus touchantes : la femme, presque aussi malade que son mari des fatigues et des privations endurées depuis le chômage forcé de son homme, avait aussitôt passé à sa fillette les vêtements apportés pour elle de la part de la « Demoiselle du Château ». Ces pauvres gens, si éprouvés par le sort, comptaient parmi les préférés de Madeleine.

Pendant ce temps, Adrien avait été au bourg commander pour le pauvre ménage un panier de vin et chercher des friandises pour les petits.

La reconnaissance avait fait monter les larmes aux yeux de ces malheureux.

La femme les avait accompagnés jusqu'à la route.

LA DEMOISELLE DU CHATEAU

La jeune fille s'éloignait... (P. 404.)

— Que Dieu vous bénisse, mes jeunes messieurs, vous et cette chère demoiselle et aussi ce bon M. Peyron!... — dit-elle émue et reconnaissante. — Sans mam'zelle Madeleine, voyez-vous, il y a longtemps que nous aurions péri de chagrin et de misère, mon homme et moi!... Pensez donc, depuis plus de six mois qu'il est malade!... Et les petits, que seraient-ils devenus sans elle?... Ah! c'est notre Providence, allez, à nous et à tout le pays, et le bon Dieu lui doit bien du bonheur pour tout le bien qu'elle fait.

C'est une bénédiction, quand la richesse tombe à de si braves gens!

Leur tournée finie, après s'être bien assurés qu'ils n'avaient oublié aucune des recommandations de l'oncle d'Adrien, les deux amis s'étaient empressés de rentrer pour rassurer l'excellent M. Peyron et lui rendre des comptes minutieux sur la façon dont ils avaient rempli la mission qu'à son grand regret il s'était vu forcé de leur confier.

Le souvenir des heureux qu'ils venaient de faire, quelque petite que fût la part pour laquelle ils y avaient contribué, semblait avoir dissipé pour un moment les préoccupations et les tristesses d'Adrien et de Gérard.

Ils se sentaient le cœur léger.

A l'aller comme au retour, la route étant la seule qui communiquât avec l'usine, ils devaient longer sur un assez long espace les murs de Châtenay.

La vue du parc ramena la tristesse dans l'âme de l'ingénieur.

Combien de fois, depuis quelque temps, n'était-il pas venu sur cette route, n'avait-il pas longé cette terrasse avec l'espoir, hélas! toujours déçu, d'apercevoir Gervaise?...

En passant devant la grille qui laissait à découvert la façade du château ses yeux se fixèrent sur les fenêtres, maintenant toujours inexorablement closes, à l'une desquelles lui étaient apparu pour la dernière fois le rayonnant sourire et l'envolée des cheveux blonds de la jeune fille.

Soudain, Verneuil tressaillit.

Au loin, dans une des allées du parc, il venait d'apercevoir une forme blanche.

— C'est elle!... C'est Gervaise!... — murmura-t-il.

La main de l'ingénieur se crispa sur le bras de son ami.

— Elle, c'est bien elle... — balbutia-t-il, en montrant du regard à Gérard, la fine et délicate silhouette que la distance permettait à peine de distinguer.

— Elle!... qui, elle? — questionna Gérard en suivant la direction des yeux de son ami.

— Au bout de l'avenue... là... Gervaise!...

— Mlle de Châtenay?

— Oui, — répondit le jeune homme d'une voix émue, les yeux ardemment fixés sur la chère apparition que depuis si longtemps il désirait et attendait vainement.

Un instant, il espéra qu'une fois arrivée au bout de l'avenue la jeune fille retournerait sur ses pas et viendrait de son côté !

Cette idée l'avait rempli d'une folle joie.

— Elle va venir jusqu'à la terrasse, — pensa Adrien. — Elle ne sait pas que je suis là !... je pourrai la voir un instant, jouir de sa présence sans me montrer !... puis, je m'avancerai, je la saluerai... elle me sourira encore, je verrai encore son doux regard se fixer sur moi, je pourrai même peut-être lui parler !... Pourquoi pas ?... Cela n'aura rien d'incorrect... Nous nous sommes vus assez intimement chez les Duhamel. — D'ailleurs, je ne suis pas seul... la présence de Gérard suffira pour couper court à tout fâcheux commentaire. Je saurai pourquoi je suis resté si longtemps sans la voir...

Hélas ! elle s'éloigne, elle ne vient pas de ce côté, — fit tout à coup Verneuil avec un accent désolé.

La jeune fille s'éloignait, rappelée par Greetchen dont l'esprit timoré, hanté de la crainte de perdre la confiance de Mme de Châtenay, croyait toujours sentir autour d'elle quelque invisible espion prêt à rapporter à la vicomtesse ses faiblesses pour Gervaise.

Gérard avait suivi, sur le visage de son ami, les phases diverses des émotions qu'il venait de ressentir.

En amoureux égoïste, pris tout entier par sa passion pour Madeleine Duhamel, il n'avait apporté aucune attention à la disparition réellement étrange de Gervaise. Verneuil ne lui ayant plus parlé de ses craintes, depuis l'aveu qu'il lui avait fait de son amour pour Mlle de Châtenay, le souvenir s'en était effacé dans son esprit.

Il n'avait donc rien compris à l'émoi qui venait de bouleverser Adrien Verneuil apercevant la jeune fille.

La vue de Gervaise de Châtenay, se promenant dans son parc, n'avait pour lui rien de surprenant.

Il ne put s'empêcher d'en faire la remarque à son ami.

Celui-ci le regarda avec stupéfaction.

— Rien de surprenant, mon cher Gérard !... Mais, depuis le départ de la famille Duhamel, c'est à peine si j'ai aperçu une seule fois Mlle de Châtenay !... et encore était-ce à une fenêtre du château ; vous ne trouvez à cela rien de surprenant ?

— En effet! — dit Gérard. — Pardonnez-moi, je ne savais pas... je ne comprenais pas la cause de votre émotion.

— Ah! si vous aimiez comme moi, mon ami, vous comprendriez toutes mes inquiétudes, — s'écria Adrien Verneuil, ne pouvant se contenir plus longtemps, ouvrant enfin devant son ami son cœur torturé par les cruelles angoisses que lui causait l'incertitude où il était du sort de Gervaise. J'ai beau me faire des raisonnements, je n'arrive pas à comprendre ce qui peut la retenir... l'empêcher de sortir comme avant. Croiriez-vous qu'elle n'a pas été une seule fois à Manoncourt visiter les petites pupilles?

— Vous vous en êtes assuré?

— Personne ne l'a vue. Elle qui y allait presque tous les jours!

— C'est surprenant, en effet, — avoua Gérard.

— N'est-ce pas?... D'autant plus inquiétant que c'est la même chose dans tous les endroits où elle avait l'habitude d'aller, nulle part on ne la voit maintenant!... Elle ne va même plus à l'église le dimanche!

— Et vous n'avez pas songé à vous informer auprès de quelqu'un du château?

— Non! — répondit vivement Adrien, — j'aurais eu peur de la compromettre. La réputation d'une jeune fille, c'est une chose si délicate. Rien ne m'autorisait à cette démarche.

Ah! si les Duhamel étaient ici! par eux, je saurais!

— Ils n'y sont pas et il faut savoir quand même, — fit Gérard, inquiet à son tour. — Mais, comment?

— Oui, comment?

— Mlle Gervaise est peut-être malade?

— Malade! non, elle n'est pas malade, j'en jurerais, — affirma Adrien Verneuil. — Ne venons-nous pas de la voir?... Est-ce que, si elle était malade, elle serait dans le parc par un pareil froid?

— Que penser, cependant?

— Ah! mon ami, que sais-je?... je ne vis plus, — murmura le pauvre garçon.

Gérard serra avec émotion la main d'Adrien.

— Oui, je comprends vos angoisses, mon cher ami, — dit-il avec l'accent de la plus profonde sympathie. — Je ne me pardonne pas de ne m'être point aperçu de cette singulière et inexplicable disparition de Mlle de Châtenay. Mais, pourquoi n'avoir pas parlé plus tôt?... Peut-être qu'à nous deux...

— Je vous voyais préoccupé, vous-même... vous ne me disiez rien... je n'ai pas osé!...

Gérard se troubla un peu.

— D'ailleurs, — continua Verneuil, — à quoi bon vous ennuyer de mon chagrin!... Qu'aurions-nous fait de plus à nous deux que je n'aie fait?... J'ai été partout où je pouvais avoir l'espoir de la rencontrer. On ne voit que moi sur les routes. Presque chaque jour j'ai fait atteler pour passer devant le château, espérant apercevoir enfin celle que je cherchais.

— Et jamais?...

— Si, une fois, comme je vous le disais tout à l'heure, je l'ai vue à une des fenêtres du château, elle m'a aperçu aussi et nous nous sommes salués ; mais depuis, hélas !...

— Depuis ?

— Depuis, les fenêtres donnant sur la route sont restées impitoyablement fermées ; j'ai eu beau passer et repasser, jamais plus je n'en ai vu aucune s'ouvrir.

— C'est étrange, en effet, — dit Gérard.

— Rien ne m'ôtera de l'idée que Gervaise est malheureuse... qu'elle souffre... Je ne saurais dire quoi, mais je sens qu'il se passe là quelque chose d'anormal dont Mlle de Châtenay est victime!... Je devine un secret dans cette maison...

— Qu'allez-vous penser, mon cher Verneuil? — s'écria l'amoureux de Madeleine, cependant bien près de partager l'opinion de son ami.

— Quelque chose me dit qu'un malheur menace la fille du vicomte de Châtenay.

— Un malheur ?

— Que quelque ténébreuse machination se trame contre elle.

Et ne pas savoir, ne pouvoir rien pour la protéger!... — ajouta avec accablement Adrien, tandis que son ami s'efforçait vainement de le ranimer et cherchait avec lui le moyen d'arriver jusqu'à Gervaise sans la compromettre.

* *

Depuis quelque temps, Léonore Chandru s'avisait d'être jalouse.

Malgré l'empire que Mousset avait sur lui-même, la femme de chambre avait intercepté certains regards énigmatiques lancés du côté de Gervaise, et cela lui avait donné fort à réfléchir. Qu'avait son amant à regarder ainsi la belle-fille de la vicomtesse ?

Elle avait résolu d'en avoir le cœur net.

— Cela serait trop bête de me laisser lâcher comme ça, après tout, — pensait Léonore, furieuse. — Il faudra bien qu'il me dise la vérité.

A brûle-pourpoint, elle interrogea Mousset la première fois qu'il vint la rejoindre dans sa chambre.

Mais l'intendant n'était pas facile à démonter.

Mis en demeure de s'expliquer au sujet des regards surpris par Léonore et qui avaient éveillé ses soupçons jaloux, il prit la chose du côté plaisant. Pourtant, ayant besoin du concours de la femme de chambre de Gervaise pour l'accomplissement de ses projets ténébreux, il ne jugea pas inutile de se disculper.

— Tu es folle, ma pauvre Léonore!... Où donc as-tu été chercher des idées comme celle-là? — s'écria-t-il en envoyant à part lui à tous les diables la perspicacité de Léonore.

— Je t'ai bien vu!... va, tu la regardes avec un air drôle, ce ne sont pas des idées, — fit avec aigreur la femme de chambre en repoussant les caresses dont le jeune homme jugeait prudent de renforcer sa défense. — Si ce n'est pas honteux après ce que j'ai fait pour toi!

— Tu m'as vu regarder Mlle de Châtenay avec un air « drôle ».

Mousset éclata de rire.

— Elle est bien bonne, tu sais, — conclut-il.

— Oui, je t'ai vu, je sais bien ce que je dis. Et pas une seule fois, encore!

— Tu es un peu folle, ma grosse Nonore.

— Ça n'est pas vrai, peut-être? — s'écria Léonore exaspérée.

Et, voyant que son amant se contentait de hausser les épaules et de la regarder avec compassion, elle éclata en sanglots bruyants.

— Si ce n'est pas lâche!... moi qui ai risqué le bagne à cause de lui, qui n'ai pas hésité à lui sacrifier ma vie, car ce n'est pas ma faute si « l'opération » n'a pas eu lieu et je savais bien pourtant que ce n'était pas pour rire, que je risquais d'y rester! sans compter que je pouvais perdre ma place! et tout cela pour me voir dédaignée, pour me voir « plaquée » dans les grands prix!...

Monsieur ne me trouve plus assez fraîche maintenant. Il lui faut des jeunes filles plus huppées, des demoiselles de la « haute »!

— Voyons, Léonore, ne dis pas de bêtises, — fit Mousset conciliant.

— Je puis bien le dire, puisque ça est, — cria rageusement la femme de chambre, qui se montait d'autant plus emportée que son amant conservait plus de calme et de sang-froid.

Mais si tu crois que je vais te laisser faire, — continua-t-elle au comble de l'exaspération, — si tu t'imagines que tu vas me lâcher salement pour aller roucouler et faire les yeux blancs auprès de Mademoiselle! Ah! non, alors, tu me supposes plus bête que je ne suis, monsieur Paul!... D'ailleurs, il y a entre nous un lien trop puissant pour que rien puisse le briser!... Si j'ai fait ce que tu sais, c'était pour t'obéir. C'est toi qui m'en as donné l'idée!

— Voyons, c'est absurde, à la fin ! — déclara Mousset que cette obstination de sa maîtresse à revenir sur son passé compromettant, commençait à agacer visiblement. — On n'a pas idée d'une folle pareille avec sa jalousie !... Est-ce que je puis me permettre, moi, d'élever mes regards sur Mlle de Châtenay ? Est-ce que j'ai le droit d'éprouver pour elle autre chose que du respect ?

Mais la camériste ne se tint pas pour battue.

— Avec ça que je ne t'ai pas vu suivre Mademoiselle dans le parc... et lui parler... encore tout dernièrement... et tu avais un air !...

— Oui, un air « drôle », tu l'as déjà dit, — fit Mousset railleur.

— Si c'est ça que tu appelles du respect !... — continua Léonore.

— Écoute, — reprit Mousset dans l'esprit duquel venait de passer une idée subite, — je comprends maintenant ce qui a pu te donner ces idées-là.

— Vraiment !...

Le jeune homme se donna un air confidentiel.

— Oui, tu as pu en effet te tromper sur mes intentions, — ajouta-t-il, comprenant qu'il ne se tirerait de la jalousie perspicace de Léonore qu'avec un mensonge.

— Me tromper !...

— Attends, tu vas voir !... Oui, c'est vrai, je suis, dans le parc, Mlle Gervaise ; oui, je l'épie, oui ; j'essaie de lui parler.

— Monstre, tu vois que tu avoues !... — s'écria furieusement Léonore.

Mousset sourit finement.

— Mais ce n'est pas pour mon propre compte, — poursuivit-il.

— Qu'est-ce que cela veut dire encore cette histoire-là ?

— Cela veut dire que Mlle de Châtenay est aimée par quelqu'un.

— Par toi, oui !

— Tais-toi donc, grosse bête !... L'homme qui l'aime, c'est Verneuil, l'ingénieur des usines Duhamel... Il est fou d'elle et il veut l'épouser !

— Allons donc !

— C'est comme je te le dis et alors...

— Tu sers leurs amours ?... — interrompit Léonore avec un ironique ricanement.

— Je les sers, sans les servir, tu comprends... je ne veux pas me compromettre. — Pourtant je suis plutôt du parti de Verneuil que de celui de la vicomtesse.

Elle n'a pas de cœur, la vieille, d'empêcher ces pauvres jeunes gens de se voir.

— Je ne te croyais pas si sensible ! — fit la femme de chambre encore mé-

Léonore partie, Mousset s'approcha de la fenêtre... (P. 413.)

fiante, mais pourtant prête à désarmer, tant ces histoires d'amours contrariés intéressent les femmes.

— Je me suis senti ému par la tristesse de la petite, — fit Mousset avec un accent navré. — Après tout, c'est une bonne maîtresse pour toi.

— Elle n'est pas méchante, — avoua Léonore.

— Puis, j'ai un intérêt à servir l'ingénieur.

— Est-ce qu'il te paye? — demanda la femme de chambre en regardant Mousset avec étonnement.

— Non, pas précisément, — répondit évasivement celui-ci. — Il m'a fait des promesses; il peut les tenir... Il a de très belles relations. J'ai intérêt à être bien avec lui.

— Je croyais que tu le détestais, ce Verneuil?

— Dans le temps, oui, je lui en ai voulu, parce que je pensais que c'était lui qui m'avait desservi auprès de M. Duhamel et empêché le maître de forges de me prendre à l'usine. Mais depuis j'ai appris que c'était M. Peyron qui avait tout fait; l'ingénieur n'y est pour rien.

— Alors vous êtes au mieux maintenant?

— Comme tu le dis si élégamment, ma grosse Nonore.

— Et il t'a chargé de ses intérêts?

— Il m'a supplié de l'aider à vaincre le mauvais vouloir et la résistance de la vicomtesse. Il sait que j'ai sur elle une certaine influence.

Au fait, dis donc, ma chatte, c'est de celle-là dont tu devrais être jalouse, — ajouta en riant Mousset, qui prit la taille de sa maîtresse.

Léonore, dont les soupçons avaient provisoirement disparu, partit d'un éclat de rire.

— De la vieille!... Ah! par exemple!... tu peux bien lui rouler des yeux de merlan frit et lui faire la conduite dans le parc à celle-là; ce n'est pas moi qui songerai à m'en inquiéter!

— Cependant...

— Oh! là, là! assez, tu vas me faire pouffer!... s'écria Léonore, dont l'hilarité augmenta à la pensée que son amant pouvait faire la cour à la douairière.

Cette détente, survenue dans les dispositions jusque-là agressives de la femme de chambre, répondait trop bien aux projets de Mousset pour qu'il n'essayât pas d'en profiter.

Au cours de cette conversation, une idée avait pris naissance en lui, idée pour l'exécution de laquelle il lui était indispensable de s'assurer le concours de Léonore.

La difficulté était de le faire sans éveiller de nouveau la méfiance de sa maîtresse.

— Dis donc, — demanda-t-il tout à coup négligemment, — Mlle Gervaise prend quelque chose, le soir, je crois?...

— Hein? — fit Léonore étonnée, arrêtée au milieu de son accès de gaîté et ne comprenant pas la demande du jeune homme.

— Oui, avant de se coucher, une potion?... tu sais bien?...

— Ah! oui sa potion de bromure de potassium.

— Ah! c'est du bromure!... — fit Mousset.

Et, intérieurement enchanté :

— Parfait, — pensa-t-il, — c'est amer, on ne doit pas sentir si l'on y ajoute quelque chose.

— Qu'est-ce que ça te fait ce que prend Mademoiselle, que ce soit du bromure ou quelque autre drogue? — interrogea la femme de chambre déjà soupçonneuse.

— Oh! pas grand'chose!... c'est une idée comme ça... histoire de renseigner Verneuil sur le tempérament de celle qu'il aime.

— Si tu t'imagines me persuader cela, — fit Léonore mal convaincue.

Mousset se mit à rire.

— Il n'y a moyen de rien te cacher, tu es terrible, — fit-il, — se décidant à avouer une partie de la vérité pour assurer la réussite de son infâme projet.

— Qu'est-ce qu'il y a encore?

Le jeune homme prit un air mystérieux.

— Il y a que Verneuil trouve la petite un peu froide à son égard.

— Mademoiselle?

— Oui, il voudrait la décider à partir, à s'enfuir avec lui pour échapper à la belle-mère, pour forcer la vicomtesse à les marier.

— Le fait est que, après le scandale que cela ferait, elle ne pourrait guère s'y refuser, — dit Léonore.

— Parbleu! c'est bien ce qu'il voudrait lui faire comprendre, mais elle résiste, elle fait la mijaurée, invoque son nom, le nom de sa mère.... Ça a toujours un tas de raisons idiotes à vous servir, ces filles de la noblesse!...

— Bref, elle manque d'enthousiasme pour la petite fête, — fit cyniquement Léonore en riant d'un gros rire.

— Tu as dit le mot.

— Mais qu'est-ce que tout cela a à voir avec la potion de Mme Gervaise?

— Attends un peu!... J'y arrive.

— Ce n'est pas dommage.

— Voilà, en voyant mon ami Verneuil si malheureux j'ai eu une idée...

— C'est?

— Je connais la recette d'une liqueur qui rend les filles amoureuses.

— Toi!... fit Léonore.

L'ancienne paysanne croyait encore aux philtres et à la magie. Elle tomba du premier coup dans le panneau.

— Oui, moi.

— Et tu ne me l'avais pas dit.

— Pourquoi faire? tu n'as pas besoin de ça, toi, ma belle, — fit le jeune homme en riant d'un air plein de sous-entendus. — Ce n'est pas le tempérament qui te manque !

— C'est un reproche ? dit Léonore pincée.

— Mais non, bébête, au contraire !

— Alors, comment ça se prend-il, cette machine-là ? — questionna la femme de chambre curieuse.

— On en met quelques gouttes dans la boisson, je t'assure que ça ne tarde pas à produire un drôle d'effet.

— Ah ! je commence à comprendre, c'est cela que tu as envie de faire boire à mademoiselle ?

— Sans doute, et tu verras le résultat...

— Mais mademoiselle s'apercevra en buvant que l'on a ajouté quelque chose à la potion.

— Pas de danger !... Grâce au bromure, elle n'y sentira rien du tout.

— Et tu m'affirmes qu'il n'y a rien à craindre pour elle, que cela ne lui fera pas de mal ?... — demanda Léonore.

— Puisque c'est pour lui faire du bien, au contraire, petite dinde ! — fit le jeune homme avec un rire cynique.

La femme de chambre partagea l'hilarité de son amant.

— Il faut toujours que tu dises des bêtises ! — s'écria-t-elle.

Mousset, se penchant à l'oreille de sa maîtresse, murmura quelques mots qui eurent le don d'achever de dissiper ses soupçons.

— Tais-toi donc, grand fou, va !... tu sais bien qu'il faut que je descende auprès de mademoiselle.

— Alors, c'est convenu ?

— Eh bien ! oui, tout de même, — acquiesça Léonore après un moment d'hésitation, — ce sera rigolo !

— Demain, je t'apporterai ce qu'il faut.

— A demain, alors, sauve-toi. Voilà la seconde fois qu'on me sonne, — dit la femme de chambre en s'empressant de descendre près de Gervaise.

Le lendemain matin, en effet, Mousset apporta à sa maîtresse un petit flacon dont elle devait verser le contenu dans la potion de la jeune fille.

— Si Verneuil la trouve encore froide après cela, tu sais, — fit-il en donnant ses dernières instructions à Léonore, — c'est qu'il ne sera pas un malin.

La femme de chambre cacha le petit flacon dans la poche de son tablier, et entra dans le cabinet de toilette de Gervaise.

La jeune fille se promenait dans le parc avec Fraülein. Il n'y avait donc pas de danger d'être surprise, puisque Léonore seule et la gouvernante s'occupaient du service de Mlle de Châtenay.

Pour plus de sûreté, cependant, la maîtresse de Mousset souleva la portière qui séparait la chambre du cabinet de toilette et s'assura d'un coup d'œil qu'aucun regard indiscret ne l'espionnait.

Puis elle prit la potion sur l'étagère de marbre où elle avait l'habitude de la placer et, y versant le contenu du flacon remis par Mousset, elle agita vivement ainsi que le lui avait recommandé le jeune homme.

— Ça sent une drôle d'odeur; pourvu que mademoiselle ne s'aperçoive de rien !.. — murmura-t-elle; tout en exécutant à la lettre les instructions de son amant. — Faut-il que les hommes aient du vice, tout de même !...

Elle replaça alors la fiole sur l'étagère, et remettant dans sa poche le flacon qui avait contenu le prétendu philtre d'amour :

— C'est égal, — ajouta-t-elle avec regret, — j'aurais dû en garder quelques gouttes... C'est peut-être amusant, l'effet que ça vous produit, cette affaire-là !...

Puis, ayant vu le liquide un instant troublé reprendre sa limpidité, Léonore s'était empressée de rejoindre Mousset.

— Voilà, — fit-elle en rendant le flacon à son amant.

— C'est fait?

— Oui.

— Chic !... alors, tu es une bonne fille. Je le dirai à l'ingénieur quand mademoiselle sera Mme Verneuil.

— Pour sûr, qu'il me devra une fière chandelle!

— C'est le soir seulement que Mlle de Châtenay prend sa potion?

— Oui, le soir en remontant dans sa chambre.

— Bon, ce soir, ça va chauffer, alors!

— Pour sûr!

Et, voyant par la fenêtre du vestibule Gervaise et sa gouvernante qui remontaient vers le château :

— La voilà qui rentre, je me sauve pour qu'on ne nous aperçoive pas ensemble, — fit la femme de chambre en se hâtant de disparaître avant l'arrivée de sa jeune maîtresse et de Greetchen.

Léonore partie, Mousset s'approcha de la fenêtre par laquelle sa maîtresse avait vu Mlle de Châtenay. Son regard tomba sur Gervaise qui s'avançait pâle et triste au bras de Fraülein.

Le jeune homme eut un rire silencieux, et, se frottant les mains tandis que ses yeux verts lançaient un double éclair de haine et de convoitise:

— A ce soir !... — fit-il avec un ricanement hideux. — A ce soir, ma belle !...

CHAPITRE XX

NUIT D'ORAGE

INSI que cela arrive souvent dans la vie pour les traîtres et les méchants, le hasard semblait se faire, ce jour-là, le complice de Mousset.

La vicomtesse de Châtenay avait été appelée à Nancy par une dépêche de son notaire.

Cette absence devait durer à peine quelques heures. — Il s'agissait de négociations entamées pour l'achat d'une propriété attenant au parc, et, partie le matin, la belle-mère de Gervaise avait annoncé qu'elle serait rentrée dans l'après-midi.

Cependant, l'heure du dîner s'était passée sans qu'elle fût revenue.

Ce retard évidemment extraordinaire, mais que le vide de son estomac habitué à recevoir satisfaction à des heures régulières, faisait encore paraître plus excessif à la plantureuse Greetchen, avait éveillé ses inquiétudes.

A chaque instant, elle jetait les yeux sur la pendule.

— Sept heures et demie ! C'est étonnant tout de même, mademoiselle Cherfaise, que matame la ficomtesse ne soit pas là ! — s'écria-t-elle enfin, incapable de garder plus longtemps pour elle ses impressions. — Fous ne trufez pas?

— C'est qu'elle aura été retenue plus longtemps qu'elle ne le croyait, — fit Gervaise avec indifférence.

— Mais pensez tonc : Mme la ficomtesse est partie ce matin à neuf heures !... elle n'afait qu'à aller chez son notaire.

— Elle se sera décidée à faire quelques visites après son déjeuner, sans doute, — dit la jeune fille.

— Mais on ne fait pas de fisites à l'heure du dîner, et cette heure est passée depuis longtemps ! — répliqua la fille de von Puttmacker, incapable de contenir le cri de son estomac.

Mlle de Châtenay regarda sa gouvernante en souriant. Elle connaissait les exigences gastronomiques de la corpulente Allemande.

— C'est vrai, vous devez avoir faim, ma pauvre Fraülein, — fit-elle avec compassion.

— Ça gommence un betit peu, pour dire vrai, matemoiselle Cherfaise.

— Vous dites qu'il est sept heures et demie ?

— Passées, maintenant, — soupira Greetchen.

Ce soupir partait d'un estomac si malheureux que la jeune fille en eut pitié.

Bien que, pour son compte, il lui fût parfaitement indifférent d'attendre encore pour le dîner le retour de sa belle-mère, elle ne voulut pas faire souffrir davantage sa gouvernante.

— Il faut nous mettre à table. — Faites servir, — dit enfin l'amie de Madeleine.

Les yeux de Greetchen eurent une lueur d'espoir, mais cette lueur s'éteignit aussitôt.

— Que je fasse servir !... avant l'arrivée de Mme la ficomtesse !... — s'écria-t-elle tout effrayée. — Vous n'y pensez pas, matemoiselle Cherfaise ?

— Mme de Châtenay ne rentrera pas maintenant, Fraülein.

— Alors, fous groyez ?...

— Je crois que l'absence de ma belle-mère ne doit pas nous forcer à mourir de faim, voilà tout !

— Le fait est...

— Ma belle-mère aura été retenue à Nancy et ne rentrera probablement que dans la soirée. Nous ne pouvons pas l'attendre éternellement. Il faut faire servir.

— Ainsi, fous foulez ?...

— Dîner, oui, Fraülein, — fit presque gaiement Gervaise, que cette absence imprévue de son tyran remplissait de joie.

— Je fais donner tes ordres, alors, matemoiselle, — fit la gouvernante, trouvant qu'elle avait suffisamment résisté.

Mais, une fois à table, et la première fougue de son appétit passée, Greetchen se sentit de nouveau envahir par la crainte. L'appréhension des reproches que ne manquerait pas de lui adresser la ficomtesse, lui donnait le remords d'avoir ainsi toléré l'acte d'autorité de Gervaise.

— Che n'aurais bas dû fous écouter !... Que va dire Mme la ficomtesse, grand Tieu !... — s'écriait la pauvre Greetchen, tressaillant à chaque bruit dans sa terreur de voir se dresser, comme la statue du commandeur, la longue et osseuse silhouette et le visage revêche de la châtelaine.

L'accès de gaîté de Gervaise était également tombé. La jeune fille se sentait énervée, inquiète.

Le temps, pluvieux et bas toute la journée, tournait maintenant à l'orage.

Bien qu'on eût laissé se consumer les bûches sans les remplacer dans la monumentale cheminée qui, d'habitude, suffisait à peine à chauffer la vaste pièce, la température était étouffante.

— Comme il fait lourd !... — dit tout à coup Gervaise en se levant et en allant ouvrir une des larges fenêtres garnies de vitraux donnant sur le parc.

Puis, se penchant au dehors :

— Venez donc voir le temps, comme il est drôle, Fraülein, — ajouta la jeune fille frappée par l'aspect inusité du ciel en cette saison.

— C'est un orache, certainement, un orache qui se prépare pour cette nuit, matemoiselle Cherfaise, — dit l'Allemande qui s'était rapprochée. — Mon Tieu ! pourvu que Mme la ficomtesse soit rentrée avant qu'il n'éclate.

Le ciel présentait, en effet, tous les prodromes de l'orage.

De lourds nuages cuivrés l'avaient envahi, roulés par un vent chaud dont les premières rafales commençaient à agiter la cime dépouillée des arbres. L'air était étouffant et chargé d'électricité.

— Je n'aime pas les orages l'hiver, — fit Mlle de Châtenay qui referma la fenêtre en frissonnant.

— C'est peut-être le temps qui retient Mme la ficomtesse...

A ce moment, le domestique apporta un télégramme pour Fraülein.

— C'est pour la gouvernante de mademoiselle.

— Pour moi ? — fit l'Allemande avec surprise.

— Pour vous, oui, mademoiselle Greetchen.

La vieille fille prit le télégramme et regarda l'adresse :

— Puttmacker, — fit-elle tout haut. — Tiens ! on a oublié de mettre Von Puttmacker. — Enfin, ce doit être pour moi, tout de même.

— C'est probable, — fit Gervaise en souriant.

— C'est de Mme la ficomtesse, — s'écria l'Allemande en passant, après l'avoir parcouru, le télégramme à Mlle de Châtenay. — Retenue à Nancy, Mme la ficomtesse ne reviendra que demain dans la matinée.

Gervaise rougit.

Ainsi, ce n'était pas elle, mais sa gouvernante, que prévenait sa belle-mère. — Mme de Châtenay ne s'était même pas donné la peine de penser à elle. — Cette femme la haïssait donc bien !

— Je ne lui ai rien fait, pourtant, — murmurait la jeune fille. — Qu'a-t-elle donc contre moi ?... Hélas ! pourquoi m'a-t-elle retirée du couvent ?...

Mousset entra dans la serre à la suite de la femme de chambre. (P. 422.)

Je serais bien mieux auprès des bonnes sœurs que dans ce triste château où elle me tient prisonnière, maintenant surtout que Madeleine est partie! — Qui sait ?... Je me serais peut-être décidée à prendre le voile !...

Et, rougissant soudain à la pensée d'Adrien Verneuil, agitée par une indescriptible émotion:

— Je ne l'aurais pas connu ! — ajouta-t-elle avec un douloureux soupir. — Je ne souffrirais pas de mon amour!... Je ne serais pas condamnée à être malheureuse toute ma vie !

De nouveau Mlle de Châtenay rouvrit la fenêtre et s'y accouda, de plus en plus oppressée et surexcitée par l'atmosphère étouffante de la soirée.

— Qu'afez-fous donc, matemoiselle Cherfaise ?... fous n'êtes pas malate, au moins ? — questionna l'Allemande avec sollicitude, inquiète de l'agitation de la jeune fille.

Gervaise se retourna à demi vers sa gouvernante.

— Non, ma bonne, je n'ai rien, — répondit-elle en s'efforçant de sourire à sa plantureuse et compatissante compagne.

— Fous n'êtes pas gomme d'habitude, pourtant...

— C'est vrai !... C'est cet orage qui est dans l'air qui m'impressionne !... Je me sens un peu énervée !...

— Fous ne tefriez pas rester à la fenêtre, matemoiselle Cherfaise ; fous allez prendre tu mal. — Foilà la pluie qui gommence à tomber.

— Mais on étouffe, ma pauvre Greetchen.

— Fous seriez mieux dans votre lit, — conseilla l'Allemande, sur laquelle l'orage faisait un effet tout contraire à celui qu'il produisait sur la jeune fille, et dont les yeux commençaient à se fermer malgré elle.

— Me coucher !... A quoi bon?... Je suis bien sûre de ne pas dormir de la nuit.

— Fous fous reposeriez, toujours, ma chère enfant.

Mlle de Châtenay avait regardé Greetchen.

— C'est vous, qui avez sommeil, ma bonne Greetchen !... s'écria-t-elle, ne pouvant s'empêcher de rire de la figure bouffie de l'Allemande.

— Oh ! moi !... foui, c'est frai, ch'en conflens !... L'orache me produit touchours cet effet-là. Je crois que che dormirai comme un blomp sitôt couchée, — dit Fraülein, qui avait peine à tenir les yeux ouverts.

— Allons, alors, ma bonne, — dit Gervaise en se levant.

L'Allemande l'imita péniblement.

— Quel affreux temps ! — fit la jeune fille en écoutant le vent qui commençait à souffler avec violence.

Et, s'approchant une dernière fois de la fenêtre :

— Voilà l'orage qui commence, — ajouta-t-elle en se reculant instinctivement, aveuglée par un éclair qui venait de zébrer l'horizon.

Presque en même temps un coup de tonnerre se fit entendre.

— Che fous l'afais pien dit que c'était un orache qui menaçait, — dit l'Allemande, que la surprise causée par le coup de tonnerre fit retomber affolée sur sa chaise. — Il est encore loin, mais il fient.

En ce moment Mousset entra. Il venait prendre congé de Gervaise avant de quitter le château.

Plein des infâmes projets dont il avait préparé l'accomplissement pour cette nuit même, le jeune homme, sous prétexte de communications à faire à la vicomtesse, avait rôdé toute la journée dans le château, à l'affût des moindres incidents propres à servir sa criminelle tentative.

L'absence prolongée de M{ⁿᵉ} de Châtenay lui avait paru d'un bon augure.

— Si la vieille pouvait ne pas rentrer, — pensait-il en voyant les heures se passer sans amener le retour de la belle-mère de Gervaise, — c'est ça qui ferait bien mon affaire ! — Mais pas de danger que j'aie cette chance-là !...

Cependant, la journée finie, lorsque Mousset vit le temps se couvrir, il commença à espérer.

— Elle n'osera pas revenir avec l'orage, se dit-il. J'ai maintenant dix chances contre une qu'elle passera la nuit à Nancy.

Aussi, lorsque le télégramme arriva, Mousset se doutant bien qu'il était de la vicomtesse, mit tout en œuvre pour savoir ce qu'il contenait.

Ne pouvant y arriver en questionnant les domestiques, l'amant de Léonore venait de se décider à prendre un prétexte quelconque pour rejoindre les dames.

Il s'arrêta un peu interdit en voyant que Gervaise et sa gouvernante s'apprêtaient à remonter dans leurs chambres.

Bien qu'il n'en eût aucunement l'intention, il fit mine de vouloir se retirer.

— Je vous dérange, mademoiselle, — dit-il.

De sa dernière conversation avec le jeune homme, dans tout le fatras dont Mousset avait enveloppé ses tortueuses insinuations, M{ˡˡᵉ} de Châtenay n'avait démêlé qu'une chose, c'était l'accusation d'injustice que lui avait adressée l'intendant de sa belle-mère.

Après l'accès de frayeur inconsidérée qui l'avait poussée à fuir les explications entortillées et les regards louches du jeune homme, et à se réfugier en courant auprès de l'inoffensive Greetchen, Gervaise, revenue à elle-même, s'était raisonnée.

C'était absurde, après tout, la frayeur que lui inspirait ce garçon.

Qu'est-ce que Mousset lui avait jamais fait ?... Ne se laissait-elle pas trop influencer par la mauvaise réputation laissée par son père ?

— Madeleine a raison, — pensa-t-elle, — cette bonne Madeleine, qui, elle, ne fait jamais d'injustice. — Les enfants ne doivent pas subir les conséquences des fautes ou des crimes de leurs parents. — C'est mal à moi de malmener ainsi ce pauvre garçon.

Et, bonne avant tout, Mlle de Châtenay s'était efforcée de surmonter la répugnance que lui inspirait Mousset, et de lui faire meilleur accueil.

Malgré tous ses raisonnements et ses résolutions, sa terreur avait persisté et, bien qu'elle prît plus de soin de la cacher, elle avait continué à ressentir en face de l'homme de confiance de sa belle-mère cette crainte instinctive de la colombe fascinée par un reptile.

Aussi tressaillit-elle en le voyant entrer ; mais, quoique pressée de s'en débarrasser, elle ne voulut pas le congédier trop brusquement.

— Vous savez que Mme de Châtenay n'est pas là, monsieur Mousset, — dit-elle. — L'orage fatigue énormément ma pauvre Fraülein. — Voyez, elle dort debout, vous nous excuserez donc...

— Oh ! debout ! pas positivement, matemoiselle Cherfaise, — protesta l'Allemande. — Mais l'orache m'endort, c'est un fait.

— C'est moi qui dois m'excuser, mademoiselle, — fit Mousset en faisant mine de se retirer en s'inclinant devant la jeune fille. — Je ne veux pas empêcher de dormir Mlle Greetchen.

— Aviez-vous quelque chose à dire à ma belle-mère ?

— Oui, mademoiselle, quelque chose d'urgent, — répondit le factotum. — J'ai attendu Mme la vicomtesse tout aujourd'hui espérant la voir rentrer...

— Je pourrais me charger de la communication, si ce n'est pas un secret, — dit en souriant Gervaise.

— Un secret ?... non, mademoiselle !... Seulement c'est une histoire de paperasses, dont je ne voudrais pas vous ennuyer. Il s'agit d'un litige entre Mme la vicomtesse et un de ses fermiers, assez mauvais payeur... et d'une expulsion...

— En effet, je n'entends pas grand'chose à tout cela, — répondit Mlle de Châtenay, qui savait combien la vicomtesse était implacable pour les fermages arriérés, tandis qu'elle, impuissante à les protéger, plaignait les pauvres paysans si malmenés par la rapacité de sa belle-mère. — Revenez demain, alors, monsieur Mousset.

— Je préférerais attendre, si j'étais sûr que Mme la vicomtesse ne tardât pas trop, — fit négligemment Mousset, avec un regard oblique vers le télégramme qui était resté sur la table.

— Attendre ?

— Cela vaudrait mieux, car il serait nécessaire d'agir dès demain matin.

— Mais Mme de Châtenay ne rentrera pas cette nuit.

— Ah ! c'est fâcheux ! — s'écria le jeune homme, ayant peine à dissimuler sa joie. — Je vous demande pardon, mais en êtes-vous sûre, mademoiselle ?

— Ma belle-mère vient de télégraphier à Greetchen.

Mousset s'inclina.

— Dans ce cas, je n'ai plus qu'à vous présenter mes respects, et à me hâter de rentrer chez moi avant que l'orage n'éclate tout à fait. Quel vilain temps!

— Oui, en effet, — fit Gervaise en frissonnant.

— Mme la vicomtesse a aussi bien fait de se décider à passer la nuit à Nancy. — Allons, bonsoir, mademoiselle; veuillez m'excuser de vous avoir dérangée; bonsoir mademoiselle Greetchen. — Tâchez de dormir malgré l'orage, — ajouta le jeune homme en souriant.

— Oh! soyez tranquille, monsieur Mousset.

— Je voudrais déjà avoir rejoint mon pavillon. Brr... Quel gredin de temps!

Mousset se préparait, en effet, à rentrer chez lui et à y attendre l'heure favorable à ses projets. — L'absence de Mme de Châtenay l'enchantait. C'était évidemment un atout de plus dans son jeu.

— Je sentais bien que cette dépêche m'intéressait, — murmura-t-il d'un air satisfait, en se dirigeant vers la porte. — J'ai bien fait de me renseigner. — Je serai plus tranquille maintenant. — C'est qu'elle a le sommeil léger, la vieille!... Elle aurait été capable de tout faire manquer.

Et, ouvrant la porte, Mousset, son parapluie à la main et le collet de son pardessus relevé, se prépara à sortir.

— Chien de temps tout de même!... grommela-t-il en voyant la pluie qui tombait à torrents. — Il ferait meilleur rester ici... Pas de danger qu'elle m'offre de coucher au château! Mais patience, maintenant, le moment n'est pas loin où je n'aurai plus besoin de sa permission ni de celle de personne. Je crois que cette fois-ci j'ai assez bien combiné ma petite affaire!

Le misérable referma la porte sur lui, et se prépara à affronter le mauvais temps pour regagner son pavillon, car, malgré son aplomb et sa confiance en lui, il ne jugeait pas prudent d'attendre au château le moment d'agir.

Tout à coup une forme se détacha du mur.

Le jeune homme presque aussitôt reconnut Léonore.

— Toi?... s'écria-t-il avec un sursaut d'étonnement.

— Oui... j'ai à te parler, — dit la femme de chambre d'un ton bref.

Bien que fort contrarié et soupçonnant quelque nouvel embargo de la part de sa maîtresse, Mousset prit un air narquois.

— Tu choisis bien ton moment, — fit-il en montrant son parapluie déjà ruisselant d'eau.

— Allons dans la serre, si tu veux, — fit Léonore.

— Dame, nous y serons toujours mieux qu'ici, surtout si ce que tu as à me dire est long, — répondit Mousset se résignant.

La serre, ou plutôt le jardin d'hiver attenant au château par une baie vitrée donnant dans un large hall sur lequel ouvraient les portes des salons de réception, était une des beautés du domaine de Châtenay.

Construite par le vicomte pour sa première femme, la mère de Gervaise, la charmante et malheureuse Lina de Maupertuis, c'était une véritable merveille de richesse et de luxe.

Une petite porte y donnait accès depuis le parc.

C'était de derrière cette porte que Léonore abritée contre l'orage avait guetté son amant.

A demi rassurée seulement par les protestations de Mousset, la femme de chambre s'était sentie frappée de l'air préoccupé et agité du jeune homme.

Elle avait été étonnée de lui voir passer la journée au château malgré l'absence de la vicomtesse.

Toutes ses craintes seulement endormies par les affirmations trompeuses de Mousset, s'étaient éveillées aussitôt.

— Qu'est-ce qu'il a ?... Qu'est-ce qu'il médite !... — se demanda-t-elle en suivant de l'œil son amant, qui, ne se sachant pas observé, ne cherchait pas à dissimuler sa préoccupation. — Je veux le savoir !

Et, cachée derrière la porte de la serre, elle avait guetté la sortie du jeune homme, résolue à exiger de lui une explication et bien décidée cette fois à ne pas se payer de vaines paroles.

Mousset entra dans la serre à la suite de la femme de chambre.

Tandis que Léonore sans méfiance le précédait, il retira sans bruit la clef de la petite porte et la mit dans sa poche.

— Cela facilitera toujours ma rentrée dans le château, — pensa-t-il tout en suivant sa maîtresse qui l'entraînait vers un banc rustique placé dans un coin de la serre. — Au moins, l'algarade de cette sotte de Léonore m'aura servi à quelque chose.

— Eh bien ! Qu'est-ce qu'il y a encore ? demanda-t-il, quand ils furent assis côte à côte sur le banc.

— Il y a que tu manigances quelque chose et que je veux savoir quoi, — dit carrément, mais à voix basse, la femme de chambre.

— Bon !... C'est la rengaine d'hier au soir qui recommence, alors ! — fit le jeune homme. — Tu fais bien de me le dire ; au moins je sais à quoi m'en tenir tout de suite.

— Eh bien ! quand ça recommencerait ?... — fit Léonore agressive. —

Tu n'avais qu'à me répondre franchement, qu'à ne pas chercher à me tromper...

— Je t'ai trompée ?... Moi !...

— Je sens bien que tu ne m'aimes plus, va... Après tout, ce que j'ai fait pour toi !... Lorsque tu devrais, au contraire, m'aimer davantage !... Si jamais j'aurais pu penser... Mais voilà : tu as la tête tournée par mademoiselle...

— Encore cette absurdité...

— Ce n'est pas pour elle, peut-être, que tu as passé aujourd'hui toute la journée au château ?...

— Tu es folle !

— Ce n'est pas à elle que tu pensais, avec des airs de manigancer quelque chose de vilain...

— Où vois-tu que j'aie pris ces airs-là ? — demanda vivement Mousset.

— Avec ça que je n'ai pas des yeux pour voir ! — Crois-tu que je ne te connaisse pas ? — Je sais bien que tu médites quelque mauvais coup... Tu n'as fait qu'aller et venir aujourd'hui dans le château comme si tu prenais des mesures... comme si tu faisais des plans... Je t'ai bien vu, je ne suis pas ta dupe...

— Ah ! tu m'assommes, après tout !... C'est ridicule !... Ce n'est même point la peine de répondre à des stupidités pareilles !... — s'écria le jeune homme ayant peine à dissimuler son inquiétude. — Et dans quel but, à ton avis, tirerais-je tous ces plans ?

— Est-ce que je sais, moi ? — C'est comme cette liqueur que tu m'as fait verser dans la potion de mademoiselle... Je regrette joliment de t'avoir écouté.

Mousset se mit à rire avec aplomb.

— La... machine pour rendre amoureux ? — Tu ne disais pas ça ce matin ; tu trouvais même l'idée drôle.

— Parce que ce matin, j'étais assez bête pour croire ce que tu disais...

— Quoi donc ?

— Que tu travaillais pour l'ingénieur...

— Tandis que, maintenant ? — interrogea Mousset, dissimulant mal un tressaillement.

— Maintenant, je me demande si tu ne te fiches pas de moi

— Je ne comprends pas.

— Oui, je sens qu'il y a quelque guet-apens là-dessous.

— Tu es à encadrer, ma grosse Nonore, — fit en riant le jeune homme, qui était enfin parvenu à se ressaisir. — Il ne te manque plus que d'ajouter que je travaille pour mon compte et que je te fais tenir la chandelle !

— Tu ne l'emporterais pas en paradis, toujours, si jamais cela était !... — s'écria rageusement Léonore. — Ça, je te le promets.

— Voyons, réellement, tu n'es pas folle, ma chérie? — fit Mousset, tout à fait maître de lui maintenant, et essayant de la note tendre pour calmer la surexcitation de sa maîtresse. — Est-ce que tu vas prendre ces sottises au sérieux?...

Et, essayant de se rapprocher de la jeune femme et de l'embrasser :

— Je croyais cependant t'avoir assez souvent prouvé que je n'aimais que toi, — murmura-t-il amoureusement.

Mais elle le repoussa.

— Pourquoi ne le prendrais-je pas au sérieux, puisque je suis convaincue que tu me trompes? — répliqua-t-elle. — On dit souvent la vérité en riant !...

— Allons, bêtasse, avoue tout au moins que c'est une drôle d'idée d'être jalouse de mademoiselle...

— Pourquoi est-ce une drôle d'idée?

— Mais je te l'ai déjà dit ; est-ce qu'elle n'est pas bien trop au-dessus de moi pour que je puisse penser à me faire aimer d'elle ! — réfléchis un peu. — Mlle de Châtenay peut-elle remarquer l'intendant de sa belle-mère?

— Avec ça que ça ne s'est jamais vu !

— Dans les romans, oui.

— Non, dans la vie. — Tu es assez joli garçon pour qu'on te remarque.

— Elle ne me plaît pas, d'ailleurs, tu sais bien que je n'aime pas les blondes, — fit le jeune homme intérieurement flatté de l'appréciation avantageuse de sa maîtresse.

Puis, l'étreignant lorsqu'il parvint enfin à la saisir :

— Voyons, d'abord, est-ce que tu peux penser que j'oublierai jamais ce que tu as risqué pour moi ? — continua-t-il avec passion. — Pour qui me prends-tu ?

Et Mousset appuya son exclamation indignée d'un baiser suffisamment amoureux pour apporter tout au moins le doute dans les inquiétudes jalouses de sa maîtresse.

— Voyons, dis, est-ce que je t'embrasserais comme ça, si je ne t'aimais plus?

— Je sens bien tout de même que ça n'est plus comme avant !... murmura Léonore qui, cette fois, cependant, n'avait pas repoussé les caresses de son amant.

L'escalier franchi, s'orientant à tâtons, il parvint enfin à l'entrée du corridor... (P. 431.)

— Tu es folle, puisqu'au contraire je te dis que je t'aime tous les jours davantage !
— Vrai ?...
— Parbleu ! — déclara Mousset avec aplomb. Pourquoi, sans cela, serais-je toujours au château ?
— C'est donc pour moi que tu viens ? — murmura Léonore à demi convaincue.

— Ce n'est pas pour le roi de Prusse, va!... La vérité est que je m'ennuie, sitôt que je ne te sens plus à côté de moi.

— Alors, tu ne penses pas à mademoiselle?

Mousset se mit à rire.

— Allons donc! — fit-il; — alors, c'est à moi qu'il faudrait donner une bonne dose d'élixir pour qu'elle me dise quelque chose, par exemple, ta Mlle Gervaise?

— Jure-moi que c'est moi que tu aimes?

— Je fais même mieux, je crois, — dit le jeune homme, dont les caresses devenaient, en effet, de plus en plus convaincantes. — Je te le prouve.

— Tu m'avais dit la vérité hier au sujet de ce que tu m'as fait verser dans la potion de mademoiselle?

— C'était, je le répète, une plaisanterie pour rendre Mlle de Châtenay amoureuse de l'ingénieur, pas autre chose!... Ça, je te le jure!

— Hum!... bien vrai? — fit Léonore toujours un peu incrédule.

Mousset se leva et, embrassant encore une fois sa maîtresse.

— Bien vrai, va, vilaine jalouse! — Et même je souhaite à M. Verneuil beaucoup de plaisir!... Quant à moi, je vais aller me coucher, si tu le veux bien, car je suis comme Fraülein : cet orage m'endort.

Et après avoir engagé Léonore à en faire autant, le jeune homme ajouta :

— Tu peux dormir sur tes deux oreilles, va, grosse bête, et être sûre de ton petit Popaul. — Ce n'est pas moi qui songerai jamais à te faire des traits. Je t'aime trop pour cela, et j'ai trop le souvenir de ce que tu as risqué pour moi!

Les affirmations et les caresses menteuses de Mousset parvinrent enfin, du moins en apparence, à rassurer Léonore.

La femme de chambre avait quitté son amant après lui avoir fait la promesse formelle de ne plus douter de lui.

Le jeune homme profita d'une petite éclaircie qui se produisit pour s'esquiver.

— La sotte!... — murmurait-il, tout en allongeant le pas, car cette trêve momentanée de la tempête ne paraissait pas devoir être de longue durée. — J'ai cru que je ne m'en débarrasserais pas!... C'est que ça vous a un flair, ces femmes jalouses!

Mais, c'est égal, elle n'est pas de force à lutter avec bibi, cette brave Léonore!... Elle est bien trop dinde pour cela! Je suis arrivé sans trop de peine à dissiper ses soupçons et la voilà plus tranquille que jamais.

Un instant j'ai bien cru que tout était raté.

Enfin, maintenant, je ne vois plus d'obstacles devant moi. — Cette nuit même, tout sera fini !... La riche héritière des Châtenay m'appartiendra, et, après ça, je me moque du reste !... Quand je la tiendrai, je la tiendrai bien !... et alors, au diable Léonore !... Je sais le moyen de la faire taire, si elle devient trop bavarde !

Sûr de rentrer au château quand il voudrait, puisqu'il tenait dans sa poche la clef de la serre, Mousset, arrivé dans le pavillon qu'il occupait sur la lisière du domaine et dont Mme de Châtenay lui avait abandonné la jouissance, s'enferma dans sa chambre pour y attendre l'heure favorable à l'accomplissement de son infâme projet.

Au lieu de s'apaiser, l'orage reprenait et même il redoublait de violence.

L'accalmie dont Mousset venait de profiter avait été de courte durée. De nouveau l'ouragan ramenait la foudre sur Châtenay. Il semblait que le parc fût en feu. L'air était saturé d'électricité. Des coups de tonnerre effrayants ébranlaient le château.

De sa chambre, où elle s'était retirée pour permettre à Fraülein de se reposer, Gervaise assistait avec épouvante à cette lutte des éléments déchaînés.

La jeune fille ne songeait point à se mettre au lit.

Elle s'était déshabillée, un instant distraite par les soins de sa toilette, avait passé un peignoir de flanelle blanche, et, les pieds nus dans des mules, les rideaux de la fenêtre soigneusement tirés, afin de moins voir l'éclat fulgurant des éclairs, Gervaise s'était installée dans un fauteuil et essayait de lire pour échapper à l'impressionnante influence de l'orage.

Mais un coup de tonnerre épouvantable l'arracha bientôt à sa lecture.

Épeurée, elle jeta son livre et se mit à marcher dans sa chambre avec agitation.

— Je ne sais pas ce qui me rend si nerveuse, ce soir, — pensait-elle. — Jamais l'orage ne me produit cet effet-là. — Il est vrai que celui-ci est effrayant ! Je n'en ai jamais entendu de semblable... Et dans cette saison ! — Sûrement je ne dormirai pas de la nuit !...

Et, en prévision de l'insomnie qu'elle prévoyait, Gervaise augmenta la dose de la potion antispasmodique toute préparée sur la table de nuit et qu'elle prenait elle-même chaque soir avant de s'endormir.

— Cela va peut-être me calmer un peu, — murmura-t-elle en reposant le verre après avoir bu. — Je voudrais bien ne point passer ma nuit aussi agitée.

Puis, sa potion prise, Gervaise, que la peur empêchait de se coucher, s'assit devant son secrétaire et se mit à ranger ses tiroirs.

— Cela m'occupera, puisque je ne puis ni lire ni dormir, — pensa-t-elle.

De sa chambre, voisine de celle de Gervaise, Fraülein, couchée depuis longtemps et déjà à moitié reprise par le sommeil que venaient de secouer pendant un instant les indispensables bien que sommaires préparatifs de sa toilette de nuit, Greetchen entendait, comme dans un rêve, remuer la jeune fille.

La porte de communication restée entre-bâillée entre les deux chambres, séparées seulement par le cabinet de toilette de Gervaise, laissait arriver jusqu'à elle, malgré l'épaisseur des tapis, le bruit léger des petits pieds chaussés de mules.

Mlle de Châtenay ne s'était donc pas couchée !

— Elle va se rendre malade, c'est sûr !... murmura la gouvernante en faisant un effort pour se réveiller. — Si c'est raisonnable, che fous le demande !...

Et frappant doucement à la cloison qui séparait la tête de son lit du cabinet de toilette placé entre les deux chambres :

— Il faut fous coucher, foyons, matemoiselle Cherfaise ! — cria-t-elle à la jeune fille.

— Oui, oui, ma bonne, ne vous inquiétez pas de moi, je me couche, — fit Mlle de Châtenay.

— Alors, bonne nuit, matemoiselle Cherfaise, — dit l'Allemande rassurée en se retournant du côté du mur pour se rendormir.

— Bonne nuit, Fraülein !... Dormez bien, — répondit Gervaise, bien décidée, malgré ce qu'elle avait dit à sa gouvernante, à ne pas se coucher tant que durerait l'orage.

On entendit bientôt les ronflements réguliers de Greetchen.

— Est-elle heureuse de dormir ! — pensa la jeune fille avec un involontaire frisson, en jetant autour d'elle, vers les points obscurs de sa chambre, un regard plein d'anxiété.

Elle se sentait, en effet, depuis quelques instants, en proie à une terreur indéfinissable. — Sans qu'elle en pût comprendre la cause, des craintes puériles la prenaient. — Il lui semblait qu'un danger inconnu la menaçait. Elle n'aurait pu dire quel il était, mais elle en ressentait, sans le connaître, l'angoissante appréhension.

Elle se leva, et alla s'assurer que la porte de sa chambre était bien fermée.

Puis, rougissant de sa poltronnerie :

— Ce ne peut être l'orage seul qui me rend ainsi, — se dit-elle en passant la main sur son front, moite d'une sueur glacée.

Jamais je n'ai été comme ça... jamais un orage ne m'a impressionnée à ce point ! — C'est stupide, ces frayeurs sans motif et dont je n'arrive pas cependant à me défendre !... Qu'ai-je à craindre cette nuit plus que d'habitude ?... Rien.

Elle s'efforçait de rire de ses terreurs vagues :

— Ce n'est pourtant pas l'absence de ma belle-mère qui me met dans cet état, — ajouta-t-elle avec ironie. — Ce serait au contraire une raison pour me sentir plus tranquille. — Comment se fait-il que je n'en ressente aucun soulagement ?... Que cette absence me semble même, en y pensant, un danger de plus ?

Un instant elle réfléchit, puis, tout à coup :

— Fraülein a raison ; j'ai tort de ne pas me coucher, — se dit-elle, laissant à moitié achevé le rangement commencé dans ses papiers. — C'est la fatigue, sans doute, qui augmente en moi l'énervement causé par l'orage. — Je dormirai peut-être, une fois allongée...

Décidée alors à réagir contre des terreurs puériles, incapable, surtout, tant son agitation était grande, de s'occuper de quoi que ce fût d'une façon suivie, Mlle de Châtenay referma son secrétaire et s'étendit sur son lit.

De bonne foi, elle avait fermé les yeux appelant le sommeil.

Mais cette inaction à laquelle elle se contraignait ne fit que redoubler son énervement.

Loin de se reposer, Gervaise, en proie à une sorte de fièvre nerveuse, se tourna et se retourna sur son lit sans parvenir à s'endormir.

Inquiète de cet état anormal et plus énervée encore, elle se releva et alluma une lampe.

Au dehors, l'orage sévissait toujours avec fureur.

La jeune fille avait repris son livre, bien décidée cette fois à attendre le jour au coin du feu et à ne plus tenter, en se recouchant, une expérience qui lui avait si mal réussi.

— Puisque je ne dors pas, autant que je reste levée, — murmura-t-elle en roulant son fauteuil auprès de la cheminée avec le moins de bruit possible, afin de ne pas réveiller Greetchen.

Puis, après avoir placé la lampe sur un petit guéridon à côté d'elle, Gervaise tâcha de s'absorber dans sa lecture.

Mais il lui fut impossible de continuer.

Les caractères dansaient devant ses yeux dans une sorte de brouillard rougeâtre. Il lui semblait que les mots étaient imprimés avec du sang.

Elle renonça bientôt à la lecture et recommença à arpenter sa chambre fiévreusement.

Plus fortes que sa volonté, ses terreurs la ressaisissaient peu à peu.

Le moindre craquement la faisait tressaillir. Il semblait que ses sens eussent acquis, sous l'empire de la surexcitation nerveuse qu'elle ressentait, une acuité plus grande. Au milieu du fracas de la foudre et des hurlements du vent qui faisait rage dans les hautes futaies du parc, Gervaise percevait le plus léger souffle.

Soudain elle s'arrêta terrifiée, les jambes molles. Entre deux coups de tonnerre, il lui avait semblé entendre du bruit à la porte de son cabinet de toilette.

Faisant un effort pour surmonter sa terreur, elle prêta l'oreille avec anxiété. Elle n'entendit que la respiration forte et régulière de l'Allemande.

— Sotte que je suis! — murmura-t-elle, un peu rassurée en voyant que le bruit qui l'avait effrayée ne se renouvelait pas. — C'est sans doute Greetchen qui se sera retournée dans son lit... Pourtant, j'avais bien cru que cela venait de plus près !... Je me suis trompée...

La peur me fait entendre du bruit partout...

Ah! qu'il me tarde que cette horrible nuit soit finie !... — ajouta la pauvre enfant en se laissant tomber toute frissonnante sur un fauteuil.

Dans la serre où il était entré, grâce à la clef de la petite porte dont il avait eu la précaution de se munir lors de son explication avec Léonore, Mousset avait d'abord quitté son pardessus trempé par la pluie. Chaussant des espadrilles apportées par lui, il avait laissé là ses gros souliers ferrés, bons pour marcher dans la campagne, et dont le bruit eût pu le dénoncer et donner l'éveil.

Sans lumière, mais connaissant à merveille les êtres, éclairé d'ailleurs d'instant en instant par la lueur fulgurante des éclairs, il avait traversé les vastes salons de réception et s'était glissé dans les corridors.

Là, le danger devenait plus grand. C'était la partie habitée, vivante pour ainsi dire, du château.

Quelque domestique réveillé par l'orage pouvait le surprendre.

Si grande que fût son audace, le misérable, tout en avançant prudemment, sentait la sueur ruisseler sur son front.

S'il était pris, pourtant !... Ne serait-il pas chassé honteusement par la vicomtesse !... Qui sait, pis encore, peut-être : Arrêté !... Car, sous cet appareil de voleur, sans lumière, les pieds dans des chaussons, que pouvait-il venir faire la nuit au château, aux yeux de ceux qui le verraient, sinon forcer quelque coffre-fort ?

— Bah ! tant pis !... — conclut le jeune homme avec un sourire cynique. — Après tout, si je suis pris, j'essaierai de m'en tirer par quelque conte galant... — Léonore me sauvera la mise. — Je dirai que j'allais la retrouver, qu'elle m'avait donné rendez-vous. — C'est elle qui écopera, mais ça, je m'en fiche ; elle peut bien faire quelque chose pour moi !...

Quant à la vicomtesse, elle a besoin de moi, elle ne demandera pas mieux que de me croire.

D'ailleurs, — ajouta l'infâme, dont les yeux verts s'allumèrent dans l'obscurité de flammes luxurieuses, — le résultat attendu vaut bien que je risque quelque chose !... Un peu d'énergie encore, et je toucherai à mes fins !... Maître de Châtenay !... Cela vaut mieux que d'être l'homme d'affaires de la vicomtesse. Une fois que je tiendrai la fille, c'est comme si j'avais mes titres de propriété et mon contrat de mariage dans ma poche !... Si rapace qu'elle soit, la vieille ne voudra pas s'exposer à la honte d'un scandale ! Elle sera encore trop heureuse de me trouver disposé à réparer le dommage !

Seulement, elle peut se préparer à marcher droit, belle-maman, — ricana le jeune homme avec un rire silencieux. — Je la connais trop bien pour qu'elle puisse espérer me mettre dedans comme cette petite sotte de Gervaise !

Froidement résolu, incapable du reste, dans sa perversité, de ressentir aucun remords anticipé de l'attentat infâme qu'il s'apprêtait à commettre pour satisfaire son ambition, Mousset continua à s'avancer prudemment à travers les couloirs et les vastes pièces du château.

L'escalier franchi, s'orientant à tâtons, il parvint enfin à l'entrée du corridor sur lequel donnait la chambre de Mlle de Châtenay.

Arrivé là sans encombres, le misérable respira. — La réussite, maintenant, était proche. Un moment encore, il toucherait au but. — Toute hésitation, toute crainte, avaient disparu. Une impitoyable résolution était en lui.

Mousset appuya légèrement sa main contre la muraille, et, se glissant à pas de loup, arriva jusqu'à la première porte ouvrant sur le couloir.

Là, retenant sa respiration, il s'arrêta un instant pour écouter.

Malgré le fracas de l'orage, un ronflement sonore frappa son oreille.

— Très bien ! — murmura-t-il avec satisfaction, — je ne me suis pas trompé : c'est la chambre de l'Allemande. — Elle dort. — Tout est pour le mieux. Quand Fraülein dort, il faudrait le canon pour la réveiller. — La porte à côté, alors, c'est le cabinet de toilette.

Retenant son souffle, Mousset s'approcha. — A tâtons, sa main chercha le bouton de la serrure. Quand il l'eut trouvé, il se pencha et colla son œil au trou de cette serrure.

Par l'entre-bâillement de la porte qui faisait communiquer le cabinet de toilette avec la chambre de la jeune fille, un large rayon lumineux marquait le tapis d'une tache claire et prouvait que la lampe était encore allumée chez Gervaise.

— Elle n'est pas couchée! — murmura le jeune homme contrarié. — L'orage aura sans doute empêché le narcotique de produire son effet. — Que faire?... Dois-je attendre?... Dois-je entrer quand même?

Attendre, c'est risquer!... Cet orage doit certainement tenir éveillés quelques-uns des domestiques du château. L'un d'eux peut se lever, descendre, me surprendre ici... Léonore peut-être...

Et, pris d'une soudaine irrésolution :

— Au fait, — ajouta-t-il, — il serait, je crois, plus prudent de remettre la partie à un autre jour!... Il n'y a pas péril en la demeure... La colombe n'est pas près de s'envoler du nid. — Ce n'est pas l'ingénieur qui l'enlèvera. — Je recommencerai, sans l'aide de Léonore, voilà tout. Cela vaudra même mieux. Je trouverai bien le moyen de me procurer la potion de la petite. — Je forcerai la dose. — C'est étonnant qu'elle ne dorme pas... J'aurai eu la main trop légère...

Mais cette hésitation fut de courte durée, et, revenant bien vite à sa première décision :

— Non, non, pas de lâcheté, il faut agir, — se dit-il, en se rappelant les doutes et les craintes jalouses de Léonore. — Une chose comme celle-là ne se réussit pas deux fois!... Je suis là, tant pis, j'irai jusqu'au bout!... Si Gervaise résiste...

Le jeune homme fit, dans l'ombre, un geste de menace.

Résolu à ne pas se laisser arrêter par l'insomnie probable de Gervaise, Mousset, maintenant en proie à une sorte de fièvre érotique causée par la pensée de la lutte qu'il prévoyait, chercha de nouveau la serrure ; mais, dans sa hâte, sa main heurta le bouton de cuivre qui, dans le choc, produisit un bruit sec.

C'était ce bruit qu'avait entendu Mlle de Châtenay et qui l'avait si fort effrayée.

— Maladroit que je suis! — murmura le misérable, tandis qu'une sueur froide mouillait la racine de ses cheveux.

Il s'arrêta, s'effaça, se collant au mur.

LA DEMOISELLE DU CHATEAU

Et brusquement, toutes ses angoisses fondant... (P. 437.)

— Je vais avoir donné l'éveil!... — pensait-il en écoutant.

N'entendant rien, il se rassura.

De nouveau, mais cette fois avec une prudence digne d'un malfaiteur de profession, il tenta d'ouvrir.

La porte, fermée à clef par Gervaise, résista.

Mousset étouffa un juron.

— Sacré tonnerre! il ne manquait plus que cela!... — murmura-t-il les dents serrées. — Et moi qui, comme un imbécile, n'ai pas songé que ça pouvait arriver... Que faire?... Me voilà bien !

Et, tirant une clé de sa poche, il essaya de l'introduire dans la serrure.

Mais sa main n'avait plus la sûreté que donne le calme ; il tremblait d'impatience et de rage.

La clef, en entrant, accrocha, grinça, avec un bruit sourd.

Ce bruit arriva jusqu'à Gervaise qui se dressa, pâle d'épouvante.

Cette fois, elle en était sûre ; il y avait quelqu'un à la porte de son cabinet de toilette.

— Qui est là?... Qui est là?... — demanda-t-elle d'une voix pleine d'angoisse.

Du corridor où il attendait, retenant son souffle, Mousset entendit la jeune fille se lever et marcher précipitamment. — L'œil collé à la serrure, il vit le rayon de lumière se déplacer.

Inquiétée par le bruit, sans doute, Gervaise venait voir !

La peur le prit.

— Elle va crier, appeler, se défendre !... pensa-t-il ; — elle réveillera Fraülein !... Je serai pris !... Mieux vaut attendre que l'alerte soit passée.

Sans bruit, avec cette adresse que donne l'imminence du danger, le misérable reprit le chemin qu'il venait de parcourir et se réfugia de nouveau dans la serre.

— J'attendrai ici que le moment d'agir de nouveau soit venu, — se dit-il.

Ne trouvant personne à sa porte, Mlle de Châtenay se sera rassurée. La clef paraissait aller fort bien... Sans ma maladresse, qui a tout gâté, je serais maintenant dans la place. — Bah ! peut-être cela est-il mieux ainsi. — C'était risquer gros, après tout... Mieux vaut attendre qu'elle soit endormie !...

Gervaise, cependant, après avoir appelé, ne recevant pas de réponse, prit sa lampe et se dirigea vers le cabinet. Bien que la frayeur la paralysât à demi, elle se raisonnait.

— Je veux savoir... Je ne puis pas rester dans cette angoisse, — murmura-t-elle, les dents claquant de terreur. — D'où vient ce bruit que j'ai entendu, là, près de cette porte?...

La lampe à la main, elle traversa sa chambre, et, plus blanche que le peignoir qui l'enveloppait, elle entra dans son cabinet de toilette. Son regard en fit le tour avec épouvante et n'apercevant rien de suspect :

— Qui est là?... demanda-t-elle de nouveau. — C'est vous, Greetchen ?...

— Non, elle dort, ce ne peut être elle, — se répondit Gervaise en entendant le ronflement régulier et sonore de l'Allemande.

Et, un peu rassurée par le calme qui régnait autour d'elle, elle ajouta :
— C'est peut-être quelque domestique qui passait dans le corridor, — Peut-être y a-t-il quelqu'un de malade... par cet orage cela n'aurait rien d'étonnant... Peut-être, aussi, me suis-je trompée !

Alors, elle ouvrit la porte, et regarda dehors.

— Personne... Greetchen dort... Evidemment, je me serai trompée, — pensa la jeune fille en faisant quelques pas dans le couloir. — J'ai les nerfs si agités... Cet orage me surexcite à un tel point...

Cette tempête est vraiment terrible, — murmura-t-elle en entendant, entre deux éclats de tonnerre, le vent s'engouffrer bruyamment dans le corridor, attiré sans doute par quelque porte de service restée ouverte.

Et, comme elle s'était avancée jusqu'au vestibule, elle s'empressa de revenir sur ses pas.

— Je vais me coucher et essayer de dormir... Je ne puis pas passer toute ma nuit ainsi à me créer des frayeurs imaginaires... C'est stupide, après tout.

Mais, à ce moment précis, la fenêtre, sans doute mal fermée, de sa chambre, céda sous l'effort du vent. — L'ouragan entra comme une trombe. Un courant d'air s'établit. La lumière que Gervaise tenait à la main s'éteignit, tandis que la porte du cabinet de toilette se fermait brusquement.

Ne s'expliquant pas ce qui venait de se passer, Mlle de Châtenay voulut ouvrir pour rentrer chez elle. Mais la porte, poussée par le vent, résista.

Alors, prise d'une inexprimable frayeur, Gervaise laissa tomber la lampe et s'enfuit affolée.

Dans les ténèbres épaisses qui l'enveloppaient, elle courait, se heurtant aux meubles et aux murs. Elle ne songeait qu'à fuir, talonnée par la peur, se croyant poursuivie par on ne sait quel invisible ennemi.

Inconsciente, elle descendit un escalier et sortit par une porte de service. Elle se trouvait sur la terrasse.

La pluie tombait à torrents. Des éclairs blancs sillonnaient le ciel. La foudre continuait à gronder, bien qu'à des intervalles plus éloignés.

Haletante, Gervaise s'arrêta un instant.

La pluie et le vent, en la fouettant au visage, lui avaient un peu rendu la conscience d'elle-même.

Toujours hantée par la crainte d'être poursuivie, elle se retourna vers le château.

Malgré le trouble de son esprit, elle fut étonnée de voir la fenêtre de sa chambre ouverte et d'apercevoir de la lumière. Elle se rappelait très bien avoir emporté la lampe.

— Qui donc est entré?... — se demanda-t-elle avec terreur. — Pourquoi la fenêtre est-elle ouverte?... Greetchen dormait... Ce n'est donc pas elle qui a pénétré dans ma chambre avec une lumière. — Alors, je ne m'étais pas trompée... il y avait bien quelqu'un à la porte du cabinet de toilette... quelqu'un qui cherchait à entrer chez moi!... dans quel but?... Un voleur, peut-être!... S'il allait m'apercevoir, courir après moi pour m'empêcher de donner l'alarme... me rattraper!...

De nouveau prise de terreur, Gervaise se remit à fuir. Elle quitta la terrasse et s'engagea sous les arbres. Elle se trouva dans le parc sans savoir comment elle y était venue.

Elle allait droit devant elle, en proie à une sorte d'hallucination, suivie par des ombres imaginaires. — Il lui semblait que les arbres la poursuivaient.

Elle précipita encore son allure.

Le narcotique commençait à produire son effet, augmentant son inconscience.

Elle butait à chaque pas, brisée de fatigue, gênée dans sa course par sa longue robe flottante.

Elle arriva haletante au mur d'enceinte du parc.

La pluie avait cessé. L'orage paraissait s'éloigner chassé par le vent. Mais la jeune fille y était maintenant indifférente.

En proie à une épouvante folle, irraisonnée, il ne restait plus en elle que l'idée fixe de fuir.

En face d'elle, une brèche fraîchement faite éventrait la clôture.

La foudre était tombée là quelques instants auparavant, renversant la muraille et coupant en deux un sapin centenaire qui s'y accotait.

Mlle de Châtenay ne s'arrêta pas.

Sans même se rendre compte de l'accident qui venait d'ouvrir devant elle ce passage inattendu, elle franchit la brèche encombrée de débris et se trouva sur la route.

Alors, hésitante, ne sachant pas si elle devait tourner à droite ou à gauche, craignant en prenant une décision de se retrouver face à face avec le danger inconnu, mais d'autant plus effrayant, la pauvre enfant s'arrêta un instant.

Soudain, un éclair l'enveloppa, la faisant toute blanche dans l'ombre épaisse de la nuit.

Un cri répondit à cette apparition, tandis qu'un homme s'élançait en bondissant au-devant d'elle.

— Mademoiselle Gervaise!...

Cette voix fit tressaillir l'amie de Madeleine.

— Monsieur Verneuil!... — fit-elle avec une joie profonde, sûre de ne pas se tromper, d'être bien en face d'Adrien, de celui qu'elle aimait.

Et brusquement, toutes ses angoisses fondant dans la quiétude profonde que lui causait la présence du jeune homme, l'énergie factice de Gervaise, qui jusque-là l'avait soutenue pour la fuite, l'abandonna.

— Ah! c'est vous, monsieur!... Dieu soit béni!... je suis sauvée!... — murmura-t-elle en se laissant aller sans forces dans les bras de l'ingénieur.

CHAPITRE XXI

SURHUMAINE ÉPREUVE

Sauvée !... que voulait dire la jeune fille ?... de quel danger Adrien pouvait-il avoir sauvé Mlle de Châtenay ?...

Comment Gervaise se trouvait-elle là, toute seule, hors du parc, à cette heure avancée de la nuit ?...

Toutes ces questions, l'ingénieur brûlait de les adresser à Gervaise; mais elle semblait incapable de lui répondre, épuisée, haletante, les yeux mi-clos, prise d'une sorte de langueur succédant subitement à la surexcitation fébrile qui l'avait agitée toute la soirée.

La frayeur de Verneuil avait été grande en la voyant tomber pour ainsi dire inanimée entre ses bras.

Grand aussi se trouvait son embarras.

Quels soins donner à Mlle de Châtenay ?

Seul ainsi avec elle au milieu de la nuit, comment l'abandonner pour aller chercher du secours au château ?

D'ailleurs Gervaise semblait fuir quand il l'avait aperçue. La lueur fulgurante de l'éclair lui avait montré sa figure bouleversée, son long peignoir blanc, ses cheveux défaits et flottants... Il avait senti contre son cœur sa respiration haletante et précipitée... Quelle pouvait être la cause d'une pareille frayeur ?

Adrien se perdait en conjectures.

Il avait soulevé Mlle de Châtenay dans ses bras, l'avait portée jusqu'aux décombres aperçus à quelques pas de là et dans lesquels il n'avait pas eu de peine à deviner l'œuvre de l'orage.

Était-ce la foudre, en tombant, qui avait affolé la jeune fille ?...

En attendant de le savoir, l'ingénieur installa Gervaise le mieux possible sur les décombres. Là du moins, elle serait quelque peu à l'abri de l'humidité. Le mur renversé était fait de plâtras et de moellons que la pluie, qui avait cessé presque aussitôt, n'avait pas eu le temps de traverser complètement.

Du reste, Adrien étendit à terre son pardessus et y déposa la jeune fille. Comme elle claquait des dents, il l'enveloppa dans les plis de la lourde étoffe, tiède encore de la chaleur de son corps.

Tout en lui prodiguant des soins, le jeune homme lui expliqua sa présence sur la route.

Un accident s'était produit dans la soirée à l'usine Duhamel.

Sous l'influence de l'orage, une machine avait fait explosion, blessant un ouvrier.

Pendant qu'on transportait le blessé chez le gardien de l'usine, Verneuil avait couru lui-même chercher le médecin qui demeurait du reste tout près. Le pansement fait, l'ingénieur avait reconduit le docteur et, au retour, il avait eu l'idée de passer le long du parc.

— Combien je suis heureux de cette idée, — ajouta-t-il, n'osant pourtant avouer à la jeune fille que la seule espérance d'apercevoir une lumière brillant à la fenêtre de sa chambre, avait déterminé cette décision ; — je ne croyais pas me trouver là si à propos ! Jugez de ma stupéfaction, quand, à la lueur d'un éclair, je vous ai reconnue ; quand je vous ai vue seule, sur la route, au milieu des décombres, debout dans votre longue robe blanche !... D'abord, je n'ai pas remarqué tout cela. Je n'ai ressenti que la joie de vous voir... Il y avait si longtemps que je ne vous avais rencontrée, mademoiselle Gervaise... j'ai couru à vous... Il n'y a qu'en vous voyant tomber à moitié évanouie, que j'ai eu la conscience complète de l'invraisemblance de cette rencontre.

Qu'est-il donc arrivé au château ?... Un danger, un malheur vous menacent-ils ?... Pourquoi fuyiez-vous ?... car vous fuyiez... dites-le moi, je vous en conjure !...

Comment se fait-il que je vous trouve au milieu de la nuit, par ce temps épouvantable, dehors, en peignoir, les cheveux défaits, sans que vous ayez seulement pris le temps de mettre une dentelle, un fichu, que sais-je, n'importe quoi sur votre tête, pour vous garantir de la pluie qui tombait à torrents ?... Quel danger avez-vous couru ?... Pourquoi vous êtes-vous écriée en me voyant : « Dieu soit loué ! je suis sauvée !... »

Gervaise passa la main sur son front, comme cherchant à rassembler ses idées.

— Je ne sais, — répondit-elle en balbutiant, ne parvenant pas à retrouver en elle la notion précise des choses, — j'ai eu peur !... Cet orage épouvantable... Ce château plein de bruits inexpliqués... Cette obscurité ! ces ombres qui s'acharnaient après moi, pour m'empêcher de fuir ! Tout cela était affreux !...

— Mais pourquoi fuyiez-vous, mademoiselle Gervaise ? — demanda de nouveau Verneuil, comprenant bien que Mlle de Châtenay était sous le coup d'une exaltation passagère amenée par une cause qu'il ignorait, mais qui avait dû ébranler fortement son système nerveux.

— Pourquoi je fuyais ?... Je viens de vous le dire... pour échapper à ceux qui me poursuivaient ?... — répéta Gervaise d'une voix blanche, les yeux devenus hagards, — ne les avez-vous pas vus ?...

Et, se serrant avec terreur contre le jeune homme presque agenouillé devant elle :

— Ils allaient s'emparer de moi... — ajouta-t-elle, — j'avais peur !... peur, quand vous m'êtes apparu, monsieur Adrien !

L'ingénieur se recula, un peu gêné.

— Mais peur de quoi, mademoiselle Gervaise ?... peur des fantômes ! — fit-il, en feignant de plaisanter pour tâcher de calmer la surexcitation de la jeune fille. — Vous étiez toute seule quand j'ai eu le bonheur de vous trouver là, si à point.

— Vous ne les avez pas vus alors ? — murmura Mlle de Châtenay.

— Mais vu qui ?... quoi ?... Expliquez-vous, je vous en conjure !... — reprit avec une vive inquiétude Adrien Verneuil, frappé de l'insistance de la jeune fille.

— Ceux qui ont rôdé toute cette nuit autour de ma chambre...

— C'est la tempête que vous aurez entendue, mademoiselle, — dit l'ingénieur convaincu que l'orage seul, en effet, avait agi sur la nature très impressionnable de Mlle de Châtenay.

— La tempête ?... — murmura la jeune fille rêveusement.

Et, hochant négativement la tête :

— Non, ce n'est pas cela, — fit-elle, retrouvant peu à peu, au milieu de son délire, sous les questions obstinées de Verneuil, la netteté des impressions qu'elle avait ressenties en entendant le bruit produit à deux reprises différentes par les tentatives maladroites de Mousset. — Je suis sûre que l'on a essayé d'entrer chez moi !... Par deux fois j'ai entendu tourner le bouton de la porte de mon cabinet de toilette !...

Elle frissonnait d'épouvante en parlant.

— Vous n'avez pas demandé qui était là ?

— Si... j'ai demandé : « Qui est là ? » et l'on ne m'a pas répondu !... alors, j'ai été voir...

— Eh bien ?

— Il n'y avait personne.

— Vous voyez bien !...

— Attendez. — Je suis allée jusqu'à l'escalier, pensant que c'était peut-être quelque servante qui se trouvait malade. Comme je revenais, n'ayant vu personne, quelqu'un a soufflé ma lampe... je me suis trouvée

LA DEMOISELLE DU CHATEAU

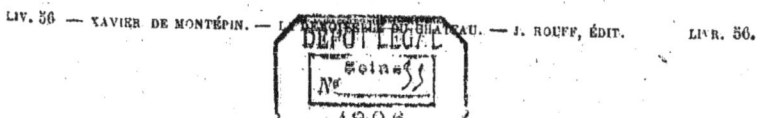

Il se laissa glisser aux pieds de Gervaise. (P. 445.)

tout à coup dans les ténèbres... Prise de peur, j'ai voulu rentrer dans ma chambre, mais j'ai trouvé la porte fermée. Quelqu'un la retenait en dedans, quelqu'un qui sans doute s'était caché lorsque je sortais et que je n'avais pas vu. Affolée, je laissai tomber la lampe que j'avais toujours à la main, et je m'enfuis, droit devant moi, sans savoir où j'allais... Comment suis-je sortie du château ?... je n'en sais rien...

— Mais il faisait un temps horrible ! — s'écria Verneuil. — Vous devez être trempée, glacée !...

— Non, je n'ai pas froid, je suis bien... je brûle, au contraire. Voyez, mon ami, — dit la jeune fille en mettant sa petite main dans celle de l'ingénieur.

Et appuyant doucement sa tête sur l'épaule du jeune homme :

— Je n'ai plus peur, maintenant, je voudrais toujours rester ainsi !... murmura-t-elle, tandis que ses cheveux légers et soyeux, épars autour d'elle, effleuraient comme d'une caresse la joue frissonnante d'Adrien.

Pour la seconde fois, Verneuil ressentit une impression pénible.

Cette familiarité, si peu en rapport avec la réserve habituelle de la jeune fille, le surprenait et l'inquiétait. — Mlle de Châtenay agissait avec lui comme si de longues relations les unissaient déjà.

Une idée passa, lumineuse, cruelle, dans l'esprit de l'ingénieur.

— Serait-elle devenue folle, mon Dieu !... — se demanda-t-il soudain — Serait-ce là l'explication douloureuse de cette disparition extraordinaire qui m'a tant fait souffrir !

Mais il se rassura en l'examinant et en réfléchissant.

— Non, ses propos n'ont pas l'incohérence de la folie !... — pensa-t-il. — Gervaise subit l'influence de quelque surexcitation nerveuse dont j'ignore la cause, mais elle a toute sa raison. Cet orage seul peut-être, si extraordinaire en cette saison et qui a bouleversé l'atmosphère, a suffi pour la mettre en cet état !... Il faut qu'elle rentre, qu'elle se repose !

Et, soulevant délicatement la tête qui s'abandonnait confiante sur sa poitrine, Adrien dégagea son épaule et se leva.

Il eût trouvé criminel de profiter une seconde de plus de cet abandon dont il devinait l'inconscience chez celle qu'il aimait.

— Où allez-vous, Adrien ? — s'écria la jeune fille en se levant à son tour et en s'accrochant à lui avec effroi.

— Vous avez la fièvre, mademoiselle Gervaise !... Vous ne pouvez passer la nuit ici !... Laissez-moi aller chercher du secours !

— Non, ne me quittez pas, je vous en supplie, mon ami !... — implora Gervaise. Ne me laissez pas ici toute seule !... Je mourrais de peur !...

— Mais, le château est à deux pas... Dans quelques minutes...

— Je ne veux pas rentrer au château !... Je vous en prie, laissez-moi ici, Adrien, près de vous !... Je suis si bien !... — balbutia encore la jeune fille en se suspendant, câline, au cou de l'ingénieur :

Puis soudain, se serrant contre lui dans un besoin inconscient de protection et de tendresse :

— Gardez-moi auprès de vous, toujours, mon bien-aimé !... — murmura-t-elle, en proie à une sorte de délire, sous l'influence étrange du narcotique versé par Léonore.

Verneuil se dégagea vivement.

Un trouble vague commençait à l'envahir.

Il se demandait s'il n'était pas le jouet d'un songe.

Vivait-il réellement ?...

Ces effusions, que, dans son amour respectueux pour Gervaise, il n'eût même jamais osé espérer, étaient-elles autre chose qu'une illusion, une fièvre de son imagination emportée hors du respect par l'irresponsabilité du rêve ?

Pourtant, il ne pouvait douter !... Non, il ne rêvait pas ! — C'était bien Mlle de Châtenay et non une vaine image évoquée par son amoureux délire, qui s'abandonnait confiante dans ses bras.

Gervaise l'aimait !... A cette heure, il pouvait en être sûr.

Mais la soudaineté, l'étrangeté de cette révélation le bouleversaient.

Adrien se rendait bien compte que la jeune fille obéissait à une influence indépendante de sa volonté, que c'était à quelque phénomène mystérieux qu'il devait cet aveu naïf et pour ainsi dire inconscient de la tendresse de Gervaise.

Il domina le trouble amoureux que l'étrange abandon de Mlle de Châtenay mettait en lui, sentant instinctivement le danger de ce tête-à-tête singulier où les rôles étaient intervertis, où la jeune fille, dans une inconsciente impudeur, oubliait la réserve naturelle de son sexe, se révélait à lui comme une amante passionnée.

Il insista pour aller réveiller les gens du château.

Mais Gervaise l'arrêta par une réflexion pleine de logique.

— Allez-y, si vous voulez, — dit-elle, — mais que pensera-t-on en nous trouvant ensemble ?... Tenez-vous donc tant à me compromettre ?

— C'est vrai, vous avez raison, mademoiselle !... Mais alors, que faire ? — s'écria le jeune homme avec anxiété. — Il faut pourtant que vous rentriez !... Vous ne pouvez rester ainsi, à peine vêtue, exposée toute la nuit à l'humidité et au froid. — C'est vouloir votre mort !

— Que m'importe ma mort, — fit Gervaise en proie à une violente surexcitation nerveuse : — Je ne veux pas rentrer au château !... C'est là que je mourrais de peur et de tristesse !... Je n'y vis plus !... La haine de ma belle-mère me met dans de continuelles alarmes !... Je sens que tout est danger autour de moi !... Je n'y vois que des visages hostiles... Ma marâtre ne sait qu'inventer pour me torturer !... Elle m'a séquestrée, défendu de sortir !... Je suis une prisonnière, gardée à vue !...

— Est-il possible ! — s'écria Verneuil. — C'est donc pour cela que je ne vous rencontrais plus, mademoiselle ?

Et, comprenant que la jeune fille avait dû obéir, en fuyant, au sentiment de frayeur que lui inspirait sa belle-mère :

— Mais pourquoi vous déteste-t-elle ainsi, vous, si douce, si bonne ? — demanda-t-il encore.

— Le sais-je ?... — répondit Mlle de Châtenay avec exaltation. — Mais elle me tuera, j'en suis sûre, si personne ne vient à mon secours, si l'on ne m'arrache de ses mains !...

— Moi, je vous défendrai !...

— Ah ! je vous en conjure, — continua la malheureuse enfant, en se pressant éperdument contre Verneuil, — ne me ramenez pas à elle !... gardez-moi... défendez-moi contre cette horrible femme, Adrien, si vous m'aimez !

Et, en proie à une sorte de folie érotique, Gervaise enlaça son corps charmant au corps frissonnant du jeune homme. Ses lèvres chastes et pures, ignorantes du baiser, cherchèrent les siennes.

Adrien tressaillit.

Au contact de ce corps souple et jeune que voilait à peine un léger peignoir, en sentant battre contre son cœur le cœur de celle qu'il aimait, il se sentit faiblir, en même temps qu'un souffle embrasé brûlait son front.

Un combat violent se livra un instant en lui entre sa raison et son amour, pendant qu'il tenait Gervaise dans ses bras, les regards noyés dans les siens.

Ce fut l'amour qui l'emporta.

Adrien oublia toutes ses résolutions.

Détachant de son corps le corps de l'adorée, il se laissa glisser aux pieds de Gervaise.

— Oui, je vous défendrai, je vous protégerai, ma bien-aimée !... — fit-il en couvrant de baisers passionnés les vêtements et les mains de la jeune fille. — Je vous défendrai contre tous, ne craignez rien !...

Sous cette caresse brûlante, Gervaise sentit courir dans ses veines des sensations inconnues et délicieuses, des frissons voluptueux.

C'était une révélation soudaine qui lui était apportée dans l'état de trouble et d'égarement causé par le breuvage scélérat.

Elle se pencha vers Adrien, et, l'attirant dans ses bras :
— Je vous adore, mon bien-aimé !... — bégaya-t-elle.
De nouveau, elle l'étreignit affolée et plus encore inconsciente.
La pluie recommençait à tomber fine et pressée. L'orage, en s'éloignant, avait laissé le ciel chargé de nuages lourds.
Pour s'abriter, les deux jeunes gens se réfugièrent dans une sorte de grotte artificielle qui se trouvait dans le parc non loin de la brèche faite au mur de Châtenay par la foudre.
Les faucheurs y avaient entassé en hâte du foin coupé la veille, pour le soustraire à la pluie qui l'aurait perdu.
A demi étendue sur un banc rustique, Gervaise, en proie à la fièvre d'amour glissée dans ses veines par l'infâme Mousset, attira le jeune homme dans ses bras et, sous l'étreinte passionnée de celle qu'il aimait, un irrésistible frisson de volupté secoua Adrien.
Fou, éperdu d'amour au contact de ce corps charmant, il perdit la notion de toutes choses.
Il eut un moment d'irrémissible oubli.
A son tour, il enlaça Gervaise. Ses lèvres balbutiantes se joignirent à celles de la jeune fille qui les appelaient.

. . . .

. . . .

*
* *

Quand Verneuil revint à lui, encore inconscient, il vit Mlle de Châtenay évanouie dans ses bras.
Le jour qui commençait à poindre et à pénétrer dans la grotte, laissait apercevoir la pâleur et le visage décomposé de la pauvre enfant.
Le jeune homme poussa un cri douloureux.
— Gervaise !... Mademoiselle Gervaise !
Affolé, il chercha à la rappeler à elle.
— Serait-elle morte ?... Grand Dieu ! — pensa-t-il en constatant l'inutilité de ses efforts.
Soudain, la conscience de l'acte qu'il venait de commettre lui revint.
Il se recula en chancelant.
Il se faisait horreur.
Était-ce bien lui qui avait abusé de l'inconscience de Gervaise ?... Lui ! qui avait souillé cette fleur jusqu'alors si pure, cet ange d'innocence et de candeur ?
— Misérable !... Misérable que je suis !... — se répétait-il avec effroi et désespoir. — J'ai agi comme le dernier des lâches !... Comment ai-je pu

céder à cet entraînement criminel?... Commettre cet acte de démence et de folie?... L'amour même que j'avais pour cette enfant eût dû la rendre sacrée pour moi !...

Et, maintenant, le mal est fait, irréparable !... Ah ! que ne puis-je déchirer cette page de ma vie !... Hélas ! j'ai perdu à jamais l'honneur et le droit de porter la tête haute !... je me suis assimilé aux plus vils misérables !...

Gervaise ! ma chère Gervaise !... — ajouta le jeune homme en se laissant tomber à genoux et sanglotant aux pieds du banc rustique où Mlle de Châtenay gisait toujours sans connaissance. Gervaise, répondez-moi !... pardonnez-moi !...

Adrien se dressa soudainement avec épouvante.

Gervaise revenait à elle.

Oserait-il affronter le regard de celle qu'il avait outragée !

Il fit un mouvement pour s'enfuir. — La douce voix de Gervaise le retint.

Elle l'appelait.

Elle était calme, un peu honteuse de cette faiblesse de petite fille qui lui avait fait fuir sa chambre et abandonner le château sous l'influence énervante de l'orage.

Avec le jour, il ne restait plus rien en elle de sa frayeur irraisonnée.

Elle s'excusa gentiment auprès d'Adrien. Son sourire reconnaissant le remerciait des soins qu'il lui avait donnés.

Qu'est-ce qu'il avait dû penser d'elle, cependant, en la trouvant seule, au milieu de la nuit, sur la route ? — Une demoiselle de Châtenay courant la prétentaine ! — Que dirait Madeleine quand elle apprendrait cette équipée ?... C'était joli !

Gervaise avait retrouvé toute sa réserve. Dans l'aisance enjouée de ses propos, on devinait le plus complet oubli de ce qui venait de se passer.

Le remords de l'ingénieur s'en augmentait d'autant.

Cet oubli n'était-il pas la preuve indéniable de l'inconscience de la jeune fille.

— Misérable que je suis !... — se répétait Verneuil accablé de honte et de remords. J'ai abusé d'un moment d'égarement, de je ne sais quelle influence maladive et funeste sous laquelle cette malheureuse enfant se trouvait !... Comment n'ai-je pas été arrêté par la pureté, l'innocence de cet ange !... Comment me suis-je laissé aller à commettre un pareil crime !... Faut-il que je sois vil et méprisable !

Gervaise, cependant, s'étonnait de l'air sombre d'Adrien. Son amour ingénu s'inquiétait de ne pas voir se rasséréner la figure du jeune homme.

— Il devrait être pourtant heureux, comme je le suis moi-même de nous trouver réunis, — pensait-elle, — malgré la puérilité des raisons qui m'ont poussée à cette folle équipée!... Il est vrai que j'ai obéi à un sentiment enfantin de frayeur. Mais, s'il m'aimait, s'en inquiéterait-il autant? Je vois bien que c'est l'incorrection de ma conduite qui le préoccupe.

Et, achevant tout haut sa pensée :

— Alors, bien vrai, vous n'avez pas trop mauvaise opinion de moi, monsieur Verneuil? — interrogea-t-elle avec émotion.

— Mauvaise opinion de vous?... Comment pourrais-je me le permettre, mademoiselle?... répondit-il d'une voix contrainte.

— Je ne sais pas, mais je vous vois si triste, si sévère!... D'ailleurs, vous seriez en droit de me mal juger. Moi-même, j'ai peine à comprendre ma conduite... à me rendre compte... Depuis hier, il me semble que je vis dans un rêve... C'est à peine si je me souviens, sinon de cette irrésistible et stupide frayeur qui m'a jetée dans le parc malgré la tempête et m'a fait fuir affolée. Je serais morte, je crois, si je ne vous avais pas rencontré!... Je vous dois la vie, monsieur Verneuil!

Mais, depuis le moment de notre rencontre je ne me souviens plus de rien, — continua la jeune fille, qui s'était interrompue un instant, faisant un effort pour rappeler ses souvenirs. — Je me sentais brisée de fatigue. J'ai dû m'endormir, sans doute. Tout ce que je me rappelle, c'est que j'avais été si heureuse de me trouver enfin sous votre protection! Combien j'ai d'excuses à vous adresser et de remerciements pour tous vos soins. Quelle nuit je vous ai fait passer, monsieur Verneuil!

Et souriante, dans un mouvement charmant de reconnaissance et de tendresse, Gervaise tendit sa main au jeune homme.

Il hésitait à la prendre, pâle d'émotion, et c'est à peine s'il la toucha du bout de ses doigts glacés et tremblants.

Chaque parole de la jeune fille entrait dans son cœur comme un poignard.

Cette confiance de Gervaise, comment y avait-il répondu?... par le plus abominable des attentats!...

L'aveu de son crime fut prêt un instant à s'échapper de ses lèvres!...

— Je me tuerai ensuite!... — pensait Verneuil.

Mais la candeur de Mlle de Châtenay retint en lui le fatal secret.

— Souiller son esprit après avoir souillé son corps!... se dit-il avec horreur. — Dans quel abîme de lâchetés suis-je descendu, mon Dieu!...

Le jour grandissait, Gervaise se leva.

Elle était calme, bien que son visage gardât encore la trace des émotions de cette nuit horrible.

— Il faut que je rentre maintenant, — fit-elle avec un imperceptible

Gervaise avait dû se pencher, et regarder par-dessus la rampe de marbre de l'escalier. (P. 453.)

accent de regret, attristée par la pensée de quitter Verneuil. — Il ne faut pas que les domestiques s'aperçoivent de mon équipée de cette nuit. C'est déjà bien assez que vous, monsieur, vous en ayez été témoin !... que dirait ma pauvre Greetchen en ne me trouvant pas dans ma chambre à son réveil !

— Oui, c'est cela, rentrez, mademoiselle Gervaise, — fit l'ingénieur d'une voix triste. N'attirez pas sur votre tête plus de malheurs !... Hélas! la destinée vous frappe bien assez comme cela, pauvre enfant !

Les larmes montèrent aux yeux de la jeune fille.

— Vous savez donc combien je suis malheureuse?

— Oui !... Vous m'avez tout dit, cette nuit, avant de perdre connaissance sous le coup de la frayeur que vous éprouviez...

— J'ai perdu connaissance?...

— Oui, un instant... et je vous ai... secourue...

— C'est pour cela que je ne me rappelle rien.

Que vous ai-je dit? — demanda Mlle de Châtenay inquiète à la pensée qu'elle avait pu avouer à l'ingénieur, dans l'inconscience où elle se trouvait, la cause de la persécution dont elle était victime de la part de sa belle-mère.

— Vous m'avez dit que, sans motifs, Mme de Châtenay vous séquestrait, vous interdisait toutes relations avec le dehors. — Qu'elle vous faisait espionner et ne laissait auprès de vous que des gens hostiles payés pour vous servir de geôliers, pour vous torturer...

— Oui, c'est cela, sans motifs, — appuya Gervaise, — sans autres motifs que la haine qu'elle me porte !... Hélas ! j'ai tout à craindre de cette haine ! tout à redouter de la méchanceté de cette femme !... Ah ! si seulement Madeleine était auprès de moi !... Mais il m'est même défendu de lui écrire !... Quand elle reviendra, dites-lui combien je suis malheureuse.

— Mais vous le lui direz vous-même, mademoiselle; la première visite de Mlle Duhamel sera pour vous.

— Qu'elle ne vienne pas, — répliqua vivement Gervaise, — ma belle-mère ne la recevrait point. Je ne veux pas que son amitié pour moi lui attire cet affront.

— Mais c'est impossible !

— Mme de Châtenay veut briser toutes relations avec les Duhamel.

— Pourquoi donc?

La jeune fille ferma les yeux dans une pensée d'infinie tristesse. Elle savait bien que le but de sa belle-mère était de la séparer d'Adrien, de lui enlever tout prétexte de se retrouver avec le jeune homme qu'elle la soupçonnait d'aimer.

Quand le reverrait-elle, maintenant?...

Elle surmonta son émotion et fit un geste vague.

— Pourquoi?... répondit-elle en rougissant et en étouffant un soupir. — Le sais-je?...

— C'est affreux !... Il faut vous plaindre, en appeler à un conseil de famille... demander à être soustraite à une si odieuse tutelle ! Cette femme ne peut continuer à vous torturer ainsi impunément, mademoiselle. Voulez-vous que je prévienne M. Duhamel ?

— Non. Je ne veux pas de scandale autour du nom de mon père, — dit la jeune fille.

— Mais vous souffrez !

— Qu'importe !... Je patienterai jusqu'à ma majorité ! J'y suis décidée ! — déclara Gervaise résolument.

— Alors, en attendant ?

— En attendant, je vais rentrer dans ma prison, — murmura tristement la jeune fille qui vainement avait attendu que Verneuil offrît de la protéger.

La protéger, hélas !... eût-il osé avoir seulement cette pensée, lui qui avait agi comme ne l'eût pas fait peut-être le plus vil et le plus misérable de ses bourreaux !...

En proie aux plus cuisants remords, souffrant cruellement de la contrainte qu'il était obligé de s'imposer, sur le point à chaque seconde de tomber aux genoux de Gervaise et de crier sa faute, cette faute irrémédiable qu'il eût donné tout son sang pour pouvoir racheter, Adrien accompagna la jeune fille dans la direction du château.

La confiance que Mlle de Châtenay lui témoignait était pour lui un supplice mille fois pire que si elle l'eut accablé de son mépris.

Il ne trouvait, pour son crime, aucune excuse.

L'irresponsabilité de Gervaise, son ignorance, éclataient plus lumineux que le jour aux yeux de ce grand coupable.

— Que fais-je ici ?... — se répétait-il tout en suivant Mlle de Châtenay sous les grands arbres du parc. — Je suis un misérable, un lâche !... Après un tel crime je ne devrais plus exister !... Je ne suis plus digne de voir le jour !

Soudain, Gervaise tressaillit et s'arrêta. Elle venait d'entendre dans le lointain des cris d'appel.

— C'est la voix de Fraülein !... — murmura-t-elle effrayée ; — elle me cherche. Il est trop tard pour que je songe à rentrer sans être vue !... Il faut nous quitter, monsieur Verneuil.

L'Allemande, en effet, appelait la jeune fille d'une voix pleine d'angoisse. On entendait ses cris se rapprochant.

L'ingénieur s'inclina devant l'amie de Madeleine.

— Adieu, mademoiselle, — fit-il avec un accent profond et douloureux qui fit tressaillir Mlle de Châtenay.

— Qu'a-t-il ? — se demanda la jeune fille toute troublée. — Pourquoi cette froideur, cet air glacé ?... Qu'est-ce qui le métamorphose ainsi subitement ?... Que lui ai-je fait ?

Et voyant que l'ingénieur se hâtait de s'éloigner sans avoir touché la main qu'elle lui tendait :

— Vous ne prenez pas ma main, monsieur Verneuil?... — murmura-t-elle d'une voix tremblante.

— Ah ! pardon !...

Adrien revenant sur ses pas prit cette petite main d'un geste fébrile, il la pressa dans les siennes, puis, la laissant retomber :

— Pardon, — répéta-t-il en saluant avec une douloureuse confusion, prêt encore une fois à avouer le crime dont le remords le torturait.

Mais Gervaise ne le laissa point parler.

— Adieu, et merci encore, monsieur Verneuil, — dit-elle impatiente de répondre à l'appel de sa gouvernante.

Adrien parti, le regard rêveur de la jeune fille le suivit jusqu'à ce qu'il eût complètement disparu dans le fourré.

— Où êtes-fous?... répontez-moi, che fous en conchure, matemoiselle Cherfaise!... cria tout près de la jeune fille, la voix de Greetchen, chez qui l'émotion accentuait encore la prononciation tudesque.

— Me voilà, Greetchen, — répondit Mlle de Châtenay avec un soupir.

— Tieu soit loué !... Che ne savais où fous chercher, che n'y gomprenais rien...

— Moi non plus, je n'y comprends rien, — murmura Gervaise pensant à la froideur et à la singulière attitude d'Adrien Verneuil.

Que signifiaient ces adieux glacés?... — se demandait-t-elle. — Il y avait en lui comme une hâte de me quitter, de me fuir !...

CHAPITRE XXII

CONFESSION

éfugié dans la serre, caché derrière un massif de cannas gigantesques aux larges feuilles, Mousset, sa tentative avortée, resta longtemps aux écoutes. — Le misérable se sentait anxieux.

Il craignait à chaque instant de se voir découvert.

Tout en fuyant, il avait distinctement entendu Gervaise ouvrir la porte de sa chambre et venir jusqu'à l'escalier.

Il avait aperçu le rayon lumineux de la lampe que la jeune fille tenait à la main.

Gervaise avait dû se pencher, et regarder par dessus la rampe de marbre de l'escalier, car le rayon s'était allongé, avait vacillé à deux ou trois reprises sur l'ombre du mur.

A ce moment, retardé dans sa fuite par la crainte de se heurter à quelque meuble, le misérable, arrivé au rez-de-chaussée après avoir descendu l'escalier précipitamment, s'apprêtait à quitter le grand vestibule d'honneur pour pénétrer dans le salon de réception.

Sa main soulevait déjà l'épaisse portière de tapisserie.

Le bruit léger des pas de la jeune fille l'immobilisa. Il se dissimula de son mieux dans les plis de la lourde tenture.

Avait-il été vu ?...

Si Gervaise avait donné l'alarme, il était perdu !

Caché dans la serre, l'oreille au guet, n'osant faire aucun mouvement, il réfléchit.

Au cas où les domestiques réveillés par Mlle de Châtenay se mettraient à le chercher, ils auraient vite fait de le trouver là. Quelle explication donnerait-il de sa présence ?...

Cependant, au bout d'un moment, n'entendant aucun bruit, le jeune homme se rassura.

Si on le cherchait, on n'avait du moins jusque-là pas eu l'idée de venir le relancer dans sa cachette.

Il se releva avec précaution.

La serre était toujours silencieuse et sombre.

Le jeune homme s'orienta vers la petite porte donnant sur le parc.

Peut-être le cherchait-on au dehors? il fallait savoir.

Il ouvrit alors la porte sans bruit et sortit sur la terrasse. Le parc était profondément silencieux.

L'amant de Léonore fit quelques pas et se retourna vers la façade du château.

Aucune lumière n'y apparaissait.

Seule la chambre de Gervaise était éclairée.

— Elle ne m'a pas vu... mais elle veille, — pensa Mousset. — Le narcotique n'a donc pas produit son effet?... à cette heure elle devrait dormir depuis longtemps!... Je n'y comprends rien!...

Et l'esprit soudain traversé d'un soupçon :

— Cette satanée Léonore m'aurait-elle trompé?... — se demanda-t-il avec inquiétude.

Il serra les poings avec rage :

— Tonnerre de tonnerre!... — reprit-il avec colère, — si j'étais sûr de ça, elle me le paierait!...

Qu'allait-il faire maintenant?

Devait-il recommencer sa tentative?... Si Gervaise était sur ses gardes, cela serait effroyablement dangereux.

— Non, mon coup est raté pour cette fois, — murmura l'infâme avec la rage d'un amer dépit. — Il y aurait folie à tenter le sort...

J'essaierai plus tard. — Rien n'est perdu! — Mieux vaut ne pas compromettre mes projets par une obstination hors de propos. La possession de Châtenay et de la fortune à revenir à cette mijaurée de Gervaise vaut bien un peu de patience. Le mieux est de s'abstenir aujourd'hui.

Puis, ayant regardé autour de lui, et voyant le ciel blanchir derrière les hautes futaies du parc, il ajouta :

— Du reste, le jour ne tardera pas à se lever, et il ne serait pas prudent de m'attarder là.

La pluie a cessé, mais je crois que ce n'est pas pour longtemps... il faut se hâter de rentrer!...

Mousset alla refermer la porte de la serre, puis il se rechaussa et passa son pardessus.

Malgré son assurance, il avait peine à prendre son parti de cette tentative avortée.

— C'est égal, — murmura-t-il, tout en s'engageant dans l'allée qui, après un léger détour à travers les dépendances du domaine, aboutissait au pavillon qu'il occupait, — c'est fâcheux!... Cela marchait si bien!... Je serais maintenant en beau chemin pour la fortune... tandis qu'à présent, tout est à recommencer !... fâcheuse équipée tout de même!

L'amant de Léonore s'arrêta net au milieu de ses réflexions.

Il lui avait semblé entendre, dans le parc, un bruit de branches brisées, de feuilles mortes, craquant sous un pas furtif.

— On a marché, par là !... — se dit-il en écoutant et en cherchant à voir à travers les larges massifs qui bordaient l'allée.

Mais, sous le couvert des hautes futaies, la nuit était encore trop épaisse; le misérable eut beau regarder, il ne vit rien.

— Après tout, ce doit-être quelque animal sous bois... — murmura-t-il, mal convaincu cependant, gardant l'impression d'un bruit de marche humaine, d'un pas hésitant écrasant les feuilles sèches.

Et, en effet, dans une éclaircie, sur le sable mouillé d'une allée coupant à angle droit celle qu'il suivait, Mousset aperçut une trace de pas.

— Pardieu ! j'en étais bien sûr !... — s'écria-t-il en se baissant vivement pour examiner l'empreinte. — C'est un pied de femme, il n'y a pas d'erreur possible !... un pied tout mignon... finement chaussé...

Et, se relevant avec un geste de stupeur :

— C'est le pied de Mlle Châtenay qui s'est posé là, — ajouta le drôle.

— Il n'y a pas à en douter. — Elle seule a pu laisser une empreinte aussi délicate... D'ailleurs, elle seule, au château, porte des chaussures à talons Louis XV dont la cambrure est assez visible dans le sable détrempé.
— C'est bien Gervaise qui a passé là.

Il réfléchit un instant, inquiet, préoccupé, cherchant à comprendre.

— Elle est donc sortie ?... — se demandait-il. — Sortie pendant que j'étais caché dans la serre alors !...

C'est invraisemblable, avec ce temps !... Et pourtant, cela est, c'est incontestable !... — que pouvait-elle avoir à faire dans le parc au milieu de la nuit ?... Où peut-elle être allée ?...

Pris d'une réelle inquiétude, Mousset se baissa de nouveau et à la lueur de l'aube blanchissante, il essaya de suivre sur le sol les traces de la jeune fille.

Mais à ce moment des lumières parurent sur la terrasse du château, des cris d'appel se firent entendre, au milieu desquels dominait la voix de la fille de Von Puttmacker.

— Qu'est-ce qu'ils ont donc ?... — se demanda Mousset, qui, à cause de la distance, ne percevait que des sons indistincts.

Qui cherchent-ils ?... Gervaise sans doute. A moins que...

Mais soudain pris de peur, à la réflexion qui venait de lui traverser l'esprit :

— Décampons ! dans tous les cas, c'est le plus sage, — ajouta-t-il en se faufilant sous le couvert et en se hâtant de s'éloigner.

⁂

Mal convaincue par les protestations de son amant, Léonore, remontée dans sa chambre après l'explication qu'elle venait d'avoir avec lui dans la serre, s'était mise à réfléchir.

Malgré tout, la conduite de Paul lui semblait louche. Les raisons qu'il lui avait données, et qu'il appuyait de caresses persuasives, lui paraissaient maintenant indignes de créance.

— Il a beau faire, je sens bien qu'il ne m'aime plus !... non, ça n'est plus ça !... — murmurait-elle en hochant la tête. — Est-ce qu'autrefois, au lieu de me quitter pour « aller dormir », il ne serait pas remonté avec moi ?... — Ah ! les hommes ! c'est tous des sans cœur, des rien qui vaille !

D'ailleurs, on ne m'ôtera pas de l'esprit que Paul s'est mis une idée en tête pour mademoiselle !... Il a beau dire, il a une façon de la regarder qui n'est pas naturelle. — Je le connais bien, moi !... je sais bien comment il est quand la bagatelle le préoccupe !... — Il a beau me répéter qu'il n'oserait pas... Avec ça, que ça le gênerait !...

Et inquiète, craignant une tentative de son amant sur Gervaise, Léonore était restée aux aguets.

Elle commençait à se rassurer et se préparait à se mettre au lit, quand elle entendit du bruit dans la chambre de la jeune fille.

Son premier mouvement fut de ragrafer sa robe et de descendre. Mais elle s'arrêta incertaine.

— Si ce n'était pas lui !... — réfléchit-elle, — que dirait mademoiselle en me voyant entrer chez elle sans qu'elle m'eût sonnée ! Mme la vicomtesse ne plaisante pas sur les questions de service... Mademoiselle n'aurait qu'à se plaindre...

Tenant à sa place, la femme de chambre attendit, rongeant son frein. Penchée sur la rampe de l'escalier, n'osant descendre, elle écouta.

Soudain elle tressaillit.

Elle venait de penser à la liqueur que son amant lui avait fait verser dans la potion de Gervaise.

— C'est au moins quelque drogue pour endormir... quelque narcotique... — se dit-elle. — Oh ! le gueux ! se servir de moi, encore, par-dessus le marché ! ... S'il a fait ce coup-là !...

Et, talonnée par la jalousie, Léonore, n'y tenant plus, descendit en toute hâte.

Le médecin ne put donc établir les causes de l'indisposition que d'après des probabilités.
(P. 462.)

La porte du cabinet de toilette de Gervaise était ouverte.

Il n'y avait pas à en douter, Mousset devait être là.

— Le misérable! je le savais bien... Il m'a trompée! — se dit la femme de chambre hors d'elle-même en entrant dans la pièce. — Ah! il me le paiera!...

Un ronflement sonore sortant de la chambre de l'Allemande l'arrêta.

— Elle dort, celle-là!... jolie surveillante! — grommela Léonore en haussant les épaules de pitié. — Si on a jamais vu une brute pareille ! Pendant ce temps-là il se passe de jolies choses chez mademoiselle !

Cette idée que son amant se trouvait auprès de Gervaise fit tomber les dernières hésitations de la femme de chambre.

Elle souleva la portière et, sa lampe à la main, entra résolument chez la jeune fille.

Son regard explora rapidement la chambre.

Elle était vide !

Le lit n'avait pas même été défait.

Léonore poussa un cri de rage.

— Trop tard !... — fit-elle. — J'arrive trop tard ! Il est venu ! — Il l'a prise, emportée peut-être, sans connaissance, par l'effet de cette drogue que j'ai été assez bête pour verser moi-même !...

Le monstre se fiche de moi à ce point-là !... Mais il me le paiera !... Je me vengerai ! il peut y compter ! — Il n'en a pas fini avec moi, je lui en réponds !...

La femme de chambre s'arrêta un moment pour réfléchir.

— Il serait peut-être temps encore de les rattraper, — murmura-t-elle.

Et, furieuse contre Greetchen :

— Quand je pense que cette imbécile-là ne s'est seulement pas réveillée ! — dit-elle rageusement en se précipitant dans la chambre de l'Allemande.

— C'est idiot de dormir comme ça !...

La fille de Von Puttmacker ronflait toujours.

Léonore la secoua avec fureur.

— Quoi !... Qu'est-ce que fous me foulez, matemoiselle Cherfaise ? — demanda l'Allemande en se soulevant et en s'efforçant d'entr'ouvrir ses yeux gonflés de sommeil.

— Ce n'est pas mademoiselle, c'est moi ! — cria la femme de chambre impatientée en continuant à secouer la gouvernante.

— Fous... qui, fous ?

— Léonore...

— Léonore... Ah ! très bien. — Ponsoir, — fit Greetchen en refermant les yeux et en cherchant à se retourner contre le mur, persuadée qu'elle n'avait rien de mieux à faire que de se rendormir.

Mais sa persécutrice la retint.

— Hein !... quoi ?... qu'est-ce que fous me foulez encore ! — grommela Greetchen.

— Réveillez-vous donc, voyons !

— Mais il ne fait pas jour! — protesta la forte femme. — Laissez-moi tormir!

— Il s'agit bien de dormir. — Où est mademoiselle? — demanda Léonore.

— Comment?... où est matemoiselle! quelle temoiselle? fit l'Allemande encore mal éveillée.

— Mlle Gervaise, je suppose!... — cria la maîtresse de Mousset. — Je vous dis qu'elle n'est pas dans sa chambre, qu'elle est partie!...

Greetchen ouvrit des yeux stupéfaits.

— Comment partie?... La ponne plaque, fous foulez rire?... matemoiselle Gervaise est couchée, elle dort...

— Elle dort si bien que le lit n'est même pas défait, — cria Léonore.

L'Allemande sursauta.

— Le lit n'est pas défait?... qu'est-ce que fous dites là?... Pourquoi Cherfaise ne s'est-elle pas couchée?

— Allez le lui demander, — fit la femme de chambre en haussant les épaules. — Vous pouvez courir après elle! — Je vous dis qu'il n'y a personne chez mademoiselle.

— Personne?

— La chambre est vide.

— Vous en êtes sûre? — demanda Fraülein complètement affolée.

— Dame!... ce n'est pas difficile à voir! — Je ne dors pas, moi! — fit rageusement Léonore.

— Mein Gott!... que faire?... — gémit l'Allemande.

Et grotesque, ses cheveux moites de la chaleur du lit, collés sur sa figure rougeaude, un mouchoir de cotonnade jaune et vert noué sur la tête en marmotte, Fraülein passa à la hâte un jupon que retenait suffisamment la proéminence de ses hanches, et elle entraîna la femme de chambre.

— Fenez, courons, ma ponne Léonore!... — gémit-elle, déjà essoufflée... — Il faut à toute force retrouver mademoiselle, avant le retour de matame la ficomtesse!... Que dirait matame, mon Tieu, si elle apprenait que matemoiselle Cherfaise est sortie toute seule du château, la nuit, sans prévenir personne!

— Le fait est que vous recevriez un fameux galop, ma pauvre mamselle Fraülein, si toutefois vous n'étiez pas remerciée, — fit la femme de chambre.

L'Allemande roula plutôt qu'elle courut jusqu'au vertibule et, malgré son essoufflement, descendit l'escalier quatre à quatre, suivie de Léonore.

— Renfoyée!... — gémit-elle avec effroi. — Vous croyez que che serais renfoyée!...

— Avec ça que la vieille se gênerait !... — répondit irrespectueusement la femme de chambre.

Les deux femmes se munirent chacune d'un flambeau.

Après avoir cherché, mais sans aucun succès, Gervaise, dans le château, elles sortirent sur la terrasse.

Toutes deux, quoique pour des raisons différentes, désiraient ardemment retrouver les traces de la jeune fille.

— Il faut voir dans le parc !... — murmura Léonore.

L'Allemande poussa un soupir.

— Pourfu que nous la retrouvions, mon Tieu !... — gémit-elle, haletante, en suivant avec peine la femme de chambre.

— Soyez tranquille, — affirma celle-ci, sans, toutefois parler des raisons qui la faisaient agir.

Quand il faudrait pour cela chercher jusqu'au jour et fouiller tous les taillis...

— Mais si elle a quitté le parc ?

— Appelons-là, nous le verrons bien !

— Fous avez raison, c'est une idée.

Toutes les deux se mirent alors à pousser ces cris d'appel que Gervaise avait entendus.

Comprenant que sa sortie était découverte et qu'on la cherchait, la jeune fille, après avoir quitté Adrien Verneuil, se décida à rejoindre sa gouvernante.

Elle se sentait, d'ailleurs, brisée de fatigue et en proie à une fièvre intense.

La surexcitation que la présence d'Adrien avait mise en elle faisait place à un état presque somnambulique, à une sorte de torpeur qui l'avait saisie tout à coup et qu'elle ne cherchait même pas à secouer.

L'effet du narcotique agissait encore.

Gervaise éprouvait maintenant une écrasante lassitude, un irrésistible besoin de repos.

— Ah ! fous foilà !... — s'était écriée Greetchen. — Tieu soit loué !... Ciel, que ch'ai eu peur !...

— Rentrons, ma bonne Fraülein, — dit Gervaise, sans donner aucune explication.

— Mais enfin, qu'est-ce qui fous est arrivé, matemoiselle Cherfaise ?... D'où fenez-vous ? — demanda l'Allemande, qui ne pouvait comprendre le motif de cette sortie extraordinaire de la jeune fille.

— Je ne sais ce que j'ai éprouvé... C'est l'orage, sans doute... — articula avec peine la jeune fille dont les yeux se fermaient. — J'ai eu peur... Je me suis sauvée dans le parc... mais je ne comprends pas...

— Fous n'êtes pas malate, au moins ? — reprit avec inquiétude la gouvernante.

— Non, j'ai sommeil... Je voudrais dormir, Fraülein, — dit Mlle de Châtenay, en prenant le bras de la grosse femme.

Léonore venait de les rejoindre.

Son œil soupçonneux enveloppa la jeune fille.

— Mademoiselle est souffrante? Dans quelle inquiétude elle nous a mises ! — fit-elle, feignant l'intérêt, essayant à son tour de faire parler Gervaise.

Mais c'est à peine si Mlle de Châtenay l'entendit.

Prise d'un irrésistible sommeil, elle marchait les yeux à demi clos et d'un pas automatique, son bras appuyé sur celui de l'Allemande.

— Elle est fatiguée, — dit celle-ci, en faisant signe à la femme de chambre de l'aider à soutenir la jeune fille.

Léonore passa l'autre bras de Gervaise sous le sien.

— Mais qu'est-ce qu'elle a eu ?... elle vous l'a dit ? — demanda la maîtresse de Mousset, avide de savoir si le nom de son amant n'avait pas été prononcé par la jeune fille.

L'Allemande haussa les épaules avec ignorance.

— C'est l'orache... elle était déjà très nerveuse hier toute la soirée...

— Peut-être a-t-elle eu peur ? — insinua Léonore.

— Peur ?... Et de quoi aurait-elle eu peur ? — fit Greetchen. — Non, che fous dis que c'est l'orache. — Matemoiselle Cherfaise est si délicate !... C'est l'orache qui l'a surexcitée, empêchée de dormir !... Il y afait pien le quoi, tu reste !

— On ne s'en serait toujours pas douté, en vous entendant ronfler, mamselle Fraülein, — remarqua ironiquement la femme de chambre.

L'Allemande eut un rire forcé.

— Che fenais seulement te m'entormir, — fit-elle en rougissant.

— Oui, juste le temps nécessaire à Mademoiselle pour se sauver dans le parc. — Madame la vicomtesse trouverait peut-être que c'est encore avoir le sommeil trop lourd, ça, ma chère !...

— Fous n'allez pas lui tire... — s'écria Greetchen effrayée.

— De quelle façon vous veillez sur Mademoiselle ?... Pour qui me prenez-vous ? — fit Léonore qui, un peu rassurée par le silence de Gervaise au sujet de Mousset, s'amusait de la terreur de l'Allemande.

A elles deux, elles déshabillèrent et couchèrent la jeune fille.

A peine étendue sur son lit, Mlle de Châtenay s'endormit d'un sommeil de plomb.

Quand la vicomtesse rentra au petit jour, elle apprit que sa belle-fille était souffrante.

Une fièvre assez forte venait en effet de se déclarer.

Gervaise s'était réveillée avec des frissons et de vives douleurs dans la tête.

Mme de Châtenay envoya aussitôt chercher le médecin.

Il n'entrait pas dans ses vues d'être soupçonnée de négligence vis-à-vis de sa belle-fille.

Quelques espérances qu'elle put fonder sur une maladie sérieuse de Gervaise, les apparences, en tous cas, ne viendraient jamais témoigner contre elle.

Elle s'entendait à merveille à garder le décorum, à jouer à l'occasion la belle-mère sensible.

Elle accompagna le docteur auprès de la jeune fille.

D'un commun accord, Greetchen et Léonore, craignant les reproches de la vicomtesse, jugèrent prudent de tenir cachée la sortie nocturne de Gervaise.

Le médecin ne put donc établir les causes de l'indisposition que d'après des probabilités.

Du reste, il trouva l'état de la jeune fille peu grave et promit un prompt rétablissement.

Mlle de Châtenay était dans un état de surexcitation nerveuse qui disparaîtrait avec un peu de repos, — expliqua-t-il. — Une bonne nuit et il n'y paraîtrait plus !

Le docteur assurait même qu'il n'aurait pas besoin de revenir.

Il prescrivit cependant une potion calmante et s'informa si Gervaise était sujette à des accidents nerveux ; et sur la réponse négative de la vicomtesse, lui affirmant que sa belle-fille était seulement délicate et impressionnable :

— Elle aura subi quelque émotion, alors, quelque petite contrariété, — déclara le docteur en se retirant. — Il faut si peu de chose à ces natures de sensitives ! Tenez, le coupable est peut-être tout simplement l'orage d'hier soir !... Il n'y aurait rien de surprenant à ce qu'il fût l'auteur de ce léger désordre !

Dans tous les cas il n'y a certainement pas lieu de s'inquiéter ; demain Mlle de Châtenay sera sur pied, — ajouta-t-il en saluant respectueusement la douairière.

Dès qu'il fut parti, Mme de Châtenay revint en hâte auprès de sa belle-fille.

Les suppositions du docteur sur les causes qui avaient provoqué l'indisposition nerveuse de Gervaise la tracassaient.

— « Une contrariété ! », une « émotion », — répétait-elle. — Quelle émotion peut avoir éprouvée cette petite sotte pendant mon absence ?...

Est-il donc arrivé quelque incident dont on ne m'aurait point fait part ?... Je crois pourtant pouvoir être sûre de Léonore et de Fraülein... elles sont assez grassement payées pour me bien servir. — Mais, avec les subalternes, est-ce qu'on sait jamais...

La vicomtesse pensa qu'elle apprendrait facilement la vérité de la bouche même de Gervaise. Elle n'était pas de force à lui cacher quelque chose.

— Eh bien ! comment vous trouvez-vous, mon enfant ? — demanda-t-elle en s'asseyant dans un fauteuil auprès du lit de la jeune fille.

— Beaucoup mieux, je vous remercie, — répondit Gervaise ; — un peu fatiguée seulement.

Ce n'était point sans terreur que la pauvre enfant voyait revenir sa belle-mère.

— Elle va chercher à me faire parler, mais je ne dirai rien !... — pensa-t-elle, bien décidée à tout supporter plutôt que d'avouer sa rencontre de la nuit avec Adrien.

— Je ne devrais jamais m'absenter, — fit la marâtre, après un moment de silence.

— Pourquoi donc ?

— Mais, parce que, quand je m'absente, il se produit toujours de sottes aventures.

Le cœur de la jeune fille se serra.

Léonore ou Greetchen avaient-elles raconté à sa belle-mère son escapade de la nuit ?...

— Qu'est-il donc arrivé, hier ? — demanda-t-elle avec une appréhension secrète.

— Le sais-je, moi ?... Seulement je retrouve ce matin ma maison sens dessus dessous, tous les visages à l'envers, mes gens affolés !... J'interroge ; on me dit que vous êtes malade, surexcitée... que vous vous êtes offert le luxe d'une crise de nerfs... C'est si intéressant, n'est-ce pas, une jeune fille qui a ses nerfs ?...

— Je n'ai pas eu de crise de nerfs, madame, — protesta Gervaise. — J'ai été, il est vrai, un peu agitée... surexcitée...

— Et voulez-vous m'apprendre la cause de cette surexcitation subite et assez extraordinaire ? — interrompit la vicomtesse, en dardant ses petits yeux perçants sur le visage de sa belle-fille.

— La cause... — balbutia Gervaise.

— Oui !... La raison qui vous a mise dans cet état.

— Je ne sais pas... — répondit la jeune fille. — L'orage... peut-être...

Mme de Châtenay regarda Gervaise :

— Le docteur croit à une autre raison, — fit-elle d'une voix sèche.

— Ah !..., et que croit-il ? — demanda l'amie de Madeleine très inquiète.

— Il dit que votre état est dû à une forte émotion... à une secousse...

— Une émotion !... — s'écria Gervaise, rassurée en voyant que sa belle-mère ignorait encore sa sortie de la nuit... — Quelle émotion pourrais-je éprouver ici ?...

Ma vie est, grâce à vous, trop bien réglée pour cela !... — ajouta-t-elle avec amertume.

La vicomtesse pinça ses lèvres minces.

— Je vous conseille de vous plaindre, après votre conduite scandaleuse de l'autre jour ! — fit-elle durement.

— Je n'ai rien fait de mal, madame, — répliqua la jeune fille, révoltée.

— Taisez-vous !

— J'ai le droit de me défendre, madame, puisque vous m'accusez injustement, — s'écria Gervaise, à qui la fièvre donnait une énergie inaccoutumée.

Mme de Châtenay se leva avec colère et se dirigea vers la porte.

— Je vous laisse à vos divagations, mademoiselle, — fit-elle d'un air de dignité offensée. — J'espérais de vous un peu de franchise ; mais je vois qu'il n'y a rien à tirer de votre nature ingrate et révoltée.

Elle revint sur ses pas.

— Sachez bien, cependant, — ajouta-t-elle, — que s'il y a, comme le pense le docteur, quelque cause secrète à cet état nerveux qui, je le constate, est encore à sa période aiguë, je saurai bien la découvrir !...

— Je n'ignore pas que rien de ce qui me concerne ne vous reste caché, madame, — fit vaillamment la jeune fille, en retombant toute pâle et brisée de fatigue et d'émotion sur ses oreillers.

*
* *

Verneuil avait quitté Gervaise, assailli par les plus cruels remords.

Le reste de la nuit ne fut pour le jeune homme qu'un long supplice.

La mauvaise action qu'il venait de commettre lui apparaissait plus nettement dans toute son horreur.

Comment avait-il pu se laisser entraîner à cet acte inqualifiable ?

Sa nature honnête se révoltait.

Verneuil baissa la tête sans répondre. (P. 468.)

Certes, son amour pour la malheureuse Gervaise n'excusait pas son infamie !

Il eût dû, au contraire, le préserver, l'arrêter sur la pente de cet entraînement sacrilège !

Celle qu'il aimait ne devait-elle pas lui être sacrée ?...

Il avait agi comme un lâche et comme un infâme !... Il avait abusé de cet ange d'innocence !

Adrien était rentré chez lui désespéré, roulant dans sa tête les plus sombres projets.

La mort lui paraissait la seule expiation digne de son crime.

Comme il rentrait, il vit la fenêtre de Gérard éclairée.

— Il travaille !... — murmura-t-il, pensant à cet ami, à ce frère qui était là, car leur amitié, faite d'une commune estime, s'était de jour en jour resserrée.

Il travaille !... Il m'avait dit qu'il avait à terminer un projet intéressant, qu'il veillerait sans doute une partie de la nuit...

Ah ! que ne suis-je resté à travailler auprès de lui !...

Gérard, en effet, ne s'était pas couché.

Il avait pioché jusqu'au matin, étonné de ne pas avoir entendu rentrer Verneuil, cherchant dans l'étude une diversion à sa passion sans issue pour Madeleine.

Bien que sans espoir, cet amour pour la fille de M. Duhamel mettait en lui les ambitions les plus nobles.

— J'arriverai !... — se disait-il avec une ardente résolution. — Je serai quelqu'un sous ce nom de Gérard que ma volonté s'est imposé et qui fait le désespoir de mon cher parrain.

Et c'est à elle, à Madeleine, que je le devrai !... C'est le seul désir de me rendre plus digne d'elle qui me pousse.

Mais elle ne le saura jamais ; ce secret ne sortira point de mon cœur ; Madeleine ignorera toujours qu'elle a été l'ange gardien, la fée protectrice de ma vie !...

Hélas ! — ajoutait Gérard, en soupirant, — avant que le moment soit venu où je serai enfin devenu quelqu'un et où j'aurai dompté la fortune à force de courage et de travail, il y aura longtemps que Mlle Duhamel sera mariée et heureuse !

Pourtant, cette amère pensée ne le décourageait pas.

Peut-être, à son insu, avait-il en lui l'espoir que Madeleine devinerait le culte d'adoration qu'il lui avait voué ; qu'un peu de tendresse et de reconnaissance fleurirait en secret pour lui au fond du cœur de la jeune fille.

— Si jamais elle savait !... Je voudrais qu'elle pût être fière de moi, — répétait le jeune homme, en se remettant courageusement au travail.

Dans le désarroi moral où se trouvait Verneuil, la pensée de Gérard, que la lumière aperçue à la fenêtre de sa chambre venait de susciter, amena un salutaire dérivatif.

Il se sentit pris d'un irrésistible besoin de se confier à son ami, de lui dire le secret qui l'étouffait.

Peut-être trouverait-il auprès de lui une consolation, un conseil !...
Dans tous les cas, cette confession lui serait un soulagement.
Elle l'empêcherait de commettre une dangereuse folie, celle d'avouer à Gervaise son odieuse conduite.

D'ailleurs, le jeune ingénieur ne raisonnait pas, perdu dans l'idée fixe et obsédante de son crime.

Il se sentait la tête vide comme celle d'un enfant ou d'un malade.

La seule chose qui demeurât en lui, c'était un irrésistible besoin de se confier, de chercher, dans un cœur sympathique, un peu de consolation et de pitié.

Au lieu de rentrer chez lui, il frappa à la porte de Gérard.

— C'est moi, mon cher ami, — dit-il, raffermissant sa voix troublée par l'émotion. — Je ne vous dérange pas ?

Le jeune duc s'empressa d'ouvrir, surpris de cette visite matinale.

Il venait d'entendre rentrer l'ingénieur et savait qu'il avait été pris toute la soirée par l'accident arrivé à l'usine.

Était-il donc survenu quelque complication dans l'état du blessé ? C'était cela, sans doute, qui avait retenu Adrien.

— Vous ne me dérangez jamais, mon cher Verneuil, vous le savez bien, — répondit-il en prenant la main de son ami.

— Vous travailliez ?... Vous ne vous êtes donc pas couché ? — demanda machinalement l'ingénieur, en s'asseyant dans le fauteuil que venait de lui avancer Gérard.

— Oui. — Ce projet que je voulais achever. — Je vous avais prévenu...

— Il est terminé ? — reprit Adrien, pour dire quelque chose, pour paraître s'intéresser au travail de son ami.

— Il est en bonne voie, du moins, — dit Gérard avec satisfaction. Vous verrez... Je crois que ma nouvelle machine, d'une simplicité de construction extraordinaire, fera réaliser une économie importante dans la production de la force motrice.

— Ah !... tant mieux ! — fit l'ingénieur, d'un air sombre et distrait.

Pour la première fois, Gérard, qui s'était laissé entraîner par l'égoïsme naïf de l'inventeur, remarqua l'altération de la voix de son ami.

— Mais, pardon... mon cher Verneuil, — fit-il en repoussant ses papiers couverts de chiffres et de croquis dont il s'apprêtait à faire la démonstration, — pardon !... Vous avez quelque chose à me dire ?... Vous ne venez pas à cette heure matinale pour causer de construction de machines ?... Qu'est-il arrivé ? — Vous ne vous êtes donc pas couché non plus ?...

— Non, — fit Adrien, embarrassé.

— Vous rentrez seulement ?

— A l'instant... J'ai vu de la lumière chez vous et je suis monté.

— Vous avez bien fait!... Alors, que se passe-t-il?... — Serait-il survenu quelque complication dans l'état de ce malheureux, blessé hier à l'usine?...

Je vous ai quitté avant l'arrivée du docteur...

Verneuil eut un geste inconscient qui étonna Gérard.

— Je n'en sais rien!... — fit-il. — Je l'ai laissé cette nuit dans d'aussi bonnes conditions que possible.

— Ce n'est donc pas d'auprès de lui que vous venez?

— Moi?... Ah! plût au ciel! — s'écria Adrien, avec une sorte d'égarement.

Gérard regarda son ami.

— Que voulez-vous dire? — demanda-t-il.

Verneuil baissa la tête sans répondre.

Le protégé de Madeleine Duhamel leva l'abat-jour placé sur la lampe et, mettant le visage de l'ingénieur en pleine lumière :

— Qu'avez-vous, au nom du ciel, Adrien? — s'écria-t-il, en voyant la figure décomposée de son ami.

— J'ai, que je suis un misérable!... — dit l'ingénieur en se levant violemment.

— Un misérable, vous!...

— Oui, moi!... — répéta Verneuil avec l'accent du plus profond désespoir. — Moi, Gérard!... Je suis le plus vil et le plus lâche des criminels!...

Le duc de Soisy marcha vers son ami et lui prenant les mains :

— Vous êtes fou, mon cher Adrien!... — fit-il.

— Non, je ne suis pas fou!... — murmura le jeune homme d'une voix sourde, en dégageant ses mains de celles de Gérard. — Je ne suis pas fou, hélas!... pas encore, du moins; mais je sens que je le deviens! Je ne peux plus supporter le poids de mon indignité... la honte de mon crime!

— Mais enfin, qu'y a-t-il?... expliquez-vous, Verneuil... — fit avec autorité Gérard de Soisy, comprenant qu'en effet son ami devait se trouver sous le coup du remords de quelque faute ignorée, dont l'aveu lui serait un soulagement. — Qu'avez-vous fait qui mérite cette indignation?

Adrien cacha sa tête dans ses mains, sa voix passa comme un souffle entre ses lèvres.

— J'ai déshonoré Mlle de Châtenay, — murmura-t-il tout bas.

— Hein?... — s'écria Gérard en bondissant. — Qu'est-ce que vous dites là, Verneuil?... Vous délirez, mon ami; revenez à vous!... Êtes-vous bien dans votre bon sens?... Que parlez-vous de Mlle de Châtenay?...

— Je ne délire pas, j'ai tout mon bon sens, malheureusement, — fit

Adrien Verneuil avec accablement. — Cette nuit, je vous le répète, cette nuit j'ai volé l'honneur de Gervaise de Châtenay !...

— Infamie !... — s'écria Gérard, bien obligé de croire aux paroles d'Adrien et emporté par la révolte de tout son être.

Un sanglot déchirant souleva la poitrine de Verneuil.

— Oui, vous avez raison, Gérard, vous avez bien dit... Infamie !... Infamie que je vais racheter en mourant !...

— Que dites-vous ?... — s'écria le jeune duc, regrettant le premier mouvement d'indignation qui venait de lui faire qualifier si durement la conduite d'Adrien sans connaître les causes qui pouvaient en atténuer l'odieux.

Il savait Verneuil incapable de forfaire à l'honneur de propos délibéré et devinait un mystère planant sur cette impardonnable défaillance.

Son ami avait dû être entraîné par il ne savait quel concours de circonstances où toute vertu masculine, sans doute, eût succombé.

Il alla vivement vers lui et, lui reprenant la main :

— Pardonnez-moi, Verneuil, — dit il, — pardonnez-moi un premier mouvement dont je n'ai pas été maître et que je regrette !... je vous sais incapable de commettre une infamie !... Il y a, dans votre conduite quelque chose d'incompréhensible pour moi, mais je ne doute ni de votre honneur, ni de votre loyauté...

— Merci !... — dit fébrilement l'ingénieur en serrant la main qui tenait la sienne.

Il se leva et resta un instant silencieux sous le regard inquiet du jeune duc.

Puis, il reprit d'une voix triste :

— Votre opinion m'est précieuse !... Elle me dicte mon devoir !... Adieu, mon ami !...

— Qu'allez-vous faire ?... — demanda avec effroi Gérard, en passant son bras sous celui de l'ingénieur.

Il vit alors briller dans les yeux de Verneuil une résolution désespérée.

— Fou ! — reprit-il en se penchant vers lui. — Allez-vous ajouter au malheur que vous venez de m'apprendre l'inutile regret de votre mort ?... Allez-vous rendre irréparable le déshonneur de Mlle de Châtenay ?

Adrien frémit.

— Irréparable !... hélas ! ne l'est-il pas ? — murmura-t-il avec l'accent du plus profond désespoir. — Puis-je espérer que la vicomtesse consente à me donner sa belle-fille en mariage ! — Non, je ne suis qu'un misérable !... Je ne puis supporter la vie après ce que j'ai fait ! — Je dois, je veux mourir !...

— Gervaise vous aime... Vivez pour elle. — Adrien... vous le devez !... C'est aujourd'hui un devoir sacré.

— Gervaise... Ah ! pauvre enfant !... — gémit le malheureux en laissant tomber avec accablement sa tête dans ses mains. — Gervaise !... Oui, elle m'aime, Gérard, j'en suis sûr, bien que les événements de cette fatale nuit ne puissent rien ajouter à ma conviction.

— Que voulez-vous dire ? — demanda Gérard surpris.

— Je veux dire qu'une inexplicable fatalité s'est jouée de ma raison pour me pousser au plus lâche des attentats.

— Une fatalité ?...

— Vous allez en juger, mon ami, répliqua Verneuil, ouvrant enfin son cœur sans détour à l'amitié compatissante de Gérard.

Et le jeune homme commença le récit de ce qui s'était passé entre Mlle de Châtenay et lui depuis le moment où il l'avait rencontrée échevelée et défaillante sur la lisière du parc, jusqu'à l'instant fatal où, dans la grotte, fou, éperdu d'amour sous les caresses inconscientes de Gervaise, il avait, oubliant tout sentiment d'honneur, abusé de l'innocence de la malheureuse enfant.

— Vous voyez que je suis encore plus coupable que vous ne le pensiez, Gérard, — acheva le pauvre Adrien anéanti et couvert de honte.

Mais Gérard entreprit de réconforter son ami.

Non, Adrien Verneuil avait été vraiment le jouet d'une fatalité !

Il était plus malheureux que coupable. Là où il avait succombé, tout autre eût succombé à sa place.

Il ne fallait pas qu'il désespérât.

Pourquoi n'épouserait-il pas Mlle de Châtenay ?...

La vicomtesse la lui refuserait, peut-être. Mais Gervaise avait dix-neuf ans, elle serait bientôt majeure, et libre de se donner à celui qu'elle aimait !... Il devait reprendre courage et surtout renoncer à ses idées de suicide. Cela surtout serait indigne d'un homme de cœur, car alors, que deviendrait la jeune fille ?...

Deux années passent vite, mon cher Verneuil, — conclut le jeune duc, — dans deux ans Gervaise pourra être à vous, vous serez heureux et tout sera réparé, en admettant que Mme de Châtenay s'obstine jusque-là à vous refuser sa belle-fille.

Mais Gérard ne put parvenir à convaincre Verneuil.

Malgré les raisonnements de son ami, le jeune homme était pénétré du remords de sa faute.

Il se laissa cependant arracher la promesse de ne pas attenter à sa vie.

Il comprit qu'il ne pouvait abandonner Gervaise.

Bien qu'il ne fût pas reçu à Châtenay, il veillerait d'une façon occulte sur la jeune fille.

Ah ! que ne pouvait-il espérer, comme le lui laissait entrevoir Gérard, d'en faire dans deux ans sa femme respectée et chérie !...

Le jour s'était tout à fait levé pendant cette conversation.

L'usine et les bureaux attenant au pavillon habité par les deux jeunes gens avaient repris peu à peu leur activité et leur mouvement accoutumés.

La femme qui faisait le service de Gérard entra, apportant le courrier du matin qui contenait une lettre de M. Duhamel.

Cette lettre, ne renfermant que quelques lignes, appelait Gérard à Paris, d'urgence, sans expliquer les motifs de ce voyage, bien que le ton général laissât deviner quelque chose d'heureux pour le jeune homme.

Après le premier moment de surprise, un sentiment fait de perplexité et de joie inonda l'âme de Gérard.

A Paris !... il allait se rendre à Paris ! M. Duhamel l'appelait auprès de lui.

Ah ! il lui importait bien peu de connaître les motifs de cet appel.

Que lui faisait qu'ils fussent heureux ou malheureux ?

Une seule chose jaillissait lumineuse pour Gérard de la lettre de l'industriel.

Il allait revoir Madeleine !...

CHAPITRE XXIII

RUSÉ DE FEMME

Malgré le refus catégorique de Gérard, refus qui s'adressait non à elle personnellement, mais à toute tentative matrimoniale, Mlle Monval n'avait pas abandonné ses idées sur le duc de Soisy.

Plus que jamais, au contraire, la fille du banquier était hantée par son rêve de se faire aimer de Gérard. — Ce rêve, d'abord caprice, était devenu pour Armande une obsession de tous les instants, une idée fixe dont la réalisation contrariée influait notablement sur son caractère.

Comme une enfant gâtée à qui on refuse le jouet convoité, la fille du banquier était devenue fantasque, nerveuse, facilement irritable.

Personne à l'hôtel Monval, depuis les domestiques jusqu'à cette excellente colonelle, n'était à l'abri de ses rebuffades.

Pour un oui, pour un non, elle renvoyait ses femmes de chambre, malmenait le cocher, le maître d'hôtel, s'emportait et menaçait de faire maison nette. Le personnel, grassement payé et tenant à ses places, vivait dans de continuelles transes.

Cette humeur exécrable avait été jusqu'à émouvoir la placide indifférence de « la belle Mme Monval ».

— Tu deviens insupportable, et cela t'enlaidit, ma chère enfant, dit-elle à sa fille un jour où elle avait été témoin d'une inconvenante sortie d'Armande à l'endroit de Mme de Terrenoire. Tu as blessé la colonelle. Si tu continues comme ça, tu ne garderas personne auprès de toi. Tu devrais au moins lui faire des excuses.

Mais la jeune fille haussa les épaules.

— Qu'elle s'en aille, si elle n'est pas contente, murmura-t-elle méchamment. Pourquoi m'agace-t-elle ? Après tout, elle ne peut pas s'attendre à prendre ses invalides à l'hôtel ! Il faudra bien qu'elle décampe un jour ou l'autre, quand je serai mariée !

Quant à M. Monval, dont l'indulgente faiblesse avait laissé se développer, chez la jeune fille dont il admirait orgueilleusement la beauté décorative, ces instincts d'indépendance et d'insubordination, cet esprit volon-

Sitôt arrivé, il se rendit à l'hôtel de la rue Murillo. (P. 480.)

taire et dominateur qui avait fait surnommer l'enfant « la petite impératrice », il n'était pas à l'abri plus qu'un autre des écarts de caractère de sa fille.

— Mais enfin, qu'as-tu donc, ma chère Armande?... lui demanda-t-il. Désires-tu quelque chose?... Que te manque-t-il?... Tu sais bien que tu n'as qu'à parler?... T'a-t-on jamais rien refusé?...

Et le malheureux banquier s'exaspérait de l'humeur fantasque et capricieuse de la jeune fille.

— Je m'ennuie !... répondit Armande avec une moue.

— Veux-tu voyager ? Cette chère colonelle qui a pas mal couru le monde ne demandera pas mieux que de te servir de cicerone. Te faut-il de l'argent pour quelque fantaisie ?... Tu sais que la caisse t'est ouverte. Non ? ce n'est pas encore cela. As-tu envie alors que nous donnions une de ces fêtes dont ta mère et toi êtes les reines et dont la magnificence défraie pendant quinze jours les chroniques parisiennes ? Que diable, ma chère Armande, quand on a un père millionnaire et docile à tous les caprices de sa fille, on ne fait pas une figure comme celle-là, on dit ce qu'on veut !

— Eh bien ! je ne veux rien !... Je veux qu'on me laisse tranquille !.. répliqua la jeune fille énervée et fondant en larmes. Tes millions !... Tu ne parles que de ça ?... fille de millionnaire !... la belle avance !... J'en suis excédée, moi, papa, de tes millions ! Croirait-on pas que tout se paie !... que tout s'achète !

— Ma foi, fit avec naïveté M. Monval, riant de ce qu'il prenait pour une boutade, jusqu'à présent, j'avoue que, pour ma part, je n'ai jamais rencontré personne qui résistât longtemps à la perspective de quelques billets de mille proprement offerts.

— C'est que tu ne connais que des gens tarés, riposta avec aplomb Mlle Monval.

— C'est fort possible. Dans tous les cas ils forment diablement la majorité, répondit philosophiquement le banquier, ne se faisant aucun scrupule de penser qu'il se ralliait sans peine à cette majorité très intelligente et trop habile.

Armande haussa les épaules irrespectueusement.

— Chacun a sa manière de voir, papa, fit-elle avec impertinence.

Insupportable avec les siens, la fille du banquier nourrissait en outre contre Madeleine Duhamel, nous le savons, une jalousie haineuse qui grandissait de jour en jour.

Avec une intuition toute féminine, Armande trouvait dans le refus de Gérard la preuve des sentiments qu'il nourrissait pour la fille du maître de forges.

— Oui, pensait-elle avec rage, ma fortune n'est pas le véritable empêchement à mon mariage avec le duc. Comme le dit papa, devant l'argent, il n'y a pas de résistance qui ne s'émousse. M. de Soisy aurait fini par réfléchir, par trouver un accommodement entre ses principes et son intérêt. Il ne serait pas le premier ! et il y en a d'aussi bonne noblesse que lui, qui ont fait des mariages d'argent. Il y a autre chose, et cette chose, je la connais. L'obstacle, c'est Madeleine Duhamel!... Il l'aime, j'en suis sûre! Ah! si elle pouvait disparaître, celle-là!...

Mais la disparition de M⁽ˡˡᵉ⁾ Duhamel étant au nombre des choses que les millions de son père étaient impuissants à lui procurer, Armande Monval se dépensait en accès d'envie et de rage jalouse contre Madeleine.

Qu'avait donc de si séduisant cette fille de marchand de ferrailles?

— Ah! si au moins je pouvais voir Gérard! se disait Armande. Si lui, surtout, pouvait me voir!...

C'était à présent l'idée fixe de M⁽ˡˡᵉ⁾ Monval. Il fallait à tout prix qu'elle se rencontrât avec le duc de Soisy.

— Je suis sûre de l'enlever, de le faire revenir sur sa décision, de l'emporter sur Madeleine Duhamel!... se disait-elle avec autant d'orgueil que d'assurance.

Mais comment faire pour arriver à lui?

Je ne peux cependant pas aller le relancer là-bas, dans cette usine où il se confine niaisement.

Il faudrait trouver le moyen de l'attirer à Paris... Oui, mais comment?

Ah! Certes! continua avec assurance la fille du banquier, s'il pouvait me voir à Paris, dans le milieu mondain où je triomphe sans conteste, adulée de tous, entourée d'une foule d'adorateurs, je me chargerais bien de le rendre amoureux fou de moi!

Il faut que je trouve une combinaison pour y arriver!... Je le veux!...

Et Armande demeura songeuse, plus que jamais décidée à disputer Gérard à Madeleine, et entrevoyant dans un rêve où l'orgueil tenait, il faut le dire, beaucoup plus de place que l'amour, sa revanche prochaine de l'échec éprouvé par M⁽ᵐᵉ⁾ de Morranteuil.

— Je serai duchesse de Soisy, et c'est lui qui me suppliera de vouloir bien accepter son titre et son cœur! murmura l'étrange fille en se levant de sa chaise longue et en se plaçant devant une haute psyché où sa souveraine et provocante beauté se refléta tout entière. Mais je ne le ferai pas trop languir... Je serai une si jolie duchesse! Je restaurerai le château de Soisy, car il doit avoir quelque vieille ruine féodale où ma beauté fera merveille. J'y donnerai des fêtes dont on parlera... et où tout l'armorial voudra se faire inviter!

Ah! ce sera autre chose qu'avec cette petite bourgeoise de Madeleine! ajoutait Armande avec une flamme orgueilleuse dans les yeux. Ce ne sont pas les quatre sous de cette provinciale endimanchée ni ses allures pot-au-feu qui redonneraient beaucoup de lustre au nom de Soisy!

Oui.... Mais Gérard n'est pas à Paris, continua la fille du banquier dont le front se rembrunit. Par quel moyen l'y attirer?... Quelle combinaison,imaginer pour l'y faire venir?

Cette combinaison, Armande ne devait pas tarder à la trouver.

Une conversation de son père avec un de ses clients, un ancien familier des Tuileries, impérialiste enraciné et militant, invité à dîner chez M. Monval, la lui fit bientôt entrevoir, et lui inspira une idée qui, habilement conduite, ne pouvait manquer d'aboutir.

Depuis la chute de l'empire, Monval, alors député, ne s'était plus occupé de politique. Renonçant à se représenter devant ses électeurs, le banquier s'était consacré uniquement aux affaires.

Pourtant, ce n'avait pas été au fond sans un certain regret que le banquier millionnaire avait abandonné la Chambre.

Les discussions politiques le distrayaient des grandes luttes financières.

Partisan des idées qui perçaient dans tous les actes des dernières années du second empire, le banquier s'était engoué du socialisme d'État. C'était son dada ; une marotte que, bien qu'ayant renoncé à la politique, il agitait encore volontiers.

Il en rêvait l'application et s'emballait aussitôt que quelqu'un faisait mine de discuter ses idées.

— Ah ! si l'on avait laissé faire l'empereur !... et maintenant encore si la République n'enrayait pas par tous les moyens possibles les progrès du socialisme, quel progrès une majorité bien pensante, soutenue par l'État, ne ferait-elle pas faire à la politique humanitaire !

L'usine aux ouvriers !... n'était-ce pas le pivot de la rénovation sociale, le point de départ d'une politique nouvelle où l'autorité et la liberté, ces deux puissances ennemies, se soutiendraient, s'étayeraient l'une sur l'autre !... On tiendrait le peuple par la force même qu'on lui donnerait !...

Comme d'habitude, lorsqu'il en trouvait l'occasion, c'est-à-dire lorsqu'il rencontrait un partenaire complaisant disposé à l'écouter, M. Monval avait ce soir-là, avec son coreligionnaire politique, enfourché son dada favori.

A travers les développements de ses utopies socialistes, perçait le regret de l'homme d'action qui s'est volontairement retiré de la lutte et qui est réduit à regarder les autres faire des passes et jouter en l'honneur de théories toujours chères.

Ce regret inavoué de l'homme d'argent n'était pas pour passer inaperçu de son client.

Celui-ci avait eu déjà plusieurs fois recours à l'appui financier du banquier, et il méditait d'y faire encore à bref délai un nouvel appel.

Il disposait par hasard de quelque influence en matière électorale. S'il pouvait de nouveau intéresser le banquier à la chose publique.

— Pourquoi ne vous représenteriez-vous pas aux électeurs, mon cher Monval, fit-il après avoir prêté la plus religieuse attention à l'exposé du programme social développé par le financier. La chambre a besoin d'hommes de votre valeur pour lui donner de l'impulsion ! Que voulez-vous que fasse l'opposition, si tous les leaders influents et énergiques se dérobent ?... C'est presque un devoir pour vous de remonter sur la brèche !... Songez donc, avec votre notoriété, votre fortune, quel appoint vous apporteriez au parti !

Voyons, laissez-moi carte blanche, je me charge de votre élection. Il va de soi, que toute l'influence dont je dispose vous est acquise d'ores et déjà. Vous n'aurez que la peine de vous laisser nommer. Est-ce oui ?

— Ma foi, fit le banquier tenté, je ne dis pas qu'il y a quelques années... si j'y avais été un tant soit peu poussé... je ne me serais pas décidé à rentrer dans la lutte électorale !... Mais à présent, que diable voulez-vous ?... D'ailleurs, il n'y a rien à faire avec leur gouvernement républicain !

— Comment, rien à faire !... Mais tout est à faire, au contraire !... le champ est ouvert à toutes les idées. Pourquoi n'essaieriez-vous pas de mettre en pratique votre belle théorie de l'usine aux ouvriers ?... Pourquoi ne feriez-vous pas construire ?

— Effectivement, fit Monval tenté.

— Sans compter que c'est un placement excellent pour les capitaux. L'association de la main-d'œuvre au capital.

— Puis, une fois député, papa, tu serais bien vite ministre, appuya Armande en qui venait de surgir une idée, et qui entrevoyait dans ces projets la possibilité de faire venir Gérard.

— Bon !... Si ma fille s'en mêle !... s'écria le banquier à moitié conquis et ne demandant qu'à avoir la main forcée. Cela te ferait donc plaisir d'être la fille d'un ministre ?

— Oh ! moi, tu sais que j'adore les situations officielles, répondit Armande avec conviction. Et puis je serai fière de ta popularité...

— Ah ! voilà !... la popularité !... C'est le tout d'y arriver.

— Dame, il faut faire quelque chose pour ça, monte une usine comme te le disait Monsieur.

— Mademoiselle a mille fois raison, appuya le client du banquier, heureux de trouver un appui inattendu dans Mlle Monval et bien loin de soupçonner le mobile intéressé de cet appui.

— Tu serais bientôt populaire, va, fit Armande.

— Monter une usine, je veux bien. Mais je n'y connais absolument rien, moi, fit observer M. Monval.

— Naturellement, il faudrait chercher quelqu'un...

— Tu pourrais consulter M. Duhamel, suggéra la jeune fille, heureuse de voir son père s'engager dans la voie où elle voulait l'amener.

— Duhamel !... Tiens, c'est vrai, je n'y pensais pas ! C'est là une excellente idée !... Je vais lui écrire pour lui demander un rendez-vous, dit le banquier pressé, maintenant de mettre ses projets à exécution. Pourvu qu'il soit à Paris !

— Il y est sûrement, affirma Armande Monval. Où veux-tu qu'il soit, papa, puisque Mme Duhamel et Madeleine sont ici ?

Le maître de forges répondit, en effet, le lendemain même à M. Monval.

Il se mettait complètement à la disposition du banquier. Se trouvant libre, il se rendrait lui-même dans la soirée à l'hôtel du boulevard Haussmann.

Cette réponse causa la plus grande joie à Mlle Monval.

Elle se sentait heureuse de pouvoir assister à l'entrevue de son père avec le maître de forges.

Le plan qu'elle n'avait fait qu'entrevoir la veille se trouvait maintenant bien arrêté dans son esprit. Plus elle y réfléchissait, plus elle était sûre de réussir.

La lettre de M. Duhamel était encore venue augmenter sa conviction.

Elle présente, elle saurait bien amener la conversation des deux hommes sur le terrain où elle voulait qu'elle arrivât.

Armande s'arrangea donc pour se trouver là, de la façon la plus naturelle, au moment de la visite de M. Duhamel.

Après les indispensables compliments et les remerciements du banquier, pour l'empressement aimable du maître de forges, Monval, emballé, exposa son plan.

M. Duhamel l'approuva pleinement.

— Ce sera une bonne affaire, je crois, et en même temps une tentative humanitaire très intéressante, dit-il en complimentant le père d'Armande sur sa décision.

Et il ajouta en souriant finement :

— Cela va vous conduire tout droit à la députation.

— C'est bien à cela que l'on me pousse, avoua M. Monval, ne jugeant pas utile de faire un mystère de ses projets politiques.

Mais ne voulant pas malgré tout paraître y attacher une trop grande importance, il ajouta en riant :

— Mes amis me tournent la tête avec un tas de balivernes !... ils prétendent que je n'ai pas le droit de me désintéresser des affaires du pays. Comme si, à mon âge, je n'avais pas bien gagné le droit de me reposer en jouissant tranquillement de ma fortune. Jusqu'à ma fille qui est du complot et qui rêve pour moi un ministère !

— Bravo !... Cela prouve que Mlle Monval est aussi intelligente que belle, fit galamment M. Duhamel.

Puis, revenant au projet du banquier.

— Mais il va vous falloir des ingénieurs spéciaux pour organiser tout cela, reprit-il.

— Justement, c'est à ce sujet que je voulais vous consulter, répondit le père d'Armande. Vous avez à Varangeville une organisation qui marche admirablement...

— Oui, cela va assez bien, grâce surtout à mon ingénieur Verneuil, auquel j'ai adjoint ces temps derniers, sur la recommandation du général Henriot, un garçon d'une intelligence vraiment étonnante et qui n'occupe même pas encore chez moi la place qu'il mérite.

— M. Gérard ? fit Armande d'un air détaché.

— Vous le connaissez, mademoiselle ? demanda M. Duhamel avec surprise.

Mlle Monval se mit à rire.

— J'en ai entendu parler par Madeleine et par Gervaise de Châtenay comme d'un phénix, d'un véritable merle blanc !

— Le fait est que c'est un garçon étonnant, fit l'industriel avec conviction. Un travailleur... Toujours à la recherche de quelque amélioration, de quelque perfectionnement.

— Ce sont des hommes comme cela qu'il me faudrait pour me seconder, mon cher Duhamel, dit le banquier. Malheureusement ils sont rares.

— Le fait est qu'on n'en rencontre pas tous les jours.

Armande intervint :

— Mais j'y pense, père, fit-elle de l'air le plus indifférent qu'elle put prendre, puisque M. Duhamel a déjà M. Verneuil, pourquoi ne le prierais-tu pas de te céder M. Gérard pour quelque temps ?

— Mais oui, au fait, Duhamel, fit le banquier.

— Vous céder Gérard ? dit l'industriel un peu interdit.

Armande crut devoir intervenir devant l'hésitation de l'industriel.

— Ce serait en même temps pour ce jeune homme, dit-elle, l'occasion de se créer ici des relations qui pourraient lui être très utiles plus tard, chose qu'il ne doit pas espérer dans votre pays perdu là-bas.

— C'est vrai. Mais j'avoue pourtant que cela me sera dur et que j'ai du mal à me faire à cette idée, dit M. Duhamel contrarié. M. Gérard m'est devenu presque indispensable et son absence va me gêner singulièrement.

— C'est de l'égoïsme ! s'écria en riant M⁽ˡˡᵉ⁾ Monval.

— Vous avez raison, mademoiselle ; au fond c'est une bonne affaire pour ce garçon, une aubaine inespérée dont je n'ai pas le droit de l'empêcher de profiter et dont je me réjouis, car il la mérite plus que tout autre.

— Ce qui veut dire qu'il va falloir lui assurer une jolie petite situation, ou que sans cela, pas de M. Gérard, fit le banquier avec bonne humeur.

— Ma foi, j'avoue qu'il n'y a que cette perspective-là qui me décide, répliqua l'excellent M. Duhamel sur le même ton.

Il fut donc convenu que le maître de forges écrirait à son employé pour l'appeler à Paris, afin que l'on pût avoir avec lui, au sujet de ses intérêts, un entretien décisif.

De là, la lettre de M. Duhamel à Gérard, lettre qui ne lui expliquait rien, mais qui le mandait à Paris dans le plus bref délai.

***

Le jeune homme partit le jour même, très intrigué, se demandant pour quel motif le maître de forges pouvait le faire venir auprès de lui.

Il en avait coûté à Gérard de quitter son ami et de le laisser seul, aux prises avec son désespoir et ses remords.

Mais, après tout, ce départ était peut-être, au fond, une bonne chose pour Verneuil.

— Il va avoir toute la responsabilité de l'usine, pensa le jeune duc. Cela le forcera à se raisonner, à dominer son accablement.

Il ne partit cependant qu'après avoir fait jurer à Adrien qu'il avait complètement renoncé à ses idées de suicide.

— Je ne m'en vais pas sans cette promesse, lui déclara-t-il formellement.

Rassuré désormais au sujet de l'ingénieur, il put se mettre en route le cœur plus léger.

La pensée qu'il se rapprochait de Madeleine parvint même, peu à peu, il faut l'avouer, à lui faire oublier Adrien.

Sitôt arrivé, il se rendit à l'hôtel de la rue Murillo.

M. Duhamel l'attendait.

Sans plus tarder, l'industriel le mit au courant de la bonne aubaine qui lui arrivait, et, après lui avoir exprimé tous ses regrets de le quitter momentanément, il l'engagea fortement à accepter l'offre du banquier.

Je veux, pour que l'expérience soit complète, mettre entre les mains de mes ouvriers une machinerie aussi perfectionnée que possible.... (P. 488.)

— C'est une chance inespérée qui s'offre à vous, mon cher ami, non seulement au point de vue pécuniaire, mais encore pour votre avenir.

Vous pourrez là faire votre trou et prendre dans la vie la place à laquelle vous avez droit.

J'avoue que si j'avais espéré, même dans un avenir éloigné, pouvoir vous faire cette place à l'usine, je ne vous aurais jamais laissé partir, ou du moins j'aurais insisté pour vous garder. Mais chez moi, vous aurez toujours avant vous Verneuil, qui restera votre chef par droit d'ancienneté. Votre avenir y est donc forcément borné.

Ici, tout est à faire, à créer. Vous arrivez premier et recommandé par moi qui ai été à même d'apprécier votre mérite. C'est dire que vous allez commencer dans des conditions superbes et presque inespérées à votre âge. De plus, l'avenir s'ouvre devant vous rempli de promesses. Il faut donc se réjouir et se hâter de mettre à profit ces bonnes dispositions de la Providence à votre égard.

Et, coupant court aux remerciements et aux paroles émues de Gérard, M. Duhamel, sans perdre de temps, l'emmena afin de le présenter à M. Monval.

En voyant son plan si bien réussir, une joie intense s'empara d'Armande. Elle était donc parvenue à faire venir Gérard à Paris, c'était l'essentiel. Maintenant, elle était sûre du succès; elle le tenait.

— Il va venir tous les jours, — pensait-elle, — et je saurai bien m'arranger pour être là le plus souvent possible. Il ne pourra s'empêcher de me remarquer, de me trouver belle !... Quelque résistance qu'il m'oppose, il finira par succomber ! Je ferai tout pour cela certainement !...

Et nous verrons !.., — ajouta avec un sourire de défi la fille du banquier, bien décidée à mettre en jeu tous les artifices de la coquetterie pour conquérir Gérard.

Madeleine, de son côté, était heureuse. — L'arrivée de celui qu'elle aimait en secret, à qui, — elle le sentait bien, — son cœur s'était donné pour la vie, l'avait remplie de joie.

Cette longue séparation commençait à lui peser.

En apprenant que Gérard allait venir à Paris, une douceur était entrée en elle, secouant pour un instant la tristesse et les appréhensions dont, malgré tous ses efforts, elle ne parvenait pas à se délivrer.

Ses façons avaient changé sous l'influence de ce sentiment.

Elle avait repris maintenant un peu de gaîté.

On pouvait constater, en elle, un état d'esprit nouveau.

La présence espérée de l'homme qu'elle aimait suffisait pour chasser de son âme tendre les noires chimères qu'un bonheur immérité, lui semblait-il, avait fait naître en elle.

Sa raison éprise de justice, son cœur aimant lui montraient, en face de sa propre situation, la misère et les souffrances répandues autour d'elle et la portaient à redouter quelque revanche du sort, suspendue au-dessus de son bonheur comme une menace.

Quant à Gérard, il était au comble de ses vœux.

A la joie qu'il avait ressentie en se voyant si inopinément rapproché de l'adorable fille de M. Duhamel, il se rendit compte mieux que jamais de la violence de l'amour qu'il éprouvait pour Madeleine.

Cet amour, loin de s'amoindrir, s'était pour ainsi dire exalté davantage dans l'éloignement.

Bien que résolu à garder en lui comme un trésor le secret de sa tendresse pour la jeune fille, Gérard, vaincu, avait renoncé à lutter contre son cœur.

Il sentait bien qu'il appartenait désormais corps et âme à Madeleine; que rien au monde, même la mort, ne pourrait altérer sa passion.

CHAPITRE XXIV

PREMIÈRE IMPRESSION

Quelque profonde qu'eût été la joie de Madeleine Duhamel quand son père lui apprit que, sur la sollicitation de M. Monval, il avait décidé de faire venir Gérard à Paris, une inquiétude, une vague appréhension que la jeune fille n'aurait pu définir, vint aussitôt se mêler à son bonheur.

Comment le père d'Armande avait-il entendu parler de Gérard?... Comment avait-il pu penser à lui?... Le jeune homme connaissait donc M. Monval !

— Mais c'est tout simple, ma chérie, — répondit M. Duhamel à qui Madeleine n'avait pu s'empêcher de poser ces questions, — cela s'explique tout naturellement. C'est moi-même qui ai fait l'éloge de Gérard devant Monval; et comme il a besoin d'un ingénieur jeune, plein d'initiative et de capacité, il a eu immédiatement l'idée de me demander de le lui prêter... Voilà !

Cette explication, si vraisemblable, ne rassura pas complètement la jeune fille. Un pressentiment lui faisait entrevoir, dans cette affaire, l'influence occulte d'Armande.

Quelque chose de vague, d'imprécis, une crainte qu'elle ne pouvait définir et dont elle essayait vainement de s'affranchir restait en elle.

Ni les explications données par son père, ni les raisonnements qu'elle se fit à elle-même ne purent arriver à calmer ses craintes.

— Armande ne connaît pas Gérard... alors qu'ai-je à redouter d'elle? — se répétait-elle dans le but de se rassurer.

Mais elle se sentait, malgré tout, menacée dans son amour pour le jeune ingénieur.

Intuition, pressentiment ou avertissement secret de la providence, cette impression demeura ineffaçable dans son esprit.

Néanmoins, elle avait dissimulé ses préoccupations, et, avec une réserve où personne n'aurait pu deviner la secrète et profonde tendresse qu'elle ressentait pour Gérard, elle exprima à son père le plaisir que lui causait la distinction flatteuse accordée à son ancien protégé.

— J'en suis d'autant plus heureuse, père, qu'il me paraît bien la mériter, — ajouta Madeleine, dont une légère rougeur vint empourprer le gracieux visage.

Ignorant quelle serait la durée de son séjour à Paris, Gérard de Soisy, en débarquant du train, avait pris une chambre dans un hôtel confortable, mais sans luxe et de prix modérés, que Verneuil lui avait recommandé et qui se trouvait dans le centre, ce qui rendait facile ses allées et venues à l'hôtel de la rue Murillo.

Il n'aurait donc pas besoin de changer de logement, si son séjour à Paris se prolongeait.

Malgré lui, et quelle que fût sa joie de revoir Madeleine, le jeune homme souhaitait maintenant retourner à l'usine le plus vite possible.

Il ressentait, à peu de chose près, un malaise moral semblable à celui qui troublait secrètement la fille de M. Duhamel.

Ce voyage, dont il s'était d'abord tant réjoui, lui semblait maintenant cacher un danger inconnu.

Cette crainte vague, qu'il avait en vain voulu surmonter, paralysait la joie causée par la pensée de revoir enfin celle qu'il aimait.

Le jeune homme cherchait, sans la trouver, la raison de cette sensation bizarre et inexplicable.

— Qu'est-ce qui me trouble ainsi?... — se demandait-il. — Qu'ai-je à craindre?... Qu'est-ce donc qui pourrait m'arriver de fâcheux?

Il était trop familier déjà avec le malheur pour ne pas subir l'influence des pressentiments et traiter à la légère les secrets avertissements de l'âme.

Et réfléchissant :

— Ne serait-ce pas la possibilité de retrouver, à Paris, cette femme qui est venue me faire à l'usine de si singulières propositions matrimoniales?... Cette femme qui me connaît si bien et par qui mon incognito est menacé?...

Puis, ici, — murmura encore Gérard, — je dois avoir quantité d'anciens camarades occupant une situation. Je suis exposé à être à chaque instant rencontré, reconnu. Il suffit d'un seul que je ne puisse éviter, avec lequel je me trouve inopinément face à face et dans l'impossibilité de m'esquiver, pour que mon secret soit divulgué et fasse bientôt le tour du régiment.

Alors, à quoi bon mon sacrifice, le soin minutieux que j'ai pris de cacher mon nom?... Qui sait si ce bruit ne finirait pas par arriver aux oreilles de M. Duhamel?... Que penserait-il?... Que penserait Madeleine?... De quelle façon jugeraient-ils ma conduite?

Oui, c'est cette crainte qui me rend ainsi nerveux et inquiet, qui me fait regretter la tranquillité de Bois-Jolivet et de l'usine...

L'entrevue de Gérard avec M. Duhamel, la joie de se retrouver en présence de Madeleine atténuèrent momentanément ses craintes, malgré tout indéfinies et imprécises.

La réception que lui fit la famille Duhamel fut des plus cordiales. L'industriel le garda le premier jour à déjeuner.

Gérard et Madeleine purent donc, chacun dans le secret de son cœur, jouir tout à leur aise de leur bonheur.

Le même sentiment de quiétude pénétra les deux jeunes gens en présence l'un de l'autre, comme s'ils se fussent sentis mutuellement protégés par l'amour qu'ils avaient l'un pour l'autre.

Cette sensation inconsciente et mystérieuse fut si simultanée, si imprévue, que leurs regards, à ce même instant, se rencontrèrent pleins de confiance.

— Mes tristesses, mes terreurs sont finies, puisque Gérard est là !... — exprima le regard de Madeleine.

— Qu'ai-je à craindre ? — pensait de son côté le jeune homme, — qu'ai-je à redouter ?... N'ai-je pas retrouvé ma fée protectrice, mon bon ange ?...

Après avoir fait connaître à son employé le motif qui l'avait décidé à l'appeler à Paris, le maître de forges donna quelques renseignements à Gérard, indispensables sur M. Monval et ses projets philanthropiques.

Il y avait près de trente ans que le banquier essayait de s'en servir comme d'un tremplin politique, et les ayant approfondis, les possédant à fond, il avait pu en faire à son ami un exposé absolument complet.

D'ailleurs, que ces projets fussent le fruit d'une conviction humanitaire ou le simple résultat de l'ambition, la tentative n'en était pas moins belle et intéressante.

« L'usine aux ouvriers », c'était là une idée philanthropique et progressiste qui avait déjà hanté beaucoup de hautes intelligences, beaucoup d'économistes et de philosophes.

L'argent ne manquerait pas au richissime banquier pour mener son expérience à bonne fin.

— C'est pour vous, je le répète, une situation inespérée, mon cher enfant, — ajouta l'industriel tandis que son coupé, où il se trouvait avec Gérard, roulait dans la direction de l'avenue Friedland.

D'après les idées générales que M. Monval m'a données, il est décidé à faire les choses très grandement.

Il a résolu de poser sa candidature aux prochaines élections et compte sur la popularité que cette œuvre philanthropique va lui attirer, pour enlever les votes et faire oublier un peu ses attaches par trop impérialistes. Il fera donc plus que le nécessaire et ne regrettera rien pour réussir.

Vous allez avoir à votre disposition des fonds importants qui vous permettront de faire grand et mettront à votre service tous les perfectionnements de la science. Je sais ce dont vous êtes capable.

Vous n'avez donc plus qu'à travailler, votre avenir est assuré.

Le coupé du maître de forges s'arrêta à ce moment sous la marquise de l'hôtel du millionnaire.

Le père d'Armande quitta tout pour recevoir ses visiteurs. Il était impatient de voir arriver son ingénieur.

Depuis sa dernière conversation avec M. Duhamel, Monval avait conclu, en vue de l'œuvre qu'il projetait, une superbe affaire de terrains dans le quartier des Buttes-Chaumont.

Il lui tardait de faire commencer les travaux et d'être mis en rapport avec celui qui les dirigerait.

Dès l'abord, Gérard fut sympathique au banquier.

M. Duhamel le présenta très chaleureusement, puis, tout de suite, les trois hommes se mirent à causer des projets de M. Monval.

Celui-ci expliqua son plan avec force détails.

Sur les terrains des Buttes-Chaumont il voulait édifier une usine modèle, destinée à la fabrication du meuble. Cette branche de l'industrie lui plaisait doublement par son côté artistique et utilitaire.

— Je veux que l'usine soit établie sur des bases importantes, — ajouta M. Monval, — une sorte d'école du meuble où se trouveront réunies les productions courantes et la production de luxe. Je veux que cette production puisse s'établir, grâce au perfectionnement de l'installation et de l'outillage, dans des conditions exceptionnelles de solidité et de bon marché. Il faudra de vastes ateliers pour les dessinateurs chargés de créer les modèles, des chantiers couverts pour accumuler les bois destinés à la fabrication, une scierie à vapeur, des forges pour la ferronnerie d'art et d'ameublement, car je veux que tout se fabrique à l'usine, depuis le moindre clou jusqu'aux ferrures artistiques destinées aux pièces de luxe.

Je veux, pour que l'expérience soit complète, mettre entre les mains de mes ouvriers une machinerie aussi perfectionnée que possible, et voir si, avec leurs propres forces, ils seront suffisants pour l'actionner et lui donner la vie.

Pour ma part, bien que je ne le fasse pas dans un but spéculatif, je

Décidée à continuer son œuvre de séduction, la jeune fille s'installa délibérément dans le cabinet de son père... (P. 492.)

m'attends à de superbes résultats, à un rendement exceptionnel de mes capitaux.

Attentif aux explications du banquier, Gérard se rendit compte tout de suite de ce qu'il désirait et de ce qu'il y aurait à faire pour donner à la tentative vraiment philanthropique de M. Monval une forme pratique et réellement productive.

LIV. 62. — LA DEMOISELLE DU CHATEAU. LIV. 62.

Il ne tarda pas à émerveiller le futur député socialiste, par la netteté de sa compréhension et la justesse utilitaire et large de ses vues.

Emporté par l'intérêt du sujet, il esquissa à grandes lignes le projet tel qu'il le concevait, reprenant une à une les idées du banquier, les développant et les complétant suivant le cas, les éliminant même sans hésitation s'il les jugeait inutiles au fonctionnement de l'ensemble; et le banquier s'émerveillait de cette admirable lucidité de conception, de cette assimilation aussi rapide que parfaite, et de la facilité de travail du collaborateur de son ami.

Gérard de Soisy devait cela, non seulement à son intelligence, mais aussi aux fortes études faites à Polytechnique.

Après avoir présenté Gérard, M. Duhamel, appelé par une affaire, s'était retiré presque au début de l'entretien.

L'excellent homme partit enchanté.

Il augurait on ne peut mieux de l'œuvre confiée à son protégé, de l'impression produite par celui-ci sur le banquier, impression que M. Monval n'avait pas dissimulée.

Lui aussi avait été frappé de la facilité d'assimilation et de la netteté de vues de Gérard.

Quelque fonds qu'il fît sur l'intelligence de son employé, il n'avait jamais eu comme ce jour-là l'occasion de voir cette intelligence aux prises avec un sujet capable, ainsi que le projet du banquier, de la faire ressortir, de la mettre en lumière.

Autant que Monval, il en était émerveillé.

— Il est véritablement extraordinaire, ce garçon-là!... — se disait-il. — Il y a pour lui dans notre entreprise un avenir superbe!... Je m'en étais douté.

M. Duhamel se répétait cela tout en se rendant à ses affaires et il était très fier de se rappeler combien, dès sa première entrevue avec le jeune homme, il avait pronostiqué favorablement en sa faveur.

Nous savons que M. Duhamel avait la prétention très innocente, et fort bien justifiée cette fois, d'être un habile physionomiste.

*
* *

Prévenue par Mme de Terrenoire de l'arrivée de Gérard et de M. Duhamel, Armande Monval poussa une exclamation de joie.

— Enfin! il est là!... — pensa-t-elle. — Je suis arrivée non seulement à le faire venir à Paris, mais à le faire présenter à mon père, à l'introduire dans la maison. Maintenant, la grande bataille va commencer!...

La fille du banquier était décidée à ne pas attendre jusqu'au lendemain pour essayer la conquête du jeune homme. C'était tout de suite qu'elle allait marcher à l'assaut de sa couronne ducale.

— Pourquoi perdre un jour à attendre que papa me le présente? — se disait-elle impatiente. — J'aime bien mieux voir tout de suite l'effet que je produirai sur lui.

Et après s'être assurée, par un long regard jeté à la glace, qu'aucun artifice de toilette ne pourrait mettre plus en relief que l'élégante robe d'intérieur qu'elle portait, sa provocante et royale beauté, Mlle Monval descendit chez le banquier.

En enfant gâtée, à qui tout est permis, elle entra sans se faire annoncer dans le cabinet de son père.

Elle feignit la plus grande surprise en voyant celui-ci avec un étranger, et s'excusa gentiment.

— Je croyais te trouver seul, père, — fit-elle après s'être inclinée gracieusement devant Gérard. — Je venais te demander si tu m'accompagnais aujourd'hui au Bois.

Mais tu es en affaires et je te dérange sans doute, — ajouta-t-elle, en épiant sous ses longs cils l'impression qu'elle produisait sur le duc de Soisy.

Cette impression avait été toute admirative.

A la vue d'Armande, Gérard éprouva le sentiment que l'on ressent devant un objet parfait.

— Dieu! la jolie fille! — pensa-t-il en se levant pour saluer respectueusement Mlle Monval.

Mais ses yeux seuls avaient été charmés et son esprit, tout pénétré de Madeleine, ne demeura pas longtemps sous cette impression.

M. Monval sourit avec indulgence à sa fille.

— Tu sais bien que tu ne me déranges jamais, Armande, — répondit-il en jetant un regard complaisant sur la capricieuse enfant.

Et justement, tiens, — ajouta-t-il en lui présentant Gérard, — toi qui te montres si enthousiaste pour mes nouveaux projets d'usine, je te présente monsieur, que mon ami Duhamel a bien voulu m'envoyer et me céder pour quelque temps, et qui consent à se charger de la direction des travaux. Tu peux donc discuter avec lui sur ce grave sujet.

Puis se tournant vers le jeune homme :

— Mademoiselle Monval, ma fille, — dit-il avec un mouvement de fierté paternelle.

Gérard s'inclina de nouveau.

— Je suis charmée, monsieur, — fit Armande avec son plus gracieux sourire, en tendant sans embarras sa petite main à l'ingénieur.

Au fond, M¹¹ᵉ Monval était dépitée.

Elle avait parfaitement saisi la nuance du sentiment éprouvé par Gérard à son aspect et elle en éprouvait un certain désappointement.

Sûre de sa beauté, elle avait compté sur le coup de foudre et elle était bien forcée de s'avouer que rien de semblable ne se manifestait dans l'attitude du jeune duc.

En face d'elle, Gérard, bien que pris d'un réel sentiment d'admiration, avait conservé toute sa présence d'esprit.

— Peut-être ai-je eu tort de ne pas attendre la présentation de papa et d'arriver en coup de vent, comme une petite fille, — pensa-t-elle. M'a-t-il regardée, seulement?... m'a-t-il vue?... C'est à peine s'il a fait attention à moi.

Mais l'orgueilleuse Armande ne pouvait longtemps douter d'elle-même. Elle savait bien que sa beauté indiscutable n'était pas de celles qui passent inaperçues

— Bah! — fit-elle consolée à demi par la certitude du triomphe final, — il résiste, mais il faudra bien qu'il se rende quand même !... J'aurai raison de ce beau dédaigneux !

Et, décidée à continuer son œuvre de séduction, la jeune fille s'installa délibérément dans le cabinet de son père, et assista à la fin de la conversation des deux hommes.

Nonchalamment étendue dans un grand fauteuil de maroquin, sa jolie tête brune appuyée et ressortant admirablement sur le ton rouge du dossier, elle se mêla à plusieurs reprises à cette conversation par des aperçus remplis d'à-propos et de justesse.

Flatté de l'attention de sa fille, M. Monval acheva de développer son plan à l'ingénieur.

En attendant son arrivée, il avait commencé déjà à se mettre en campagne. Outre l'achat des terrains, il s'était abouché avec des syndicats d'ouvriers

Il faudrait construire des ateliers différents pour chaque branche de l'industrie : tournage, placage, marquetterie, serrurerie, ébénisterie, sculpture, tapisserie, etc...

Gérard s'assimilait avec une rapidité étonnante les idées émises par le banquier. Il possédait son plan, dès maintenant, et n'avait plus qu'à en jeter les lignes sur le papier.

M. Monval était de plus en plus enchanté.

On irait voir les terrains le plus tôt possible et Gérard se mettrait immédiatement à l'œuvre.

Les deux hommes se séparèrent enfin, très contents l'un de l'autre.

Gérard devait aller dîner chez M. Duhamel. — Il rentra à son hôtel pour s'habiller.

Tout heureux et absolument absorbé par la pensée de revoir Madeleine, le souvenir d'Armande s'effaça complètement de son esprit, tellement la jolie fille du banquier avait fait sur lui peu d'impression.

L'idée ne lui serait même pas venue de comparer la pure et candide beauté de Madeleine Duhamel, à la beauté superbe, provocante et tapageuse d'Armande. Il eût cru commettre un sacrilège.

Le dîner chez les Duhamel avait été donné en son honneur.

Il réunissait quelques invités, gros négociants et industriels à qui le maître de forges avait tenu à le présenter.

La distinction et l'aisance de manières du jeune homme obtinrent, dès l'abord, la sympathie générale, tandis que sa modestie, jointe à un savoir profond, lui attiraient tous les suffrages.

M. Duhamel, qui tenait à le faire briller, amena la conversation sur l'usine projetée par le millionnaire Monval.

— Je vous présente le futur ingénieur de cette grosse affaire, — ajouta-t-il en montrant Gérard.

Et il mit le jeune homme à même de développer ses idées.

D'abord intimidé, Gérard se laissa bientôt emballer par l'intérêt de son sujet.

Après avoir dit avec quelle largeur de vues et sur quelles bases imposantes M. Monval avait conçu son philanthropique projet, il donna un aperçu des plans que ce projet colossal lui avait inspirés.

Gérard remporta auprès des amis de M. Duhamel un succès complet.

Chacun s'émerveilla de cette intelligence si précise et si nette, susceptible de s'assimiler en quelques heures et de mettre, pour ainsi dire, au point, dans ses lignes générales, un plan aussi compliqué.

Madeleine avait écouté, ravie, les félicitations et les paroles flatteuses adressées au jeune ingénieur. Elle en avait ressenti une fierté secrète, une émotion intime, heureuse dans sa tendresse de voir si hautement apprécié, par tous ces hommes intelligents, celui qu'elle aimait.

L'attitude modeste de Gérard achevait de charmer les hôtes de M. Duhamel, tandis que lui, gêné par toutes ces félicitations, essayait de se dérober aux éloges.

Après le dîner on passa au salon. — Gérard en profita pour se rapprocher de Madeleine.

Les deux jeunes gens s'assirent pour causer dans le jardin d'hiver, vaste serre attenant à la pièce et séparée seulement du salon par une large baie drapée d'élégantes tentures.

Là, tout en restant en vue des invités et sans paraître trop ostensiblement faire bande à part, ils pouvaient causer.

Du reste, tandis que Mme Duhamel s'occupait de quelque détail du service, le maître de forges s'était plongé avec ses amis dans une discussion politique, provoquée par la tentative humanitaire de l'ancien impérialiste.

Chacun la commentait à sa façon avec la plus grande chaleur.

Gérard et Madeleine avaient donc pu s'isoler sans difficulté.

— Et Gervaise?... — demanda la jeune fille sitôt qu'elle se trouva seule avec l'ingénieur. — Ma pauvre Gervaise, que devient-elle?... L'avez-vous vue avant votre départ de l'usine, monsieur Gérard?

Cette question, si naturelle de la part de Madeleine et qu'il aurait dû prévoir, trouva l'ami d'Adrien à court.

Il ne pouvait laisser soupçonner à Mlle Duhamel la douloureuse aventure arrivée à la jeune fille. Il hésita un instant, cherchant ses mots.

— J'ai appris que Mlle de Châtenay était un peu malade, — répondit-il enfin d'un air gêné.

— Malade!... Gervaise?... Qu'a-t-elle donc? — s'écria Madeleine alarmée.

— Il paraît que c'est le résultat d'une frayeur... d'une peur qu'elle a eue pendant une nuit d'orage...

— Ah! oui, ce fameux orage qui a été, paraît-il, si épouvantable. Tous les journaux en ont parlé. Mais je ne savais pas ma pauvre Gervaise à ce point susceptible... Enfin, qu'éprouve-t-elle?

— Elle a une forte fièvre, paraît-il, — répondit Gérard, de plus en plus embarrassé.

— Elle est donc alitée?... mon Dieu!... On a vu le docteur, n'est-ce pas? — reprit Madeleine surprise de voir le jeune homme si hésitant et si peu renseigné au sujet de son amie.

— C'est plus que probable, bien que je ne puisse l'affirmer, mademoiselle.

— Mais vous n'avez donc pas fait prendre de ses nouvelles, vous ou M. Verneuil? — continua la jeune fille de nouveau frappée par l'attitude hésitante et embarrassée de Gérard.

— Oh! mademoiselle, — fit l'ami d'Adrien en essayant de cacher sa gêne sous une réponse ambiguë, — vous savez que Mme de Châtenay ne nous aime guère, Verneuil et moi.

— C'est inconcevable !... — murmura Madeleine, sans attacher d'importance à la remarque du jeune homme, devinant bien d'ailleurs, à l'air de Gérard, que ce n'était qu'une échappatoire, un prétexte pour détourner leur entretien de ce sujet.

Et subitement gênée, elle aussi :

— Alors, vous ne savez rien de plus sur l'état de mon amie ?... — fit-elle désolée.

— Non, mademoiselle, — dit le jeune homme en s'inclinant.

Mme Duhamel rentrait au salon; Madeleine se leva pour aller au-devant de sa mère. Son regard pensif et triste suivit un moment Gérard, qui, de son côté, se rapprochait du groupe des causeurs.

A cent lieues de deviner la cause des réponses embarrassées du jeune duc, Madeleine en cherchait la raison dans les impressions nouvelles ressenties par Gérard en sa présence.

— Qu'a-t-il donc ?... — se demandait-elle avec angoisse; il n'est plus le même qu'autrefois !... Pourquoi cette gêne, cette raideur !... Sans doute, il s'est toujours montré envers moi plein d'une respectueuse réserve; mais il y avait en lui une nuance de confiance, de camaraderie pour ainsi dire, que j'ai en vain cherché à retrouver dans ses yeux. — Pourquoi est-il ainsi aujourd'hui ?...

Et Madeleine demeurait tout attristée.

A mesure que la soirée s'avançait, Gérard, de son côté, se livrait aux plus tristes réflexions.

A Paris, bien plus encore qu'à Bois-Jolivet, au milieu de tout le luxe du somptueux hôtel dans lequel il avait retrouvé les Duhamel, la distance qui existait entre lui et la Demoiselle du Château lui apparaissait infranchissable. Plus que jamais, il se sentait séparé de Madeleine.

N'avait-il pas repoussé avec indignation les propositions de Mme de Morranteuil ? Que venait-elle lui proposer, cependant ?... Un mariage d'argent, comme il s'en fait tous les jours. Il ne voulait pas qu'on pût le soupçonner d'être capable de vendre son nom !

Pourtant il lui apparaissait clairement qu'un mariage avec Madeleine Duhamel, s'il devenait jamais réalisable, serait taxé par le monde d'être une affaire.

On ne tiendrait pas compte de sa tendresse, on ne verrait dans cette recherche de sa part qu'une spéculation habile en vue de redorer le blason de ses ancêtres.

— Moi sans fortune, elle millionnaire, — pensait Gérard tristement, — non, je ne puis songer à l'épouser !... Et cependant !...

Cette soirée passée dans l'intimité familiale de l'adorable fille du maître de forges avait porté son amour au paroxysme.

Depuis si longtemps qu'il était séparé de Madeleine, qu'il ne vivait que par le souvenir de sa grâce rayonnante et de son charme !

Il ne l'avait revue que pour la perdre plus sûrement !

— Car elle ne sera jamais à moi, — se disait-il attristé. — Sa fortune sera toujours un obstacle entre nous !... L'honneur m'interdit tout espoir, ma dignité m'ordonne de lutter contre les entraînements de mon cœur !... Agir autrement serait mal !...

Et pourtant, toute mon âme se révolte contre cette décision ! — murmura le jeune homme en jetant un long regard de tendresse éperdue sur Madeleine. A chaque nouvel assaut de ma raison, mon cœur saigne d'une blessure plus cruelle !...

Ah ! toute ma joie eût été de vivre près d'elle, près de cet ange, de cette douce enfant qui m'est apparue comme la fée protectrice de ma vie !... Le peu de bonheur que j'ai eu ne me vient-il pas d'elle ? — Ne dois-je pas tout ce que je suis à sa bienfaisante influence ?... N'est-ce pas elle qui a décidé M. Duhamel à me prendre à l'usine ?... Verneuil me l'a bien dit : c'est à sa protection que je dois tout, que je devrai mon avenir si je réussis à me faire une belle situation. Et jamais je ne lui ferai l'aveu de ma tendresse reconnaissante..., du culte d'amour que je lui ai voué !

Ah ! la vie est finie pour moi !... continua-t-il avec un soupir. — Cette vie que j'eusse été si heureux de lui consacrer !... Que m'importe même d'arriver ! Qu'importe un avenir dont elle n'est pas le but... qu'elle ne doit point partager !...

— Comme il est triste, — pensait de son côté Madeleine, dont le regard anxieux et plein d'inquiétude suivait à la dérobée, sur le visage de celui qu'elle aimait, le reflet des émotions qui l'agitaient. — D'où peut venir cette contrainte, cette gêne dont il n'a pas été maître tout à l'heure en me parlant ?... Regretterait-il d'être à Paris ?...

Moi qui m'étais bercée de l'idée d'être aimée, me serais-je trompée ? murmurait-elle avec découragement ; ou bien mes regards m'ont-ils trahie ?... Gérard a-t-il deviné mon amour ?

Mais alors, lui ne m'aimerait donc pas, puisqu'il semblait si pressé de me quitter, puisque ses réponses embarrassées disaient assez sa gêne, son ennui d'être auprès de moi !

Mais non, non, cela n'est pas possible !... Ses regards aussi disent qu'il m'aime, — ajouta Madeleine avec une conviction profonde ; — ses yeux

Les travaux de terrassement sont déjà presque complètement achevés... (P. 501.)

reflétaient en arrivant, j'en suis sûre, la joie de me revoir !... Je n'ai pas pu me tromper à ce point !...

Cependant, alors, que penser !... balbutia la jeune fille songeuse.

Et, de cette soirée dont ils s'étaient promis tant de joie, les deux jeunes gens avaient conservé une impression pénible. Gérard malheureux de son amour sans espoir, Madeleine incertaine, anxieuse, le cœur troublé par la crainte de n'être pas aimée.

CHAPITRE XXV

INQUIÉTUDES ET PRESSENTIMENTS

Les craintes de Madeleine ne s'étaient pas apaisées.

Depuis cette première soirée passée avec Gérard, elle s'affectait et souffrait d'autant plus, que rien de probant ne venait corroborer ses inquiétudes et ses doutes.

L'attitude du jeune ingénieur ne variait pas à son égard, toujours empreinte du même respect, mélangée de raideur et de cette nuance d'embarras que Mlle Duhamel ne s'expliquait point et qui la désolait.

— Il n'était pas ainsi à Bois-Jolivet, — se disait Madeleine, qui, toute aux douleurs de l'heure présente, avait perdu le souvenir de l'attitude souvent étrange de Gérard pendant les premiers mois de son séjour à l'usine.

Alors déjà, le jeune homme luttait contre son cœur, cherchait à s'arracher à l'envahissement chaque jour croissant d'un amour que sa délicatesse réprouvait.

Dans sa tendresse encore inconsciente, Madeleine s'était souvent demandé la raison de ce brusque changement dans les manières de son protégé.

Mais l'éloignement en avait estompé le souvenir dans son esprit. Elle n'avait gardé que la vision des douces heures dominicales passées en compagnie de Gérard, dans le salon familial de Bois-Jolivet, où elle s'était bercée si souvent de l'espoir d'un amour partagé.

Maintenant, de nouveau, elle cherchait la cause de la froideur inattendue de Gérard. Son esprit habile à se forger de douloureuses chimères ne trouvait cette cause que dans l'indifférence du jeune homme.

Malgré elle, aussi, et comme par une intuition mystérieuse, la fille de M. Duhamel pensait souvent à Armande Monval.

Chaque fois à présent que Madeleine évoquait la figure de Gérard, l'image provocante de la belle et hautaine Armande surgissait à côté de celle du jeune homme.

— Elle est bien jolie !! — pensait la jeune fille le cœur serré. — Et si séduisante, si mondaine !... Et Gérard la voit maintenant presque chaque jour !... Si ?...

Adroitement, avec une diplomatie toute féminine, dont son amour lui avait donné la révélation subite, Madeleine avait essayé de faire parler son père au sujet d'Armande.

Attiré au somptueux hôtel du boulevard Haussmann par la présence de son protégé, fort instamment prié du reste par le banquier de donner à son entreprise l'appui de sa grande expérience, M. Duhamel fréquentait en effet assez intimement chez les Monval.

Il devait avoir remarqué quelque chose. Dans tous les cas, ses réponses fourniraient peut-être à Madeleine un indice qui lui donnerait la preuve d'un rapprochement possible entre Gérard et la fille du riche banquier.

— Père, peut-être, n'a rien su voir, mais moi je ne m'y tromperais pas, moi ! — Je connaîtrais bien vite la vérité !... — pensait-elle.

Et le cœur rempli d'appréhension, mêlant à dessein le nom de Gérard à celui d'Armande, elle avait interrogé M. Duhamel.

Les travaux du jeune ingénieur lui en avaient fourni le prétexte tout naturel.

Où en était l'entreprise de M. Monval ? Gérard avait-il terminé ses plans ?

— Il paraît qu'Armande s'intéresse énormément au projet de son père, — insinua Madeleine en prenant l'air le plus détaché du monde. — On la dit très intelligente ?

— Ma foi, c'est fort possible. Elle ne me paraît pas bête, en effet, bien qu'elle ait un air qui ne me plaise pas, — répondit l'excellent homme sans malice.

— Elle est très enthousiaste, paraît-il, des travaux présentés par M. Gérard.

— Elle peut l'être, sapristi ! on le serait à moins !... Ce garçon est tout bonnement renversant ! — fit le maître de forges tout entier à son admiration pour Gérard.

Il ne remarquait pas l'émotion qui avait fait légèrement trembler la voix de sa fille.

— Te rappelles-tu, ma chérie, ce que je t'en ai toujours dit ? — continua M. Duhamel emballé. Eh bien ! Gérard m'étonne encore, malgré cela !... Ses plans sont d'une clarté, d'une netteté admirable ! Un enfant pourrait s'y reconnaître. Et rempli d'idées neuves et pratiques, avec cela ! Il joue avec les difficultés. On croirait qu'il n'a fait que construire des usines toute sa vie !

Pourtant, il est évident, n'est-ce pas, que c'est là, pour ce garçon, un coup d'essai? A son âge, il est encore trop près de l'école pour qu'il en soit autrement. Eh bien! ce qui me confond, quelque brillantes qu'aient pu être ses études, c'est qu'il soit passé de la théorie à la pratique sans tâtonnements, avec une aisance, une facilité dont je n'avais jamais vu d'exemple.

— Il paraît qu'Armande fait plus que de s'intéresser à l'œuvre de M. Monval; qu'elle s'en occupe, que c'est une vraie collaboratrice pour M. Gérard, — fit Madeleine cherchant à ramener la conversation sur le point qui l'intéressait.

— Qui t'a dit cela?

— Je ne sais plus, mais on me l'a dit, — répondit la jeune fille embarrassée.

Le maître de forges se mit à rire.

— Mlle Monval est une enfant gâtée, à laquelle on laisse faire tout ce qu'elle veut, répliqua-t-il, ne voyant autre chose dans les questions de Madeleine qu'un peu de curiosité féminine mêlée à l'intérêt qu'elle portait à son protégé. Il se peut très bien qu'elle se soit mis en tête de jouer à l'ingénieur.

Dans tous les cas, — ajouta d'un air plaisant M. Duhamel, — si la collaboratrice est charmante, je doute que la collaboration soit d'une aide bien efficace pour ce brave Gérard. Heureusement que notre protégé m'a tout l'air d'être fort capable de se tirer d'affaire tout seul!

Et en manière de conclusion, l'excellent homme donna une tape amicale sur les joues pâlies de sa fille.

Madeleine n'avait pu insister davantage.

Elle comprenait bien, du reste, que son père ne voyait en Gérard que l'ingénieur, et ne pensait l'intéresser que par tout ce qui avait trait à ses travaux.

Quelle apparence qu'il eût prêté une attention quelconque à quelque coquetterie d'Armande envers Gérard, ou à quelque galanterie adressée par celui-ci à la fille du banquier?

Elle seule eût bien su en démêler l'importance. Mais, hélas! elle n'assistait pas aux conférences du banquier et d'Armande avec Gérard.

Ces conférences devenaient de jour en jour plus fréquentes.

L'affaire, en effet, marchait rondement, grâce à l'activité du jeune ingénieur.

M. Monval était allé avec lui visiter les terrains de la future usine.

Armande avait demandé à les accompagner.

— Cela m'intéressera beaucoup, je t'assure, — avait-elle répondu à son père, qui lui objectait la difficulté, pour une jeune fille, de marcher dans des terrains encombrés de démolitions et déjà bouleversés par les terrassiers.

— Tu vas rapporter à l'hôtel toute la terre de l'usine après tes jupes, ma chère Armande, — dit-il en riant.

— Bah! Je mettrai un costume de circonstance. — Puis, d'abord, si j'ai trop de peine à marcher, je resterai dans la voiture où je vous attendrai de pied ferme.

— Cela ne t'amusera pas beaucoup de rester toute seule dans la voiture, surtout dans ce quartier-là, — objecta M. Monval.

— Mais aussi je n'ai pas l'intention d'y rester du tout, — répondit en riant la jeune fille. — Ce ne serait qu'un pis-aller. C'est pour te rassurer sur mon sort au cas où je ne pourrais absolument pas vous accompagner. J'ai tant envie de les voir, enfin, ces fameux terrains!... De suivre sur place les explications et les plans de M. Gérard. Il me semblera que l'usine est déjà à moitié construite.

— Comme il te plaira, alors, ma chère enfant, — conclut le banquier, flatté au fond et heureux de l'insistance de sa fille.

Gérard, qui dînait ce soir-là chez les Duhamel, leur avait raconté en détail cette visite à l'emplacement de la future usine.

— Les travaux de terrassement sont déjà presque complètement achevés, — dit-il tout émerveillé. — C'est étonnant ce qu'avec de l'argent on peut faire travailler vite, à Paris. Quand on pense qu'il a fallu démolir, déblayer, mettre à niveau, et cela dans un espace de temps aussi restreint! Tout est déjà clôturé; on va pouvoir commencer les tranchées et les fondations.

— L'emplacement est superbe, — fit remarquer M. Duhamel; — j'ai passé par là l'autre jour; ce terrain doit avoir au moins une superficie de dix mille mètres?

— Dix mille huit cents exactement, monsieur, — rectifia Gérard en souriant.

— C'est très beau, il n'y a pas à dire, — reprit l'industriel. — Et, une fois les constructions mises en train, vous allez marcher rapidement, je suppose?

— La plupart des machines sont déjà commandées, les plans achevés, sauf quelques légères modifications. Je compte qu'en quatre mois, à partir du jour où nous aurons commencé à construire, tout pourra être installé et complet.

C'est ce que je disais ce matin à M. Monval et à sa fille, en visitant les terrains, — ajouta Gérard en souriant et en se tournant vers Madeleine.

— Ah! — fit celle-ci, frappée douloureusement; — Mlle Monval vous avait accompagnés?

— Vous savez qu'on vous la donne pour une collaboratrice assidue, mon cher Gérard, — dit en riant le maître de forges. — Demandez à Madeleine.

— Oh! père!... — fit la jeune fille en rougissant.

— Je crois que Mlle Monval s'intéresse, en effet, beaucoup au projet de son père, — dit le jeune homme sans aucune nuance d'embarras. — Quant à y collaborer... J'avoue cependant qu'elle est d'une intelligence tout à fait supérieure!

— Comme sa beauté, interrompit Mme Duhamel avec conviction. C'est une admirable personne!

— Oui, elle est bien jolie, — fit Madeleine, avec un soupir. — N'est-ce pas monsieur Gérard?

— C'est une beauté accomplie, en effet, — répondit le jeune ingénieur sans aucune hésitation, comme si la perfection physique de Mlle Monval ne pouvait être mise en doute.

Pourtant, pour une oreille moins prévenue que celle de Madeleine, l'affirmation de Gérard manquait de l'enthousiasme que donne la conviction.

Armande, elle, n'eût pas hésité à s'en apercevoir.

Sous l'influence des pressentiments qui l'assaillaient depuis l'arrivée du jeune homme, et surtout depuis que celui-ci avait pris possession de ses nouvelles fonctions d'ingénieur auprès de M. Monval, Madeleine se méprenait complètement sur les sentiments de Gérard à l'égard de la fille du banquier.

— Il l'aime! ou, s'il ne l'aime pas encore, il n'est pas loin de l'aimer, — pensait tristement la jeune fille en s'efforçant de dominer la douleur que mettait en elle cette découverte. — Avec quelle chaleur il a parlé de son intelligence et de sa beauté!... Hélas! c'est la justification de mes pressentiments, l'explication de la gêne, de l'ennui qu'il éprouve auprès de moi. C'est Armande qu'il aime!

En pouvait-il être autrement, du reste, elle est si jolie! — ajouta Madeleine, ne pouvant s'empêcher de rendre justice à celle qu'elle considérait déjà comme sa rivale. — Ah! pourquoi Gérard est-il venu à Paris!...

Mlle Monval était, cependant, bien loin de la pensée de l'ingénieur.

Plus que jamais Gérard aimait Madeleine, et ne se sentait heureux qu'auprès d'elle.

La comparaison que, malgré lui, il établissait entre elles, augmentait encore le culte d'amour qu'il avait voué à la pure et chaste beauté de la Demoiselle du Château.

Aussi belle que la provocante Armande, combien Madeleine était plus touchante !... Quel charme intime et pénétrant se dégageait d'elle !

Et chaque fois qu'il se retrouvait en présence de la jeune fille, Gérard sentait son cœur se serrer à la pensée du sacrifice surhumain que lui commandait l'honneur, en songeant que son devoir était de tenter l'impossible pour oublier Madeleine et essayer d'arracher de son âme cet amour qui l'emplissait tout entière...

Un matin, au Bois, M. Duhamel, faisant une promenade avec sa fille, rencontra M. Monval.

Très empressé, le banquier descendit de sa voiture pour venir saluer la jeune fille et serrer la main à l'usinier. Tout de suite, il parla de Gérard à M. Duhamel, étant de plus en plus ravi de son ingénieur.

— Je ne saurais assez vous remercier de me l'avoir donné, mon cher ami, — répétait-il avec effusion. — Un garçon si intelligent, si travailleur, et qui me comprend si bien !... On dirait qu'il devine ma pensée, tellement il va au-devant de tout, tellement il prévoit toutes choses !...

— Alors, ça marche, là-bas ? — questionna M. Duhamel.

— Si ça marche !... mais, grâce à l'activité et à l'infatigable ardeur, au travail de M. Gérard, nous sommes déjà tout prêts pour la construction !

— C'est superbe !

— Aussitôt les terrassements achevés, ce qui ne va pas tarder maintenant, car il a fallu remblayer une partie des terrains, nous allons pouvoir poser la première pierre.

— Bravo, mon cher Monval !

— Et à ce propos, mademoiselle, — continua le banquier en se tournant vers Madeleine, — je compte donner une grande fête, et je profite de l'occasion de cette rencontre, pour vous faire un peu par avance, à vous et à M. et Mme Duhamel, mon invitation.

Il s'adressa ensuite au maître de forges.

— Je rêve quelque chose d'épatant, mon cher, — reprit-il avec emphase ; — une fête sensationnelle, à laquelle on invitera les futurs ouvriers de l'usine. Travail et capital mêlés ! voilà du vrai socialisme. Plus de théories, des actes ! cela fera un joli coup de pétard ! Je crois qu'après ça ma candidature sera bien lancée !...

— L'idée est excellente, en effet, — approuva M. Duhamel.

— Ce sera réussi, vous verrez! N'allez pas me faire faux bond, au moins; je compte sur vous et sur ces dames, — dit le banquier en s'apprêtant à prendre congé.

L'annonce de cette fête et l'invitation de M. Monval impressionnèrent péniblement Madeleine.

Dans la perspective entrevue, elle n'avait songé qu'à une chose :

— Armande va y paraître en reine, — se dit-elle. — Elle sera courtisée, adulée! Son succès achèvera de me prendre le cœur de Gérard!

Et cependant, non! — lui criait, du fond de son être, une voix qui venait réveiller l'espérance dans son âme. — Non; ce n'est pas Armande; c'est toi qui es aimée! Cette communion mystérieuse qui a existé entre le duc de Soisy et toi depuis le premier jour de votre rencontre, ne s'est pas rompue.

— Oui, c'est vrai, je m'alarme peut-être à tort!... — se disait-elle alors, heureuse de trouver le moyen d'espérer encore. — Oui, il m'aime, je le sens!... j'en suis sûre!... Son attitude embarrassée auprès de moi doit avoir une autre cause... Laquelle?

Elle y réfléchit longuement, cherchant à s'expliquer ce changement sans faire intervenir cet amour pour Armande qu'elle ne parvenait pas à justifier.

— Peut-être a-t-il deviné mon amour, — se dit-elle, — et sa délicatesse s'effarouche d'une tendresse dont le monde pourrait l'accuser d'avoir profité pour faire un mariage d'argent. Car je suis une héritière, et il n'a rien, lui, lui qui devrait posséder une grande fortune!... Il est obligé de travailler pour vivre, et, pour travailler, il est contraint de cacher son nom!

Pourtant, je n'ai rien fait pour le laisser lire dans mon cœur, — pensait encore Madeleine. Mon amour y est resté caché, rien en moi n'a pu le faire ostensiblement paraître... Mais peut-être qu'une secrète divination m'a trahie.

Peut-être aussi, le secret de son nom, ce secret qu'il garde avec un soin jaloux, mais que je connais, moi, sans qu'il le sache, pèse-t-il à la nature franche et droite du duc? Peut-être est-ce cela qui le rend avec moi embarrassé, inquiet...

Ah! si je savais!

Mais à qui me confier? A qui demander conseil?... Je n'ai personne auprès de moi. Ce n'est pas à mes parents que je puis m'ouvrir de tout cela. Ce secret est celui de Gérard. Je n'ai pas le droit de le divulguer.

Ah! si j'avais une amie!... — murmura la jeune fille, — une autre moi-même, à qui je pourrais ouvrir mon cœur, confier mes hésitations et mes doutes!

Elle traversa la terrasse, et une fois hors de vue, penchée sur le sol, elle chercha. (P. 507.)

Madeleine n'osait écrire à Gervaise. La surveillance à laquelle était soumise M{ᵐᵉ} de Châtenay lui enlevait cette ressource.

— Ma lettre tomberait sûrement entre les mains de sa méchante belle-mère, — se disait-elle. — Et alors, que deviendrait le secret de Gérard ?... Ce serait une imprudence impardonnable.

Ah! si ma pauvre Gervaise était là! — ajoutait en soupirant la Demoiselle du Château.

CHAPITRE XXVI

PREMIÈRE RÉVOLTE

Adame de Châtenay ne se contenta pas longtemps de l'explication fournie par Gervaise sur son indisposition.

Après avoir paru d'abord accepter la version également soutenue par Léonore, d'accord avec Fraülein, elle réfléchit.

Il était étonnant qu'une simple frayeur ait pu produire un semblable effet sur sa belle-fille.

A force d'interroger, elle parvint à savoir que Gervaise, poussée par cette folle terreur, s'était enfuie du château et s'était trouvée dans le parc pendant l'orage.

Ce renseignement arraché comme un aveu à l'esprit timoré de la pusillanime Greetchen, surexcita vivement la curiosité inquiète de Mme de Châtenay.

Pourquoi Gervaise s'était-elle rendue dans le parc au milieu de la nuit? Qu'allait-elle y faire?

Soupçonneuse, la vicomtesse chercha l'explication de cette étrange et incompréhensible sortie que, pour elle, la frayeur de l'orage ne pouvait expliquer.

Tout à coup, le souvenir de Verneuil lui revint.

N'avait-elle pas surpris déjà des signes d'intelligence entre les deux jeunes gens ?

Le marâtre se sentit prise aussitôt d'un frémissement de rage.

— Je parie que la malheureuse allait à quelque rendez-vous donné par ce garçon!... — murmura-t-elle, secouée par l'angoisse que cette pensée mettait en elle.

Malgré toutes les précautions prises, les deux jeunes gens avaient donc trouvé le moyen de correspondre et de se voir !

— Ce serait trop fort!... — gronda la douairière entre ses dents serrées.

Et pourtant, c'est cela ; la chose n'est que trop claire ! — Les amoureux étaient ensemble. Ils auront été surpris. Peut-être un bruit quelconque les a forcés à fuir. De là, la frayeur qui a causé l'indisposition de cette misérable fille... L'orage a bon dos!

Et, furieuse, Mme de Châtenay tendit le poing dans la direction de la chambre de Gervaise.

— Ah! si je pouvais être sûre de ça! — reprit-elle; — se moquer de moi avec tant de toupet!... Et cette Greetchen, cette Léonore, que je paie pour empêcher les extravagances de cette folle!... Quelle surveillance exercent-elles donc?...

Sans rien dire, cachant son courroux, la marâtre descendit dans le parc, espérant recueillir quelque indice.

Elle traversa la terrasse, et une fois hors de vue, penchée sur le sol, elle chercha avec l'obstination et la ténacité de la haine, la preuve de ses présomptions.

Elle se releva bientôt triomphante.

Devant elle, le sable mouillé conservait encore des empreintes de chaussure.

— C'est un pas d'homme... le pas de ce Verneuil!... plus de doute, je ne m'étais pas trompée!... — fit avec fureur la vicomtesse. — C'est bien ce godelureau que cette créature sans pudeur venait rejoindre!

Mais comment Gervaise était-elle parvenue à sortir la nuit de sa chambre, malgré la surveillance de Greetchen? L'Allemande aurait-elle donc été de connivence avec elle?

Rentrée au château sous le coup d'une colère d'autant plus violente qu'elle la contenait encore, Mme de Châtenay essaya de nouveau de faire parler Léonore.

Elle excellait à entretenir la délation parmi ses domestiques.

— Par elle, je saurai bien si Fraülein me trahit, — pensa-t-elle.

Mais, malgré l'adresse de ses questions, elle ne parvint à tirer autre chose de la femme de chambre que ce que celle-ci lui avait déjà dit.

Alors, elle se rabattit sur Greetchen.

Elle fit venir l'Allemande dans sa chambre et l'interpellant violemment :

— Voulez-vous enfin me dire la vérité au sujet de Mlle de Châtenay? — s'écria-t-elle en accompagnant ses paroles d'un regard tellement courroucé qu'il terrifia la malheureuse gouvernante.

— La férité?... matame la ficomtesse... — balbutia-t-elle.

— Oui, la vérité, Fraülein Puttmacker, — répéta la vicomtesse en contenant sa rage.

Et, dévisageant Greetchen :

— Vous savez que si vous mentez encore, je vous renvoie immédiatement. Vous pourrez faire vos malles, séance tenante.

— Me renfoyer !... me cheter à la rue !... — gémit Greetchen en tombant à genoux devant Mme de Châtenay. — Oh ! matame la ficomtesse !...

— Décidez-vous à parler, si vous tenez à votre place !...

— Mais ch'ai dit tout ce que che safais à matame la ficomtesse, — pleurnicha l'Allemande terrifiée. — Ch'ai afoué que che m'étais entormie... que che n'afais pas entendu sortir matemoiselle Cherfaise... que l'orache afait surpris matemoiselle dans le parc...

— Oui, et je devrais déjà vous avoir chassé pour votre manque de surveillance, — interrompit aigrement la châtelaine. — C'est un vol que vous commettez, sachez-le bien, mademoiselle Puttmacker.

— Un fol !... — s'écria la gouvernante en frappant sa volumineuse poitrine dans un mouvement de protestation et de révolte.

— Oui, un vol. Je ne vous paie pas pour dormir, moi, mais pour surveiller ma belle-fille ! Comment exercez-vous cette surveillance ?... En laissant Mlle de Châtenay sortir la nuit du château et s'en aller tranquillement dans le parc rejoindre son amoureux !

— Son amoureux !... — répéta Greetchen scandalisée.

— Oui, son amoureux, — répéta avec colère la vicomtesse.

— Matemoiselle Cherfaise était seule tans le parc, che le chure !... — affirma l'Allemande.

Mme de Châtenay se leva, de plus en plus furieuse, et, secouant brutalement le bras de la gouvernante :

— Et moi je vous dis qu'un homme se trouvait avec elle... J'ai vu l'empreinte de ses pas sur le sable des allées !...

— Matame la ficomtesse a fu ?...

— Nierez-vous encore que ma belle-fille allât à un rendez-vous ?

— Mais che l'ignore, matame la ficomtesse... — gémit Greetchen en faisant mine de s'arracher les cheveux. — Che n'ai à me reprocher, je vous le chure, qu'un moment de néglichence. L'orache m'avait accablée ! Che suis innocente comme un paufre agneau de la contuite de matemoiselle !

— Dites plutôt que vous êtes sa complice, misérable !... — glapit avec fureur Mme de Châtenay.

Mais Greetchen Puttmaker se révolta.

— La complice de matemoiselle, moi !... — protesta-t-elle. — Moi, la complice de matemoiselle, dans une chose aussi inconfenante !... Oh ! matame la ficomtesse n'a donc pas lu mes certificats ?

— C'est justement parce que je les ai lus, que je croyais pouvoir compter sur plus de zèle de votre part, — répondit sèchement la marâtre.

— Mais che suis toute défouée à matame la ficomtesse, — affirma l'Allemande avec l'accent de la plus profonde sincérité. — Che n'ai eu que ce moment d'infolontaire négligence. L'orache m'a entormie comme un plomb !

Mais che vous chure bien, madame la ficomtesse, que cela ne m'arrifera plus, quand che tefrais m'enfoncer tes épingles tans la peau ! — fit piteusement la grosse femme. — Matame la ficomtesse n'aura plus à se plaindre te mon zèle... Che fous le promets !...

— Nous le verrons bien. — En attendant, je vous défends absolument de dire un mot à ma belle-fille de ce qui vient de se passer entre nous, — recommanda la marâtre en se levant et en faisant signe à Greetchen de se retirer.

— Matame la ficomtesse me partonne ?... — demanda timidement l'Allemande et n'osant laisser éclater sa joie. — Elle ne me renfoie pas?

— Je vous pardonne... proyisoirement, — fit sèchement la belle-mère de Gervaise, dans une restriction pleine de menace.

Gervaise demeura donc complètement ignorante des soupçons de sa belle-mère.

Son indisposition, du reste, se dissipa vite. Dès que l'effet du narcotique versé par Léonore eut cessé de se faire sentir, la conscience des choses lui revint et sa mémoire se raffermit peu à peu.

Enfin elle parvint à se ressaisir complètement.

Maintenant, une partie des événements de cette nuit terrible lui apparaissaient plus clairement; son esprit, lucide à cette heure, en suivait les phases jusqu'au moment où, dans la grotte, elle était tombée évanouie dans les bras de Verneuil.

A partir de cet instant, pour elle, les ténèbres enveloppaient sa mémoire.

Mais jusque-là, avec un doux émoi et une confusion intime qui colorait ses joues d'une fugitive rougeur, la jeune fille retrouvait une à une les sensations délicieuses de l'aveu d'amour qu'elle avait échangé avec son bien-aimé.

Elle se rappelait très bien qu'Adrien lui avait avoué sa tendresse, qu'elle-même lui avait ouvert son cœur. Mais ce souvenir, dont toute idée sensuelle avait disparu avec l'action de l'infâme drogue versée par sa femme de chambre à l'instigation de Mousset, ne mettait en Gervaise aucun remords.

Ignorante de l'amour, son esprit n'était défloré par nulle pensée coupable: Elle ne ressentait que la douceur d'être aimée.

Désormais elle n'en pouvait plus douter : elle était sûre de l'amour d'Adrien.

Pourtant, malgré cette assurance, elle éprouvait une peur instinctive, mystérieuse.

Qu'allait-il arriver?... Quelle résolution allait prendre le jeune homme?

— A présent qu'il se sait aimé, que va-t-il faire?... — se demandait Gervaise avec angoisse.

Devant la perspective de son bonheur, forte de l'amour d'Adrien, elle se sentait animée d'une audace jusqu'alors inconnue.

Elle était prête à la lutte; elle se voyait décidée à défendre son bonheur contre les méchants qui voulaient le lui arracher.

— Je triompherai!... — se disait-elle avec confiance; — sûre de la tendresse de celui que j'aime, mon amour sera plus fort que les odieuses machinations inventées contre moi par ma belle-mère!...

Seulement, que puis-je, toute seule?... Je n'ai autour de moi que des gens hostiles ou des salariés, grassement payés par ma marâtre pour me surveiller. Je n'ai personne pour me soutenir... personne à qui me confier!...

Ah! si Adrien était là, — ajoutait l'amie infortunée de Madeleine, — si je pouvais le voir encore comme autrefois, si je pouvais m'appuyer sur lui!... Il me défendrait de tous ces méchants, maintenant qu'il sait que je l'aime; il trouverait bien un moyen de me délivrer, de m'arracher à l'autorité de Mme de Châtenay!...

Ah! cette femme! quel monstre! comme elle me déteste!... ajouta la pauvre Gervaise...

Quelques jours se passèrent ainsi dans une hostilité sourde de part et d'autre.

Bien que, depuis le rétablissement de Mlle de Châtenay, aucune nouvelle explication n'eût eu lieu entre elle et sa belle-mère, elle sentait que la haine que lui portait la vicomtesse était arrivée à son paroxysme.

Cette sensation, qui autrefois l'eût effrayée, augmentait chez elle la surexcitation et l'esprit de révolte que la certitude d'être aimée, de combattre pour son bonheur, avait mis en elle.

Les rapports se tendaient chaque jour de plus en plus entre la marâtre et sa victime.

C'étaient maintenant, de la part de Mme de Châtenay, des vexations continuelles contre sa belle-fille.

A table, elle la traitait grossièrement devant les domestiques, la criblait à tout propos d'allusions blessantes, mais cependant suffisamment obscures, pour que Gervaise n'y pût démêler jusqu'à quel point la vérité était connue de sa terrible belle-mère. Elle lui coupait la parole, ou lui imposait silence, et essayait de l'humilier en affectant de faire servir Greetchen avant elle.

Rouge et penaude, n'osant rien dire, terrifiée par Mme de Châtenay, la gouvernante mangeait sans lever les yeux, le nez dans son assiette.

Mais l'émotion troublait la digestion de la grosse fille de von Puttmacker.

Bien qu'elle ne parût faire aucune attention à la conduite odieuse de la vicomtesse à son égard, qu'elle ne répondît jamais à aucune des allusions insultantes de sa marâtre, Gervaise sentait souvent monter à ses yeux des larmes de révolte et de colère.

La situation devenait chaque jour pour elle plus intolérable et, cependant, la pauvre jeune fille hésitait encore devant un éclat.

Il n'était cependant aucune vexation, aucune invention démoniaque et blessante, qui lui fût épargnée par son bourreau.

Un matin, en voulant sortir de sa chambre, elle avait trouvé sa porte verrouillée en dehors. Un verrou avait été également mis à la porte du cabinet de toilette qui servait de dégagement à la chambre de sa gouvernante.

Force fut donc à Gervaise d'attendre pour sortir le bon plaisir de sa belle-mère.

Elle dévora en silence ce nouvel affront.

La colère, cependant, s'amassait dans le cœur ulcéré de la malheureuse enfant.

Autour d'elle, la surveillance se resserrait de plus en plus. Greetchen elle-même, terrifiée par Mme de Châtenay et, du reste, se sentant elle-même sous le coup d'un espionnage organisé par les ordres de la vicomtesse, n'avait plus pour son élève les complaisances d'autrefois.

Gervaise sentait la patience lui échapper. Elle eût voulu fuir ce milieu qui lui était devenu insupportable.

Elle se désolait aussi d'être sans nouvelles de Verneuil.

Le jeune ingénieur, en effet, n'avait pas donné signe de vie depuis la nuit de l'orage.

Ce silence plongeait Mlle de Châtenay dans une inquiétude folle.

Que faisait donc celui qu'elle aimait ?

— N'aurait-il pas dû trouver le moyen, sinon de me revoir, du moins de me faire parvenir de ses nouvelles ? — pensait-elle. — Après les aveux que nous avons échangés, ne doit-il pas se douter de l'impatience où je suis de tout ce qui, d'une façon ou d'une autre, viendrait me prouver qu'il pense à moi, qu'il est heureux de se savoir aimé! Au lieu de cela, un silence complet, rien, pas une tentative pour calmer l'inquiétude dans laquelle il devine bien que je suis plongée!...

*
* *

Cette inquiétude, de jour en jour grandissante dans l'âme de Gervaise, finit par la conduire à tenter une démarche dont la seule pensée l'eût effrayée autrefois.

Décidée à avoir à tout prix des nouvelles d'Adrien, elle se résolut à lui écrire.

Sa lettre, écrite en cachette avec des précautions extraordinaires, disait, dans un appel désespéré de la jeune fille, tout le découragement, toute la lassitude de son cœur.

Elle écrivait :

« Mon ami, je puis dire mon seul ami, puisque Madeleine, hélas! est si loin de Châtenay, je me désespère de ne pas recevoir de vous le moindre signe de vie.

« L'existence devient ici, pour moi, de plus en plus intolérable.

« Je ne sais quels soupçons a conçus ma belle-mère, mais ce que je vous ai raconté de la surveillance à laquelle j'étais en butte, n'est rien à côté des injurieuses précautions qui sont maintenant prises contre moi.

« Je suis devenue véritablement prisonnière dans cette maison où il n'est pas d'affronts et de vexations que l'on n'invente pour me torturer.

« Je sens que je mourrai, si l'on ne m'arrache pas à cette méchante femme que le malheur m'a donnée pour marâtre.

« C'est sur vous, mon unique ami, que je compte pour me sauver!... car, à qui m'adresserais-je pour me protéger, si ce n'est à vous, Adrien, à vous qui m'avez dit que vous m'aimiez?... à vous, à qui j'ai osé avouer mon amour?

« Ces aveux, échangés dans la grotte du parc et que la surprise a fait naître, ne nous ont-ils pas liés à jamais? Comment me jugerez-vous si je vous dis que je n'en rougis presque pas, que l'assurance où je suis de votre tendresse est la seule pensée qui me soutienne, qui me donne du courage?

« C'est votre fiancée qui vous supplie de ne pas l'abandonner, qui se confie à vous pour son bonheur.

— Tiens, mignonne, — fit-elle en lui remettant la lettre... (P. 515.)

« Quoi que vous décidiez, je vous y aiderai de tout mon pouvoir, car ma confiance en vous est aussi entière que mon affection.

« Mais, pour l'amour de Dieu, ne tardez pas, je vous en conjure, car je préfère tout, tout, entendez-vous bien? tout à l'horrible existence qui m'est faite ici et que je n'ai plus le courage de supporter. Je suis résolue coûte que coûte à y échapper! Je voudrais me réfugier auprès de vous, car, sous votre protection, je me sentirais à l'abri de tout danger; mais,

pourtant, je ferai ce que vous me conseillerez de faire. La seule chose qui me soit impossible, c'est de rester ici. Ma démarche, si contraire à la retenue dans laquelle on m'a élevée, et aux convenances du monde, vous le prouve surabondamment.

« Mais je n'ai pas le choix des moyens.

« Bien heureuse déjà, mon cher Adrien, si je puis vous faire parvenir cet appel de celle qui vous aime et qui met tout son espoir en vous.

« GERVAISE DE CHATENAY. »

Cette longue lettre, on le pense bien, n'avait pas été écrite toute d'une haleine par la pauvre Gervaise.

Elle avait dû s'y reprendre à plusieurs fois, la traçant tantôt au crayon, tantôt à l'encre, profitant de tous les instants où la surveillance organisée autour d'elle par sa belle-mère lui laissait un peu de répit.

Il lui avait donc fallu plus d'un jour pour la terminer. Mais une fois écrite, une nouvelle difficulté s'était élevée.

Comment et par qui envoyer la lettre?

La jeune fille n'avait plus confiance en personne; elle se sentait entourée d'espions.

Un moment, pourtant, Mlle de Châtenay pensa à Greetchen.

— Si je la suppliais, — se dit-elle, — elle est bonne... et, au fond, elle est la seule qui ait un peu de pitié pour moi. Elle consentirait peut-être...

Non, — réfléchit-elle presque aussitôt, en songeant au caractère pusillanime de l'Allemande, — Fraülein est terrorisée par ma belle-mère... elle refusera... ou bien, si elle consent, ce qui est pis, elle me trahira, elle ira porter ma lettre à Mme de Châtenay!... Il faut chercher un autre moyen.

Pendant plusieurs jours encore, la malheureuse patienta, attendant une occasion, gardant toujours sur elle sa lettre que, pour rien au monde, elle n'eût commis l'imprudence d'oublier dans sa chambre.

Elle savait bien que les espions, placés auprès d'elle par sa marâtre, ne se gênaient pas pour fouiller dans ses papiers.

Le soir, avec mille précautions, elle la plaçait sous son oreiller.

— On ne viendra pas me la prendre là peut-être, — pensait Gervaise, dont le sommeil restait agité malgré tout par la fièvre de l'inquiétude.

Un jour enfin, Mlle de Châtenay, en se promenant par extraordinaire un moment seule dans le parc, aperçut la petite Pierrette, la fille du jardinier, qui partait pour l'école son panier au bras.

Une idée lui vint aussitôt.

Chétive et maladive, retardée par sa santé délicate, l'enfant ne savait pas encore lire.

— Je vais lui confier ma lettre, — pensa-t-elle en appelant la petite. — Voilà le moyen que je cherchais. Jamais je ne retrouverai une occasion semblable.

Et, comme Pierrette se retournait et lui envoyait un gentil bonjour, elle hâta le pas pour la rejoindre.

— Tiens, mignonne, — fit-elle en lui remettant la lettre qu'elle venait de prendre dans son corsage, — puisque tu passes devant la poste pour aller à l'école, tu vas te charger d'une commission.

— Pour vous, mam'zelle?... avec plaisir, — dit la petite paysanne en faisant un beau salut.

— Non, pas pour moi, Pierrette, — fit la jeune fille en rougissant légèrement de ce mensonge. — C'est de la part de Mme de Châtenay. Tu mettras cette lettre dans la boîte aux lettres?...

— Je n'y manquerai pas, mam'zelle.

— Va vite, alors, — dit Gervaise qui venait de voir accourir l'Allemande toute essoufflée.

Elle s'empressa d'aller à la rencontre de sa gouvernante pour ne pas être surprise et l'empêcher de questionner l'enfant.

Sa lettre pour Adrien enfin partie, l'amie de Madeleine se sentit toute soulagée. Au moins elle avait ouvert son cœur à un ami, versé dans une âme compatissante le trop plein des amertumes dont la sienne était abreuvée.

— Que fera-t-il? — se demanda-t-elle; — quels moyens emploiera-t-il pour me faire parvenir de ses nouvelles et me prouver qu'il s'occupe de me délivrer?... Comment m'informera-t-il de ce qu'il fait pour moi, afin que je puisse agir de concert avec lui?...

N'importe, après tout, je verrai bien, murmura-t-elle. Je veillerai au moindre signal, car, il viendra ou il me répondra, j'en suis sûre!...

Rassurée alors, la fille du vicomte de Châtenay sentait renaître sa confiance.

— Je sais bien qu'Adrien ne m'abandonnera pas, puisqu'il m'aime!... — se dit-elle en s'endormant.

CHAPITRE XXVII

AVEUX!

EPUIS le départ de Gérard, Verneuil, un instant reconforté par les consolations de son ami, était retombé dans une sorte de désespoir.

Le jeune homme éprouvait pour lui-même un véritable mépris.

L'action détestable qu'il avait commise et pour laquelle son honneur indigné ne voulait accepter aucune circonstance atténuante, lui paraissait une lâcheté sans nom.

Pourtant, sous l'influence de son ami, il avait complètement renoncé à ses projets de suicide.

Gérard avait raison ; quelque indigne qu'il fût, il devait une réparation à Mlle de Châtenay.

D'ailleurs, Gervaise l'aimait...

Le jeune homme ne pouvait pas en douter.

Il n'y avait donc aucune crainte à avoir de ce côté.

Mais l'obstacle viendrait incontestablement de la famille de Mlle de Châtenay.

Jamais la vicomtesse ne consentirait à donner sa belle-fille à un simple ingénieur, à un homme sans naissance et sans fortune.

— Gervaise est riche et je n'ai que ma modeste situation à l'usine Duhamel, à mettre en regard de sa fortune, — se répétait le jeune homme, torturé par la pensée de l'inégalité de conditions qui existait entre lui et la jeune fille.

Triste appât à offrir à la cupidité de Mme de Châtenay.

— La vicomtesse a le droit, en effet, de se montrer plus exigeante pour sa belle-fille!... — pensait Verneuil.

— Pourtant j'ai confiance dans mon avenir. D'ailleurs, que m'importe la fortune de Mlle de Châtenay!... Ce n'est pas elle que je convoite. Que la vicomtesse la garde cette fortune! Qu'on me donne Gervaise sans dot!

Mon amour saura bien lui faire une existence heureuse dans sa médiocrité !

L'idée de son mariage avec Gervaise de Châtenay ne se présentait plus, du reste, seulement à Verneuil comme la plus chère satisfaction de son cœur épris des charmes de la jeune fille.

Il était maintenant lié à elle par un lien encore plus fort que celui de l'amour.

Ce mariage devenait pour Adrien une question de devoir, une question d'honneur, la seule réparation possible de son crime !

— Mon père m'a élevé dans des traditions de droiture et de loyauté auxquelles je ne faillirai pas !... — conclut-il résolument, après avoir pesé le pour et le contre d'une démarche à tenter auprès de Mme de Châtenay.

J'ai pu les oublier un instant, dans un moment d'égarement et de coupable folie ; je veux du moins racheter cet oubli dans la mesure du possible !

Gervaise dépend de sa belle-mère.

Eh bien ! je braverai la colère de la vicomtesse.

J'irai lui demander la main de celle que j'aime.

Là seulement est le devoir. Toute autre chose serait défaillance et lâcheté.

Ah ! si Gervaise seulement était majeure, — ajouta le jeune homme, ne pouvant s'empêcher de frémir à la pensée du terrible assaut qu'il allait avoir à soutenir contre l'intraitable châtelaine !

* *

La lettre de Gervaise trouva donc Adrien décidé à faire une démarche auprès de la vicomtesse.

Mais tout en le remplissant de joie et aussi d'un profond étonnement, cette lettre bouleversa de nouveau ses résolutions.

L'amour, la confiance que lui témoignaient la jeune fille mettaient en lui un immense bonheur.

Il était donc aimé... malgré tout !

Mais c'était justement cela qui portait à son comble l'étonnement d'Adrien Verneuil.

Rien dans la lettre de Gervaise ne faisait allusion à ce forfait irrémédiable, dont le souvenir le remplissait de honte et de remords.

Le contenu de cette lettre prouvait clairement, au contraire, l'ignorance complète de Mlle de Châtenay.

De leur rencontre dans cette inoubliable et fatale nuit et de l'irrésistible entraînement des sens qui les avait jetés l'un à l'autre dans la grotte du parc, Gervaise n'avait retenu que la douceur encore innocente des aveux !

Adrien pensait à l'état d'exaltation étrange dans lequel se trouvait la jeune fille, et à l'impression soudaine qu'il avait eue, et que l'amour lui avait fait oublier, de l'inconscience de la pauvre enfant.

Qu'avait donc Gervaise cette nuit-là ?

Pourquoi était-elle ainsi ?

— L'influence de l'orage, peut-être, — murmura le jeune homme, dans l'impossibilité où il était de trouver une autre explication à l'état anormal de Mlle de Châtenay.

Mais cette influence se serait-elle prolongée au delà même de sa cause ?

L'inconscience de la jeune fille n'eût-elle pas cessé avec l'exaltation nerveuse qui l'avait fait naître ?

— Cependant je ne vois pas d'autre raison, — se dit de nouveau Verneuil, après avoir cherché vainement une explication admissible.

Gervaise est exaltée et surexcitée par les persécutions injustes de sa belle-mère...

L'orage aura agi violemment sur ses nerfs déjà ébranlés et aura produit sur sa nature délicate une sorte de crise de somnambulisme...

C'est cela, sans aucun doute...

Et pourtant !...

*
* *

D'une fenêtre du château, d'où elle suivait d'un regard haineux la silhouette détestée de sa belle-fille, Mme de Châtenay aperçut Gervaise rejoindre la petite Pierrette, l'enfant du jardinier, et lui remettre quelque chose.

Cela suffit pour porter à son comble sa méfiance toujours en éveil.

Le soupçon et l'inquiétude la firent tressaillir.

Quelle commission Gervaise venait-elle de donner à la petite paysanne ?

C'était un papier, évidemment, une lettre peut-être ?...

— Quelle audace ! — gronda Mme de Châtenay. — Comment se fait-il d'abord que cette odieuse fille soit toute seule dans le parc ?... Où est Greetchen ?... Où est Léonore ? Que font-elles toutes les deux ?... C'est comme cela que l'on tient compte de mes ordres !...

Et la terrible châtelaine sonna violemment, prête à réprimander d'importance les infidèles gardiennes de sa belle-fille, quand elle aperçut l'Allemande qui venait de rejoindre Gervaise.

— Il est bientôt temps !... Je suis bien servie !... — gronda la vicomtesse furieuse. — Cette imbécile de Fraülein se laisse duper comme une niaise par cette effrontée !

Heureusement que je suis encore de force à veiller moi-même sur mes affaires !

Il faudra bien que je sache de quelle commission Gervaise a chargé cette petite !

La vicomtesse, après avoir vu rentrer sa belle-fille, sortit à son tour et guetta le retour de Pierrette.

En l'apercevant, l'enfant vint d'elle-même au-devant de son interrogatoire.

— J'ai fait votre commission, madame la vicomtesse, — s'empressa-t-elle de dire après un beau salut, toujours un peu intimidée par l'air acariâtre et peu bienveillant de la vieille femme.

— Ma commission !... de quelle commission parles-tu, petite ?

— Mais la lettre que madame la vicomtesse m'a chargée de mettre à la poste.

— La lettre ?

— Mais oui, dame, — fit l'enfant un peu interloquée, — madame la vicomtesse sait bien ?

A preuve que c'est Mlle Gervaise qui est venue me l'apporter de votre part, la lettre !... Ainsi !...

Mme de Châtenay dissimula un mouvement de fureur :

— Et à qui était-elle adressée cette lettre, ma mignonne ? — interrogea-t-elle doucereusement.

— Dame ! je ne connais pas les écritures, rapport à la maladie qui m'a empêchée d'aller à l'école, — répondit naïvement la petite paysanne en baissant la tête, toute honteuse d'avouer son ignorance.

— Alors, tu ne sais pas ?

L'enfant secoua la tête négativement.

— Je ne croyais pas que cela fût nécessaire, sans cela je me le serais fait dire à la poste, — fit-elle, prête à pleurer, craignant d'être grondée pour avoir mal fait la commission de la vicomtesse.

Mais Mme de Châtenay était déjà loin.

Elle devinait bien, elle, à qui était adressée cette lettre si habilement et si audacieusement envoyée à destination par Gervaise.

— C'est à Verneuil, parbleu ! C'est à cet imbécile d'ingénieur que cette petite gale a écrit !... — murmura-t-elle avec rage, tout en arpentant de ses longues jambes sèches et nerveuses l'avenue qui la ramenait au château.

C'est trop fort ! se compromettre à ce point !... Avec cette impudeur !...

Et se servir de mon nom, encore, pour faire porter sa correspondance amoureuse par cette nigaude de Pierrette!... Se moquer de moi avec cette effronterie!...

La marâtre suffoquait de colère.

— Mais comment a-t-elle pu s'y prendre pour écrire sans que l'on s'en aperçoive? — se demandait-elle avec fureur.

Il faut absolument que je sois trahie par une de ces filles que je paie pour la surveiller!... Cela n'est pas possible autrement!... Elle a une complice... Greetchen ou Léonore... Peut-être toutes les deux?... Ah! elles me le paieront!...

Et, hors d'elle-même, Mme de Châtenay se précipita dans la chambre de la jeune fille.

Gervaise rêvait mélancoliquement, assise devant la fenêtre.

Sa pensée allait vers Adrien.

Elle se disait que, dans quelques heures, le jeune ingénieur aurait sa lettre et elle étudiait en elle-même l'impression qu'il ressentirait en la lisant, tout heureuse de lui avoir ouvert son cœur.

Elle tressaillit et se leva vivement en voyant entrer sa belle-mère.

A la figure mauvaise de celle-ci, à la colère qui se lisait sur ses traits, Gervaise comprit que sa correspondance avec Verneuil était découverte.

Elle avait donc été vue confiant sa lettre à Pierrette!...

Un frisson de révolte la secoua, à la pensée que peut-être cette lettre avait été interceptée.

Mais elle se dressa, prête à la lutte, vaillante pour défendre son amour.

Essoufflée par sa course, son visage jaune et desséché, tout verdi de rage, Mme de Châtenay bondit vers sa belle-fille et lui saisit le bras qu'étreignirent douloureusement ses doigts osseux.

La fureur et la fatigue l'empêchèrent un moment de parler.

Mais bientôt sa bile s'épancha en paroles violentes.

— Vous allez me dire pour qui était cette lettre que je vous ai vue remettre à Pierrette, hypocrite, odieuse fille!... — s'écria la vicomtesse en secouant avec violence le bras de la malheureuse Gervaise.

Mais celle-ci se redressa, domptant sa douleur et regardant en face sa belle-mère.

— Lâchez-moi d'abord, madame, vous n'avez pas le droit de me toucher, — dit-elle toute pâle d'émotion.

— Vraiment! et depuis quand, s'il vous plaît, ce droit m'est-il retiré de vous châtier quand vous avez mérité de l'être? — répliqua la douairière.

LA DEMOISELLE DU CHATEAU

Parmi d'autres papiers, la vicomtesse venait justement de trouver un reçu... (P. 527.)

— Depuis que je suis résolue à ne plus le supporter, — riposta courageusement Gervaise en se dégageant par un effort violent de l'étreinte de la marâtre.

La secousse manqua faire tomber la vicomtesse.

Elle se raccrocha comme elle put au fauteuil que venait de quitter la jeune fille et, furieuse, n'osant cependant plus s'approcher de Gervaise, ni de nouveau porter la main sur elle, sentant bien quelle exaspération l'animait, elle siffla d'une voix ironique et pleine de rage :

— C'est sans doute ce Verneuil qui vous conseille ces jolis mouvements de révolte.

— Personne ne me conseille, madame, — déclara énergiquement Mlle de Châtenay.

— C'est sans doute dans sa correspondance, — continua la vicomtesse sans s'arrêter aux dénégations de sa belle-fille, — que vous puisez le respect que vous devez à votre tutrice... à la veuve de votre père !

— Je ne corresponds avec personne...

— Vous avez de l'aplomb !... je vous fais mon compliment !

— Je ne comprends pas ce que vous voulez dire, madame.

Mme de Châtenay, menaçante, fit deux pas vers sa belle-fille.

— Vous n'avez pas chargé Pierrette de mettre une lettre à la poste? — demanda-t-elle d'un ton furieux.

— Moi !... — fit Gervaise en pâlissant.

— Cette lettre n'était pas adressée à M. Verneuil?

La jeune fille se renferma dans un silence dédaigneux.

— Dites au moins la vérité... ayez le courage de votre insoumission et de votre inconduite !... — ricana la vicomtesse.

Gervaise, baissant la tête, semblant demander à son amour la force de lutter encore, de nier malgré l'évidence, répondit d'une voix ferme :

— Je n'ai pas écrit à M. Verneuil...

— Vous mentez effrontément, — s'écria la vicomtesse perdant toute mesure et levant la main sur sa belle-fille.

Gervaise se redressa et regardant en face la méchante femme.

— Eh bien ! oui ! je mens !... — déclara-t-elle énergiquement. — Et après?... je n'ai rien fait de mal !... Oui, j'ai écrit... Oui, j'ai chargé Pierrette de mettre à la poste une lettre adressée à M. Verneuil... Est-ce là tout ce que vous vouliez savoir?...

— Elle avoue... elle avoue... la misérable !... je ne m'étais donc pas trompée !... — vociféra la marâtre suffoquée, pâle de fureur.

Voyez-vous ça, mademoiselle correspondant en cachette avec cet ingénieur!... un homme de rien!...

— Oui, j'avoue, — dit fièrement Gervaise, sans baisser les yeux sous le regard foudroyant de sa belle-mère.

Pourquoi me cacherais-je?

D'abord M. Verneuil n'est pas un homme de rien... C'est un garçon plein d'intelligence et de cœur!...

— Vous oserez dire que vous l'aimez, peut-être! — interrompit violemment Mme de Châtenay.

— Oui, je l'aime, et je veux l'épouser, — répliqua résolument la jeune fille.

L'épouser! — Ce mot fit frémir la vicomtesse.

— Malheureuse!... vous avez donc perdu l'esprit!... — s'écria-t-elle en un mélange de courroux et de mépris. — Une telle mésalliance!... Épouser ce roturier!... Cet homme sans naissance, sans fortune!...

— Il me plaît comme ça, — dit Gervaise simplement, mais sans rien perdre de son énergie.

La douairière haussa les épaules en ricanant.

— Il vous plaît!... Vraiment!... La belle raison!...

Puis, elle ajouta aussitôt durement :

— Eh bien! moi! il ne me plaît pas, entendez-vous, de voir la fille du vicomte de Châtenay se commettre avec un manant qui n'a même pas l'excuse d'une fortune ou d'une situation sortables!

Je vous défends de continuer à penser à ce Verneuil.

S'il vous plaît, tant pis!...

Vous en trouverez d'autres de notre monde qui vous plairont tout autant, quand le moment de vous marier sera venu.

Soyez tranquille, ce ne sont pas les coureurs de dot qui manquent!

— J'aime M. Verneuil, madame, — déclara de nouveau la jeune fille avec force. — Jamais je ne serai à un autre!...

Mme de Châtenay, stupéfaite, regarda sa belle-fille.

Une telle résistance de la part de Gervaise, qu'elle avait toujours trouvée résignée et soumise, la déconcertait.

— Tant pis pour vous, alors! — fit-elle sèchement. — Vous vous passerez de vous marier; car ne comptez pas que je consente jamais à vous laisser épouser votre Verneuil,... à vous laisser déchoir par un mariage comme celui-là!

— Soit. J'attendrai, madame.

— Vous attendrez!... Qu'attendrez-vous?... — cria la vicomtesse écumant de fureur.

Ma mort ! n'est-ce pas ?...

— J'attendrai ma majorité qui me délivrera de votre tutelle et me rendra libre d'épouser celui que j'aime, — déclara tranquillement mais fermement Gervaise.

— Vous croyez cela ?...

— J'en suis sûre.

— Nous le verrons bien ! — glapit la vieille femme livide de rage.

— En attendant, comme vous n'êtes pas encore émancipée et pas encore la femme de ce Verneuil, je vous ordonne de me remettre toute votre correspondance avec ce garçon.

— M. Verneuil ne m'a jamais écrit, — affirma Gervaise.

— Allons, donc ! vous n'espérez pas me faire croire cela !...

— La lettre que je lui ai envoyée aujourd'hui était la première, la seule qu'il ait reçue de moi...

— Vraiment !...

— Je le jure, madame !

— Nous allons bien voir !...

Et furieuse, devant Gervaise muette d'indignation, la vicomtesse se précipita sur les tiroirs et sur les meubles où toutes les clés devaient se trouver d'après son ordre, bouleversa, fouilla, dans une rage croissante de ne trouver aucune trace de cette correspondance qu'elle soupçonnait.

Enfin, essoufflée, n'en pouvant plus, ayant cherché dans tous les coins, mis sens dessus dessous jusqu'aux couvertures du lit de sa belle-fille, elle s'arrêta.

— Rien, — murmura-t-elle désappointée en jetant un dernier regard autour de la pièce.

Mais se ravisant bientôt avec un soudain espoir de trouver de nouveau Gervaise en flagrant délit de mensonge, et de mettre enfin la main sur les lettres de l'ingénieur :

— Rien ici, du moins, — reprit-elle en se dirigeant vers la chambre de Fraülein, — mais chez Fraülein peut-être !... Elle est sa complice évidemment.

Oui, Gervaise a dû croire que ses lettres d'amour seraient plus en sûreté que chez elle.

Elle a dû penser que je n'irais pas les chercher là. Avec ça que je vais me gêner !

En effet, la despotique châtelaine usa avec la fille du vénérable Von Puttmacker du même procédé peu délicat qu'elle venait d'employer envers

Gervaise. Elle fouilla partout et bouleversa avec un incroyable sans gêne les tiroirs et les papiers de la gouvernante.

Mais dans la chambre de Greetchen comme dans celle de la jeune fille, elle ne découvrit pas l'ombre d'une lettre de Verneuil.

Elle en fut pour sa courte honte et son plus vif désappointement.

Pleine de rage, après avoir tourné une dernière fois autour des deux pièces, elle partit en coup de vent et monta chez Léonore.

Un dernier espoir lui restait.

La femme de chambre pouvait, tout aussi bien que la gouvernante de Gervaise, la trahir, être de connivence avec elle.

Dans ce cas-là, la correspondance amoureuse de l'ingénieur devait trouver chez elle un abri beaucoup plus sûr encore que chez Greetchen.

Cela lui semblait évident.

C'était donc là qu'il fallait la chercher.

Ah! elle saurait bien la découvrir cette fois!...

Alors, perdant toute mesure, sans s'inquiéter de l'absence de la femme de chambre, occupée dans une autre partie du château, Mme de Châtenay, prise d'une sorte de folie furieuse devant le résultat négatif de ses recherches précédentes, commença à tout bousculer.

Le bruit finit par attirer Léonore.

La camériste occupait seule cette partie des combles du château.

Entendant remuer chez elle, elle supposa que c'était Mousset et s'empressa de monter.

Elle poussa une exclamation de surprise en se trouvant en face de la vicomtesse.

Que venait faire dans sa chambre Mme de Châtenay?

Se croyant soupçonnée d'un vol, elle se récria, n'osant toutefois élever la voix trop haut, ne se sentant pas la conscience bien tranquille sur ce point.

Mais, quand elle sut de quoi il s'agissait, elle se répandit en dénégations.

— Comment, madame la vicomtesse peut-elle penser que j'aurais prêté la main à une chose aussi abominable? — s'écria-t-elle sur un ton de protestation bien joué.

Madame la vicomtesse peut croire que j'aurais consenti à me charger des lettres de l'amoureux de mademoiselle, moi qui avais la confiance de madame la vicomtesse!... Est-ce que je ne l'aurais pas tout de suite avertie, si je m'étais aperçue qu'il se passait de vilaines choses dans le château, que Mlle Gervaise recevait en cachette des lettres d'un jeune homme?...

Mais, voyant que ses protestations n'arrêtaient par les recherches de Mme de Châtenay, Léonore commença à s'inquiéter.

Est-ce que cette vieille toquée allait continuer longtemps à fouiller dans ses tiroirs?

Ah! mais non, pas de ça!

Elle n'en avait pas le droit, d'abord, on allait bien le lui montrer.

Ce n'est pas une raison parce qu'on est des maîtres pour qu'on vienne ainsi, sous le premier prétexte venu, perquisitionner dans les affaires des domestiques.

Chacun peut avoir ses secrets qui ne regardent personne!

Soudain la femme de chambre bondit, pâle d'émotion.

Parmi d'autres papiers, la vicomtesse venait justement de trouver un reçu d'une somme de quinze cents francs, versée par la demoiselle Élise Rollin à Mme Colombet, sage-femme.

Léonore se précipita aussitôt pour le lui arracher.

— Madame voit bien que ce n'est pas des lettres ça! — fit-elle toute tremblante, incapable de dominer son trouble, tout en s'efforçant de reprendre des mains de Mme de Châtenay le papier compromettant.

Mais il n'était pas facile d'enlever quelque chose aux doigts crochus de la vicomtesse.

Mise en éveil par le trouble de Léonore, la belle-mère de Gervaise reporta son attention sur le reçu qu'elle tenait à la main et qu'elle n'avait fait d'abord qu'examiner distraitement sans même le lire.

Le nom d'Élise Rollin, qui en était la titulaire, lui rappela quelque chose de déjà vu.

— Tiens, qu'est-ce que c'est que ça, Élise Rollin? — questionna-t-elle.

Pourquoi avez-vous ce reçu dans vos papiers?

Elle dévisageait curieusement la domestique dont le trouble s'augmentait.

La maîtresse de Mousset essaya pourtant de payer d'audace.

— Qu'est-ce que ça peut faire à madame? — jeta-t-elle insolemment. — C'est des papiers de famille, d'abord!...

Ça n'a rien à voir avec les lettres que madame la vicomtesse cherche.

— Des papiers de famille?... — fit la châtelaine, préoccupée de retrouver dans quelle circonstance elle avait déjà entendu prononcer ce nom d'Élise Rollin.

Elle ne songea même pas à relever le ton insolent de la femme de chambre.

— C'est vous, alors, qui m'aurez parlé de cette Élise? — dit-elle.

— C'est bien possible ! — répondit Léonore d'un ton bourru.

— Qu'est-ce que c'est donc que cette Élise Rollin ? — insista Mme de Châtenay, décidée à avoir l'explication du trouble de la femme de chambre de Gervaise.

— C'est une cousine à moi, — fit péremptoirement Léonore.

Et, soudain, perdant patience, gênée de sentir peser sur elle le regard inquisiteur de la vieille femme, la maîtresse de Mousset s'écria grossièrement, en refermant le tiroir dans lequel la vicomtesse était en train de fouiller :

— D'ailleurs, qu'est-ce que tout cela peut faire à madame ?

Est-ce qu'elle ne va pas avoir bientôt fini de chipotailler dans mes affaires ?

Puisque les lettres qu'elle cherche ne sont pas là, madame la vicomtesse n'a rien à voir autre chose.

Ce n'est pas honnête, après tout, de prendre un prétexte quelconque pour faire l'inventaire de mes papiers.

Ce n'est pas des choses qui se font !

Je ne suis point responsable, moi, de la conduite de Mlle Gervaise.

— Ça vous tient donc bien au cœur, ma fille, la découverte de ce papier ? interrogea tranquillement Mme de Châtenay en continuant à examiner le reçu.

Et, frappée de l'importance de la somme :

— Peste ! elle va bien votre cousine, — continua la vicomtesse. — Quinze cents francs à une sage-femme !... Elle a donc mis au monde six jumeaux ?...

Tout à coup, le souvenir se précisa dans l'esprit de Mme de Châtenay.

Mme Colombet... Élise Rollin... Mais c'étaient les héroïnes de la récente affaire d'infanticide qui venait de se dérouler à Nancy.

Mme de Châtenay se souvenait fort bien d'avoir lu ça dans les journaux.

Elle se rappelait la condamnation de la faiseuse d'anges.

Elle regarda Léonore qui se troublait de plus en plus.

Un travail rapide se fit dans son esprit.

Elle se souvint du congé demandé par la femme de chambre.

Elle se rappela certains faits, certains soupçons qui avaient traversé sa pensée, mais auxquels elle ne s'était pas arrêtée avant le départ de Léonore, et se tournant tout à coup vers celle-ci :

— C'est vous qui êtes Élise Rollin ! — déclara-t-elle comme si elle en était absolument sûre.

C'est vous que la police recherche pour infanticide !...

LA DEMOISELLE DU CHATEAU

La lumière des appliques fixées de chaque côté de la glace, lui renvoyait sa jeune et gracieuse image. (P. 536.)

La maîtresse de Mousset se dressa pâle d'épouvante.

— Moi!... — balbutia-t-elle éperdue. — Pourquoi me dites-vous cela?... Quelle preuve avez-vous pour m'accuser?...

Mme de Châtenay montra du geste à Léonore, le petit miroir qui se trouvait pendu au-dessus de la commode.

— Tenez, — fit-elle, — regardez-vous, misérable!...

LIV. 67. — LA DEMOISELLE DU CHATEAU. LIV. 67.

Quand même le reçu ne suffirait pas à me fixer, croyez-vous qu'il soit nécessaire d'avoir une autre preuve que celle-ci ?

La femme de chambre, en effet, était livide.

— Ne me perdez pas, madame !... — supplia-t-elle alors en se laissant tomber à genoux.

— Vous avouez donc ?

— Hélas !... oui... oui... Oh ! pardon... madame.

— C'est vous que la police a recherchée inutilement, c'est vous qui aviez pris le nom d'Élise Rollin pour aller accoucher clandestinement chez Mme Colombet ?

Léonore cacha son visage dans ses mains en poussant de profonds soupirs.

— C'est donc vous aussi qui avez étranglé votre enfant ?

La femme de chambre se releva à demi.

Elle venait d'entrevoir un moyen de défense.

— Oui, — avoua-t-elle, — c'est moi... Mais c'est Mme Colombet qui a tout fait, je vous jure que je ne suis pas coupable !...

C'est elle qui m'a entraînée à consentir.

Elle avait besoin d'argent. Je n'ai cédé qu'à ses instigations réitérées.

— On dit toujours ça ! Il est facile de rejeter ses crimes sur les autres !

— Mais moi, je le jure, madame, — s'écria Léonore espérant attendrir la vicomtesse.

C'est cette femme qui est cause de tout. Jamais l'idée ne me serait venue...

Pensez donc ! un pauvre petit innocent... C'est elle qui a tout fait...

Moi, d'abord, je n'aurais jamais eu le courage !...

— Qu'importe ! voilà où mène l'inconduite !

La femme de chambre éclata en sanglots.

— Et cet enfant, de qui était-il ? — questionna Mme de Châtenay.

Léonore hésita un moment, tentée de se révolter.

Mais elle était trop engagée maintenant dans la voie des aveux pour s'arrêter.

Elle se décida à nommer Mousset.

Ce nom fit bondir la vicomtesse.

— Comment, — cria-t-elle indignée, — chez moi !... Cette abomination dans ma maison !... Ah ! c'est trop d'impudence.

Cette découverte la bouleversait.

Elle sentait sa considération atteinte par la honteuse action qui s'était accomplie sous son toit.

Résolue dans le premier moment à livrer Léonore à la Justice qui l'enverrait en prison rejoindre la sage-femme, elle se décida bientôt au silence par la crainte du scandale tapageur qu'une nouvelle procédure amènerait autour de Châtenay.

Elle n'avait aucun intérêt à attirer l'attention sur elle et sur ce qui se passait au château.

Elle se contenterait donc d'envoyer Léonore et son complice se faire pendre ailleurs.

**

Appelé par la vicomtesse et confronté avec Léonore, Mousset essaya d'abord de nier ses relations.

Mais, comprenant que la femme de chambre avait tout dit, que Mme de Châtenay n'ignorait plus rien de leurs relations, il finit par avouer cyniquement.

Après tout, quel crime avait-il commis? quel mal y avait-il pour un garçon à aimer une jolie fille ?

Pouvait-il deviner que ça tournerait au tragique pour le gosse ?

— C'est elle, d'abord, qui m'a couru après !... — affirma le drôle avec aplomb.

Indignée, la vicomtesse les chassa tous les deux.

Elle régla le compte de Léonore et leur ordonna de partir immédiatement.

— Surtout, que vous ne soyez plus ici ce soir, ou je vous dénonce, déclara-t-elle d'un ton de menace qui fit passer un frisson dans les veines de la femme de chambre.

— Elle le ferait comme elle le dit, tu sais, la méchante gueuse, — murmura-t-elle à l'oreille de son amant.

Mais, se voyant chassé et n'entrevoyant plus aucun espoir de rentrer en grâce auprès de la vicomtesse, Mousset, qui n'avait plus à garder de ménagement, devint grossier :

— Te dénoncer !... tu crois ça, toi, grosse bête ! — répondit-il.

Ce n'est pas sûr qu'elle en aurait le toupet !

Sois tranquille, elle ne serait déjà pas si fière que la justice vienne mettre le nez dans ses tripotages.

— Qu'est-ce que cela signifie, misérable ? — s'écria la vicomtesse qui avait entendu.

— Cela signifie que j'en sais long sur la maison, — répondit cyniquement Mousset, — et que vous avez peut-être eu tort de me laisser si bien lire dans votre jeu, parce qu'il pourrait vous en cuire, madame la vicomtesse !

Mme de Châtenay haussa les épaules.

— Je ne sais pas ce que vous voulez dire, — fit-elle dédaigneusement.

— Possible !... Mais moi, je m'entends !... Soyez tranquille, vous vous repentirez de m'avoir chassé !...

Je vous montrerai bien qu'on ne traite pas les gens comme cela !

— Je n'ai pas peur de vous, — cria la châtelaine furieuse.

Partez !... et estimez-vous trop heureux, vous et cette misérable, que je vous laisse partir de cette façon et que je n'avertisse pas la police de la découverte que je viens de faire.

— Cela n'a rien d'étonnant !... vous êtes si bonne, madame la vicomtesse, — fit ironiquement Mousset.

Et, changeant subitement de ton, menaçant, le regard venimeux, la face haineuse et convulsée :

— Vous me chassez, c'est bien, je m'en vais !... — vociféra le drôle, — mais rappelez-vous que tout n'est pas dit entre nous !... Vous entendrez parler de moi !... Je me vengerai !...

Et il rejoignit Léonore qui, déjà, se trouvait dehors.

CHAPITRE XXVIII

RIVALES

La fièvre politique avait complètement repris M. Monval.

Après n'avoir paru céder qu'aux sollicitations de son entourage, le banquier était maintenant hanté par l'idée fixe de faire son apparition à la Chambre.

En vue des prochains suffrages qu'il se proposait de rallier, il ne laissait échapper aucune occasion d'attirer l'attention sur lui, encouragé et vivement stimulé en cela, du reste, par sa fille.

Armande était devenue, en effet, pour ses visées ambitieuses, un très ardent auxiliaire.

Elle applaudissait avec enthousiasme à tous les projets de réclame faits en vue de battre la grosse caisse autour de l'élection de son père.

Pour ouvrir le feu, le richissime banquier avait décidé de donner, à l'occasion du commencement des travaux de son usine modèle, une fête splendide dont tout Paris parlerait.

Armande, en prévision de cette soirée, se chargea de diriger la transformation de l'hôtel du boulevard Haussmann.

Elle s'en occupait fiévreusement, multipliant les merveilles, rêvant à sa beauté un cadre splendide, car elle ne voyait dans cette fête qu'une occasion de se montrer à Gérard sous son aspect le plus séduisant.

Il fallait surtout faire grand, éblouir ce beau dédaigneux par le victorieux prestige des millions paternels.

La fille du banquier sentait parfaitement la résistance du jeune homme à ses avances; mais elle s'était juré que cette soirée mémorable verrait la défaite du duc de Soisy.

Sous ses ordres, — car elle avait une intelligence véritable et un sens très réel de la somptuosité et du faste, — une armée d'ouvriers envahit l'hôtel.

Le jardin d'hiver avait été agrandi, des galeries créées, des cloisons abattues pour donner encore plus de magnificence et d'espace aux splendides salons de réception. L'électricité, partout installée, verserait sa lumière à profusion sur l'éclat des étoffes et des dorures. Dans la merveilleuse perspective des salles scintillantes du reflet des pierres précieuses et de la blancheur veloutée des épaules nues, l'impression obtenue serait féerique.

M. Monval se montrait enchanté des idées de sa fille. Il l'en félicita et lui donna carte blanche, heureux de n'avoir à s'occuper de rien, et de s'en rapporter à elle, pour l'ordonnance de cette fête sur laquelle il basait tant d'espérances.

Une fois les agencements et les embellissements de l'hôtel en bonne voie, Armande s'occupa de préparer les lettres d'invitation avec l'aide de la colonelle de Terrenoire.

Cela fut pour Mlle Monval l'occasion de constater une fois de plus l'antipathie qu'elle éprouvait pour Madeleine Duhamel.

Naturellement, il n'était pas possible de rayer le maître de forges et sa famille de la liste d'invitation — Armande n'y songea pas un instant. — Cependant, quand le nom de Mlle Duhamel vint sous sa plume, la jeune millionnaire éprouva une sensation désagréable :

— Cette pimbêche !... — fit-elle avec humeur maussade, — il faut toujours que je la trouve sur ma route !...

Mais elle traça quand même, de sa longue écriture anglaise élégante et correcte, le nom de la jeune fille qu'elle détestait.

Car il fallait bien que Madeleine vînt à la fête, puisque ses parents y seraient.

— Que m'importe après tout — poursuivit Armande sûre de son triomphe et pleine d'un profond dédain pour celle qu'elle considérait déjà, malgré tout, comme sa rivale. — Qu'est-ce que je risque ?... Ne suis-je pas certaine d'écraser du premier coup cette petite provinciale guindée ?...

Un miroir, placé là fort à propos, la confirma dans cette prétentieuse opinion.

— Au contraire, l'épreuve sera décisive pour le duc, — ajouta l'orgueilleuse jeune fille. — Le sentiment que je le soupçonne d'avoir pour Madeleine Duhamel ne résistera pas à la comparaison qu'il sera amené à faire, forcément, de nos deux beautés. Le parallèle que nous lui offrirons remettra à la place qu'elle mérite, c'est-à-dire au second plan, dans l'esprit de Gérard, l'image de la fille de ce marchand de ferraille !... je suis bien sotte de me préoccuper !...

Le banquier, de son côté, dressait la liste de ses invités personnels. Toujours guidé par le mobile secret de ses ambitions politiques, il voulait avoir à cette soirée tous ceux qui, par leur influence, lui paraissaient susceptibles de peser dans un sens favorable sur l'élection dont sa vanité de millionnaire blasé escomptait déjà la réussite.

Obligé d'attendre le renouvellement de la chambre, M. Monval avait résolu de se porter à la députation dans l'arrondissement où se trouvait située sa future usine. Il avait donc inscrit, en tête de sa liste, les grands industriels du quartier, les commerçants les plus notables, le maire, les adjoints, en un mot, tous les électeurs influents de la circonscription.

Cette fête allait mettre en émoi tout le haut commerce et tout le petit monde officiel du XIX° arrondissement.

* * *

C'est avec une secrète contrariété, une sensation pénible qu'elle ne pouvait définir, que, depuis quelque temps, Madeleine Duhamel voyait se resserrer les relations de son père avec M. Monval.

Elle éprouvait pour toute la famille du banquier une aversion qui la surprenait et que la bonté instinctive de son cœur exempt de haine lui reprochait parfois.

Au fond, quelle raison avait-elle, en effet, à faire valoir contre les Monval?

Pourquoi Armande, surtout, lui causait-elle cette instinctive méfiance dont elle ne parvenait pas à se défendre?...

— J'ai tort, ils ne m'ont jamais rien fait... Ils ont toujours été parfaits pour moi, — se disait Madeleine, dont l'esprit droit se refusait à admettre ce qui ne lui paraissait pas empreint de la plus rigoureuse justice.

Cependant, malgré tous les raisonnements qu'elle pouvait se faire, la lettre d'invitation à la fête du banquier vint augmenter encore ses appréhensions et ses inquiétudes.

Elle sentit là, instinctivement, un danger pour son amour, et eut en quelque sorte la prévision de la lutte qui allait s'engager entre elle et la ravissante fille du banquier.

Son cœur aimant lui montra sous leur aspect réel, les agissements machiavéliques d'Armande.

— Elle aime Gérard — pensa-t-elle — quelque chose me le dit!... j'en suis sûre! Elle veut l'attirer et le séduire!... Cette fête n'est donnée que pour l'éblouir, pour le subjuguer!...

Madeleine souffrait cruellement à cette pensée, encore que rien ne lui démontrât le bien fondé de ses appréhensions.

— Ah! elle n'y réussira peut-être que trop bien!... — se dit-elle avec un trouble insurmontable, — elle est si belle!...

Et son imagination lui faisait entrevoir par avance, dans le somptueux décor des salons de l'hôtel princier des Monval, la belle Armande entourée d'un cercle d'admirateurs, trônant fièrement dans la gloire de sa beauté souveraine.

— Hélas! — ajoutait tristement la pauvre amoureuse, — Gérard pourra-t-il faire autrement que de subir l'influence de cette beauté?... Ne se laissera-t-il pas tenter par tous ces charmes, par toutes ces séductions mises en jeu pour lui plaire?...

Elle luttait contre cette crainte.

— Cependant, c'est moi qu'il aime!... — se répétait-elle; — j'en suis sûre!... oui, malgré toutes les coquetteries d'Armande Monval, je suis certaine que c'est moi qu'il aime en secret.

Mais pourquoi ne parle-t-il pas?... — se demandait alors Madeleine. — Pourquoi s'obstine-t-il à garder un silence qui doit le faire souffrir autant que j'en souffre moi-même?...

Peut-être est-ce ce secret, le secret de son nom, qui l'arrête?

Il ne veut pas trahir son incognito... et pourtant, il ne peut m'épouser sous le nom de Gérard... Peut-être aussi, — quelque louable qu'en soit le motif, — lui coûte-t-il d'avouer le mensonge de sa personnalité d'emprunt.

Ah! si j'en étais sûre!... si j'osais! — pensait la fille du maître de forges, — comme je lui crierais bien vite que je l'ai découvert, moi, son secret, que je la connais, sa véritable personnalité!...

Enfin, ce fameux soir tant désiré d'Armande, et par contre si redouté de la fille du maître de forges, arriva.

Un dîner de cinquante couverts, auquel étaient conviés les Duhamel, devait ouvrir somptueusement la fête.

Toute prête à partir, Madeleine, d'ordinaire si peu coquette, — adorable dans une toilette de pékin rose pâle garnie de cygne, d'un goût exquis, — s'attardait devant la grande psyché de son cabinet de toilette.

La lumière des appliques fixées de chaque côté de la glace, lui renvoyait sa jeune et gracieuse image. Sa tête blonde aux cheveux ondulés, que la femme de chambre avait simplement noués à la grecque et piqués de roses naturelles, — de ces roses légères à peine teintées, dont la fraîcheur éphémère était conservée à l'aide de minuscules tubes de cristal remplis d'eau, adroitement dissimulés sous la frisure et dans lesquels trempait la tige, — avait le charme et le velouté délicat de la fleur.

LA DEMOISELLE DU CHATEAU

Les hommages qui accueillirent la fille du banquier achevèrent de la convaincre de l'infaillibilité de son triomphe (P. 538.)

L'adorable jeune fille, pourtant, n'était pas satisfaite; un pli d'inquiétude se creusait entre la ligne d'or bruni des sourcils.

C'est que ce soir-là elle eût voulu être belle, plus belle que jamais!... plus belle que l'autre, surtout!...

Sa modestie, ignorante de sa beauté, la faisait douter d'elle-même.

— Gérard me remarquera-t-il? — se demandait-elle en soupirant. — Me trouvera-t-il jolie quand il l'aura vue?...

LIV. 68. — LA DEMOISELLE DU CHATEAU. LIV. 68.

Décidée à vaincre, à avoir enfin raison de l'indifférence du jeune duc, Armande, ce soir-là, avait, elle aussi, réuni toutes ses armes pour plaire et pour décider de la victoire.

Sa robe de crépon jaune, drapée dans le style empire si fort à la mode, était une merveille d'originalité et de richesse. Hardiment décolletée, trop hardiment sans doute, pour une jeune fille, elle laissait admirer le modèle des bras et des épaules d'un dessin superbe. — Les cheveux aux reflets fauves, coiffés bas sur le front en lourdes boucles et couronnés d'un mince diadème d'or, donnaient à son profil une finesse de camée.

Sûre de sa beauté, Mlle Monval ne doutait aucunement de son triomphe.

Elle n'avait rien négligé pour séduire Gérard.

Elle voulait, ce soir-là, frapper un grand coup, emporter d'assaut cette place dont la résistance la confondait.

— Il faudra bien qu'il s'humanise et qu'il daigne me trouver belle ! — se disait-elle avec assurance, dans l'orgueilleux enivrement de sa sensuelle et troublante beauté ! — Il faudra bien qu'il m'aime enfin !...

Les hommages qui accueillirent la fille du banquier achevèrent de la convaincre de l'infaillibilité de son triomphe.

Au moment du traditionnel : « Madame est servie » prononcé par le superbe maître d'hôtel, Armande prit le bras de Gérard pour passer dans la salle à manger, faveur très remarquée et qui suscita au jeune homme beaucoup d'envieux ; mais il accepta cet honneur avec une complète indifférence.

Avouons même que le jeune ingénieur se fût bien passé de cette faveur, et qu'il eût préféré de beaucoup que l'étiquette lui permit de choisir sa voisine de table.

Mais il était un peu le héros du jour, et, obligé de faire contre fortune bon cœur, il n'avait eu, en homme du monde, qu'à se montrer extérieurement très flatté de la préférence. Il sut donc dissimuler son désappointement et laissa voir, de la préférence dont il était l'objet, une satisfaction qui était bien loin de son cœur.

Hâtons-nous d'ajouter qu'il était d'ailleurs à mille lieues de se douter des intentions plus que bienveillantes d'Armande à son égard.

L'esprit plein de l'image de Madeleine, il n'avait fait aucune attention aux coquetteries de la fille du banquier et il mit ses avances sur le compte d'une camaraderie sans conséquence.

— C'est à l'ingénieur que tout cela s'adresse, — pensa-t-il. — Mlle Monval accorde cet honneur au constructeur de l'usine modèle, dont la réussite doit hâter la fortune politique de son père. Elle a voulu, en quelque sorte, me remercier de mon zèle à servir les projets ambitieux que je connais. Elle brûle de le voir à la députation et, de là, au ministère... d'être la fille d'un ministre!...

Ces réflexions, qui déjà maintes fois lui étaient venues, Gérard se les répétait au moment où il recevait d'Armande la faveur enviée de lui servir de cavalier pour passer dans la salle à manger.

Cette pièce offrait un aspect splendide. Le luxe y avait été répandu à profusion pour le plaisir des yeux, tandis qu'une chère succulente et des vins fameux, — car la cave du banquier était renommée, — viendrait procurer des jouissances plus intimes mais non moins précieuses aux convives qu'il fallait charmer.

L'éclat des lumières ne le cédait qu'à celui de l'argenterie et des cristaux.

Un surtout merveilleux d'argent ciselé, cadeau de noces de l'empereur, mais dont le chiffre impérial, qui, maintenant, eût pu compromettre le banquier en rappelant des attaches par trop césariennes, avait été dissimulé partout sous des cordons et des gerbes de roses et d'orchidées, garnissait la table.

Autour de cette table avait pris place une société sinon des plus *select*, au sens aristocratique du mot, du moins des plus élégantes.

Le commerce est riche en France. Toutes ces femmes d'industriels, flattées de l'invitation de M. Monval, s'étaient mises en frais pour assister à la réception du richissime banquier. Beaucoup étaient charmantes; toutes rivalisaient par le luxe de leurs toilettes, et la profusion des diamants et des pierreries.

Le banquier avait à sa droite Mme Duhamel, auprès de laquelle se trouvait, de l'autre côté, un personnage important. Puis venait Armande avec Gérard. Du même côté de la table, mais séparée de lui par une dizaine de convives, Madeleine était placée.

Mlle Monval avait, en effet, pris soin de désigner elle-même la place des invités.

Elle s'était donc arrangée, avec une astuce toute féminine, pour que Madeleine et Gérard ne pussent se voir que difficilement.

Bien que sûre de l'effet de sa beauté, elle avait songé à tout et s'était soigneusement appliquée à éviter toute chance contraire à ses desseins.

Pendant le dîner, Armande déploya en l'honneur du jeune ingénieur toutes les ressources de son esprit, et mit en jeu tous les ressorts de la coquetterie, en femme qui connaît bien la puissance de la séduction.

Au risque même de se compromettre, elle voulait forcer l'admiration de celui qu'elle s'était juré de conquérir.

Mais, tout en restant d'une correction parfaite, charmant convive et homme du monde dans la plus aristocratique acception du terme, Gérard n'avait point paru s'apercevoir des frais que la jeune fille faisait pour lui.

Il était trop absorbé par son amour pour Madeleine pour pouvoir penser à Armande !...

Pour Madeleine, qu'il n'avait fait qu'entrevoir, qu'il avait pu à peine saluer, — accaparé dès son arrivée par Mlle Monval, — mais dont la délicieuse et chaste apparition l'avait transporté, pour elle seule battait son cœur.

Son esprit était entièrement rempli de sa pensée, alors même qu'à table il pouvait à peine l'apercevoir, grâce à l'artifice ingénieux de la fille du banquier; mais il sentait sa chère présence et il cherchait, à travers le brouhaha des conversations, à entendre sa douce voix.

Malgré toutes les coquetteries et la troublante et sensuelle beauté d'Armande, l'unique préoccupation de Madeleine était en lui !

Cette préoccupation, — que malgré toute sa subtilité Armande Monval n'avait pu prévoir, — semblait accentuer encore la réserve habituelle du jeune homme.

A cette préoccupation se joignait en outre pour lui la sensation pénible d'une situation mal définie.

Somme toute, il n'était pas là dans son monde et il se sentait presque gêné de l'affabilité qu'on lui témoignait et que ses services seuls, pensait-il, lui attiraient.

— Ne les exagère-t-on pas beaucoup, mes services?... — se demandait le jeune ingénieur qui n'eût pas demandé mieux que de rester dans l'ombre ; — qu'ai-je fait autre chose que mon métier en fixant et en développant dans un sens pratique le plan général de M. Monval?...

Et, du reste, n'était-il pas payé pour cela par le banquier?

Aussi, Gérard se refusa-t-il modestement à toute tentative du père d'Armande pour le mettre en vedette, pour le faire briller aux yeux de ses convives.

L'honneur du projet, — assura-t-il, — revenait entièrement à M. Monval ? Lui n'était qu'un praticien, un metteur au point.

— Pouvez-vous dire cela ! — s'écria Armande en lançant au jeune homme une œillade brûlante et pleine de reproches. — Mais les travaux dont vous semblez faire fi, sont votre œuvre !... Que seraient devenus sans vous tous les projets de mon père?... N'est-ce pas grâce à vous qu'ils ont pris une forme?... n'est-ce pas vous qui en avez rendu la réalisation possible?...

— Mais, mademoiselle, vous exagérez... — balbutia le jeune homme.

— Pourquoi nier votre mérite, votre valeur? — ajouta avec feu Mlle Monval.

— Cela est affaire de métier, mademoiselle... Tout autre ayant fait des études spéciales eût obtenu le même résultat.

— Ne dites pas cela; ce n'est pas exact, vous le savez bien. Un autre ingénieur eût évidemment fourni un travail qui, ainsi que vous dites, eût pu être bon. Mais votre projet à vous est génial, tout le monde est d'accord là-dessus. Il n'y a que vous qui ne vouliez pas le reconnaître.

— C'est que tout le monde a trop d'indulgence pour moi... tout le monde, à commencer par vous, mademoiselle, — fit Gérard qui s'inclina en souriant.

— Oh! moi!... — s'écria avec coquetterie la fille du banquier.

— Vous, mademoiselle?...

— Moi, cela n'a pas grande importance... cela ne doit pas vous préoccuper beaucoup ma manière de voir?

— Pourquoi donc cela, mademoiselle? — demanda très sérieusement le jeune homme, trop absorbé par la pensée de Madeleine pour avoir seulement l'idée de répondre par un compliment banal à la réflexion d'Armande.

— Mais... parce que... — fit Mlle Monval un peu décontenancée.

Et changeant subitement de ton :

— Tenez, — ajouta-t-elle en souriant, — écoutez mon père. C'est lui qui ne ménage pas votre modestie.

Le banquier, en effet, était maintenant en train de faire à ses convives un éloge chaleureux de Gérard.

Il avait dû d'abord raconter — au milieu des félicitations générales — la genèse de son idée et exposer comment, dans sa préoccupation constante du prolétariat, la pensée lui était venue de cette usine modèle dont la création allait permettre la mise en œuvre et l'étude d'une des revendications les plus intéressantes du socialisme moderne, « l'usine aux ouvriers! »

Ici des applaudissements prolongés avaient interrompu M. Monval. Des exclamations enthousiastes s'étaient croisées :

— C'est admirable!

— Voilà de la véritable philanthropie!

— On ne peut faire un plus noble emploi de sa fortune!...

On sentait la sympathie s'établir et circuler entre le banquier et ses futurs électeurs, à la chaleur de cette salle ruisselante d'un luxe raffiné, à mesure que passaient les vins et les mets délicats servis par les laquais en grande livrée, escarpins et perruque poudrée, habit à la française, bas de soie et culotte amarante.

M. Monval en effet parlait de Gérard ; il disait la part précieuse de collaboration apportée à son œuvre par le jeune ingénieur, et la bonne fortune qu'il avait eue d'être mis en rapport avec lui par le grand industriel, M. Duhamel.

Le nom du maître de forges, universellement estimé, et sa présence à la table du banquier ne pouvaient qu'augmenter le courant sympathique qui allait maintenant vers le jeune homme.

Malgré les protestations timides de Gérard, M. Monval racontait le développement merveilleux apporté à son plan primitif par l'intelligence hors ligne de son jeune collaborateur et la façon grandiose dont, ainsi élargi, ce plan se trouvait maintenant conçu.

— Et tout est prêt aujourd'hui, grâce à son activité merveilleuse, — déclara le futur candidat ; — nous n'avons plus qu'à marcher, les constructions ont été commencées de ce matin, aussitôt la première pierre posée, cérémonie tout intime que ma fille a tenu à présider et à l'occasion de laquelle, mes chers amis, je suis si heureux de recueillir votre approbation et votre sympathie.

Cette péroraison devint le signal d'un nouveau concert de félicitations et d'éloges dont l'ingénieur eut cette fois sa large part.

Les oreilles d'Armande en furent agréablement chatouillées.

Elle était heureuse du succès de celui dont elle espérait bien faire son mari.

— Si par-dessus le marché ils savaient qu'il est duc et descendant d'une des plus grandes familles de France, — pensait l'orgueilleuse fille pendant que les compliments les plus enthousiastes pleuvaient autour du jeune homme. — Quelle révélation, quel coup de théâtre !...

Plus que jamais Armande était décidée à tout faire pour conquérir le duc.

— Je le veux, lui, et non pas un autre ; — se répétait-elle avec résolution tandis qu'il répondait de son mieux aux éloges dont il était assailli. — Je serai duchesse de Soisy !...

Ce dîner n'était du reste pour Armande qu'une escarmouche, un moyen stratégique de préparer le terrain en vue d'un assaut plus sérieux. C'était pour le soir, pour la réception qui allait suivre, que l'habile intrigante avait réservé ses suprêmes efforts.

Maintenant Gérard appartenait encore aux invités de son père ; l'éloge enthousiaste de M. Monval en avait fait le point de mire de tous les yeux, Armande ne pouvait agir sur lui qu'indirectement. Mais, après le dîner, il serait entièrement à elle; rien ne viendrait plus le distraire des séductions de sa beauté et de ses grâces ensorcelantes.

Elle saurait bien, d'ailleurs, l'accaparer pour elle seule.

Elle vaincrait!

Tandis que Mlle Monval, sûre du pouvoir de ses charmes, faisait de beaux projets et caressait l'espoir d'un prochain triomphe, Madeleine, séparée de Gérard par la méfiante jalousie d'Armande, ne pouvant même pas l'apercevoir, se morfondait à écouter, d'une oreille distraite, les fadeurs et les vulgarités banales galamment débitées par ses voisins.

Elle s'efforçait de cacher son ennui, répondant machinalement, avec la meilleure grâce possible, aux propos mondains stéréotypés qui faisaient, autour d'elle, le fond de la conversation courante; mais elle souffrait indiciblement.

Elle savait Armande à côté de Gérard et, dans l'intuition du danger qui menaçait son amour, elle ne doutait pas un instant que celle qui devenait ainsi sa rivale, ne mît tout en œuvre pour s'emparer de l'esprit et du cœur du jeune ingénieur.

Aussi tous ses sens étaient-ils tendus, toutes ses pensées convergeaient-elles vers le coin de table où était assis Gérard à côté de la fille du banquier.

Elle avait l'espoir fou de saisir au vol, dans le tumulte de la conversation, quelque lambeau de phrase, quelque exclamation d'Armande qui viendrait lui donner la preuve des coquetteries qu'elle redoutait.

Au moins, elle saurait!... Elle n'aurait plus ce doute plus torturant qu'une certitude!

Elle sentait que son amour pour Gérard avait tout à redouter d'Armande Monval, et dans sa modestie, ignorant la puissance du charme invincible qui émanait d'elle, elle se demandait avec angoisse si l'amour de Gérard serait assez fort pour résister aux séductions et aux artifices de la belle Armande.

— Comment pourrait-il ne pas l'aimer; ne pas se laisser charmer?... Elle est si séduisante, si élégante... si coquette! — pensait Madeleine en soupirant.

Aussi, malgré son héroïsme, quelque effort que fît la pauvre enfant pour cacher sa préoccupation douloureuse, son sourire contraint, son regard distrait et rêveur où toute joie était éteinte, laissaient deviner la mélancolie de son âme.

Ce dîner, où rien ne venait adoucir la tristesse de ses pensées, — pas même la vue de celui qu'elle aimait, — lui paraissait interminable.

La contrainte à laquelle elle s'astreignait pour faire bonne contenance, — dans la correction de son éducation mondaine, — lui devenait une véritable souffrance.

Enfin la belle Mme Monval mit fin, en se levant, aux tortures de Madeleine.

Le dîner était achevé.

Chacun s'empressa d'imiter la maîtresse de la maison.

On avait hâte, maintenant, dans le bien-être reconnaissant d'un repas exquis et raffiné, d'aller admirer, avant qu'arrivât la cohue des invités, les somptuosités et les merveilles de l'hôtel Monval.

Par l'échappée des lourdes portières soulevées par leurs embrasses, on apercevait l'enfilade féerique des salons ruisselants de lumières et de dorures.

De grandes glaces reflétaient à l'infini l'émerveillement des fleurs et des étoffes précieuses.

Dans l'entrecolonnade des riches galeries récemment ajoutées par les soins d'Armande, et pour lesquelles il avait fallu empiéter sur l'emplacement des bureaux, des massifs de plantes rares, des corbeilles d'orchidées et de roses, de gracieux entrelacements de fougères, adoucissaient les tons trop vifs des dorures et formaient un superbe prolongement au jardin d'hiver auquel ces galeries aboutissaient.

L'orchestre, placé sur une estrade dissimulée par un rideau de camélias en fleurs, préludait.

Les premiers invités arrivaient.

Presque aussi heureuse que la fille du maître de forges de voir la fin de cet interminable dîner pendant lequel elle n'avait pu tenter en faveur de ses projets que quelques légères escarmouches, Armande avait repris le bras de Gérard pour quitter la table et passer dans les salons de réception.

L'heure de la bataille décisive avait sonné!

La jeune fille se sentait pleine de confiance. Sûre de sa beauté, elle ne pouvait douter de la conquête du duc.

D'ailleurs, peu soucieuse du qu'en dira-t-on, habituée à n'écouter en tout que sa fantaisie ou son caprice, elle n'avait aucun souci de se compromettre, et ne se laisserait arrêter par aucune considération.

Elle ne craindrait pas d'accaparer Gérard, de l'enlever à celles qui voudraient le lui disputer.

Il faudrait bien que ce bel indifférent finît par s'apercevoir de la flatteuse recherche dont il était l'objet, qu'il se rendît à merci, qu'il capitulât!

Tout en valsant avec une grâce parfaite... (P. 547.)

Déjà rayonnante de son futur triomphe, Armande, toute fière, s'arrangea pour passer au bras du jeune ingénieur devant Madeleine Duhamel et en passant elle jeta un regard de défi à la jeune fille.

Oui, c'était bien celle-là, cette Madeleine, qu'elle visait lorsqu'elle se promettait de ne pas se laisser arracher le duc. C'était à cette rivale qu'elle pensait en se sentant si résolue à la lutte, si décidée à tout plutôt que de renoncer à sa conquête.

Madeleine Duhamel, c'était l'ennemie, parce qu'elle était la préférée de Gérard. Mais Armande saurait bien la lui faire oublier!... Il ne pourrait hésiter longtemps entre elles deux!

N'était-elle pas plus belle et plus riche que cette petite provinciale gauche et guindée? plus capable qu'elle de porter avec éclat le titre et le nom illustre des Soisy?

Une belle duchesse, vraiment, que cela serait, cette fille de marchand de ferraille!...

Comme si elle eût eu conscience des secrètes pensées de Mlle Monval, Madeleine, en voyant la fille du banquier s'avancer au bras de Gérard, se sentit tout à coup pâlir.

La malheureuse avait reçu au cœur un coup cruel.

Prête à défaillir, elle eut l'intime sensation que l'autre, — cette coquette et séduisante Armande, — voulait lui voler le cœur de Gérard.

Elle fut obligée de chercher un appui. Sa petite main se crispa frémissante sur le bras de son cavalier.

— Hélas!... m'a-t-il vue seulement?... — pensa-t-elle, tandis que, dans un effort douloureux, elle cherchait à dominer son angoisse et à refouler les larmes qui montaient à ses yeux. — Mon cœur me disait bien qu'il ne m'aimait plus,... mais j'espérais encore, malgré tout!... Tandis que maintenant...

Armande s'était éloignée en entraînant Gérard.

L'orchestre jouait une valse.

Mlle Monval se suspendit au bras du jeune homme.

— Vous valsez, je pense, monsieur?... — demanda-t-elle avec son plus séduisant sourire.

Le jeune homme s'inclina sans enthousiasme.

— Comme tout le monde, mademoiselle, bien que je préfère à la danse mes livres et mes travaux, — répondit-il avec un sourire qui s'excusait d'une telle franchise et qui corrigeait ce que la phrase pouvait avoir de peu aimable.

Armande pouvait s'en contenter à la rigueur.

— Bah! — fit-elle avec une moue coquette, — vous aurez bien le temps demain de retrouver vos travaux. Je suis sûre que vous devez être un excellent valseur.

— Non, mademoiselle,... à peine passable.

— Moi, j'adore la valse. Ce soir je vous accapare!... Vite, dépêchez-vous de m'enlever, sans cela je vais être assaillie par un escadron de poursuivants.

Ils ne sont pas drôles tous les jours, vous savez, — continua la jeune fille avec un rire moqueur qui montra à Gérard en quelle piètre estime elle tenait pour le moment ses plus zélés admirateurs.

— Je vais faire, en effet, bien des jaloux, répliqua le jeune ingénieur, ne trouvant pas autre chose que ce compliment banal.

Mais Armande semblait décidée à ne pas se montrer difficile.

— Vous en plaignez-vous? — fit-elle en accompagnant sa phrase d'un tendre regard qui en disait long sur la différence qu'elle constatait entre l'ingénieur de la future usine modèle de M. Monval et les fâcheux qu'elle venait de si bien arranger tout à l'heure.

— J'en suis tout au moins confus, mademoiselle, vu mon peu de mérite, — répondit très respectueusement Gérard en s'inclinant avec correction.

Le jeune homme, en effet, était loin de se laisser emballer par les avances gracieuses d'Armande.

Préservé de la séduction de la jolie fille du banquier par son amour pour Madeleine, il demeurait très maître de lui, correct et banalement mondain.

Tout en valsant avec une grâce parfaite, et en s'abandonnant peut-être plus que les convenances ne l'eussent autorisé entre les bras de son cavalier, Mlle Monval sentait monter en elle une sourde irritation.

Devant la froideur imperturbable de Gérard, elle était bien obligée de se rendre compte de l'inutilité de ses efforts et du peu de prix que le jeune homme attachait à ses faveurs. Les avances ne portaient pas, et Armande en éprouvait un mortel dépit.

Cependant elle ne voulait pas s'avouer vaincue; habile à cacher ses sensations, elle redoublait envers Gérard de séductions et de grâce ensorcelante.

Elle l'avait décidément accaparé, ne se décidant qu'à regret à le quitter quelques instants pour faire un ou deux tours de valse avec un autre.

Mais bien vite, elle se disait fatiguée, se faisait reconduire à sa place, s'empressait de rejoindre l'ingénieur, auquel elle avait fait promettre de l'attendre et que, jalouse, — forçant avec adresse son cavalier provisoire à évoluer autour du jeune homme, — elle n'avait pas quitté des yeux.

De nouveau elle prenait possession de lui et essayait de l'absorber par ses provocations de moins en moins équivoques.

Il ne voulait donc rien voir!...

Armande, pourtant, ne pouvait douter de sa beauté.

Plus que d'habitude encore, surexcitée par le désir de vaincre et l'inconcevable résistance du jeune homme, cette beauté rayonnait, soulevant ur d'elle un concert d'admirations enthousiastes.

Tous les hommes jalousant Gérard, s'unissaient dans un sentiment d'envie bien légitime devant l'incontestable faveur dont il était l'objet de la part de la fière et dédaigneuse Armande.

— Lui seul ne paraît pas s'en apercevoir, — murmurait la jeune fille dépitée. — Que puis-je faire cependant pour lui prouver davantage qu'il me plaît?... Ne me suis-je pas ce soir déjà presque compromise en affichant pour lui une préférence que les services qu'il a rendus à mon père par sa participation à ses projets d'usine ne suffisent pas à justifier?... Que lui faut-il de plus?...

Elle reprenait alors, sous le coup de fouet du dépit, une énergie nouvelle.

— Ah! Je veux qu'il m'aime, pourtant!... Je veux qu'il sorte de cette indifférence glaciale!... — murmura-t-elle — ne pouvant accepter un échec.

La résistance de Gérard augmentait encore l'intensité du sentiment qu'elle ressentait pour le jeune homme, — sentiment complexe fait d'orgueil, de caprice et de jalousie.

— C'est lui qu'il me faut, et pas un autre! — se répétait-elle en cherchant le moyen de triompher de l'obstination de l'ingénieur. — C'est lui qui sera mon mari! Je veux être duchesse de Soisy!

Décidée à faire une tentative suprême et à jouer le tout pour le tout, Armande, sous prétexte de fuir la chaleur étouffante des salons, entraîna le jeune homme dans une petite pièce adjacente, un petit salon ouvrant sur les salons de réception par une large baie tendue de tapisseries, et où la lumière tamisée par de grands abat-jour aux soies éteintes, et les sons affaiblis de l'orchestre, mettaient comme une sensation d'oasis, au sortir de la grande fournaise où se heurtait, sous un flot d'aveuglante clarté, la cohue élégante des invités.

— Ici peut-être, loin de la foule, sera-t-il plus à moi, — pensa Armande.

Elle était résolue à ne pas abandonner la partie avant d'avoir épuisé, vis-à-vis de Gérard, tous les moyens de séduction dont elle se sentait avec raison si abondamment pourvue.

Sans souci de se compromettre dans ce quasi tête-à-tête, — car ce coin reculé et délicieusement discret, où les bruits de la fête n'arrivaient presque pas, n'avait encore tenté que quelques fervents amateurs de solitude, — Mlle Monval s'assit pour causer.

— Cela nous reposera un instant, voulez-vous? — dit-elle en montrant à Gérard une chaise à côté d'elle. — C'est fatigant, à la longue, de toujours tourner dans cette cohue!

— Reposons-nous, mademoiselle, puisque vous êtes fatiguée, — répliqua le jeune homme, qui lui non plus n'était pas fâché de ce moment de répit relatif dans ce qu'intérieurement, bien qu'il n'en laissât rien paraître, il appelait sa corvée d'inauguration.

En effet, dans cet engouement subit d'Armande, Gérard, ignorant ses projets et persuadé qu'il n'était autre chose pour elle qu'un simple ingénieur, ne pouvait voir qu'un caprice passager d'enfant gâtée, le plaisir d'avoir et de garder un moment pour elle seule, celui dont l'enthousiasme reconnaissant du banquier avait fait le héros du jour.

Il s'y était prêté complaisamment, mais sans ardeur, restant très maître de ses sentiments, préoccupé par-dessus tout par la pensée d'être enfin libre pour retrouver Madeleine à peine entrevue jusqu'alors et dont l'adorable visage restait en lui comme une vision.

Pourtant, quelque envie qu'il en eût, il ne croyait pas pouvoir se dérober aux manœuvres coquettes de la fille du banquier.

— Son caprice sera bientôt passé, — pensait-il, — tout à l'heure elle me mettra au même plan que tous ces jeunes gens dont elle faisait si peu de cas il n'y a qu'un instant. Une autre fantaisie lui passera en tête. Je pourrai battre en retraite sans que mon départ ait l'air d'une fuite, et aller rendre mes devoirs à la famille Duhamel sans que Mlle Monval ait seulement l'idée de s'en apercevoir.

Il s'assit donc à côté d'Armande.

Devant eux, par la large baie donnant accès dans la pièce, ils voyaient aller et venir les couples et circuler la foule.

La conversation fut d'abord banale.

Aux convives et aux gens officiels invités en vue de l'élection du banquier, s'étaient joints pour la réception les amis particuliers des Monval, c'est-à-dire le tout Paris des élégances mondaines, l'aristocratie financière à laquelle le somptueux millionnaire appartenait.

Armande connaissait toutes ces femmes couvertes de bijoux et de fleurs en de riches et exquises toilettes.

Elle les nommait à Gérard.

C'étaient des beautés à la mode, les reines du bon ton, l'aristocratie de la haute industrie et de l'argent.

La réputation de beauté de quelques-unes remontait à l'empire.

Celles-là, — comme la toujours belle Eugénie Monval, la mère d'Armande, triomphante dans une superbe robe de velours vert lumière dont l'éclat n'arrivait pas à éclipser la blancheur de ses épaules un peu trop grasses, — n'étaient ni les moins courtisées, ni les moins fêtées.

Celle qui passait là, toute constellée de diamants, dans son fourreau de satin noir, c'était la belle Mme Loverdy, la célèbre sportswomen, la « professional beauty » des fêtes cynégétiques de l'empire.

Cette autre, là-bas, qui donnait le bras à ce monsieur si décoré, cette petite blonde, un peu boulotte, mais si jolie et qui paraissait si simple dans sa toilette blanche de pensionnaire, mais dont le corsage brodé de perles fines valait au bas mot quinze mille francs, c'était la petite baronne de Bélières, dont les démêlés avec Worth, le fameux couturier, pour le paiement d'une facture de plusieurs centaines de mille francs, avaient défrayé la chronique scandaleuse des premières années d'une de nos récentes présidences.

Mais cette nomenclature, où se complaisait la verve moqueuse d'Armande, ne lui faisait pas oublier le but qu'elle poursuivait.

Un couple qui passait, — une toute jeune fille donnant le bras à un cavalier déjà sur le retour et de tournure commune, — lui fournit l'occasion qu'elle attendait pour ouvrir le feu.

Elle serra le bras de Gérard, et, à demi-voix, car le couple s'était arrêté un instant, indécis s'il viendrait chercher un peu de repos dans le calme hospitalier du petit salon où ils s'étaient réfugiés :

— Colette Destaing, une de mes amies de pension, — fit-elle en désignant la jeune fille qui ne l'avait pas aperçue, dans l'obscurité relative du petit salon, et qui s'éloignait déjà, n'ayant pas voulu perdre une minute de la danse, — au bras de son cavalier un peu poussif.

C'est son fiancé qui est avec elle, un des plus riches banquiers de Vienne.

— Il n'est pas joli, joli, le fiancé, fit remarquer Gérard en souriant.

Armande se mit à rire.

— Il a plus du double de son âge, mais il est autant de fois millionnaire, — fit-elle sur le même ton. — Il paraît que pour certaines gens c'est une circonstance très atténuante et que cela tient lieu de tout ce qui manque au fiancé de Colette, c'est-à-dire, de la jeunesse, de l'élégance, de la distinction...

— Votre amie me paraît bien jeune pour se marier, — répliqua le jeune homme.

— Jeune !... elle a mon âge, — fit avec une moue coquette Mlle Monval.

— Mais vous-même, mademoiselle, — dit gaiement le jeune ingénieur, — je ne pense pas que vous songiez déjà bien sérieusement au mariage.

— Pourquoi ?... si je trouvais quelqu'un qui me plût...! — déclara

Armande d'un air de défi. — Croyez-vous que je n'aie pas été déjà demandée?

Gérard acquiesça en souriant.

— Je n'en doute pas, mademoiselle, — fit-il. — Mais de là à accepter un mari, à aliéner si jeune votre liberté...

— Ah! — s'écria la jeune fille, s'enhardissant à parler d'amour, — se marier selon son cœur, épouser l'homme que l'on aimerait, cela ne serait pas aliéner sa liberté, monsieur Gérard!... Je ne comprends le mariage que comme ça!..

Et avec une passion qui allumait ses regards :

— J'y pense souvent!... — ajouta-t-elle. — Je voudrais être sûre d'être aimée!... La situation, la fortune de celui que j'épouserais m'importeraient peu, pourvu qu'il me plût, pourvu qu'il fût intelligent, distingué, travailleur. Je ne voudrais pas d'un mari inactif. J'ai horreur de la paresse intellectuelle... Je voudrais qu'il eût une situation qui l'occupât sans l'absorber... qu'il fût avocat, médecin, ou ingénieur, comme vous... N'est-ce pas votre avis?... ne me donnez-vous pas raison?

— Mon avis, mademoiselle, — répondit en plaisantant Gérard, qui ne devinait point les sous-entendus subtils de Mlle Monval, — c'est que le métier de millionnaire est bien autrement absorbant que tous ceux que vous paraissez ambitionner pour votre futur mari. Je ne crois pas qu'avec ce métier-là il soit possible d'en mener un autre de front.

— Ne riez pas, je parle sérieusement, — fit Armande piquée de l'obstination du jeune homme à ne pas la comprendre.

— Mais je ne plaisante que pour la forme, mademoiselle, — se défendit le jeune ingénieur. — Ce que je dis est au fond très sérieux. La fortune et les exigences mondaines qu'elle crée, laissent peu de place dans une vie humaine pour le travail et l'étude.

— Alors, à votre avis, c'est un malheur d'être millionnaire quand on n'est pas tout à fait un imbécile? — demanda la jeune fille.

Gérard se mit à rire.

— C'est une manière originale, bien qu'un peu excessive, de résumer une opinion, — fit-il avec bonne humeur.

Mlle Monval se recueillit un instant, puis revenant à son projet, se décidant à pousser une charge à fond dans les sentiments intimes du jeune homme :

— Et vous, monsieur, qu'est-ce que vous pensez du mariage? — reprit-elle.

— Moi, mademoiselle?....

— Oui, vous devez bien avoir votre idée aussi à ce sujet... vous être fait un idéal?...

— Ma foi non, — répondit Gérard le plus naturellement du monde. — J'avoue que je n'y ai guère songé jusqu'à présent. Mes travaux m'ont absorbé. A mon âge on est surtout préoccupé de son avenir.

— Alors, vous n'aimez personne? — s'écria témérairement Armande.

— Ma pensée ne s'est du moins jamais arrêtée sur la possibilité d'un mariage, — répondit évasivement le jeune homme.

— Pourtant, si vous rencontriez une femme... une jeune fille qui vous plût?

— Je suis trop absorbé par mes études pour avoir le temps de faire ma cour, — dit-il plaisamment.

— Mais cette jeune fille peut comprendre que vous l'aimez!..., qu'est-il besoin pour cela d'une longue cour?... elle peut vous aimer aussi, — insinua Mlle Monval, désespérée de l'insuccès de ses efforts et risquant une tentative désespérée pour se faire comprendre.

Mais la pensée du but poursuivi par la fille du banquier était si éloignée de l'esprit de Gérard, qu'aucune allusion n'eût été capable de lui ouvrir les yeux.

— Ma situation ne me permet pas de songer à associer une femme à ma vie, — répondit-il simplement.

Puis, coupant court aux questions indiscrètes d'Armande, changeant avec une aisance mondaine ce sujet qui malgré tout lui était pénible contre un sujet moins brûlant, il se leva.

— Je crois que la valse est finie, mademoiselle, — dit-il très naturellement. — Tous vos admirateurs vont m'en vouloir de vous avoir accaparée si longtemps. Voulez-vous que nous rentrions dans la fournaise, que nous allions faire un tour dans les salons?

Dépitée, Mlle Monval prit sans répondre le bras de Gérard, et quittant le petit salon ils se mêlèrent de nouveau à la foule.

* *

Tandis qu'Armande cherchait en vain à conquérir le cœur du duc de Soisy et émoussait ses meilleures armes contre l'indifférence correcte du jeune homme, Madeleine, malgré la tristesse dont elle ne pouvait se défendre, était très entourée.

Sa grâce avait fait sensation.

Sans qu'elle le cherchât, car la pensée seule de Gérard l'occupait, le doux charme émanant de sa personne avait agi.

Après avoir complimenté les maîtres de la maison, les Duhamel se retirèrent, accompagnés de Gérard... (P. 560.)

Elle s'était vue courtisée, entourée d'hommages.

Les jeunes gens s'étaient empressés autour d'elle, briguant l'honneur de s'inscrire sur son carnet de bal.

Tous ceux qui, dans des rencontres précédentes, n'avaient pas eu encore l'occasion d'être présentés aux Duhamel, s'étaient empressés de combler cette lacune pour être autorisés à danser avec leur adorable fille.

Bientôt Madeleine, ne sachant plus auquel entendre, avait été obligée de demander grâce, d'user de stratagème, d'inscrire à un nom imaginaire quelques quadrilles afin de les réserver à l'imprévu.

Elle ne voulait pas, lorsque Gérard, qui eût dû être le premier inscrit, voudrait à son tour réclamer la faveur de danser avec elle, n'avoir plus rien à lui donner, se trouver engagée pour toute la soirée.

Mais pourquoi ne venait-il pas ?...

Hélas! Madeleine le comprenait trop bien. Il était retenu par M¹¹ᵉ Monval.

Plus clairement que jamais, elle entrevoyait le but de sa rivale.

Elle l'avait suivie des yeux, et elle ne pouvait se tromper à son manège de coquetteries et de provocations.

La fille du banquier aimait Gérard!

Madeleine en était aussi sûre que si elle eût pu lire à découvert dans le cœur d'Armande. Cet amour était pour elle l'évidence même.

Aussi les hommages dont elle se voyait entourée, et qui dans d'autres circonstances l'eussent amusée et rendue fière, ne faisaient-ils que la fatiguer et l'ennuyer.

Elle eût voulu être toute à sa tristesse, que rien ne vînt la distraire de la pensée de Gérard.

Elle avait la certitude d'une mystérieuse aimantation du cœur du jeune homme vers le sien ! mais, alors que son amour était en danger, il lui semblait que tout ce qui l'en distrayait diminuait cette magnétique influence ; que l' « autre » gagnait, auprès de celui qu'elle aimait, la place qu'elle-même ne pouvait prendre.

Hélas! pourrait-elle lutter longtemps contre les agissements d'Armande. La merveilleuse beauté de M¹¹ᵉ Monval, ses coquetteries, ses grâces séductrices, ne finiraient-elles pas par l'emporter sur sa tendresse dans le cœur de Gérard ?...

Tandis que Madeleine se désespérait et se laissait envahir par les pressentiments les plus tristes, Armande, de son côté, était bien forcée de s'avouer que tous ses efforts pour faire la conquête du duc de Soisy demeuraient définitivement nuls.

Elle avait tout tenté afin de séduire Gérard, elle avait consenti à toutes les capitulations de sa fierté.

Par des sous-entendus à peine déguisés, elle s'était offerte au jeune homme, elle et les millions qu'elle apportait dans sa corbeille de noces.

Elle n'avait pas craint de se compromettre en lui accordant, dans cette soirée, au détriment de tous ses adorateurs, une faveur toute spéciale.

Elle n'avait eu de sourires que pour lui, d'attentions, de tendres regards qu'à son adresse. Sa beauté n'avait brillé que pour lui seul!...

Et il s'était refusé à comprendre!... Il n'avait rien voulu voir dans sa conduite qu'une fantaisie, un caprice d'enfant gâtée!...

A ses avances, le jeune ingénieur n'avait même pas répondu par un refus, mais par la plus complète indifférence.

Elle sentait bien que, pas même un instant, il ne lui avait appartenu, elle ne l'avait tenu sous le charme de sa beauté et de ses séductions!...

Elle se désolait.

Il lui était impossible de conserver la moindre illusion.

Elle devait renoncer à tout espoir de faire la conquête du duc de Soisy.

Cet échec, si humiliant pour son orgueil, se renouvellerait inévitablement à chaque nouvelle tentative.

Quoi qu'il en eût dit, le cœur de Gérard devait être pris ailleurs, ne devait plus lui appartenir.

— Oui, il m'a trompée, — pensait avec dépit Armande Monval. — Il m'a menti! Il aime, c'est évident! son cœur s'est déjà donné... sans cela!...

Et sa jalousie soudain réveillée contre Madeleine :

— Qui aime-t-il?... — se demanda-t-elle. — Ah! ce n'est pas difficile à deviner!... Cette Madeleine Duhamel! cette fille de marchand de ferraille!... Cette mijaurée!... cette pensionnaire!...

Dieu! que je la déteste, celle-là!... — ajouta la fille du banquier, avec un regard de haine féroce à l'adresse de Madeleine.

Pourtant Armande manquait de preuves; elle ne pouvait que conjecturer l'amour de Gérard pour la fille du maître de forges.

La confiance qu'elle avait dans sa beauté, dans le pouvoir de ses charmes souverains habitués à vaincre, dans le prestige de ses millions, la disposait au doute.

— Si je me trompais, cependant!... — pensait-elle avec un reste d'espoir. — Si le duc m'avait comprise!... Si la timidité seule, la conscience de son infériorité sociale, puisqu'il ignore que je connais son origine et son titre, l'avaient empêché de répondre à mes avances, lui avaient inspiré cette réserve que j'ai pu prendre pour de l'indifférence!... J'aurais dû être plus explicite, ne pas me contenter de ces sous-entendus à travers lesquels il a pu ne pas oser lire!...

Car, après tout, il m'a écoutée, il m'a suivie, c'est avec moi qu'il est encore, — se disait Armande en cherchant à la dérobée à découvrir sur la figure du jeune duc quelque manifestation de ses secrets sentiments. — S'il l'aimait, — elle, — aurait-il consenti aussi facilement à paraître l'oublier, à passer loin d'elle toute cette soirée?...

Si j'étais sûre, pourtant... si je pouvais savoir... Mais comment faire?

Résolue à observer Gérard, Mlle Monval s'était enfin décidée à lui rendre sa liberté et à accepter le bras d'un nouveau cavalier.

Mais elle ne fit avec ce dernier que quelques tours de valse, puis, se disant fatiguée, elle se fit reconduire à sa place.

Se mêlant alors à la foule des invités, Armande, qui tout en valsant n'avait pas perdu Gérard de vue, surveilla, sans être remarquée, les agissements du jeune homme.

Un instant retenu par un des convives du dîner, — le reporter d'un grand journal qui l'avait saisi au passage pour se faire donner de plus amples détails sur l'entreprise philanthropique de M. Monval, — Gérard parvint à se débarrasser de l'importun et s'empressa aussitôt de se mettre à la recherche des Duhamel.

Que devaient-ils penser, en effet, de ne pas l'avoir encore aperçu?... que devait se dire Madeleine?... Madeleine, dont la douce image avait éclipsé à ses yeux la beauté et les grâces séductrices d'Armande!...

Gérard finit enfin par apercevoir le maître de forges avec sa fille.

Madeleine était au bras de son père.

Lasse, en effet, de la contrainte qu'elle s'imposait, la jeune fille, animée de l'espoir secret de rencontrer celui qui semblait l'oublier et dont l'absence la faisait tant souffrir, venait de prier M. Duhamel de lui faire faire le tour des salons.

L'excellent homme fut enchanté de cette requête. Il était fier des succès de sa fille, plus fier, certes, que Madeleine elle-même.

— Et les danseurs, fillette? — objecta-t-il seulement.

— Mes danseurs m'attendront, père, — répondit la jeune fille. — D'ailleurs, je suis fatiguée.

— Allons, alors; c'est bien le moins, du reste, que je jouisse un peu de ton triomphe, — dit M. Duhamel tout heureux.

Gérard s'approcha à ce moment.

Il ressentait une émotion intense en se retrouvant en face de Madeleine. Jamais peut-être il n'avait autant admiré la grâce chaste et la sereine et virginale beauté de la jeune fille.

— Quelle différence avec Armande Monval! — pensait-il, ne pouvant s'empêcher de comparer les allures libres et les charmes provocants de la fille du banquier avec l'adorable simplicité de Madeleine.

M. Duhamel accueillit le jeune ingénieur avec les félicitations les plus chaudes et les exclamations les plus enthousiastes.

Il était enchanté du succès de Gérard, ravi aussi de cette fête où sa jolie Madeleine avait remporté un si complet triomphe de beauté et de grâce.

— C'est réellement superbe, ordonné avec une magnificence sans pareille!... — s'écria-t-il en jetant autour de lui un coup d'œil admirateur. Il n'y a que Monval pour dépenser son argent aussi royalement et vous donner la surprise de pareilles merveilles!... il n'y a que chez lui que l'on trouve une telle réunion de richesses et d'élégances!

Et quel succès vous avez obtenu, mon cher enfant! — ajouta-t-il à l'adresse de Gérard. — J'en étais tout fier, moi qui ai eu la gloire de vous présenter, de deviner en vous le travailleur et l'homme de génie qu'on a fêté ce soir!

— On a été beaucoup trop indulgent pour moi, monsieur, — répondit modestement le jeune ingénieur.

— Allons donc!... Monval ne tarit pas en éloges sur votre compte!... Il ne sait comment me remercier de vous avoir donné à lui!... Sans vous, avouez-le, où en serait-il de son beau projet?

— C'est une tentative évidemment pleine d'intérêt, — fit le jeune homme très enthousiaste de l'idée humanitaire du banquier.

— Oui, mais qu'il fallait mener à bonne fin; et c'est là ce dont vous vous êtes acquitté à votre honneur, mon cher ami!

— Je suis heureux que vous soyez content de moi, monsieur, — dit Gérard avec émotion. — Malheureusement, tout cela n'existe encore que sur les plans et, avant que nous soyons au bout de l'exécution, nous rencontrerons pas mal de difficultés.

— Dont vous aurez raison comme de leurs devancières, je n'en doute pas, — affirma avec conviction le maître de forges.

En attendant, comme ce soir nous sommes tout au plaisir, — ajouta-t-il en souriant, — donnez donc votre bras à ma fille pour lui faire danser cette contredanse.

L'orchestre en effet préludait, jouant les premières mesures d'un quadrille de Métra.

Gérard s'inclina avec émotion devant Madeleine.

— Voulez-vous, mademoiselle? — murmura-t-il.

— Comment, si elle veut!... est-ce qu'une jeune fille refuse jamais de danser ?... Du moins je n'en ai jamais rencontré de celles-là, moi, dans ma jeunesse, — répliqua avec jovialité l'industriel.

Et se tournant vers sa fille :

— A moins toutefois que tu ne sois encore trop fatiguée, fillette, — fit-il d'un ton goguenard.

— Je suis tout à fait reposée maintenant, père, — répondit Madeleine en posant son bras sur celui de Gérard.

— Parbleu !...

Tout frémissant d'amour, l'ingénieur enlaça la jeune fille, troublé de sentir sa taille souple fléchir sous son étreinte.

M. Duhamel les suivit des yeux avec émotion.

— Chère enfant, est-elle heureuse !... Comme elle s'amuse, ce soir !... — murmura-t-il, ravi de voir le bonheur rayonner sur le visage ordinairement triste de sa fille.

Aux sons rythmés de l'orchestre, Gérard entraîna Madeleine.

Heureux de tenir dans ses bras celle qu'il aimait, il avait la sensation délicieuse d'une communion intime de leurs deux âmes.

L'illusion lui faisait entrevoir le bonheur dans un mirage.

Les obstacles que la société mettait entre eux disparaissaient.

Il lui semblait recouvrer sa personnalité.

Ce n'était pas Gérard, mais le duc de Soisy qui tenait dans ses bras sa fiancée, l'élue de son cœur, l'adorable fille de M. Duhamel !...

Il s'arrêta un instant pour savourer son bonheur.

L'illusion avait disparu, mais l'impression lui en restait encore pleine de douceur.

Il éprouvait une joie infinie, délicieuse, presque céleste, à sentir sur son épaule la pression confiante de la petite main de Madeleine.

L'amour parlait plus haut que jamais dans le cœur du jeune homme.

Il était obligé de se maîtriser, de lutter contre lui-même. Il sentait l'aveu sur ses lèvres, prêt à lui échapper. Ses regards, chargés de tendresse, lisaient une ivresse réciproque dans les yeux de la jeune fille !

Il se contint pourtant, heureux d'une félicité sans mélange.

D'ailleurs, qu'eût ajouté l'aveu à son bonheur ?...

Son amour ne se trahissait-il pas malgré lui dans le frissonnement magnétique de tout son être, dans le tremblement de sa voix, à travers les propos insignifiants échangés avec Madeleine Duhamel !...

Le regard heureux et confiant de la jeune fille, le doux et chaste abandon de celle qu'il aimait ne lui disaient-ils pas qu'elle l'avait compris !

Madeleine devinait, en effet, ce qui se passait dans l'âme de Gérard, et son cœur débordait de joie.

Les tristes pensées dont elle se sentait assaillie, s'envolaient au souffle de l'amour du jeune duc.

Elle sentait en elle un rayonnement de bonheur inconnu.

— Il m'aime!... il m'aime!... j'en suis sûre!... — se répétait-elle tout en s'abandonnant au bras de Gérard. — C'est bien moi qu'il aime! Seul, un dernier scrupule dont ma tendresse saura bien avoir raison, retient l'aveu sur ses lèvres et l'empêche de me dire son amour; mais en est-il besoin?...

Ses regards, son émotion ne me prouvent-ils pas mieux que des paroles son bonheur d'être auprès de moi!...

Et lui, sait-il, comprend-il l'état de mon cœur?... a-t-il deviné ma tendresse?... — se demandait-elle toute palpitante d'un doux émoi qui mettait à ses joues une animation inaccoutumée et la rendait encore plus jolie.

En voyant Gérard se hâter en la quittant de rejoindre le maître de forges et sa fille, en voyant le jeune homme enlacer Madeleine et se mêler avec elle au flot des danseurs, en constatant le rayonnement d'amour qui s'exhalait de ce couple si beau et si heureux, Armande Monval, dissimulée dans la foule des invités, éprouva un douloureux sentiment d'envie et de colère.

Le doute n'était plus possible pour elle. Tous ses soupçons étaient confirmés.

Elle assistait au triomphe de sa rivale!

— Ils s'aiment!... je ne me trompais donc pas!... — se dit-elle avec un cruel dépit, — le duc me préfère cette poupée bête et sans chic, fagotée comme une boutiquière!...

C'est pour aboutir à cela, pour me faire dédaigner au profit de cette petite provinciale ridicule, que j'ai bouleversé l'hôtel, mis sur les dents les décorateurs et les tapissiers, dépensé sans compter l'argent de mon père! — ajouta-t-elle, — tout cela pour m'attirer cet affront, pour subir cet échec humiliant!...

Il faudra pourtant bien que j'aie ma revanche, que cette Madeleine que je déteste me paie tout cela, — continua-t-elle avec rage. Je me suis mis dans la tête que j'épouserais le duc, et je l'épouserai, quand toutes les filles de marchands de ferraille se mettraient à l'encontre de mon projet!...

Du reste, avec son intuition de femme jalouse, Armande devinait que l'amour des deux jeunes gens était encore caché, que Gérard et Madeleine n'avaient pas encore échangé l'aveu suprême.

— Ils peuvent roucouler ; ils ne sont pas près d'être mariés, — fit-elle sourdement avec un geste de défi. — Entre eux et ce bonheur qu'ils croient déjà tenir, ils trouveront Armande Monval !... Je ne me laisserai pas voler celui que j'aime par une Madeleine Duhamel !... Elle est moins jolie, moins riche que moi, il n'est pas possible que Gérard ne finisse point par s'en apercevoir !...

D'ailleurs, cela m'est encore égal, — murmura hautainement Armande. — Je me suis juré d'être duchesse de Soisy, et, si je n'y parviens pas, aucune autre du moins ne pourra se targuer d'être plus heureuse !... Cela, j'en réponds !... Gérard sera à moi ou à personne !

*
* *

Cette soirée, qui avait vu le triomphe et la défaite de Mlle Monval, et qui avait commencé si tristement pour Madeleine, s'était terminée, pour cette dernière, au milieu de la joie la plus pure.

Après avoir complimenté les maîtres de la maison, les Duhamel se retirèrent, accompagnés de Gérard qui, heureux de ne pas quitter Madeleine, accepta, sans se faire prier, une place dans leur voiture.

Madeleine était maintenant au comble du bonheur. Elle se sentait aimée.

Ses inquiétudes s'étaient définitivement envolées comme de vaines chimères. Elle ne redoutait plus Armande, sûre que le cœur du jeune duc lui appartenait tout entier.

Désormais elle ne craignait plus rien. L'avenir lui apparaissait tout illuminé par la tendresse de Gérard.

Elle avait oublié ses pressentiments sinistres et la prédiction de la devineresse.

Après les doutes qui l'avaient torturée, toute joie se résumait pour elle dans la certitude de l'amour de celui qu'elle aimait.

Assise dans la voiture en face de Gérard, la tête appuyée contre l'épaule de Mme Duhamel, les yeux mi-clos, Madeleine faisait le rêve charmant d'être pour toujours réunie à celui qu'elle aimait. Il lui semblait que sa vie allait s'écouler là entre son père, sa mère, son... fiancé ! les chers êtres adorés qui se partageaient son cœur.

D'ailleurs, pourquoi ce rêve ne deviendrait-il pas bientôt une réalité ?... Pourquoi ne serait-elle pas bientôt la femme de Gérard ?...

Puisqu'il l'aimait, puisqu'elle avait lu l'aveu de son amour dans l'éclat de ses regards, qu'est-ce qui s'opposerait maintenant à leur bonheur ?...

LA DEMOISELLE DU CHATEAU

Chassés par la vicomtesse et obligés de déguerpir sans délai... (P. 566.)

Le duc n'avait pas parlé, c'est vrai; mais son être tout entier l'avait trahi, son émotion en avait dit plus que des paroles!

Maintenant, avec la certitude de son amour, Madeleine saurait lutter victorieusement contre les dernières hésitations de Gérard.

Elle l'amènerait à se déclarer; elle se sentait forte pour conquérir leur bonheur à tous deux!...

La voiture s'arrêta pour laisser descendre Gérard, qui ne se trouvait plus éloigné de chez lui.

Le jeune homme serra la main de M. et de Mme Duhamel.

— Au revoir, mademoiselle, — fit-il ensuite en s'inclinant devant Madeleine, tandis que le valet de pied ouvrait la portière.

La jeune fille tressaillit, brusquement tirée de son rêve.

— Vous partez?...

— Eh! oui, il est chez lui, — fit en riant M. Duhamel. — Pendant que tu dormais, mignonne, la voiture a fait du chemin!

— Je ne dormais pas, petit père, — répondit Madeleine en rougissant. Et, en tendant sa main à l'ingénieur :

— Au revoir, monsieur.

Gérard, avant de s'éloigner, serra cette petite main avec une émotion profonde.

— Si tu ne dormais pas, tu pensais alors à tes succès de ce soir? — fit le maître de forges avec une bonhomie paternelle, lorsque la voiture roula de nouveau.

— Oh! mes succès, père, — répliqua la jeune fille, en se blottissant de nouveau contre l'épaule maternelle. — Mes succès!... tu exagères.

— Au plaisir que tu as pris, dans tous les cas, car tu paraissais heureuse, ce soir, ma chère mignonne, — remarqua Mme Duhamel.

Madeleine eut un sourire où se révélait toute la joie de son cœur :

— Oui, bien heureuse, mère, — répondit-elle.

— A la bonne heure! — s'écria l'industriel. — Et quand je pense que l'on ne pouvait pas te décider à danser...

Depuis longtemps déjà Gérard s'était éloigné, mais l'impression de bonheur qu'y avait mise sa présence persistait dans l'âme de Madeleine.

Rendue à la réalité, la jeune fille continuait son rêve.

Après avoir douté de la possibilité même de son bonheur, maintenant elle n'y voyait plus d'obstacles.

La nuit qui suivit fut pour elle remplie de doux espoirs et de projets d'avenir.

Elle se voyait la femme de Gérard, de Gérard, toujours ingénieur, mais célèbre, mais portant hautement et fièrement le nom de ses pères, ce nom auquel son énergique volonté avait redonné un nouveau lustre, qu'il avait fait encore plus grand par la noblesse de l'intelligence et du travail.

Ils vivaient loin de Paris, près de Bois-Jolivet et des usines de M. Duhamel.

Ils avaient racheté le château et les terres de Soisy, relevé les ruines, redonné la vie à cet antique apanage de l'illustre famille.

Mais leur premier soin avait été de restaurer le vieux caveau des ducs de Soisy, la chère tombe où reposaient, dans le petit cimetière d'Art-sur-Meurthe, le père et la mère de Gérard.

N'était-ce pas là qu'était né l'amour de Madeleine, là qu'elle avait vu le jeune duc pour la première fois, là que s'était pris son cœur d'une tendre compassion pour cet inconnu qui sanglotait si désespérément ?...

Ils en feraient le but du pieux pèlerinage de leur amour.

Un calme et doux sommeil ferma enfin les yeux de Madeleine. Elle s'endormit heureuse et confiante, persuadée que le lendemain verrait la confirmation de ces félicités mises en elle par la certitude d'être aimée, et de recevoir enfin l'aveu si longuement attendu de l'amour de Gérard !

Tandis que Madeleine renaissait à l'espérance, Armande Monval, rentrée dans sa chambre après le départ des derniers invités, se livrait à des réflexions pleines d'amertume, de dépit furieux et de colère.

Elle avait renvoyé sa femme de chambre, remercié la colonelle qui voulait l'aider à se défaire. Elle n'avait besoin de personne !

Un à un, elle enlevait et jetait à terre, en les piétinant, les bijoux et les vêtements sur la séduction desquels elle avait tant compté pour faire la conquête du jeune duc.

Elle se regardait dans sa glace toujours éclairée par les bougies des appliques, se trouvait fagotée et se répandait en exclamations de rage contre le grand couturier, le coiffeur, la femme de chambre, tous ceux enfin qui avaient contribué d'une façon quelconque à édifier cet ensemble grotesque.

Comment avait-elle pu se laisser accoutrer ainsi ?

Pour la première fois, l'orgueilleuse fille doutait de sa beauté.

Alors, avec fureur, elle mit sens dessus dessous ses tiroirs, ses armoires, sa garde-robe ; elle sortit ses toilettes, ouvrit ses écrins, et déroulant ses admirables cheveux aux tons ambrés, les tordant, les relevant de nouveau avec une impatience fébrile de ne pas les harmoniser assez vite à l'air de son visage, elle recommença à se parer.

Oui, c'est comme cela qu'elle aurait dû être pour subjuguer Gérard, pour l'emporter dans son cœur sur cette Madeleine !

Comme cela, sûrement elle l'eût ébloui !...

Il n'eût plus vu qu'elle seule ; il aurait oublié qu'il y avait au monde d'autres femmes qu'Armande Monval.

C'était cette toilette absurde qui était la cause de tout le mal, qui avait amené son échec auprès du duc !

Cet examen, auquel se livra l'orgueilleuse jeune fille, la rasséréna et lui rendit la conviction de sa beauté.

— Oui, je suis jolie !... j'étais stupide tout à l'heure en en doutant presque, — murmurait-elle avec un sourire d'orgueil. — Je suis plus que jolie, je suis belle, cent fois plus belle que cette sotte fille, qu'il me préfère ! Gérard finira par s'en apercevoir !... J'ai eu tort de vouloir brusquer les choses...

D'ailleurs, si amoureux qu'il soit de cette Madeleine, il doit bien y avoir un moyen de le détacher d'elle, de l'amener à faire entre nous deux une comparaison qui ne peut être qu'à mon avantage !... Je trouverai ! oh ! je trouverai !

Et le reste de la nuit se passa pour Armande à former des plans et à combiner les moyens d'éloigner de Madeleine Duhamel et d'attirer à elle celui dont elle voulait le nom et le titre.

Dans la matinée seulement elle s'endormit d'un sommeil agité et fiévreux, plein de rêves de haine.

CHAPITRE XXIX

LE CHALET DE BERGSEE

RRÊTÉ devant la porte de service du château de Châtenay, le père Thomas, le messager de Senoncourt, acheva de charger sur sa patache les paquets et les malles de Mousset et de Léonore, puis les deux amants étant montés, il fouetta dans la direction de Saint-Nicolas-du-Port.

Chassés par la vicomtesse et obligés de déguerpir sans délai, Mousset et sa maîtresse, pleins de rage et roulant dans leur tête des projets de vengeance, se faisaient conduire à l'auberge tenue à Saint-Nicolas-du-Port par Mme Chamagne, l'hôtelière loquace et compatissante, chez laquelle nous avons vu descendre Gérard à son arrivée dans le pays.

Une fois là, ils aviseraient, prendraient un parti.

Léonore ne laissait pas d'être inquiète.

Elle n'avait plus guère d'argent, mise à sec par les quinze cents francs versés à la sage-femme et dont le fameux reçu, constituant son unique garantie, si malencontreusement trouvé par la vicomtesse, avait fait découvrir le pot aux roses et amené son renvoi et celui de son amant.

Les économies qu'elle avait réussi à faire sur ses gages depuis son retour et le produit des « tours de bâton » étaient relativement peu de chose, rien, quand elle pensait qu'il lui faudrait peut-être attendre plusieurs mois avant de trouver à se placer de nouveau.

Qu'allait-elle devenir sans argent?

— Bah!... Paul en a, lui, — pensa-t-elle; — il ne refusera pas de me venir en aide jusqu'à ce que j'aie mis la main sur une bonne place.

Après tout, c'est lui la cause première de ce qui nous arrive. C'est lui qui m'a débauchée, lui qui m'a donné l'idée de me débarrasser de l'enfant et qui m'a adressée à Mme Colombet. Il faudra bien qu'il m'aide à me tirer d'embarras.

Tout de suite, dans la voiture, elle lui en parla, rusant, feignant d'ignorer les ressources de son complice, ne paraissant que s'inquiéter pour tous deux des conséquences immédiates de leur renvoi, mêlant avec adresse ses intérêts à ceux de son amant.

— C'est à peine si nous avons de quoi vivre un mois tous deux avec ce que j'ai, — conclut d'un air navré la femme de chambre. — Mettons que tu en aies autant de ton côté, il va falloir nous mettre au vert, et rudement encore, mon pauv' gros.

— Ne t'inquiète pas de ça, — fit Mousset, touché de voir sa maîtresse si résignée.

— Tu as donc de l'argent?

— Pas lourd, mais enfin, un petit magot tout de même. La gratte et les quelques profits que j'ai pu tirer de mes fonctions au château.

— Ah! chouette, alors!... on ne maigrira pas, — s'écria la femme de chambre enchantée.

Mais, craignant d'avoir été mal compris, l'ancien clerc d'huissier s'empressa de mettre les choses au point.

Il ne fallait pas qu'elle s'imaginât qu'il allait la nourrir à ne rien faire. Il serait bientôt fondu, le magot. Il n'était pas déjà si gros.

— Je veux bien t'aider en attendant que tu trouves une place, — dit-il sérieusement, — mais rien de plus, tu sais!... Ne compte pas sur autre chose. J'aurai déjà bien assez de mal à me tirer d'affaire tout seul.

— Pardi!... c'est bien comme cela que je l'entends, — fit Léonore vexée. — Jusqu'à présent, je crois, je ne t'ai pas coûté bien cher?... Tu n'as jamais fait trop de dépenses pour moi?... Je ne t'ai pas beaucoup demandé d'argent?...

— Et c'est le moment, moins que jamais, de m'en demander, maintenant que me voilà, moi aussi, sans emploi, — interrompit Mousset sans se formaliser de l'observation de sa maîtresse.

— Sois tranquille. Je ne serai pas longue à gagner de quoi me suffire.

*
* *

On arrivait devant l'auberge.

Accourue sur sa porte aux joyeux coups de fouet du père Thomas, Mme Chamagne poussa des cris d'étonnement en constatant que l'un des voyageurs qui descendaient de l'incommode véhicule, et dont le voiturier était en train de décharger les bagages, était l'intendant de la vicomtesse de Châtenay.

L'aubergiste connaissait bien le personnage. Elle ne l'aimait pas, du reste; mais elle le craignait et le ménageait comme tous les gens du pays. Qui sait si elle n'aurait jamais affaire à lui?...

Mousset entra dans l'auberge suivi de Léonore.

— Il nous faut deux chambres jusqu'à demain pour mademoiselle et pour moi, madame Chamagne, — fit-il en s'adressant à l'aubergiste. — Vous y ferez porter nos bagages.

La grosse femme s'empressa de donner les numéros des chambres au voiturier et revenant auprès des voyageurs :

— Vous quittez donc le château, monsieur Mousset? — questionna-t-elle avec curiosité.

— Oui, madame Chamagne, — répondit le jeune homme n'essayant pas d'échapper à la loquacité de l'hôtelière. — Et le pays peut-être aussi, cela dépendra.

— Ah! mon Dieu! comment va faire Mme la vicomtesse?... Elle qui a tant besoin de vos services...

— Justement. La vieille me dégoûtait, voyez-vous, ma bonne madame Chamagne, — dit l'ex-factotum, enchanté de trouver l'occasion de se venger un peu de Mme de Châtenay. — Elle est si avare!... Toujours m'employer pour faire des misères aux pauvres gens, molester ses fermiers, expulser et mettre sur la paille, faute d'un paiement, de malheureuses familles, cela m'a révolté à la fin!... Il faut bien vivre, pourtant, n'est-ce pas? Mais, c'est égal. Je n'ai pas pu y tenir. J'ai flanqué mon paquet à la vicomtesse. Ce qu'elle était furieuse, par exemple! quand je l'ai plantée là!

— Et vous avez bien fait!... Vous avez agi en homme de cœur!... — déclara l'aubergiste touchée de ces sentiments auxquels elle était loin de s'attendre de la part du jeune homme. — Vous avez eu raison d'envoyer promener cette méchante femme!... Je savais bien, moi, que vous valiez mieux que la réputation qu'on vous faisait. C'était pas Dieu possible que vous qui êtes des nôtres, vous preniez comme ça plaisir à molester le pauvre monde!

— J'y étais bien forcé, ma bonne madame Chamagne; j'étais commandé et payé pour cela.

— C'est juste. Mais tout de même vous avez bien fait de partir, voyez-vous!... vous auriez fini par vous amasser trop d'ennemis dans le pays.

— Bah! les ennemis, je m'en moque, — fit Mousset. — Qui n'en a pas? On n'a pas froid aux yeux, on s'en arrange!... S'il n'y avait eu que cela! Mais c'est tous ces pauvres gens contre lesquels je me voyais obligé d'agir et qui m'accusaient de leur malheur. Il me semblait que j'étais réellement pour quelque chose dans leur misère. Je n'aurais pas pu supporter cela plus longtemps!

Toute attendrie, se reprochant les préventions qu'elle avait nourries contre l'intendant de la vicomtesse, la bonne Mme Chamagne se mit en quatre pour le traiter de son mieux ainsi que sa compagne.

Elle connaissait, dans la Suisse allemande, une charmante petite localité... (P. 574.)

Quelques insinuations habilement lancées par l'ancien homme de confiance de la vicomtesse laissèrent entendre à l'aubergiste que la femme de chambre, de son côté, fuyait les mauvais traitements de la douairière. Comme Léonore connaissait très peu le pays, Mousset lui avait offert son aide, — en tout bien tout honneur, — jusqu'à ce qu'elle eût trouvé à s'occuper.

L'hôtelière n'avait pu faire moins que d'approuver.

Ce protecteur désintéressé lui apparaissait sous un jour tout nouveau.

— Ce que c'est tout de même que de ne pas connaître les gens!... — bougonnait la brave femme tout en s'occupant à préparer les chambres de ses voyageurs. — On fait sur eux un tas de jugements téméraires; on se laisse prendre à un tas de ragots...

Après tout, c'est d'un brave cœur ce qu'il a fait là, M. Mousset!... Peut-être bien que tous ceux qui crient après lui auraient été les premiers à ne pas lâcher une bonne place par motif de sensibilité. Car, tout de même, c'est vrai qu'il n'y peut rien, et que, si cette méchante femme veut faire des misères à quelqu'un de ses fermiers, ce n'est pas ce qu'il lui dira qui changera grand'chose à la situation.

C'est comme cette jeunesse à laquelle il vient en aide si bravement, c'est-y encore l'indice d'une mauvaise nature, ça?

De son côté, Mousset était ravi d'avoir si promptement trouvé l'occasion de nuire à la vicomtesse.

— Cette vieille coquine! — dit-il tout bas en riant à Léonore. — Cela lui apprendra à nous flanquer à la porte comme des voleurs!... Elle verra de quel bois je me chauffe!... Et ça ne fait que de commencer; elle ne le portera pas en paradis, je t'en fiche mon billet!

Après un excellent dîner que Mme Chamagne confectionna avec un soin tout particulier, Mousset n'avait pas tardé à venir rejoindre Léonore déjà montée dans sa chambre.

Les deux amants avaient à causer, à prendre une détermination.

Ils ne pouvaient rester longtemps chez Mme Chamagne. Le pays, en fin de compte, n'était pas sûr pour eux.

La femme de chambre, surtout, avait tout à craindre : la vicomtesse se déciderait peut-être à parler!

— Je sais bien que c'est peu probable, — déclara Mousset en pensant aux révélations dont il avait menacé la belle-mère de Gervaise. — Mais enfin, peut-on savoir, avec une vieille folle comme celle-là? Il est plus prudent de gagner du pays!

— C'est ta faute, tous ces ennuis! — récrimina Léonore.

— Comment?... ma faute.

— Oui!... Si je n'avais pas suivi tes conseils, si je n'avais pas eu peur de te déplaire en... laissant venir le gosse, tout ça ne serait pas arrivé.

— Mais, ma fille, ce que je t'en disais c'était pour toi!... uniquement pour toi, dans ton seul intérêt!... Tu serais bien avancée maintenant avec un moutard à élever.

— Je ne me trouverais pas sans le sou, toujours, aujourd'hui!... Je n'aurais pas eu quinze cents francs à lâcher d'un coup!... Je serais toujours dans ma place!...

— Oui, parlons-en!... C'est bien à toi de te plaindre! Est-ce qu'on laisse traîner des papiers comme ce reçu que Mme de Châtenay a trouvé. Est-ce qu'on est assez bête pour avouer! A qui la faute, sinon à toi, si j'ai été flanqué à la porte?

— Ben quoi?... il fallait bien que je le garde, le reçu!... il fallait bien que je le mette quelque part! Je ne pouvais pas deviner que madame viendrait fouiller dans ma chambre!...

— Il fallait t'arranger pour qu'on ne puisse pas le trouver.

— Tu es malin, toi, pardi!... tu aurais trouvé le moyen, avec cette folle furieuse qui fourrageait partout!... Si tu crois qu'elle m'a attendue!... Quand je suis arrivée, tous mes tiroirs étaient déjà sens dessus dessous.

— Il fallait l'empêcher de lire, alors, quand tu as vu qu'elle tenait le reçu; le lui enlever adroitement.

— Avec ça que c'était commode!... J'ai bien essayé... mais elle m'aurait mordue comme une enragée...

— Qu'est-ce qu'elle cherchait donc? — interrogea Mousset que Léonore n'avait pas eu le temps de mettre au courant de la scène qui s'était passée entre elle et la vicomtesse au sujet de Gervaise.

— Est-ce que je sais?... des lettres de l'ingénieur à sa belle-fille.

— Le Verneuil?... l'ingénieur de l'usine Duhamel?

— Dame, il n'y en a pas d'autre.

— Il lui avait donc écrit?... — s'écria l'ancien intendant.

— Ça, je m'en fiche!... Va le lui demander, — dit la femme de chambre avec une rancune jalouse. — Ce n'est peut-être pas encore de ta faute, tout ça?

— De ma faute?... Qu'est-ce que tu veux dire?...

— Eh bien! tout ce qui est arrivé, avec tes manigances au sujet de mademoiselle! Est-ce que sans cette sale drogue que tu m'as fait mettre dans sa potion, mademoiselle aurait été se balader la nuit dans le parc, avec le temps qu'il faisait, à la recherche de son amoureux?...

— De l'ingénieur?

— Ben!... qui aurais-tu voulu qu'elle y cherchât?... Toi, peut-être? — cria Léonore furieuse. — Oui, je sais bien, et il y a longtemps que je m'en doutais. Ce n'était pas bien malin de voir que tu courais ce lièvre-là. Mais ce n'est pas fait pour toi, mon petit, les filles de vicomte!

— Ah! tu m'agaces, tu sais, — fit Mousset que la colère commençait à échauffer.

— Parce que je te dis tes vérités!

— Parce que tu m'agaces, voilà tout.
— Ce sont les raisons de ceux qui n'ont pas autre chose à dire pour se défendre.
— Me défendre?... de quoi?... — s'écria l'ancien clerc d'huissier au comble de l'exaspération. — Est-ce que je ne suis pas libre après tout de faire ce que je veux!

La femme de chambre se planta droite devant Mousset les poings sur les hanches.

— Tu crois ça, mon petit!... — glapit-elle furieuse. — Après m'avoir débauchée... m'avoir rendue mère... Monsieur se croit libre de me planter là!... comme ça, sans plus de façons!... Ce serait trop commode, pour sûr!

— Il faudra bien pourtant que tu te fasses à cette idée-là, ma fille, — répondit Mousset rageusement. — Je ne vais pas te traîner à mes trousses toute la vie!

— A ses trousses!... Si c'est possible!... — gémit Léonore en fondant en larmes.

La nécessité de s'entretenir de leurs intérêts avait pourtant fini par apaiser la discussion.

Une fois de plus réconciliés, grâce aux hypocrites protestations du jeune homme, les deux amants se concertèrent.

Il s'agissait d'examiner froidement la situation.

Qu'allaient-ils faire?

Partir, d'abord, quitter le pays. Pour tous deux, c'était ce qu'il y avait, semblait-il, de plus pressé.

Léonore surtout ne voulait pas entendre parler de rester.

La réflexion formulée par Mousset au commencement de leur discussion lui avait mis ce qu'on appelle vulgairement la peur au ventre.

Si la vicomtesse se décidait, réflexion faite, à la dénoncer.

Le jeune homme, cependant, réfléchissait, n'apportant qu'une médiocre attention aux propos et aux lamentations de sa maîtresse.

Tout à coup il se leva.

— Demain matin, je pars pour Paris, — déclara-t-il.

— Pour Paris!... Celte idée! Qu'iras-tu faire à Paris? — demanda la femme de chambre. — Tu as donc quelque chose en vue?

— Non, rien.

— Alors?

— Bah! à Paris, on se débrouille toujours, — fit Mousset avec assurance.

— Tu m'emmènes avec toi?

— Ah! non, par exemple.

— Pourquoi?... Je trouverai bien à me tirer d'affaire, moi aussi, va!

— Merci bien! Je ne veux pas m'embarrasser d'une femme.

— Mais je ne t'embarrasserai pas, puisque je travaillerai, — insista Léonore. — Je chercherai de la couture, je ferai des ménages. D'ailleurs, je trouverai toujours à me placer comme femme de chambre.

— Ça, n'y compte pas. — Et les références? Les certificats? Feras-tu écrire à la vieille de Châtenay pour avoir des renseignements?

— Pour sûr que non, — balbutia Léonore effrayée de cette perspective qu'elle n'avait pas entrevue.

Sans renseignements possibles, sans certificats, elle n'allait pouvoir se placer nulle part, pas plus en province qu'à Paris. — Qu'allait-elle devenir alors, si Mousset ne la prenait pas avec lui?...

Le jeune homme finit par se laisser attendrir.

Au fond, la femme de chambre, dévouée et intelligente, et surtout dénuée de scrupules, pourrait toujours lui être utile.

— Allons, c'est entendu, tu viendras avec moi, — fit-il avec condescendance.

— Vrai?

— Tu sais bien que je ne te laisserais pas sans ressources sur le pavé

— Mais qu'est-ce que tu vas faire de moi?... il faudra que tu me trouves un emploi. Je ne puis pas rester à ta charge sans rien faire, — dit Léonore maintenant prise de scrupules.

— Ne t'inquiète pas de cela... Viens toujours... J'ai un projet... Tu verras. Il y a encore de l'argent à gagner pour nous, si nous savons bien mener notre barque.

— De l'argent?

— Oui. Je t'expliquerai cela. Tu pourras me servir. En attendant, allons-y pour le grand collage!

— Ah! je t'aime, tiens, mon gros chien vert! — s'écria la femme de chambre au comble de l'enthousiasme en sautant au cou de son amant.

Cependant, par prudence, pour ne pas détruire la bonne impression produite sur l'hôtelière, ils se séparèrent.

Le lendemain matin, après avoir fait leurs adieux à Mme Chamagne et mangé un excellent déjeuner en paiement duquel l'aubergiste ne voulut jamais rien recevoir, ils prenaient le train pour Paris et, une fois arrivés, ils louaient une chambre dans un hôtel où l'ancien clerc d'huissier était déjà descendu pour le compte de son patron dans un précédent voyage.

*
* *

Son exécution faite, et Mousset et Léonore partis de Châtenay, la vicomtesse s'était prise à réfléchir.

Après tout, c'était deux auxiliaires précieux qu'elle perdait pour la surveillance de sa belle-fille.

Il était à craindre que, malgré toutes les précautions et les mesures qu'elle pourrait prendre, Gervaise et Verneuil ne trouvassent encore et avec bien plus de facilité que par le passé le moyen de correspondre.

Cela, Mᵐᵉ de Châtenay voulait l'éviter à tout prix.

— C'est déjà bien assez qu'une lettre de cette fille éhontée et sans retenue, soit parvenue à ce garçon !... — murmurait-elle.

Devant l'inutilité de ses recherches, la vicomtesse avait bien été forcée d'admettre l'affirmation de Gervaise déclarant qu'elle n'avait écrit qu'une seule fois à l'ingénieur.

— Qui sait ce que cette petite sotte pouvait lui dire ?... — se demanda la marâtre. — Quelles conséquences cette lettre aurait pu amener, si je ne m'en étais pas aperçue à temps ?... Dans tous les cas, il ne faut pas que ça se renouvelle, et le meilleur moyen pour y parvenir est de les séparer plus complètement encore.

Puisque les murailles de Châtenay ne suffisent point, j'emmènerai Gervaise, — je la conduirai dans un endroit ignoré de cet ingénieur, et je saurai bien prendre mes précautions pour qu'il ne puisse la retrouver. L'héritière partie, le coureur de dot se consolera et cherchera fortune ailleurs !... Nous ne reviendrons que lorsque tout danger sera passé de ce côté-là.

La détermination prise, la vicomtesse écrivit à son notaire pour se précautionner de fonds, et eut de longs entretiens avec Greetchen.

Elle chargea l'Allemande de s'occuper secrètement de lui trouver une résidence à l'étranger, dans des conditions spéciales qu'elle lui indiqua.

Désireuse de faire du zèle pour rétablir son crédit fortement ébranlé depuis l'escapade de Gervaise, Fraülein se mit immédiatement en campagne.

Elle connaissait, dans la Suisse allemande, une charmante petite localité, pas trop envahie encore par les touristes, qui lui paraissait réunir toutes les conditions désirées par la vicomtesse.

Une de ses anciennes élèves s'y était mariée à un pasteur.

L'Allemande écrivit, sans plus tarder, pour se faire envoyer des renseignements sur les propriétés qui pouvaient être libres.

La réponse arriva poste pour poste.

La femme du pasteur avait justement elle-même à louer un délicieux chalet tout meublé, dont elle vantait avec une prolixité et un enthousiasme de propriétaire l'installation et le site. Cela conviendrait on ne peut mieux, par la position et le confortable, aux deux dames dont lui parlait Greetchen von Puttmacker.

La vicomtesse se décida immédiatement. L'essentiel à ses yeux était de partir le plus vite possible.

Le chalet était libre. On le loua pour la saison.

Les préparatifs de départ se firent rapidement.

* *

Gervaise, surprise et désolée, fut inopinément avisée par sa belle-mère d'avoir à se tenir prête à quitter Châtenay dans quelques jours.

On partait, mais la vicomtesse ne disait pas pour où.

La jeune fille n'avait pas voulu s'abaisser jusqu'à questionner.

Depuis la dernière scène ayant eu lieu à propos de l'ingénieur, elle affectait, vis-à-vis des procédés de sa belle-mère à son égard, un dédain dont elle ne s'était pas départie.

Avoir l'air de se préoccuper du départ qu'on venait de lui annoncer, ne serait-ce pas manquer à la règle de conduite qu'elle s'était tracée?

Quelque peinée qu'elle fût par l'annonce de ce départ si imprévu, l'amie de Madeleine en accepta donc l'avis sans une plainte.

Cette passivité, si peu en rapport avec la récente révolte de Gervaise, inquiéta un instant la vicomtesse.

Que méditait sa belle-fille?

Elle se méfiait maintenant de ces airs résignés sous lesquels s'amassait la tempête. Elle craignait un éclat au dernier moment.

Gervaise, pourtant, avait renoncé à la lutte. Elle se sentait prise comme dans un engrenage et comprenait que toute résistance serait inutile.

— Je partirai, puisqu'il le faut, — pensait-elle; — à quoi me serviraient les récriminations et les plaintes?... Cette méchante femme n'a-t-elle pas tout pouvoir sur moi puisque je suis mineure?...

Je m'éloignerai de Châtenay la mort dans l'âme en affectant la plus complète indifférence.

Qui sait cependant si j'y reviendrai jamais!... — ajouta la pauvre amoureuse en soupirant. — Ah! que m'importe de ne pas savoir où l'on m'emmènera : c'est ici que je laisse mon cœur!...

* *

Les préparatifs de départ peu importants en somme, quand on n'emmène pas de domestiques, la location devant fournir le personnel nécessaire, furent rapidement terminés.

Gervaise, sous son masque d'impassibilité, se sentait au désespoir.

Jusque-là, elle avait espéré un mot, un signe de vie de Verneuil.

Elle comptait sur on ne sait quel miracle qui la mettrait à même de le prévenir de son départ.

Elle ne l'avait pas revu depuis la nuit de l'orage... elle était sans nouvelles de lui malgré la lettre qu'elle lui avait fait parvenir.

Comment se faisait-il qu'il n'eût rien tenté pour la revoir?...

Sans doute, il avait essayé de parvenir jusqu'à elle, de la rencontrer, de l'apercevoir, mais toutes ses tentatives avaient échoué devant la surveillance organisée autour de l'infortunée recluse.

— Comment faire pour l'avertir? — se demandait Gervaise avec angoisse.

Cette idée de partir, de quitter Châtenay sans pouvoir faire connaître ce départ à Adrien Verneuil la désolait.

Bien que restée ignorante de ce qui s'était passé pendant qu'elle se trouvait sans connaissance entre les bras d'Adrien, dans l'obscurité et l'isolement de cette grotte, une sensation mystérieuse mettait dans l'esprit de Gervaise la conviction qu'elle était liée au jeune homme par des liens tout puissants que rien ne pourrait rompre.

— Qu'importe la séparation!... — pensait-elle, — Mme de Châtenay peut s'évertuer à m'éloigner de lui; elle ne parviendra pas à me le faire oublier!...

C'est M. Verneuil qui sera mon mari et pas un autre!...

Je lui resterai fidèle, j'attendrai!... Un jour viendra où je serai délivrée de la tutelle de cette méchante femme!... Ce jour-là, je serai heureuse, malgré elle; elle ne pourra plus rien contre mon bonheur!

Hélas! si toutefois j'y arrive, à ce jour-là! — ajouta la jeune fille prise d'une douloureuse appréhension, — si la haine de ma belle-mère ne parvient pas avant à me faire mourir de chagrin et d'humiliations!... Ah! si je pouvais seulement avertir Adrien de ce départ!

Mais Gervaise sentait autour d'elle une incessante surveillance encore redoublée, on ne la laissait plus seule un seul instant.

A qui aurait-elle pu se fier? — Greetchen elle-même, maintenant, lui inspirait de nouveau et à juste titre une méfiance complète.

L'Allemande, en effet, ne voyant que son intérêt, avait complètement abandonné le parti de son ancienne élève pour se vouer corps et âme à Mme de Châtenay.

La vicomtesse l'avait terrorisée. Elle était devenue son esclave, sa chose.

Maintenant le train les emportait rapidement... (P. 579.)

Tremblant de perdre sa place, secouée par l'alerte où elle s'était vue si près de son renvoi à cause de l'escapade de Gervaise, la grosse femme n'avait pas pardonné à la jeune fille de lui avoir attiré cette algarade qui avait failli la faire renvoyer. Elle l'avait rendue responsable des reproches dont elle avait été accablée.

— Moi qui étais si ponne pour elle! M'exposer à me faire chasser, cheter à la porte par sa pelle-mère !... Non, ce n'est pas bien, non, ce n'est pas bien !... on ne m'y reprendra plus ! — s'était-elle juré.

Et, dans de continuelles alarmes d'attirer de nouveau sur sa tête les foudres de la terrible douairière, elle était devenue pour Gervaise le plus incorruptible des geôliers.

L'amie de Madeleine, de son côté, pleine de méfiance, n'avait rien fait pour ramener à elle les sympathies défuntes de la tremblante Greetchen.

**

Le jour du départ arriva.

Les bagages expédiés séparément afin de ne pas attirer l'attention, les billets pris d'avance, la vicomtesse, seulement accompagnée de Fraülein et de Gervaise, qui se laissait emmener la mort dans l'âme, se fit mener à Nancy pour prendre le train qui devait les conduire en Suisse.

Tout espoir de prévenir Adrien était maintenant éteint dans le cœur de la jeune fille.

Jusqu'au dernier moment, tandis que la voiture roulait vers la ville, Mlle de Châtenay avait, sans se rendre compte de la raison, compté sur un miracle, sur une aide inespérée du ciel.

La tireuse de cartes ne lui avait-elle pas prédit, après bien des obstacles, le triomphe de son amour, le bonheur après les vicissitudes et les peines?

C'est à cela que pensait Gervaise tandis que le cœur battant elle regardait, par la portière, défiler et se perdre un à un, dans le lointain, les arbres de la route.

Elle attendait, sans savoir ce qu'il serait, l'incident qui devait la sauver et l'arracher à sa marâtre.

— Il n'est pas possible qu'Adrien n'ait pas entendu parler des projets de départ !... — murmura-t-elle pleine d'angoisse.

Qu'aura-t-il fait ?... Quel projet aura-t-il conçu pour m'y soustraire ?...

Comme dans un roman, elle s'attendait presque à un enlèvement; elle surveillait avec soin la route, cherchant des yeux le sauveur attendu, prête à se jeter hors de la voiture pour venir en aide à ses ravisseurs !

— Se peut-il que je parte, que je m'éloigne, que je quitte Châtenay sans le revoir ?... — pensait-elle prête à fondre en larmes et faisant d'héroïques efforts pour rester impassible devant sa belle-mère.

Hélas ! le dernier espoir de salut s'envola comme les autres.

Adrien ne parut pas.

Le trajet de Châtenay à Nancy s'acheva prosaïquement, sans que le sauveur attendu se fût montré, sans qu'aucune intervention miraculeuse se fût manifestée.

Maintenant le train les emportait rapidement, arrachant à chaque tour de roue un lambeau du cœur de la malheureuse.

Obstinément muette, Gervaise se laissait conduire et agissait comme un automate mû par des ressorts invisibles.

Elle semblait une victime résignée et impuissante qu'on emmène pour le sacrifice.

Ni les sites nouveaux, ni les beaux paysages que l'on traversait, n'arrivaient à lui arracher un regard d'admiration et une parole.

C'est à peine si elle consentait à prendre en route quelques aliments.

En vain, Mme de Châtenay insistait, espérant provoquer une explosion de la part de sa victime.

La vicomtesse enrageait.

Si sa cupidité triomphait, à l'abri maintenant, — pensait-elle, — d'un coup de main audacieux de Verneuil ou d'une révolte inattendue de Gervaise, sa haine ne se trouvait qu'à moitié satisfaite. Il y manquait le spectacle si attrayant du désespoir de sa belle-fille, la résistance, les plaintes, les larmes dont elle s'était fait par avance une douce joie.

Car Mlle de Châtenay ne se départit pas de son apparente indifférence. La pauvre enfant demeura impassible et digne malgré l'épouvantable souffrance de son cœur.

Elle ne chercha même pas à savoir où on l'emmenait.

Que lui importait?

Quelque part que ce fût, n'était-ce pas toujours loin d'Adrien?... C'était la seule chose dont sa tendresse se préoccupât.

Elle était loin désormais de celui qu'elle aimait, loin du seul défenseur, du seul ami qui lui restât, depuis que Madeleine et les siens avaient abandonné Bois-Jolivet pour Paris.

Ce lugubre voyage s'acheva enfin.

La diligence locale conduisit les voyageuses au chalet de Bergsee, loué par les soins de Greetchen von Puttmacker.

La propriétaire, prévenue par un télégramme, attendait ses locataires.

Située à une certaine distance du village de Bergsee, — le lac de la montagne, auquel il avait emprunté son nom, — placée dans un site pittoresque, mais un peu sauvage, la demeure où allait désormais, jusqu'à nouvel ordre, s'écouler la vie de la pauvre Gervaise, présentait bien, à sa cupide marâtre, toutes les sécurités qu'elle avait exigées du zèle de l'Allemande.

Les communications y étaient des plus difficiles.

Fort peu fréquenté des voyageurs malgré son admirable situation, le village ou plutôt le hameau de Bergsee ne possédait ni poste ni télégraphe. Il était desservi par le bureau du village le plus voisin, dont il était séparé par le petit lac qui lui avait donné son nom.

La pointe supérieure de ce lac baignait le pied du chalet apporté en dot à son mari par la femme du pasteur, l'ancienne élève de Fraülein, et dont le couple se faisait un assez joli revenu, en le louant chaque saison à des amateurs de pittoresque et de solitude.

Construit sur un petit plateau qui surplombait le lac, le chalet, en effet, semblait planer au-dessus de ses eaux tranquilles, dont la transparence reflétait sa silhouette gracieuse.

Une chute d'eau qui s'achevait en un ravin profond, forçait la route à un grand détour.

Du côté de cette route, sur laquelle s'ouvrait la grille d'entrée, la construction, entourée d'un jardin, était close de murailles élevées.

Mme de Châtenay, dès son arrivée, s'assura d'un coup d'œil de tous ces détails, dont la propriétaire, bonne femme un peu loquace, enchantée d'avoir pour locataire une vicomtesse, lui fit les honneurs par le menu.

A la hâte, en prévoyance de la prompte venue des nouveaux locataires, dès la première lettre de Greetchen, on avait fait la toilette de l'habitation. Tout avait été lavé, remis à neuf.

C'était très confortable et même coquet.

L'ameublement de pitchpin, de vannerie fine et de cretonne aux ramages gais, formait contraste avec la sombre verdure des sapins qu'on aperçoit à travers les fenêtres.

Il ne devait y avoir pour le service que deux domestiques, retenus d'avance par la femme du pasteur, selon les indications de Greetchen; un ménage, le mari jardinier, la femme cuisinière et femme de chambre.

Ces gens-là ne parlaient et ne comprenaient que l'allemand, mais Greetchen servirait d'interprète.

Cet arrangement plut beaucoup à la vicomtesse. — De cette façon, Gervaise serait encore plus complètement isolée et ne pourrait avoir de relations avec personne.

Dès le lendemain de son arrivée, la jeune fille put se rendre compte de l'existence qui l'attendait dans ce nouveau séjour.

Combien peu elle ressemblait à la liberté relative de Châtenay où, quelquefois, elle parvenait à s'échapper seule à travers les allées ombreuses de l'immense parc!...

Ici, elle serait complètement prisonnière, ne pouvant même entrevoir l'espérance d'une minute d'isolement et de solitude.

En effet, pleine de zèle pour le service de la vicomtesse, Greetchen se constitua l'ombre même de la jeune fille, ombre revêche et maussade, à laquelle du reste Mlle de Châtenay eût dédaigné de laisser voir sa souffrance ou son chagrin.

Pourtant, une tristesse noire l'envahit peu à peu; des velléités de révolte lui venaient à l'esprit.

Elle pensait à s'enfuir ! — Parfois même elle songeait à la mort.

A la merci de cette femme qui la haïssait, son désespoir n'entrevoyait plus d'autre moyen de lui échapper.

Que pouvait-elle en effet contre sa belle-mère? — N'était-elle pas mineure et la vicomtesse n'avait-elle pas toute autorité sur elle ?...

Elle ne savait même pas où elle se trouvait; elle ne connaissait pas seulement le nom du pays que l'on habitait.

Elle ne voulut rien faire pour s'en informer.

A quoi cela lui servirait-il ? — Cela lui donnerait-il le moyen de faire parvenir de ses nouvelles à ceux qu'elle aime, à Madeleine, à Verneuil ?...

Ah ! son cher Adrien !... c'est surtout vers lui que vont ses pensées. S'il pouvait savoir à quel point elle est malheureuse !

— Il accourrait !... Rien ne l'arrêterait pour me venir en aide, j'en suis sûre, — se disait l'infortunée. — Il viendrait m'arracher à cette situation cruelle ! — Hélas ! que ne puis-je lui écrire ?... Que n'ai-je pu lui faire connaître notre départ ? — Mais se sentir impuissante, ne pouvoir rien faire que souffrir !...

Abandonnée de tous, Gervaise s'était réfugiée dans la prière.

Elle n'avait plus maintenant d'espoir qu'en Dieu... Elle l'implorait le soir, dans de longs agenouillements, lui disant ses peines, sa souffrance, avec toute la ferveur naïve de son cœur.

Mais toujours une pensée obsédante la ramenait vers le souvenir de celui qu'elle aimait, qu'elle avait laissé là-bas, qui était sa vie et dont on l'avait si cruellement séparée !

A ses plaintes, à ses prières, à son désespoir elle crut, en une sorte d'hallucination, entendre répondre la voix de l'aimé.

Elle le vit ayant découvert sa retraite... ses appels étaient venus jusqu'à lui... il allait venir !...

La pauvre enfant espérait un miracle, que son affolement lui montrait possible.

— Mon Dieu, — balbutia-t-elle avec ardeur, — vous qui êtes si bon, il est impossible que vous n'ayez point pitié de moi en me voyant si malheureuse !... Réunissez-moi à celui que j'aime !...

Puisque vous avez permis qu'il me devînt cher, vous ne pouvez pas vouloir que nous soyons à jamais séparés !...

Mon Dieu, faites-lui savoir que je suis ici, que je n'ai d'espoir qu'en lui, que je l'attends !... Envoyez-le à mon secours !

Déjouez les complots de la méchante femme qui me persécute !...

Je n'ai rien fait pour vous offenser, ô mon Dieu, vous ne pouvez vouloir me voir mourir de douleur !... Sauvez-moi !... sauvez-moi !... je n'ai d'espoir qu'en vous !

Et seule dans sa chambre, dont les deux issues restaient constamment ouvertes, l'une sur la chambre de la vicomtesse, l'autre sur celle de Greetchen, Gervaise s'efforçait de contenir ses cris de désespoir et laissait couler des larmes silencieuses sur son jeune et frais visage bouleversé par le chagrin et l'angoisse.

**

Pendant que Gervaise pleurait et se désolait loin d'Adrien, celui-ci, de plus en plus hanté par les remords de l'acte qu'il avait commis, ignorait complètement les événements accomplis à Châtenay.

Il se confinait, pour ainsi dire, dans son bureau, évitant de sortir, cherchant à s'absorber dans l'étude et le travail, ne pouvant se décider à prendre une résolution.

La crainte d'échouer dans une démarche auprès de Mme de Châtenay lui causait des transes folles.

Pourtant, après l'acte de coupable égarement où son amour pour Gervaise l'avait entraîné dans cette fatale nuit d'orage, il n'entrevoyait pas d'autre solution digne de lui et de la jeune fille.

Il essayait de raffermir son esprit.

— Demain, j'agirai, — se disait-il ; — je mettrai fin à ces hésitations ridicules. J'irai à Châtenay, je parlerai à la vicomtesse. — Après tout, pourquoi me refuserait-elle Gervaise ?... Je n'ai pas de nom, c'est vrai, mais j'ai déjà une position très enviable. Puis, je suis jeune, j'ai de l'avenir. M. Duhamel m'aime beaucoup, il m'apprécie... Cette situation ne peut qu'augmenter avec le temps.

Et songeant à la fortune de la riche héritière du vicomte de Châtenay :

— Qu'elle garde l'argent de sa belle-fille, — ajoutait le brave garçon, qui se fût estimé trop heureux d'obtenir sans dot celle qu'il aimait. — Je me charge bien de gagner assez pour faire à ma femme une existence heureuse et enviée! — On n'a pas besoin de millions quand on s'aime!

Mais tous les raisonnements s'envolaient le lendemain, dès qu'Adrien se voyait prêt à partir pour le château.

De nouveau, effrayé par les formidables difficultés qu'il entrevoyait, il retombait dans toutes ses hésitations. Il ne savait que faire, que décider.

Ainsi ballotté entre ses devoirs et ses incertitudes, il menait une existence des plus malheureuses, aggravée encore par le départ de Gérard pour Paris.

Son ami parti, l'ingénieur avait senti autour de lui un vide immense.

C'était le dernier appui soutenant sa volonté qui lui manquait tout à coup.

Gérard connaissait son crime, son amour. Gérard l'avait sauvé du désespoir en lui montrant où était le devoir, la seule réparation possible de sa faute.

Gérard lui redonnait du courage, combattait et détruisait un à un les arguments de sa timidité.

Oui, si son cher ami se fût encore trouvé auprès de lui, Verneuil, peut-être, n'eût pas hésité. Mais il se voyait seul!

Avec Gérard, tout l'avait abandonné. — Plus de conseil, plus d'ami, plus rien!

La tête perdue, sans force pour prendre une décision, craignant par une démarche maladroite de compromettre inutilement celle qu'il aimait, Adrien se laissa de nouveau envahir par le plus sombre désespoir. De nouveau son crime lui apparut monstrueux, irréparable.

Non, jamais la vicomtesse de Châtenay ne consentirait à donner Gervaise, à lui, simple ingénieur, roturier et sans fortune. Jamais elle n'accepterait pour sa belle-fille une semblable mésalliance!

Pourquoi tenter l'impossible?...

De nouveau hanté par des idées de suicide, Verneuil ne voyait à son désespoir et à sa faute d'autre remède que la mort.

Il ne survivrait pas au déshonneur de celle qu'il aimait.

Sous la violence de ses remords, devant l'impossibilité de racheter l'erreur d'un moment de passion irrésistible et coupable, le malheureux sentait sa raison l'abandonner.

Sans force pour lutter contre l'immense désespoir qui l'envahissait, il voyait s'ouvrir sous ses pas un gouffre attirant qui allait l'engloutir.

CHAPITRE XXX

CŒUR DE PÈRE

Depuis quelques jours déjà Gervaise, emmenée par sa marâtre, avait quitté Châtenay pour une destination inconnue.

Ignorant ce départ, Adrien Verneuil, seul dans sa chambre, relisait pour la centième fois peut-être la lettre que la jeune femme lui avait écrite.

La troublante énigme est restée entière dans son esprit.

C'est en vain qu'essayant d'approfondir l'intime pensée de Gervaise, il cherche à découvrir un sens caché aux phrases tracées par sa main; c'est en vain qu'il étudie chaque mot.

Il ne comprend pas.

Un mystère qui déroute sa raison plane toujours sur cette nuit si douce et si fatale, pendant laquelle il a atteint le sommet d'un bonheur auquel il n'aurait jamais osé prétendre.

C'est invraisemblable, fou, insensé, et cependant c'est vrai!

Son imagination n'a jamais été le jouet d'une hallucination.

Il a tenu dans ses bras cette adorable jeune fille, cet ange qu'il n'avait jamais entrevu que voilé d'un nimbe qui la faisait pour lui presque immatérielle.

Gervaise de Châtenay a été à lui!

Il l'a prise!...

Elle s'est donnée!...

Oui, elle s'est donnée!...

Il se rappelle à présent les moindres détails de cette heure d'affolement et d'ivresse.

Adrien entend encore bruire à son oreille les douces paroles d'amour.

Il sent autour de son cou l'enlacement divin des bras souples et blancs s'échappant du peignoir entr'ouvert.

Son cœur bat à se rompre comme s'il supportait encore l'étreinte passionnée qui avait, d'un seul élan, emporté tout son être vers les régions de rêve où la froide raison n'a pas accès.

LA DEMOISELLE DU CHATEAU

Pourtant, par un violent effort de sa volonté, il parvint encore à faire quelques pas
dans la direction du château... (P. 588.)

Un moment, égaré par l'ivresse du souvenir, le jeune homme en son extase oublie ses remords.

Mais, bientôt, il essaie de se ressaisir, d'analyser avec calme les circonstances étranges qui avaient produit ce fait inouï, cet abandon si soudain et si complet de Gervaise.

Un point, du moins, lui demeure acquis.

Il se dit que ce n'est pas l'amour seul qui a affolé la jeune fille.

Mlle de Châtenay devait être sous l'influence d'une domination inconnue, mais irrésistible, indépendante certainement de sa volonté.

— Cela est clair comme la vérité elle-même, — pensait le jeune ingénieur. — Le feu étrange de ses regards, l'accent singulier de sa voix, ses gestes saccadés, tout me la montre en proie à une sorte de vertige inconscient, agissant sous la poussée mystérieuse d'une force étrangère, indépendante d'elle-même.

Non, à cet égard, le doute n'est pas possible, — conclut le malheureux. — L'amour, quelque puissant qu'il soit, n'eût pas fait oublier à Gervaise, si chaste, si pure, toutes les pudeurs de son sexe. Mlle de Châtenay ne s'appartenait plus.

Alors, dans un redoublement de remords qui l'accusent et l'écrasent :

— Et c'est de cela que j'ai profité, moi ! — ajouta-t-il en proie au plus douloureux accablement. — Lâche, lâche que je suis !

Et des larmes de honte et d'amour coulèrent brûlantes de ses yeux.

Au bout d'un instant, Adrien Verneuil se remit à lire la lettre de Gervaise ; le front appuyé sur sa main, il essayait de tirer de ses lignes empreintes d'une si confiante tendresse, le mot de l'énigme de cette nuit inoubliable et fatale.

Une clarté commençait à se faire en son esprit bouleversé.

En relisant les plaintes de la jeune fille, ses craintes au sujet de son entourage, ses appréhensions, l'appel si touchant fait à son amour, il se demandait si Mlle de Châtenay n'avait pas été victime de quelque tentative criminelle...

Mais de la part de qui ?..

Les suppositions les plus extraordinaires, les plus contradictoires se succédaient dans le cerveau du jeune ingénieur.

— Oui, un attentat est possible — se dit-il, — quoique bien improbable ! — un accident peut-être... quelque breuvage que Gervaise aura absorbé par mégarde !

Dans tous les cas, cela ne venait diminuer en rien l'horreur de son crime.

Il avait été soit le complice d'un malfaiteur, puisqu'il avait profité de la situation, soit le malfaiteur lui-même, puisqu'il avait obéi lâchement à son désir brutal, dans une sorte de viol.

Et c'était Gervaise qu'il avait souillée, Gervaise dont il avait volé l'honneur !

C'était la fiancée, l'élue de son cœur, celle que son amour eût dû lui rendre d'autant plus sacrée !

Le malheureux avait l'enfer dans l'âme.

Il tenait en ses mains, il embrassait, avec une amertume profonde et passionnée, cette lettre qui lui parlait d'une tendresse dont il n'était plus digne, cette lettre qui, quelques jours auparavant, lui eût causé une joie si vive et qui, maintenant, mettait son cœur en deuil et augmentait le poids de ses remords.

Ah! chère et malheureuse Gervaise!

— Non! je n'ai plus le droit d'hésiter, — s'écria-t-il tout à coup en se levant avec résolution. — Il faut que je voie la vicomtesse de Châtenay!... Il faut que j'avoue mon crime loyalement, que j'offre de ce crime la seule réparation possible, en suppliant la belle-mère de Gervaise de m'accorder la main de celle que j'aime!

Peut-elle me la refuser maintenant?... Devant Dieu n'est-elle pas ma femme?... Que m'importent la colère et l'indignation de Mme de Châtenay?... Je suis décidé à tout affronter pour racheter cette faute dont le remords me tue.

Cette démarche, je veux la faire aujourd'hui même, — ajouta le jeune ingénieur avec résolution. — A l'instant! Je ne veux pas qu'une heure de plus se passe sur mon crime, sans que j'en aie imploré le pardon, sans que j'aie acquis l'espoir de le réparer!

Et Adrien sortit, décidé à demander une entrevue immédiate à la vicomtesse.

Il courait plutôt qu'il ne marchait dans la direction du château, avec la volonté bien arrêtée de ne pas laisser à ses irrésolutions le temps de revenir.

Il eût voulu déjà se voir dans l'impossibilité de reculer, d'hésiter, de se reprendre.

Il sentait qu'il plaiderait si bien sa cause, et celle de Gervaise!

— Non, elle ne sera pas inflexible, — se disait-il avec exaltation; — elle me pardonnera!... elle ne refusera pas de me donner Gervaise! Elle excusera cette folie de l'amour, cet instant de coupable délire que le mariage viendrait effacer!... Après tout, ce qu'elle veut, c'est de ne pas se dessaisir de la fortune de sa belle-fille... Nous ne lui demandons rien, que le droit de nous aimer, d'être l'un à l'autre!

D'ailleurs, ce droit, je l'ai acquis par un crime, — ajouta sourdement Adrien; — elle ne peut pas me le dénier... L'honneur de son nom lui ordonne d'y souscrire... Que gagnerait-elle à me le refuser?

Oui, courage, je réussirai!... C'est vers le bonheur que je marche. C'est vers le bonheur que le devoir me conduit!

Pourtant, malgré cette affirmation, arrivé en vue de Châtenay, Verneuil s'arrêta.

De nouveau, la froide raison venait de poser sa main glacée sur son exaltation.

Adrien, au moment de franchir le pas décisif, eut la vision de la figure revêche de la vicomtesse.

La conscience de la distance qui le séparait de Gervaise, de la noble fille du vicomte de Châtenay, lui apparut soudain.

Qu'allait-il tenter là?.. A quels insurmontables obstacles n'allait-il pas se heurter?

Une hésitation douloureuse se peignait sur ses traits.

Pourtant, par un violent effort de sa volonté, il parvint encore à faire quelques pas dans la direction du château. Mais de nouveau il s'arrêta, définitivement vaincu.

— Non, je ne puis pas!... je ne m'en sens pas le courage!... — murmura-t-il en tournant le dos à Châtenay et en reprenant tristement le chemin du pavillon qu'il habitait. — Cette démarche est folle, insensée!... J'échouerai, je le sens!... J'ai trop conscience de mon infériorité pour réussir!... Jamais je n'aurai le courage d'affronter la colère et l'indignation de la vicomtesse!... Que lui dirai-je pour plaider ma cause?... De quels avantages pourrai-je me prévaloir? Qu'ai-je à mettre en regard du nom et de la fortune de Gervaise?... Quand, arguant de mon infamie, elle m'accusera d'avoir compromis sa belle-fille pour rendre un mariage inévitable entre moi et la riche héritière des vicomtes de Châtenay, qu'opposerai-je pour ma défense?... Tout ne témoigne-t-il pas contre moi?...

Non, cette tentative ne servira qu'à me faire interdire à tout jamais la présence de celle que j'aime, — ajouta tristement le jeune homme, — à m'ôter tout espoir de revoir Gervaise. Mon aveu serait une faute inutile et irréparable, puisque, d'avance, cette pensée terrible me paralyse, m'enlève la confiance en moi-même, me retire la force de conviction nécessaire pour vaincre l'inévitable résistance de Mme de Châtenay.

D'ailleurs, tous ces raisonnements sont superflus. — Je n'ose pas... voilà la vérité!... Malgré toutes mes résolutions, le courage me manque au moment de me trouver en face de cette terrible douairière.

Et, maudissant sa lâcheté :

— Il est bien temps d'hésiter et de trembler, — reprit-il avec mépris. — Ai-je hésité à commettre mon crime?... Ah! c'est alors cependant que tout eût dû m'arrêter, me montrer l'infamie de ma conduite! Tandis que maintenant...

Soudain, le jeune homme tressaillit.

Le son d'une cloche se faisait entendre dans le voisinage.

— C'est la rentrée des ouvriers, — se dit-il en reconnaissant la cloche de l'usine.

Et hâtant le pas comme s'il eût dépendu de son exactitude et de sa volonté d'avancer le moment où il se retrouverait seul avec ses pensées :

— J'ai des devoirs à remplir qui doivent passer avant les soucis de mon cœur, — fit Adrien en s'efforçant de se ressaisir et de chasser les sombres préoccupations qui l'absorbaient.

Ah! son usine, ses chers travaux, tout son bonheur d'autrefois, combien il les avait délaissés depuis ces quelques jours de fièvre.

Savait-il seulement comment il avait vécu pendant cette courte période qui a eu pour lui la durée d'un siècle?

Certes, son amour pour Gervaise occupait déjà toutes les nobles facultés de son être, mais c'était un sentiment très doux, très calme, tout plein d'espoirs balbutiés, de longues rêveries dont il sortait plus fort, qui venaient redoubler son énergie, qui le poussaient pour ainsi dire au travail.

Ne fallait-il pas qu'il se rendît digne de celle qu'il aimait.

Il avait un but, alors! Conquérir une situation, gagner une fortune qui peut-être lui permettraient un jour la réalisation de ses plus chères espérances.

Comme tout ce bonheur lui semblait loin aujourd'hui!

Dans son esprit bourrelé par le remords, nulle autre pensée n'avait plus accès que la pensée obsédante et cruelle de son indignité.

Pourtant au son de la cloche, malgré le trouble absorbant de ses réflexions, Verneuil, poussé par l'instinct machinal du devoir, se hâtait vers son bureau.

Il s'assit à sa table de travail, remua ses papiers, attira devant lui des dessins, des projets inachevés; mais le malheureux se sentait le cerveau vide, incapable d'un effort sérieux.

Non, il ne ferait rien de bon aujourd'hui!

Il posa ses crayons et ses compas et s'accouda, songeur.

La cruelle réalité le reprit tout entier.

Que fera-t-il?... Quelle résolution prendre ?

Il pensait à la lettre de Gervaise, à son amour si confiant et si noblement avoué. Il songeait au bonheur qui aurait pu être le sien sans cette fatale nuit!

Son esprit le ramenait de nouveau aux étranges et ineffables péripéties de son court roman d'amour, aux lendemains, hélas! si terribles...

Ah! combien pourtant le souvenir lui en serait doux, s'il avait su maîtriser la fougue de son cœur, échapper à l'ardent désir qui l'avait affolé au contact du corps adorable de la jeune fille !

Abîmé dans ses regrets, dans la honte de ses remords, Adrien rêvait.

Un coup frappé à la porte de son bureau le fit tressaillir, l'arrachant à sa douloureuse rêverie.

— Entrez! — cria-t-il.

Machinalement il reprit ses crayons, attira à lui ses papiers couverts d'esquisses et de chiffres et leva la tête pour voir l'importun.

Celui qui se présenta était un contre-maître de l'usine, un vieil employé de la maison. Il entra, l'air embarrassé.

— C'est vous, père Mathieu.

— Oui, m'sieu Verneuil.

— Qu'est-ce qu'il y a donc?

L'ouvrier tient à la main une pièce que l'on a fondue la veille sur un dessin de l'ingénieur, et voilà que cette pièce ne s'ajuste pas, contre toute prévision. Il y a évidemment une erreur dans le moulage.

— Une erreur! Comment cela? — s'écrie l'ingénieur.

— Dame, m'sieu Verneuil, c'est vrai que la chose est bien extraordinaire; mais enfin... y a pas à dire. On a eu beau s'y prendre de toutes les façons, y a pas eu moyen d'en venir à bout de cette mâtine de pièce.

— Il faudra la recommencer, voilà tout, — répondit avec ennui Adrien ; — la fonte n'en aura pas été bien faite.

L'ouvrier secoua la tête.

— Ce n'est pas la faute de la fonte, m'sieu Verneuil, — objecta-t-il avec un visible embarras; — la matrice est exacte.

— Vous en êtes sûr?

— Dame, m'sieu Verneuil, aussi sûr qu'on peut être sûr, pas vrai?... car enfin, tout le monde est susceptible de se tromper, — fit l'ouvrier qui savait parfaitement que la faute venait de l'ingénieur.

— Vous avez vérifié sur l'épure? — demanda machinalement Verneuil.

— Dame, oui, et c'est exact, y a pas à dire, — affirma le contre-maître.

— Ce n'est pas possible!

Distrait par ses préoccupations intimes, Adrien n'avait jusque-là apporté que peu d'attention aux réponses de l'ouvrier. Pourtant il se ressaisissait peu à peu.

Étonné, il prit la pièce et l'examina attentivement.

Le contre-maître avait raison. Oui... il s'était trompé!... Où donc avait-il la tête? Il avait fait une erreur grossière, impardonnable.

Il s'efforça de dissimuler son trouble.

— Laissez-moi cette pièce, père Mathieu, — fit-il en la posant sur le bureau à côté de lui, — il peut s'être glissé une erreur qui m'aura échappé. Je reverrai mon dessin, mon projet. Il y a évidemment quelque chose, puisque la pièce ne s'ajuste pas.

— Ben, c'est ce que je me suis dit aussi, m'sieu Verneuil, quand j'ai vu que nous ne finissions pas de venir à bout de cette mâtine-là, — fit le vieil ouvrier. — Ça n'est pas naturel. Y doit y avoir quéque chose de plus ou de moins. J'vas la montrer à m'sieu Verneuil. Y a que lui qui puisse arriver à débrouiller cette énigme.

— Bon! je vais voir cela, père Mathieu, — dit l'ingénieur en congédiant le contre-maître. — Laissez ce travail-là pour le moment. Demain j'aurai reconnu d'où vient l'erreur et je vous donnerai un nouveau dessin d'après lequel on modifiera la pièce, comme il convient. Faites-moi rapporter tout de suite les calques et l'épure du projet.

Quand l'ouvrier fut parti, Adrien s'accouda sur son bureau et laissa tomber sa tête dans ses mains.

Hélas! voilà donc où il en arrivait, dans le désarroi de son esprit, à commettre de grossières erreurs dans lesquelles un de ses ouvriers, avec le savoir que donne la pratique d'une chose, ne serait pas tombé. Car il n'était point dupe de la feinte ignorance du père Mathieu, il savait bien que le vieux contre-maître s'était parfaitement rendu compte d'où venait le défaut de la pièce qu'il l'avait chargé de construire. Ce défaut, c'était l'a, b, c, du métier!

Qu'allaient penser de lui ses subordonnés?

Et M. Duhamel, qui se reposait sur lui de la bonne administration de l'usine pendant son absence; tromperait-il plus longtemps sa confiance en gardant un poste dont il ne se sentait plus digne? N'était-il pas devenu incapable de tout travail?

— Ah! il faut que cela finisse, cependant, — résolut le jeune homme d'une voix sombre. — Il faut que je prenne une résolution, que je sorte de cette situation qui me torture, que j'agisse en homme et non en enfant, avant que sombre ce qui me reste d'honneur et de dignité!... Je ne puis vivre avec ce remords qui m'absorbe, qui éteint en moi le sentiment même de mes devoirs!... Je ne puis garder la responsabilité de l'usine, m'exposer à de nouvelles erreurs, plus graves peut-être, qui pourraient en compromettre le fonctionnement.

Il faut que j'en finisse!... Oui, que j'en finisse d'une façon ou d'une autre, — ajouta Adrien avec exaltation. — Je dois avoir au moins le courage de me faire justice, si je ne trouve pas en moi l'énergie nécessaire pour tenter la seule démarche que me commande l'honneur, la seule possibilité qui existe pour moi de racheter mon crime et de retrouver le bonheur perdu.

Ah! ce bonheur!... Jamais Adrien ne l'avait senti si près que dans cette petite lettre de Gervaise. Jamais, même quand il se croyait le plus sûr de l'amour de la jeune fille, il n'avait espéré de sa part tant d'abandon, tant de tendresse confiante!

Hélas! et il avait reconnu cette confiance par le plus infâme des attentats!

Gervaise avait été souillée par un lâche, et ce lâche, c'était lui! lui! Verneuil!... Une telle abomination était-elle possible?

Tandis que le malheureux se laissait absorber de nouveau par la violence de ses remords et de son désespoir, dans la pièce attenant à son bureau, M. Peyron, l'oncle d'Adrien, se promenait inquiet.

De ce bureau, séparé de celui de son neveu par une simple cloison, il avait entendu toute la conversation qui venait d'avoir lieu entre le contremaître et le jeune ingénieur, et de là son inquiétude.

M. Peyron adorait ce neveu, fils unique d'une sœur tendrement aimée. Il l'avait pour ainsi dire élevé, comme son propre fils. Pour lui, il avait toujours refusé de se marier.

— Laissez donc, — répondait-il à ceux de ses amis qui, le voyant encore garçon à un âge déjà respectable, l'engageaient à faire une fin. — Me marier! Pourquoi faire?... Pour avoir une femme qui changera toutes mes habitudes, et, — ajoutait-il en montrant Adrien, — peut-être un fils que je n'aimerai pas plus que ce gamin-là?... Ce n'est vraiment pas la peine.

De fait, il aimait paternellement ce fils de sa sœur, et il le lui avait maintes fois prouvé.

C'était lui qui à la sortie de l'école l'avait fait entrer, muni de son diplôme d'ingénieur, à l'usine Duhamel.

Une affection, née d'une estime réciproque, liait depuis de longues années l'oncle d'Adrien avec le propriétaire des forges de Varangeville et de la Neuveville.

Confident, bien plus encore que simple secrétaire de M. Duhamel, M. Peyron avait pour le père de Madeleine une amitié et une admiration profondes, dont, en grandissant, la jeune fille avait pris la plus grande part.

— Dites-moi, Louis, puisque vous allez à Châtenay, savez-vous si ces dames sont pour longtemps absentes. (P. 599.)

Excellent homme lui-même, le vieillard appréciait, plus que tout autre, les exquises qualités de cœur de la fille de l'industriel.

Aussi son affection et son dévouement pour Madeleine allaient-ils dans son cœur presque de pair avec sa tendresse pour Adrien.

Depuis que sa sœur était morte, cette tendresse réciproque entre lui et son neveu, et l'amitié confiante des Duhamel, résumaient pour ce vieillard encore vert toutes les joies familiales de la vie.

Tout son horizon se limitait entre Bois-Jolivet et l'usine; toutes ses préoccupations se bornaient à voir le bonheur d'Adrien et de Madeleine Duhamel.

Aussi l'excellent homme n'avait-il pas été long à s'apercevoir du changement qui s'était opéré depuis quelques jours dans la façon d'être de son neveu.

Il en avait d'abord cherché la cause dans le surmenage intellectuel du jeune homme.

— C'est un peu de fatigue, sans doute, une indisposition légère causée par l'excès de travail, — avait-il pensé. — Adrien a beaucoup à faire depuis le départ de Gérard pour Paris.

Pourtant il n'avait pu s'empêcher d'interroger son neveu.

— Qu'as-tu donc?... Quelle mine de l'autre monde!... Es-tu malade? — lui avait-il demandé avec inquiétude.

— Malade!... Quelle idée! mon oncle, — avait répondu le jeune homme évasivement.

— C'est que tu en as tout l'air, vraiment, mon cher garçon. — Tu es pâle et défait comme si tu allais faire une maladie, — il faut faire attention à cela.

— Je me porte admirablement, mon oncle, ne craignez rien, — fit Adrien touché de la sollicitude de l'excellent homme.

— Tu as quelque chose, alors?... quelque ennui?... quelque souci qui te préoccupe?

— Moi? — se défendit le jeune homme.

— Oui, toi. — Tu as quelque chagrin que tu me caches.

— Mais non, mon cher oncle, je n'ai rien... absolument rien, je vous assure! — avait protesté Verneuil avec vivacité.

— Bien vrai? — Tu ne me trompes pas?

Adrien s'efforça de sourire.

— Oh! mon oncle! vous doutez de moi! — s'écria-t-il d'un air comiquement indigné.

M. Peyron n'avait pu tirer autre chose de lui.

Mais tout en paraissant se contenter de cette affirmation, son affection ne s'en était pas satisfaite.

L'expérience que le vieillard avait de la vie lui montrait clairement que malgré l'assurance enjouée de ses réponses, le jeune homme lui cachait quelque chose.

La conversation qu'il venait d'entendre à l'insu d'Adrien, entre son neveu et le contremaître, le confirmait dans cette pensée.

Verneuil avait un secret...

— Je le savais bien, parbleu!... j'en étais certain!... — murmura le vieillard en arpentant son bureau avec agitation. — Il a quelque chose, quelque chagrin, quelque idée en tête!... Mais qu'est-ce que cela peut bien être?... Quelle préoccupation peut être assez forte pour le distraire à ce point de son travail?... Depuis quelques jours évidemment, il est tout drôle, tout changé!... Quoi qu'il en dise, puisqu'il n'est pas malade, il faut qu'il lui soit arrivé je ne sais quoi d'anormal... Que peut-il y avoir?...

Bah! peut-être quelque amourette, — pensa l'oncle d'Adrien avec un sourire indulgent. — Mais non, non. Pour un caprice, Adrien ne se laisserait pas détourner de son travail, je le connais!... Il faut que ce soit vraiment sérieux... Comment savoir, puisqu'il ne veut rien dire?...

Ah! il faudra bien pourtant que je sorte de cette inquiétude... que, malgré lui, je trouve un moyen de le confesser! — conclut-il, pour se délivrer de son inquiétude.

Toujours irrésolu, l'esprit flottant dans le vague déprimant de ses remords et de ses craintes, la tête perdue, la volonté défaillante, Verneuil, malgré la lettre de la jeune fille, n'avait pas encore osé prendre sur lui de chercher à revoir Gervaise.

Cependant il ne pouvait continuer à vivre ainsi dans cette affolante incertitude. Quel que fussent son indignité et le mépris qu'il avait de lui-même, il ne pouvait se soustraire à l'appel si touchant de celle qu'il aimait.

Un dimanche, enfin, il se décida de nouveau.

Prétextant une partie de chasse, il prit son fusil et partit dans la direction de Châtenay.

Il allait pousser une reconnaissance, chercher le moyen de parvenir jusqu'à Gervaise.

Pourtant, au fur et à mesure qu'il approchait du château, Adrien sentait sa résolution s'évanouir. Une lutte cruelle se livrait en lui, entre son amour, plus violent que jamais, et sa conscience d'honnête homme.

Mais l'amour, enfin, triompha des vains raisonnements.

Tout en longeant le mur du parc, Adrien arriva à la brèche faite par la foudre pendant la nuit de l'orage.

Il s'arrêta plein d'émotion, étonné que les ouvriers n'eussent pas encore été appelés pour réparer le dégât.

C'est par là qu'il est entré.

C'est là que Gervaise, affolée et frémissante d'angoisse, s'est jetée dans ses bras!

Quelle n'avait pas été son émotion quand il avait reconnu la jeune fille, quand il avait senti battre son cœur contre le sien!...

Il se rappelait avoir enlevé son pardessus et l'avoir posé sur les épaules de Gervaise pour la préserver de la pluie qui tombait à torrents.

Puis il l'avait prise dans ses bras, car ses petits pieds étaient à peine chaussés de mules légères et il l'avait portée près des décombres.

Là, elle était au moins un peu abritée.

Mais la pluie ayant cessé, Mlle de Châtenay avait voulu marcher. Elle l'avait forcé à reprendre son pardessus.

Doucement appuyée à son bras, ils s'étaient d'abord promenés dans les allées du parc les plus éloignées du château.

Mais bientôt une nouvelle ondée les avait obligés à chercher un abri dans la grotte.

De nouveau, les souvenirs assaillaient en foule le jeune homme; souvenirs maintenant pleins de volupté et de trouble. Il revivait les énivrantes et coupables délices. Il revoyait la scène d'amour où avait sombré sa raison.

Son esprit s'attardait dans la vision de Gervaise enamourée, de sa bien-aimée, balbutiant dans son délire de brûlantes paroles d'amour.

— Je deviens fou!... — murmura-t-il tout à coup en tressaillant.

Il voulut fuir, s'arracher de cette place où tout lui rappelait son crime, ce moment de folie qui avait fait de lui le plus lâche des criminels.

Mais il s'arrêta pâle et tremblant.

Devant lui se dressait la façade du château. De cette brèche du mur, qu'une courte allée faisait aboutir à la terrasse, Adrien apercevait toute la rangée des fenêtres.

Les persiennes étaient hermétiquement closes.

L'habitation paraissait déserte.

— Que se passe-t-il donc? Qu'est-il arrivé?... — se demanda-t-il avec angoisse.

Une idée torturante lui traversa l'esprit.

— Gervaise est-elle malade?...

Mais non! — pensa-t-il aussitôt, — si c'était cela, il y aurait au contraire autour du château, au lieu de ce morne silence, un mouvement inaccoutumé.

La solitude, en effet, semblait complète à Châtenay. Aucun bruit ne se faisait entendre.

Longtemps, Adrien resta cloué sur place, le regard fixé sur ces fenêtres closes, l'esprit perdu dans un monde de suppositions.

Une voix aiguë et claironnante d'enfant, chantant un vieil air du pays, le tira de sa torpeur.

L'ingénieur tourna la tête.

Une fillette traversait la route, venant de son côté, semblant se diriger vers Châtenay.

Adrien reconnut Pierrette, la petite fille du jardinier du château.

— C'est la Providence qui l'envoie, — se dit-il. — Par elle, je vais savoir.

Et, interpellant l'enfant :

— Il n'y a donc plus personne au château, Pierrette, qu'en passant je vois toutes les fenêtres fermées? — demanda-t-il.

Toute rouge, la petite fit une belle révérence.

— Ben non, pour sûr, monsieur l'ingénieur, — répondit-elle en levant sur le jeune homme un regard étonné. — Pourquoi qu'on laisserait ouvert, puisque Mme la vicomtesse et Mlle Gervaise sont parties?

— Parties !... ces dames sont parties ! — s'écria Verneuil, le cœur serré.

— Il y a déjà huit jours, avec l'Allemande; monsieur l'ingénieur n'a donc pas su?

— Mais parties pour où? — reprit Adrien, ne se donnant pas la peine de dissimuler devant l'enfant.

— Dame, je ne sais pas, moi, monsieur l'ingénieur... Mme la vicomtesse n'a rien dit, ni mademoiselle non plus.

— Mais on a dû laisser des ordres aux domestiques; ces dames ne sont point parties sans faire savoir où elles allaient, où il fallait leur envoyer leur correspondance.

— C'est-y des lettres que monsieur l'ingénieur veut parler? — Pour ce qui est de ça, je sais qu'on doit les leur adresser chez le notaire de Mme la vicomtesse. Quant à des ordres, c'est nous qui les aurions reçus, moi et mes parents, car nous restons tout seuls pour garder le château, pendant l'absence de madame et de mademoiselle.

— Ces dames ont emmené tous leurs domestiques? — fit Verneuil inquiet.

Ce déplacement de toute une maison laissait pressentir chez la vicomtesse l'intention d'une absence prolongée.

— Oh! non. — Mme Gretchen, seulement... quoi que pour ce qui est des autres, elle n'aurait pas eu grand mal, — ajouta l'enfant qui ne demandait qu'à dire tout ce qu'elle savait, toute fière de faire la conversation avec M. l'ingénieur.

Verneuil, de son côté, ne désespérait pas de tirer de la fillette quelques indications précieuses; il ne voulait donc rien négliger de tout ce qui avait trait au départ de la vicomtesse et de Gervaise.

— Pourquoi cela? — demanda-t-il.

— Mais parce qu'il ne restait plus guère que la cuisinière et la femme de chambre de Mme la vicomtesse. Déjà, Mlle Léonore était partie avec M. Mousset.

— Léonore, la femme de chambre de Mlle de Châtenay?

— Oui, ils avaient été renvoyés le jour où j'avais été chargée de mettre une lettre à la poste par Mlle Gervaise.

— Une lettre?

Celle que j'ai reçue!... — pensa le jeune homme.

— Même que Mme la vicomtesse s'est mise dans une belle colère ce jour-là, — ajouta l'enfant, voyant qu'elle intéressait l'ingénieur.

— En colère! à quel propos? — fit Adrien.

— Dame! je ne sais pas, mais je crois bien que c'est à cause de la commission que m'avait donnée Mlle Gervaise, — répondit la fillette déjà futée. — Je l'ai bien vu, quand j'y ai dit que j'avais été porter la lettre à la poste. Elle est partie comme une folle, sauf votre respect, monsieur l'ingénieur, en gesticulant, du côté du château. Même qu'elle avait essayé, avant, de me faire dire à qui était adressée la lettre.

— Et tu ne l'as pas dit? — s'écria Adrien anxieux.

— Tiens, je ne pouvais pas, moi, monsieur, je ne sais pas lire, — fit la petite Pierrette, honteuse d'avouer son ignorance.

Verneuil respira.

— Alors tu ne sais pas si Mme de Châtenay et Mlle Gervaise reviendront bientôt, ni pour quel pays elles sont parties? — demanda-t-il de nouveau à l'enfant au bout d'un instant, espérant peut-être que quelque nom serait revenu à la mémoire de Pierrette.

— Je sais seulement qu'elles ont pris le chemin de fer à Nancy, parce que c'est papa qui a conduit les bagages à la gare dans la carriole. Même qu'il y en avait une vraie voiturée, — fit la petite avec un accent de profonde admiration, au souvenir des nombreux colis formant le bagage de la vicomtesse et de sa belle-fille. — Mais c'est tout ce que je sais, monsieur l'ingénieur.

— Allons, merci, Pierrette, — dit Adrien qui était bien forcé de se contenter provisoirement de ces renseignements incomplets.

Et mettant quelques pièces de monnaie dans la main de l'enfant :

— Tiens, voilà pour t'acheter une poupée, ma petite Pierrette, — une belle poupée pour te tenir compagnie dans tes promenades.

La petite rougit de plaisir.

— Merci bien, monsieur l'ingénieur! — murmura-t-elle, subitement honteuse en roulant dans ses petits doigs, pour se donner une contenance, l'ourlet de son tablier.

— Ça te fait plaisir...

— Oh! oui...

— Alors, va.

L'enfant ne se le fit pas dire deux fois et, pressée de montrer à ses parents l'aubaine qui venait de lui arriver, elle s'éloigna en courant.

Une fois seul, Verneuil reprit tout songeur le chemin de l'usine.

Ce départ l'abattait, le laissait sans force, comme un coup de massue.

Dans ses conjectures les plus sombres, il avait pensé à tout excepté à cela.

Il n'avait pas prévu que Gervaise pouvait lui être enlevée.

Quel pouvait être le motif du départ de Mme de Châtenay et de sa belle-fille?...

Comme Adrien, plongé dans sa rêverie, passait devant la grille de Châtenay, un de ses ouvriers le salua et, lui voyant le fusil sur l'épaule :

— Bonne chasse, monsieur Verneuil, — lui dit-il.

C'était un ouvrier des hauts-fourneaux, un très bon sujet, qui profitait de son dimanche pour venir voir le jardinier du château dont il était parent.

L'ingénieur lui rendit son salut et, se rappelant fort à propos de cette parenté, espérant en tirer un éclaircissement, il l'arrêta :

— Dites-moi, Louis, puisque vous allez à Châtenay, savez-vous si ces dames sont pour longtemps absentes.

— Les dames du château, monsieur Verneuil, — répliqua l'ouvrier en retirant sa casquette, — elles sont donc parties?

Ma foi! je ne le savais seulement point.

— Ah! — fit l'ingénieur désappointé.

— Mais peut-être bien que si c'est pour une commission, monsieur Verneuil, mon cousin qui est jardinier au château pourra s'en charger.

— Merci bien, — répondit Adrien, affectant l'indifférence et cherchant à donner un prétexte à la demande, — j'avais appris le départ des dames de Châtenay, et je voulais savoir si, pendant leur absence, il ne me serait pas permis de tirer quelques coups de fusil dans les fourrés du parc.

— Ça se pourrait peut-être bien tout de même, monsieur Verneuil; voulez-vous que j'en parle à mon cousin?

— Non, merci, ce n'est pas la peine, Louis, — dit vivement le jeune homme, c'était une idée de chasseur, car il doit y avoir une jolie collection de gibier là-dedans depuis le temps qu'on ne le tire pas. Mais je réfléchis que cela pourrait peut-être contrarier ces dames à leur retour, lorsqu'elles l'apprendraient. D'ailleurs cela n'en vaut sans doute pas la peine, car leur absence ne peut se prolonger bien longtemps. Et, si ce n'est le dimanche, j'ai si peu de temps à moi pour chasser.

— Ça, c'est vrai, monsieur Verneuil, alors comme vous voudrez; sans cela, je suis tout à votre service, — dit l'ouvrier.

Après ses deux tentatives infructueuses pour obtenir des renseignements sur les causes et la durée de l'absence de Gervaise et de la vicomtesse, Adrien rentra, de plus en plus perplexe.

Que pouvait signifier ce départ subit?

— Mlle de Châtenay a-t-elle eu conscience de mon crime? — se demandait le malheureux jeune homme en frémissant.

A-t-elle voulu s'éloigner pour jamais de celui qui l'avait flétrie, ou bien ce départ vient-il de la vicomtesse qui, sachant la vérité, redoutant un mariage rendu inévitable, a voulu soustraire sa belle-fille aux suites de l'attentat?

Cette dernière pensée augmentait encore sa poignante douleur.

Il s'était rendu le complice inconscient des persécutions exercées contre Gervaise et dont elle lui faisait un si douloureux tableau dans la lettre qu'elle lui avait adressée. Lui qui l'adorait, il aurait contribué peut-être à aggraver la situation déjà si navrante de la jeune fille.

— Ah! si cela est, que je sois à jamais maudit, — s'écria-t-il avec désespoir. — Pauvre Gervaise!

Le jeune homme passa une nuit affreuse, pleine de fièvre, combinant mille projets, qu'il rejetait à tour de rôle après en avoir constaté l'inanité.

— Que faire? — se demandait-il, fou de désespoir. — Où chercher? Comment retrouver Gervaise? Toute tentative serait folle, inutile, insensée. Sur quoi me guider? Sur quelle donnée appuierais-je mes recherches? Je n'ai pas pu obtenir le moindre renseignement.

N'importe, cette tentative, si folle qu'elle soit, je la ferai, — s'écria Adrien résolument. — Je ne me laisserai pas décourager, je lutterai corps à corps avec les difficultés.

Mon amour aidant, peut-être parviendrai-je à retrouver les traces de la vicomtesse et de sa belle-fille.

Il fallait d'abord aller à Nancy, puisque c'était de là que les dames de Châtenay étaient parties.

Verneuil, très embarrassé, — car il n'avait jamais eu pour le vieillard

LA DEMOISELLE DU CHATEAU

Enfin, cependant, un vieux commissionnaire finit par se rappeler. (P. 604.)

aucun secret, — annonça le matin même à son oncle qu'une affaire l'appelait dans cette ville.

Bien que cela lui répugnât de mentir, il ne pouvait avouer à l'excellent homme les motifs de son voyage.

Aussi, répondit-il évasivement aux questions toutes naturelles de M. Peyron qui, du reste, n'insista que médiocrement.

Réflexions faites, revenant à l'idée qui, déjà, lui avait traversé l'esprit, le brave homme flairait quelque amourette au fond de la conduite de son neveu.

— Quand reviendras-tu? — demanda-t-il seulement, coupant court à ses interrogations devant l'attitude embarrassée d'Adrien.

— Oh! ce soir même, je pense, ou demain au plus tard, mon oncle, — répondit le jeune ingénieur qui, de fait, ne savait pas au juste où le mèneraient ses recherches.

J'écrirai pour prévenir si je reste plus longtemps, — pensa-t-il.

— Alors, pour si peu de temps, tu n'as pas d'ordres à laisser?

— Aucun, tout marchera à merveille sans moi. Il n'y a aucun travail pressé en ce moment.

— Mais ta machine? — insista M. Peyron un peu taquin. — Je croyais que tu t'occupais à perfectionner.

— Oui, en effet, vous avez raison, mais cela n'a rien qui presse, — interrompit l'ingénieur en rougissant.

Dans l'état d'esprit où il se trouvait, Adrien se sentait incapable de tout travail.

Pouvait-il penser à autre chose qu'à Gervaise, qu'à cette solitude inattendue de Châtenay, qu'à ce voyage mystérieux si brusquement décidé, et dont personne ne connaissait le but?

— Car enfin, Gervaise elle-même n'en était pas avertie lorsqu'elle m'a écrit, — se disait Verneuil, — sans cela elle m'en eût parlé dans sa lettre.

De plus en plus inquiet et préoccupé, Adrien partit donc pour Nancy.

Qu'allait-il y faire? Comment allait-il diriger ses recherches? Il ne le savait pas bien lui-même.

Mais c'est de Nancy qu'elle était partie, c'est donc là qu'il fallait aller tout d'abord.

— A la gare, je saurai peut-être quelque chose, — pensa-t-il.

Et en arrivant, au sortir du train, il commença son enquête, s'adressant un peu partout, aux employés, à l'enregistrement des bagages, aux guichets de distributions des billets, décrivant minutieusement les trois voyageuses.

Que diable! il y avait seulement huit jours que le départ de Gervaise, de sa belle-mère et de l'Allemande s'était effectué, il parviendrait bien à trouver quelque indice.

Mais la chose était plus difficile qu'il ne le pensait.

L'ingénieur, malheureusement, ne connaissait personne à la gare.

Il lui fallait donc compter avec le mauvais vouloir de gens toujours fort mal disposés en France pour ce qui ressemble à une enquête.

Il se heurta à l'indifférence polie des chefs, aux fins de non recevoir et à la verve railleuse des subalternes.

Huit jours! comment voulait-il qu'on se rappelât, avec le mouvement de voyageurs et le va-et-vient des arrivées et des départs.

Les employés se le renvoyaient.

— Trois dames?... ça se pouvait bien, lui ne savait pas... Un tel là-bas pourrait peut-être le renseigner. Mais celui-là non plus n'avait rien vu. Ce qu'il ne disait du reste qu'après s'être fait répéter plusieurs fois minutieusement le signalement des voyageuses.

Quelques-uns le regardaient de travers et s'éloignaient sans répondre sous prétexte de service. D'autres répondaient par un brusque « connais pas! » — Ah! bien, merci, s'il fallait se rappeler la figure de toutes les femmes qui passent ici!

Bien peu s'intéressaient à ses recherches et consentaient à prendre la peine de réfléchir.

Enfin, cependant, un vieux commissionnaire finit par se rappeler.

Oui, il reconnaissait bien le signalement donné par l'ingénieur.

C'était lui qui avait déchargé les bagages de ces dames.

Une vieille qui n'avait pas l'air commode, une belle jeune fille blonde et une grosse boulotte qui avait l'air d'une gouvernante et qui parlait avec un accent allemand très prononcé.

— C'est-y bien ces dames-là que vous cherchez? — demanda le brave homme.

— Oui, c'est bien cela. C'est bien elles! — s'écria le jeune homme avec joie. — Une vieille dame à cheveux gris, avec deux papillotes en tire-bouchon de chaque côté du visage.

— Et la grosse, poivre et sel, avec des lunettes sur son petit nez rouge en clou à crochet. La vieille l'appelait.... attendez donc... je l'ai sur le bout de la langue.

— Fraülein, sans doute?

— Oui, c'est cela, et aussi, Grat... Gret...

— Gretchen! oh! c'est bien elles, mon Dieu! — murmura Adrien, dont le cœur palpitait d'espoir. — Et dites-moi, ces dames, où allaient-elles, mon brave? — interrogea-t-il, en mettant une pièce de monnaie dans la main du commissionnaire. — Je vous en prie, dites-moi ce que vous savez.

— Ma foi, ce ne sera pas grand'chose, monsieur, et je le regrette, car vous avez l'air d'un brave jeune homme, — fit le vieux, ému de la générosité de l'ingénieur.

— Ça ne fait rien, dites vite, mon ami! — supplia Adrien avec impatience.

Le commissionnaire se gratta la tête en faisant un effort évident.

— Pardine, je me souviens bien que ces dames allaient en Allemagne.

— En Allemagne, mais où? Dans quelle ville d'Allemagne? — interrogea vivement Adrien.

— Où? c'est bien là le hic! — murmura le commissionnaire. — C'est bien ce que je me disais : c'est quasiment pas la peine, pour ce que je sais de vous mettre l'espoir au cœur.

— Vous l'avez oublié! — fit Verneuil, subitement abattu.

— Je ne l'ai même jamais su, car, avec leurs diables de noms...

— Oh! cherchez bien, je vous en conjure! — supplia encore le jeune homme.

Le commissionnaire fit encore un nouvel effort, mais, secouant la tête avec découragement :

— Non, ça ne reviendra pas, allez. Autant y renoncer tout de suite. Quand quelque chose m'a sorti de la caboche, c'est bien comme si l'éponge y aurait passé.

— Alors, vous ne vous souvenez pas.

— Ma foi, non, monsieur! — fit le vieillard, avec un véritable accent de regret. — Je vous ai dit tout ce que je savais.

— Merci toujours, mon brave...

Renonçant à une plus longue enquête, le jeune homme avait quitté la gare.

Bien que découragé, il n'avait cependant pas, malgré le premier échec, perdu tout espoir de retrouver les traces de Gervaise.

L'idée lui vint de s'adresser au notaire de Mᵐᵉ de Châtenay.

Il le connaissait de nom, en ayant quelquefois entendu parler par Gervaise elle-même.

— Peut-être là, saurai-je quelque chose, — pensa-t-il, — puisque c'est chez lui que doit être adressée la correspondance des dames de Châtenay, qu'il est sans doute chargé de leur faire parvenir. Il doit, par conséquent, savoir où elles habitent. Et, à moins d'ordres tout particuliers de la vicomtesse, il n'aura aucune raison de me refuser un renseignement.

Ce fut donc avec quelque chance de réussir qu'Adrien se présenta à l'étude.

Là, il était certain, au moins, d'être bien reçu.

Le notaire connaissait M. Duhamel; Adrien n'avait qu'à faire passer sa carte mentionnant sa qualité d'ingénieur des usines de Varangeville. Il ne serait plus déjà le premier venu.

Mais une déception l'attendait dès l'arrivée. Le notaire était absent.

Ce fut un clerc qui le reçut.

D'ailleurs, la présence du tabellion n'eût rien changé, quant au résultat négatif de sa démarche.

On ne connaissait pas encore, à l'étude, l'adresse des dames de Châtenay.

Ordre avait été donné, provisoirement, de conserver toute la correspondance, d'ailleurs fort rare.

La vicomtesse devait envoyer des instructions ultérieures.

— Jusqu'à présent, nous ignorons complètement où Mme de Châtenay et sa belle-fille ont fixé leur résidence, — affirma le clerc.

Qu'elle fût vraie ou fausse, Adrien était bien forcé de se contenter de cette affirmation.

Mais ces deux échecs successifs le décourageaient complètement. Il se trouvait tout désemparé.

Où chercher à présent, où se renseigner? Il ne voyait plus rien à faire à Nancy. C'était encore dans les environs de Châtenay, auprès des gens du château, qu'il avait le plus de chances d'apprendre quelque chose.

Navré, il reprit le train.

Tout espoir l'avait abandonné.

Il maudissait ses hésitations qui l'avaient empêché de faire son devoir, de tenter une démarche auprès de la belle-mère de Gervaise.

— Au moins, maintenant, je ne serais pas dans cette cruelle incertitude, — pensait-il.

Hélas! fallait-il qu'il renonçât à l'espoir de réparer son crime, qu'il se brisât contre cette impossibilité de retrouver la jeune fille?

— J'ai été lâche, — murmurait-il, avec accablement. — J'ai agi comme un enfant sans volonté. J'ai tergiversé avec l'honneur. Je n'ai pas hésité pourtant quand il s'est agi de commettre mon odieux attentat! Je n'ai donc d'énergie que pour le mal! A quoi servent mes remords, mes stériles regrets? C'est la possibilité de rejoindre Gervaise, de lui rendre l'honneur que je lui ai volé qu'il faut que je trouve!... Je n'aurai pas de repos avant d'y être parvenu!...

Tout en cherchant sans relâche le moyen d'arriver à savoir ce qu'étaient devenues Gervaise et sa belle-mère, Verneuil avait repris à l'usine sa tâche quotidienne.

Mais une insurmontable tristesse restait en lui.

Quelque tentative qu'il fît, il ne parvenait pas à avoir des nouvelles.

Dans l'état d'âme où il se trouvait, incapable de supporter tout seul le poids de ses préoccupations douloureuses, il résolut d'écrire à Gérard.

Comme tous ceux qui souffrent de cruelles peines morales, Adrien éprouvait le besoin de s'épancher dans un cœur ami. Qui le comprendrait mieux que Gérard?

Quoique de date récente, leur amitié était de celles pour lesquelles il n'est pas de secret, qui prennent la confiance tout entière.

D'ailleurs, Gérard n'était-il pas déjà le confident de son amour pour Mlle de Châtenay, le confident aussi de son crime? N'était-ce pas dans son sein qu'il avait déposé le secret de cette enivrante et fatale nuit qui avait fait de lui le plus heureux et le plus misérable des hommes?

— C'est lui qui m'a fait comprendre mon devoir, qui m'a arrêté sur la pente fatale où m'entraînaient mon désespoir et mes remords, — pensa Adrien. — Il me conseillera. Je lui confesserai mes hésitations, mes incertitudes. Il comprendra ma douleur en trouvant Châtenay vide, ses habitantes parties... Peut-être me donnera-t-il une idée pour retrouver ma bien-aimée Gervaise. Dans tous les cas, cela soulagera mon sein de lui confier ma peine!...

Et, sous l'empire de cette pensée, le jeune homme s'assit à son bureau pour écrire à son ami. Il attira à lui son buvard : ses doigts coururent fiévreusement sur le papier.

Car, au fur et à mesure qu'il écrivait, Adrien sentait entrer de plus en plus en lui cette conviction que Gérard, lui, découvrirait un moyen de retrouver les traces de Gervaise. Il n'était pas possible que la vicomtesse et sa belle-fille eussent quitté le pays sans que personne sût ce qu'elles étaient devenues. On devait arriver à connaître leur nouvelle demeure. Mais Verneuil était trop troublé, trop bouleversé pour pouvoir agir utilement. Gérard, plus de sang-froid, donnerait certainement à son ami des conseils précieux.

Adrien lui disait les démarches qu'il avait déjà inutilement tentées et, en effet, il ouvrait son cœur, sans détours, à son ami.

« Mon cher Gérard, — écrivait-il, — pouvez-vous vous douter à quel point votre amitié et vos conseils me font défaut!

« Hélas! pourquoi êtes-vous parti?

« Vous savez dans quel état de désespoir vous m'avez laissé.

« L'influence de votre amitié m'a seule empêché de me faire justice après l'infâme action dont je m'étais rendu coupable.

« Vous m'avez arraché la promesse de ne pas attenter à mes jours en me laissant entrevoir la possibilité de réparer mon crime, en me faisant comprendre que, dans tous les cas, l'honneur me commandait d'essayer de surmonter les difficultés qui s'opposaient à un mariage entre moi et Mlle de Châtenay. Je me suis rendu à vos raisons dont je reconnaissais la justesse.

« Hélas! mon cher Gérard, pourquoi vous ai-je promis?... Aujourd'hui, mon malheur est mille fois pire encore. Gervaise est perdue pour moi!... Elle a quitté Châtenay avec la vicomtesse, fuyant sans doute celui qui l'a si mortellement offensée.

« Elles sont parties sans dire où elles allaient, n'emmenant avec elles que Gretchen, et tout ce que j'ai tenté jusqu'ici pour les retrouver est resté nul. Personne ne sait ou ne veut parler.

« Vous jugez de mon désespoir. »

Adrien s'interrompit brusquement.

La porte de son bureau venait de s'ouvrir tout à coup, pour livrer passage à M. Peyron.

En voyant entrer son oncle, le jeune homme avait, d'un geste instinctif, cherché à dissimuler la lettre qu'il était en train d'écrire à Gérard.

Mais le vieillard avait vu le mouvement et l'arrêta, posant sa main sur l'épaule de son neveu :

— Je savais bien que tu me cachais quelque chose, Adrien, — fit-il d'un ton de reproche.

— Moi! mon oncle!... — s'écria le jeune homme déconcerté.

— Oui, toi, méchant garçon!... Est-ce que je ne vois pas que tu souffres, que quelque chagrin secret te mine...

— Mon oncle, je vous assure...

— Ta, ta, ta, ne cherche pas à me contredire!... Crois-tu pouvoir donner le change à ma tendresse? Il y a assez longtemps que je t'observe. Je vois bien que tu n'es plus le même...

— Cependant...

— Allons, pourquoi manquer de confiance envers ton vieux bonhomme d'oncle?... Mon affection t'a-t-elle jamais fait défaut?

— Oh! mon oncle! — s'écria le jeune homme avec émotion.

— N'ai-je pas toujours eu pour toi toute la tendresse d'un père?

— Vous vous êtes toujours montré à mon égard le meilleur et le plus indulgent des hommes, — dit Adrien, avec l'accent de la plus profonde gratitude.

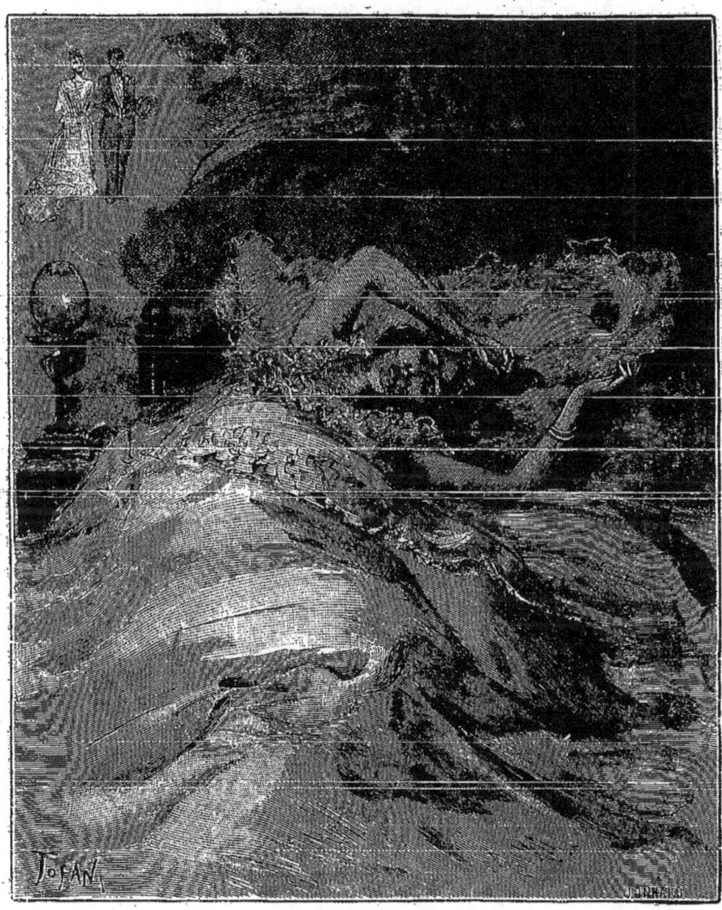

Elle dormit à peine quelques instants... (P. 615.)

— Alors pourquoi agis-tu, comme si tu redoutais mes reproches?
— Mon oncle...
— Pourquoi ne m'ouvres-tu pas ton cœur?... Crois-tu que depuis longtemps je n'ai pas deviné le grand secret?
— Que dites-vous, mon oncle! — s'écria Adrien en rougissant.
— Eh bien! quoi, tu es amoureux, n'est-ce pas?... C'est cela?...
— Amoureux!... — fit le jeune homme se défendant mollement.

— Parbleu ! Ce n'est pas la peine de chercher à le cacher, va !... Ce n'est point un crime !

Un sanglot subit, qu'il ne put étouffer, monta à la gorge d'Adrien.

— C'est une souffrance parfois bien cruelle !... — murmura-t-il.

— Ah ! mon pauvre enfant, — s'écria le vieillard en ouvrant paternellement ses bras au jeune homme, — tu le vois bien, j'ai deviné. Tu aimes !... Tu souffres !...

— Mon oncle, je suis bien malheureux, — sanglota le jeune homme, sans force pour résister plus longtemps à la tendre sollicitude de celui qui lui avait servi de père.

Et il se jeta dans ces bras qui s'ouvraient pour le recevoir et le protéger.

Le vieillard le serra sur son cœur avec émotion.

— Malheureux !... Adrien !... Tu dis que tu es malheureux !... Toi, si jeune, si plein d'avenir ! — lui dit-il avec la plus touchante bonté. — Celle que tu aimes ne t'aime donc pas, mon pauvre enfant ?...

— Elle !... — s'écria Adrien.

— Ce n'est pas cela ?

— Non, oh ! non !... je suis sûr de sa tendresse, — affirma avec feu le jeune ingénieur.

Une certaine inquiétude entra au cœur du vieillard.

— Alors... peut-être... elle n'est pas digne de toi ? — interrogea-t-il.

— Hélas ! mon oncle, — répondit Adrien avec un long soupir douloureux, — c'est moi, au contraire, moi, qui suis insensé de songer à elle.

— Toi ! — protesta avec incrédulité M. Peyron.

Le jeune ingénieur baissa la tête affirmativement.

— Elle est tellement au-dessus de moi !... — murmura-t-il.

— Au-dessus de toi ?... — fit le secrétaire de M. Duhamel en regardant son neveu.

Et un soupçon lui traversant l'esprit :

— Qui donc est-elle ? — demanda-t-il avec angoisse.

Verneuil eut un moment d'hésitation.

— C'est Madeleine !... mon Dieu ! — murmura M. Peyron d'une voix tremblante.

Adrien s'agenouilla auprès du vieillard.

— Non, mon oncle, non, — fit-il en serrant dans les siennes les mains de l'excellent homme. — Non, ce n'est pas Mademoiselle Duhamel, bien que j'éprouve pour elle la plus respectueuse affection.

Et baissant la voix :

— C'est son amie, — ajouta-t-il d'une voix faible, — c'est Mlle Gervaise de Châtenay.

— Gervaise!... — répéta l'oncle d'Adrien.

— Oui, Gervaise. C'est elle que j'aime,... — avoua Adrien avec une confusion mêlée d'orgueil.

— Gervaise de Châtenay!... Et tu dis qu'elle partage ton amour?

— Je suis sûr de sa tendresse, mon oncle, — affirma le jeune homme.

— Alors pourquoi désespères-tu, grand enfant?... — dit paternellement M. Peyron.

— Hélas, songez à la distance qui nous sépare!... Gervaise est riche!...

— N'es-tu pas en passe de le devenir?... Que diable! pour un garçon de ton âge, ta situation n'est-elle pas des plus satisfaisantes?

— Mlle de Châtenay est noble, mon oncle.

— Oui, voilà l'obstacle vraiment sérieux, — fit le vieillard en réfléchissant, — voilà où sera la pierre d'achoppement auprès de la vicomtesse!... quoique cependant...

Adrien secoua la tête avec abattement.

Mme de Châtenay ne me donnera jamais sa belle-fille en mariage, et d'ailleurs, je n'oserai jamais la lui demander.

— Et pourquoi ne te la donnerait-elle pas, après tout?... — repartit vivement M. Peyron. — Si Mlle de Châtenay a la noblesse du nom, n'as-tu pas la noblesse de l'intelligence?... N'as-tu pas devant toi le plus bel avenir? Cet avenir aplanira bien des difficultés, va! D'ailleurs, si Mlle de Châtenay t'aime, il n'y a rien de perdu. Ce que femme veut... tu sais le proverbe. Gervaise saura bien avoir raison des résistances de sa belle-mère. Je la connais, c'est une brave enfant, un grand cœur. Voyons, veux-tu que je tente une démarche?

— Oh! non, mon oncle, je vous en supplie, — implora Adrien avec terreur.

Puis réfléchissant :

— Du reste, — ajouta-t-il pour corriger ce que son exclamation pouvait avoir de bizarre aux yeux du vieillard, — votre intervention serait inutile, dans ce moment...

— Inutile?... Pourquoi cela?

— Parce que Gervaise et sa belle-mère sont absentes.

— Tiens, je l'ignorais, — fit M. Peyron. — mais qu'importe, ce n'est qu'un retard de quelques jours... Dans cette saison, ces dames ne peuvent pas rester longtemps absentes. Laisse-moi faire, je me charge de t'obtenir ta

Gervaise. D'ailleurs cette absence me donne une idée, une idée qui augmenterait nos chances de réussite.

— Quelle idée, mon oncle? — demanda Adrien un peu inquiet sans savoir pourquoi.

— Je vais prier M. Duhamel d'intervenir en ta faveur auprès de la vicomtesse.

— Non... non... ne dites rien à M. Duhamel, — fit vivement le jeune homme, — il ne faut pas que M. Duhamel s'interpose!...

M. Peyron regarda son neveu d'un air surpris.

— Comme tu voudras, — dit-il. — Mais cependant je crois que son intervention nous eût été d'un grand secours dans cette occurrence, mon cher enfant.

Et cherchant intérieurement la raison qui portait son neveu à refuser l'assistance du maître de forges.

— Il faut certainement qu'il y ait quelque chose qu'il ne m'a pas dit, — pensa le vieillard en interrogeant avec inquiétude la physionomie bouleversée d'Adrien.

Le jeune homme, en effet, souffrait énormément de ne pouvoir répondre avec franchise à des projets inspirés par la plus paternelle tendresse.

Il connaissait toute la profondeur de l'affection que lui portait son oncle, et comprenait quelle devait être son inquiétude.

Mais si l'acuité de sa souffrance l'avait entraîné à lui faire l'aveu de son amour pour Gervaise de Châtenay, pour rien au monde il n'eût osé lui confesser l'acte indigne qu'il avait commis.

D'autre part, cependant, Verneuil avait la conscience trop foncièrement droite pour consentir à charger quelqu'un de ses intérêts dans cette grave circonstance, sans que ce mandataire fût strictement mis au courant de la situation et connût la mauvaise cause dont il se chargeait.

Or, faire un tel aveu à M. Duhamel, cela jamais! Adrien eût préféré mourir de son amour et de ses remords!

— Attendons encore, mon oncle, avant de tenter une démarche décisive, — balbutia-t-il. — Quelles que soient pour moi les souffrances de l'incertitude, je les préfère encore à l'inévitable refus que je prévois de la part de Mme de Châtenay.

— Pourtant, tu ne peux continuer à souffrir et à dépérir comme tu le fais, mon pauvre enfant, — objecta le vieillard.

— Hélas! Combien ne souffrirai-je pas davantage, mon oncle, — soupira Adrien, — quand j'aurai vu ma demande repoussée, quand il me sera interdit à tout jamais de penser à faire ma femme de Gervaise?... Au moins maintenant je puis encore espérer!...

— Tu parles comme si tu étais assuré d'un refus.

— Je n'attends pas autre chose de la vicomtesse.

— Mais c'est fou!... Puisque Mlle de Châtenay est pour toi!

— Que pourrait Gervaise contre la volonté de sa belle-mère? Et d'ailleurs, qui sait? — murmura Adrien, laissant échapper dans cette exclamation, sortie de ses lèvres, pour ainsi dire malgré lui, le naïf aveu des inquiétudes qui le torturaient.

Pour la seconde fois, M. Peyron regarda son neveu avec étonnement.

— Tu doutes même de Gervaise! — fit-il d'un ton de reproche, espérant arriver à le faire parler.

Mais l'ingénieur était déjà parvenu à se ressaisir.

— Je doute non de sa tendresse, mon oncle, — répondit-il, — mais de son énergie pour la lutte. Mlle de Châtenay est faible et craintive... Elle n'osera pas lutter contre la volonté de sa belle-mère. Je vous en prie, attendons, ne précipitons rien!...

— Attendons, puisque tu le veux, puisque tu préfères souffrir, puisque tu es persuadé que cela vaut mieux ainsi, — répliqua le vieillard.

Et il ajouta avec l'entêtement que lui inspirait sa tendresse pour Adrien :

— Puisque tu t'obstines à refuser l'intervention de M. Duhamel.

Adrien eut un mouvement douloureux.

— Je vous en supplie, mon oncle, — fit-il.

— Bon, bon, n'en parlons plus.

Et cessant d'insister :

— Mais au moins, ne te cache plus de moi, pour pleurer, méchant enfant, — ajouta le vieillard en ouvrant de nouveau ses bras à Adrien qui s'y jeta en sanglotant.

Un doute restait cependant au cœur de l'excellent homme.

Sous les raisons, après tout plausibles, que lui donnait son neveu, il en devinait d'autres qu'Adrien n'avouait pas, mais dont l'existence ressortait clairement de sa conduite.

Quel motif pouvait avoir en effet Adrien de refuser, avec une obstination aussi inébranlable, l'intervention de M. Duhamel auprès de Mme de Châtenay?...

— Il sait cependant bien que si quelqu'un peut réussir et gagner sa cause auprès de la vicomtesse, ce quelqu'un-là est Duhamel! — se répétait-il tout songeur.

Et, pressentant quelque chose de regrettable dans cette aventure :
— Il faut que je sache, que je tire cela au clair !... — résolut-il. — Dans l'intérêt d'Adrien même, il faut qu'à son insu, puisqu'il se refuse à avoir confiance en son vieil oncle, j'arrive à savoir ce qui se passe dans son cœur...

CHAPITRE XXXI

FOLLE PASSION

L est neuf heures du matin.

La pendule, en sonnant, réveille Armande.

La jeune millionnaire a dormi quelques heures à peine d'un sommeil fiévreux.

Après la fatigue de la veille, la contrainte qu'elle a dû s'imposer pendant la fin de cette soirée où, après avoir assisté au triomphe de sa rivale, après avoir vu Gérard partir à la suite de Madeleine et accompagner les Duhamel, elle a dû, le sourire aux lèvres, faire bonne contenance au milieu des invités qui se pressaient dans les salons de l'hôtel Monval.

Car la fête, prolongée très avant dans la nuit, ne se terminait qu'au petit jour.

Ah! ce qu'elle avait souffert pendant cette dernière partie de la nuit!

Sous l'hypocrite apparence du sourire, la jeune fille sentait ses dents grincer de rage.

Quand enfin, les salons vides, le dernier des invités parti, Armande se retira dans sa chambre, elle put au moins donner un libre cours à la rage et au dépit qui la suffoquaient.

Brisée de fatigue, roulant dans sa tête les plus noirs desseins, à bout de colère et d'invectives contre sa rivale, une crise de larmes la jeta toute défaite sur son lit.

Elle dormit à peine quelques instants, d'un sommeil tout empli de cauchemars.

Elle vit, en songe, Madeleine devenue la femme du duc de Soisy, s'avancer heureuse et fière au bras de son mari, et la brûler, en passant près d'elle, du rayonnement de son bonheur.

Cette vision, où se résumait toute la rage de sa défaite, la réveilla.

Maintenant, assise sur son lit, Mlle Monval revoyait toutes les péripéties de la veille.

Sa mémoire lui rappelait mot pour mot les réponses de Gérard, son attitude froide et compassée à son égard.

Quelle différence entre cette attitude et l'expression d'ardent bonheur qu'elle a pu constater dans les yeux du jeune duc, tandis qu'il dansait avec M{^lle} Duhamel!

Assurément, Gérard aimait Madeleine autant que celle-ci l'aimait. Armande ne pouvait plus garder d'illusions à ce sujet.

Elle en avait eu devant les yeux l'évidence même.

Ah! comme elle la déteste cette Madeleine qui lui a volé le cœur du duc!... Comme elle la hait!...

— Qu'a-t-elle donc de si séduisant, cette petite provinciale avec ses allures gauches de pensionnaire, sa timidité quasi-ridicule?... — murmurait, avec rage, la fille du banquier.

Qu'a-t-elle de plus que moi?

Et, se comparant à elle:

— Elle est moins bien faite d'abord, — ajoutait-elle, en admirant dans la haute glace, sa poitrine et ses épaules d'un contour ferme et déjà harmonieux de femme accomplie.

Qu'était auprès de sa beauté sculpturale, l'élégance encore un peu mièvre de Madeleine!

— Ses cheveux!... ses yeux!... que peut-on leur découvrir de si beau?... se demandait-elle, en poursuivant la comparaison. — Peuvent-ils se comparer aux miens?... Des cheveux blonds sans couleur, frisés et ondulés comme des cheveux de poupée... Des yeux sans expression, d'un bleu lavé, de ces grands yeux d'Anglaise qui ne disent rien!... Une tête de gravure de modes ou d'insipide keepsake...

Et sa tournure!... — continuait impitoyablement Armande. — Sa toilette de *Demoiselle du château*, de fille d'industriel endimanchée, que vaut-elle... à côté de mon chic, de mon luxe, de mon goût si personnel et si original? Cela sent la ferraille paternelle d'une lieue!

Comment s'y est-elle donc prise, cette petite fille, pour séduire si complètement le duc de Soisy?... La belle duchesse, vraiment, que cela ferait!...

M{^me} de Terrenoire, entrant dans la chambre d'Armande, interrompit ces réflexions empreintes d'une si évidente partialité, et par où se soulageait un peu le dépit de M{^lle} Monval.

La colonelle croyait trouver celle-ci tout heureuse de son succès de la veille, toute fière du triomphe remporté par sa beauté! Elle fut surprise de sa mine défaite.

— Dans quel état vous voilà, ma chère belle! — s'écria-t-elle avec inquiétude.

Rosalie frappa cependant à la porte de la chambre d'Armande. (P. 623.)

L'insomnie, en effet, et aussi le désappointement, la rage de sa défaite, avaient rougi les yeux de Mlle Monval.

Elle était encore très nerveuse, très agitée.

— Vous avez trop dansé... C'est la fatigue!... S'il est permis de se surmener à ce point! — reprit la veuve du colonel de Terrenoire en s'empressant autour de la jeune fille.

Et prenant sur un meuble un élégant petit miroir à main, à monture d'argent ciselé, vrai bijou du plus pur style Renaissance, la colonelle, après avoir ouvert les rideaux pour permettre au jour de pénétrer jusqu'au lit, le présenta à Mlle Monval.

— Regardez un peu dans quel état vous vous êtes mise, — dit-elle. — Est-ce raisonnable?... Oh! ces bals!

— Et penser que toutes les jeunes filles sont les mêmes! ajouta-t-elle en souriant et s'asseyant familièrement sur le pied du lit.

Puis, voyant que la fille du banquier ne disait rien, ou ne répondait que par monosyllabes à son bavardage :

— Êtes-vous fatiguée? — demanda-t-elle. — Voulez-vous dormir encore?

— Non, ma bonne Terrenoire. Vous pouvez causer, je vous entends, — murmura languissamment Armande.

— Vous n'êtes pas malade, sûrement?... Vous ne voulez pas que je vous laisse?...

Mlle Monval fit signe que non.

Rassurée alors, la colonelle recommença à parler de la fête.

En dehors du plaisir personnel qu'elle y trouvait, elle ne voyait pas de sujet plus propre à intéresser Armande.

Donc, après avoir proclamé le suprême triomphe de la jeune fille dans cette soirée fastueuse, Mme de Terrenoire passa une revue minutieuse et humoristique des toilettes.

Armande avait-elle remarqué comme toutes ces femmes de la république officielle étaient fagotées?...

— Il n'y avait encore que l'empire, ma chère, pour l'élégance et le raffinement de sa cour! — déclara-t-elle avec conviction. — Lui seul pouvait lutter contre le chic aristocratique, l'impertinence de bon ton de l'ancien régime! Toutes les femmes vous ont un air compassé, guindé, l'allure de bonnes bourgeoises que l'on aurait contraintes à quitter leur pot au feu et à s'endimancher pour aller faire leur partie dans une parade improvisée!... Et, avec ça, si ridicules dans leurs prétentions!... Avez-vous vu le turban à la Mme de Staël, de la belle Mme Fargeau, la fille du leader socialiste, qui, parce que son père aspire à l'héritage d'intégrité politique de l'homme d'état Génevois, a cru devoir se faire la tête de la célèbre baronne?...

Et la femme du député influent amené par le maire du XIXe!... Et la femme et les deux filles de ce conseiller municipal dudit arrondissement, qui, à table, a porté un toast si enthousiaste au philanthrope Monval et à la prospérité de la nouvelle usine, étaient-elles assez ridicules et empesées!... Pour une à peu près dans le mouvement, il y en avait quatre-vingt dix-neuf ayant l'air de débarquer en droite ligne de Pézenas ou de Pithiviers ! — Combien je leur préfère les quelques représentantes du haut commerce qui se trouvaient là ! A la bonne heure, ces femmes-là sont de vraies Parisiennes, surtout les jeunes. En voilà qui sont dans le train ! Elles ont de l'élégance et du goût dans la profusion peut-être un peu débordante de leur luxe ; dame, il faut bien faire quelque chose pour le renom de la maison. Les bijoux de Madame affirment le crédit de Monsieur. C'est l'habitude de mettre les choses en valeur !

Après avoir ainsi habillé, ou plutôt déshabillé le commerce et la politique sans parvenir à dérider Mlle Monval, l'intarissable Mme de Terrenoire se préparait à passer à un autre corps d'état lorsqu'elle s'aperçut de l'inattention d'Armande.

Qu'avait-elle donc ?... d'ordinaire les boutades de sa dame de compagnie l'amusaient, la faisaient rire. Qu'était-il passé dans l'esprit capricieux de la jeune millionnaire ?

— Décidément, si vous n'êtes pas malade, vous avez quelque chose, ma chère enfant, — fit-elle en interrompant tout à coup son bavardage pour interroger de nouveau.

Je ne vous ai jamais vue comme cela... Ce n'est pas la fatigue seule qui vous rend ainsi ?...

— Je suis malheureuse, ma bonne Terrenoire, — fit alors Armande se décidant à parler.

— Malheureuse !... après avoir eu presque toute la nuit pour cavalier le jeune ingénieur de M. Duhamel, — s'écria la colonelle ; — ce M. Gérard, ce charmant garçon... à coup sûr le plus distingué de tous ceux qui étaient là !...

Elle souriait en disant cela, d'un air entendu.

— Gérard !... justement, c'est lui, lui qui me fait souffrir, c'est contre lui que je suis irritée !... dit avec rancune Mlle Monval.

— Contre M. Gérard !... — s'écria Mme de Terrenoire avec un étonnement incrédule.

Elle savait bien à quoi s'en tenir sur les sentiments et sur les intentions d'Armande à l'égard du jeune ingénieur.

— Oui, contre lui... et aussi contre une autre, — ajouta la fille du banquier, qui serra les dents de rage à la seule pensée de Madeleine Duhamel.

— Une autre !... — interrogea la colonelle stupéfaite. — Quelle autre donc ?...

— Oui, une autre... Une autre qui m'a volé celui que j'aime !... une autre qui est un obstacle à mes désirs, qui veut m'empêcher d'épouser Gérard.

— Oh ! je la hais celle-là !... — déclara Mlle Monval, toute frémissante.

— Quel conte me faites-vous là, ma jolie Armande? — demanda la colonelle, qui n'avait rien remarqué, la veille, du manège de coquetterie de la jeune fille, et restait toute pénétrée du souvenir de l'apparente assiduité du jeune duc auprès de Mlle Monval.

— Je ne fais pas un conte, je dis ce qui est, ma chère, — répondit avec dépit la fille du banquier.

— Ce qui est?

— Oui!... Gérard en aime une autre!... Gérard est amoureux de Madeleine Duhamel!...

— Allons donc!... Quelle idée!... C'est un amoureux transi, alors, car il ne vous a pas quittée de la soirée, ma toute belle.

— Vous croyez cela, Terrenoire! — s'écria Armande les yeux brillants de colère au souvenir des inutiles avances prodiguées par elle la veille au jeune homme. — Eh bien! détrompez-vous! Si Gérard est resté auprès de moi, c'est qu'il ne pouvait faire autrement sans manquer aux devoirs de la plus élémentaire politesse. C'est que je l'ai obligé à y rester...

— Douce violence, alors, — interrompit en riant la colonelle.

— Ne riez pas, car j'ai du chagrin, ma bonne, — dit Mlle Monval qui commençait à prendre au tragique son rôle d'amoureuse incomprise.

— Comment voulez-vous me faire croire que vous parlez sérieusement?

— Rien n'est plus sérieux. — Le duc s'est montré vis-à-vis de moi, malgré mes avances, d'une froideur glaciale.

— Vous aurez sans doute pris pour de la froideur une timidité bien naturelle.

— Timide, lui, avec cette aisance, avec cette habitude du monde qui perce malgré sa volonté de se tenir à l'écart, de passer inaperçu!... Non, ce n'est pas de la timidité, je vous l'affirme, ma chère. Le duc n'a eu pendant toute la soirée qu'une préoccupation, qu'un désir : la préoccupation et le désir de me quitter au plus tôt pour aller rejoindre Madeleine Duhamel.

— Allons donc, c'est votre imagination d'amoureuse qui vous fait croire cela, ma chère Armande. — Il est impossible qu'avec votre beauté si parfaite, votre fortune, — car c'est un argument qu'il ne faut pas négliger par le temps qui court, — vous n'arriviez pas à rendre amoureux fou le jeune homme que vous avez distingué.

— Il est trop tard, hélas! ma chère colonelle, car Gérard aime ailleurs.

— Vous ne me ferez jamais croire cela. Le duc n'était nullement forcé de passer toute la soirée auprès de vous. Puisqu'il y est resté...

— Mais maussade, distrait, rongeant son frein, plein d'impatience, — interrompit avec colère Mlle Monval.

— C'est votre humeur jalouse qui s'est imaginé cela, — fit Mme de Terrenoire, s'entêtant à calmer et à consoler Armande. — M. Gérard ne pouvait se montrer, non plus, trop empressé... il aurait eu l'air de chercher à vous compromettre.

— Ah! il ne s'est pas préoccupé de cela avec «elle»! — s'écria Armande, soulignant avec rage ce dernier mot. — Vous ne les avez pas vus ensemble, comme moi!... vous n'avez pas vu comme il s'est empressé d'aller la rejoindre!... de l'inviter à danser. C'est d'elle et non de moi que M. de Soisy est amoureux fou, ma pauvre Terrenoire!

— Ne pouvez-vous pas vous être trompée?... Somme toute, monsieur Gérard n'est que l'employé de M. Duhamel qui lui a procuré chez votre père cette situation qui peut faire sa fortune, — ajouta la colonelle, n'ayant rien démêlé des intrigues d'Armande pour faire venir à Paris celui qu'elle voulait séduire. — Il est très naturel qu'il témoigne quelque déférence qu'il prodigue quelques petits soins à la fille de son ancien patron.

— Des petits soins! de la déférence!... je vous dis qu'ils s'aiment... qu'ils s'aiment, entendez-vous, Terrenoire, — affirma la fille du banquier avec une impatience rageuse.

La colonelle fit une demi-concession.

— Je vous accorde, ma belle, si vous voulez, que le jeune duc ait un caprice pour Madeleine Duhamel...

— Un caprice! — interrompit de nouveau et violemment Armande. — Non, pas un caprice, une passion!... dites une passion, si vous voulez être dans le vrai, ma chère colonelle. Mon cœur ne me trompe pas!... Ah! si vous les aviez vus!

— Eh bien! Alors, renoncez-y, à ce monsieur Gérard, — conseilla sagement Mme de Terrenoire. — Vous ne craignez pas, j'imagine, de rester vieille fille? Vous ne manquerez pas d'autres épouseurs jeunes, beaux, et tout aussi titrés, qui ne demanderont pas mieux que de vous consoler de la défection du duc de Soisy. — Sans compter que le mystère dont il s'entoure...

— Renoncer à Gérard!... — s'écria la jeune fille. — Jamais, cela, Terrenoire, n'y comptez pas!

— Cependant...

— C'est lui que je veux, et pas un autre, c'est bien entendu!... Et maintenant, plus que jamais, car vous ne voulez pas que je cède devant cette petite fille!

— Qu'est-ce que cela vous fait ? — N'est-ce pas M. Gérard qui perdrait le plus dans tout cela ?

— Jamais! je vous le dis, ma bonne, — répéta M⁽ˡˡᵉ⁾ Monval ; — jamais je ne céderai Gérard à Madeleine ! — Ne me parlez plus de cela, si vous voulez que je croie à votre affection pour moi. J'ai juré que le duc de Soisy serait mon mari, et il le sera !... du moins je ferai tout ce que je pourrai pour ça !

D'ailleurs, je l'aime ! — ajouta-t-elle péremptoirement, les yeux brillants d'une véritable passion.

La femme de chambre, en entrant pour aider Armande à faire sa toilette du matin, vint heureusement tirer la colonelle de cette conversation difficile.

Mais, comme elle s'empressait de profiter de la circonstance pour s'échapper, M⁽ˡˡᵉ⁾ Monval la retint.

— Restez, ma bonne, ne me quittez pas, dit-elle.

— Mais c'est tout juste si vous avez le temps de vous habiller pour le déjeuner.

— Je ne déjeunerai pas, — déclara Armande de mauvaise humeur. — Je n'ai pas faim. Je resterai dans ma chambre.

— Cela n'est pas sérieux, voyons, ma belle, — fit, maternellement, l'excellente M⁽ᵐᵉ⁾ de Terrenoire.

— Pourquoi, s'il vous plaît ? — demanda sèchement la jeune fille.

— Monsieur Monval sera inquiet. Il va vous croire malade, à la suite de cette nuit de bal.

— Je le suis aussi, dit la fille du banquier en se recouchant et en tournant le dos à la dame de compagnie.

Mais cette boutade ne tint pas contre les instances de la colonelle et Armande finit par céder.

M⁽ᵐᵉ⁾ de Terrenoire ne la quitta qu'après l'avoir vue entre les mains de mademoiselle Rosalie, sa femme de chambre. Elle partit alors rassurée.

Placée auprès de la fille du banquier pour la distraire et servir, non de Mentor, mais de chaperon à ses fantaisies de jeune millionnaire, la veuve du colonel craignait toujours qu'un caprice de la fantasque Armande ne la dépossédât de cette situation qui assurait à sa maturité prochaine une retraite dorée, espoir précieux pour sa nature indolente et sensuelle.

En cette circonstance, la bonne dame se demandait si elle n'avait pas été trop loin en donnant à M⁽ˡˡᵉ⁾ Monval des conseils si contraires à ses desseins.

Mais Armande l'avait quittée en l'embrassant, et cette démonstration affectueuse rasséréna la prudente veuve. — Tout était pour le mieux, puisque l'altière et volontaire fille du banquier ne lui tenait pas rigueur.

Du reste, ce revirement dans les dispositions d'Armande ne se prolongea pas hors de la présence de Mme de Terrenoire.

La jeune fille se montra d'une humeur massacrante avec sa femme de chambre.

Nerveuse, agacée, elle accabla de reproches et de rebuffades la malheureuse Rosalie, stupéfaite et prête à fondre en larmes.

Rien n'était bien, rien ne lui plaisait.

— Qu'est-ce que vous avez donc?... Vous le faites exprès! Jamais vous n'avez été aussi sotte, aussi maladroite! Vous n'arriverez jamais à m'habiller aujourd'hui, ma pauvre fille!

Tenez, laissez-moi, allez-vous-en, je m'arrangerai seule! — conclut Armande en piétinant de rage.

Et elle arracha sa robe des mains de la femme de chambre.

Rosalie se retira très mortifiée.

Sur quelle herbe avait donc marché la jeune fille?... Jamais elle ne l'avait vue ainsi.

— Vrai! elle n'est pas commode quand ça lui prend!... grommelait la soubrette vexée. — Il faut que la maison soit bonne pour que je ne lui aie pas flanqué mes huit jours!... Elle peut s'habiller seule si elle veut; ce n'est pas moi qui reviendrai avant qu'elle me sonne!...

Plus souvent...

Rosalie frappa cependant à la porte de la chambre d'Armande quelques minutes après. Elle venait annoncer à sa maîtresse la visite de Mme de Morranteuil.

— Qu'est-ce que vous voulez?... Je vous ai dit que je n'avais pas besoin de vous, — fit Armande avec humeur en la voyant entrer.

— Je fais mes excuses à mademoiselle, — répondit la femme de chambre très correcte; — mais c'est Mme de Morranteuil qui demande si mademoiselle peut la recevoir.

— Mme de Morranteuil!... Qu'elle entre tout de suite, — s'écria avec joie la fille du banquier.

— Dans la chambre de mademoiselle?

— Certainement, dans ma chambre! dépêchez-vous, Rosalie, — reprit Armande d'un ton aimable qui contrastait avec sa méchante humeur de tout à l'heure.

Cette visite de la marieuse la remplissait d'aise.

Avec elle, elle allait pouvoir encore parler de Gérard.

Elle la reçut à bras ouverts.

En femme qui connait son monde, Mᵐᵉ de Morranteuil s'excusait.

Il n'était guère convenable de se présenter à une heure aussi matinale; mais elle avait tant de hâte de savoir ce qui s'était passé, d'avoir des nouvelles de la soirée de la veille...

— C'est un triomphe, n'est-ce pas, ma chère belle? — demanda-t-elle d'un ton convaincu.

— Hélas! non, madame, — répondit Armande en se laissant tomber sur un canapé.

— Allons donc! — s'écria l'ex-grande dame en regardant la jeune fille avec étonnement. — Ce beau duc n'a pas fait sa soumission?... Qu'est-ce que vous me contez là, ma toute belle?

— La vérité, madame, — déclara Mⁿᵉ Monval, rouge de dépit au souvenir de sa défaite.

— Le duc n'a pas reçu le coup de foudre devant votre impériale beauté? Car vous étiez divinement belle, ma chère petite, — ajouta Mᵐᵉ de Morranteuil, qui avait assisté la veille à la toilette de la jeune fille.

— Il n'a même pas daigné me faire le plus banal compliment.

— Mais alors... C'est que vous ne l'y avez pas encouragé... Vous l'avez peut-être tenu à distance avec ces airs de déesse qui vous vont si bien?

— J'ai gardé le duc auprès de moi une partie de la soirée. Je me suis presque compromise avec lui, — répondit Armande.

— Et?...

— Il a été des plus corrects et n'a pas cherché à abuser de ses avantages, il faut lui rendre cette justice, — fit amèrement Mⁿᵉ Monval.

— Vous me confondez!... Comment cela peut-il se faire?... Le duc serait donc amoureux ailleurs?... — murmura la marieuse après un instant de réflexion.

Armande saisit le bras de Mᵐᵉ de Morranteuil.

— C'est votre idée aussi, n'est-ce pas? — demanda-t-elle vivement, tandis qu'une contraction haineuse venait détruire l'harmonie de son beau visage.

La marieuse essaya de se reprendre.

— Mais je ne sais pas, ma chère petite, — dit-elle ne sachant que répondre, — je cherche... j'ai émis cette opinion un peu au hasard... Mais, au fond, en y réfléchissant, cela me paraît absurde. Dans un petit endroit, cela se saurait. J'ai pris mes informations à Varangeville. On ne lui connaît point de maîtresse dans le pays. De qui le duc pourrait-il être amoureux?... Je ne vois pas...

... Puis elle s'habilla avec précaution. (P. 632).

— Je le sais, moi! — s'écria avec violence Mlle Monval.

— Vous le savez!...

— Oui, je le sais, — répéta Armande que le dépit et la rage rendaient pâle. — Le duc est amoureux de Madeleine Duhamel.

— La fille du maître de forges?

— Oui, d'elle-même!... — affirma la jeune fille en serrant les dents.

— Vous en avez la preuve? — demanda Mme de Morranteuil.

— Ah! je n'ai pas besoin de preuve! — s'écria amèrement la fille du banquier. — Il y a longtemps que je m'en doutais!... Mais je les ai vus hier ensemble, cela me suffit pour être sûre.

— Alors, vous renoncez à vos projets? — demanda la marieuse avec un secret espoir de n'avoir plus à s'occuper d'un mariage aussi difficile.

Du reste, j'ai bien mieux que le duc à vous offrir, ma chère mignonne ; je me suis occupée de vous dans cette prévision. Un prince, un prince de sang presque royal!... Et jeune, et beau, et amoureux... ou plutôt — poursuivit l'artificieuse matrone, — ne demandant qu'à le devenir et à rendre justice à la plus adorable des héritières...

Mais Armande haussa les épaules insoucieusement.

— Je me moque de votre prince, chère madame, — fit-elle d'un ton décidé. — C'est le duc de Soisy que je veux.

— Le duc?... — balbutia la marieuse décontenancée.

— Oui, le duc!... Je serai duchesse de Soisy ou je n'épouserai personne.

— Cependant, réfléchissez, le titre que je vous propose...

— Ah! Je me soucie bien du titre!... — s'écria la jeune millionnaire avec explosion. — Ce n'est pas le titre seulement qui me plaît aujourd'hui en Gérard de Soisy, c'est lui-même!... Je l'aime, maintenant, je ne rêve que de lui!...

Cela m'est égal qu'il me dédaigne, qu'il en aime une autre!... C'est lui que je veux, et je l'aurai, coûte que coûte, dussé-je briser ma rivale, cette Madeleine que je hais! — ajouta la fille du banquier en s'exaltant, en laissant voir à découvert, devant Mme de Morranteuil terrifiée, toute la profondeur de sa rancune et de sa rage contre celle qui lui avait volé le cœur du jeune duc.

Oh! il faudra bien qu'elle me le rende, — continua-t-elle, menaçante.

— Sans elle, Gérard m'aurait aimée, j'en suis sûre!... Pourquoi s'est-elle trouvée sur ma route?... Tant pis pour elle!... J'aime le duc et je le veux!

Qu'elle me le dispute si elle peut, — ajouta-t-elle d'un ton d'arrogant défi, — ma passion pour Gérard ne cédera pas. Si je n'arrive point à me faire aimer, eh bien!... ni l'une ni l'autre ne l'aura, voilà tout!... Je saurai bien m'arranger pour ça!

— Mais enfin, somme toute, ma chère enfant, — fit Mme de Morranteuil qui, de crainte d'augmenter la colère d'Armande, avait laissé passer sans l'interrompre cette véhémente déclaration, — somme toute, comme je vous le disais tout à l'heure, vous n'avez aucune preuve de cet amour du duc de Soisy pour Mlle Duhamel.

— Et je vous ai répondu, madame, que je les avais vus ensemble hier, au bal, et que cela me suffisait, — fit Armande avec hauteur.

— Ce à quoi je n'ai rien objecté, — s'empressa d'ajouter la marieuse d'un ton conciliant. — Je ne savais pas alors que le duc vous tenait tant à cœur, ma chère enfant. Mais à présent, je reviens à mon idée, et je vous dis : Vous n'avez que des présomptions sur l'amour de Gérard de Soisy pour Madeleine Duhamel, et pas de preuves.

Et l'ex-grande dame ajouta en souriant :

— Voyons, avouez avec moi qu'un tour de valse ne tire guère à conséquence.

De fait, Mme de Morranteuil avait raison et Armande était bien obligée d'en convenir : la preuve lui manquait pour appuyer ses doutes sur l'amour des deux jeunes gens.

Ah! cette preuve, oui, elle eût voulu l'avoir!

Mais comment?

Elle eût donné beaucoup pour être certaine. — Car, au fond, elle ne demandait qu'à conserver un peu d'espoir, à se raccrocher à cette pensée qu'elle pouvait s'être trompée.

— Vous m'aiderez, ma bonne madame de Morranteuil, — supplia-t-elle. — Vous tâcherez de savoir... de vous informer?...

— Oui, je vous le promets, ma toute belle, — affirma l'ancienne cocodette, qui entrevoyait dans la jalousie d'Armande la mine de petits profits que, en attendant la forte somme à toucher sur le mariage, elle ne dédaignerait pas d'exploiter. — Je ferai tout ce que je pourrai pour vous apporter la certitude que vous vous méprenez sur les sentiments secrets de notre bel indifférent.

Je voudrais tant vous voir heureuse, ma chère mignonne! — soupira la marieuse, se faisant maternelle. — C'est moi, d'ailleurs, qui ai commencé ce gentil mariage-là, il ne sera pas dit que je ne le mènerai pas à bonne fin. — Soyez tranquille. Nous ne laisserons pas l'héritier du nom de Soisy se mésallier avec la fille de ce maître de forges, cette petite provinciale à peine millionnaire.

— N'est-ce pas qu'elle ferait une triste duchesse? — fit Armande, heureuse d'entendre dire du mal de sa rivale, — et que ce n'est pas la femme qu'il faut à Gérard?

— Je n'en connais qu'une, ma chère enfant, capable de porter dignement le beau nom historique des Soisy, — déclara Mme de Morranteuil, avec une conviction aussi solennelle que de commande.

— Et celle-là c'est moi, n'est-ce pas, madame? — dit fièrement la fille du banquier.

— Oui, c'est vous, ma belle Armande, — affirma la marieuse, enchantée de voir la jeune fille s'apaiser et se rasséréner peu à peu.

L'espoir, en effet, grâce à l'habileté de l'intelligente entremetteuse, rentrait en partie dans le cœur d'Armande Monval.

Elle en vint à se demander si elle n'avait pas désespéré trop vite du pouvoir de ses charmes sur le duc de Soisy.

L'assurance de Mme de Morranteuil lui avait rendu confiance en elle-même.

— Il est impossible, en effet, — pensait-elle, — que Gérard ne finisse pas par s'apercevoir de la différence qu'il y a entre moi et cette petite sotte de Madeleine!... J'aurais tort de désespérer. Tout n'est pas dit encore entre le duc et moi, et mademoiselle Duhamel ne sera pas de sitôt duchesse de Soisy, j'en réponds!

Et, devant la perspective de nouveau victorieuse d'enlever à Madeleine par la seule force de sa beauté souveraine le cœur de Gérard qu'elle aimait maintenant d'une folle passion, Armande sourit complaisamment.

— A la bonne heure, — fit la marieuse en voyant le changement qui s'opérait sur la physionomie de la jeune fille. — Voilà enfin, de nouveau, ce joli visage épanoui!... Ah! si ce méchant duc savait que c'est lui qui fait pâlir ces belles joues, comme il tomberait bien vite à genoux pour implorer son pardon!

Et l'entremetteuse du grand monde accompagna sa phrase d'une caresse amicale de la main sur les joues, en effet légèrement pâlies de la fille du banquier.

La fière Armande ne se fâcha pas de cette familiarité.

— Vous croyez donc, madame, que je ne dois pas désespérer? — demanda-t-elle; — vous pensez que le duc de Soisy peut encore devenir amoureux de moi, malgré l'indifférence qu'il m'a témoignée hier?

— Comment! si je le crois, chère mignonne!... Est-elle adorable!... Mais j'en suis sûre, — affirma l'ex-grande dame sans hésitation.

— Sûre!...

— Mais oui, sûre! — Est-ce que l'on résiste à deux beaux yeux comme ceux-là?...

La femme de chambre vint annoncer à ce moment que l'on n'attendait plus que mademoiselle pour déjeuner.

Mme de Morranteuil se leva pour partir.

— Vous me quittez! — s'écria Armande, avec un accent de regret nullement joué.

— Dame, ma chère enfant, je ne veux pas être indiscrète, — fit la marieuse, dissimulant à peine un sourire de satisfaction, car elle entrevoyait pour elle une mine d'or au bout des gracieusetés intéressées de la jeune fille.

— Mais nous avons encore à causer!

— Je reviendrai, ma belle petite amie, ne vous inquiétez pas, — promit Mme de Morranteuil d'un ton de condescendance amicale.

— Revenir?... Pourquoi? — fit Armande Monval. — Pourquoi ne déjeuneriez-vous pas avec nous, ma chère madame de Morranteuil?

— Y pensez-vous? — fit la marieuse hésitante.

— Nous reprendrions notre entretien après déjeuner.

— Mais je connais à peine M. et Mme Monval.

— Vous êtes une amie de Mme de Terrenoire, vous avez vécu à la cour impériale, vous avez connu l'empereur, vous causerez de lui avec mon cher papa.

Il ne faut pas le dire à ses futurs électeurs, mais vous verrez comme il sera heureux! — ajouta en riant Mlle Monval. — Allons, chère madame, vous acceptez, n'est-ce pas?... je vous en prie!

— Petite tentatrice! — fit Mme de Morranteuil plus qu'à demi décidée.

— C'est la colonelle qui sera ravie!

— Peut-être pas tant que ça, — pensa la marieuse qui mourait d'envie d'accepter et ne résistait plus guère que pour la forme.

— Dites oui, ma chère madame, — insista Armande. — Vous ne pouvez pas me refuser!...

— Vous me faites commettre une incorrection...

— Mais non, ma bonne madame de Morranteuil, — dit Armande légèrement impatientée et remettant les choses au point. — Je vous évite tout simplement la peine de revenir. — Ne faut-il pas que nous causions de Gérard? Vous serez toute portée. — Il faut aussi que je vous remette une petite provision, car enfin, je ne veux pas que vous ayez quelque chose à débourser pour les démarches que vous allez faire...

— Allons, il faut en passer par où vous voulez, ma toute belle, — acquiesça Mme de Morranteuil trouvant que la fille du banquier employait des arguments des plus convaincants.

— Vous voulez bien?... Quel bonheur?... Ah! qu'il me tarde que le déjeuner soit fini! — s'écria l'impatiente Armande, qui déjà eût souhaité reprendre avec Mme de Morranteuil la conversation que l'heure les forçait d'interrompre.

Et, entraînant la marieuse vers la salle à manger

— N'est-ce pas que c'est moi qui serai duchesse de Soisy et que nous trouverons bien le moyen de faire oublier à Gérard cette petite nullité de Madeleine Duhamel? — murmura la jeune fille à l'oreille de l'entremetteuse.

— Cela ne fait aucun doute, croyez-le bien, ma chère enfant! — répondit Mme de Morranteuil d'un ton d'absolue confiance.

CHAPITRE XXXII

PREMIÈRE JOURNÉE A PARIS

UAND elle se réveilla au jour, le lendemain de son arrivée, dans la chambre du petit hôtel borgne de la rue Montmartre, où elle était descendue avec Mousset, Léonore sauta du lit lestement.

Elle avait hâte de refaire connaissance avec ce Paris qu'elle n'avait pu qu'entrevoir pendant un court séjour fait précédemment.

La veille, fatiguée du voyage, ils s'étaient fait conduire à l'hôtel en descendant du train et s'étaient couchés immédiatement.

Bien qu'il fût plus de neuf heures, Mousset paraissait dormir encore. Mais l'impatience, la joie d'être à Paris, avaient réveillé Léonore.

La femme de chambre passa sans bruit, afin de ne pas réveiller son amant, un jupon et une camisole et ouvrit la fenêtre où elle s'accouda.

Elle se sentait tout heureuse.

Elle était donc dans ce Paris, dont on lui avait fait un tableau si séduisant. Dans ce Paris, la ville des plaisirs, la ville de toutes les ressources!

La maîtresse de Mousset regardait, étonnée et légèrement étourdie, le va-et-vient ininterrompu de la foule déjà compacte des piétons qui, malgré l'heure matinale, encombraient les trottoirs de cette rue, commerçante et passagère.

Toute cette vie intense, d'où montait jusqu'à ses oreilles comme un bruit de ruche gigantesque, émerveillait la provinciale. Non pourtant que Léonore ressentît l'étonnement naïf et ahuri de la paysanne brusquement enlevée à son village et transplantée en plein centre parisien. Le premier voyage que l'ancienne femme de chambre emmenée en train de plaisir par ses maîtres avait fait dans la capitale avait enlevé à ses impressions la fleur rustique et non sans charme des ahurissements naïfs.

Dans ce mouvement qui l'étourdissait, elle retrouvait quelque chose de déjà vu ou tout au moins pressenti.

Ce qui l'impressionnait, c'était, plutôt que l'étonnement, la transition brusque du calme à l'activité ; ce qu'elle ressentait, c'était l'opposition de l'existence fiévreuse à la vie calme qu'elle quittait. Cela la galvanisait.

Il lui prenait des envies de se remuer elle-même, de descendre dans la rue, de se mêler à cette foule grouillante et affairée.

Quelque intéressée qu'elle fût par le spectacle de la rue, Léonore songea à Mousset.

— Tout ce bruit est capable de l'éveiller, — pensa-t-elle en se retirant de la fenêtre qu'elle ferma.

Alors elle alla vers le lit dont elle tira les rideaux afin que le jour n'arrivât pas directement sur le visage de son amant, puis elle s'habilla avec précaution.

— C'est bien le moins qu'il se repose, ce gros chou, — murmura-t-elle, prise d'un regain de tendresse pour celui qui avait bien voulu se charger d'elle et l'emmener à Paris. — Il faut qu'il ait encore de l'affection pour moi, car c'est gentil tout de même ce qu'il a fait là !...

Si bien qu'elle connût son amant, Léonore conservait, on le voit, à son sujet, quelques impardonnables illusions.

Mousset, cependant, ne dormait pas.

Il avait seulement feint le sommeil, afin de ne pas être dérangé dans les réflexions nécessaires auxquelles il se livrait avant de rien entreprendre.

L'ancien clerc d'huissier se demandait à quel projet il allait s'arrêter.

C'était évidemment quelque chose que d'être à Paris, mais qu'allait-il y faire avec Léonore ?...

Mousset cherchait à donner un corps aux projets vagues qui l'avaient poussé à choisir cette ville immense, où déjà se coudoyaient tant d'ambitions et de convoitises inassouvies, comme résidence d'élection.

Quoiqu'il fût certain d'arriver à se débrouiller et à se tailler sa part dans les mille et une ressources qu'un homme avisé devait savoir tirer de l'existence parisienne, il n'avait encore rien de bien arrêté.

Il éprouvait le besoin de rassembler ses idées.

Comme un général, après avoir, d'un coup audacieux, investi la cité florissante où il comptait prendre ses quartiers d'hiver, maintenant il ne voulait pas livrer la bataille avant d'avoir passé la revue de ses forces.

Il se savait peu scrupuleux, d'ailleurs, sur les moyens à employer pour pénétrer dans la place et aider la chance.

— Il n'y a que les honteux qui perdent, — se répétait le jeune homme.

Brusquement il pensa à Percier, cet agent qu'il avait rencontré là-bas, à Nancy, ce policier occulte qui recherchait M. Gérard, soi-disant pour le compte d'un notaire, et qui, en réalité, était envoyé par une dame demeurant rue des Écuries-d'Artois.

En les traversant, Léonore s'émerveilla. (P. 638.)

Mousset se rappelait tous les détails de ses rapports avec cet agent, sa seconde rencontre avec lui dans le bureau de poste. Il n'avait oublié ni le nom, ni l'adresse lus sur le télégramme que Percier avait envoyé à Paris au retour de son expédition aux forges de Varangeville.

Les réticences de l'agent parisien lui revenaient à l'esprit.

Mousset n'avait jamais cru un seul instant à cette histoire d'héritage et de notaire. Mais certainement, cette M*me* de Morranteuil, — il se rappelait bien le nom, soigneusement inscrit d'ailleurs sur son carnet, — cette dame ne faisait pas rechercher Gérard sans un motif sérieux.

— Il y a là-dessous quelque mystère qu'il pourra être bon d'éclaircir, — avait déjà pensé Mousset; et son esprit astucieux pressentait quelque chose de louche, dont la connaissance ne pouvait manquer de rapporter de jolis profits.

Et se rappelant la photographie qui représentait Gérard en officier et que lui avait montrée l'agent :

— Ce Gérard était évidemment dans l'armée avant d'entrer à l'usine Duhamel, — conjectura-t-il. — C'est singulier!... Quelle raison a pu le forcer à partir?... l'obliger à démissionner? — Car, à cet âge-là, un officier ne démissionne pas de son plein gré... Oui, je crois qu'il y a là un secret bon à découvrir. Et alors, en avant la pêche en eau trouble!

C'est comme cette Mme de Morranteuil, — continua l'amant de Léonore. — Qu'est-ce que ça peut être que cette femme-là?... Que venait-elle faire au Châtenay?... Évidemment, quand elle est venue voir la vicomtesse, elle sortait de Bois-Jolivet où elle avait vu le Gérard. Quelle intrigue peut-il encore y avoir là-dessous?

Il y réfléchit longtemps, essayant de comprendre ou de deviner.

— Certainement elle n'est pas venue à Châtenay pour son propre compte, elle jouait un rôle, — pensa le drôle qui ne s'était pas privé d'écouter aux portes pendant la visite de Mme de Morranteuil à la vicomtesse et qui, avec sa connaissance des rouages parisiens, avait parfaitement deviné que la soi-disant grande dame appartenait à la catégorie de ces intrigantes habiles qui se chargent des missions les plus ardues et les plus délicates.

Mais quelle pouvait être la mission délicate ou difficile dont s'était chargée la correspondante de l'agent auprès de Mme de Châtenay?

Elle a parlé de mariage au sujet de la belle-fille de la vicomtesse, — fit l'ancien clerc d'huissier cherchant à établir une corrélation entre les deux démarches supposées de Mme de Morranteuil. — Serait-elle venue dans le même but près de Gérard?... Voilà ce qu'il faut que je sache, car cela me paraît d'un intérêt immédiat!...

Il faut que j'éclaircisse le mystère qui plane autour de ce M. Gérard, de cet ex-officier chassé sans doute de l'armée et qui se dissimule à l'usine Duhamel dans un emploi de commis d'ingénieur.

Il faut que j'arrive à savoir l'intérêt que peut avoir la Morranteuil à le faire rechercher.

Pour cela, il est indispensable que je me mette en relations avec cette femme, — acheva Mousset, pressentant que là, seulement, en effet, serait pour lui le nœud de la situation.

Mais quel prétexte prendre pour me présenter chez elle?... Bah! je trouverai bien. Ce n'est pas là le plus difficile.

Et il murmura, songeur :

— L'essentiel est de ne pas s'embarquer à la légère, avec une trop grande précipitation, afin de tirer de la position équivoque, que je pressens, le meilleur parti possible.

Toute prête, maintenant, Léonore s'approcha de nouveau du lit.

— Il faut cependant que j'éveille ce grand paresseux-là, — pensa-t-elle.

Levée depuis près d'une heure, elle commençait en effet à s'ennuyer et à trouver qu'il était grandement temps de décider de l'emploi de la journée.

Elle eût voulu déjà être sortie, coudoyer la foule, voir les beaux monuments, les magasins, toutes ces magnificences dont on lui avait parlé et qu'elle n'avait fait qu'entrevoir pendant son premier et trop court séjour à Paris.

Elle trouvait que son amant était bien long à s'éveiller.

Elle se décida enfin à écarter les rideaux.

— Le grand jour va bien lui faire ouvrir les yeux, — pensa-t-elle.

Léonore se pencha, rieuse, mise en gaité par tout ce mouvement qui bourdonnait autour d'elle, prête à morigéner le dormeur.

Elle se recula surprise.

— C'est trop fort, par exemple! — cria-t-elle d'un ton boudeur, — moi qui prenais tant de précautions afin de ne pas te réveiller.

— Il y a belle lurette que je le suis, éveillé, ma grosse Nonore, — dit sérieusement l'ancien clerc d'huissier.

— Qu'est-ce que tu faisais, alors, au lieu de te lever?... Tu sais, je suis si impatiente de sortir...

— De sortir... Pourquoi faire? — interrogea le jeune homme.

— Mais pour voir Paris, pour me promener, donc! — répondit la femme de chambre avec une joie enfantine.

— Tu es contente, alors, d'être à Paris?

— Pour sûr!... A la bonne heure!... On ne va pas s'embêter ici comme à Châtenay!... On va pouvoir s'en payer, de la rigolade!

— Tout ça c'est très joli, mais il faut d'abord songer aux choses sérieuses, — fit observer Mousset beaucoup plus calme que Léonore. — Les affaires avant la rigolade!... Nous n'avons pas plus d'argent qu'il ne faut.

— Mais je ne demande pas mieux, moi, mon gros chéri, — fit la jeune femme prise soudain de la peur d'être lâchée par son amant. — Ce que j'en disais, c'était pour aujourd'hui seulement. J'avais une fringale de voir Paris. Mais tu sais bien que je ne demande qu'à travailler.

Mousset acquiesça complaisamment :

— Je te rends justice, Nonore.

— Voyons, as-tu quelque chose en vue, quelque projet? — interrogea-t-elle, en s'asseyant sur le bord du lit.

— Des projets, ce n'est pas ça qui me manque, — répondit le jeune homme. — Le tout est de les rendre pratiques.

— Puis-je faire quelque chose? puis-je t'aider?...

— Nous verrons ça; sois tranquille. Rien n'est encore mûr, — dit le jeune homme sans s'expliquer davantage.

— De mon côté, je m'occuperai dès aujourd'hui à chercher quelque chose à faire.

— Bah! ça ne presse pas tant que ça, il n'y a point ces périls en la demeure.

— Qu'est-ce que ça fait, ça vaut toujours mieux, — insista Léonore; — mieux vaut ne pas attendre d'être au bout de son argent.

Si après on ne trouvait rien.

— Laisse donc, je me débrouillerai toujours. — A Paris, un débrouillard, comme moi se tire infailliblement d'affaire, tu verras! — affirma Mousset devenu plus optimiste que sa maîtresse.

— Mais tu as donc déjà quelque chose en vue?... Comptes-tu sur quelqu'un? — demanda Léonore étonnée de l'assurance de son amant.

— Je ne compte sur personne autre que moi-même, et c'est assez, — dit l'ancien clerc d'huissier éludant la première partie de la question. — D'ailleurs, c'est justement lorsque l'on se trouve livré à ses seules ressources, que l'imagination travaille et que les solutions se dessinent.

— Alors, aujourd'hui?...

— Aujourd'hui, l'on s'amuse, on visite Paris, on déjeune et on dîne au restaurant... Noce sur toute la ligne, aujourd'hui, ma petite chatte! — A demain, les soucis et les affaires sérieuses.

— Alors, tout à l'heure, c'était pour rire? — demanda la femme de chambre enchantée.

— Pour rire, oui, ma vieille, comme tu le dis si élégamment quoiqu'en prose; — fit le jeune homme, que mettaient décidément en bonne humeur les espérances que ses réflexions matinales avaient fait naître.

— Quel bonheur! — s'écria Léonore en sautant au cou de son amant.

Et l'embrassant :

— Tu es un type épatant, tout de même! — ajouta-t-elle avec enthousiasme. — Je t'aime bien, va!

— Demain, il va falloir se mettre sérieusement en quête de quelque chose.

— Oh! je suis tranquille, va, pour ma part, — dit la femme de chambre avec conviction. — Je sais bien que tu réussiras toujours, quoi qu'il arrive; ce n'est pas tous les jours que l'on en trouve d'aussi intelligents que toi!

— Alors, tu as confiance en moi?

— Pour sûr que je n'aurais guère peur de l'avenir si j'étais certaine que tu me garderas toujours avec toi, — insinua Léonore.

— Quant à ce qui est de ça, motus là-dessus, ma vieille, si tu ne veux pas que nous nous fâchions, — fit Mousset un peu sèchement.

Mais la femme de chambre se mit à rire.

— Bête, va!... je n'oublie pas ce qui a été convenu, — dit-elle.

Du reste, ce petit incident n'avait en rien désarçonné sa bonne humeur, sa joie de se sentir à Paris. Léonore était faite aux rebuffades de son amant.

— Alors, voyons, où allons-nous aller, dis? — demanda-t-elle, changeant seulement prudemment de conversation.

— Ah! oui, combinons le programme, — dit Mousset redevenu bon enfant.

— Sur les boulevards d'abord... je veux voir les boulevards.

— Va, pour les boulevards, accordé! De là, je te mène boulotter au Palais-Royal.

— Au Palais-Royal? — interrompit la jeune femme effrayée à l'idée du prix que cela allait coûter.

— Oui, au Palais-Royal! — Rien que ça de luxe! — Dans un chic restaurant à trente sous.

— A la bonne heure, — fit Léonore rassurée.

— De là, — continua Mousset, — visite aux monuments, aux musées, aux...

— C'est-il bien nécessaire, les musées? — interrompit un peu timidement la femme de chambre.

— C'est obligatoire, — répondit péremptoirement le jeune homme qui calculait que c'était encore le moyen le plus économique de passer son après-midi.

— Va pour les musées, alors, — soupira Léonore résignée.

— Au retour, reboulottage au restaurant, — poursuivit l'ex-clerc d'huissier, se gardant bien de réclamer contre l'acquiescement peu enthousiaste de sa maîtresse, à l'avant-dernière partie du programme. — Je connais une maison où pour deux francs par tête, nous dînerons comme des princes.

Tu m'en diras des nouvelles. — Et, après...

— Après? — fit Léonore palpitante.

— Après, en avant le concert ou le théâtre! nous consulterons les affiches, — acheva triomphalement Mousset.

La femme de chambre battit des mains.

— Oh! le concert!... Allons au concert, — supplia-t-elle, ayant conservé un souvenir délicieux d'une soirée passée dans un café-concert de Nancy en compagnie de son amant.

Le programme arrêté, Léonore regarda l'heure à sa montre.

— Dix heures!... vite, lève-toi, mon petit homme! — fit-elle en s'empressant de préparer tout ce qu'il fallait à Mousset pour s'habiller.

Une fois hors du lit, il se mit à sa toilette méthodiquement.

— Allons, vite, lambin, tu n'en finis pas, jamais nous ne partirons, — disait à chaque instant, demi-rieuse et demi-grondeuse, Léonore qui, depuis longtemps, attendait son amant le chapeau sur la tête.

— Nous avons bien le temps, va, ma grosse Nonore, — répondit le jeune homme qui prenait plaisir à la taquinerie. — Paris ne s'en va pas!

— Le temps!... Mais non, nous n'avons pas le temps, — riposta Léonore riant et le bousculant, l'étranglant à demi sous prétexte de lui nouer sa cravate.

Et lui mettant de force son chapeau et son pardessus :

— Allons, viens, partons, dépêchons-nous! — supplia-t-elle, impatiente de se voir dans la rue.

— Laisse-moi au moins me donner un coup de brosse, — fit comiquement Mousset que sa maîtresse avait réussi à entraîner jusqu'à la porte.

Et il essaya d'échapper à l'étreinte de Léonore, mais celle-ci tint bon.

— Non, je ne te lâche pas, ne compte pas là-dessus!... viens.

Enfin, ils partirent.

Bras dessus, bras dessous, ils descendirent la rue Montmartre jusqu'aux Halles.

En les traversant, Léonore s'émerveilla.

Était-il bien possible que Paris consommât toutes les victuailles qui étaient entassées là?

— Bah! ce n'est rien que ça. Il en engloutit bien d'autres, — fit Mousset qui s'amusait de l'ahurissement de la femme de chambre. Il faudrait voir ça la nuit, quand les charrettes arrivent!... Et tous les grands restaurants, toutes les maisons de comestibles de Paris qui se sont approvisionnées là dès le matin, sans compter les maisons chic qui ont leurs arrivages particuliers!...

C'est avant huit heures, avant le coup de cloche, que les Halles sont curieuses!

— Le coup de cloche?

Il fallut que Mousset expliquât à Léonore ce que cela voulait dire; le remue-ménage des maraîchers forcés de débarrasser les abords des Halles et vendant à tout prix pour ne pas remporter leurs marchandises.

— Ce doit être rigolo, il faudra que je me paie ça un matin, — dit la femme de chambre. — D'autant mieux qu'on doit faire de bonnes affaires...

— Ne t'y fie pas; les croquants sont malins, va!... On se fait rudement voler quand on ne s'y connaît pas, — affirma Mousset en riant.

En causant ainsi ils atteignirent la rue de Rivoli que, tout en flânant et en s'amusant à regarder les magasins, ils remontèrent jusqu'à la place de la Bastille.

Là, bien qu'elle se sentît un peu fatiguée, Léonore voulut faire l'ascension de la colonne de Juillet.

La montée dans l'escalier tournant, montée qu'ils effectuèrent avec une bande de touristes, un vieux monsieur, une grosse dame et leurs deux enfants, un garçon et une fille qui pouvaient avoir de quinze à dix-huit ans, donna lieu à un incident comique.

A mi-chemin de l'ascension, la grosse dame, essoufflée, demandant grâce, s'était laissée choir sur une marche de l'escalier, se refusant à aller plus loin.

— Mais, maman, tu ne peux pourtant pas rester là; tu bouches le chemin, — s'écria le jeune garçon qui voyait que Mousset et Léonore attendaient pour monter à leur tour que la trop sans gêne et obèse personne voulût bien débarrasser le passage.

— Laisse-moi souffler, au moins, — gémit l'encombrante provinciale. Tu vois bien que je ne peux pas me lever maintenant.

— Là! Qu'est-ce que je te disais?... Est-ce que tu n'aurais pas mieux fait de rester dans la salle d'en bas à nous attendre?

— Mais puisque c'est mon régime... que le docteur m'ordonne de faire de l'exercice... de me fatiguer... pour maigrir. Vous le savez bien, cependant; et il faut tout le temps que je vous le rappelle, vous ne voulez jamais me prendre avec vous!... C'est pour ça que je ne maigris pas, que je reste toujours aussi grosse.

Et la malheureuse faisait d'inutiles efforts pour se lever ou tout au moins pour se serrer contre la paroi, afin de laisser passer Mousset et Léonore.

— Je ne peux pas, — soupira-t-elle avec découragement.

— Allons, maman, du courage, du courage, petite mère ! — répétèrent en chœur les enfants.

— Du nerf, voyons, sapristi, bobonne, — dit à son tour le mari, venant à l'aide.

Allons, un peu de bonne volonté !... Un effort !... Tiens-toi à moi... Hardi !...

— Je ne peux pas, Alfred, — murmura la grosse femme en s'affalant de nouveau. — Que ce monsieur et cette dame passent sur mon corps, je suis résignée... Je mourrai ici !... Jamais je n'aurai la force de me relever !

L'ancien clerc d'huissier et sa maîtresse, après avoir d'abord attendu avec impatience la fin de cette scène grotesque, s'amusaient maintenant de l'aventure.

— Il va falloir la hisser avec un palan, — murmura Léonore à l'oreille de son amant.

Enfin, l'un tirant, l'autre poussant, le garçon et la fille, aidés de leur père, arrivèrent à relever l'énorme dame et à la faire monter jusqu'à la plate-forme.

Mais là, ce fut une autre comédie. La bonne femme affolée, prise de la peur du vertige en se voyant à une pareille hauteur, ferma les yeux et ne voulut rien regarder. Puis, au moment de repartir, elle refusa de descendre.

— Vous pouvez vous en aller, m'abandonner, je ne bougerai pas d'ici... Vous ne me ferez pas revenir dans cet horrible escalier, — répétait-elle en gémissant. — Je resterai là !...

Quelque envie qu'ils en eussent, Mousset et sa maîtresse n'attendirent pas la fin de l'aventure. Ils voulaient avoir le temps de parcourir les boulevards avant l'heure du déjeuner.

La scène, du reste, menaçait de durer longtemps, vu le degré d'entêtement que paraissait posséder la bonne dame.

— Je parie qu'ils seront encore ici ce soir, — fit en riant Mousset. — C'est dommage, j'aurais bien voulu voir la manière dont ils s'y prendront pour la décider à descendre.

Mais Léonore était impatiente de se remettre en route.

— Oui, — ce sera drôle, — approuva-t-elle. — Mais, comme tu le dis, ce n'est pas pour tout de suite. Nous risquerions fort de coucher ici à les attendre.

Mis en gaîté par cet incident grotesque, ils descendirent, riant et plaisantant.

LA DEMOISELLE DU CHATEAU

Justement, il y avait encore deux places libres sur l'impériale de l'omnibus... (P. 643.)

Mais en bas, une fois sur la place, la femme de chambre se trouva fatiguée. La lassitude du voyage, mal réparée par un repos que son impatience avait abrégé, se faisait de nouveau sentir.

Mousset proposa alors de prendre l'omnibus jusqu'à l'Opéra. Une fois là, si Léonore se trouvait reposée, on pourrait se rendre à pied au Palais-Royal.

Justement, il y avait encore deux places libres sur l'impériale de l'omnibus de Madeleine-Bastille prêt à partir.

Les deux amants s'empressèrent d'y monter. Un voyageur complaisant, voyant un « ménage », se poussa pour les laisser ensemble.

Ils occupaient les deux dernières places de la banquette auprès du cocher. De là, Léonore était aux premières loges pour voir toute l'enfilade des boulevards, et ne rien perdre de l'extraordinaire mouvement de cette voie unique au monde.

Jusqu'à la place du Château-d'Eau, il faut l'avouer, l'enthousiasme de la provinciale resta indécis. Elle s'attendait à autre chose que cela.

Mais, à partir de la porte Saint-Martin et du boulevard Poissonnière, elle s'émerveilla et ne tarit plus en exclamations.

Le mouvement des piétons, le remue-ménage des voitures et des chevaux la stupéfiaient.

Où pouvaient aller tous ces gens-là?... Était-il possible qu'il y eût tant de voitures que cela dans Paris! C'était donc fête?... elles s'étaient donc toutes donné rendez-vous sur les boulevards?

Et cette foule qui se pressait dans les cafés!... les Parisiens n'avaient donc rien à faire?

Mousset, un peu gouailleur, avait eu de la peine à convaincre sa maîtresse que ce jour était un jour très ordinaire, que c'était toute la semaine la même chose, et que c'est surtout dans les cafés, lorsqu'il paraît ne rien faire, que le Parisien traite les affaires les plus sérieuses.

Léonore n'en revenait pas.

— Tu m'en contes, tu te paies ma tête, — répétait-elle à tout bout de champ.

Elle n'y tint plus et voulut descendre au boulevard des Italiens pour voir les boutiques.

Elle ne sentait plus la fatigue, intéressée par le spectacle qu'elle avait sous les yeux.

Ils tournèrent à l'avenue de l'Opéra et, tout en flânant, s'acheminèrent vers le Palais-Royal.

Mais bientôt ils hâtèrent le pas. Il était près de midi, la faim commençait à les talonner, car ni l'un ni l'autre n'avait rien pris depuis le maigre souper fait la veille au soir en arrivant.

— Est-ce encore bien loin, ton restaurant, dis, mon chéri? — questionna Léonore. — Est-ce qu'on ne va pas bientôt boulotter? — Mon estomac crie famine.

— Patience, ma vieille, tâche de faire taire encore un peu ton gaster. Dans trois minutes nous y sommes, — répondit Mousset.

En effet, ils arrivaient.

Ainsi que cela avait été convenu le matin, voulant vivre le plus économiquement possible, l'ancien clerc d'huissier avait conduit sa maîtresse au Palais-Royal, chez Bouvier, un restaurant à vingt trois-sous.

Bien que l'heure du « coup de feu » fût passée, la salle était encore pleine de monde.

Provinciaux auxquels leur budget ne permettait pas d'aborder les grands restaurants, employés, — ceux-là mangeaient vite en lisant leur journal, — cocottes en dèche lançant par habitude professionnelle des regards incendiaires à leurs voisins, s'amusant à aguicher quelque brave bourgeois déjeunant avec sa légitime, histoire de se payer la tête effarée et les airs indignés de celle-ci, mais sachant bien qu'il n'y avait aucune « levée » sérieuse à espérer, venues là simplement pour se nourrir, en attendant que la guigne fût partie et que revînt la série des bonnes ripailles au café Anglais ou à l'Américain.

Mousset et sa maîtresse avaient fini par trouver une table libre à laquelle ils s'étaient assis, et, en attendant qu'on les servît, Léonore, à qui la perspective d'un déjeuner prochain avait rendu toute sa gaieté, s'amusait à examiner la salle.

Elle ne tarissait pas de questions.

Le luxe de l'établissement surtout l'étonnait.

Etait-il possible qu'on pût vous traiter à si bon marché au milieu de toutes ces dorures et de ces glaces!

— Et tu verras, — surenchérit Mousset, — ils vont nous en donner pour notre argent, va!

Les étonnements de sa maîtresse l'amusaient.

— Mais comment font-ils donc?

— Bah! il paraît que malgré tout le métier n'est pas encore trop mauvais, car les restaurateurs se retirent presque tous au bout de quelques années et revendent leur établissement après fortune faite.

— C'est merveilleux! — fit la femme de chambre tout ébaubie.

— Ils ne gagnent rien sur un repas, mais c'est sur la quantité qu'ils se rattrapent, — voulut bien expliquer l'ancien clerc d'huissier avec condescendance.

On les servait.

L'arrivée du déjeuner amena une agréable diversion dans les occupations de Léonore.

Mousset et sa maîtresse avaient sérieusement faim.

Ce fut donc avec le plus grand appétit qu'ils attaquèrent les hors-d'œuvre, passèrent ensuite à un plat de viande, deux portions de bœuf sauce madère un peu coriace et sentant le réchauffé, mais suffisamment copieuses et qu'ils dévorèrent à belles dents.

Ils demandèrent ensuite les légumes.

Ainsi que Mousset l'avait annoncé, si tout ce qu'on leur servait n'était pas de premier choix et nageait dans des sauces légèrement hétéroclites, bien que décorées de noms pompeux, il y avait du moins de quoi ne pas rester sur sa faim.

L'estomac maintenant satisfait, l'ancien clerc d'huissier et sa maîtresse avaient recommencé à causer en attendant le dessert.

Mousset, à son tour, examina la salle.

Tout à coup il tressaillit et ne put dissimuler un geste d'étonnement. Ses yeux se fixèrent sur un consommateur qui, seul à une table voisine de la leur, achevait de déjeuner, un journal ouvert devant lui.

— C'est lui, oui, c'est bien lui, je ne me trompe pas, — murmura l'ancien clerc d'huissier dont le visage exprima la plus vive satisfaction.

— Lui, qui? — demanda Léonore qui avait suivi la direction du regard de son amant et qui essayait vainement de mettre un nom sur le visage du consommateur dont la vue l'intéressait tant. — Qu'est-ce que c'est que ce monsieur que tu regardes si attentivement depuis une heure?... Tu le connais?

— C'est un ami, — se contenta de répondre l'ancien clerc en continuant son examen.

Puis, il reprit avec joie:

— C'est bien lui, il n'y a pas à en douter!...

La chance semblait, en effet, le servir à souhait.

Dans le consommateur au journal, dont l'identité intriguait tant Léonore, il venait de reconnaître Percier, l'agent de police officieux, l'homme chargé de rechercher Gérard à Nancy pour le compte de la mystérieuse Mme de Morranteuil.

CHAPITRE XXXIII

SUR LA PISTE

La première pensée de Mousset en reconnaissant l'agent, et dès qu'il fut certain de ne pas se tromper, avait été de se réjouir.

Du coin de l'œil, tout en mangeant son dessert pour ne pas attirer l'attention du liseur de journal par une trop grande persistance à le regarder, il continua à ne point le perdre de vue.

— Voilà une rencontre qui va joliment faciliter mes recherches, — pensait-il. — Quoiqu'il n'ait pas voulu parler à Nancy, il doit en savoir long, celui-là, sur le compte du Gérard... C'est ma bonne étoile qui me l'amène; cela va m'éviter de courir après lui. — Autant de temps de gagné. — Parole! c'est de la chance.

Pourtant, en réfléchissant, son enthousiasme se calma.

— Oui, tout cela est très joli, — pensa-t-il. — Il est évident que si cet homme-là veut parler, il pourra me donner des renseignements précieux; mais le voudra-t-il?... et si je m'abouche avec lui, qui doit être un roublard, ne comprendra-t-il pas quelles sont mes intentions?

De là à lui donner l'idée de me couper l'herbe sous le pied, il n'y a qu'un pas, — continua l'ancien clerc d'huissier qui, prenant sa conscience comme point de comparaison, n'avait qu'une confiance très modérée dans l'honnêteté de ses semblables. — Cela est dangereux!... Tout bien considéré, mieux vaut peut-être agir seul.

Et comme l'agent, occupé par la lecture de son journal, ne l'avait pas aperçu, Mousset tourna la tête sans affectation, et déplaçant légèrement sa chaise de façon à ne plus se présenter que de profil à celui dont maintenant il désirait ne pas être reconnu, il parut s'absorber dans la contemplation d'un autre point de la salle tout opposé à celui où se trouvait Percier.

— Enfin, dis, le connais-tu, ou ne le connais-tu pas? — fit tout à coup et à demi-voix Léonore, surprise et légèrement agacée de la nouvelle attitude de son amant.

Mousset haussa les épaules.

— A quoi pense-t-il donc? — se demandait la femme de chambre. — Lui si causeur, si bavard, si enjoué tout à l'heure, le voilà muet autant qu'une carpe !

Et comme Mousset ne répondait pas :

— Dis au moins ce que tu as, — demanda-t-elle exaspérée, en allongeant le bras, par-dessus la table et en tirant son amant par la manche.

— Qu'est-ce que tu veux? — fit Mousset de mauvaise humeur, agacé d'être dérangé dans ses réflexions.

— Ton ami que tu avais cru reconnaître...

— Eh bien?

— Tu t'étais donc trompé, que tu lui tournes le dos maintenant?

— Non, je ne me suis pas trompé, je le connais... Là, es-tu contente? — Maintenant laisse-moi la paix un moment, veux-tu? — ajouta le jeune homme impatienté.

— A ton aise. — En voilà un ours !... — fit la femme de chambre piquée.

Et, à son tour, Léonore se mit à regarder la salle sans plus s'occuper de son amant.

Mousset, cependant, avait repris le cours de ses réflexions.

Sa rencontre avec Percier, tout en ne lui présentant pas maintenant tous les avantages qu'il avait cru en tirer d'abord, ne lui paraissait cependant point à dédaigner.

L'agent pouvait quand même lui servir.

La mission dont il était chargé à Nancy prouvait qu'il se trouvait en rapports avec des gens connaissant Gérard. Il était donc, de toute manière, très intéressant pour Mousset de l'avoir retrouvé.

— Je le surveillerai, — pensa-t-il, — je me servirai de lui sans qu'il s'en doute. Comme cela je ne serai pas obligé de lui confier mon secret et de le mettre de moitié dans mes projets.

Oui, mais il me connaît, c'est là le chiendent... — réfléchit-il ensuite, — je serai dépisté tout de suite, c'est certain... surtout par un finaud de la police... — Décidément il n'est pas pratique de faire cette besogne-là moi-même.

Et, pensant tout à coup à sa maîtresse qui, grincheuse, dépitée, n'ayant plus rien à voir dans la salle où le public se clairsemait de plus en plus, déchiquetait du bout de son couteau un morceau de fromage dans son assiette :

Pardieu, j'ai trouvé, voilà mon affaire, — résolut-il. — Léonore va se charger de ça. Il ne la connaît pas, elle s'en tirera merveilleusement.

L'ancien clerc d'huissier changea donc tout à coup d'attitude, et, très aimable, le sourire aux lèvres, il envoya par-dessous la table une bourrade amicale à sa maîtresse.

— Hé ! ma petite Nonore, — fit-il à mi-voix.

— Quoi ? — demanda la femme de chambre d'un ton hargneux.

— Qu'est-ce que tu as, voyons ? — regarde-moi. — Tu boudes ?

— Non,... je m'amuse. — Il y a de quoi, du reste, — dit Léonore avec ironie.

— Grosse bête ! — Sais-tu à quoi je pensais ?

— Je ne te le demande pas, tu remarqueras, — fit la femme de chambre, qui, bien que sa curiosité fût excitée, ne se décidait point à désarmer.

— Je le note, — dit Mousset en riant, — mais écoute tout de même. C'est sérieux. Il y a pour notre fortune à venir un immense intérêt à ce que je vais te dire. — Avant tout, j'ai besoin de toi.

— Ah ! vraiment ?... Cela ne m'étonne plus alors que tu te décides à parler !... — ricana Léonore, intérieurement flattée, mais ne voulant pas le laisser paraître.

— Écoute bien ce que je vais te dire.

— Cela ne dérange plus les réflexions de monsieur ?...

Mousset fit un geste d'impatience :

— Laissons cela, veux-tu ?... — fit-il un peu brusquement. — Je t'ai prévenue que c'était sérieux.

— Ordonne, alors, — dit Léonore sèchement.

— Voyons, ma petite Nonore, sois gentille. Je t'assure que ce n'est pas le moment de nous disputer, — reprit le jeune homme conciliant. — Je t'ai dit que l'intérêt de notre fortune était en jeu. Veux-tu m'écouter ?

— Tu fais exprès de m'exaspérer aussi, avec tes airs de mystère.

— Il faut bien que je me donne le temps de réfléchir...

— On le dit, alors.

— C'est ce que je fais. Seulement tu prends la mouche tout de suite.

— Voyons, qu'est-ce qu'il faut que je fasse ? — interrompit la femme de chambre qui se sentait en faute.

— Tu vois ce monsieur ? — dit Mousset, en montrant Percier toujours absorbé dans sa lecture.

— Ton ami ?

— Ce n'est pas mon ami ; je le connais seulement.

— Ça ne fait rien. Eh bien ?

— Eh bien ! nous aurons le plus grand intérêt à savoir où il demeure.

— Qu'est-ce que je puis faire à cela, moi ? — interrogea Léonore.

— Tu y peux tout, ma bonne Nonore.

Les deux hommes échangèrent une cordiale poignée de main. (P. 651.)

— Mais quoi encore? Qu'est-ce que ce tout? — demanda la femme de chambre qui ne comprenait pas où voulait en venir Mousset.
— Je vais te le dire, écoute-moi bien : — Dans un instant, sitôt que tu auras fini, tu vas sortir...
— Toute seule? — interrompit Léonore, étonnée et un peu inquiète.
— Naturellement! — Tu attendras en bas, sous les arcades.

— Qui attendrai-je?... Toi?... Pourquoi pas ici, alors?... je ne comprends pas.

— Bien sûr que ce n'est pas moi que tu devras attendre, grosse bête, — fit le jeune homme d'un ton d'amicale condescendance. — Tu n'aurais nul besoin de sortir pour cela.

— Qui, alors?

— L'homme au journal. Quand il sortira, tu le suivras à distance en ayant bien soin de ne pas te faire remarquer. Tu verras où il va et tu le noteras avec soin pour me le dire.

— Une jolie commission! — murmura Léonore, que la perspective de cette promenade forcée était loin d'amuser.

— Qu'est-ce qu'elle a d'ennuyeux?

— Pourquoi ne la fais-tu pas toi-même?

— Parce que, moi, il me connaît, et je ne voudrais pas qu'il s'aperçoive que je le file. Il est essentiel, pour ce que je veux faire, qu'il ne puisse se douter de l'intérêt que j'ai à savoir où il demeure. — Comprends-tu, maintenant, combien il est préférable que ce soit toi? — — demanda le jeune homme.

— Oui, c'est possible, mais c'est tout de même bien ennuyeux de me lancer toute seule dans ces rues de Paris que je ne connais pas, — murmura Léonore de mauvaise humeur, — Qui sait où cet animal-là va me conduire. Comment ferai-je, moi, ensuite, pour me retrouver?

— C'est bien malin!... Comme si on ne rencontrait pas des agents de police à chaque pas. — Tu demanderas ton chemin. D'ailleurs, pour rentrer, tu n'auras qu'à t'adresser au premier bureau d'omnibus venu; on t'indiquera la voiture que tu devras prendre pour revenir rue Montmartre.

La femme de chambre poussa un soupir.

— Allons, j'y vais, puisqu'il le faut, — fit-elle, prenant subitement son parti.

Mais c'est rudement embêtant. — Et moi qui comptais tant m'amuser aujourd'hui!

— Nous rattraperons ça, va, ma vieille Nonore!... dépêche-toi, — dit Mousset qui ne voulait pas laisser à la résolution de sa maîtresse le temps de se refroidir. — Surtout fais bien attention de ne pas te faire remarquer, en sortant, par le bonhomme. — C'est un fin renard. — Il n'aurait qu'à se douter de quelque chose, ensuite, s'il te revoyait.

— Sois tranquille.

Léonore sortit donc sans être remarquée par Percier qui, toujours plongé dans la lecture de son journal, ne leva même pas la tête pour la regarder.

Une fois seul, Mousset demanda l'addition, ayant pris quelques *suppléments*.

Tandis que le garçon s'occupait à lui rendre sa monnaie, il recommença à observer l'agent.

Celui-ci, qui avait également achevé son repas, plia enfin son journal et, voulant régler, se tourna à demi pour appeler. — Les regards des deux hommes se croisèrent.

L'amant de Léonore en profita pour saluer Percier et lui faire un petit signe d'intelligence.

D'abord étonné de se voir salué par un inconnu, l'agent avait fini par reconnaître Mousset.

Oui, c'était bien le jeune homme qui, à Nancy, l'avait mis un peu vaguement, il est vrai, sur la piste du duc de Soisy.

Que venait-il faire à Paris?

Le méridional était curieux, par caractère, quand il ne l'était point par esprit professionnel.

Il se leva et s'approcha de Mousset en lui rendant son salut.

Les deux hommes échangèrent une cordiale poignée de main.

— Si je croyais vous retrouver ici, par exemple, mon cher monsieur, — s'écria l'agent de police, ne pouvant s'empêcher de témoigner son étonnement. — Et vous voilà fixé à Paris?

— Non, malheureusement. De passage, seulement, — répondit l'amant de Léonore. — Un congé dont je me suis hâté de profiter pour revoir cette vieille capitale et manger mes petites économies.

Un peu d'agrément! — quoi! — ajouta-t-il en riant. La vie de province est si insipide et monotone!...

— Mes compliments! — Et vous êtes ici pour quelques jours?

Mousset ne savait pas.

— Vous comprenez, cela dépendra de la durée de mes « moyens », — fit-il d'un ton bonhomme.

A Paris, on a tant d'occasions de liquider, sans qu'il y paraisse, ses petites économies.

— Quant à ça, vous avez raison, — approuva Percier qui, nous le savons, connaissait, par expérience, le prix des coûteuses distractions parisiennes. Depuis le cercle jusqu'à?...

— Jusqu'aux petites femmes, hein? — fit Mousset en clignant de l'œil. — C'est qu'il y en a de bigrement jolies, à Paris!

— Et en passant par les courses et le pari mutuel, hélas ! — acheva l'agent.

Les deux hommes se mirent à rire, déjà, en apparence bons camarades.

L'amant de Léonore invita Percier à prendre le café.

Ils ne pouvaient pas se quitter comme ça, ayant eu la chance de se rencontrer après une connaissance faite si drôlement.

Mais Mousset n'avait pas poussé plus loin l'allusion à la mission qui amenait l'agent à Nancy.

Discret par métier, celui-ci, du reste, n'avait eu garde de la relever.

Installés dans un petit établissement de la rue de Louvois, les deux amis, l'esprit, — semblait-il du moins, — dénué de toute préoccupation, se mirent à causer de choses banales.

Pourtant, avec son flair de policier, Percier avait bien compris que son compagnon lui cachait quelque chose.

Certainement Mousset, en se faisant reconnaître et en liant conversation avec lui au restaurant, avait une idée de derrière la tête, qu'il ne voulait pas avouer.

— Bah ! qu'il la garde, té, — pensa-t-il. — Qu'est-ce que cela pourrait avoir d'intéressant pour moi ? — Qu'il se taise, puisqu'il ne veut pas parler. Après tout ce ne sont pas mes affaires, et je m'en moque.

Le café avait été arrosé d'un verre de « fine »; Percier repaya des bocks afin de ne pas être en reste avec son nouvel ami; après quoi, il se leva pour partir.

— Il n'est si bonne compagnie qu'on ne quitte ! — C'est embêtant qu'on ne soit pas des rentiers, voyez-vous, — fit-il en remettant son pardessus, qu'il avait suspendu derrière lui à une patère.

— Le fait est que c'est un chic métier que celui de rentier, — approuva Mousset. — Et qui ferait joliment mon « blot ».

— Et à moi donc !

— Malheureusement, en attendant que ça vous arrive, il faut reprendre le collier de misère, — dit l'agent.

Les deux hommes se serrèrent la main amicalement.

— Allons, au revoir, et beaucoup de plaisir pendant votre séjour à Paris, — ajouta Percier en quittant l'amant de Léonore.

* *

Resté seul, Mousset, qui était sorti du café presque sur les pas de l'ancien agent de la police, se mit à penser à Mme de Morranteuil.

Les allures de cette femme l'avaient toujours intrigué.

Qui pouvait-elle être?

Il se rappelait sa visite au château de Châtenay : car, certainement, cette Mme de Morranteuil, qui était venue voir la vicomtesse, était la même que celle à qui l'agent avait adressé de Nancy le petit bleu annonçant la découverte de Gérard.

Mais quelle corrélation pouvait exister entre elle et le mystérieux employé de l'usine Duhamel?

— Il faudra bien que j'arrive à le savoir, pensa l'ancien clerc d'huissier. Mais, d'abord, il faut que je prenne des renseignements sur Mme de Morranteuil elle-même ; il faut que je m'informe de ce que c'est que cette femme-là qui s'intéresse si fort aux jeunes filles à marier et met des limiers en campagne à la recherche des jeunes gens.

Ça m'a tout l'air d'une aventurière, mais je n'en ai aucune preuve, — ajouta l'amant de Léonore. — Cela est, pourtant, de premier intérêt pour moi.

Et Mousset décida tout à coup :

— Je vais aller chez elle, rue des Écuries-d'Artois ; je tâcherai de faire causer les concierges.

Mais, tout aussitôt, il secoua la tête, mécontent de son idée.

— C'est le moyen de ne rien savoir du tout, — réfléchit-il. — Avec eux, je n'aurai que des renseignements vagues, bons ou mauvais, suivant que la dame est plus ou moins généreuse, mais dans tous les cas sujets à caution et peu dignes de créance. — Non, c'est une erreur de consulter les concierges sur leurs locataires. C'est un avis désintéressé qu'il me faut.

Il hésita un moment, cherchant une idée, bien décidé, malgré tout, à commencer son enquête de ce côté.

Une intuition lui disait qu'il était sur la bonne piste, qu'il apprendrait par cette Mme de Morranteuil tout ce qu'il lui était nécessaire de savoir pour mener ses projets à bonne fin.

N'était-ce pas elle qui avait envoyé Percier à Nancy à la recherche de Gérard?

Dans quel but?

C'était cela qu'il fallait savoir.

Mousset se disait aussi qu'il devait trouver là la clé du mystère qu'il sentait régner autour du nouvel employé de M. Duhamel, ce Gérard qu'il détestait, et qui était arrivé dans le pays sans que personne sût d'où il sortait et pût lui servir de répondant auprès de ceux auxquels le silence dont il s'entourait, et la vie retirée qu'il menait, pouvaient sembler louches.

— Il est évident, tout d'abord, — pensa-t-il logiquement, — que pour que l'agent de Mme de Morranteuil ait eu entre les mains une photographie de M. Gérard, en tenue d'officier, il faut que celui-ci ait appartenu à l'armée.

Comme dit la chanson :

> En vous voyant sous l'habit militaire,
> J'ai reconnu que vous étiez soldat.

Il était donc officier. — Pourquoi ne l'est-il plus ? — Voilà un point du mystère qui doit être intéressant et qu'il faut découvrir.

Ou je me trompe beaucoup, ou la possession de ce secret-là vaudrait son pesant d'or !

Tout en réfléchissant, Mousset avait pris la direction de la rue des Écuries-d'Artois.

Bien qu'il ne sût pas encore au juste comment il agirait, il était décidé à pousser une reconnaissance de ce côté.

— Je prendrai connaissance des lieux, je tâterai le terrain, cela me donnera peut-être une idée, — se disait-il, tout en cherchant le moyen le plus pratique d'obtenir quelques renseignements précis sur la correspondante de l'agent.

Mousset ne pouvait compter comme tels ceux que lui avait envoyée son ami Jérôme Bérenger, auquel, on se le rappelle, il s'était adressé de Châtenay.

— Il me faut quelque chose de plus sérieux, de tout à fait désintéressé, — pensa-t-il, — et, d'après ce que j'apprendrai, je saurai comment je dois m'y prendre vis-à-vis de cette soi-disant grande dame qui m'a tout l'air d'être tout bonnement quelque habile intrigante.

Tout en monologuant, il arriva jusqu'à la maison habitée par Mme de Morranteuil et s'arrêta un moment pour s'orienter.

En face, se trouvait un débit de vins qui, dans ce quartier chic, devait être évidemment fréquenté par des gens de maison.

— Peut-être, là, apprendrai-je quelque chose ? — se dit-il.

Il y entra à tout hasard. — Il y serait dans tous les cas beaucoup plus à l'aise que dans la rue pour réfléchir. D'ailleurs, en se plaçant près de la devanture, il apercevrait et pourrait surveiller, sans en avoir l'air, la porte de la maison qui l'intéressait. C'était plus de raisons qu'il n'en fallait pour le décider.

Il se fit servir une consommation.

Debout, autour du comptoir de zinc, quelques domestiques du quartier jouaient des consommations au zanzibar.

Sans façon, un cocher légèrement lancé, jovial, causeur, l'air bon enfant, venait d'annoncer un point au milieu des rires.

Ce point-là lui faisait perdre la partie. — C'était la troisième tournée qu'il payait, les quolibets se mirent à pleuvoir, parmi ses camarades.

— Rudement chic! — fit l'un d'eux; — il vient nous faire faire des économies.

— Ou plutôt, il a peur que nous ne puissions pas payer; — dit un palefrenier. — C'est humiliant!

— Quel veinard! il la connaît dans les coins, — fit un loustic. — Ce n'est pas moi qui aurais cette chance-là! Malheureux au jeu, heureux en...

— En ménage, — s'empressa de dire le cocher.

— Va toujours!... on sait ce qu'on dit : En ménage... et ailleurs.

Un nom de femme circula dans des rires.

— Non, non, — fit, en riant aussi, le vaincu, qui se défendait mollement.

— Avec ça qu'on ne t'a pas vu, l'autre jour, avec la grosse Nana!

— Moi?

— Parbleu! ce n'était pas moi, pour sûr.

— Cachottier!

— Et où m'avez-vous vu?... là, voyons, dites-moi où, je vous mets au défi! — cria le gros garçon, de plus en plus parti.

Les rires redoublèrent, parmi lesquels il fit chorus.

— Cette malice!

— Comme si nous étions gens à faire du potin avec ce que nous savons.

— Parbleu!... parce que vous ne savez rien, ni vu ni connu...

La consommation achevée, la partie recommença au milieu des plaisanteries.

Le perdant allait-il enfin se décider à les laisser payer une petite fois?

Mousset, qui avait son idée, essaya de se mêler à la conversation, et, s'adressant au cocher.

— C'était tout de même facile à deviner, tout à l'heure, le numéro qui est sorti.

— Vous trouvez, vous?... — fit le cocher, goguenard. Vous êtes un malin, alors!...

Mais l'amant de Léonore ne se démonta pas à cette plaisanterie.

— Pas besoin d'être bien malin pour ça, — répliqua-t-il d'un air entendu.

— Sorcier, alors!

— Pas plus sorcier que malin. Il est toujours facile, en suivant un peu le jeu, de donner des quasi-certitudes, à cause des alternances presque fatales qui se produisent.

— Ah ! oui ! des théories, — fit en riant le cocher, — c'est comme les martingales ; ça ne réussit qu'avec des haricots.

— Blague pas !... Il a raison, — opina un des joueurs qui était de l'avis de Mousset.

— C'est vrai qu'avec un peu d'attention on peut arriver à ne perdre presque jamais à ce jeu-là, — fit un autre.

— Des bêtises ! — cria un troisième, qui, lui, était opposé à la théorie des alternances. — Des histoires à dormir debout : est-ce que l'on peut savoir ce que la belle va amener ?

— Savoir, non ; mais deviner, prévoir d'une façon presque certaine, ou, au moins, à deux ou trois numéros près.

— Je suis de l'avis de monsieur, moi, — affirma de nouveau le valet de pied qui, le premier, avait approuvé la théorie de Mousset.

— Vous ne me ferez jamais avaler ça. Le hasard est le hasard, quoi !

— Oui ; mais il a des lois presque fatales, c'est connu : d'ailleurs, avec un peu d'attention, il est facile de s'en rendre compte.

— Pour un système, je sais bien que c'est un système, pardi ! seulement, cela ne veut pas dire qu'il soit bon, — ajouta, avec un rire malin, le gros cocher. — Je parie une consommation que vous ne devinez pas le coup qui va sortir.

— Je tiens le pari, — déclara Mousset. — C'est le cinq !

On lança les dés. — Tous se penchèrent curieusement.

La bille du tourniquet roula, oscilla un instant, mais vint s'arrêter sur un numéro voisin de celui qu'avait indiqué Mousset.

— J'ai perdu, mais cela ne prouve rien, la première fois, — fit-il, vivement. Je suis tout prêt à tenir un nouveau pari, si vous voulez.

— Moi, je me sauve à mon ouvrage, dit le palefrenier, qui s'était montré partisan de la théorie des alternances, un peu vexé de l'échec de son champion. — Venez-vous, vous autres ?

— Mazette, oui, il est l'heure !

— Et toi ?

— Moi, je vais savourer la consommation que monsieur va me payer. Je n'attelle pas, aujourd'hui, je suis rentier. Les singes sont à la campagne.

— fit, avec un gros rire, le gagnant.

— Veinard !

Resté seul avec le cocher, Mousset s'exécuta de bonne grâce et fit servir deux consommations.

LA DEMOISELLE DU CHATEAU 657

Comme il mettait le pied sur la porte, une dame parut sur le seuil de la maison d'en face.
(P. 659.)

Les deux hommes se mirent à causer.

— Alors vous avez une bonne place, à ce que je vois? — demanda l'amant de Léonore qui avait entendu dire que le cocher était justement placé dans la maison d'en face et qui n'avait risqué sa consommation qu'à bon escient. — Vous vous la coulez douce, hein?

— Oh! ce n'est pas tous les jours comme ça, malheureusement, — répondit le gros garçon avec un soupir de regret. — Il y a du turbin, allez!...

LIV. 83. — LA DEMOISELLE DU CHATEAU.   LIV. 83.

Les singes sont exigeants, ils sortent beaucoup. — J'ai toujours une voiture attelée; seulement, pour ce qui est des gages, ça, faut être juste, ils sont rondelets. Et puis, sûrs!... tous les mois, ça tombe, rubis sur l'ongle !...

— Il y a de l'argent dans la boîte, hein? — fit Mousset.

— De l'argent !

Le cocher se pencha vers la devanture et entr'ouvrit le rideau et, montrant la maison d'en face, celle qu'habitait Mme de Morranteuil :

— Tout ce premier, là, tenez, juste en face de nous, dix mille balles, tous les ans, pour le proprio. Remise, écurie pour quatre chevaux... Maison montée, valet de chambre, fille de service, cuisinière, maître d'hôtel...

— Mazette! rien que ça de luxe!... pour sûr, alors, que la braise ne manque pas. — Et toute la maison est habitée aussi chiquement?... elle doit rapporter gros à son propriétaire, cette cambuse-là!... Je regrette de ne pas être chargé d'en toucher les termes pour mon compte.

— J't'crois ! — fit le cocher, de plus en plus parti.

— Ça me ferait de bons revenus! dix mille francs, le premier; huit mille francs, le second, peut-être...

— Sept mille, seulement, — rectifia le cocher.

Et il ajouta, en riant d'un rire d'homme satisfait d'avoir trouvé une plaisanterie :

— Car les loyers, c'est rien rigolo, tout de même, plus on descend, plus ça monte !

— A ce compte-là, — fit l'amant de Léonore, riant aussi, — le troisième...

— Oh! le troisième ne vaut plus que trois mille balles. Mais, vous comprenez, pour ce prix-là, il n'y a plus ni écuries ni remises.

— C'est pour des petites gens, quoi, — conclut Mousset.

— Des petites gens !... comme vous y allez, vous. — C'est encore un joli denier, trois mille balles...

— Peuh ! à côté des autres loyers... — fit l'amant de Léonore, qui ne cherchait qu'à faire causer le cocher.

— N'empêche que l'appartement est chiquement occupé tout de même, — fit celui-ci qui, de son côté, excité par les nombreuses consommations qu'il avait bues, ne demandait qu'à bavarder.

— L'appartement du troisième?

— Oui, par une dame seule. — Une de la noblesse ; — ajouta le cocher avec une vanité comique.

— Une dame seule? — questionna Mousset en dressant l'oreille.

— Une veuve, Mme de Morranteuil; une femme du monde, qui reçoit beaucoup.

Décidé à exploiter jusqu'au bout la mine de renseignements que le hasard lui avait fait découvrir, l'amant de Léonore cligna de l'œil d'un air entendu.

— Pardine, — fit-il, — c'est quelquefois un bon moyen de se faire des rentes, pour une femme, que de beaucoup recevoir.

— Qu'est-ce que vous pensez donc? — s'écria le gros cocher scandalisé.

— Dame, une femme seule...

— Mais je vous ai dit que Mme de Morranteuil était une grande dame, une dame du monde. — D'ailleurs, elle n'est plus jeune, bien qu'elle soit encore très bien. — C'est une femme qui a dû être rudement chic dans son jeune temps!

— Et elle a de la fortune?

— Dame, pour se payer un appartement de trois mille et deux domestiques, une cuisinière et une femme de chambre... et avec ça recevoir... et élégante!... il faut voir ça! — On voit tout de suite que c'est une femme habituée au luxe. Du vivant de son mari, elle a dû occuper une haute situation.

— Il y a longtemps qu'elle est veuve? — demanda Mousset, profitant, pour se renseigner, de la loyauté, légèrement inconsciente, du gros garçon.

— Ma foi, elle l'était quand elle a loué dans la maison, toujours à ce qu'on m'a dit, — répondit le cocher. — Je n'en sais pas plus long.

Bien qu'ils ne lui eussent pas appris grand'chose, les renseignements que le hasard, ou, pour mieux dire, son habileté venait de lui fournir, avaient cependant, pour Mousset, une certaine valeur.

Ils venaient battre en brèche toutes ses conjectures.

L'amant de Léonore était de plus en plus intrigué.

— Une femme du monde, — pensait-il, — cette Mme de Morranteuil? Sapristi! — J'aurais bien plutôt juré que c'était une aventurière.

Cette grande dame qui envoie des agents en province à la recherche de jeunes gens, me laisse rêveur. — Il y a quelque chose de louche dans toute cette histoire, — ajouta-t-il tout en ruminant.

N'ayant plus rien à apprendre de son compagnon, Mousset régla la dépense et sortit du débit de vins.

Comme il mettait le pied sur la porte, une dame parut sur le seuil de la maison d'en face.

Si peu qu'il l'eût aperçue à Châtenay, l'ancien intendant de la vicomtesse n'eut pas de peine à reconnaître Mme de Morranteuil.

— Bon! c'est ma chance qui me poursuit, décidément!... — murmura-t-il avec joie.

Cependant, pour être plus certain, l'amant de Léonore traversa aussitôt la rue, et, après s'être assuré de la direction que prenait celle qu'il se proposait de rejoindre, il pénétra dans la maison d'où il l'avait vue sortir.

S'adressant alors au concierge :

— Mme de Morranteuil! — s'il vous plaît? — demanda-t-il en soulevant le bord de son chapeau.

— Cette dame vient de sortir à l'instant, monsieur, — lui fut-il répondu.

C'était bien ce que soupçonnait Mousset.

— Merci. Je reviendrai demain, — dit-il.

Et, en se retirant, après avoir salué :

— Je ne m'étais pas trompé, c'est bien elle, — pensa l'amant de Léonore, qui s'élança à grandes enjambées sur les traces de la grande dame.

Il eut, du reste, bientôt fait de la rejoindre; et, ralentissant alors le pas, il se contenta de la suivre à distance.

Tout en suivant, il conjecturait :

— Elle va en visite, évidemment, — se dit-il en détaillant les vêtements de la dame. — Cette toilette est trop élégante rien que pour faire des courses. — Elle va à l'église ou chez quelque amie... à moins que ce ne soit à quelque rendez-vous d'affaires. — Voyons toujours.

Tout peut me servir, — ajouta l'intelligent gredin en ne perdant pas de vue Mme de Morranteuil.

Celle-ci s'était dirigée vers le haut du boulevard Haussmann.

Elle allait, en effet, chez les Monval.

— Diable! — fit tout à coup Mousset en la voyant s'arrêter devant un superbe hôtel qui n'était autre que l'hôtel du riche banquier, — est-ce qu'elle va entrer là-dedans? — Elle a de belles connaissances, mazette!

À ce moment même, une victoria, dans laquelle se trouvaient Gérard et M. Monval, sortit de la voûte dont les deux battants étaient ouverts.

Le banquier reconnut Mme de Morranteuil et la salua.

Tandis que l'entremetteuse du grand monde, après avoir rendu son salut à M. Monval, pénétrait dans l'hôtel pour monter auprès d'Armande, Mousset, qui s'était arrêté sur le trottoir, pour laisser passer la victoria, étouffait une exclamation d'étonnement en reconnaissant, dans un des deux hommes qui occupaient la voiture, l'employé de M. Duhamel.

Son compagnon, évidemment, celui qui venait de saluer, devait être le propriétaire de l'hôtel.

Que faisait donc le jeune homme dans cette maison que fréquentait Mme de Morranteuil?

Celle-ci était venue, sans doute, rendre visite à la femme ou à la fille du maître de la maison, puisqu'elle avait pénétré quand même, malgré la rencontre de la victoria.

— Ne serait-ce pas pour ces gens-là que travaillait Mme de Morranteuil en faisant chercher Gérard? — se demanda l'amant de Léonore, qui ne parvenait pas à s'expliquer autrement la présence de l'employé de M. Duhamel, dans ce luxueux hôtel. — Peut-être un service rendu à une amie? Mais, d'abord, qui peut bien habiter là?...

Ce doit être quelqu'un de connu, quelque millionnaire, entrepreneur ou financier, car un millionnaire seul peut se permettre un luxe pareil.

Il ne doit pas être difficile d'avoir des renseignements, ajouta Mousset. Le premier commerçant du quartier me l'apprendra.

Et n'ayant, pour le moment, plus rien à faire que d'attendre la sortie de Mme de Morranteuil, il se rendit aux informations.

— J'ai bien le temps, — pensa-t-il, — avant qu'elle ne sorte, d'en apprendre plus que je n'ai besoin d'en savoir. D'ailleurs, je ne suis pas embarrassé pour la retrouver, si ce n'est aujourd'hui, ce sera demain. Le plus pressé est de m'informer du nom du propriétaire de l'hôtel. De là, je pourrai peut-être conjecturer ce que vient faire ici M. Gérard.

Ainsi qu'il l'avait pensé, Mousset n'eut, en effet, aucune peine à obtenir les renseignements qu'il désirait.

Depuis la superbe fête donnée par le banquier, à l'occasion de l'inauguration des chantiers de la future usine, le nom de M. Monval était dans toutes les bouches.

Chacun vantait à l'envi l'œuvre philanthropique du futur député.

L'amant de Léonore n'eut donc aucun mal à délier les langues, lorsque l'on sut qu'il voulait parler de l'hôtel Monval.

Le banquier, lui apprit-on, habitait là avec sa femme et sa fille, la jolie et fière Armande.

Quant au jeune homme que l'on voyait maintenant fréquenter assidûment chez les Monval, c'était M. Gérard, un garçon charmant, l'ingénieur de l'usine modèle que le banquier faisait construire aux environs des Buttes-Chaumont.

Mousset ne pouvait désirer des renseignements plus précis.

Au premier abord, par exemple, ces renseignements n'avaient paru lui apporter aucun éclaircissement quant aux rapports qui pouvaient exister entre Gérard et Mme de Morranteuil. Cela n'expliquait nullement la nature des recherches auxquelles s'était livrée la soi-disant grande dame — l'amant de Léonore était bien obligé d'admettre ce qualificatif, — à l'égard de l'employé de M. Duhamel.

Tout à coup, l'ancien clerc d'huissier se crut sur la piste de la vérité.
Il venait de penser à Armande Monval.
Ce fut pour Mousset un trait de lumière.
Cette jeune fille, riche, jolie, indépendante, telle qu'on la lui avait dépeinte!... Oui, c'était elle qui devait être le trait d'union délicat entre Gérard et Mme de Morranteuil.

— Il doit y avoir encore là-dessous quelque histoire peu claire qui peut devenir pour moi quelque chose de fameux!... — pensa-t-il.
Son imagination travaillait.
Il continuait ses suppositions et ses conjectures, heureux de se croire enfin sur la voie de la vérité, entrevoyant avec satisfaction le profit qu'il pourrait tirer de sa découverte.

— S'il en est ainsi, — se dit-il, — ce serait pour le compte de la fille du banquier qu'agirait cette madame de Morranteuil. — Gérard doit avoir connu Mlle Monval... peut-être même aime-t-il cette demoiselle que l'on dit si jolie...

Car on sait ce que vaut la vertu des jeunes filles du monde! — Alors peut-être bien que ce serait elle qui le faisait rechercher. — La correspondante de l'agent n'était que sa confidente.

Enchanté de sa journée, échafaudant sur sa découverte des projets dont le moins ambitieux, en se réalisant, n'était rien moins pour lui que la fortune, Mousset rentra à l'hôtel de la rue Montmartre.

Il trouva Léonore furieuse.
Elle arrivait, n'ayant pas encore eu le temps de se déshabiller.
Le chapeau sur la tête, elle n'attendit même pas pour décharger sa bile que la porte fût refermée. — Son amant à peine entré, elle se répandit en récriminations.

Il l'avait chargée d'une jolie corvée! elle était éreintée, fourbue, ne tenait plus sur ses jambes! — Si c'était ça qu'il appelait lui payer une journée de distraction!

— Avec ça, j'ai failli me perdre deux ou trois fois par-dessus le marché, — continua-t-elle toujours furieuse. — C'est miracle que je sois arrivée à me retrouver. Cet imbécile-là m'a fait faire un chemin du diable!

— Enfin te voilà tout de même revenue, ma grosse Nonore, — fit le jeune homme, que la scène de sa maîtresse n'était point parvenue à mettre de mauvaise humeur.

— Pas dommage, vraiment!... et ce n'est pas de ta faute, — grogna Léonore. — J'ai assez couru!

Et pour ce que ça te servira!..

— Tu as perdu les traces de celui que tu filais?... — demanda Mousset compatissant, quoiqu'un peu gouailleur.

— Si ce n'était que ça, je m'en serais débarrassée plus vite, au moins, — répliqua la femme de chambre.

— Alors, tu l'as suivi jusqu'au bout?... tu sais où il est entré?... où il demeure?... Bravo! Nonore! — fit gaîment le jeune homme en donnant une tape amicale sur l'épaule de sa maîtresse.

— Je sais... je sais, que je ne sais rien, — dit Léonore avec une moue. — Je sais que j'ai fait une course inutile, voilà le plus clair de la chose!...

— Comment cela?

— Dame, après m'avoir fait trotter pendant deux heures, l'imbécile est entré dans une espèce de bureau dont il n'est plus sorti.

— Bon, — fit le jeune homme, — je me doute de ce que c'est.

— Il y avait écrit sur la porte : « Agence de renseignements ».

— Parfait!... C'est bien ça!

— J'ai attendu un bon bout de temps, mais tu comprends que ça n'avait rien de drôle pour une femme de faire les cent pas dans la rue devant une porte. — On commençait à me regarder de travers. J'ai pris le parti de m'en aller.

— Tu as bien fait, ma bonne, — approuva Mousset.

— Ben! Tu vois que tu aurais bien pu me dispenser de cette promenade désagréable, — observa Léonore d'un ton agressif.

Mais l'ancien clerc d'huissier n'était pas d'humeur à se fâcher.

— Ça ne fait rien. Ça va bien tout de même, — fit-il d'un air satisfait.

— Tu n'es pas difficile. On voit bien que ce n'est pas toi qui as trotté, — ronchonna l'ex-femme de chambre.

— Si tu crois que je m'en suis privé, moi aussi, de trotter?

— Si c'est pour arriver au même résultat que moi, je te félicite!... — dit ironiquement Léonore.

Mousset prit un air modeste.

— Pour ma part, je n'ai pas trop à me plaindre, — protesta-t-il.

— Tu as une idée?... as-tu réussi à combiner un plan pour nous faire gagner de l'argent?

— Mieux que cela!... — répliqua l'habile gredin. — Je crois que je suis sur la piste de quelque chose de fameux!

— C'est donc ça que tu as un air si rayonnant.

— Il s'agit de manœuvrer avec adresse, — continua le jeune homme. — Si nous ne manquons pas le coche, c'est la fortune pour nous à brève échéance, ma grosse Nonore!

— La fortune!... Mais comment? par quel moyen?... dis vite, mon petit homme!... — supplia l'ancienne femme de chambre, oubliant toute sa mauvaise humeur.

— Ah! voilà!... je te dirai ça plus tard, ce n'est pas encore tout à fait mûr... et, pour le moment, c'est un secret.

— Méchant! — fit Léonore désappointée. — Dis-moi au moins ce qui t'a donné l'idée de la chose, comment tu t'y es pris pour faire la découverte de ce truc!

— Je ne puis rien dire encore. Patiente, ma grosse, c'est ce que tu as de mieux à faire en attendant, — conseilla paternellement l'ex-clerc d'huissier. — Je t'expliquerai cela plus tard, quand je serai tout à fait sûr.

— Ce n'est donc pas sûr, encore? — interrogea la jeune femme déjà inquiète.

— Rien n'est sûr que ce qui est fait, retiens bien ça pour ta gouverne, — fit sentencieusement Mousset.

En attendant qu'il lui révélât le secret de ses ambitieuses espérances, il chargea sa maîtresse de lui acheter de quoi écrire; puis, muni du papier et des enveloppes que Léonore s'était empressée d'aller chercher dans le quartier, il rédigea une courte lettre.

Cette lettre, que la femme de chambre essaya vainement de lire par-dessus l'épaule de son amant et que celui-ci refusa obstinément de lui montrer, était le premier pas fait vers la réalisation du plan de la fortune inspiré par la découverte de l'existence d'Armande et l'étonnante rencontre de Gérard dans la voiture de M. Monval.

Elle était ainsi conçue :

« Mademoiselle,

« Si vous voulez être renseignée sur une personne qui vous intéresse, écrivez poste restante, bureau de la Bourse, aux initiales :

« P. M. »

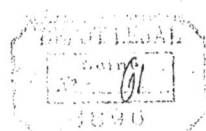

Cela fait, il alla lui-même le jeter à la poste... (P. 665.)

Ce simple et laconique billet écrit, Mousset le plia, le mit sous une enveloppe qu'il cacheta soigneusement et sur laquelle il traça l'adresse suivante :

« *Mademoiselle MONVAL,*

« *Avenue de Friedland, 72.* »

Cela fait, il alla lui-même le jeter à la poste, en se disant :

— Maintenant, nous verrons bien !... Si elle écrit, je la tiens, et ce ne sera plus qu'un jeu pour moi de démêler ce qu'il y a au fond de tout cela !... Attendons !

Et pensant à la grosse fortune des Monval :

— J'avoue que cela m'étonnerait fort, s'il n'y avait pas là quelque bonne mine d'argent à exploiter, — conclut-il en optimiste, confiant en sa chance habituelle, tout en remontant vers la rue Montmartre. — Pour moi c'est aussi sûr que je m'appelle Mousset. — Je ne perdrai pas mon temps avec la *demoiselle* du banquier.

D'ailleurs, j'aime travailler pour les millionnaires, moi, — ajouta d'un air sournois l'amant de Léonore. — Les millions ne sont pas à moi, c'est évident, mais c'est comme le meunier : la farine qu'il moud n'est pas à lui, non plus, mais, à force d'en toucher, il lui en reste toujours aux mains.

CHAPITRE XXXIV

REFUS FORMEL

Malgré la tendre sollicitude dont elle était entourée par ses parents, Madeleine souffrait.

Qui dit amour dit douleur, hélas! et elle aimait; son cœur se donnait chaque jour davantage au duc de Soisy.

Hormis les courts instants où elle se trouvait auprès de Gérard, la fille du maître de forges avait la sensation d'un isolement douloureux.

Elle ne voyait autour d'elle personne à qui parler de son amour.

L'état de son cœur lui faisait sentir plus vivement encore le regret de l'absence de sa confidente naturelle, de son amie Gervaise de Châtenay.

Ah! que ne l'avait-elle auprès d'elle, pour lui dire son secret, pour lui confier à son tour ses craintes et ses espoirs.

Mais, hélas! plus de nouvelles. Plusieurs lettres de Madeleine étaient restées sans réponse.

— Si surveillée qu'elle soit, elle pourrait m'envoyer un mot par l'abbé Bonnard, puisqu'il veut bien se charger de nos lettres, — pensait Mlle Duhamel.

Et elle se demandait, sans trouver une réponse, quel pouvait être le motif du silence de son amie.

Que se passait-il donc à Châtenay?

Gervaise était-elle malade?

Laissée sans nouvelles, malgré une dernière lettre des plus pressantes, la pauvre Madeleine n'osait plus écrire et en était réduite aux conjectures. Elle se désolait et s'inquiétait de cette inexplicable conduite de Gervaise.

Elle souffrait doublement, dans son amitié et dans son amour!

Gérard, absorbé par ses travaux, ne faisait que de rares visites aux Duhamel.

Quel que fût son bonheur de se retrouver auprès de Madeleine, — bonheur dont il croyait le secret à jamais enfoui au fond de son cœur, et dont il jouissait maintenant sans défiance, — il ne trouvait que de courts moments à distraire du temps consacré à l'entreprise de M. Monval.

Les travaux de constructions de l'usine étaient, en effet, en pleine activité et réclamaient l'incessante surveillance de l'ingénieur.

Du reste, ces moments mêmes que le jeune homme passait auprès d'elle, ne faisaient qu'augmenter les appréhensions de Madeleine.

Toutes ses craintes jalouses se réveillaient à la pensée d'Armande Monval.

— Elle le voit tous les jours, — pensait-elle douloureusement. — Elle peut à loisir essayer sur lui l'effet de ses redoutables séductions. Qui sait si elle n'arrivera pas à s'emparer de son cœur?...

Plus franche que sa rivale, elle ne cherchait pas à s'illusionner et à déprécier l'admirable beauté d'Armande.

La pauvre enfant pensait également aux qualités irrésistibles dont son cœur parait celui qu'elle aimait et que la fille du banquier ne pouvait manquer d'apercevoir.

— Il est si séduisant, si noble, malgré le nom obscur sous lequel il a voulu déguiser son illustre origine!... — ajoutait la craintive et jalouse amoureuse.

Ah! que ne pouvait-elle le cacher, le garder pour elle seule, celui qui lui avait pris tout son cœur, ce cœur où la pitié avait fleuri en un si rayonnant amour! — Mais, hélas! au lieu d'elle, c'était Armande qui l'absorbait, Armande qui partageait pour ainsi dire ses travaux, Armande qui mêlait sa vie à la sienne, Armande, qui, quotidiennement, à chaque heure, à chaque minute, pouvait agir sur lui par le charme de ses coquetteries et de sa grâce.

— Et je suis bien sûre qu'elle ne s'en fait pas faute, — murmurait Madeleine en se désolant. — Je suis bien sûre qu'elle cherche à faire la conquête de Gérard, à me l'enlever!... J'ai trop vu son manège le jour de cette fête!... Pourvu, mon Dieu, qu'il ne se laisse pas prendre à ses séductions!... Je sens bien que je mourrais, s'il aimait Armande...

Et cette seule pensée que Gérard pouvait devenir amoureux de la fille du banquier, la bouleversait et l'affolait.

Ces visions jalouses dans lesquelles l'amour-propre n'avait aucune part et où le cœur seul de Madeleine était en jeu, gâtaient tout le bonheur qu'elle eût dû éprouver de la présence de celui qu'elle aimait.

La conduite de Gérard, cependant, était loin de justifier ces anxieuses appréhensions.

Bien qu'il se montrât toujours envers la fille du maître de forges respectueux et correct, malgré lui, dans ses regards, dans l'intonation de sa voix, dans le trouble qui parfois le saisissait lorsqu'il se trouvait auprès d'elle, sa passion débordait.

Sous l'influence de ces expansions, la demoiselle du château avait alors soudain l'intuition des secrets sentiments du jeune duc.

— C'est moi qu'il aime, — se disait-elle en un divin rayonnement de joie, et dans une alternative subite d'espérance. — Bien qu'il ne veuille pas l'avouer à cause de ma fortune, par un scrupule de délicatesse, tout en lui me le prouve. — Je le sens, j'en suis sûre !

Mais cette conviction, toutefois, ne suffisait pas pour rassurer Madeleine. A peine convaincue de son bonheur, elle se sentait de nouveau reprise par ses inquiétudes, ainsi que tous les amoureux dont le cœur semble avoir de ces transes douloureuses, comme si le tourment constituait l'essence même de l'amour.

Un matin que Madeleine était seule avec sa mère, la femme de chambre apporta le courrier.

La jeune fille y trouva, à son adresse, une lettre de l'abbé Bonnard, l'excellent curé d'Art-sur-Meurthe, qui, à la demande de Mlle Duhamel, s'était, avec tant d'indulgence, chargé de la correspondance de la jeune fille avec son amie Gervaise.

Le vieux prêtre renvoyait à Mlle Duhamel la dernière lettre destinée à Gervaise, et l'informait en même temps du départ de son amie et de la vicomtesse de Châtenay.

« Ces dames sont parties sans venir me voir et sans même me laisser leur adresse, — écrivait-il.

« J'ignore donc le lieu de leur nouvelle résidence ainsi que la durée probable de leur absence. — Je pense cependant que celle-ci se prolongera pendant un certain temps, car, sauf le jardinier, Mme de Châtenay a fait maison nette et tout paraît fermé au château pour longtemps.

« Je ne pourrai donc plus, ma chère enfant, — et cela à mon grand regret, car en voyant cette pauvre Gervaise toujours si triste, j'avais eu conscience de l'œuvre charitable dont vous me faisiez l'intermédiaire, — me charger jusqu'à nouvel ordre de vos commissions pour Mlle de Châtenay. »

Cette lettre du vieux curé remplit Madeleine de tristesse.

— Pauvre Gervaise !... s'écria-t-elle après en avoir achevé la lecture à sa mère.

Mme Duhamel regarda sa fille d'un air étonné.

— Quel ton lugubre, mignonne !... — fit-elle souriante. — Est-ce donc si terrible de voyager ?

— Ah ! c'est que tu ne sais pas, répondit Madeleine qui, dans son émotion, ne put s'empêcher de livrer à sa mère le secret de ce voyage... tu ne sais pas le motif de ce départ.

— Tu le connais, toi? — demanda Mme Duhamel, étonnée.

— Je le devine, du moins.

— Est-il donc si terrible? — fit d'un air incrédule l'aimable femme, qui se méfiait un peu de l'extrême sensibilité de cœur de Madeleine.

— C'est le bonheur même de ma pauvre Gervaise qui est en jeu, mère!

— Le bonheur de Gervaise?... Comment cela?

— Je suis sûre que Mme de Châtenay ne l'a emmenée que pour la séparer de M. Verneuil...

— Comment?... que veux-tu dire? — s'écria Mme Duhamel un peu inquiète. — Séparer Gervaise d'Adrien Verneuil, car c'est bien d'Adrien, n'est-ce pas, que tu veux parler? — Et pourquoi?

— Parce qu'Adrien Verneuil aime Gervaise, — répondit simplement Madeleine.

Le visage de Mme Duhamel s'assombrit.

— Verneuil aime Mlle de Châtenay?... Comment le sais-tu, mon enfant? Est-ce Gervaise qui te l'a confié?

— Oh! il ne le lui a pas dit, maman, — répliqua avec vivacité la fille du maître de forges, qui rougit un peu de ce léger mensonge fait dans l'intérêt de son amie.

— Alors? — reprit en souriant l'excellente femme, rassurée.

— Mais Gervaise l'a bien deviné, va, et moi je suis sûre qu'elle a raison.

— Voyez-vous ça!

— Si M. Verneuil l'osait, je suis convaincue qu'il demanderait la main de Gervaise.

— Et pourquoi n'oserait-il pas? — dit Mme Duhamel. — Verneuil n'est pas un parti à dédaigner. C'est un garçon fort distingué, travailleur, ayant déjà une situation superbe. — Il peut tout attendre de l'avenir.

— Gervaise affirme que sa belle-mère ne consentira jamais...

— A lui laisser épouser Verneuil?

— Ni aucun autre, petite mère!... Cette méchante femme fait tout ce qu'elle peut pour empêcher sa belle-fille de se marier. Certainement, elle l'a emmenée pour la séparer d'Adrien Verneuil.

— La vicomtesse se doutait donc de quelque chose? — questionna Mme Duhamel, qui savait bien Gervaise malheureuse avec sa belle-mère, mais ignorait les scènes terribles survenues entre les deux femmes au sujet de l'ingénieur.

Madeleine fit alors à sa mère le récit des tortures subies par Gervaise et des humiliations imméritées dont on abreuvait son amie.

Elle lut à Mme Duhamel la lettre navrante, empreinte d'un si profond désespoir, qu'elle avait reçue de Mlle de Châtenay.

— Je lui ai répondu par l'intermédiaire de l'abbé Bonnard, mère, — ajouta la fille du maître de forges. — L'excellent homme, touché de la situation et de la tristesse de ma pauvre Gervaise, avait consenti facilement à lui remettre mes lettres en cachette. — Je lui ai écrit, depuis, plusieurs fois par la même voie, mais depuis longtemps je n'en avais plus de réponse. Tu penses si j'étais inquiète ! — Hélas ! toutes mes craintes sont justifiées par la nouvelle de ce voyage !... Pauvre Gervaise !...

La lettre du curé d'Art-sur-Meurthe vint donc encore augmenter la tristesse et l'inquiétude de Madeleine Duhamel.

Inquiète pour son amour, la jeune fille sentait sa peine se doubler de celle de son amie.

Il fallait que la surveillance fût devenue de plus en plus rigoureuse autour de Gervaise de Châtenay, pour qu'elle n'ait pas trouvé le moyen de prévenir, par un mot, Madeleine de son départ.

— Où peut-elle être ? — se demandait la jeune fille — qui sait où cette horrible femme l'a emmenée ?... — Quelle ne doit pas être la désolation de M. Verneuil !... Ah ! Gervaise et moi, sommes vouées au malheur !... Aimées toutes deux cependant, jamais nous ne serons heureuses par la tendresse de celui que nous aimons !

M. et Mme Duhamel n'avaient pas été longs à s'apercevoir du changement qui, de nouveau, s'opérait dans l'humeur de Madeleine.

Ils en causaient souvent, inquiets de ces tristesses intermittentes.

— Elle s'ennuie, — disait parfois le maître de forges à sa femme. — Pourtant elle refuse de sortir et s'attriste encore davantage si nous insistons pour qu'elle nous accompagne au théâtre ou en soirée.

— Peut-être est-ce son amitié pour Gervaise qui est cause de cela, — répondit, quoique sans conviction, l'excellente femme.

N'avait-elle pas tout ce qu'il faut pour être heureuse, leur Madeleine, entourée de bien-être et de luxe, choyée, adorée par les plus tendres des parents ?

Cette fois, il est vrai, ainsi que Mme Duhamel l'avait fait observer à son mari, la mélancolie de leur fille pouvait s'expliquer par l'absence de nouvelles de son amie et l'inquiétude où elle devait être du sort de Gervaise. — Mais d'autres fois ?... car ce n'était pas d'aujourd'hui seulement que le père et la mère s'apercevaient de cette humeur mélancolique de Madeleine.

Ils s'étaient décidés à l'interroger.

Si elle a quelque chose, elle finira bien par l'avouer en voyant notre inquiétude, — se dirent-ils, tout en cherchant vainement quelle peine secrète pouvait renfermer le cœur simple et pur de leur enfant. — D'ailleurs, Madeleine pouvait-elle avoir quelque chose de caché pour eux?

La jeune fille, en effet, s'était étudiée de son mieux à les rassurer.

— Malheureuse, moi!... mais comment pourrais-je l'être?... Que pourrait-il me manquer, je vous le demande, entre vous deux, père chéri, maman adorée? — répondit Madeleine, en couvrant son père et sa mère de caresses. — Il faudrait que je fusse une enfant bien ingrate pour ne pas remercier Dieu, tous les jours, du bonheur qu'il me donne!

— Alors, si tu n'as aucun chagrin, pourquoi es-tu si souvent triste, mignonne? — insista Mᵐᵉ Duhamel, en retenant sur sa poitrine la tête blonde de sa fille.

— Triste?... Mais non, mère, je ne suis pas triste...

— Préoccupée, alors?...

— Non, je t'assure...

— Enfin, tu as quelque chose, — fit à son tour le maître de forges.

— Non, père... rien, je te l'affirme...

— Penses-tu tromper notre tendresse?

— Père...

— Allons, mademoiselle la cachottière, dites vite le gros chagrin, — fit paternellement l'excellent homme, en attirant à son tour Madeleine dans ses bras.

Un instant, Madeleine hésita.

A plusieurs reprises, déjà, elle avait eu la pensée d'avouer à ses parents son amour pour Gérard. — C'était un de ses plus gros chagrins, que le secret qu'elle gardait vis-à-vis d'eux. — Jamais auparavant elle n'avait eu rien de caché pour M. et Mᵐᵉ Duhamel. Ils lisaient à livre ouvert dans son cœur. Ce manque de confiance envers les êtres adorés, que la seule pensée de son bonheur préoccupait, lui pesait.

Elle fut sur le point de tout avouer. Mais, cette fois encore, un sentiment de pudeur l'en empêcha.

— Je vous répète que je n'ai rien, — reprit-elle en les embrassant tour à tour; — c'est une idée que vous vous faites... je ne suis pas triste.

— Bien vrai?

— Gervaise, seule, me préoccupe et me peine, — affirma la jeune fille avec effort.

Ils la conduisirent dans le monde, au théâtre, aux premières... (P. 674.)

Cette assurance formelle de Madeleine rassura en partie le maître de forges et sa femme.

Pourquoi les eût-elle trompés?

Quelque peu raisonnable qu'elle eût pu être dans ses désirs, n'était-elle pas toujours certaine de ne trouver en eux que l'indulgence d'une tendresse aveugle? — Vivaient-ils, lui et elle, pour autre chose que pour son bonheur, pour lui préparer une existence heureuse et enviée?

— Ce sont les nerfs, c'est un état accidentel qui passera avec le temps, et auquel nous ne pouvons malheureusement pas grand'chose, ma chère amie, — dit le maître de forges plus facilement convaincu que Mme Duhamel.

Puisque Madeleine se trouve heureuse, — et, du reste, comment ne le serait-elle pas ? — c'est l'essentiel.

— Crois-tu que nous ne ferions pas bien de consulter un médecin ?

— Bah ! le meilleur médecin, pour les jeunes filles, c'est le bal, le plaisir, la vie de distractions et d'amusements. Si raisonnable que soit Madeleine, elle s'ennuie peut-être un peu sans s'en rendre compte.

— Mais elle refuse de sortir.

— Il faut l'y forcer. Nous vivons trop retirés, trop entre nous.

— Madeleine est libre d'aller et de venir comme bon lui semble. Elle a ses amies, elle ne va même pas les voir, — fit observer Mme Duhamel avec découragement.

— Essayons toujours. A son âge, vois-tu, il ne faut quelquefois qu'un peu d'entraînement pour prendre goût au plaisir.

— Essayons, — répondit, mais sans conviction, la femme de l'industriel.

M. et Mme Duhamel s'ingénièrent à inventer des distractions pour leur fille.

Ils la conduisirent dans le monde, au théâtre, aux premières, partout où ils espéraient l'intéresser et l'amuser.

Mais leurs efforts n'aboutirent à rien.

Quelque violence que se fît Madeleine pour surmonter sa tristesse et répondre à la tendre sollicitude de ses parents, elle n'arrivait pas à dissimuler le vide profond, le découragement, que laissaient en elle tous ces plaisirs qu'elle ne partageait pas avec Gérard. — Lui seul eût pu les lui faire trouver aimables. Mais, hélas ! pris de jour en jour davantage par les travaux de l'usine, maintenant en pleine construction et même assez avancée, le jeune homme se faisait encore plus rare chez les Duhamel.

— Il nous oublie, il ne pense plus à nous, — se répétait à chaque instant Madeleine. — Il est impossible que ses travaux seuls l'absorbent à ce point, qu'il ne trouve plus un instant pour venir nous voir !... Non, sans doute quelque tendre préoccupation le retient loin d'ici, lui fait oublier le chemin de notre maison.

Cette pensée suffisait pour aviver et pour rendre inguérissable le chagrin de Madeleine. La vie de Paris lui était à charge.

Toute sa pensée la reportait vers Bois-Jolivet.

Là, il n'y aurait plus de fille de banquier séduisante et coquette pour lui disputer Gérard. Elle le ressaisirait.

De nouveau il lui appartiendrait tout entier.

Ah! combien elle voudrait que cette maudite usine fût vite terminée!...

C'était la seule chose qui la préoccupait.

Elle en parlait souvent à son père, s'informant auprès de lui de l'avancement des travaux.

— Cela t'intéresse donc beaucoup, fillette? — fit en riant M. Duhamel, étonné de voir sa fille apporter une importance si grande à l'établissement fondé par le banquier.

Est-ce que par hasard tu te passionnerais pour l'industrie?

— Je me passionne pour tout ce qui vous touche, père, — répondit Madeleine tout heureuse de pouvoir parler, même indirectement, de celui qu'elle aimait. — N'est-ce pas M. Gérard qui s'occupe des travaux, et n'est-ce pas vous qui l'avez recommandé à M. Monval?

— Un fier cadeau que je lui ai fait là, entre parenthèses!

— Alors ça avance, cette usine?

— A vue d'œil. — Il est étonnant ce garçon-là.

— Mais enfin, où en est-on?

— Les trois quarts des constructions sont achevées, les terrassements terminés partout...

— Et les machines?

— Plus de la moitié est déjà en place, n'attendant que la force motrice qui leur donnera la vie et les mettra en mouvement.

— Alors cela marchera bientôt?

M. Duhamel se mit à rire de nouveau.

— Quelle fille industrielle tu fais?... Je te dis que je n'ai plus d'inquiétudes pour mes affaires. — Je ne me préoccupe plus d'un successeur. — C'est à toi que je céderai mes forges et mes hauts-fourneaux!... — Tu voudrais déjà voir tout cela en train avant d'être commencé!

— Mais tu disais que tout était presque achevé, — fit la jeune fille désappointée.

— Presque achevé... le gros œuvre... Mais il manque encore une foule de détails. — Ah! ce n'est pas une petite affaire comme vous semblez le croire, mademoiselle, — dit gaîment l'industriel, — que de mettre une telle exploitation en marche.

— Alors, il y en a encore pour longtemps avant que tout soit terminé? — conclut Madeleine désolée.

C'est que depuis quelque temps, la belle saison revenant, la jeune fille entendait faire autour d'elle de fréquentes allusions au prochain retour à Bois-Jolivet.

Elle songeait avec peine que Gérard serait obligé de rester encore à Paris et, dans sa crainte jalouse, elle entrevoyait dans ce séjour prolongé loin d'elle, et surtout si près d'Armande Monval, un immense danger pour son amour.

— Hélas! s'il reste, il est perdu pour moi, — pensait-elle. — Jamais il ne reviendra à Bois-Jolivet.

Alors, le cœur tout angoissé, elle se disait que c'était là la catastrophe prédite par la tireuse de cartes de Nancy, cet épouvantable malheur qu'elle n'avait fait que lui laisser soupçonner sans consentir à le préciser.

— Ne mourrait-elle pas, en effet, de la perte irrémédiable de son amour!

* *

Depuis l'échec de sa première tentative de séduction à l'endroit de Gérard, Armande Monval vivait dans un état d'exaspération continuelle.

Capricieuse, violente, énervée, ses parents eux-mêmes, malgré la bonté pleine de faiblesse de l'un, l'indifférence inconsciente de l'autre, n'étaient pas à l'abri de ses accès de mauvaise humeur. Gare à celui qui lui faisait une observation. C'était pour Armande un excellent prétexte à décharger ses nerfs.

L'orage, du reste, finissait par un déluge. La jeune fille courait en sanglotant s'enfermer dans sa chambre, dont la porte restait interdite, même à Mme de Terrenoire. On ne la revoyait pas de la journée.

Enfin, un jour, qu'à propos d'un motif futile, d'une niaiserie, elle s'emballait dans une de ces sorties dont elle était coutumière, le banquier lui coupa la retraite, poussé à bout par cette inexplicable humeur, et la mit en demeure de s'expliquer.

Quel motif la rendait à ce point désagréable?

— As-tu quelque chose à nous reprocher?... dis-le, enfin, explique-toi, — s'écria M. Monval exaspéré. — La maison n'est plus tenable avec tes scènes continuelles!... Je sais bien que nous t'avons gâtée; mais ce n'est pas une raison pour nous rendre la vie insupportable par tes caprices!

Si tu veux quelque chose, dis-le, — ajouta-t-il. — Au moins on saura à quoi s'en tenir. — Je ne crois pas, d'ailleurs, que l'on t'ait jamais rien refusé; tu ne risques donc pas beaucoup en demandant. Dans tous les cas, cela vaudra mieux que de nous mettre à tous la tête à l'envers par tes boutades et tes sorties ridicules et sans motif!

Armande fit délibérement face à l'orage.

Elle essuya ses beaux yeux et, s'asseyant sur un canapé auprès de M. Monval :

— Tu tiens à savoir mon secret? — répondit-elle câlinement.

— Parbleu! Si tu crois que c'est gai l'existence que tu nous fais mener depuis quelque temps!

— Ce n'est pas ma faute, c'est malgré moi... — fit avec un demi-sourire la fille du banquier.

— Enfin, qu'est-ce que tu as?

— Je veux me marier.

— Te marier?... Et c'est pour cela que tu bouleverses toute la maison?... Eh bien! si tu veux te marier, tu n'as qu'à choisir parmi tes prétendants. Ce ne sont pas les demandes qui manquent. — Tiens, hier encore, j'ai reçu des ouvertures de la mère du petit baron de Balensey... seulement, comme jusqu'ici tu nous avais toujours envoyé promener, j'ai répondu que tu ne voulais pas encore te marier... que tu étais trop jeune. — Mais on peut renouer; les Balensey ne demanderont pas mieux. Voyons, te plaît-il, ce jeune homme? Il est beau garçon, immensément riche, ce qui ne gâte rien, et baron, ce qui est flatteur...

Mlle Monval avança les lèvres dédaigneusement :

— Un joli baron!... — fit-elle. — Son grand-père vendait des fournitures à l'armée!

— Ça n'empêche pas le fils d'être titré et millionnaire.

— Qu'est-ce que ça me fait les millions!... J'en ai pour deux, moi!... Quant au titre, tout le monde peut s'en payer un au même prix.

— Alors, balancé, le baron! — fit en riant M. Monval. — Eh bien! choisis dans le tas; tu connais aussi bien que moi les demandes que j'ai reçues. — Je parle des demandes acceptables, naturellement. Quant aux autres...

Voyons : Girodel, le fils du banquier archi-millionnaire, celui-là! — Pas joli, joli, par exemple... Il ne te plaît pas?... — Et le petit de Tournecourt?... et James Thomson, l'Américain, le plus riche industriel de Chicago?

— Oh! papa!... un tueur de porcs!... un saleur de jambons! — fit en riant Mlle Monval.

— Bon, rayé aussi!!!

— Plutôt deux fois qu'une, tu le penses bien.

— Hum! — fit le banquier gaîment. — Allons, passons à la seconde série; celle des simples millionnaires. — Que penserais-tu de...

— Inutile de te donner tant de mal, va, père, — interrompit Armande en passant son bras autour du cou de M. Monval.

— Parce que?

— Parce que j'ai déjà choisi celui que je voulais épouser.

— Ah! ah! — Il fait partie de ma catégorie, alors?

— Quelle catégorie?

— Celle que j'allais passer en revue! celle des simples millionnaires... quoique ce soit maigre, un million!...

La jeune fille eut une moue dédaigneuse.

— Si tu crois que je m'occupe d'une pareille vétille!

— Diable! Tu m'inquiètes, — fit le banquier sérieusement alarmé. — Pas même le million!... Quelques centaines de mille, alors? — Tout juste de quoi te payer une corbeille convenable.

Mais Armande Monval se mit à rire.

— Pas même, — avoua-t-elle avec une assurance d'enfant gâtée.

— Tu plaisantes?

— Je parle on ne peut plus sérieusement, au contraire.

— Un sans le sou, alors, — fit piteusement le banquier.

— Qu'est-ce que cela peut faire? — Je suis assez riche...

— Je me demande où tu as pu dénicher ça? — murmura naïvement M. Monval. — Je ne reçois pas de ces gens-là ici.

— Tu le connais, pourtant, mon petit père chéri.

— Qui est-ce? — Ne me fais pas souffrir. Assomme-moi tout de suite, va. — Pas besoin de tant de préparations. Est-ce que je ne fais pas tout ce que tu veux? — dit avec résignation le malheureux banquier.

— Je n'ai pas besoin de préparations pour nommer celui que je veux.

— Dis-le, alors.

— Eh bien! c'est monsieur Gérard, — répliqua nettement Armande.

— Gérard!... mon ingénieur? — s'écria M. Monval avec stupéfaction.

— Ton ingénieur, si tu veux, — soit! — N'aie pas peur, je ne te l'enlèverai pas pour ça.

— Mais il n'a pas le sou! — crut devoir objecter le banquier.

— Il me plaît comme ça, petit père. — D'ailleurs, toi-même, ne dis-tu pas qu'il est extraordinairement intelligent? que c'est un homme supérieur?... ça vaut bien quelque chose, cela!

— Le fait est que tu aurais pu plus mal choisir, — accorda M. Monval, auquel, le premier moment de surprise passé, ne déplaisait pas un projet d'union avec Gérard. — C'est évidemment un garçon d'avenir, une intelligence hors ligne.

— Et si charmant, père, si distingué, — renchérit la jeune fille.

— C'est un travailleur, il faut le reconnaître... Quant à son manque de fortune...

— Père!... — supplia Armande, croyant que cette question allait soulever une nouvelle objection de sa part.

— Laisse-moi parler, au moins, avant de crier, — fit en souriant M. Monval.

— C'est que...

— Oui, je sais ça, tu me l'as déjà dit. — Ça t'est égal, la fortune.

— Oh! complètement!...

— Alors, je continue, — reprit gaîment le banquier. — Je disais donc : Quant à son manque de fortune, avec un gendre comme celui-là, il n'y a pas lieu de s'en préoccuper. Je suis à même de lui faire dans ma maison une position splendide.

— Ah! bravo! très bien cela, père! — s'écria Armande en battant des mains, puis elle l'embrassa avec une effusion à laquelle elle ne l'avait pas habitué.

— Alors, tu le trouves gentil, le gendre que je t'ai choisi? — demanda-t-elle ensuite.

— Très présentable, — répondit en souriant M. Monval.

— A la bonne heure.

— Seulement...

— Ah!...

— Seulement, je ne vois qu'une objection : M. Gérard ne t'a pas demandée, que je sache.

— C'est vrai, — dit la jeune fille, que cette objection ne parut pas démonter.

— Alors?... A moins que cela ne soit convenu entre vous... — ajouta le banquier d'un ton d'indulgence qui disait toute sa faiblesse pour sa fille.

Mais Armande secoua la tête, non sans une nuance de dépit :

— M. Gérard ne se doute de rien, — affirma-t-elle.

— Comment veux-tu, alors?...

— Il faut que tu lui parles, mon petit père chéri. — De lui-même, vois-tu, il n'osera jamais penser à moi, le pauvre garçon. Nos situations sont si différentes! — Il faut que tu lui fasses comprendre qu'on a su l'apprécier, qu'il plaît, qu'il est agréé, que tu vois en lui le gendre rêvé, qu'il peut se déclarer sans crainte. — Dans les conditions où nous sommes, c'est nous qui devons faire les premiers pas. — Ça ne tire pas à conséquence.

— Mais s'il refuse? — objecta naïvement le banquier.

Armande rougit imperceptiblement sous la légère couche de poudre de riz qui veloutait ses joues.

— En admettant que je ne lui plaise qu'à moitié, il y aura toujours ma fortune qui influencera sa décision, sois tranquille, — dit-elle enfin, bien que sa voix eût perdu un peu de son assurance. Comment veux-tu qu'il refuse, lui, sans un sou?... C'est pour lui un parti inespéré!... Il se laissera toujours tenter par l'argent, si ma beauté ne suffit pas pour le séduire!...

— Il serait difficile, — fit M. Monval, qui, avec une fierté toute paternelle, admirait la royale beauté de sa fille. — Je crois que tu seras encore plus jolie que ta mère.

— Maman a pourtant été une des plus jolies femmes de son temps, tu me l'as dit. — Ne l'appelle-t-on pas toujours « la belle Mme Monval » ?

— D'accord, mais tu as un je ne sais quoi... un chic...

Armande embrassa son père en riant :

— Cela me vient de la mauvaise éducation que vous m'avez donnée, tous deux, — fit-elle avec une mine coquette d'enfant gâtée.

Et elle ajouta, en entourant le cou du banquier de ses deux bras dans une caresse enfantine et mignarde :

— Alors, c'est convenu, mon petit père chéri?... Tu parleras à M. Gérard?

— C'est convenu.

— Tu me le promets ?

— Je te le jure !

— Quand?...

— La première fois que l'occasion s'en présentera ; tu peux être tranquille.

— Non. Il faut que ce soit tout de suite, — insista la jeune fille.

— Tout de suite ! — Est-ce si pressé ?

— Oui, je t'en prie, — fit vivement Armande dans l'esprit de laquelle une crainte venait de naître.

Si Madeleine allait la devancer auprès de Gérard !

Elle songeait que la fille du maître de forges était autant qu'elle d'âge à se marier.

— Le duc engagé avec les Duhamel, il serait trop tard, alors, — pensait-elle. — C'est un danger qu'il faut éviter !

Le banquier promit enfin à sa fille de voir Gérard le jour même.

Cette promesse la satisfit, mais, au fond, en dépit d'une légère appréhension causée par la réserve, que, malgré ses avances, le jeune ingénieur

LA DEMOISELLE DU CHATEAU

En attendant, et pour donner un prétexte à sa venue, il faisait avec son ingénieur la visite des travaux. (P. 684.)

avait gardée vis-à-vis d'elle, le jour du bal, elle était presque certaine du succès.

Gérard ne pourrait résister à l'offre de sa main et de ses millions. — Il avait, il est vrai, répondu par une fin catégorique de non-recevoir aux propositions matrimoniales de Mme de Morranteuil ; — mais, à ce moment, il ne la connaissait pas encore ; il n'avait pas été soumis à l'ascendant de sa beauté. — Il n'était pas possible que cette beauté, à laquelle les plus insensibles rendaient hommage, le laissât complètement froid ?

— Il peut faire la comparaison entre moi et sa Madeleine !... — murmurait orgueilleusement Armande. — Je ne la crains pas ; de même que mes millions n'ont point à redouter la concurrence de ceux de la fille de ce marchand de ferraille. — Armande Monval ne se connaît pas de rivale !

L'orgueilleuse s'était bien gardée de révéler à son père la qualité et le véritable état social du duc de Soisy. Comme une coquette qui ménage ses effets et ne dévoile ses trésors que un à un, elle lui en réservait la surprise.

Elle connaissait le banquier, elle savait l'orgueil de parvenu qui se cachait sous son apparente bonhomie.

Sa fille duchesse !... Sa fille alliée à une des premières familles de France !... Quelle chatouille agréable pour sa vanité !

— Lui qui est déjà si fier de moi, qu'est-ce que ce sera, alors ? — pensait-elle. — Père d'une duchesse !...

M. Monval, cependant, sans se douter du brillant destin que lui réservait Armande, se dirigea vers le chantier pour s'acquitter de la mission dont il s'était chargé. Il savait y trouver Gérard, et, à vrai dire, loin de s'en aller en conquérant, à mesure que ses réflexions se précisaient, et que son coupé, enlevé par le trot de son rapide attelage, le rapprochait du but de son expédition, il se sentait de moins en moins fier.

La mission délicate dont il s'était chargé ne lui semblait plus si commode à remplir qu'il l'avait cru tout d'abord.

Qu'allait-il dire à Gérard ?... De quelle façon aborderait-il la question ?...

— Quelque plaisir qu'il puisse éprouver à la recevoir, je ne puis pourtant pas lui jeter ma fille à la tête, — pensait le banquier. — Aura-t-il l'intelligence de me comprendre à demi-mot ?... Drôle de commission !... Comme si Armande n'aurait pas pu... elle-même, lui donner à entendre... lui laisser deviner la nature de ses sentiments !... Entre jeunes gens, cela se fait, ces choses-là ! — Elle était bien sûre de notre consentement !...

Est-ce que nous n'en passons pas par tout ce qu'elle veut?... Singulière idée de me charger de cette mission...

Enfin, j'ai promis!... — conclut M. Monval, décidé à obéir, quoi qu'il lui en coûtât, au caprice de sa fille.

Il arriva, rejoignit l'ingénieur qui, en l'apercevant, vint à sa rencontre.

En poltron qui se décide à un coup d'audace, le banquier eût bien voulu aborder la question immédiatement; mais, à vrai dire, l'attitude ultra-correcte de Gérard lui imposait presque.

Comment, avec ce garçon si froid et si fermé, allait-il amener la conversation sur le terrain qu'il cherchait?

En attendant, et pour donner un prétexte à sa venue, il faisait avec son ingénieur la visite des travaux.

Il se montrait émerveillé de tout ce qu'il voyait. Jamais son enthousiasme ne s'était traduit par tant de compliments!

— C'est admirable, mon cher ami, inouï!... Vous faites des prodiges! répétait-il à chaque instant, avec une insistance qui ne laissait pas de gêner un peu la modestie du jeune ingénieur.

— Alors, vous êtes content, monsieur? — disait-il de temps à autre, pour répondre quelque chose aux éloges embarrassants dont le bombardait le banquier.

— Content!... dites ravi, stupéfait!

— Ça marche, n'est-ce pas?

— Comme par enchantement!... C'est merveilleux!

— Et encore, les ajusteurs nous ont manqué de parole, sans cela, presque tout serait en place et prêt à fonctionner, — fit Gérard, qui s'intéressait réellement et de tout cœur à son œuvre.

— En continuant de ce train-là, nous pourrons fonctionner bientôt, reprit le banquier.

— Le gros œuvre est achevé, — affirma le jeune homme. — Reste maintenant le détail d'assemblage et de mise en marche.

J'ai terminé ce matin les plans pour l'installation définitive des ateliers et des magasins de garage. Nous les verrons ensemble, si vous voulez, monsieur, en passant dans mon bureau.

— Allons, mon cher ami, — fit M. Monval toujours hanté par son idée fixe.

Il espérait que, dans le bureau du jeune ingénieur, une fois installé sur des sièges confortables et loin du brouhaha et du va-et-vient d'un chantier en construction, il trouverait plus aisément l'occasion de faire à Gérard la communication d'Armande.

Mais là, pas plus qu'ailleurs, le joint attendu ne se présenta.

Le jeune ingénieur soumit au banquier les plans et les devis pour l'installation définitive de l'usine ; il se lança dans des explications, des considérations, des calculs...

— Je ne puis pourtant pas lui proposer ma fille entre deux prix de revient, — pensait M. Monval, qui ne prêtait qu'une oreille distraite aux raisonnements de son interlocuteur.

Pourtant, il se montra de nouveau fort élogieux :

— Marchez, marchez comme vous l'entendrez, mon jeune ami, — fit-il en coupant court aux explications et aux comptes de Gérard. — Est-ce que je n'ai pas la plus entière confiance en vous? — Je vous dis que vous êtes pour moi un homme infiniment précieux !... Personne ne m'eût jamais aussi bien compris, personne ne fût entré comme vous dans mon idée...

Et, serrant les mains de l'ingénieur :

— Combien de remerciements n'ai-je pas à adresser à M. Duhamel pour avoir bien voulu se priver de vous en ma faveur, — continua-t-il. — J'apprécie tous les jours davantage le cadeau qu'il m'a fait !...

Vous ne vous doutez pas à quel point je lui suis reconnaissant, mon cher Gérard!...

Et, suant d'angoisse, le père d'Armande ne pouvait se décider à brûler ses vaisseaux et à aborder de front la mission délicate que sa fille lui avait confiée.

— Vous êtes réellement pour moi un homme unique, exceptionnel, — dit-il encore.

— Je fais mon métier le mieux possible, tout simplement, monsieur, — répondit le jeune homme, gêné de plus en plus par ces éloges excessifs.

Mais le banquier protesta, et, croyant avoir enfin trouvé l'occasion qu'il avait jusque-là vainement cherchée :

— Ne parlons pas de métier entre nous, mon cher monsieur Gérard, — supplia-t-il, — laissez-moi voir dans votre zèle à mener à bonne fin mes projets les plus chers la preuve d'une sympathie que... je... que, moi... et les miens... éprouvons également à votre égard.

Gérard s'inclina, tout en le regardant avec étonnement.

A deux ou trois reprises déjà, il avait remarqué l'air distrait et préoccupé et aussi l'hésitation et l'allure singulière de M. Monval.

— Décidément, il a quelque chose d'anormal, — pensait-il. Je ne l'ai jamais vu ainsi... et quelle longue visite...

D'ordinaire, le banquier ne consacrait à l'usine que quelques instants en courant, le temps à peine de serrer la main de Gérard et de s'assurer de la marche des travaux. Cette fois, l'après-midi presque entière s'était écoulée depuis son arrivée.

— Il a certainement quelque chose, il n'est pas dans son état normal, — se répétait Gérard en l'observant.

Bientôt, pourtant, il cessa de faire attention à ces allures inusitées.

— Ce sont ses affaires et non les miennes, — pensa-t-il, sans chercher à pousser le banquier dans la voie des confidences.

Cette indifférence démonta une fois de plus M. Monval. Il s'arrêta court sous le regard surpris du jeune ingénieur.

Embarrassé, il se leva, et, tirant sa montre :

— Diable ! — fit-il, réellement surpris ; — mais il va être six heures !

Qu'allait penser Armande de le voir revenir, malgré sa promesse, comme il était parti, sans avoir parlé.

Pourtant, il le sentait bien, jamais il ne se déciderait à faire ainsi à brûle-pourpoint, à Gérard, l'aveu de sa mission délicate. Il était trop tard maintenant, l'occasion cherchée ne se présenterait plus ce jour-là.

— Je vais tâcher de le décider à venir dîner à l'hôtel, — pensa le banquier, qui espérait être mieux inspiré au milieu de ce cadre somptueux et familier où tout viendrait lui rappeler la puissance incontestée de ses millions.

Il passa amicalement son bras sous celui de Gérard, et formulant son invitation de façon à lui laisser le moins de facilité possible pour la décliner :

— Vous savez que vous êtes des nôtres, ce soir, — fit-il gaiement ; — je vous emmène. Ces dames m'ont bien fait promettre de ne pas revenir sans vous ramener. Il ne s'agit donc pas de dire non !

— Vous m'emmenez ! mais je ne suis pas en tenue de dîner, — objecta néanmoins Gérard, que l'invitation n'amusait que médiocrement.

— Nous serons entre nous, ne vous inquiétez pas de cela.

— Cependant...

— Pas de défaite !... Ces dames n'en accepteront aucune, je vous en préviens !...

Devant l'insistance du banquier, Gérard dut se résigner à accepter.

Tandis que le coupé de M. Monval les entraînait vers l'avenue de Friedland, le père d'Armande tenta de nouveau de s'acquitter de sa tâche difficile.

Ce tête-à-tête improvisé lui parut propice pour sonder les dispositions de Gérard.

— Je vais d'abord l'amorcer, le mettre sur la voie par quelques phrases adroites, — pensait-il. — Le reste ira tout seul lorsque je n'aurai plus qu'à préciser. Évidemment il doit être à cent lieues de songer à la bonne fortune que lui ménage la Providence. Mais à son âge on est toujours un peu romanesque; la première surprise passée, il comprendra à merveille mes sous-entendus. — D'ailleurs, Armande a beau dire, elle n'est point femme à ne pas lui avoir laissé entrevoir l'impression qu'il produisait...

Je me le rappelle, Gérard paraissait très en faveur auprès d'elle, le soir du bal. — Gageons que je vais trouver un terrain tout préparé pour ma confidence.

Mais malgré cette conviction, bien faite pour lui donner du courage, M. Monval chercha vainement la phrase préparatoire sur laquelle il comptait pour mettre en éveil l'esprit de son futur gendre, et cette préoccupation trop visible finit par amener un silence gênant entre les deux hommes.

Gérard s'étonnait de plus en plus de l'attitude bizarre du banquier.

Ces insinuations ambiguës, auxquelles il cherchait vainement à trouver un sens, ces phrases qui s'arrêtaient soudain, sans conclure, — ces silences embarrassés étaient si éloignés de la rondeur habituelle de M. Monval.

Le coupé, en stoppant dans la cour de l'hôtel, avait retardé pour Gérard la solution de ce problème qui commençait à l'intéresser.

Tout de suite le banquier l'entraîna dans son cabinet.

En voyant rentrer son père en compagnie du jeune ingénieur, Armande, accourue à la fenêtre au bruit de la voiture, ne douta pas un instant qu'il n'eût parlé.

— Enfin! je vais donc savoir!... — murmura-t-elle en calculant les chances heureuses que lui apportait la présence de Gérard.

— Puisqu'il est ici, c'est qu'il accepte, — pensait-elle. — Sans cela, serait-il revenu avec mon père?... Cependant pourquoi, alors, le faire entrer dans son cabinet?... Pourquoi ne pas l'amener tout de suite auprès de nous?...

Peut-être père veut-il me voir d'abord toute seule, avant de le présenter à maman!... Va-t-il me faire appeler?...

Cette idée calma, pour un instant, l'impatience de la jeune fille.

Elle s'empressa de remonter chez elle.

Là elle interrogea sa femme de chambre :

— Mon père ne m'a pas fait appeler?

— Non, mademoiselle.

— Vous en êtes sûre?

— Je n'ai pas bougé d'ici.

— Si l'on vient de sa part, prévenez-moi tout de suite.

Enfermée alors dans sa chambre, devant sa psyché, Mlle Monval passa un peu de temps à s'admirer.

Elle était belle à miracle.

L'impatience, l'incertitude où elle était de la réponse de Gérard, la fièvre du doute et de l'espoir, donnaient à son teint, à ses yeux, un éclat extraordinaire.

— Il n'est pas possible qu'il ne me trouve pas jolie et qu'il ne m'aime pas !... Il n'est pas possible qu'il dise « non », — se répétait-elle toute rassurée par la constatation de son éclatante et triomphante beauté.

Je serai duchesse de Soisy !

Enfin, ne voyant rien venir, ne tenant plus en place, bouillant d'impatience, résolue à savoir, Armande finit par aller appliquer son oreille à la petite porte qui faisait communiquer le cabinet de son père avec les appartements.

Elle était sûre de ne pas être surprise, les domestiques ne venant jamais jusque-là une fois le service fait.

— Je finirai bien par savoir quelque chose, — se dit-elle en se blottissant derrière la lourde tapisserie qui masquait la porte. — Père ne l'a pas amené dans son cabinet pour causer tout bonnement de son usine modèle, je suppose !... Je vais entendre ce qu'ils se disent !...

M. Monval, en effet, s'était enfin décidé à avoir, avec son ingénieur, l'entretien délicat et confidentiel devant lequel il avait reculé jusque-là.

Armande n'allait-elle pas lui demander compte de sa mission ?

— Je ne puis cependant pas lui répondre que je n'ai pas osé parler... que ce gamin-là m'en impose avec ses grands airs, — se disait-il, cherchant un stimulant qui le décidât à agir.

Il se représentait la colère d'Armande subissant une déception.

— Sans compter qu'elle se moquerait de moi par-dessus le marché !... ajoutait-il.

Elle doit, en nous ayant vu rentrer, croire que tout est fini, entendu, qu'il n'y a plus qu'à publier les bans, à commander la corbeille !... Quelle scène, si elle savait !...

Ne trouvant aucune échappatoire, plus à l'aise maintenant, d'ailleurs, dans son milieu habituel, M. Monval s'était donc décidé à parler.

— Après tout, c'est un parti inespéré pour lui, que je lui propose ; quoi qu'il en pense, il n'ira pas s'imaginer que je suis embarrassé pour caser ma fille !... Je ne me trouve donc pas dans des conditions ordinaires,

— Il refuse !... s'écria la jeune fille en cachant son joli visage pâle d'émotion sur la poitrine de son père. (P. 695.)

— ajouta le banquier, — et ce que je vais faire là n'a rien après tout que de très normal. — Armande est assez riche pour épouser le mari qui lui plaît !

Il s'était assis auprès de Gérard.

Après un long préambule légèrement embarrassé, il lui avait parlé de son avenir.

Que comptait-il faire ?

— Vous n'allez pas, je suppose, vous enterrer toute votre vie, en sous ordre, dans les forges de cet excellent Duhamel?... Que diable! un garçon comme vous a mieux à faire!... Il faut vous lancer, rester à Paris. — Vous avez devant vous le plus brillant avenir.

Je vous aiderai... je vous mettrai en relations avec les hauts financiers. Vous verrez qu'avant deux ans d'ici vous serez sur la route de la fortune.

— Je ne suis pas ambitieux, monsieur, — répondit Gérard avec une certaine réserve, surpris et un peu gêné de l'intérêt que le banquier semblait prendre à son avenir.

— Allons donc, pas ambitieux!... A votre âge on l'est toujours, mon cher ami, surtout un garçon de votre intelligence et de votre valeur.

— Vous avez, je le crains, monsieur, beaucoup trop bonne opinion de mon mérite, — répliqua modestement le jeune ingénieur.

— Je ne vous dis pas, au contraire, tout ce que j'en pense, — interrompit avec vivacité M. Monval. — Votre intelligence, votre science si sûre d'elle-même, j'ai été mieux qu'un autre à même de les apprécier, vous permettent, à mon avis, d'aspirer aux plus hautes situations.

— Oh! monsieur!...

— Ne protestez pas; voyons, vous le sentez bien comme moi. — Il n'est pas possible que vous ne vous rendiez pas compte de votre valeur.

— Je vous assure que je ne mérite pas tous ces éloges, monsieur, — fit le jeune homme confus.

Votre indulgence s'illusionne sur des facultés intellectuelles qui sont celles de la bonne moyenne des travailleurs.

— Dites d'une élite bien restreinte, et vous serez encore au-dessous de la vérité, — affirma le père d'Armande.

— Vraiment!... monsieur...

— Je sais bien que cela ne suffit pas toujours pour arriver, — continua le banquier. — Il faut compter avec les médiocrités qui sont le nombre et qui l'emportent souvent sur le mérite.

Le monde est ainsi fait que, généralement, il n'accepte et ne sait apprécier que celui qui s'impose ou qu'on lui impose.

La société est une vaste réunion de brebis de Panurge.

Souvent les natures les plus privilégiées, les meilleures bonnes volontés sont paralysées parce qu'elles ne sont pas soutenues, parce qu'on leur refuse l'occasion de se produire.

— Vous voyez donc bien, monsieur, — dit Gérard en souriant, — que j'ai raison de me montrer reconnaissant et de me contenter de la situation, modeste si vous voulez, — bien que je la juge tout autrement eu égard à mon faible mérite, — mais sûre, dans tous les cas, vous voudrez bien en convenir, que M. Duhamel m'accorde dans son usine comme aide et, au besoin, comme suppléant de son ingénieur, M. Verneuil.

— Mais vous n'êtes pas même en titre; voyons, ce n'est point une situation pour vous, cela !

— C'est plus que je n'espérais, pourtant, — dit le jeune homme d'une voix grave, tandis que sa pensée reconnaissante allait vers le père de Madeleine.

C'est plus que je ne mérite, mon ambition ne va pas au delà !

Brusquement, M. Monval se décida.

— Voyons, — fit-il, retrouvant son accent de rondeur ordinaire et rapprochant son fauteuil de celui de Gérard, — si je vous offrais, moi, cependant, une situation exceptionnelle...

— Vous, monsieur !...

— Si je mettais entre vos mains l'instrument sans lequel il est difficile de sortir de la médiocrité...

Gérard regarda le banquier d'un air surpris.

— Je ne comprends pas.

— Si je vous donnais le nerf de la guerre, — continua M. Monval, sans tenir compte de l'interruption du jeune homme, — le levier sans lequel, aujourd'hui, tout effort, quelque grand qu'il soit, devient même impuissant : la fortune !...

— La fortune... à moi ! — s'écria Gérard, de plus en plus surpris.

— Ne serait-elle pas en bonnes mains?... ne vous sentez-vous pas capable de faire de grandes choses?

— Je vous répète que vous vous illusionnez sur mon mérite, — fit le jeune ingénieur avec modestie.

— Et moi, je vous dis que vous vous fermez les yeux sur vos capacités exceptionnelles, mon jeune ami ; il est bon d'être modeste, mais, comme je vous l'ai dit, encore faut-il avoir conscience de sa valeur.

— Mais enfin, monsieur, — fit Gérard, touché et confus de la persistance élogieuse du banquier, — qu'ai-je fait pour vous inspirer une si vive sympathie?

M. Monval sourit.

Maintenant que la partie était engagée, il se sentait tout à fait maître de lui.

— Ma foi, mon jeune ami, — dit-il avec une bonhomie pleine de malice, — de fait, bien que j'y applaudisse de tout cœur, ce n'est pas précisément moi qui vous fais ces brillantes propositions...

— Veuillez vous expliquer, monsieur, — répliqua Gérard, à cent lieues de comprendre où voulait en venir le banquier. — Quelle est la personne, alors, si ce n'est vous, qui s'intéresse suffisamment à mon avenir pour me faire, par votre entremise, une offre si complètement inattendue?

Trop engagé maintenant pour ne pas aborder carrément son sujet :

— La personne qui m'a chargé d'intervenir auprès de vous et de vous adresser cette proposition, à laquelle j'ai donné d'avance toute mon approbation, — répondit le père d'Armande; — eh bien!... je vais vous le dire... c'est...

C'est ma fille !...

— Mlle Monval !... — murmura Gérard, stupéfait.

— Oui, mon cher ami, Armande vous a remarqué, elle a su vous apprécier, elle vous aime!... — reprit M. Monval avec une certaine dignité.

Et, interrompant Gérard, qui balbutiait éperdu d'étonnement :

— J'adore ma fille, moi, voyez-vous, — continua-t-il avec une bonhomie attendrie. — Je ne sais rien lui refuser... Je suis tout prêt à donner sa main à celui qu'elle a choisi... mais celui-là voudra-t-il l'accepter?... Mon cher Gérard,... voyons... Voulez-vous être mon gendre?...

La foudre tombant aux pieds du jeune homme ne l'eût pas davantage abasourdi.

C'était donc là ce que le banquier avait sur le cœur, ce qui causait cette préoccupation si visible!...

Jamais il n'aurait imaginé cela.

Il parvint cependant à se ressaisir un peu et se levant, embarrassé, malgré le tact exquis de sa nature aristocratique et fine, par la difficulté de la situation :

— Je ne sais comment vous exprimer, monsieur, — balbutia-t-il enfin, — à quel point je suis touché... combien cette recherche m'honore... quelle reconnaissance j'éprouve de cette faveur inappréciable dont je sens toute la valeur et à laquelle je ne me serais jamais permis d'aspirer. Cependant, quelque inespéré pour moi que soit le bonheur que vous m'offrez, je ne dois pas... je ne puis pas accepter...

— Hem! — fit le banquier abasourdi à son tour.

Et croyant deviner que les scrupules du jeune ingénieur ne reposaient que sur son manque de fortune :

— Mais, mon cher Gérard, — continua-t-il amicalement : — Voyons, ne vous inquiétez donc pas des gros sous! Vous n'avez pas d'argent, pensez-vous. — Qu'est-ce que cela peut nous faire puisque nous en avons?

Et voyant que le jeune homme rougissait, il ajouta :

— Réfléchissez un moment : croyez-vous que parce que vous arriveriez avec quelques malheureuses centaines de mille francs — ce qui est pourtant quelque chose, c'est vrai ! — vous en seriez moins pauvre vis-à-vis de nous? Vous voyez donc bien que la question de fortune doit être tout de suite écartée.

A mesure que le banquier parlait, l'embarras de Gérard allait en augmentant.

Loin de se remettre du coup inattendu qu'il venait de recevoir, il se sentait de plus en plus gêné vis-à-vis de M. Monval.

Comment sortir à son honneur de cette délicate situation?

Comment répondre sans blesser les susceptibilités d'un père, sans atteindre mortellement la fierté d'Armande, dont le banquier n'était que l'interprète?

Il fallait pourtant qu'il prît un parti.

M. Monval insistait.

— Allons, mon cher Gérard, donnez-moi vite votre réponse. — C'est oui, n'est-ce pas?... On ne refuse pas ma fille!...

Et notez bien, — ajouta-t-il avec volubilité, cherchant à s'illusionner sur le silence pour le moins bizarre du jeune homme, — notez bien, qu'à vous, je ne parle pas de ses millions. — Je sais que vous valez mieux que cela. — Mais Armande n'a-t-elle pas toute la beauté et toute la grâce que l'on peut désirer trouver dans une femme?...

Quant à moi, vous savez que j'ai toujours eu pour vous la plus vive sympathie. — C'est vous dire que de mon côté je tiens beaucoup à ce mariage. — Je serai heureux de vous appeler mon fils!...

Ainsi donc, mon cher Gérard, pas de scrupules... C'est de tout cœur et non pour complaire à l'ardent désir de ma fille, que je vous la donnerai. Aucun choix ne pouvait m'être plus agréable.

Allons, c'est entendu? — Je vais faire appeler votre fiancée...

Et comme M. Monval s'apprêtait, en effet, à sonner pour faire prévenir Armande, Gérard l'arrêta d'un geste suppliant.

— Monsieur, — balbutia-t-il, — vous me voyez confus... désolé... bouleversé par la révélation si flatteuse et si inattendue que je viens d'entendre.

Je voudrais pouvoir répondre différemment... accepter avec reconnaissance la distinction si imméritée dont je suis l'objet...

Mais je vous l'ai dit, sur mon honneur, cela m'est impossible... Je ne le puis pas!...

— Parlez-vous sérieusement?... Songez-vous à la situation que vous refusez?... — s'écria le banquier, qui ne considérait dans le mariage les choses du cœur que comme accessoires, mais qui ne comprenait pas que le jeune ingénieur n'acceptât point avec enthousiasme la position superbe qui lui était offerte : une jolie femme et des millions.

— Je sais surtout qu'en refusant, je perds un bonheur dont je n'étais pas digne, — répondit Gérard en s'inclinant.

— Eh bien! alors, pourquoi vous obstinez-vous, mauvaise tête?... — insista M. Monval. — Voyons, dites oui, il en est encore temps. Tout ceci restera entre nous. Je vous promets de cacher à ma fille vos hésitations. Laissez-vous faire; n'entravez pas votre avenir par je ne sais quels scrupules!... Avec mon aide et votre intelligence, où n'arriverez-vous pas? — Vous n'aimez pas encore Armande?... tranquillisez-vous, cela viendra!... Elle vous aime, elle, c'est l'essentiel. — Est-ce donc si terrible que d'accepter la fortune et le bonheur?

— Je vous saurai gré de ne pas insister, monsieur, — dit le jeune homme que bouleversait cette scène si pénible pour lui.

— Mais enfin, vous avez une raison pour refuser, — fit le banquier ne pouvant prendre son parti d'avoir à annoncer à sa fille un échec aussi vaguement motivé! — Après ce que je vous ai dit, je ne suppose pas que ce soit votre manque de fortune qui vous arrête?

Gérard fit un geste de dénégation.

— Alors?

— Pour des raisons qui me sont personnelles et qui n'auraient aucun intérêt pour vous; je suis décidé à ne pas me marier, — déclara l'ingénieur en s'inclinant.

A ce moment, la porte qui faisait communiquer les bureaux avec l'hôtel réservé du banquier s'ouvrit.

Armande fit irruption dans le cabinet de son père.

Bien qu'elle eût entendu toute la conversation, rien sur son visage n'eût pu le faire soupçonner.

Elle tendit avec sa bonne grâce habituelle sa main à l'ingénieur, et embrassant son père :

— Je suis fâchée de vous déranger, — dit-elle avec une feinte confusion d'enfant gâtée qui sait que tout lui est permis; — c'est maman qui vous a vus rentrer et qui m'envoie te demander si monsieur Gérard dîne avec nous.

— Mais certainement, — s'empressa de répondre le banquier qui comptait beaucoup sur l'intimité de cette soirée familiale pour faire revenir le jeune homme sur une décision qu'il ne pouvait se résoudre à considérer comme définitive.

Mais Gérard, naturellement, se récusa.

Il avait hâte d'être parti. L'arrivée d'Armande rendait encore plus pénible sa situation vis-à-vis de M. Monval.

— Cela m'est impossible, à mon très grand regret, mademoiselle, — fit-il en s'inclinant devant la jeune fille; — je viens de me rappeler que j'avais promis ma soirée... Je vous demande donc la permission de me retirer, en vous priant de présenter toutes mes excuses et tous mes respects à madame votre mère.

— Comment! vous nous quittez?... — s'écria le banquier désappointé. — Vous m'aviez promis tout à l'heure de rester avec nous.

Gérard rougit :

— Tout à l'heure, j'avais complètement oublié que ma soirée ne m'appartenait pas, monsieur, — répondit-il avec fermeté.

Mais le banquier, ne se tenant pas pour battu, et décidé à mettre le jeune homme au pied du mur, se tourna vers sa fille :

— Sais-tu pourquoi il s'obstine à nous quitter, Armande? — interrogea-t-il.

— Comment le saurais-je, père? — fit la jeune fille, jouant à merveille l'étonnement.

— Eh bien je vais te le dire...

— Monsieur!... — interrompit Gérard sur le ton de la prière, en faisant un pas en avant.

Le banquier l'arrêta du geste.

— Nous causions tout à l'heure ensemble, — continua-t-il, — monsieur Gérard et moi de... ce que tu sais...

— Ah!... — fit seulement Armande qui sut faire prendre à son visage l'expression d'un trouble profond.

Eh bien?

— Par grâce! monsieur... — interrompit de nouveau le jeune ingénieur.

— Eh bien! — poursuivit M. Monval sans s'arrêter à l'exclamation de Gérard, — eh bien! ça ne va pas tout seul!... Le résultat n'a point répondu à nos espérances...

— Il refuse!... — s'écria la jeune fille en cachant son joli visage pâle d'émotion sur la poitrine de son père.

Puis relevant la tête et se tournant vers Gérard.

— Est-ce donc vrai, monsieur? — demanda-t-elle avec l'accent de la plus profonde douleur.

— Mademoiselle... — murmura le jeune homme.

— Mon père vous a-t-il dit, monsieur à quel... sentiment j'obéissais en le priant de faire auprès de vous cette démarche si en dehors de toutes les convenances mondaines? — balbutia-t-elle, rougissante.

— Il me l'a dit, mademoiselle...

— Parbleu! — fit le banquier, ce n'était pas d'ailleurs difficile à deviner. — Est-ce que si tu ne l'aimais pas, tu penserais à l'épouser?

— Alors... Sachant que... je vous aime, monsieur, — reprit Armande d'une voix oppressée et pleine de larmes, — vous persistez dans votre refus? — Pensez-vous à quel point vous me faites souffrir? Combien vous êtes cruel?

Maintenant, Mlle Monval ne cherchait plus à feindre; elle était redevenue elle-même dans l'explosion d'une douleur vraie.

Résolue à faire la conquête du jeune homme et à devenir duchesse, se croyant sûre, d'ailleurs, du succès, Armande peu à peu s'était prise à ses propres artifices, à ses coquetteries, à ses manœuvres. — Elle aimait réellement Gérard. Aussi sa déception était-elle douloureuse.

Le jeune homme, lui, se sentait plus embarrassé que jamais. Il eût donné tout au monde pour pouvoir s'échapper, couper court par la fuite à cette scène dans laquelle il se sentait devenir presque ridicule.

Pourtant, à la question que venait de lui poser Mlle Monval, il avait baissé affirmativement la tête.

— Oui, je refuse, mademoiselle, — déclara-t-il enfin d'une voix où l'on sentait vibrer une profonde émotion. — Je refuse!... Mais croyez que je ressens profondément l'honneur d'une offre, pour moi si inespérée!... J'ai un sincère regret de répondre si mal à une si douce et si flatteuse sympathie, mais il m'est impossible d'accepter, je ne le puis pas...

— Qui donc vous en empêche?... — s'écria Armande en s'exaltant.

Le jeune homme pâlit douloureusement.

— Je ne puis me marier...

— Dites que vous êtes engagé, plutôt, — fit amèrement la jeune fille pensant avec un dépit soudain à Madeleine Duhamel.

— Eh bien!... oui, mademoiselle, — répondit gravement Gérard.

— Ah!...

— Un engagement d'honneur...

Et demandant intérieurement pardon à la mémoire de sa chère morte du mensonge qu'il employait pour échapper à la curiosité douloureuse d'Armande, le jeune homme ajouta :

— J'ai promis à ma mère de ne pas me marier.

Accablée, renonçant à obtenir de Gérard une réponse moins décisive, Mlle Monval se laissa tomber dans un fauteuil.

Un silence pénible se fit.

Quoique trouvant absurdes et sans valeur les raisons alléguées par le jeune homme, le banquier avait également perdu tout espoir de le voir revenir sur ses résolutions.

LA DEMOISELLE DU CHATEAU

Lorsque Armande et la colonelle arrivèrent, la plus complète animation régnait dans le grand hall vitré... (P. 701.)

Il prit donc le parti de ne plus intervenir.

En lui dominait la sensation intime de s'être trompé sur le compte de l'ingénieur.

— Décidément il n'est pas fort, — pensait-il. — A-t-on idée de s'entêter à refuser une affaire comme celle-là!...

Ma parole, je le croyais plus intelligent!

Chacun maintenant avait hâte de voir se terminer cette scène regrettable.

Gérard comprenait que sa présence ne faisait que prolonger inutilement une situation aussi tendue.

Il balbutia quelques banales excuses, ne trouvant pas autre chose, dans le désarroi de son esprit, salua le banquier et, s'étant incliné devant Armande, toujours absorbée dans sa douleur, il se retira très ému.

Ce départ, qui prouvait chez lui une résolution bien arrêtée, n'amena aucune détente entre le père et la fille.

Devant son impuissance à calmer le désespoir d'Armande, M. Monval haussa les épaules, d'un air mécontent.

Diable de caprice, aussi !... Qu'avait eu sa fille d'aller s'enticher d'un pareil nigaud !

— Je la connais !... ce n'est pas fini cette histoire-là !... — murmurait le banquier qui prévoyait de la part d'Armande une recrudescence de mauvaise humeur et de rebuffades.

Silencieuse, elle remonta dans sa chambre.

Elle n'était pas dupe du prétexte invoqué par Gérard. — Rendue clairvoyante par son amour, elle avait parfaitement compris que la réponse du jeune homme n'était qu'une défaite.

C'était à Madeleine seule, à sa rivale, qu'elle devait cet échec si cruel à son amour et surtout à son amour-propre.

Aussi était-elle furieuse.

Malgré tout, elle ne se tenait pas pour battue.

Tout de suite le souvenir lui apparut d'une lettre anonyme qu'elle venait de recevoir et qui lui promettait des détails sur une personne qui l'intéressait.

Cette personne, à coup sûr, ne pouvait être que Gérard.

A qui donc, si ce n'était à lui, s'intéressait-elle ?

Armande, du reste, avait pensé cela tout d'abord, ce qui l'avait empêchée de détruire la lettre.

Elle la prit dans le tiroir où elle l'avait enfermée, et la relut attentivement.

C'était la lettre que nous avons vu Mousset lui adresser le lendemain même de son arrivée à Paris.

— Certains détails, — murmura la jeune fille d'une voix sombre, — quels détails peuvent m'intéresser sinon ceux des amours du duc de Soisy avec Madeleine Duhamel ?

Certainement celui ou celle qui m'écrit doit être au courant et ne demande qu'à parler. C'est un marché que l'on va me proposer...

Eh bien ! soit, — fit-elle en s'asseyant devant son bureau.

La partie est trop compromise pour que je néglige rien de ce qui m'offre quelque chance de la relever !...

Je saurai ce que me veut mon correspondant anonyme.

Et, attirant à elle une feuille de papier, d'une main fiévreuse elle traça à la hâte ces lignes :

« Puisque vous me connaissez, vous me trouverez demain soir, à neuf heures, au pavillon d'Armenonville, à gauche de l'orchestre des tziganes !... »

CHAPITRE XXXV

MOUSSET TRAVAILLE

ONTRAIREMENT aux prévisions du banquier, la journée du lendemain s'était passée sans incident fâcheux et sans aucune scène désagréable de la part d'Armande.

La jeune fille se montra très calme, évitant de se trouver seule avec son père, afin de ne pas avoir à parler des événements de la veille.

Après le dîner, seulement, M. et Mᵐᵉ Mouval devant aller au théâtre, elle prétexta une migraine pour ne pas les accompagner, et, comme le banquier s'inquiétait, tandis que la toujours belle Mᵐᵉ Monval donnait le dernier coup d'œil à une toilette sensationnelle destinée à mettre en relief, dans un cadre digne d'elle, son immuable et décorative beauté, Armande l'avait rassuré par un mot.

— Ça ne sera rien, va, père, — dit-elle en l'embrassant. — C'est le contre-coup de cette ridicule scène d'hier. Demain il n'y paraîtra plus.

Ce fut la seule allusion qu'elle fit à sa cruelle déconvenue.

M. Monval partit fort satisfait.

Somme toute, Armande prenait l'aventure beaucoup mieux qu'il n'eût osé l'espérer.

Comme ça, à la bonne heure !

— Une épreuve lui aura suffi pour juger le triste sire, — pensait le banquier. — Entre nous, il faisait une piteuse figure, le pauvre garçon. — Mais, quelle idée baroque lui mettait la cervelle à l'envers ?... d'où a-t-il pu tirer cet inconcevable entêtement ?

Refuser une situation semblable !...

Ces hommes intelligents sont quelquefois bigrement bêtes ! — conclut philosophiquement M. Monval.

Restée seule avec Mᵐᵉ de Terrenoire, Armande manifesta le désir de sortir pour faire un tour au Bois.

— La soirée est magnifique, presque douce ; je suis sûre que le grand air me fera du bien. — Dites qu'on attelle, voulez-vous, ma chère colonelle ? — demanda languissamment la fille du banquier.

La « chère colonelle » s'empressa d'acquiescer au désir d'Armande.

Outre qu'elle avait pour habitude de ne contrecarrer aucune de ses fantaisies, Mme de Terrenoire trouvait bien plus agréable la perspective d'une promenade que celle d'une soirée passée en tête-à-tête.

Armande était de si méchante humeur depuis quelque temps !

Quoique souffrante, du reste, la jeune millionnaire avait fait une toilette charmante.

La tristesse résultant de sa déception ajoutait une mélancolie poétique au caractère peut-être un peu décidé de sa beauté.

— Je ne vous ai jamais vue si adorable, ma chère, — ne put s'empêcher de s'écrier la colonelle en rejoignant la jeune fille prête à partir. — Une véritable héroïne de Walter Scott !

Raide sur son siège, le cocher, un Anglais attaché spécialement au service de la jeune fille, attendait les ordres.

— Remontez les Champs-Elysées et touchez au Pavillon d'Armenonville, commanda Armande.

Et, tandis que Mme de Terrenoire prenait place à sa gauche dans la voiture, elle ajouta négligemment, avec l'assurance de n'être pas contredite :

— Cela sera une charmante promenade, n'est-ce pas votre avis, ma chère colonelle ?

Bien que la saison fût encore bien peu avancée, les Champs-Elysées commençaient à reprendre leur animation estivale.

C'était la première soirée vraiment belle depuis l'hiver. Aussi de nombreux équipages, mêlés à d'humbles fiacres qui n'avaient pas encore osé arborer la capote découverte, remontaient-ils vers le Bois.

La haute noce, la haute bicherie parisienne avait hâte de se retrouver dans ses lieux de plaisirs favoris.

A la porte Dauphine, les équipages bifurquaient.

Quelques-uns, ceux-là peu nombreux encore, se risquaient jusqu'à la Cascade. Mais le plus grand nombre s'arrêtait au pavillon Chinois ou prenait la route d'Armenonville.

Ce fut celle-là que suivit le coupé de Mlle Monval.

Lorsque Armande et la colonelle arrivèrent, la plus complète animation régnait dans le grand hall vitré si gai sous sa décoration de fleurs et de lumières.

Dominant le bruit des conversations et des rires, l'orchestre de Boldi, l'incomparable artiste hongrois, réinstallé depuis les premiers beaux jours, jouait triomphalement ses plus suggestives mélodies devant ce public qui répandait à pleines mains l'or et les billets bleus.

Les deux femmes eurent de la peine à trouver une place inoccupée auprès de la musique.

Enfin, et justement sur la gauche, un groupe s'étant levé pour partir, elles purent s'asseoir.

La beauté d'Armande produisait dans ce milieu son effet accoutumé.

Chacun, parmi tous les jeunes viveurs qui se trouvaient là, se demandait qui pouvait être la nouvelle venue. Deux femmes seules sont toujours suspectes de galanterie, dans certains endroits.

Cependant la fille du banquier, tout en affectant les allures libres d'une demi-mondaine, avait une distinction naturelle empêchant de la classer dans cette catégorie de femmes.

De plus, les grandes façons de la colonelle, qui lui servait de chaperon, constituaient une sauvegarde suffisante contre toute tentative un peu risquée.

Les nouvelles venues, en outre, ne faisant rien pour attirer l'attention et paraissant plutôt désirer ne pas être remarquées, on cessa bientôt de s'occuper d'elles.

Les conversations recommencèrent à bourdonner, ne s'interrompant que pour applaudir quelque solo, pleuré par Boldi sur son incomparable violon, ce public spécial de viveurs et d'horizontales de haute marque, adorant, — par antithèse, sans doute, — cette musique tzigane si étrange, toute de nerfs et de passion.

La fille du banquier et sa compagne purent donc à leur aise examiner la salle.

Mais ce n'était pas l'attrait de ce lieu de rendez-vous de la haute vie, — lieu d'ailleurs des plus corrects, — qui avait attiré Armande.

Elle cherchait autour d'elle à découvrir le correspondant mystérieux qu'elle y attendait.

Il était près de neuf heures.

Tout en aspirant du bout des lèvres, au moyen d'un chalumeau de paille, la boisson glacée qu'elle s'était fait servir, Mlle Monval avoua à la colonelle le but réel de sa présence au chalet d'Armenonville.

— Oh! un simple rendez-vous d'affaires, ma bonne, — ajouta-t-elle en souriant, amusée malgré elle par la mine suffoquée de Mme de Terrenoire. — Un rendez-vous des plus sérieux.

Et la fille du banquier avait ajouté avec l'assurance d'une enfant gâtée qui sait qu'elle n'a qu'à parler pour être obéie:

— Sérieux et même secret, du moins quant à présent. Et je vous saurai gré, ma chère colonelle, de vous retirer un peu à l'écart lorsque cette personne se présentera.

Et, en effet, habituée aux allures de la jeune fille, Mme de Terrenoire acquiesça à son désir sans faire aucune objection.

Lorsqu'il trouva au bureau de poste de la place de la Bourse, aux initiales PM qu'il avait indiquées dans sa lettre, un petit mot d'Armande lui donnant rendez-vous pour le soir même au pavillon d'Armenonville, Mousset ne s'était pas senti de joie.

Il n'avait point osé espérer un résultat aussi prompt.

L'empressement de Mlle Monval lui paraissait du meilleur augure pour sa fortune à venir.

— Ça marche ! ça marche !... — murmura le drôle après avoir relu et soigneusement serré dans son portefeuille la lettre de la fille du banquier.

— J'ai visé juste, je le savais bien ! — Avec les femmes il y a toujours quelque chose à faire.

Depuis l'envoi de ses offres anonymes, l'amant de Léonore était revenu plusieurs fois rôder autour de l'hôtel Monval, et il avait fini par apercevoir la jeune fille.

L'impression que celle-ci avait produite sur lui l'avait encouragé à poursuivre l'exécution de son plan.

— C'est une énergique, une indépendante, — avait pensé l'ancien intendant de la vicomtesse de Châtenay.

Ou je me trompe fort, ou il n'y a rien à risquer à aller de l'avant. Il y aura toujours moyen de s'entendre avec elle.

En rentrant à l'hôtel de la rue Montmartre, Mousset avait donc déclaré à Léonore qu'il était obligé de s'absenter dans la soirée.

Cette nouvelle avait été fort mal reçue.

L'ex-femme de chambre commençait à trouver que son amant la laissait un peu trop souvent seule.

Au moins, jusqu'alors, s'était-il contenté de la quitter dans la journée et avait-il passé toutes ses soirées auprès d'elle.

Est-ce qu'il allait maintenant s'absenter aussi une partie de la nuit?...

Léonore s'ennuyait.

L'existence qu'elle menait depuis son arrivée à Paris était loin de lui offrir les plaisirs qu'elle rêvait.

Tenue complètement en dehors des projets de son amant, elle s'inquiétait de ces absences dont elle ne connaissait point le mobile.

Sa nature méfiante reprenait le dessus.

L'annonce de cette sortie inattendue et intempestive vint mettre le comble à sa mauvaise humeur.

— S'il est permis de s'en aller encore le soir après m'avoir laissée seule toute la journée! — s'écria-t-elle en faisant la moue.

— Que veux-tu?... Ce sont les affaires, Nonore, — fit d'un ton conciliant l'ancien clerc d'huissier, que la perspective de la prochaine entrevue avec Armande mettait en veine de patience.

La femme de chambre haussa les épaules:

— Les affaires?... belles affaires, celles qui se traitent à neuf heures du soir!...

— On en fait à toute heure, ma chatte... — répliqua Mousset que la mauvaise humeur de sa maîtresse n'empêchait pas de procéder à une toilette soignée.

— Naturellement!... — surtout des affaires comme celle-là... — fit aigrement Léonore prête à fondre en larmes.

— Et, qu'est-ce que c'est?... dis, pour voir, puisque tu es si maligne. — s'écria le jeune homme que cette insistance commençait à agacer fortement.

— Comme si je ne savais pas que tu vas à un rendez-vous.

— Oui, je vais à un rendez-vous... Et puis après?

— Et il l'avoue, encore!... si c'est permis!... me tromper déjà! — gémit Léonore, qui se mit à pleurnicher, espérant par ses larmes décider son amant à ne pas la quitter.

Mais Mousset, on le comprend, n'aurait eu garde de manquer son rendez-vous.

— Voyons, ma chère, tu es trop bête aussi; il ne faudrait pas me monter trop souvent de ces scies-là, — reprit le jeune homme impatienté par les soupçons jaloux de sa maîtresse.

Puisque je t'ai dit que que je sortais pour une affaire. — Tiens, passe-moi mon chapeau : ça vaudra mieux.

— Ton haut de forme! tu mets ton haut de forme! s'écria Léonore suffoquée.

— Et mes gants, oui, ma vieille, rien que ça de luxe! — ajouta railleusement Mousset.

— Ah! mon Dieu! — gémit de nouveau la femme de chambre.

— Allons, bonsoir, Nonore, je reviendrai, va; je te le promets, je ne me laisserai pas enlever, — fit le drôle en embrassant sa maîtresse.

— Il ne manquerait plus que ça!... Et qu'est-ce que je deviendrais, moi, dans ce sale Paris où tu m'as emmenée!

— C'est bon! la paix. — A tout à l'heure, ne te fais pas trop de bile, — recommanda le correspondant anonyme de Mlle Monval, en riant et en se hâtant de s'esquiver.

Ses yeux, de nouveau, parcoururent la salle. (P. 706.)

L'heure du rendez-vous approchait, en effet, et le jeune homme tenait à être exact.

— Je sais bien qu'elle m'attendrait plus que probablement, — murmurait-il tout en allant rejoindre l'omnibus de la gare Saint-Lazare, d'où, ne voulant pas faire la dépense d'une voiture, il comptait prendre son billet à la station de la Porte-Maillot. Mais je préfère ne pas risquer le coup. — Diable! elle n'aurait qu'à se raviser.

D'ailleurs, cela n'aurait pas l'air sérieux.

Mieux vaut arriver à l'heure précise, ni en retard, ni en avance. — Comme ça, si je n'affecte pas de traiter l'affaire avec trop de sans façon, je n'ai pas l'air non plus d'y mettre un trop grand empressement. C'est la méthode du juste milieu, la plus sérieuse, la seule bonne.

Hé! hé! il ne s'agit pas de manquer mon train, si je veux la mettre en pratique, — ajouta Mousset en regardant l'heure à sa montre. — Huit heures et quart!... bigre! j'ai tout juste le temps d'arriver.

Il devait néanmoins avoir suffisamment bien combiné son temps, car, à neuf heures précises, il faisait son entrée dans le grand hall vitré du pavillon d'Armenonville.

D'abord, il ne vit personne.

Gauche, désorienté par le ruissellement des lumières, l'éclat des toilettes féminines, l'élégance de ce milieu select auquel il était si peu habitué, ses yeux papillotèrent.

Mais l'ancien clerc d'huissier n'était pas d'un naturel timide.

Il ne fut pas longtemps à se remettre.

Ses yeux, de nouveau, parcoururent la salle.

Il n'eut pas de peine à reconnaître Mlle Monval assise à une table à gauche de l'orchestre des tziganes, ainsi qu'elle le lui avait écrit.

Il s'avança vers elle, la salua sans hésitation et sans embarras.

Devinant que c'était là la personne qu'Armande attendait, la colonelle recula discrètement sa chaise, sans cependant s'éloigner.

La fille du banquier salua à son tour le jeune homme d'un geste hautain de la tête et, lui faisant signe de s'asseoir sur une chaise qui se trouvait libre à côté d'elle :

— C'est vous qui m'avez écrit? — demanda-t-elle à demi-voix.

— C'est moi, oui, mademoiselle, — répondit l'ancien clerc d'huissier sur le même ton.

Et s'asseyant :

— Voici la lettre reçue en réponse de la mienne, — poursuivit-il, en tirant la lettre d'Armande de son portefeuille.

Mlle Monval reconnut sans peine son écriture.

— C'est bien, — dit-elle. — Alors, vous prétendez avoir des renseignements intéressants à me donner? — De quelle nature sont-ils?...

Et d'abord, — interrompit la jeune fille, — qui êtes-vous? — Je ne vous ai jamais vu. — Comment me connaissez-vous? — Quelle confiance dois-je avoir dans votre lettre anonyme?

— Je n'avais nullement besoin de signer ma lettre, mademoiselle, —

répondit carrément l'amant de la femme de chambre; — les lettres du genre de celle que j'ai eu l'honneur de vous écrire, ne se signent pas. Mais je n'ai aucune raison de cacher mon nom. Seulement, il ne vous apprendra rien. — Vous ne me connaissez pas.

— Qu'importe. Dites toujours, — insista la fille du banquier.

— Je me nomme Paul Mousset; j'étais intendant chez la vicomtesse de Châtenay.

— Vous étiez?... Vous avez quitté, alors? — précisa Mlle Monval.

— Oui, mademoiselle, pour des questions d'intérêt... Je ne gagnais pas assez.

— Vous êtes donc ambitieux.

— On l'est toujours quand on est intelligent et instruit.

— Instruit?

— J'ai fait mon droit, — affirma avec aplomb l'ancien clerc d'huissier, pour qui la Faculté se résumait dans l'étude de son premier patron.

— Et comment pensez-vous pouvoir m'être utile?

Le jeune homme baissa encore la voix et prit un air mystérieux.

— Je crois être à même de vous rendre de grands... de très grands services...

— Expliquez-vous.

— Je connais vos préoccupations au sujet de certaine personne, — insinua Mousset, dont le regard perçant et investigateur fit rougir malgré elle la fille du banquier.

— Certaine personne?... précisez, je vous prie, — fit-elle hautainement, mais d'une voix légèrement altérée.

— Que je précise? — Eh bien! je sais que vous vous intéressez d'une façon *toute particulière*, — le jeune homme appuya sur ces deux mots, — à certain ingénieur.

— Comment savez-vous cela? — interrompit avec vivacité Mlle Monval, ne cherchant pas à dissimuler son étonnement.

La jeune fille, en effet, ne comprenait pas comment son secret pouvait être connu d'un étranger.

Ce secret, elle ne l'avait confié qu'à Mme de Morranteuil ou à la colonelle.

— Ce n'est pourtant ni l'une ni l'autre qui a parlé, j'en suis sûre! — pensa Armande. — Comment ce garçon peut-il être si bien instruit?

Mousset, du reste, ayant tout intérêt à gagner la confiance de Mlle Monval, ne fit aucune façon pour lui expliquer de quelle manière il avait été mis sur la voie.

— Ma foi, mademoiselle, la chose est toute simple, et je n'y ai pas grand mérite, — répondit-il.

J'habitais alors à Nancy, où j'ai eu occasion de rencontrer Mme de Morranteuil...

— Mme de Morranteuil !... Vous la connaissez ? — s'écria Armande, qui tombait d'étonnement en étonnement.

Mousset fit un signe de tête affirmatif, et, prenant un air des plus habiles :

— Je connais aussi l'agent mis par cette dame à la recherche de M. Gérard, qui, mademoiselle, — fit-il, en soulignant le nom de l'employé de l'usine Duhamel, de façon à laisser tout au moins pressentir à Armande qu'il était au courant de toutes les démarches tentées sur son ordre par Mme de Morranteuil.

L'accent était tellement persuasif que la fille du banquier s'y laissa prendre.

— Quoi ! — s'écria-t-elle avec les marques de la plus profonde surprise, — vous connaissez aussi Gérard ?... le duc de Soisy ?

Le duc de Soisy !... M. Gérard, le duc de Soisy ! — Mousset eut beaucoup de peine à dissimuler la stupeur où le plongeait l'exclamation d'Armande.

L'employé de M. Duhamel s'appelait Gérard de Soisy. — Il était noble et titré !

C'était donc là le mystère !...

C'était là qu'il fallait chercher l'explication des intrigues nouées autour du jeune homme, l'explication aussi de l'existence retirée et discrète menée par Gérard !

Pour une raison que Mousset saurait bien découvrir, l'ingénieur se cachait, il avait intérêt à ne pas être retrouvé !...

— Ça se corse, décidément, — pensa joyeusement l'ancien clerc d'huissier.

Et, comme Mlle Monval commençait à s'étonner de son silence, se rappelant fort à propos le portrait entrevu entre les mains de Percier, l'amant de Léonore s'écria avec une assurance pleine d'audace !

— Si je connais le duc de Soisy ! un ancien officier du génie...

Cette nouvelle preuve, adroitement lancée par le jeune homme, acheva de convaincre l'amoureuse Armande.

L'homme qui lui avait écrit était décidément très documenté, très capable de lui fournir de précieux renseignements sur celui qu'elle aimait.

S'il connaissait Madeleine Duhamel ; s'il pouvait la fixer sur les sentiments de Gérard pour la fille du maître de forges ?

Avidement elle l'interrogea.

C'était à Varangeville que Mousset avait connu l'ingénieur ?

Celui-ci répondit évasivement.

Il avait eu en effet l'occasion de voir souvent le duc chez M. Duhamel.

— A l'usine?
— A l'usine et chez le maître de forges, à Bois-Jolivet.

Les yeux d'Armande lancèrent un éclair qui n'échappa point à son interlocuteur.

— Ah! — fit-elle négligemment, — le duc fréquentait beaucoup chez les Duhamel?

— Il y était reçu intimement, — affirma le jeune homme, poussant la question à fond pour savoir où voulait en venir Armande.

— Vraiment?... C'est bien imprudent, quand on a une grande fille bonne à marier, — laissa tomber du bout des lèvres Mlle Monval.

— Mlle Madeleine? — Une jolie fille! — ajouta l'ancien clerc d'huissier avec conviction.

La fille du banquier eut une moue dédaigneuse :

— Ça dépend des goûts, — fit-elle sèchement.

— Vous avez parfaitement raison, mademoiselle, — acquiesça le jeune homme en s'inclinant.

— Et sans doute M. Gérard était de votre avis au sujet de cette poupée insignifiante? — interrogea Armande, incapable de déguiser l'animosité qu'elle ressentait contre Madeleine Duhamel.

Un sourire de triomphe passa comme un éclair sur les lèvres de Mousset.

— Parbleu!... C'est cela, je tiens l'intrigue! — pensa-t-il avec un vif sentiment de satisfaction.

Jalousie, rivalité féminine!...

On se dispute ce beau Gérard.

Celle qui est là, près de moi, la fille du millionnaire Monval, convoite la couronne de duchesse, elle y tient, elle est décidée à l'emporter sur sa rivale, coûte que coûte! — sa démarche de ce soir l'indique surabondamment. Bonne affaire, il y a de l'argent à gagner!... Il ne s'agit que de manœuvrer d'une façon intelligente.

Et d'abord, attisons le feu, — pensa le jeune homme en donnant à son visage l'expression d'un embarras des plus significatifs.

— Pourquoi ne dites-vous plus rien? — fit Armande, inquiète du silence gardé par son interlocuteur.

— Parce que je crains de vous faire de la peine, mademoiselle, — répondit Mousset de son air le plus bonace.

Mais Mlle Monval fronça les sourcils et, regardant le jeune homme avec hauteur :

— Vous êtes là pour me donner les renseignements que je vous demande, monsieur, puisque vous me l'avez offert et que vous prétendez en avoir, et non pour vous préoccuper de mes sentiments.

Mousset s'inclina :

— Que désirez-vous savoir, mademoiselle ? — demanda-t-il.

— Je vous l'ai dit, le duc de Soisy aime-t-il Madeleine Duhamel ?... et elle, aime-t-elle le duc de Soisy ?...

— Ma conviction est qu'ils s'aiment depuis longtemps, mademoiselle, répondit nettement le jeune homme payant d'audace.

— Vous en avez des preuves ?

— Suffisantes pour ne pas conserver à ce sujet le moindre doute.

— Ah ! je savais bien qu'il l'aimait, j'en étais sûre !... — murmura avec une violence contenue Armande pâle de colère.

— C'est du moins mon opinion personnelle, — insinua Mousset.

— Pourquoi dites-vous ça ? — s'écria Mlle Monval en regardant le jeune homme. — Avez-vous peur de vous tromper ?... d'avoir avancé une chose dont vous n'êtes pas sûr ?

— Pardon, mademoiselle, — je veux dire que les preuves que j'ai, suffisantes pour moi et toutes morales, je me ferais un scrupule de m'en servir pour fixer une conviction étrangère....

— Alors !... À quoi sert ce que vous m'avez écrit ?... Pourquoi m'avez-vous dérangée ? — interrompit hautainement Armande.

— Tout au moins avant de les avoir précisées, — acheva l'amant de Léonore sans se démonter.

— Êtes-vous donc sûr d'y arriver ?

— C'est pour cela que je suis ici.

— Vous vous chargez de m'apporter des preuves indéniables de l'amour du duc pour Madeleine Duhamel, pour la fille de ce marchand de ferraille ? — demanda Mlle Monval, donnant un libre cours aux sentiments haineux qu'elle nourrissait contre sa rivale.

— Je vous le promets, mademoiselle, — fit Mousset.

— Bien. — A mon tour, je vous promets que vous n'aurez pas à vous repentir de m'avoir offert vos services, — affirma la fille du banquier.

L'ancien clerc d'huissier s'inclina avec un air de satisfaction qui prouvait qu'il était particulièrement sensible à cette assurance d'Armande.

— Seulement, songez que je veux avoir une certitude absolue, — ajouta la jeune fille.

— Vous l'aurez, mademoiselle, — répliqua avec assurance l'amant de Léonore, — je me fais fort de vous l'apporter.

— Cherchez, surveillez, c'est votre affaire ; peu m'importe de quelle façon vous vous y prendrez, — seulement, je veux être tenue soigneusement au courant de toutes les démarches tentées par le duc ou par Madeleine Duhamel.

— C'est entendu, — fit Mousset en s'inclinant de nouveau.

Armande prit dans son porte-cartes un billet de mille francs qu'elle y avait serré à cette intention, et le glissa tout plié dans la main de l'ancien intendant de M™° de Châtenay.

— Ceci est pour vos premiers frais, — expliqua-t-elle sans aucun embarras, tandis que le drôle ne pouvait s'empêcher de jeter un coup d'œil furtif sur le précieux papier.

Après celui-là il y en aura d'autres...

N'épargnez point l'argent. — Servez-moi bien, vous ne vous en repentirez pas. Cette affaire sera pour vous encore plus belle que vous n'avez pu l'espérer.

Puis-je compter sur votre dévouement? demanda-t-elle en terminant.

— Vous pouvez y compter de la façon la plus absolue, mademoiselle, — assura Mousset enthousiasmé par cette première mise de fonds.

Ma reconnaissance et mon zèle vous sont acquis ! — J'espère vous le prouver avant peu.

— Surtout, agissez adroitement, — recommanda Armande. — Il faut que ni le duc ni surtout « l'autre » — accentua-t-elle avec une expression de haine profonde à l'adresse de Madeleine — ne se doutent de rien.

— Oh ! pour ce qui est de ça, vous n'avez rien à craindre, — fit l'amant de Léonore avec un sourire plein d'assurance. — Je me félicite d'avoir eu l'idée de vous offrir mes services ; je crois que vous ne regretterez pas non plus de m'avoir employé.

— C'est bien. — Alors, agissez le plus vite possible, — ordonna Mlle Monval.

— Dès demain. — Vous pouvez compter sur moi, mademoiselle.

Mousset se retira, la joie dans le cœur.

Il avait serré dans sa poche le billet de banque que venait de lui donner Armande ; ses doigts le palpaient avec amour.

— C'est le premier... et qui sait de combien d'autres celui-là va être suivi ? — pensait allègrement le triste gredin.

Riche idée tout de même que j'ai eue là ! — Pardieu ! je sentais bien qu'il devait y avoir quelque chose à gratter dans cette affaire !... Hé ! hé ! je crois que cette fois je n'ai pas trop à me plaindre de mon flair. Ou je me trompe fort, ou voilà une petite combinaison assez bien conçue et qui me paraît pleine d'avenir.

Ce qu'elle en pince pour son duc, la petite banquière ! — ma banquière à moi, — fit le jeune homme en frappant d'un air d'orgueilleuse satisfaction sur la poche qui contenait le précieux billet de mille.

Et, songeant à l'étrange révélation que venait de lui faire Mme Monval :

— C'est bizarre tout de même !... — continua Mousset que cette pensée travaillait à son insu ; — pourquoi, diable ! ce soi-disant Gérard tout court dissimule-t-il avec tant de soin son nom et son titre ?... C'était déjà assez extraordinaire qu'il eût quitté l'armée d'une façon aussi mystérieuse !...

Mais, abandonner son nom quand on s'appelle le duc de Soisy, ça, c'est le comble, et je ne me l'explique pas, à moins que...

— Oui, — murmura-t-il en réfléchissant, — il y a encore là-dessous certainement une autre histoire qui n'est pas claire et qu'il faudra démêler !

Je flaire un pot aux roses à découvrir dont il sera vraisemblablement possible de tirer parti !... Avec les moyens dont je dispose maintenant grâce à la générosité intéressée de Mlle Monval, il me sera peut-être possible d'y arriver.

Deux affaires au lieu d'une, deux affaires que je pourrai couver et surveiller en même temps, qu'il me sera facile de mener de front, puisque l'une se greffe naturellement sur l'autre.

C'est ça qui serait chic ! — pensa l'ancien clerc d'huissier en se frottant les mains.

Je crois décidément que l'avenir commence à se dessiner d'une façon assez rassurante ! — Il y aura encore de beaux jours !

On a beau dire, il n'y a que Paris, — pensa l'amant de Léonore avec un sentiment de regret pour le temps qu'il avait passé bêtement à végéter en province.

Paris, la seule ville peut-être où un homme intelligent puisse faire rapidement fortune !... Paris, le paradis des débrouillards !...

Oui, à la bonne heure, ici je me sens sur mon véritable terrain, — continua l'amant de Léonore en faisant sonner sous ses talons l'asphalte du trottoir ; — ici seulement j'arrive au développement complet de mes facultés, je me sens en possession de tous mes moyens !

Vive Paris !

Depuis la scène pénible qui avait eu lieu dans le cabinet de M. Monval, Gérard s'était attelé à ses travaux avec une activité extraordinaire.

Il lui tardait à présent, plus que jamais, de voir s'achever rapidement cette usine dont la construction le liait au banquier, et qu'il ne pouvait abandonner sous peine de manquer à ses engagements.

Pour elle, il n'y a pas de bonheur plus appréciable que « d'excursionner »... (P. 718.)

Il souffrait de l'équivoque de sa situation vis-à-vis de M. Monval et surtout d'Armande.

Aussi redoublait-il d'ardeur.

Il poussait ses chefs de chantier l'épée dans les reins, avait l'œil à tout, ne laissait rien ralentir, se multipliait et, mettant au besoin la main à l'ouvrage, faisait à lui seul la besogne de deux.

Sous l'influence de sa direction active et fécondante, les bâtiments semblaient s'élever comme par enchantement.

Le jeune ingénieur était en proie à une sorte de fièvre. Il avait hâte de s'éloigner de Paris.

Un nouveau motif augmentait encore ce désir.

La belle saison approchant, la famille Duhamel s'apprêtait à retourner à Bois-Jolivet.

Dès lors, Madeleine partie, plus rien ne retenait Gérard; tout le poussait au contraire à se mettre le plus promptement possible à même de reprendre sa place auprès d'Adrien Verneuil, à l'usine.

C'était toute son ambition.

Dans la surexcitation fébrile à laquelle il était en proie, l'ingénieur ne s'était même pas aperçu que, depuis quelque temps, il était suivi, épié, par un individu qui ne le perdait pas de vue un seul instant.

Mousset, en effet, chargé par Mlle Monval de surveiller les agissements de Madeleine et de Gérard, s'acquittait scrupuleusement de son espionnage.

Pour le moment il s'était fait l'ombre du jeune homme, le suivant de chez lui à l'usine, de l'usine partout où le besoin de ses travaux et les obligations mondaines, obligations bien restreintes, le conduisaient.

Chaque soir, un billet longuement détaillé rendait compte à Armande, presque minute par minute, de l'emploi de la journée de Gérard.

Jusqu'à présent, la surveillance organisée autour de l'ingénieur n'avait rien produit.

La preuve réclamée par la fille du banquier échappait à Mousset.

Mais l'amant de Léonore ne s'inquiétait pas pour si peu. Il était au contraire de son intérêt le plus immédiat de faire traîner le plus possible les choses en longueur.

— Bah! si je n'ai encore rien trouvé, — pensait-il philosophiquement, — il sera bien temps d'inventer quelque chose lorsque la jolie Armande commencera à s'impatienter.

En attendant, elle « casque » sans se rebiffer, tout va donc à merveille.

Le soi-disant Gérard finira bien par me fournir les éléments sur lesquels j'échafauderai au besoin, pour plus de vraisemblance, ma petite histoire...

En attendant le résultat de la mission dont elle avait chargé Mousset, Mlle Monval n'avait pas renoncé à avoir raison par tous les moyens possibles des résistances de Gérard.

Entêtée dans son idée fixe, elle avait eu de nouveau, sans vergogne, recours à l'intermédiaire paternel.

Poussé par sa fille, le banquier, chaque jour plus émerveillé de l'activité et de l'intelligence déployées par le jeune ingénieur, était plusieurs fois revenu à la charge.

La réussite, du reste, le passionnait, maintenant, presque à l'égal d'Armande.

Que ne ferait-il pas avec un gendre comme celui-là ?

L'impression mauvaise produite sur M. Monval par l'inexplicable refus du jeune homme s'était effacée devant le splendide résultat de ses travaux.

A chaque nouvelle visite aux chantiers, il se retirait émerveillé.

Déjà, en effet, on pouvait assigner d'une façon presque certaine la date de l'ouverture de l'usine modèle.

Dans son enthousiasme, le père d'Armande escomptait par avance le regain de popularité que l'inauguration de cette œuvre philanthropique allait ajouter à sa réputation.

Loin de se douter des raisons qui activaient encore la hâte fébrile de Gérard, il se disait que celui-ci devait avoir, pour montrer tant de zèle, quelque arrière-pensée, peut-être le regret d'une détermination dont il avait compris enfin toute la folie.

— Il ne demande qu'à se démentir, — pensait le banquier, — seulement sa timidité le retient. Il attend que je lui fournisse l'occasion d'une démarche qu'il ne peut espérer voir si bien accueillir.

Mais, au fond, il compte bien que je n'ai pas pris au sérieux sa petite comédie de l'autre jour.

Allons donc ! est-ce qu'on refuse la main de la fille du banquier Monval !...

Seulement, voilà ! il faut bien faire quelques façons ; il faut bien avoir l'air de ne pas sauter avec une rapidité de mauvais goût sur les millions dont cette petite main est accompagnée.

Ma foi, de mon temps, on n'y aurait pas mis tant de subtilité, — avoua le banquier, dont la délicatesse de sentiments n'était pas à beaucoup près le côté faible.

Dans cet ordre d'idées, M. Monval avait multiplié autour de Gérard, et cela sans aucun scrupule de fierté paternelle, les occasions de revenir sur son extravagante décision.

Il n'avait laissé échapper aucun prétexte pour parler d'Armande et de la dot princière qu'elle apporterait à celui qu'elle épouserait.

Avec cet argent, que ne ferait pas un homme intelligent ? — Car il était décidé à laisser au mari de sa fille l'entière disposition de la fortune de celle-ci.

Mais Gérard avait fait la sourde oreille, et, s'efforçant de détourner la conversation, il demeurait absolument fermé à toute espèce de sous-entendus.

Changeant de tactique, le banquier revint alors ouvertement à la charge.

Le jeune homme avait-il bien réfléchi, avait-il suffisamment songé à la position qu'il dédaignait ?

— Malgré votre refus, je me fais fort de vous ramener Armande, — ajouta M. Monval d'un air bonhomme. — Elle est trop intelligente pour vous garder longtemps rigueur d'une réponse qui, somme toute, partait de scrupules fort honorables.

Mais enfin, que diable ! quelque promesse que vous ayez faite, vous n'avez pas renoncé, je suppose, pour toute votre vie au mariage !...

— Je vous demande pardon, monsieur, — fit Gérard d'un air contraint.

— Non ?... sérieusement ?

— On ne peut plus sérieusement. — Je ne me marierai pas.

— Mais enfin, ceci est un cas spécial ; vous ne pouviez pas prévoir que vous auriez à refuser la fille du millionnaire Monval, — fit le banquier avec une naïve vanité.

Une imperceptible rougeur colora les joues de Gérard de Soisy.

— C'est vrai, monsieur, — déclara-t-il, avec un ton légèrement ironique dont il ne fut pas le maître, — et croyez que j'apprécie comme il convient l'honneur d'une telle proposition.

— Alors ne la repoussez pas, mon cher ami, — insista le banquier auquel avait échappé la nuance. — Voyons, vous avouez vous-même que vous êtes dans des conditions toutes spéciales...

— Ma résolution est inébranlable, monsieur, — interrompit le jeune homme avec fermeté. — Je vous le répète...

— C'est un enfantillage, et je vous préviens que je ne vous tiens pas quitte, — finit enfin par dire le banquier, qui, en effet, ne se décourageait pas.

Et, à chaque nouvelle visite au chantier, il recommençait à peu de choses près cette conversation, qui blessait Gérard dans ses plus intimes délicatesses, mais dont le père d'Armande ne comprenait pas le côté pénible et singulier.

Seul, une fois M. Monval parti, Gérard se demandait ce que signifiait cette extraordinaire insistance qu'il devinait bien être inspirée par Armande.

— Que me veut cette fille? — se demandait-il, — qu'a-t-elle à me poursuivre de ses avances? — Espère-t-elle me tenter avec ses millions!... Qu'en ferais-je? Mon travail ne me suffit-il pas pour vivre?

D'ailleurs, est-ce que rien pourrait détourner mon cœur de l'amour de Madeleine.

De plus en plus, en effet, le jeune ingénieur sentait combien la fille de M. Duhamel lui était chère. L'amour parlait en lui, chaque jour plus victorieux.

Attiré par le charme irrésistible qu'exerçait sur lui la grâce rayonnante et chaste de la jeune fille, ses visites, inconsciemment, s'étaient faites plus fréquentes chez les Duhamel.

Gérard ne songeait plus à lutter contre son cœur.

Il venait se retremper auprès de Madeleine, comme auprès d'un bon ange envoyé du ciel pour le protéger.

Dans ces entrevues où pas une parole d'amour n'était prononcée, mais où tout en eux chantait la tendresse mutuelle de leurs âmes, le jeune homme emportait une force nouvelle pour la lutte qu'il avait à soutenir contre les propositions répétées du banquier.

Il avait aujourd'hui la conviction d'être aimé de Madeleine.

Une sorte d'intuition le lui criait, intuition toute-puissante dont il ne se sentait plus le courage de s'effrayer et qui remplissait son cœur d'allégresse.

Oui, il était aimé, comme il aimait; aimé par l'adorable fille de M. Duhamel!

Malgré lui, il ne pouvait s'empêcher de comparer Madeleine à Armande.

Combien, à côté de la chaste et pure enfant, pâlissait la beauté orgueilleuse de Mlle Monval!... Quelle différence entre les deux jeunes filles!

Et Gérard éprouvait un plaisir presque enfantin à constater pour la la millième fois peut-être à quel point celle qu'il aimait, la douce et sérieuse Madeleine, l'emportait sur sa rivale.

— Alors, tu t'es amusée?
— Oui, mère.
— Bien sûr?
— Bien sûr. — Pourquoi te tromperais-je, ma chérie?

— C'est que depuis quelque temps je te vois si triste, ma pauvre enfant...

Assises côte à côte, les mains enlacées, dans le petit salon qui sert de boudoir à la femme du maître de forges, Madeleine et sa mère causent à la lueur adoucie de la lampe, en attendant le retour de M. Duhamel.

L'industriel a été retenu à dîner chez les Monval, mais il a promis de revenir de bonne heure dans la soirée.

En l'attendant, Madeleine raconte à sa mère l'emploi de sa journée.

Accompagnée de miss, la jeune fille a passé l'après-midi chez une amie.

Depuis quelque temps, pour plaire à ses parents, Madeleine sort beaucoup.

Inquiets de la voir retomber dans ses idées tristes, M. et Mme Duhamel s'ingénient à la distraire, la forcent à rendre visite à ses amies, à accepter les invitations qu'on lui adresse de toute part.

Elle se laisse faire pour ne pas les chagriner. Elle s'étudie à paraître s'intéresser à tous ces plaisirs qui la fatiguent.

Combien elle préférerait rester à la maison à penser à Gérard !...

Les trois quarts du temps, — Mme Duhamel retenue par les soins de son intérieur ou par ses obligations mondaines, — c'est l'Anglaise qui, comme à Bois-Jolivet, accompagne Madeleine.

Bien qu'il n'existe plus à Paris et dans ses environs un seul coin qui n'ait été exploré par elle, l'intrépide et insatiable miss est toujours enchantée de ses sorties.

Pour elle, il n'y a pas de bonheur plus appréciable que « d'excursionner » dans les grands magasins, de courir les musées, les expositions, les five o'clocktee des jeunes amies de Madeleine, ou, toujours en compagnie de la jeune fille, d'arpenter le matin de ses longues jambes sèches, tandis que la voiture suit à quelque distance, les allées déjà verdoyantes du bois.

Tout cela pour miss Annie Trilby est le comble du bonheur.

Cette sensation personnelle l'aveugle un peu sur les sentiments de sa compagne. Selon elle, Madeleine doit être parfaitement heureuse.

Aussi la jeune fille profite-t-elle de l'enthousiasme de l'Anglaise pour essayer de donner le change à ses parents.

— Demandez à miss si je ne me suis pas amusée, — répond-elle victorieuse, lorsqu'elle voit poindre l'inquiétude sous les questions de M. ou de Mme Duhamel.

Mais ceux-ci ne sont pas toujours dupes des appréciations légèrement égoïstes de miss Annie.

Madeleine alors louvoie, et cherche à les rassurer par des phrases de tendresse attendrie.

— Malheureuse !... triste !... Comment pourrait-elle l'être auprès d'eux ?... Il fallait chasser au plus vite ces vilaines pensées. — Ils savent bien, ses chers parents, qu'elle est la plus heureuse comme la plus aimée des filles.

Cette fois encore, pour répondre aux questions inquiètes de Mme Duhamel et rassurer cette tendre mère alarmée, Madeleine eut recours au baume divin et infaillible des filiales caresses.

Elle passa son bras autour de son cou.

— Voyons, petite mère, dit-elle en appuyant câlinement sa tête blonde sur l'épaule maternelle, — pourquoi te mettre cela en tête, toi et papa, et me chagriner avec ces idées ? — Pourquoi voudriez-vous que je fusse triste ?

Au moins faudrait-il que j'aie une raison ; je te demande un peu, maman chérie, quelle raison veux-tu que j'aie ?

— Le sais-je ?... C'est ce que nous nous demandons, ton père et moi, ma mignonne, — fit Mme Duhamel en embrassant le front candide de Madeleine.

— Et vous vous répondez, n'est-ce pas, que je serais bien ingrate si je ne me trouvais pas la plus heureuse des filles, entre vous deux qui m'aimez tant.

— Nous t'aimons, oui, tu le sais, ma petite Madelon, — fit Mme Duhamel attendrie, — nous voudrions tant te voir heureuse et gaie comme toutes les jeunes filles de ton âge !... Nous craignons tant que tu ne sois malade !

— Malade, moi ! s'écria Madeleine, — mais je ne me suis jamais aussi bien portée, maman chérie !... Regarde, j'engraisse ! — ajouta-t-elle d'un ton rieur.

La femme du maître de forges mêla un instant son rire à celui de sa fille, mais redevenant bientôt sérieuse :

— Plaisante, méchante enfant, — fit-elle en lui donnant une tape amicale sur la joue, — mais cela ne prouve pas que tu n'aies quelque chagrin que tu nous caches.

— Un chagrin !... moi ?...

— Sans cela, d'où viendrait ta tristesse ?

— Mais je ne suis pas triste, je t'assure, répéta Madeleine. — Peut-être suis-je sérieuse quelquefois...

— Sérieuse ou triste, c'est tout comme, à ton âge, mignonne, — répliqua Mme Duhamel.

— Mais je ris, maman, je m'amuse autant que les autres, je t'assure.
— Tiens, aujourd'hui encore, j'ai passé une journée charmante...
Justement, voilà miss, demande-le lui, si tu ne me crois pas, — ajouta triomphalement la jeune fille en entendant la porte s'ouvrir.

Mais c'était M. Duhamel qui rentrait de chez les Monval un peu plus tôt qu'on ne l'attendait. Son arrivée donna un autre cours à la conversation.

— C'est papa ! s'écria Madeleine joyeuse en sautant au cou de l'industriel.

Celui-ci embrassa affectueusement sa femme et sa fille, puis, il s'assit entre elles.

D'habitude, lorsqu'il allait seul dans le monde, le soir, — ce qui lui arrivait du reste fort rarement, — à son retour, les deux femmes l'interrogeaient.

Qui avait-il vu ? S'était-il amusé ?... Comment la soirée s'était-elle passée ?

Mais, ce soir-là, il paraissait avoir peine à attendre pour parler ce coutumier et amical interrogatoire. Sa physionomie offrait quelque chose d'anormal, une nuance de gaîté malicieuse inaccoutumée.

— Qu'est-ce qu'il y a, père chéri ? — tu as quelque chose d'amusant à nous raconter ? — interrogea Madeleine en levant un coin de l'abat-jour, afin de mettre en pleine lumière la figure égayée de M. Duhamel, regarde donc papa, petite mère...

— Le fait est que tu es tout drôle !... Qu'est-ce qu'il y a donc ? — demanda à son tour la mère de Madeleine curieuse à son tour.

— Il y a... Ah ! il y a, que je viens d'apprendre une bien singulière nouvelle chez les Monval, — répondit enfin en riant le maître de forges.

— Une nouvelle ? firent en même temps les deux femmes.

— Renversante !

— A quel propos ?

— Devinez. — Je vous le donne en mille !

— Est-ce une nouvelle qui concerne quelqu'un que nous connaissons ?... que nous avons vu chez eux ?...

— Oui, oui, oui, que vous avez vu chez eux, que vous connaissez, — fit en riant M. Duhamel.

— Monsieur Monval renonce à sa candidature ? — demanda la femme du maître de forges.

L'industriel secoua la tête négativement.

LA DEMOISELLE DU CHATEAU

Dès le lendemain, en sortant avec miss, Madeleine Duhamel s'arrêta chez un libraire... (P. 725.)

— Armande se marie? — fit à son tour Madeleine avec un indéfinissable mouvement d'appréhension.

Le rire de M. Duhamel s'accentua :

— Vous n'y êtes pas du tout; oh! mais, pas du tout! — dit-il malicieusement.

— Aide-nous au moins un peu.

— Eh bien! il s'agit de Gérard.

— De M. Gérard? — s'écria Madeleine tout émue.

— Que lui arrive-t-il donc? — questionna à son tour Mme Duhamel.

Le maître de forges prit un temps et, sûr de son effet :

— Il a été demandé en mariage par Armande Monval, — déclara-t-il enfin, sûr de l'ahurissement qu'il allait produire.

— Demandé par Armande Monval? qu'est-ce que tu nous contes là, mon ami? — fit la mère de Madeleine d'un air amusé, mais légèrement incrédule.

— La vérité toute pure. — Je l'ai appris de Monval, lui-même, qui m'a raconté la chose. — Poussé par sa fille qui en tient, paraît-il, pour Gérard, il a formulé une demande en règle au nom de son héritière...

— Alors, que disais-tu donc?... Madeleine avait deviné. — C'est un mariage à l'horizon, évidemment, — reprit Mme Duhamel.

— Pas du tout.

— Comment cela?

— Gérard refuse.

— Il refuse les millions du banquier?

— Mordicus!

— Ah! le brave enfant! — s'écria Mme Duhamel. — Mais quelle raison donne-t-il?

— Il allègue une promesse, une promesse sacrée, faite à sa mère, de ne pas se marier... un tas de sornettes, prétend Monval.

Du reste, à mon avis, ce prétexte n'est qu'une défaite; Gérard se défend comme il peut contre les obsessions dont il est l'objet. Pour moi, le digne garçon ne veut simplement pas faire un mariage d'argent. — Croirais-tu que, depuis la demande, il est harcelé par Monval?

— Comment? — dit en riant la mère de Madeleine, — ils sont revenus à la charge?

— Il ne se passe pas de jour sans que le banquier, éperonné par sa fille, ne réitère ses propositions.

— Ce n'est pas possible!

— Ma foi, c'est toujours d'après Monval lui-même que je raconte. — Il ne désespère point de voir Gérard changer d'avis.

Comme il dit, c'est *en tapant sur un clou qu'on finit par l'enfoncer.*

Depuis le commencement du récit de son père, Madeleine avait fait des efforts héroïques pour cacher son trouble.

Comment! Armande avait osé aller jusque-là!...

Elle s'était offerte!

Elle avait foulé aux pieds les préjugés, les convenances mondaines, la retenue même que doit avoir toute jeune fille et, confiante en sa fortune, elle n'avait pas craint de s'exposer à l'affront d'un refus?

Combien la lutte était difficile contre une adversaire qui se servait de pareils moyens!...

Et Armande ne se tenait pas pour battue!... Refusée, elle revenait encore à la charge?

Indifférente en apparence, bien que ne perdant pas un mot du récit de M. Duhamel, Madeleine, toute à ses réflexions et craignant de se trahir, n'avait pas pris part à la conversation.

Prétextant une légère fatigue, elle s'était retirée un peu plus tôt que de coutume.

Elle éprouvait le besoin d'être seule, de penser, dans la tranquillité de sa petite chambre virginale, à ce qu'elle venait d'apprendre.

Combien elle avait raison quand elle pressentait une rivale dans l'orgueilleuse fille du banquier!

Agitée, fiévreuse, incapable de se livrer au sommeil, elle avait passé la nuit à réfléchir.

La réponse de Gérard à M. Monval confirmait en elle l'assurance de la tendresse de celui qu'elle aimait.

Oui, c'était par amour pour elle, elle le sentait bien, que le duc de Soisy refusait Armande.

C'était elle qu'il aimait, elle dont il aurait voulu faire sa femme.

— Mais, hélas! — pensait la jeune fille désolée, — Gérard ne se déclarera jamais!... Père l'a bien dit tout à l'heure au sujet d'Armande: il ne voudra pas avoir l'air de faire un mariage d'argent!

Bien que ma fortune n'égale point celle de Mlle Monval, la différence de situation est encore trop grande entre nous... C'est ça qui le retient, c'est ça qui arrête l'aveu que je sens parfois prêt à lui échapper!...

Ah! combien je maudis cet argent que tant d'autres m'envient!...

Avec quel plaisir j'en ferais l'abandon, avec quelle joie je renoncerais à ce luxe qui m'entoure pour me rapprocher de lui, pour l'espoir seul d'arriver à cette suprême satisfaction de mon cœur!...

Être sa femme, seulement!... Partager son obscurité, m'appeler Mme

Gérard, — car, que m'importent son nom et son titre! ce n'est pas eux que j'ambitionne, eux dont se préoccupent mon amour!...

Ah! que ne puis-je trouver un moyen de combler cet abîme qui nous sépare!... — conclut tristement la jeune fille en laissant retomber avec accablement sa tête blonde sur l'oreiller.

Mais elle se releva tout à coup, saisie par une pensée soudaine, la figure rayonnante d'espoir...

Ce moyen!... mais elle venait de le trouver!...

Comment cette idée ne lui était-elle pas venue déjà?

N'avait-elle pas une fortune personnelle dont elle était libre de disposer à son gré?

Cet héritage de son oncle, dont M. Duhamel, pour l'occuper et aussi pour l'habituer aux choses sérieuses, lui avait abandonné la gestion, elle allait le faire servir à son bonheur! N'était-ce pas pour cela qu'il lui avait été laissé?

— Faire passer entre les mains de Gérard une forte somme, sans que celui-ci puisse la refuser, ni soupçonner d'où elle vient, cela doit être possible, évidemment, — pensa la jeune fille tout heureuse; — je n'ai qu'à ouvrir le premier code venu, le moyen ne sera pas difficile à trouver; il doit y en avoir dix pour un.

Du reste, pourvu qu'il y en ait un, quel qu'il soit, cela me suffit, — ajouta en souriant Madeleine, dont l'espoir ranimait la naturelle gaîté.

Une fois en possession d'une fortune personnelle, M. de Soisy n'aura plus aucune raison pour ne pas se déclarer... je pense.

Sa fierté ombrageuse ne s'effarouchera plus des millions de ma dot, puisque sans eux il aura de quoi vivre indépendant!...

Dès le lendemain, en sortant avec miss, Madeleine Duhamel s'arrêta chez un libraire pour y acheter un livre de droit, et, comme l'Anglaise s'étonnait dans son jargon britannique que la jeune fille songeait à se livrer à « un aussi original lectioure » :

— C'est un caprice, miss Annie, une fantaisie. — Je voudrais voir si j'y comprends quelque chose, — expliqua Madeleine qui n'avait pu s'empêcher de rougir.

— Aoh! fort bien; mais ç'a été tout de même un drôle de fantaisie, — se contenta de remarquer la vieille fille flegmatiquement.

De retour à l'hôtel, Mlle Duhamel se réfugia dans sa chambre et se mit avec ardeur à parcourir l'insipide grimoire dans l'espoir d'y trouver quelque combinaison propre à servir ses projets.

Mais elle se vit bientôt perdue dans le fatras des lois.

— Jamais je ne m'en tirerai toute seule !... il m'est impossible de rien trouver là-dedans, — murmura-t-elle au bout d'un instant, en fermant le livre avec dépit.

Et, pensant alors à un avoué, ami de son père, qui la connaissait et ne refuserait certainement pas de lui donner un conseil :

— J'irai voir maître Danou, — décida-t-elle tout à coup. — Je saurai bien m'arranger pour apprendre par lui ce que j'ai besoin de savoir sans qu'il se doute de ce que je veux faire.

Le désir de la réussite, l'amour qu'elle portait à Gérard la rendaient ingénieuse.

Usant de la liberté qu'on lui avait toujours laissée, aussi bien à Paris qu'à Bois-Jolivet, la fille du maître de forges fit atteler et, accompagnée seulement de sa femme de chambre, elle se rendit chez M° Danou.

A demi-mots, et comme agissant au nom d'une de ses amies qui désirait rester inconnue, elle expliqua à l'avoué ce dont il s'agissait.

Qu'y avait-il à faire ? la chose était-elle possible ? — Elle avait cru pouvoir promettre à son amie que M° Danou ne lui refuserait pas un bon conseil.

L'avoué se montra très complaisant. L'intervention de Madeleine, qu'il connaissait depuis longtemps et savait toujours prête à rendre service, lui parut toute naturelle.

Après avoir réfléchi un instant, son avis fut d'opérer le versement sous la forme d'une restitution anonyme. — C'était, selon lui, le seul moyen de mettre quelqu'un en possession d'une somme, sans lui en faire connaître la provenance et sans qu'il puisse la refuser.

Munie de ce précieux conseil, la Demoiselle du Château, qui n'avait pas osé prolonger la consultation et demander de plus amples renseignements, rentra à l'hôtel un peu perplexe.

De quelle façon devrait s'effectuer cette restitution ?... Car ce n'était pas tout que d'être renseignée sur ce qu'il y avait à faire, il fallait encore savoir comment s'y prendre pour le faire.

De nouveau, Madeleine se remit courageusement à « potasser » son code.

Maintenant, au moins, elle avait une donnée, elle savait sur quel point diriger ses recherches.

Mais la chose néanmoins n'était pas facile à débrouiller et, fort peu ferrée sur la littérature spéciale de ce genre d'ouvrages, elle se perdait au milieu des phrases incompréhensibles, se voyant à chaque instant arrêtée par des mots dont elle ne connaissait pas l'exacte valeur. — Aussi, après de longues et ennuyeuses lectures, n'était-elle guère plus renseignée que le premier jour.

Pourtant elle ne perdait pas courage.

— J'arriverai bien à y comprendre quelque chose, — pensait-elle ; — déjà je commence à m'y reconnaître un peu mieux. Il ne me faut plus qu'un peu de patience.

M. Duhamel la surprit un matin penchée sur un livre, absorbée, prenant des notes.

Curieux, il se pencha, pour voir l'ouvrage qui l'intéressait ainsi.

— Le code ! — s'écria-t-il d'un air stupéfait et légèrement railleur. — Tu lis le code, maintenant !... Après l'industrie, la chicane !

Ah çà, ma mignonne, l'air de Paris te produit un singulier effet !... Voudrais-tu devenir une femme savante, par hasard ? — Au moins ne pourra-t-on pas dire que cette atmosphère de plaisirs te tourne la tête !

Et qu'est-ce que vous cherchez dans le code, mademoiselle Madelon, — ajouta l'industriel avec un paternel et indulgent sourire. — Voyons, racontez moi ça.

Un instant démontée de se voir surprise, la jeune fille se remit vite.

La pensée lui vint immédiatement de profiter de l'occasion pour obtenir de son père le renseignement qu'elle cherchait vainement depuis quelques jours.

Elle prit le premier prétexte venu et manœuvra habilement de manière à provoquer les questions de M. Duhamel.

— C'est un cas très intéressant que je viens de lire dans un roman et je voulais savoir si l'auteur l'avait traité d'une façon réaliste. — J'avais pensé trouver ça dans le code.

— Et tu n'y comprends rien, naturellement ? — interrompit en riant le maître de forges.

— Rien du tout, en effet, père chéri, — avoua gaîment Madeleine.

— Que cherches-tu donc ?... Voyons, je pourrai peut-être te tirer d'embarras sans le secours du code, bien que je ne sois pas non plus très ferré sur la procédure, — fit le riche industriel, arrivant de lui-même où voulait l'amener sa fille.

— Je voudrais savoir comment doit s'opérer une restitution anonyme, — répondit Madeleine.

— C'est cette question-là qui t'embarrasse ?... Voyons... Comment la traite ton auteur ?

— Oh ! père, dis-moi plutôt comment il faut qu'elle soit traitée légalement.

Tu ne veux pas que je te raconte mon roman... ce serait trop long, ajouta la jeune fille en riant de l'air le plus naturel.

— Pourtant...

— Je te dirai après, si c'est comme ça que l'auteur a traité la question.

— A la bonne heure. — Eh bien ! cela ne présente pas de grandes complications. La somme à restituer peut être remise par un intermédiaire qui s'engage au secret.

— Un intermédiaire ?

— Oui, un prêtre ou un notaire, c'est-à-dire un homme présentant toutes les garanties morales désirables, — mais de préférence un notaire pour avoir au besoin une garantie matérielle.

— Ah ! oui, je comprends, — fit la jeune fille.

— Ça n'a pas l'air de te ramener beaucoup à ton roman ?

— En effet. — C'est beaucoup plus compliqué, et beaucoup plus amusant dans le livre, — fit Madeleine en embrassant son père.

Trouvant qu'il perdait son temps avec Gérard et que l'existence du jeune homme ne lui fournissait provisoirement aucun fait capable d'alimenter les rapports quotidiens qu'il rédigeait à l'adresse d'Armande Monval, Mousset, sans cesser pour cela de s'occuper du duc de Soisy, avait reporté une partie de sa surveillance sur Madeleine.

C'est ainsi qu'il avait suivi la jeune fille le jour où elle était entrée chez le libraire d'où quelque temps après il l'avait vue ressortir avec un livre.

A l'affût des menus faits qui pouvaient alimenter sa chronique quotidienne, la curiosité était venue au jeune homme de connaître l'ouvrage que venait d'acheter Mlle Duhamel.

Nullement embarrassé sur le moyen à employer pour arriver à ce résultat, il était entré dans le magasin après le départ de la jeune fille.

Mais il n'avait même pas eu à se préoccuper de trouver un prétexte.

Le libraire et son employé causaient entre eux de l'achat bizarre de Madeleine.

Un code ! Qu'est-ce que cette jeune fille, qui avait l'air d'une demoiselle du grand monde et non d'une étudiante, allait bien pouvoir faire d'un code ?

— Ça doit être pour piocher la question mariage, allez, patron, — fit le commis d'un ton judicieux. — Ces jeunes demoiselles, est-ce que ça se préoccupe d'autre chose ?

— Si c'est pour ça, je lui souhaite bien du plaisir. Elle en verra de dures, la petite chatte ! — Il n'est pas toujours drôle pour les femmes, le code, à l'article mariage...

Elle était assise près de la jeune fille sur un banc adossé au mur de la villa... (P. 734.)

Il est même souvent d'une injustice révoltante, — ajouta le libraire qui posait pour un esprit avancé, partisan de l'émancipation féminine.
— Dame, faut bien qu'il y en ait un qui soit le maître, pourtant, dans un ménage, — fit l'employé plus philosophe. — Et puisque c'est l'homme, je ne vois pas pourquoi je m'inquiéterais de faire changer les choses?
— Vous raisonnez comme un égoïste inintelligent, mon jeune ami, — conclut sentencieusement le partisan du progrès.

Mousset n'avait pas attendu la fin de la conversation. Renseigné sur ce qu'il voulait savoir, il avait réclamé une information de librairie quelconque et s'était empressé de partir.

Il demeurait fortement intrigué.

Lui aussi se demandait, comme le libraire et son employé, ce que la fille de M. Duhamel pouvait avoir à chercher dans le code. Mais la chose était, on le comprend, infiniment plus intéressante pour lui que pour eux.

Mousset se félicitait d'avoir eu la pensée de venir un peu prendre vent du côté de l'hôtel des Duhamel.

Il se félicita bien davantage encore le lendemain, lorsque, ayant de nouveau suivi Madeleine, il la vit entrer chez maître Danou.

La fille du maître de forges s'occupait donc d'affaires, décidément.

— C'est curieux!... que peut-elle machiner? — murmura l'espion d'Armande Monval de plus en plus intrigué et se perdant dans ses conjectures.

Évidemment ce ne peut être qu'une chose personnelle et secrète, puisque, pour venir chez l'avoué, elle n'a même pas pris l'Anglaise avec elle; elle s'est fait accompagner d'une femme de chambre. — Il doit y avoir du Gérard là-dessous... ou je me trompe fort, — une manigance ayant trait à quelque projet de mariage. — Je crois que je tiens cette fois une piste bonne à suivre.

Ah! elle peut se vanter d'avoir eu de la veine de me rencontrer, Mlle Monval.

Heureusement pour elle, que Popaul est là pour veiller à ce qu'on ne lui enlève pas son petit duc!

En attendant, quelle que soit la raison des démarches de « notre ennemie », mon rapport de ce soir va être des plus intéressants, — pensa avec satisfaction l'ancien clerc d'huissier.

Tâchons seulement de tirer un bon parti de ma découverte et de l'exploiter avec intelligence.

Et effectivement, ménageant ses effets et se réservant de rester le maître de la situation, Mousset, en écrivant à la fille du banquier, ne lui avait fait part que d'une partie de la vérité, lui donnant seulement à entendre que Madeleine s'occupait de Gérard de Soisy.

— De cette façon, je la tiens toujours sur le qui-vive et j'ai le temps de voir se dessiner la situation de ce côté, — se dit-il en s'applaudissant de son habileté.

La lettre de Mousset avait rempli Armande d'inquiétude.

Quels pouvaient être les projets qu'il avait découverts?... Pourquoi s'expliquait-il si brièvement?

Libre de recevoir qui bon lui semblait sous l'égide complaisante de la colonelle de Terrenoire, elle télégraphia immédiatement au jeune homme pour lui donner un rendez-vous à l'hôtel Monval.

— Il me dira ce qu'il n'a pas écrit par prudence peut-être, — pensat-elle ; — il me donnera l'explication de sa lettre.

Mais, très habile et serrant de près son jeu, Mousset ne livra que ce qu'il voulut.

Il tenait une piste précieuse, c'est vrai ; mais il préférait compléter ses renseignements avant de parler, et se réservait de frapper un grand coup.

— Il apporterait sous peu la preuve certaine qu'il avait promise.

— La preuve de l'amour de Gérard pour Madeleine ?... Vous êtes sûr de l'avoir ?... — demanda Armande frémissante.

— Mieux que cela, mademoiselle, — déclara Mousset en se rengorgeant avec importance. — La preuve de l'amour de Mlle Duhamel pour le duc de Soisy !...

— Pour le duc ?... Vous dites, pour le duc ? — Madeleine Duhamel connaît donc la véritable qualité de Gérard ?

— Évidemment ! — affirma avec assurance le jeune homme, quoique ignorant complètement ce détail.

— C'est donc cela ?... Voilà l'explication de ce grand amour !... Cette petite bourgeoise veut jouer à la duchesse ? — fit d'un air dédaigneux Mlle Monval, sans songer qu'elle eût pu faire fort justement, à elle-même, l'application de sa découverte.

— C'est bien possible, — appuya Mousset complaisamment.

— C'est certain. — Mais cela ne sera pas ! — affirma rageusement la fille du banquier.

Ce titre elle voudrait me le voler, mais je me suis juré que je serais duchesse de Soisy, et pas une autre que moi ne le sera, j'en réponds !

Et, prenant dans son secrétaire un nouveau billet de mille francs qu'elle remit à son émissaire :

— Je compte que vous m'êtes dévoué, — ajouta-t-elle d'une voix expressive ; — je sais que vous êtes ambitieux. Ce mariage, entendezvous ? il faut l'empêcher, à tout prix !... J'aime le duc de Soisy et je veux l'épouser ! — Mais j'ai besoin d'être aidée, puisque le duc ne m'aime pas, puisqu'il s'est entiché de cette Madeleine Duhamel !... Cette Madeleine, je la déteste !... Rien ne me coûtera pour le lui enlever !...

La colère suffoquait la jeune fille, et, après un silence, elle reprit, sombre et les dents serrées :

— Mais non, il est trop tard, je ne l'aurai jamais...

Puis s'animant, et les yeux dans les yeux de Mousset :

— Je peux compter sur vous, n'est-ce pas ? — fit-elle brusquement.
— Sans doute, mademoiselle, — répondit Mousset.
— Eh bien ! votre fortune est faite, si vous me servez... Je ne veux pas... vous entendez, je ne veux pas que cette fille épouse le duc... si je ne puis l'avoir, moi... elle ne l'aura pas non plus !...

Armande en ce moment était effrayante à contempler, et Mousset, malgré son aplomb, baissa les yeux sous l'éclair de son regard.

Il s'inclina, sans répondre, dans un acquiescement.

CHAPITRE XXXVI

MATERNITÉ

Depuis quatre mois déjà la vicomtesse de Châtenay, Gervaise et Fraülein habitaient le chalet du Bergsée, et, pour l'amie de Madeleine Duhamel, les jours s'écoulaient dans une désespérante et écœurante monotonie.

Un instant, le changement de milieu, la nouveauté du paysage, le pittoresque décor qui se déroulait sous ses yeux avaient intéressé la jeune désolée. Sa nature poétique, son tempérament de sensitive s'étaient émus devant l'agreste majesté du tableau qu'offraient les environs.

Pendant les premiers jours elle avait éprouvé de troublantes sensations au spectacle sublime des couchers de soleil, alors que les cimes neigeuses des montagnes voisines s'empourpraient sous les rayons obliques de l'astre à son déclin, illuminant l'horizon de féeriques scintillements.

Mais bientôt l'âme de Gervaise, si profondément blessée, s'étonna de ne plus retrouver les douces émotions du début, et, peu à peu, ce qui l'avait tout d'abord charmée lui devint indifférent.

Dès son arrivée à la villa elle avait pris tout de suite en affection un bois de vieux sapins dont les cônes presque noirs semblaient dévaler de la montagne pour venir mirer leur faîte aigu dans l'eau tranquille et profonde du lac.

Là régnait toujours un silence de désert; pas un oiseau ne troublait de son chant cette solitude morne et sombre; les pas s'étouffaient sur une couche épaisse de rousses aiguillettes, et Gervaise se plaisait dans ce lieu presque sauvage, dont la pénétrante mélancolie répondait si bien à celle de son âme.

Et pourtant elle finit par abandonner ses promenades quotidiennes en cet endroit; par un revirement dont elle ne s'expliquait pas la cause, ce fut presque de la terreur qu'elle conçut pour ce séjour de l'ombre, où la vie semblait s'être arrêtée, où elle sentait plus vivement encore son isolement, son retranchement du reste du monde.

A présent elle se confinait dans sa chambre, passant de longues heures assise près de la fenêtre, les yeux fixés sur un point de l'horizon... vers ce là-bas où elle avait laissé son cœur, dans une immobilité d'extatique, souvent la pensée absente, en une sorte de prostration dont elle sortait comme on sort d'un rêve, étonnée elle-même de son état.

À peine voyait-elle sa belle-mère quelques instants chaque jour, aux heures des repas ; et encore souvent se faisait-elle servir chez elle.

Ce qu'étaient ces courtes entrevues, on le devine sans peine. Quelques phrases banales et sèches, et, bien que Fraülein s'efforçât de son mieux à soutenir la conversation et à essayer de rompre la glace, l'Allemande en était souvent réduite à un monologue à peine interrompu par des répliques ennuyées et contraintes.

La gouvernante, malgré la terreur que lui inspirait Mme de Châtenay, ne restait pourtant pas insensible à la douleur muette et résignée de son ancienne élève.

Elle voyait avec chagrin s'étioler, se faner la fraîche jeune fille d'autrefois, et elle s'était ingéniée à la distraire.

Mais le caractère de Gervaise semblait s'être modifié du tout au tout ; elle qui là-bas, au château, avait la passion des fleurs, qui s'enthousiasmait pour un chant d'oiseau, paraissait à présent avoir perdu conscience de la vie ambiante, son cœur était comme mort, son regard atone, et parfois l'Allemande la regardait avec des yeux effarés, ainsi qu'on regarde un pauvre être dont la raison s'égare.

Un jour, que Gervaise paraissait plus accablée que jamais, l'Allemande sincèrement émue tenta un nouvel effort.

Elle était assise près de la jeune fille sur un banc adossé au mur de la villa, tandis que Gervaise, les mains allongées sur les genoux, les yeux à demi clos, donnait la pénible impression du plus douloureux abattement.

Mme de Châtenay était sortie, comme presque tous les jours.

La vicomtesse s'était liée avec la femme du pasteur protestant qui desservait le village voisin, et, sans faire connaître sa véritable qualité, elle avait su, grâce à l'hypocrisie de ses manières, à son langage mielleux, se concilier la sympathie et même l'amitié de cette femme simple, très heureuse elle-même de trouver dans ce coin perdu quelqu'un à qui elle pût parler, et qui la changeât un peu des rustiques paysannes dont jusqu'à présent elle avait dû faire sa société.

Fraülein, tout en feignant de lire, depuis un instant ruminait une idée ; et, tout à coup, elle rompit le silence.

— Quelle belle chournée ! — fit-elle. — Foyez donc, matemoiselle Chervaise, comme le lac est choli sous le soleil !... On tirait un immense miroir, il tevrait faire bon se sentir glisser sur ses eaux tranquilles ! Que tiriez-vous d'une bromenate en parque jusqu'au petit bouquet d'arbres là-bas en face ?.... Wilhem, le jardinier, pourrait nous conduire...

L'Allemande avait prononcé cette longue phrase avec hésitation, étudiant l'effet que sa proposition allait produire sur l'esprit de Gervaise.

La jeune fille tout d'abord n'avait pas semblé entendre ; puis elle parut sortir de sa torpeur et releva la tête en suivant de l'œil le doigt de la gouvernante, qui lui désignait le but de la promenade proposée.

Il y eut un petit silence.

Gervaise parut réfléchir une seconde, et enfin, comme si une détermination subite se faisait jour en elle, elle répondit, semblant se parler à elle-même et d'une voix un peu haletante :

— Le lac !... Oui, oui,... C'est cela !... Cette eau tranquille, profonde... le lac... Oui, oui !...

Et elle se dressa brusquement.

Mais l'Allemande, malgré le peu de perspicacité de sa nature lourde, vit briller dans les yeux de la jeune fille un regard si étrange qu'une subite révélation se fit en elle.

Elle comprit ; elle devina plutôt.

Gervaise venait d'avoir l'idée de la mort !

Et, en effet, Fraülein ne se trompait pas.

Cette idée d'une délivrance immédiate venait de traverser l'esprit de Gervaise.

Elle souffrait tant, elle était tellement à bout de courage ; combien durerait encore son martyre ? Quel lien l'attachait à la vie, à présent, puisqu'on l'avait séparée de tout ce qu'elle aimait, et séparée peut-être à jamais !...

La désespérée se sentait lentement mourir dans cette solitude de tombeau.

Jamais plus elle ne reverrait son ami, l'homme à qui elle avait donné son cœur, à qui elle avait avoué son amour, de qui elle se savait aimée !...

Jamais plus elle ne reverrait Madeleine, cette compagne si fidèle, si aimante, si dévouée des jours heureux d'autrefois !...

Alors, à quoi bon prolonger de quelques mois, de quelques jours peut-être, une existence de douleurs et de larmes ? Il valait mieux en finir tout de suite.

Tout cela se lisait dans le regard surpris par Fraülein, et l'Allemande effrayée, très pâle, se leva et prit la main de la jeune fille.

— Oh ! mein Gott ! matemoiselle ! — fit-elle comme suffoquée.

Gervaise la regarda un instant, puis elle se sentit devinée.

Une réaction brusque se fit en elle, et, éclatant en sanglots, elle courut jusqu'à sa chambre où elle s'enferma, laissant la gouvernante encore épouvantée.

La fille de von Puttmaker réfléchit alors seulement au danger auquel elle venait d'échapper.

Mme la vicomtesse avait recommandé de ne pas laisser Gervaise franchir l'enceinte de la propriété !... Eh bien ! elle se serait mise une belle affaire sur les bras !...

Et la responsabilité qui lui incombait lui apparut dans toute son étendue, et une frayeur rétrospective la fit tomber tremblante sur le banc.

Mme de Châtenay rentra dans l'après-midi, et Greetchen, naturellement, se garda bien de lui parler de sa malencontreuse proposition de promenade sur l'eau.

— Matemoiselle est un peu souffrante, — répondit-elle à la vicomtesse, qui s'informait de sa belle-fille. — Elle est remontée tans sa champre.

— Bon, bon ! — fit la marâtre avec indifférence, — nous commençons à nous habituer à ses caprices.

Ordinairement Greetchen se mettait au diapason de sa maîtresse, mais ce jour-là elle crut devoir objecter :

— Je crois, matame, que matemoiselle est réellement malate... depuis quelque temps on la voit changer à fue t'œil !... Elle s'ennuie !

La vicomtesse haussa les épaules.

— Elle s'ennuie, elle s'ennuie ! — répéta-t-elle ; — pourquoi fait-elle la mauvaise tête, cette petite sauvage qui ne veut voir personne ? Cette bonne madame Petermann me le disait encore tout à l'heure : « Pourquoi ne m'amenez-vous pas votre jeune fille ? » Je ne puis cependant pas répondre que mademoiselle refuse obstinément de m'accompagner.

— Il est frai, — reprit l'Allemande, — que matemoiselle sort trop peu. Quelques longues promenades lui feraient peut-être du pien, et il ne manque pas dans les environs te puts t'excursions très intéressantes.... Ainsi, tenez, à une petite heure de voiture t'ici, il y a les ruines tu fieux château d'Appenweld qui intéresseraient certainement matemoiselle.

— C'est bon, c'est bon ! — fit un peu sèchement la vicomtesse. — Nous verrons cela.

A dater de ce jour, l'état de Gervaise alla s'empirant. — Ses couleurs disparurent complètement. Une pâleur de cire envahit son visage ; ses yeux se creusèrent, s'entourant d'une large bordure de bistre ; une morne langueur l'envahit tout entière ; ses jambes paraissaient ne plus pouvoir

Ce lait excellent, fourni par une vache magnifique appartenant au jardinier... (P. 742.)

soutenir son corps affaissé; elle se traînait à peine, et madame de Châtenay dut elle-même se convaincre qu'elle était sérieusement atteinte.

Mme Petermann, la femme du pasteur, et une autre de ses amies, femme également d'un pasteur d'un village voisin, venaient de temps en temps à la villa du Bergsée, et ces braves dames, ne pouvant se douter du drame muet qui se jouait dans cette maison, s'étaient prises de pitié pour cette pauvre jeune fille qui leur semblait atteinte de l'une de ces maladies dont la marche lente mais implacable a toujours un fatal dénouement.

Mme de Châtenay sentit qu'elle devait au moins avoir l'air de tenter quelque chose pour sa belle-fille et, paraissant céder aux conseils de ses nouvelles amies qui préconisaient les distractions, elle les invita un jour à une promenade en voiture, aux fameuses ruines d'Appenweld, dont avait parlé Fraülein.

Ces dames, flattées, acceptèrent avec empressement, et il fut décidé qu'un landau envoyé de la ville viendrait le lendemain prendre les excursionnistes.

Quand la vicomtesse apprit à Gervaise la partie projetée, elle s'attendait à un refus, mais, contre son attente, la jeune fille répondit simplement :

— Bien, madame, j'irai où vous voudrez.

La pauvre enfant en était arrivée à cette période d'affaissement où tous les ressorts de la volonté semblent brisés.

Elle allait, venait, presque automatiquement, trouvait même une certaine douceur dans ce lent effacement de sa propre personnalité.

Ah! si elle pouvait arriver à ne plus penser !...

Mais, hélas ! plus que jamais son esprit demeurait en communion constante avec le cher absent.

Que devenait-il là-bas, tout seul, lui aussi ?

Qu'avait-il pensé de cette subite et étrange disparition ?...

L'aimait-il encore seulement ? La séparation n'avait-elle pas atténué d'abord, puis éteint complètement son amour ?...

Et la malheureuse enfant, le cœur tout gonflé de sanglots comprimés, les yeux pleins de larmes, interrogeait anxieusement l'horizon, comme si, par un miracle, elle allait tout à coup voir surgir, se découpant sur quelque crête, la silhouette du bien-aimé, les bras tendus vers elle, dans un appel de passion.

Mme Petermann et Mme Bishop, les invitées de la vicomtesse, furent exactes au rendez-vous ; et bientôt un landau fort convenable, attelé de deux petits chevaux du pays et conduit par un cocher qui baragouinait assez intelligemment le français, vint s'arrêter devant la porte de la villa, attendant les voyageuses.

Mme de Châtenay, prête déjà depuis longtemps, causait avec ses amies dans le salon.

On n'attendait plus que Gervaise.

Fraülein achevait d'aider la jeune fille à sa toilette.

La vicomtesse se rendait très bien compte de l'espèce de respectueuse admiration qu'elle inspirait à ses nouvelles amies. Elle leur imposait par la distinction de ses manières, par la recherche prétentieuse de son langage et l'élégance sévère et de bon goût de ses toilettes ; et c'était pour la châtelaine un réjouissant spectacle de voir ces deux femmes simples s'ingénier de leur mieux à la copier, à l'imiter, sans parvenir à un autre résultat qu'à faire mieux ressortir toute la différence qui les séparait de la grande dame.

Mme Bishop avait arboré pour la circonstance un chapeau extraordinaire, dont elle avait dû donner elle-même le modèle à l'ouvrière qui l'avait confectionné, en s'inspirant de l'une des coiffures qui l'avait le plus séduite chez Mme de Châtenay, et la bonne dame croyait certainement avoir réalisé le suprême degré de l'élégance du chic parisien, car, en ces pays perdus, tous les Français sont des Parisiens.

Mme Petermann, de goûts plus modestes, avait fait moins de frais, et elle s'en repentait certainement, ce qui se voyait fort bien aux regards d'envie qu'elle jetait à la dérobée sur la triomphante coiffure de son amie.

Après quelques instants d'une conversation banale, la vicomtesse commençait à donner des signes d'impatience.

Gervaise ne paraissait pas, et elle se disposait à aller voir ce qui se passait, quand la jeune fille parut enfin, appuyée au bras de Greetchen qui la soutenait de son mieux.

— Ah ! mon Dieu, ma pauvre et chère enfant !... — s'écria Mme Petermann, — comme vous voilà pâle aujourd'hui !... Seriez-vous plus mal ?

— Non, madame, — répondit languissamment Gervaise, — mais tout à l'heure, j'ai éprouvé une sorte d'éblouissement... heureusement c'est passé, je suis mieux !...

Mme Bishop ajouta quelques paroles d'encouragement, et enfin, on monta en voiture.

Certes, si Gervaise s'était trouvée dans une autre situation d'esprit, cette promenade eût été pour elle une source de jouissances fort vives.

La route, après avoir, pendant un certain temps, longé les bords du lac dont la transparence azurée reflétait comme une glace le ciel sans un nuage, s'engagea dans un défilé bordé de chaque côté de rochers à pic qu'on eût dit taillés par la main de l'homme. Il semblait que la montagne eût été tranchée par un coup unique d'une formidable épée, et ses murailles nues, sans une mousse, sans un arbrisseau, s'élevant à une hauteur prodigieuse, donnaient le vertige.

Comme dans une féerie, au sifflet du machiniste, change brusquement le décor, subitement la route déboucha dans une large vallée qu'arrosait un petit cours d'eau et au sortir du long couloir, sombre et terrifiant, que l'on venait de traverser, c'était une joie pour les yeux que cette vaste échappée de verdure et ces coteaux escarpés, flanqués de quelques chalets, aux apparences de joujoux, qui çà et là émergeaient gracieusement des bouquets d'arbres.

Puis, de nouveau, la voiture s'engagea dans la montagne, et, par une route en lacet, parfois bordée d'effrayants précipices, les voyageuses gagnèrent le petit plateau, au centre duquel s'élevaient les ruines du vieux château-fort des anciens barons d'Appenweld.

De ce point, la vue était réellement magique ; et, devant le panorama splendide qui se déroulait sous ses pieds, Gervaise parut un instant sortir de la torpeur qui l'engourdissait depuis le départ.

— Mon Dieu, que c'est beau ! — murmura-t-elle, ravie.

La bonne Mme Petermann, heureuse de l'impression produite sur la jeune fille, et quelque peu flattée dans son amour-propre national, comme si une part de cette admiration devait lui revenir personnellement, entama alors un pompeux éloge de tous les environs.

Elle cita les nombreux sites pittoresques que l'on pouvait tour à tour admirer, et, comme elle avait un peu de lecture, elle fit l'historique rapide des anciens châtelains d'Appenweld, seigneurs mi-guerriers, mi-brigands, comme la plupart des hauts barons féodaux de cette contrée, dont les manoirs en ruine attestent encore aujourd'hui l'ancienne puissance.

On fit le tour des ruines, et Gervaise, que l'air vif de ces hauteurs semblait avoir tout à fait ranimée, avait renoncé à l'appui que lui offrait Greetchen.

Elle suivait le groupe à quelque distance, cueillant de-ci de-là quelques fleurettes poussées à grand'peine dans les interstices des pierres moussues.

Mais tout à coup, comme elle se haussait pour atteindre une délicieuse petite fleur bleue, elle poussa un cri sourd et porta les mains à son cœur.

Les trois femmes se retournèrent.

— Mais qu'afez-fous donc, matemoiselle ? — s'écria Greetchen en s'élançant vers Gervaise.

— Quelque lézard l'aura effrayée probablement, — dit la vicomtesse qui n'avait pas bougé.

L'Allemande avait rejoint la jeune fille, arrivant juste à temps pour la recevoir dans ses bras.

Gervaise perdait connaissance, et son visage déjà si pâle prenait une teinte mate effrayante ; de légers frissons l'agitaient tout entière ; ses mains s'étaient crispées sur son corsage, comme pour en arracher un poids qui l'étouffait.

— Matame, matame ! — cria Fraülein éperdue. — Matemoiselle s'en fa !... C'est encore une syncope !

Les trois femmes accoururent.

On fit asseoir Gervaise sur une pierre, on la délaça.

Mᵐᵉ Bishop alla rapidement tremper un mouchoir dans l'eau d'une petite source qui suintait près de là, puis elle en humecta le front et les tempes de la jeune fille.

Sous les efforts de celles qui la soignaient, la jeune fille reprit bientôt connaissance.

Elle eut un long soupir et elle ouvrit les yeux.

— Ah ! ma chère demoiselle ! — s'écria Mᵐᵉ Petermann, — comme nous avons eu peur ! Mais vous êtes mieux maintenant, n'est-ce pas ?

— Oui, oui, — murmura faiblement Gervaise, en promenant autour d'elle des regards étonnés.

— Qu'avez-vous donc éprouvé ? — interrogea Mᵐᵉ Bishop avec intérêt.

— Je ne sais pas...

— Peut-être cet air de la montagne est-il trop vif, — reprit Mᵐᵉ Petermann.

— Oui, peut-être, — répondit Gervaise. — Oui,... c'est cela sans doute...

La vicomtesse n'avait pas ouvert la bouche. Elle contemplait sa belle-fille, l'air soucieux, le regard dur, mais ses invitées, tout affairées autour de la malade, ne remarquèrent pas cette singulière attitude.

Au bout de quelques instants, Gervaise se déclara assez forte pour faire quelques pas, et on regagna la voiture qui attendait au haut de la montée.

On installa commodément Mˡˡᵉ de Chatenay, et le retour s'effectua un peu tristement, car la vicomtesse, plongée dans un monde de réflexions, ne desserra pas les lèvres pendant tout le trajet.

A peine rentrée à la villa, Gervaise gagna sa chambre et se mit au lit.

Elle s'effrayait elle-même de son état.

Elle ne pouvait s'expliquer ce qu'elle ressentait, et ces deux syncopes successives l'alarmaient. — Allait-elle donc mourir ?... Mourir ainsi loin de ceux qu'elle aimait, dans ce désert, entourée d'étrangères, de mercenaires ou de gens hostiles.

Si un jour, dans un moment de défaillance, l'idée de la mort lui était apparue comme une délivrance, depuis une réaction s'était produite dans son esprit. Elle voulait vivre maintenant, elle avait l'intuition d'un bonheur inconnu qu'elle voulait goûter.

Quoi ! en pleine jeunesse, alors qu'elle se savait ardemment aimée, que son propre cœur débordait d'amour, il lui faudrait quitter ce monde, sans en avoir connu les joies !...

Non, Dieu ne permettrait pas.

Une prière ardente monta de ses lèvres vers le ciel, elle implora la pitié, la justice divine, avec toute la ferveur de son âme si pure de croyante, et, toute confiante dans la protection céleste, elle finit par s'endormir, ayant retrouvé la consolation et presque l'espoir.

Le lendemain, l'amie de Madeleine descendit à l'heure habituelle pour le premier déjeuner.

Toute trace de son indisposition de la veille avait disparu, et il semblait au contraire qu'une légère amélioration s'était produite dans son état général.

Mme de Châtenay, qui avait fort mal dormi et dont la nuit s'était passée à calculer les chances d'une mort possible et prompte de sa belle-fille, ne put dissimuler une moue de mauvaise humeur en la voyant entrer dans la salle à manger.

— Ce grand malaise a donc disparu ? — demanda-t-elle aigrement.

— Oui, ma mère, — répondit Gervaise, — je me sens bien ce matin.

— C'est heureux ! — fit la marâtre en s'asseyant.

Depuis leur installation à la villa, Gervaise, tous les matins, prenait un bol de lait, et c'était pour ainsi dire son meilleur repas de la journée.

Ce lait excellent, fourni par une vache magnifique appartenant au jardinier, constituait pour la jeune fille un véritable régal ; mais, ce matin-là, elle eut une hésitation devant sa tasse, et, après l'avoir soulevée, elle la reposa sans y tremper les lèvres.

Déjà Mme de Châtenay et Fraülein avaient presque terminé leur déjeuner, que Gervaise n'avait pas encore touché au sien.

Elle était là, les mains posées sur la table, regardant sa tasse comme si elle venait d'y découvrir quelque objet répugnant.

— Eh bien ! qu'avez-vous donc ? — demanda tout à coup la vicomtesse. — Vous ne buvez pas ?

— Non, — répondit Gervaise avec hésitation, — je n'ai ni faim ni soif ce matin.

— Oh ! matemoiselle, — fit l'Allemande, — téjà hier soir fous n'afez pas tiné...! Il faut mancher et poire !... Fous allez encore fous faire tu mal !...

Gervaise prit sa tasse et y porta les lèvres, mais une impression de dégoût visible se peignit sur ses traits, et elle la reposa.

— Non, — murmura-t-elle, — je ne peux pas!...

— Mais c'est de l'enfantillage cela! — s'écria Mme de Châtenay. — Une tasse de lait ne peut vous incommoder, au contraire... Qu'est-ce que ce nouveau caprice?

— Mais oui, matemoiselle, — insista Greetchen, — il faut bien fous soutenir un peu, et puisque fous l'aimez tant, le lait de la Brunette...

Gervaise parut faire un violent effort, elle avala une gorgée du blanc liquide encore tout tiède, mais soudain, elle pâlit affreusement et une nausée lui souleva le cœur.

— Non, — fit-elle, — je ne peux pas!... je ne peux pas!...

Et, quittant la pièce, elle remonta chez elle, laissant Fraülein stupéfaite et la vicomtesse très surprise et très irritée.

— Mais qu'a-t-elle donc? — fit Mme de Châtenay au bout d'un instant. — D'où peut provenir ce dégoût soudain pour ce qu'elle aimait tant hier encore?

— Oh! matemoiselle est malate, c'est certain! — dit Greetchen. — Et je crois qu'un métecin...

— Bah! les médecins, est-ce qu'ils connaissent quelque chose à ces caprices de jeune fille? Demain, Gervaise retrouvera sa prédilection pour son aliment favori...

Fraülein hocha la tête d'un air peu convaincu et monta retrouver son élève.

Dans le courant de l'après-midi les trois femmes s'étaient assises dans le jardin.

Mme de Châtenay lisait un journal de France, Fraülein travaillait à une broderie et Gervaise tournait machinalement sans les lire les pages d'un volume de la Bibliothèque Rose.

Quelques rares paroles s'échangeaient entre la vicomtesse et l'Allemande, suivies de longs silences que rien ne venait troubler.

La campagne était muette, on se serait cru aux confins du monde.

Tout à coup, à la stupéfaction profonde de la vicomtesse et de Fraülein, Gervaise eut un soupir profond, et brusquement elle éclata en sanglots convulsifs que, malgré ses efforts visibles, elle ne parvenait pas à dominer.

— Eh bien! eh bien! que vous prend-il? — demanda Mme de Châtenay.

— Est-ce que fous souffrez? — s'enquit Greetchen en se levant.

— Non, non, laissez-moi!... laissez-moi! — implora Gervaise en la repoussant du geste; — laissez-moi pleurer...

Les deux femmes se regardaient avec surprise. Elle ne trouvaient pas d'explication plausible à cette crise subite, et Mme de Châtenay, au bout d'un instant, alla se rasseoir en haussant les épaules, répétant son mot favori :

— Caprice !

Gervaise pourtant s'apaisa, mais de longs soupirs vinrent encore longtemps soulever sa poitrine ; et, par instants, elle tressaillait sous des frissons soudains.

Mme de Châtenay l'observait à la dérobée.

La marâtre cherchait à s'expliquer cet état bizarre de sa belle-fille. Elle se disait que l'ennui seul ne pouvait produire de telles perturbations dans l'organisme. — Il y avait certainement autre chose !...

Une maladie à son début peut-être... mais cependant Gervaise ne se plaignait d'aucune douleur...

Et une chose surtout revenait à l'esprit de la marâtre, cette nervosité subite de la jeune fille habituellement si calme, ces syncopes étranges, cette répugnance soudaine pour son aliment favori... Tout à coup, une idée traversa sa pensée, idée tellement étrange, tellement invraisemblable, qu'elle la rejeta d'abord...

Mais pourtant, malgré elle, elle y revint, et ce qui n'était d'abord qu'un soupçon, prit chez elle bientôt plus de consistance et devint presque une certitude.

Gervaise présentait, — se dit-elle — tous les symptômes d'une grossesse.

La malheureuse serait-elle donc enceinte ?...

Longtemps la vicomtesse combattit cette idée qui lui semblait absurde.

Etait-il possible qu'elle eût été jouée à ce point par cette petite fille, par cette ingénue, qu'elle avait entourée d'une surveillance si étroite ?...

Comment aurait-elle pu, dans les conditions où elle vivait au château, avoir des relations avec un amant ?

Non, la chose n'était pas possible.

Certainement, elle avait correspondu avec ce Verneuil, mais tout s'était borné sans doute à quelques lettres échangées.

Quand et comment se seraient-ils rapprochés ?...

Depuis que le premier soupçon de l'état de Gervaise était entré dans l'esprit de la marâtre, elle observait sa belle-fille avec un redoublement d'attention, et bientôt certains indices probants vinrent lui démontrer le bien fondé de ses appréhensions.

Quelques détails qui lui avaient échappé se révélaient maintenant à ses yeux.

... Montait deux fois par jour les repas de la jeune fille... (P. 750.)

Gervaise, du reste, changeait à vue d'œil, son teint se plombait chaque jour davantage, l'incarnat de ses pommettes disparaissait sous des plaques bistrées, ses yeux brillaient d'un éclat fiévreux et sa gorge se développait dans des proportions qui ne permettaient plus le moindre doute.

Le moral de la jeune fille subissait aussi l'influence de son état.

Rien de ce qu'elle entreprenait ne pouvait être achevé. Essayait-elle de lire, le livre s'échappait de ses mains; prenait-elle sa broderie, au bout d'un instant l'ouvrage retombait sur ses genoux ; ouvrait-elle son piano, à peine avait-elle plaqué quelques accords qu'elle refermait l'instrument avec un geste las d'énervement, de découragement absolu.

Mme de Châtenay contrôlait soigneusement tous les actes de sa belle-fille, et elle dut se convaincre bientôt que le doute n'était plus possible.

Le fait était indéniable, Gervaise allait être mère !

Cette constatation plongea la marâtre dans une rage folle.

Elle songeait que l'enfant qui devait naître mettrait à néant toutes ses espérances.

Ne serait-il pas l'héritier direct de sa mère ?...

N'était-ce pas à lui que reviendrait cette fortune depuis si longtemps convoitée ?

Un dépit profond augmentait encore la colère de la vicomtesse.

On s'était moqué d'elle !...

Cette jeune fille, avec ses allures d'Agnès, avait su déjouer les combinaisons les plus habiles, passer à travers les mailles du filet tendu autour d'elle !

Comme elle avait dû rire, la misérable, dans les bras de son odieux amant !

Mais comment avaient-ils pu se voir, se rencontrer ?

Qui donc l'avait trahie ?

Et tout à coup une lumière se fit dans l'esprit de l'horrible femme. Elle calcula, elle rapprocha des dates. Elle se rappela cette nuit d'orage, cette sortie nocturne de Gervaise ; les indices recueillis à ce moment par elle !...

Oui, c'est cette nuit-là que la misérable s'était livrée !

L'exaspération de Mme de Châtenay atteignit son paroxysme.

— Non ! — s'écria-t-elle en arpentant fiévreusement sa chambre. — Tout n'est pas fini... Je ne permettrai pas l'accomplissement d'une telle chose ! Ah ! je le vois, le calcul habile de ce voleur de dot, de ce Verneuil !... Il a cru me forcer la main, m'obliger à consentir ainsi à ce mariage maudit ! Eh bien ! non, il n'a pas cause gagnée !... Je saurai bien me défendre !...

*
* *

Pâle de rage et les traits contractés par la fureur, Mme de Châtenay pénétra dans la chambre de sa belle-fille.

Gervaise accoudée à la fenêtre se retourna au bruit, et resta un instant toute saisie devant l'expression haineuse du visage de sa marâtre.

— J'ai à vous parler, — fit celle-ci d'une voix sifflante.
— Qu'y a-t-il donc, ma mère ? — demanda Gervaise. — Que se passe-t-il ?
— Vous allez le savoir, — répondit la vicomtesse de son ton coupant. — Mais, avant tout, je veux, j'exige que vous me disiez la vérité sur ce qui s'est passé pendant cette nuit où l'on vous a trouvée errant dans le parc de Châtenay, par un temps et à une heure qui ne sont pas ceux des promenades ordinaires.

Gervaise eut un geste ennuyé, et tout d'abord elle ne répondit pas.

Elle pensait qu'on ne reviendrait plus sur cette nuit où s'étaient passées pour elle de si étranges choses, et elle se demandait pourquoi sa belle-mère remettait en jeu cette question.

— Allons, répondez-moi, — reprit Mme de Châtenay, en frappant du pied. — Je vous écoute... Je veux savoir la vérité !

— Mais, je vous ai déjà dit à ce sujet tout ce que je pouvais vous dire, — balbutia la malheureuse. — Que voulez-vous de plus ?

— Vous m'avez menti ! — répliqua la marâtre avec colère. — Vous avez inventé je ne sais quelle sotte histoire de frayeur...

Gervaise avait tressailli sous l'accusation de mensonge qu'on lui jetait.

Elle répondit pourtant avec un calme relatif :

— J'ai dit la vérité !... Je ne dirai jamais autre chose !

— La vérité ! — ricana la vicomtesse. — Je vais vous la dire, moi, la vérité. Si vous étiez dans le parc cette nuit-là, c'est que vous saviez y trouver quelqu'un qui vous y attendait, quelqu'un que vous y aviez appelé, ce Verneuil, votre amant !...

Gervaise porta les mains à son cœur pour en comprimer les battements ; sa pâleur disparut une seconde et ses joues et son front s'empourprèrent dans une sensation d'indignation et de honte.

— Madame, — articula-t-elle avec peine, — je vous ai fait connaître dans une autre circonstance mes sentiments à l'égard de M. Verneuil... Il vous a plu de mettre obstacle à notre affection mutuelle, je n'ai pu m'y opposer... J'ai courbé le front sous votre autorité... Mais, puisqu'il vous convient de revenir à ce sujet, je vous répète et vous déclare aujourd'hui que j'aime M. Verneuil et que, le jour où je serai libre, je serai sa femme !...

— Vous !... Une Châtenay !... — s'écria la marâtre en fureur. — Vous, la femme d'un vil suborneur, d'un intrigant, d'un voleur de dot !...

— Ma mère, — protesta Gervaise, — celui que j'aime est un honnête homme.

— Un honnête homme ! — répéta la marâtre, — un honnête homme qui s'introduit la nuit chez les gens !... Un honnête homme qui a abusé de votre naïveté !... Un honnête homme qui ne visait que votre dot, qui a fait de vous sa maîtresse, qui vous a souillée, déshonorée, afin de ramasser dans votre honte la fortune qu'il convoite !...

Gervaise regardait sa belle-mère avec une stupéfaction croissante. Elle ne comprenait pas, et ne trouvait pas un mot pour se défendre.

— Oui, votre honte, — reprit la vicomtesse avec rage. — Car vous ne pouvez plus cacher aujourd'hui la conséquence de votre faute !... Elle éclate aux yeux, la preuve de votre infamie !... Vous avez traîné dans la boue le nom que vous portez !... Vous n'êtes plus qu'une fille perdue !... Vous vous êtes livrée à ce misérable !... Vous vous êtes prostituée, et l'enfant que vous portez est le fruit d'un crime.

La jeune fille se sentait défaillir.

Elle... un enfant !... Elle serait mère !...

— Répondez !... — poursuivit la marâtre, — ayez au moins le courage de la franchise !...

— Mais, madame, je vous assure... — balbutia Gervaise éperdue.

— Ah ! n'ayez pas l'impudence de nier ! — s'écria la vicomtesse. — Mais si vous avez pu vous soustraire à ma surveillance, qui n'était que trop motivée, votre complice ne profitera pas pour cela de son infâme calcul !... Votre père m'a confié l'honneur de son nom, je saurai le faire respecter jusqu'au bout !... Je vais aviser !

Et elle sortit en fermant la porte avec un geste de fureur.

Tout de suite, elle appela Greetchen.

L'Allemande avait entendu les éclats de voix de sa maîtresse, mais sans pouvoir deviner de quoi il s'agissait.

Elle accourut.

— Mademoiselle vient d'avoir une crise nerveuse, — dit la vicomtesse d'une voix saccadée. — Son état m'inquiète !... Il ne faut pas la perdre de vue une seule minute, vous m'entendez ?

L'Allemande protesta de son dévouement et promit à sa maîtresse de veiller plus étroitement que jamais sur la jeune fille.

Gervaise, après le départ de sa belle-mère, resta un instant comme médusée ; puis, peu à peu, elle se reprit, elle réfléchit à tout ce qu'elle venait d'entendre. Mais une phrase surtout tintait à son oreille avec persistance : « *L'enfant que vous portez* », avait dit sa belle-mère.

Serait-ce vrai ?... Elle aurait un enfant !...

Elle s'interrogeait elle-même, cherchant à s'expliquer le mystère de cette maternité imprévue, et voilà qu'il lui apparaissait en effet qu'elle n'était plus la jeune fille d'autrefois, qu'une transformation étrange s'était faite en elle à son insu.

Elle serait mère !... mère comme toutes les femmes qui aiment !

Pourquoi donc alors ces injures de sa belle-mère ?... L'amour est-il un crime ?

La candide jeune fille, dans son ignorance absolue de la vie, ne connaît absolument de l'amour que le côté immatériel ; rien n'est venu, par suite de son éducation toute spéciale, lui faire soupçonner qu'il peut y avoir entre ceux qui s'aiment d'autres rapprochements que ceux du cœur, et, si elle n'en est convaincue, elle ne demande qu'à croire que la maternité est une conséquence de la communion des âmes.

Elle aime, elle est mère, quoi de plus naturel ?

Un sentiment de joie est alors entré dans l'âme de Gervaise.

Cette maternité qu'on vient de lui révéler lui apparaît comme un lien nouveau et indestructible qui va l'attacher à son fiancé plus étroitement que jamais.

Elle se sent heureuse, et, au fond de son cœur, elle adresse à l'absent une ardente invocation.

Rien ne pourra plus les séparer, puisqu'ils seront réunis par un petit être dont elle voit déjà le doux visage lui sourire, les petites mains se tendre vers elle.

Mais tout à coup elle se dresse, elle appuie les mains sur son cœur, une sensation étrange vient de la secouer tout entière. Elle a senti au fond d'elle-même un profond tressaillement.

C'est le premier mouvement de l'enfant qu'elle porte dans son sein !

CHAPITRE XXXVII

LA LIBÉRÉE

PENDANT les quelques premiers jours qui suivirent l'étrange révélation faite à Gervaise par sa belle-mère, l'infortunée n'osa plus sortir de sa chambre.

A plusieurs reprises même, comme Fraülein voulait s'installer près d'elle pour lui tenir compagnie, elle lui déclara péremptoirement, quoique avec sa bonne grâce habituelle, qu'elle désirait rester seule et qu'on voulût bien la laisser tranquille.

La femme du jardinier, qui remplissait à la villa les fonctions de cuisinière et de femme de chambre, montait deux fois par jour les repas de la jeune fille, et, comme cette paysanne ne savait pas un mot de français, Gervaise ne se sentait nullement gênée par sa présence, et n'était pas dérangée des rêves qu'elle vivait depuis qu'elle se savait mère.

Cet isolement qu'elle avait voulu compléter lui permettait de se faire en quelque sorte illusion à elle-même, et sa pensée que rien ne venait plus distraire pouvait se consacrer tout entière au cher absent et au bien-aimé petit être dont la présence se révélait chaque jour par des manifestations de plus en plus appréciables.

Gervaise, malgré son âge, avait conservé de son éducation spéciale un peu du caractère « *petite fille* », et, seule dans sa chambre, elle se complaisait dans de mystérieux entretiens avec « *son mari* », avec « *son fils* », car elle voulait un fils, faisant elle-même les demandes et les réponses, comme autrefois pendant ses longs tête-à-tête avec ses chères poupées, elle improvisait ces puériles et adorables conversations où se retrouvent l'esprit d'observation de l'enfance et la charmante naïveté, la pure candeur, non encore déflorée par la triste expérience de la vie.

De temps en temps l'Allemande, pour se conformer aux ordres de la vicomtesse, venait s'assurer de ce que faisait Gervaise. Elle montait l'escalier, étouffant son pas un peu lourd, et appliquait son œil à la serrure ou son oreille contre la porte.

Une fois, elle redescendit le visage bouleversé.

— Mein Gott, matame, — dit-elle à Mme de Châtenay, — j'ai peur que matemoiselle ne soit folle !... Voilà au moins une crante quart d'heure qu'elle parle toute seule dans sa champre !... c'est si trôle, ce qu'elle dit...

— De quoi parle-t-elle donc ? — demanda la vicomtesse en dressant l'oreille, vivement intéressée.

— On tirait qu'elle parle à une petite enfant, — répondit Greetchen ; — elle le berce, elle lui chante te fieilles rondes des Fosges... elle l'appelle, mon mignon, mon chéri... mon betit anche...

Mais ce qui m'a surtout effrayée, continua l'Allemande, — c'est qu'elle afait encore l'air de s'atresser à quelquin qui aurait été auprès t'elle. Elle tisait comme ça : « Vois tonc comme il est choli, le cher pepé !... Il te sourit. Emprasse le tonc... »

Mme de Châtenay écoutait surprise, puis elle déclara :

— Bah ! Elle a peut-être un peu de fièvre ; cela se calmera.

Et, en elle-même, elle songeait à la folie possible. Ce serait là une solution !... Gervaise incapable, enfermée dans quelque maison d'aliénées ; cela simplifierait réellement la question...

La vicomtesse entrevoyait déjà la perpétuité de sa tutelle.

Mais pourtant une complication persistait. Cet enfant qui allait naître n'en conserverait pas moins ses droits !...

Ah ! cet enfant !... Oui, là était le danger, le sérieux obstacle !

La marâtre songeait, la rage au cœur, à tout ce qu'elle avait fait déjà pour arriver à son but, la possession de la fortune du vicomte de Châtenay. Quelle dépense d'efforts, quelle continuelle tension d'esprit, que de nuits sans sommeil passées dans l'étude de combinaisons !... Et c'est en vain qu'elle aurait lutté avec une énergie sauvage contre les événements ? Allait-elle donc échouer au port? Non, tout n'était pas fini ! Il lui restait encore des chances ! Elle irait jusqu'au bout !

Les craintes de Greetchen au sujet de l'état mental de Gervaise n'étaient pas fondées, car un matin la jeune fille descendit pour le déjeuner, et prit sa place à table en face de sa belle-mère comme si rien d'anormal ne se fût passé entre elles.

Mme de Châtenay ne fit pas même allusion aux quelques jours qui venaient de s'écouler, et la vie continua à la villa avec son habituelle monotonie, aggravée encore de ce fait que la vicomtesse s'était habilement arrangée pour éloigner de sa maison Mme Petermann et Mme Bishop, dont elle redoutait la perspicacité au sujet de l'état de grossesse de sa belle-fille.

Oh ! non, elle n'était pas folle, Gervaise, et il semblait au contraire que la certitude de sa maternité prochaine ait produit une bienfaisante influence sur l'état de sa santé ; et si la marâtre avait pu concevoir d'infâmes espérances, elle devait s'avouer à présent qu'elles étaient vaines et que rien ne viendrait s'opposer, au moins du fait de Gervaise, à la naissance du petit être attendu.

La vicomtesse vivait dans un état fébrile permanent ; elle épiait sur le visage de sa belle-fille ses moindres impressions, elle étudiait ses gestes, surveillait ses mouvements, espérant toujours surprendre quelque indice qui lui permît d'espérer encore un dénouement favorable à ses vues. Mais rien, la grossesse de Gervaise suivait son cours normal.

Mme de Châtenay maudissait sa mauvaise étoile. Elle déplorait son peu de chance.

Cet enfant vivrait, elle en était sûre désormais. Elle se verrait donc bientôt dans l'obligation de consentir à cet odieux mariage qu'elle avait tant fait pour empêcher !

Ah ! si elle pouvait l'anéantir, cet enfant... avant même qu'il ne vît le jour !...

Mais, si elle était méchante, la vicomtesse n'avait pas cette énergie spéciale qui ne recule pas devant le crime, et elle s'indignait parfois contre elle-même de ce qu'elle appelait son manque de courage.

Ah ! certes, ce n'était pas sa conscience qui l'arrêtait, mais la terreur de la loi, la salutaire peur du gendarme et de la justice, la frayeur des conséquences d'un crime qui pourrait un jour ou l'autre être découvert.

Cependant, à force de ressasser ce sujet dans sa pensée, elle s'arrêta un jour à une idée qui lui vint subitement.

Il ne serait peut-être pas nécessaire de supprimer l'enfant pour l'empêcher de nuire à ses projets. Ne pourrait-on pas trouver un moyen de lui enlever l'existence légale, de le priver adroitement de ses droits, sans pour cela tomber sous le coup d'une pénalité quelconque ?

En femme de chicane qu'elle était, elle connaissait bien la loi et avait des aptitudes spéciales pour l'étudier.

Elle s'attacha dès lors désespérément à ce dernier espoir, elle concentra sur cette question toutes ses réflexions et un jour elle crut avoir enfin trouvé.

Elle était dans le jardin, arpentant les allées d'un pas lent et saccadé, quand tout à coup elle s'arrêta brusquement et se frappa le front.

— Mais oui, — murmura-t-elle, — là est le salut !... Celle-là seule peut m'aider !

La marâtre venait de se rappeler Mme Colombet, la sage-femme condamnée pour le crime commis par Léonore, cette femme qui expiait encore dans la prison de Nancy le monstrueux infanticide dont s'était rendue

Deux hommes à l'aspect peu rassurant se tenaient en effet sur le seuil d'une petite boutique de marchand de vins... (P. 758.)

coupable l'ancienne camériste de Gervaise ; cette femme qui allait en sortir bientôt, déshonorée, sans ressources, et, par cela même, à la merci de quiconque saurait la circonvenir.

Mme de Châtenay regagna rapidement sa chambre, et tira de son secrétaire un dossier composé de vieux journaux qu'elle compulsa avec soin.

Ces feuilles publiques, qu'elle s'était procurées lors du départ de Léonore, donnaient le compte rendu de *l'affaire de la faiseuse d'anges.*

La vicomtesse calcula, rapprocha les dates, et acquit bientôt la conviction que l'époque de la libération de la sage-femme coïnciderait presque exactement avec la date approximative de la délivrance de Gervaise, qu'elle pouvait évaluer avec une quasi certitude.

Le visage de l'odieuse femme s'illumina soudain, et, dès lors, elle combina un nouveau plan.

L'état de Gervaise demeurait toujours le même, et sauf quelques accidents physiologiques dus à sa grossesse, sa santé était relativement bonne.

Fraülein n'avait pas tardé à s'apercevoir de la situation de la jeune fille, et elle ne pouvait revenir de sa stupéfaction; mais, comme par un accord tacite entre elle et ses maîtresses, aucune allusion ne fut jamais faite à ce sujet, aucun mot ne fut prononcé et l'Allemande garda pour elle-même les réflexions que pouvait lui inspirer un évènement aussi étrange !

Depuis qu'elle croyait avoir trouvé une solution, Mme de Châtenay avait changé d'allures vis-à-vis de Gervaise.

Elle semblait s'humaniser de jour en jour, et, au lieu de sa brusquerie habituelle, elle avait de temps en temps comme une apparence de bienveillance dont fut dupe le cœur ingénu de la jeune fille.

Gervaise se figura que sa belle-mère était enfin revenue de sa prévention contre elle, et elle en arriva à se persuader qu'elle ne rencontrait plus de résistance chez elle au sujet de son mariage avec Adrien Verneuil.

Son âme droite et loyale ne pouvait évidemment concevoir toute la turpitude, toute la basse convoitise et la monstrueuse scélératesse qui guidaient les actes de Mme de Châtenay.

La jeune fille, dans son ignorance naïve, constatait avec un étonnement sans cesse renaissant ces transformations qui s'opéraient lentement et progressivement dans son état physique, et, à sa joie d'être mère, se mêlait pourtant une terreur vague de l'inconnu.

Un mystère se dressait devant elle, entouré de redoutables ténèbres !...

Qu'allait-il se passer ? — Ah ! comme elle aurait voulu savoir ?...

A certains tressaillements plus vifs, à certaines douleurs lancinantes qui la traversaient parfois, elle devinait que le moment attendu approchait. Que n'avait-elle auprès d'elle quelqu'un qui pût la rassurer, quelqu'un à qui elle pût dire ses craintes et ses espoirs !

Elle songeait à Madeleine, à son amie si fidèle ! Comme elle serait surprise, cette chérie, d'apprendre la grande nouvelle, cette maternité qui venait victorieusement démontrer la force de l'amour dont elle avait été la première confidente.

Gervaise, étendue sur une chaise longue, réfléchissait à tout cela, quand sa belle-mère entra dans sa chambre.

Elle fit un mouvement pour se lever, mais Mme de Châtenay l'arrêta du geste.

— Restez, mon enfant, — dit-elle d'une voix presque bienveillante ; — je viens causer un peu avec vous.

Et, prenant un siège, elle s'assit près de sa belle-fille.

Gervaise pressentit que ce que venait lui dire la vicomtesse avait trait à son état.

Peut-être allait-elle avoir la clef du mystère qui l'inquiétait, savoir par quelles phases elle aurait encore à passer, connaître même le moment où elle aurait enfin dans ses bras cet enfant qui hantait ses rêves depuis si longtemps.

— Ma fille, — dit gravement la vicomtesse, — je ne veux pas revenir sur les regrettables incidents qui vous ont placée dans la situation où vous êtes. Je vais même plus loin, je vous excuse, aujourd'hui, après y avoir longuement réfléchi, croyez-le. Mais, il n'en est pas moins certain que vous vous trouvez vis-à-vis du monde dans une position singulièrement délicate, et il est de mon devoir de me préoccuper avant tout du bon renom de notre maison, et de cet honneur dont votre père m'a laissé la garde. Il y a là une question qui doit primer toutes les autres ; en un mot, il faut, à mon avis, sauver les apparences, et dissimuler votre état jusqu'au jour où une sanction légale aura été donnée à l'affection que vous avez si malencontreusement conçue.

Gervaise esquissa un geste de protestation.

— Ah ! j'accepte le fait accompli parce qu'il est irréparable, — fit la marâtre, — ce ne sont plus des reproches que je vous fais, c'est presque une prière que je vous adresse, au nom de votre père, de me laisser prendre les mesures que je croirai bonnes pour garantir votre réputation de toute atteinte.

Gervaise s'inclina sans répondre ; elle ne comprenait pas bien où sa belle-mère voulait en venir.

— Il est fort heureux, — reprit la vicomtesse, — que j'aie eu l'idée de quitter Châtenay. Ici, dans ce pays perdu, où personne ne nous connaît, il sera plus facile de dissimuler un événement qui eût été là-bas un véritable scandale.

— Ma mère, — répondit Gervaise, — je vous répète encore que ma conscience ne me reproche rien ; mais vous avez plus que moi l'expérience du monde et de la vie, et je me conformerai à tout ce que vous déciderez.

— C'est ce que j'attendais de vous, ma fille, — répondit la marâtre. — Ayez confiance en moi, et nous sortirons de cette passe difficile sans qu'il en résulte rien de fâcheux pour le nom de Châtenay.

Cette entrevue parut avoir définitivement rompu la glace, et, dès lors, les rapports entre Mme de Châtenay et sa belle-fille prirent un caractère d'affabilité qui plongea Fraülein dans une réelle stupeur.

La grosse Allemande ne comprenait plus rien à ce qui se passait sous ses yeux, et elle cherchait en vain une explication au revirement qu'elle constatait chez la vicomtesse vis-à-vis de Gervaise.

Trois semaines s'écoulèrent ainsi, et ce fut certainement pour Gervaise la meilleure période de son séjour à la villa du Bergsee.

L'approche de sa délivrance, que Mme de Châtenay lui avait fait entrevoir à bref délai, emplissait son cœur de joie.

Ainsi, bientôt elle allait pouvoir le serrer dans ses bras, le couvrir de baisers, le cher petit être engendré par son amour !... Cet enfant qui lui rappellerait à chaque instant l'homme qu'elle aimait, ce cher bébé dont la naissance allait renverser les obstacles qui s'opposaient à une union tant désirée !...

* * *

Un matin, Mme de Châtenay eut avec Fraülein une longue conversation. Elle était obligée de s'absenter, — allégua-t-elle. — Un voyage en France, qui durerait quelques jours, et elle entra dans de minutieuses recommandations au sujet de Gervaise.

Il ne fallait à aucun prix que le secret de son état transpirât au dehors.

Toutes les visites, d'ailleurs bien improbables, devaient être repoussées. En un mot, Gervaise devait être tenue dans l'isolement le plus absolu.

L'Allemande promit de se conformer strictement à ses instructions, et Mme de Châtenay monta chez Gervaise pour lui annoncer son départ.

Grand fut l'étonnement de la jeune fille à cette nouvelle, et sa surprise augmenta encore quand la vicomtesse lui apprit que son voyage avait pour but d'aller chercher en France une femme dont la présence serait nécessaire au jour, très prochain, de sa délivrance.

— Une femme !... Une étrangère, — s'écria Gervaise, — ne serez-vous pas là, ma mère ?

Mme de Châtenay eut presque un sourire en entendant cette naïveté.

— Ayez confiance en moi, ma fille, — dit-elle, — c'est dans votre propre intérêt que j'agis. Il faut qu'il en soit ainsi.

Après quelques recommandations, qu'elle fit presque maternelles, la vicomtesse rentra chez elle.

Elle revêtit une toilette fort simple, et bientôt une voiture commandée la veille l'emmena à la gare, où elle prit directement le train pour Nancy.

La marâtre commençait à mettre à exécution le plan qu'elle avait conçu.

Elle allait s'aboucher avec Mme Colombet, espérant obtenir le concours de la malheureuse sage-femme pour l'œuvre qu'elle projetait.

En arrivant à Nancy Mme de Châtenay se fit conduire à un petit hôtel voisin de la gare, puis, dans la soirée, elle prit une voiture de place, et se rendit aux abords de la prison.

Elle laissa son cocher au coin d'une rue, en lui disant d'attendre, puis, s'adressant à un agent de police qui faisait les cent pas devant la maison d'arrêt, elle s'informa de l'heure à laquelle sortaient habituellement les prisonniers libérés.

— Vers sept heures du matin, madame, — répondit l'agent, un peu surpris de cette question de la part d'une dame à l'air aussi respectable.

Mme de Châtenay remercia, reprit sa voiture et rentra à l'hôtel.

Une dernière fois, elle relut les journaux qui avaient rendu compte du procès de Mme Colombet.

Elle s'assura de l'exactitude des dates.

Oui, c'était bien le lendemain matin qu'expirait la peine de la sage-femme; c'était le lendemain qu'elle serait mise en liberté, et la vicomtesse se proposait d'aller l'attendre à sa sortie de la maison de détention.

Une partie de la nuit se passa pour Mme de Châtenay à établir définitivement son plan, et dès le lendemain, à sept heures, elle se trouvait en observation, dans une petite rue, d'où elle pouvait voir la porte de la prison.

Près d'une demi-heure se passa, et elle commençait à s'inquiéter. Peut-être s'était-elle trompée de date?

Et puis une autre crainte lui traversa l'esprit.

Cette libérée qu'elle était venue attendre, elle ne la connaissait pas! Comment la distinguer, si plusieurs détenues sortaient ensemble?

Quelques boutiquières du voisinage commençaient à regarder avec quelque étonnement Mme de Châtenay, dont le séjour prolongé à cette place les intriguait. La belle-mère de Gervaise s'aperçut vite de l'attention dont elle était l'objet, et elle se disposait à s'éloigner quand la lourde porte de la prison tourna lentement sur ses gonds, et trois femmes parurent sur le seuil.

La vicomtesse était bien servie par le hasard, car, de ces trois femmes deux paraissaient toutes jeunes, tandis que la dernière était une personne d'une cinquantaine d'années, et ne pouvait être que celle qu'elle attendait.

— Vous savez, mon vieux, au plaisir de ne pas vous revoir de sitôt, — dit en riant l'une des jeunes femmes au gardien qui avait ouvert la porte.

— Dépêche-toi donc, Adèle, — fit l'autre libérée, — v'là Auguste et Victor là, au coin, chez le troquet.

Deux hommes à l'aspect peu rassurant se tenaient en effet sur le seuil d'une petite boutique de marchand de vins, à l'angle de la rue voisine, et faisaient signe aux femmes de venir les rejoindre.

Celles-ci hâtèrent le pas, et bientôt les deux couples disparurent dans l'intérieur de l'établissement.

Mme Colombet, car la troisième des libérées était bien, en effet, l'ancienne sage-femme, s'arrêta un instant sur le trottoir complètement ahurie. Ce n'est pas impunément que l'on reste pendant une année entière enfermée, et ce brusque passage de la détention à la liberté laissait la sage-femme toute désorientée.

Ses yeux se promenaient de tous côtés avec une sorte de crainte, comme si elle eût redouté l'apparition soudaine de quelque visage connu.

Elle semblait ne pouvoir se décider à quitter la place.

Pourtant, il lui était impossible de rester là indéfiniment : il fallait bien prendre un parti.

Mme de Châtenay ne perdait pas un des mouvements de la personne qu'elle guettait. Elle étudiait sa physionomie et elle eut une petite moue de contrariété ; car elle ne lui trouvait pas l'expression qu'elle aurait voulu lui voir.

La figure honnête de Mme Colombet lui faisait prévoir que la réussite de son projet rencontrerait peut-être des obstacles.

Cependant la sage-femme s'était décidée ; elle assujettit à son bras un petit panier qu'elle portait et s'engagea comme au hasard dans la rue qui s'ouvrait en face de la prison.

A cette heure matinale, cette rue était presque déserte ; à peine de-ci de-là quelques ouvriers se rendant au travail, quelques ménagères allant aux provisions.

Mme Colombet marchait lentement, elle paraissait réfléchir, et, en effet, la pauvre femme songeait avec terreur à sa situation. Qu'allait-elle devenir à présent ?... Sa position était perdue !... Il ne fallait pas songer à retourner là-bas, à Saint-Nicolas-du-Port, où, pour tout le monde, elle était coupable.

Aller ailleurs, se faire une clientèle nouvelle, à son âge, c'était difficile, presque impossible...

La sage-femme en était là de ses tristes réflexions quand elle se sentit doucement toucher le bras.

Elle se retourna surprise.

Une dame âgée, l'air très comme il faut, simplement mise, était devant elle.

Mme de Châtenay venait de se décider à aborder enfin celle qu'elle était venue chercher.

— Pardon, madame, — dit la vicomtesse, — vous êtes bien madame Colombet, n'est-ce pas ?

La sage-femme tressaillit et le rouge lui monta au front.

Elle regardait avec surprise cette dame qui la connaissait, et dont elle ne se rappelait pas avoir jamais vu la figure.

Un instant elle hésita à répondre.

— Mais, madame, — fit-elle enfin en balbutiant.

— Oh ! vous n'avez rien à craindre de ma part, madame, — reprit Mme de Châtenay, — je suis au courant de votre situation ; aussi, vous pouvez avoir confiance... Je ne me trompe pas, n'est-ce pas, vous êtes bien madame Colombet, sage-femme ?...

— Oui, madame, en effet, — répondit l'ex-détenue, rassurée par le ton bienveillant de son interlocutrice. — Mais, je ne vous connais pas, moi... Comment se fait-il ?

— Je vous expliquerai tout cela tout à l'heure, ma chère dame, — répondit la vicomtesse, — si vous voulez bien m'accompagner jusque chez moi...

— Mais je ne sais, madame... — balbutia la sage-femme, que son aventure avait rendue méfiante.

— J'ai besoin de vos services, — reprit Mme de Châtenay, — et je crois que dans votre propre intérêt vous ne sauriez mieux faire que de me les accorder.

— Encore faudrait-il que je sache...

— Rien de plus naturel, vous le verrez, mais comme cet endroit-ci est assez mal choisi pour causer, veuillez m'accompagner et vous n'aurez pas à vous en repentir.

Mme Colombet ne fit plus d'objection et elle se laissa conduire par sa mystérieuse interlocutrice jusqu'à une station de voitures.

Les deux femmes montèrent dans un fiacre et arrivèrent bientôt à l'hôtel où était descendue la vicomtesse sous le nom d'emprunt de Mme Châtelain.

Ce trajet, fort court du reste, s'accomplit rapidement.

Il ne fut question, chemin faisant, que de l'affaire qui avait motivé la condamnation de la sage-femme de Saint-Nicolas-du-Port, dont la vicomtesse tenait à connaître toutes les circonstances, afin de savoir avec quelle femme elle allait avoir à traiter.

Elle comprit à l'accent de sincérité de l'accoucheuse qu'elle était réellement une victime et ce récit l'édifia complètement.

Mme Colombet réfléchissait à la singularité de cette aventure et Mme de Châtenay préparait les arguments dont elle comptait se servir.

Une fois dans sa chambre, elle fit asseoir la sage-femme en face d'elle.

— Je comprends, madame, — commença-t-elle, — toute la surprise que doit vous causer ma façon d'agir vis-à-vis de vous. Notre rencontre n'est pas fortuite, car je vous attendais.

— Comment, — fit Mme Colombet, — vous saviez...

— Oui, je savais que vous deviez être libre aujourd'hui, et, comme je vous l'ai dit, j'ai besoin de vos services.

— De mes services ? — interrompit la sage-femme. — Mais qu'est-ce qu'une pauvre femme, comme je suis à présent, pourrait être en état de faire pour vous ?

— Le malheur qui vous a frappée, ma chère dame, — reprit la vicomtesse, — ne vous a rien enlevé de votre habileté professionnelle, n'est-ce pas ?

La sage-femme eut un mouvement de protestation, mais en même temps une crainte lui traversa l'esprit. Ce service qu'on allait lui demander était du ressort de son art et les conditions dans lesquelles ce service était sollicité ne faisaient augurer rien de bon. Il ne manquait pas de sages-femmes à Nancy. Pourquoi venir précisément s'adresser à elle ?

— Madame, — déclara-t-elle après un court silence, — mon malheur, comme vous dites, m'est venu justement de ma profession, et, quoique innocente, oh ! oui, innocente, je vous le jure encore, j'ai payé cher ma confiance dans cette mauvaise fille dont je vous ai parlé. Vous pensez bien que cet affreux événement ne m'encourage pas à risquer de nouveau de me trouver mêlée à quelque vilaine histoire...

— Mais vous n'avez absolument rien à craindre, madame, — affirma la vicomtesse ; — et, si je m'adresse à vous dans cette circonstance, c'est que je connaissais votre situation et celle qui en est cause.

— Quoi, vous la connaissez cette misérable, cette Élise Rollin, — s'écria la sage-femme avec un accent de colère.

— Oui, je la connais, — déclara Mme de Châtenay.

LA DEMOISELLE DU CHATEAU

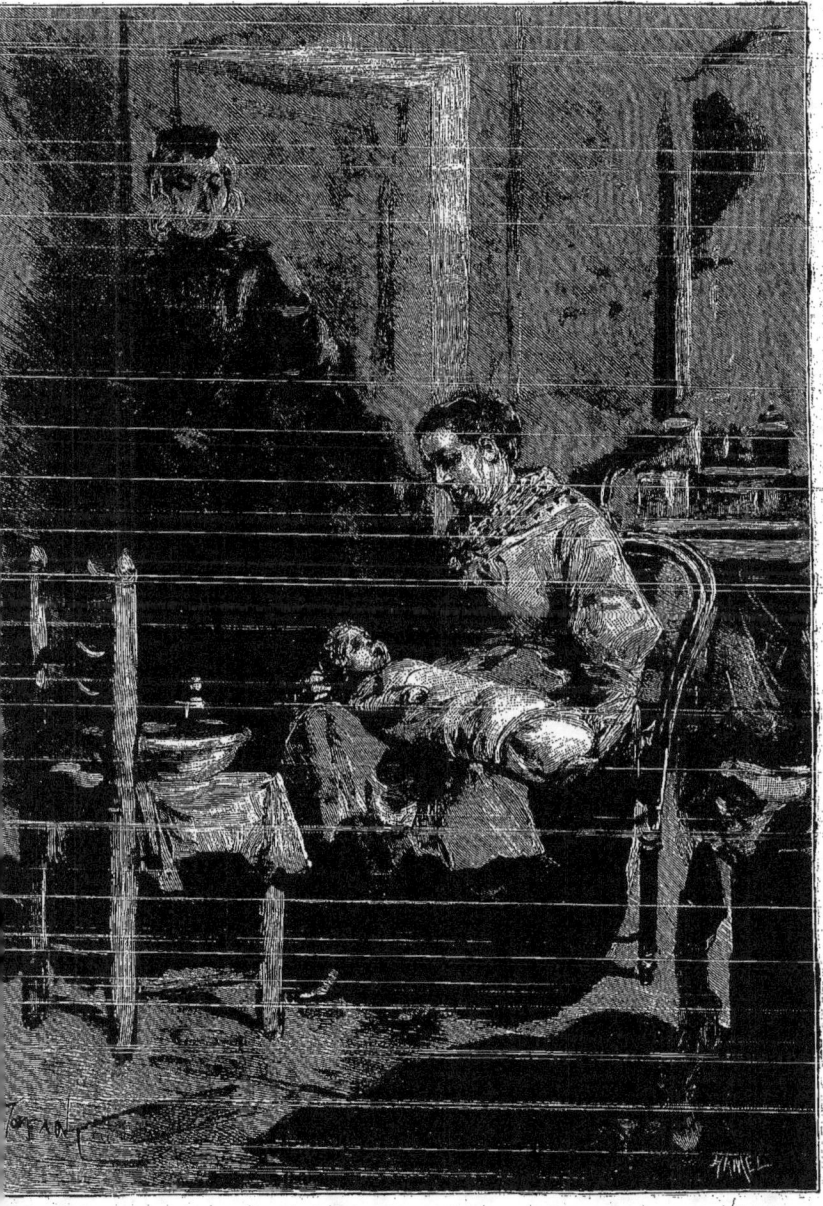

Celle-ci avait déjà fait la toilette de l'enfant, et elle le berçait doucement quand la vicomtesse entra dans la pièce. (P. 768.)

— Ah! si je pouvais la retrouver!... — continua Mme Colombet en s'animant de plus en plus. — Ah! je lui ferais payer cher le mal qu'elle m'a fait! Car c'est elle, la misérable, qui a commis le crime que j'ai expié pour elle!... C'est elle qui a profité de mon absence pour étrangler son pauvre petit enfant!.. Et je suis sûre que c'est elle qui m'a accusée!... Moi qui avais refusé de l'aider dans son crime, car elle voulait se débarrasser de l'enfant avant même qu'il ne vînt au monde.

— Je sais tout cela, ma pauvre madame Colombet, — fit la vicomtesse d'un air de compassion. — Je sais que vous êtes innocente et je puis être quelque jour en mesure de vous aider à retrouver celle qui vous a causé un tel malheur.

— Vous savez où elle est? — demanda avec vivacité la sage-femme.

— Je vous le dirai... mais plus tard... quand le moment sera venu, — répondit évasivement la vicomtesse.

— Oh! voyez-vous, madame, si vous me promettez cela, — reprit la libérée, — je suis toute prête à vous servir, car, puisque vous me connaissez, je pense bien que ce que vous avez à me demander n'est pas répréhensible... J'ai toujours été une honnête femme, madame, et je le resterai toujours, quoi qu'il arrive!

Mme de Châtenay était maintenant à peu près certaine du succès.

Elle tenait la sage-femme par deux points : son désir de retrouver Léonore et l'état de gêne dans lequel elle allait être forcément.

C'était cet état qu'il s'agissait de faire bien constater à la sage-femme.

— Voyons, — reprit la vicomtesse, — qu'allez-vous faire à présent?

Mme Colombet eut un geste vague et ne répondit pas.

— Votre situation est perdue, — continua Mme de Châtenay. — Si moi, je suis sûre de votre innocence, il n'en est pas de même des autres. Vous avez été condamnée, pour tous vous êtes coupable.

— Hélas! — soupira la sage-femme. — Je me suis déjà dit tout cela, allez, et je ne sais vraiment pas comment je vais vivre à présent.

— Eh bien! — fit la marâtre, — en échange du service que je vais vous demander, je puis vous tirer d'embarras et vous permettre d'envisager l'avenir sous des couleurs moins sombres.

Mme Colombet regarda son interlocutrice et Mme de Châtenay crut que le moment était venu de frapper un grand coup.

— Je mettrai à votre disposition — reprit-elle — une somme de vingt mille francs.

— Vingt mille francs! — s'écria Mme Colombet ahurie. — Vingt mille francs!... vous plaisantez...

— Je vous assure que je parle sérieusement, madame. — C'est la somme qu'on m'a chargé de vous offrir, si vous vous prêtez à ce que l'on attend de vous.

La sage-femme eut de nouveau la conviction qu'on allait lui proposer de participer à un crime et elle s'écria :

— Non, madame, je ne veux pas... on n'offre pas comme cela vingt mille francs aux gens pour faire quelque chose d'honnête ! Je sais bien que dans notre métier, il y a des femmes sans scrupules, il y a des brebis galeuses partout, mais moi, je n'ai jamais mangé de ce pain-là, et, malgré ce qui m'est arrivé, je n'en mangerai jamais.

— Eh ! qui vous a parlé d'un crime ? d'une mauvaise action ? — fit la comtesse d'un air digne. — Il ne s'agit que de donner vos soins à une jeune femme dont la délivrance est prochaine, mais qui, par suite de circonstances très graves et qui mettent en jeu l'honneur d'une famille, est obligée de dissimuler la naissance de son enfant.

— Alors, on ne songe point à le faire disparaître ? — interrogea la sage-femme.

— Pas le moins du monde, — déclara la vicomtesse ; — le pauvre petit être n'est pas en cause, lui. Il n'est pour rien dans la faute de sa mère, et il n'est jamais entré dans l'esprit de ses proches de s'en débarrasser par un crime. C'est une faute commise que, pour l'honneur d'une famille, il faut effacer, pas davantage. Si vous consentez à accepter ce que l'on vous propose, l'enfant restera confié à vos soins, et l'on vous indemnisera largement de ce que vous ferez pour lui, à la seule condition qu'il ne soit jamais à même de retrouver sa famille.

Je vous le répète, — ajouta-t-elle ; — il y a dans cette affaire une question très importante, et tout ce que l'on désire, c'est le secret le plus absolu sur la délivrance de la jeune femme à laquelle je m'intéresse en ce moment.

Mme Colombet réfléchissait.

Certes, l'appât était tentant.

Vingt mille francs ! dans sa situation ! c'était le salut et, puisque, après tout, il ne s'agissait que d'accomplir un acte de sa profession, pourquoi laisserait-elle échapper cette occasion s'offrant à elle si miraculeusement de s'arracher à la noire misère qui l'attendait et dont elle s'était tant épouvantée ?

Mme de Châtenay crut que la sage-femme hésitait, et elle revint à la charge.

Elle expliqua minutieusement à Mme Colombet ce qu'elle aurait à faire.

On la conduirait près de la jeune femme... à l'étranger, en Suisse, où elle se trouvait ; et, aussitôt les couches terminées, la sage-femme emporterait l'enfant dont elle prendrait alors la charge, soit qu'elle le confiât aux soins de l'assistance publique, soit à ceux de quelque personne de son choix.

— Ma foi, madame, — dit enfin Mme Colombet, — si les choses doivent se passer comme vous me l'affirmez, je ne vois pas pourquoi je refuserais... Ce ne serait pas la première fois que je me trouverais dans ce cas-là... et j'en ai déjà placé plusieurs de ces pauvres petits qu'une faute de leur mère jette en dehors du monde régulier. Ça vaut toujours mieux que de les tuer, comme a fait cette misérable...

Mais rappelez-vous que vous m'avez promis de me dire où je la retrouverais, — ajouta la sage-femme d'une voix chargée de haine.

— Oui, oui, je vous le dirai, — affirma la vicomtesse.

Alors vous acceptez?

— J'accepte, — répondit Mme Colombet simplement.

— A la bonne heure ! — fit Mme de Châtenay. — Et vous verrez que vous n'aurez pas à vous repentir de votre détermination. Nous partirons demain matin par le train de sept heures vingt.

— C'est que... — balbutia la sage-femme embarrassée.

Mme de Châtenay eut un geste d'impatience, elle crut à une nouvelle hésitation de Mme Colombet.

— Quoi donc ? — demanda-t-elle un peu aigrement.

— Je n'ai rien emporté quand on est venu m'arrêter, — déclara la sage-femme, — et il me faudrait au moins du linge, une robe... Je ne peux pas aller avec vous comme je suis là...

— Oh ! qu'à cela ne tienne ! — répondit la marâtre. — Tenez, voilà deux cents francs, achetez-vous en ville ce qu'il vous faut et vous viendrez me rejoindre ici. Je vais vous retenir une chambre pour cette nuit.

La sage-femme prit l'argent en remerciant et se retira pour faire ses emplettes, tandis que Mme de Châtenay faisait préparer un chambre voisine de la sienne pour sa compagne de voyage.

Tant que Mme Colombet ne fut pas de retour, la vicomtesse fut inquiète : elle redoutait que les scrupules de la sage-femme n'aient repris le dessus, et elle se repentait presque de l'avoir quittée.

— J'aurais dû l'accompagner, — se disait-elle, — sait-on jamais avec ces gens timorés. Elle est capable de ne pas revenir.

Cependant, vers cinq heures, Mme Colombet reparut.

Elle s'était acheté un petit trousseau modeste et elle voulut rendre à la vicomtesse le surplus de l'argent qu'elle n'avait pas dépensé.

— C'est bon, c'est bon ! — fit Mme de Châtenay tout heureuse de la revoir. — Gardez cela... la personne dont je m'occupe est assez riche pour vous offrir ce petit cadeau.

La sage-femme était enchantée de la tournure que prenaient les choses et elle se félicitait intérieurement de cette aubaine inespérée qui venait dissiper ses craintes pour l'avenir.

Aussi dormit-elle d'un sommeil paisible, comme depuis un an elle ne l'avait fait, et il fallut que, le lendemain matin, on l'éveillât à l'heure qu'avait fixée Mme de Châtenay pour le départ.

Les deux femmes se rendirent à la gare et prirent le train express qui les amena jusqu'à Ottnau.

Là, une voiture les attendait, et bientôt elles arrivèrent au chalet du Bergsee.

Fraülein prévenue avait tout préparé, et Mme Colombet fut installée immédiatement dans une des chambres du premier étage, tout à côté de celle qu'occupait Gervaise.

Les instructions données par Mme de Châtenay à l'Allemande avaient été pour celle-ci une cause d'étonnement. Sa maîtresse voulait que la personne qu'elle amenait avec elle ne pût se douter de l'état social des habitants de la villa.

La vicomtesse devait être traitée par Greetchen, non pas en maîtresse, mais en quelque sorte en collègue, gouvernante, femme de charge.

Gervaise serait tout simplement « Madame », sans rien de plus.

En outre, pendant l'absence de Mme de Châtenay, Fraülein avait été chargée par elle de s'entretenir fréquemment avec Gervaise de sa situation, afin qu'elle ne fût point surprise par les événements qui l'attendaient.

La jeune fille était donc prévenue de la prochaine arrivée d'une personne dont la présence était nécessaire à sa délivrance, et, dès le lendemain matin, Mme Colombet fut introduite dans la chambre de sa cliente inconnue.

D'un examen sommaire auquel elle se livra, la sage-femme conclut à un accouchement très proche sans complications à redouter.

Mme Colombet fut bien un peu surprise de quelques questions naïves que lui posa Gervaise et qui dénotaient chez celle-ci une candeur qu'on ne rencontre pas en général chez les jeunes personnes de son âge et de sa position.

Cependant elle garda pour elle ses réflexions, se sentant en présence d'un mystère qu'il lui était indifférent après tout de percer.

Les allures de Mme de Châtenay l'étonnaient bien un peu aussi.

La vicomtesse jouait de son mieux son rôle de femme de charge, mais Fraülein, emportée par l'habitude, avait failli se couper plusieurs fois en donnant à sa maîtresse son véritable titre, et la sage-femme comprenait bien qu'elle se trouvait en présence de gens qui cherchaient à dissimuler leur véritable état social.

Elle feignit d'être dupe, et ferma les yeux.

La délivrance de Gervaise n'était plus qu'une question d'heures.

La jeune fille, sur les instances de la sage-femme, venait de se coucher, et déjà, à plusieurs reprises, les premières douleurs de l'enfantement lui avaient arraché quelques cris.

La malheureuse enfant avait peur, et, malgré les paroles rassurantes de Mme Colombet, elle s'étonnait ingénument de ces atroces douleurs qu'elle ne pouvait soupçonner, et qu'elle considérait comme un mauvais présage.

Était-il donc nécessaire de souffrir autant pour être mère? Cette femme l'affirmait, mais Gervaise ne pouvait le croire. Pourquoi la maternité n'était-elle pas une succession de sensations douces, puisqu'elle avait son origine dans la tendresse, dans l'amour?...

Mme de Châtenay joignait ses exhortations à celles de la sage-femme.

De sa voix, tout empreinte d'une hypocrite commisération, elle lui recommandait le courage, mais, au fond d'elle-même, elle faisait d'odieux souhaits. Elle songeait à la frêle constitution de sa belle-fille. Peut-être ne pourrait-elle pas supporter la crise finale!...

Elle épiait le visage de Gervaise et suivait avec anxiété les changements qu'y apportait la souffrance.

Les crises se succédaient plus rapides et plus violentes.

La pauvre jeune fille ne pouvait plus étouffer ses cris, et, tout à coup, une pâleur livide envahit ses traits, ses mains se crispèrent violemment.

— Mon Dieu! mon Dieu! — murmura-t-elle, — je vais mourir... Adrien!... au secours!...

Ses yeux se fermèrent, sa tête retomba sur l'oreiller, Gervaise avait perdu connaissance. Mme Colombet s'était élancée, et, à ce moment précis, un faible vagissement se fit entendre, et la sage-femme reçut dans ses bras le petit être qui entrait dans la vie dans des circonstances si étranges.

— C'est un gros garçon, — annonça-t-elle, — voyez, il est superbe!

Mme de Châtenay eut pour l'enfant un mauvais regard, et, pendant que l'accoucheuse emportait le bébé dans la pièce voisine, elle feignit de s'occuper de Gervaise dont l'évanouissement n'avait pas encore cessé : Fraülein aussi s'empressait auprès de la jeune mère, et bientôt, grâce à leurs soins, Gervaise revint à elle.

Mme de Châtenay était allée rejoindre Mme Colombet.

Celle-ci avait déjà fait la toilette de l'enfant, et elle le berçait doucement quand la vicomtesse entra dans la pièce.

— Venez, — dit-elle brièvement.

Mme Colombet la suivit dans sa chambre.

Mme de Châtenay alla à un secrétaire et en sortit une large enveloppe.

— Voilà, — dit-elle, — ce qui vous a été promis. Votre rôle ici est terminé. Il faut que vous quittiez cette maison sur l'heure.

— Mais, — fit observer la sage-femme, — la jeune dame a peut-être encore besoin...

— Ne vous en inquiétez pas, le reste me regarde, — répondit la marâtre. — Vous savez ce dont nous sommes convenues... Cet enfant vous reste... emportez-le.

— Mais comment devrai-je le déclarer? — demanda Mme Colombet, — sous quel nom?

— Sous celui que vous voudrez, — répondit la vicomtesse.

— Et il faudra le faire baptiser, sans doute? — interrogea encore la sage-femme.

— Oui, si vous voulez, — dit la marâtre sèchement; — à dater de cet instant cet enfant vous appartient. Vous êtes libre d'agir vis-à-vis de lui selon votre convenance personnelle. Ce à quoi vous vous êtes engagée, je vous le rappelle, c'est à vous en charger... Sa mère ne doit pas le connaître, pas plus que lui-même ne devra jamais connaître sa famille.

— Pauvre petit! — murmura la sage-femme, — c'est bien triste!... mais enfin, puisqu'il le faut... je m'arrangerai pour qu'il ne soit pas trop malheureux.

— Cet enfant n'est point responsable, évidemment, — fit la vicomtesse, — mais vous savez que le monde a des exigences parfois cruelles, et l'honneur de toute une famille a bien aussi son importance et fait excuser bien des choses.

— Oui, oui, — répondit Mme Colombet. — Je sais!... C'est terrible ces choses-là...

— Faites donc pour le mieux, — acheva Mme de Châtenay, — je vous laisse, hâtez vos préparatifs de départ.

Mme Colombet regagna sa chambre, enveloppa l'enfant avec un soin minutieux, le coucha sur son lit, où il s'endormit tout de suite, et elle se mit à faire ses paquets.

Tout à coup, une idée lui traversa l'esprit. Elle se rappela la promesse, qui lui avait été faite par l'inconnue qui l'avait amenée dans cette maison, de lui faire retrouver Élise Rollin, et elle se promit de ne pas quitter la

Décidé à fixer ses doutes, Mousset se rendit, en effet, un matin au Ministère de la guerre. (P. 775.)

villa sans avoir obtenu les renseignements qu'elle désirait avoir sur la femme cause de ses malheurs.

Quand elle eut terminé ses préparatifs, ce qui ne fut pas long, elle avisa, sur le meuble où elle l'avait posée, l'enveloppe remise par l'inconnue, et renfermant la petite fortune promise.

Deux liasses de billets de banque s'y trouvaient; la première contenaît vingt mille francs, et, sur la seconde, de dix mille seulement, un papier épinglé portait ces simples mots : *pour l'enfant*.

La sage-femme fut joyeusement surprise de ce surcroît de fortune, non pas qu'elle eût l'intention d'en frustrer l'enfant, mais elle se disait qu'avec les rentes de ce modeste capital, elle pourrait vivre dans quelque village ignoré, à l'abri du besoin, et élever le petit être dont elle s'était chargée.

Comme elle achevait de réintégrer les billets dans leur enveloppe, Greetchen entra dans la chambre.

— J'apprends, — dit-elle, — que vous partez tout de suite, et, puisque nous allons rester seules près de matame, je serais heureuse que vous me disiez ce qu'il y aura à faire jusqu'à son entier rétablissement.

Mme Colombet donna quelques indications sommaires sur les soins à donner à la jeune accouchée, puis, comme l'Allemande allait la quitter, elle lui demanda :

— Je désirerais bien avant de partir revoir cette dame qui est avec vous, j'aurais quelque chose à lui demander.

— Je fais le lui tire, — répondit Greetchen, — attendez un instant.

Lorsque Mme de Châtenay était rentrée dans la chambre de Gervaise, celle-ci sortait à peine de son évanouissement.

Elle se sentait la tête vide, et fut un instant sans se rendre bien compte de ce qui s'était passé.

Mais tout à coup ses idées lui revinrent : elle comprit, et se tournant vers sa belle-mère, elle lui demanda d'une voix affaiblie :

— Mère !... où est donc mon enfant ? C'est un fils, n'est-ce pas ?

En franchissant le seuil Mme de Châtenay avait dit quelques mots à voix basse à Greetchen ; — celle-ci était sortie et c'est à ce moment qu'elle avait rejoint Mme Colombet.

A la question de sa belle-fille, Mme de Châtenay ne répondit pas tout de suite, elle eut une courte hésitation.

— Je vous en prie, ma mère, — insista Gervaise, — qu'on me le donne, je veux le voir.

La figure de la vicomtesse se fit tout à coup dure et sombre, et, s'avançant tout près du lit, elle répondit d'une voix presque brutale :

— Dieu n'a pas permis que votre honte laissât derrière elle une trace, qu'il pût exister une preuve de votre déshonneur... Votre enfant est mort en naissant !

Gervaise fixa sur Mme de Châtenay ses grands yeux pleins d'une stupeur indicible.

— Mort! mort!... — murmura-t-elle, paraissant ne pas comprendre.

— Oui, il est mort, — répéta la marâtre de sa voix tranchante, — et c'est encore ce qui pouvait arriver de plus heureux pour vous!

— Oh! mais c'est impossible! — s'écria Gervaise, en faisant un effort pour se redresser. — Je veux le voir!... Je veux le voir!...

— Mais comprenez donc, malheureuse! — s'écria Mme de Châtenay, — que cet enfant était contre vous une accusation terrible, la preuve vivante de l'oubli de tous vos devoirs, et vous devriez remercier la Providence qui n'a pas permis que le nom de votre père pût être traîné dans la boue!

Gervaise paraissait écrasée, et ses yeux, agrandis par une sorte d'épouvante, disaient l'immense douleur qui l'étreignait.

Quoi! Tous ses rêves de mère seraient brisés d'un seul coup!... Ce petit ange attendu avec tant d'amour, elle ne le verrait jamais... ces baisers qu'elle lui réservait, ses lèvres devraient les garder toujours!...

Et sa pensée allait aussi à Verneuil, à cet homme dont l'amour seul avait été la cause de sa mystérieuse maternité.

Il semblait à Gervaise que son ami pourrait lui demander compte de cet enfant, qu'elle était coupable envers lui.

— Mais non, je ne peux croire à un tel malheur! — fit elle après un silence. — Vous me cachez la vérité!... ma mère, je vous en conjure, rendez-moi mon enfant!

Un éclair de haine jaillit des yeux de la vicomtesse.

— Je vous dis qu'il est mort! — déclara-t-elle de nouveau.

Gervaise eut l'intuition que sa belle-mère mentait.

Elle se dressa à demi, et d'une voix vibrante de passion, elle s'écria affolée :

— Non, non, ce n'est pas vrai!... Vous l'avez fait disparaître!... Vous m'avez volé mon enfant!... Voleuse! voleuse!

Mais l'effort avait été trop violent; les dernières syllabes s'arrêtèrent dans sa gorge comme un râle, et la malheureuse jeune fille retomba inerte, de nouveau, semblable à une morte.

La marâtre eut un haussement d'épaules, et comme Fraülein rentrait, lui annonçant que la sage-femme désirait lui parler, elle lui montra Gervaise en lui disant :

— Elle vient encore de se trouver mal... soignez-la... mais pas un mot de l'enfant!... pour elle, il est mort, vous entendez!

Fraülein jeta un regard terrifié sur sa maîtresse, mais elle ne fit pas une objection.

Mme de Châtenay rejoignit la sage-femme, et, à la demande de celle-ci, lui donna au sujet d'Élise Rollin tous les renseignements qu'elle possédait.

Mme Colombet apprit ainsi que, sous le nom de Léonore Chaudru, son ancienne cliente habitait Paris, en compagnie sans doute de son amant, un nommé Mousset.

Les renseignements étaient vagues, mais enfin Mme Colombet se promit d'en tirer tout le parti qu'elle pourrait, et, après avoir renouvelé ses protestations de discrétion absolue, elle quitta la villa du Bergsee, emportant dans ses bras l'enfant de la pauvre Gervaise.

CHAPITRE XXXVIII

LE PACTE

TIMULÉ par les brillantes promesses d'Armande Monval, Mousset redoublait de zèle et faisait en toute conscience son métier d'espion.

Il mettait une sorte de point d'honneur à gagner l'argent qu'il avait reçu de la jeune fille.

Il devenait, pour ainsi dire, l'ombre même de ceux qu'il s'était chargé de surveiller.

Habile à se renseigner, au courant maintenant de toutes les habitudes de Gérard, connaissant l'heure et le lieu de ses repas, l'heure de son arrivée au chantier, celle de son départ, qu'il n'effectuait qu'après la sortie du dernier ouvrier, Mousset savait que, le jeune ingénieur une fois installé à son travail, il pouvait en toute confiance abandonner sa faction pour aller surveiller les abords de l'hôtel des Duhamel et les allées et venues de Madeleine.

Ce n'était donc que le soir, après la fermeture des chantiers, que la tâche de l'espion de Mlle Monval se compliquait et devenait parfois délicate.

Mais l'habile gredin savait toujours se montrer à la hauteur, ayant un véritable flair d'argousin, et des dispositions étonnantes pour ce métier, vers lequel ses goûts le portaient naturellement.

Du reste, depuis la dernière découverte faite à l'endroit de Madeleine Duhamel, la piste de la jeune fille lui paraissait de beaucoup la plus intéressante et la plus profitable.

C'était de ce côté-là que Mousset pensait arriver à faire la preuve promise par lui à Armande Monval.

Il lui fallait d'abord tirer au clair les motifs de la démarche de Madeleine auprès de maître Danon.

Jusque-là le jeune homme n'avait pu faire que des conjectures basées sur l'ensemble des menus faits observés, d'un œil habile et perspicace, dans l'existence d'apparence si paisible de la « demoiselle du château ». — Il fallait, maintenant qu'il était parvenu à force de déductions à établir entre eux une corrélation évidente, arriver à la découverte du mobile qui guidait Madeleine Duhamel.

C'était à cela que paraissait tendre uniquement Mousset.

Cependant, à ce but auquel le poussaient les engagements pris envers la fille du banquier, se joignait maintenant, pour l'ex-clerc d'huissier, une préoccupation personnelle.

Depuis qu'il avait appris par Armande le véritable nom de celui qu'il surveillait, depuis qu'il savait que Gérard, — ce monsieur Gérard qui lui avait volé sa situation à l'usine Duhamel et contre lequel il professait déjà en raison de ce fait une haine personnelle, — était le duc de Soisy, un travail se faisait dans son esprit.

Soisy! Soisy! — Ce nom ne lui sortait pas de la pensée.

C'est ainsi que se nommait le grand seigneur chez qui son père était intendant.

Un lien de famille existait-il entre le Soisy que servait son père et l'antipathique employé de M. Duhamel, cet individu aux allures mystérieuses qui lui avait pris, à l'usine, la place qu'il ambitionnait, et dont Armande Monval convoitait le titre nobiliaire?

Malgré la similitude de nom, Mousset hésitait à le croire. — Il se pouvait cependant après tout que la famille de Soisy eût plusieurs branches. — Les connaissances de l'amant de Léonore au sujet de l'armorial français étaient fort incomplètes.

Son Soisy à lui, celui de son père, habitait dans les environs de Saint-Nicolas-du-Port. — Il connaissait bien le vieux château, dont les ruines admirablement conservées étaient une des curiosités du pays.

— Au demeurant, — pensait-il, — il serait étrange qu'un de Soisy fût venu précisément s'établir de ce côté, sans y être appelé par des raisons spéciales.

Cette idée dont la solution restait incertaine devenait pour Mousset une obsession.

Si ce Gérard était un parent du vieux duc? — Si c'était même le fils de celui-ci?... Car le Soisy chez lequel servait son père avait laissé un fils, il ne l'ignorait pas.

Cette pensée soulevait dans son cœur un flot de haine..

N'était-ce pas au nom de cet héritier des Soisy, que son père à lui avait été arrêté, jeté en prison?

Le jeune duc n'était qu'un enfant, il est vrai, à cette époque; mais qu'importe?

Combien il serait doux au fils du condamné de se venger sur lui des souffrances endurées par son père!

— Il faut que j'en aie le cœur net, — murmura enfin Mousset, fatigué de chercher en lui-même une solution qui ne venait pas. — Puisque le Gérard dont je m'occupe était officier, je dois trouver des renseignements au ministère de la guerre. — J'arriverai bien à me les faire donner et à savoir ce qui me tient si fort au cœur.

Si c'est lui, si c'est celui que je crois, — continua-t-il avec un mauvais sourire, — il doit s'attendre à avoir à compter avec ma haine. — Si elle peut l'atteindre, tant pis pour lui. Il paiera pour les autres, pour ceux qui, portant son nom, ont déshonoré mon père!...

Décidé à fixer ses doutes, Mousset se rendit, en effet, un matin au Ministère de la guerre.

Mais ce n'est pas une chose facile, surtout lorsque l'on n'y connaît personne, que d'obtenir un renseignement dans un Ministère, quel qu'il soit.

Le jeune homme prétextait un motif d'héritage.

Il était chargé, disait-il, de rechercher, pour une succession, Gérard de Soisy, ancien officier du génie. — Il avait espéré qu'au Ministère on saurait peut-être ce qu'il était devenu, ou que l'on pourrait tout au moins lui fournir quelques indices qui faciliteraient sa tâche.

Mais dans le premier bureau auquel il s'adressa, l'employé se contenta de jeter un regard rapide sur le solliciteur, et soit que celui-ci ne lui revînt point, soit qu'il se trouvât ce jour-là dans des dispositions peu accueillantes, il se replongea dans ses écritures en se contentant de murmurer :

— Soisy?... connais pas!

Mais Mousset, lui, connaissait la bureaucratie et ses peu complaisantes dispositions à l'égard du public.

Il insista :

— Pardon. — A qui dois-je alors m'adresser? — demanda-t-il en se rapprochant de la table où l'employé écrivait ou feignait d'écrire, de façon à forcer l'attention de l'obstiné travailleur.

— Hein? — grogna celui-ci, se décidant à relever la tête et regardant le jeune homme de l'air aimable d'un chien qui s'apprête à mordre.

— Je demande, monsieur, à qui il faut que je m'adresse pour avoir les renseignements que je désire, puisque vous ne pouvez pas me les fournir, — répéta Mousset avec cette tranquillité et ce calme qui donnent toujours à réfléchir et manquent rarement leur effet.

— Quels renseignements? — fit l'employé d'un air un peu moins maussade, quoique certainement, — hâtons-nous de le constater, — fort éloigné encore de la plus élémentaire courtoisie.

— Des renseignements sur le duc de Soisy...

— Le duc de Soisy?... qu'est-ce que c'est que ça? — interrompit le bureaucrate dédaigneusement.

— Un ancien officier du génie, — répondit Mousset sans se déconcerter, — un sous-lieutenant.

— A la bonne heure, on le dit. — Nous ne connaissons que le grade, ici, monsieur.

— Alors voulez-vous être assez bon pour m'apprendre où je pourrais me renseigner? hasarda une troisième fois le solliciteur.

L'employé haussa les épaules sans répondre.

— Ma foi, je n'en sais trop rien, — conclut-il en se remettant à ses écritures.

Adressez-vous au premier, à la deuxième division.

Ce ne fut qu'après s'être vu renvoyer de bureau en bureau, après maints escaliers montés et redescendus, maints corridors traversés, que Mousset finit par échouer dans le cabinet d'un officier qui, fort complaisamment, lui apprit enfin ce qu'il voulait savoir.

Oui, Gérard de Soisy, ancien officier du génie, était en effet le fils du feu duc de Soisy originaire de Meurthe-et-Moselle.

— C'était un officier du plus grand avenir, sa démission a causé ici les plus vifs regrets, — ajouta l'aimable et très complaisant fonctionnaire.

— Et l'on ne connaît pas la cause de cette démission?

— A cet égard, il ne m'est pas permis de vous renseigner. C'est une question délicate... et le ministre seul pourrait, s'il le juge convenable, si les motifs sont graves... Et encore non, vous ne réussiriez pas... Vous devez comprendre ça!...

Mousset acquiesça d'un geste et d'un mouvement de tête.

Pardieu! il le connaissait bien, lui, le motif qui avait poussé le jeune duc à démissionner!... Il le devinait facilement!

Ruiné, ne pouvant plus tenir le rang que lui assignait son nom, et auquel il se croyait en quelque sorte obligé, il avait mieux aimé quitter l'armée que d'y végéter.

Tout en retraversant le long défilé du corridor et des vestibules qu'il lui avait fallu parcourir avant de voir enfin, dans une dernière tentative, ses efforts couronnés de succès, le jeune homme se félicitait de sa persévérance.

Dans cette double constatation de l'identité du duc de Soisy et des motifs qui avaient déterminé la résolution du jeune officier, deux sentiments éga-

Léonore était arrêtée ! (P. 784.)

lement forts se partageaient l'esprit vindicatif du fils de l'ancien intendant de Soisy.

Un sentiment de joie doublé de colère.

Colère contre celui qui avait été la cause indirecte de la mort de son père, joie de le savoir dans une position inférieure à sa situation sociale.

Un de Soisy, un descendant de cette illustre famille, si fière et si arrogante, obligé de travailler pour vivre, gagnant sa vie comme un mercenaire !

Cette pensée, douce au fils de l'intendant, contrebalançait la rage qu'il éprouvait à se dire que c'était ce Gérard qui l'avait frustré de la place qu'il ambitionnait à l'usine Duhamel.

Ah ! comme ses pressentiments s'étaient justifiés !

Dès le premier jour, cet inconnu lui avait été antipathique.

Et ce n'était pas seulement parce que le jeune ingénieur l'avait emporté sur lui auprès de M. Duhamel, que Mousset lui en voulait, qu'il se sentait pour lui le cœur plein de haine ; il le comprenait bien maintenant.

C'était une sorte d'intuition qui l'avait averti, qui lui avait montré en Gérard un ennemi réel.

Et voilà que, chance inespérée, une occasion se présentait de se venger de cet homme !

Ah ! certes, Mlle Monval ne pouvait pas souhaiter de meilleur auxiliaire, de complice plus dévoué pour l'aider à aller à l'encontre des espérances du jeune duc.

Ces espérances, Mousset était certain de les connaître. Pour lui comme pour Armande, Gérard aimait Madeleine. Tous ses efforts devaient donc tendre à contrarier cet amour, à accumuler entre les deux jeunes gens le plus d'obstacles possibles.

— Peu m'importe, au fond, les projets d'Armande Monval, — pensait-il, — je veux que l'ingénieur et celle qu'il aime soient à jamais séparés !... je veux détruire tout espoir de bonheur pour ce Gérard que je déteste !... Je le veux... et je suis certain de réussir.

Son visage se contractait hideusement en une expression de haine implacable.

— J'ai pour cela deux puissants mobiles, — ajouta avec cynisme le fils de l'intendant prévaricateur, — le désir de la vengeance et le profit à en tirer, — car je puis tout espérer de la nature volontaire et obstinée de la fille du banquier. J'obtiendrai d'elle tout l'argent que je voudrai, pourvu que je fasse son jeu, que je l'aide à atteindre le but qu'elle poursuit.

Et reprenant le chemin de la rue Montmartre, où sa maîtresse l'attendait à l'hôtel pour déjeuner, il murmurait, en hâtant le pas :

— C'est Léonore qui sera surprise quand je vais lui annoncer la découverte que j'ai faite du véritable état civil du mystérieux M. Gérard !

Le jeune homme éprouvait, en effet, le besoin de confier à quelqu'un le secret qu'il avait surpris et de s'encourager lui-même aux représailles, en divulguant les griefs qu'il croyait avoir contre le fils du duc de Soisy.

Léonore était, pour cela, la confidente tout indiquée.

— Je ne lui dirai que ce que je voudrai bien lui dire, — pensait l'ancien clerc d'huissier. — Les femmes n'ont pas besoin de tout savoir. — Ainsi, il est inutile que je lui parle de mes relations avec Mlle Monval, — il lui faudrait des explications à n'en plus finir. — Mais, cependant, je ne serais pas fâché d'avoir son avis sur tout cela.

Tout en réfléchissant, le jeune homme avait atteint la rue Montmartre.

Il marchait vite, regardant à droite et à gauche, avec cette habitude d'observation constante et cette allure particulière aux gens chez lesquels domine l'instinct de la méfiance.

Ses préoccupations ne lui faisaient rien perdre de ses qualités naturelles.

L'œil aux aguets, il dévisageait les passants, et, tout en paraissant uniquement désireux de suivre tranquillement sa route, il ne laissait échapper aucun incident et remarquait tout sans en avoir l'air.

Prêt à tout événement, son sang-froid ne l'abandonnait dans aucune circonstance, sa vigilance se trouvait rarement en défaut.

Cette méfiance native, développée en lui par la lutte âpre et dure pour l'existence qu'il avait eue à soutenir depuis la mort de son père, Mousset, maintes fois déjà, en avait apprécié les avantages. — Cette fois encore elle allait le servir utilement.

Comme au moment d'atteindre son hôtel, il en examinait les abords suivant son habitude, de son regard inquiet et fureteur, il s'étonna de retrouver devant lui un personnage qu'il se rappelait avoir croisé quelques minutes auparavant.

Son allure étrange le lui avait fait remarquer.

Qu'avait donc cet individu à piétiner ainsi sur place?

Bien que la chose en elle-même n'eût par le fait rien de bien anormal, car le promeneur obstiné pouvait simplement attendre quelque camarade ou quelque compagne retenue dans une maison avoisinante, le fait le plus insignifiant, une fois perçu et constaté, ne pouvait être, nous l'avons dit, indifférent à Mousset.

Au lieu de rentrer chez lui, l'espion d'Armande ralentit donc le pas et se mit à observer.

Mais, tout à coup, il eut un sourire.

— Parbleu!... — murmura-t-il, — oui, il en est!... C'est un roussin, pas de doute possible !... un policier en filature ou en observation. — Je suis curieux de savoir quel gibier il va faire lever.

L'homme faisait, en effet, les cent pas sur le trottoir.

Coïncidence bizarre et sans doute fortuite, ses yeux paraissaient se fixer obstinément sur la porte du petit hôtel habité par Mousset et sa maîtresse.

Mousset le remarqua.

— On dirait, ma foi, que c'est l'hôtel qu'il guette, — pensa-t-il assez vivement surpris.

Cela devenait pour lui de plus en plus intéressant.

— C'est curieux !... à qui en a-t-il ? — Il faut que je voie ça ! — murmura-t-il.

Et il s'installa à la terrasse d'un petit café d'où il pouvait, sans être remarqué, suivre tout à son aise la manœuvre du policier deviné par lui.

Cinq ou six fois, celui-ci avait déjà passé et repassé devant l'allée de l'hôtel.

Sauf Mousset qui ne le perdait pas de vue, ses allures restaient inaperçues, dans le va-et-vient continuel et affairé de la population de cette voie si fréquentée.

Soudain, l'attention de l'ancien intendant de la vicomtesse de Châtenay fut mise en éveil par un nouvel incident.

Il venait de surprendre un signe d'intelligence échangé entre l'homme qu'il surveillait et un individu d'allures à peu près semblables, qui se promenait sans affectation sur le trottoir d'en face.

Le jeune homme eut un sourire approbatif à l'adresse de sa perspicacité.

— Parbleu ! — fit-il, — je ne m'étais pas trompé, la police opère rue Montmartre. Celui-là en est aussi...

C'est même presque un gros bonnet, — ajouta-t-il en reconnaissant dans le nouveau venu l'inspecteur Romme, dont tous les journaux avaient donné le portrait quelque temps auparavant, à la suite d'une affaire retentissante.

Il n'y a pas ! c'est bien l'hôtel qu'ils guignent ! — A qui diable peuvent-ils en vouloir ? — ajouta Mousset ne pouvant se défendre d'une certaine appréhension.

Mais il se ravisa tout de suite :

— C'est idiot, ce que je m'imagine là, — pensa-t-il pour se rassurer. — Pourquoi me rechercherait-on ? — Ai-je quelque chose à me reprocher ?

Sur ce point, la conscience du jeune homme, — conscience, nous le savons, du reste, très élastique, — était relativement tranquille.

Certes, il lui était arrivé souvent — au cours de son existence — de frôler les marges du Code pénal; mais jamais il n'était sorti des strictes limites de la légalité.

Il était trop malin pour cela.

— Je les défie bien de trouver quelque chose de légalement condamnable dans les opérations que j'ai été appelé à faire, — affirma-t-il en faisant malgré lui son examen de conscience. — A peine quelques actes que les plus rigoristes pourraient qualifier d'indélicats... Mais, quand on fait des affaires, qui peut être sûr de ne pas en compter plus ou moins à son actif?

Malgré tout, cependant, Mousset n'était point tranquille, une inquiétude vague persistait chez lui. — Est-ce que l'on pouvait jamais savoir, après tout, si sûr que l'on fût de sa conscience?

Cependant, un nouveau signe d'intelligence venait d'être échangé entre les deux policiers.

A son tour, l'agent que Mousset avait reconnu pour être l'inspecteur Romme avait appelé, par un signal convenu entre eux, l'attention de son collègue placé en faction devant la porte de l'hôtel, et traversait la rue pour le rejoindre.

Tous deux s'étaient arrêtés à deux pas du couloir étroit servant d'entrée à la maison meublée.

— Ah! ah! — pensa le jeune homme heureux de comprendre que ce n'était pas de lui qu'il s'agissait, — il y a du nouveau. Nos deux limiers ont probablement éventé leur gibier. — Cela devient, ma foi, de plus en plus intéressant. — Il faut que je voie cela.

Mais, soudain, il tressaillit.

L'inspecteur Romme venait de s'approcher d'une femme qui s'apprêtait à rentrer à l'hôtel, un paquet à la main, et dans cette femme l'ancien intendant reconnut sa maîtresse!!!

— Léonore!... — murmura-t-il avec un frisson.

*
* *

Une demi-heure en effet avant cet incident, la propriétaire de l'hôtel avait vu entrer dans son bureau un homme aux allures correctes, mais au ton un peu cassant, qui avait demandé à parler à Mlle Léonore Chaudru.

— Léonore Chaudru?.... Nous n'avons pas « ça » dans la maison, monsieur, — avait répondu d'un air aimable la propriétaire, en feuilletant pour la forme les registres où étaient inscrits les noms de ses locataires.

— Je vous demande pardon d'insister, madame, mais je suis certain que cette personne est descendue ici, — reprit l'inconnu.

Et il donna à la propriétaire de l'hôtel le signalement exact de celle qu'il cherchait :

— Une brune, de taille moyenne, les yeux verts, petits et légèrement fuyants, assez jolie néanmoins, quoique ayant surtout ce qu'on appelle la beauté du diable.

Puis il ajouta :

— Cette personne arrive de Nancy.

— De Nancy? — Alors, ce ne peut être que la petite dame du 18. — Je ne vois qu'elle, du reste, qui réponde au signalement que vous venez de me donner, — avait dit après avoir réfléchi un moment la maîtresse de la maison meublée ; — seulement, elle ne s'appelle pas Léonore Chaudru, mais Mme Mousset. — Son mari est avec elle.

— Et cette dame est chez elle en ce moment?

— Non, monsieur, elle est sortie pour faire quelques emplettes. Mais vous pourrez la voir tout à l'heure, car je ne pense pas qu'elle tarde maintenant beaucoup à rentrer.

L'inspecteur Romme, — car c'était lui, — n'avait pas insisté, et c'est à partir de ce moment qu'avait commencé sur le trottoir l'affût des deux agents.

En abordant Léonore, l'employé de la Préfecture de police l'interpella par son nom.

— Tiens! mademoiselle Chaudru!... — s'écria-t-il en se plantant en face de la jeune femme et en la dévisageant. — Y a-t-il longtemps que vous êtes à Paris?

— Je ne vous connais pas, monsieur, — répondit l'ex-femme de chambre en faisant un bond de surprise.

Ce bond l'avait envoyée tomber entre les bras du premier agent que Mousset avait remarqué faisant le guet devant la porte de l'hôtel et qui se trouva là fort à propos.

— Hé! Où allez-vous comme ça, ma petite dame? — fit-il en la maintenant galamment, mais solidement.

— Vous ne me connaissez pas, mais moi je vous connais bien, mademoiselle Chaudru, — reprit l'inspecteur en s'emparant de l'autre bras de la jeune femme.

— Vous me connaissez?... Que signifie tout cela?... — questionna Léonore tremblante, mais essayant de garder bonne contenance devant le danger qu'elle pressentait.

— Soyez tranquille, vous allez comprendre, — dit l'inspecteur de la police en faisant signe à l'agent de se méfier d'un coup de traîtrise de Léonore.

Lui-même resserra imperceptiblement son étreinte.

— Seulement, ne trouvez-vous pas, continua-t-il, que l'on est très mal pour causer sur le trottoir?

— Pour ce que nous avons à nous dire, nous sommes toujours assez bien, — répliqua l'ex-femme de chambre tenant courageusement tête à l'orage. — Je suppose que vous faites erreur et que vous me prenez pour une autre.

— Je ne le pense pas, — riposta Romme goguenardant. — En tout cas nous approfondirons ça chez le commissaire. — Voyons, suivez-nous de bonne grâce.

— Chez le commissaire!... — s'écria Léonore en pâlissant, prise d'une terreur soudaine. — Moi!... Pourquoi chez le commissaire?

— Vous le verrez quand vous y serez, — ricana l'agent cherchant à entraîner la jeune femme. — Allons, venez!

Mais Léonore se raidit et, refusant d'avancer :

— Je ne vous suivrai que lorsque vous m'aurez dit ce que vous me voulez!... — protesta-t-elle, les dents serrées. — Je n'ai rien fait de mal! Je n'ai rien à démêler chez le commissaire!...

Romme vit bien qu'il n'arriverait pas, sans une concession, à faire marcher l'ex-femme de chambre; il voulut éviter un esclandre, et, se penchant à l'oreille de Léonore :

— Vous vous y expliquerez au sujet de l'enfant que vous avez mis au monde il y a six mois à Manoncourt, chez une nommée Mme Colombet...

— Vous dites?... — s'écria la femme de chambre blême de terreur et sentant ses jambes se dérober sous elle.

Et, perdant contenance devant la netteté de l'accusation, mais cherchant malgré tout encore à protester :

— C'est une indignité!... — balbutia-t-elle, — Je ne sais pas ce que vous voulez dire!... Je suis une honnête femme!... Vous me prenez pour une autre!...

— Allons, allons, pas tant de façons, suivez-nous sans faire de scandale, — commanda l'inspecteur Romme en excipant de sa qualité. — Je suis inspecteur de la Sûreté et j'ai des ordres!... un mandat d'amener signé du Parquet.

Soudain, Léonore tressaillit.

Elle venait d'apercevoir Mousset qui s'était rapproché et, dissimulé dans le renfoncement d'une porte cochère, avait entendu une partie du colloque.

En voyant le regard de sa maîtresse se fixer sur lui, le jeune homme mit un doigt sur ses lèvres pour lui recommander la discrétion.

La femme de chambre eut un imperceptible mouvement des lèvres dans lequel elle sembla mettre un baiser et une promesse.

Pour Mousset, ce regard voulait dire : « Sois tranquille, je n'avouerai rien. Je ne te compromettrai pas. Tu peux compter sur la discrétion de Léonore. »

Ce manège avait été si rapide qu'il était resté inaperçu des deux policiers.

L'inspecteur héla un fiacre qui, commandé à l'avance, stationnait à quelques pas ; la voiture se rapprocha, on y fit monter la jeune femme ; puis, les deux hommes s'y étant installés à leur tour, le fiacre s'ébranla dans la direction du Dépôt.

Léonore était arrêtée !

* * *

Mousset resta un moment immobile sur le trottoir.

Il réfléchissait.

Encore étourdi par l'événement inattendu auquel il venait d'assister, il se demandait quelles conséquences allaient en résulter pour lui.

N'était-il pas également l'objet des recherches de la police ?... Était-ce bien prudent de sa part de rentrer à l'hôtel ?...

Si on allait l'arrêter comme sa maîtresse ?

Mais bientôt sa situation lui parut très nette :

Non, on ne pouvait pas l'incriminer.

Sur quelles raisons se baserait-on pour cela ?

Aucune preuve n'existait de sa complicité morale dans l'infanticide dont Léonore était accusée.

D'ailleurs le jeune homme se savait aimé, et l'ex-femme de chambre n'avait aucun intérêt à le compromettre. Cela ne pouvait modifier en rien sa situation.

Donc, bien qu'il fût toujours prudent de se mettre à l'abri pour l'avenir, il ne lui paraissait pas qu'il y eût pour le moment rien à craindre.

Le parti de Mousset fut vite pris.

Se composant un visage tranquille, il pénétra sans hésitation dans l'hôtel.

C'est cette pauvre Nonore qui doit faire une drôle de tête là bas, au dépôt. (P. 787.)

La patronne qui était dans son bureau l'appela au passage pour lui donner sa clef.

— Il n'y a personne chez vous, monsieur Mousset, — lui dit-elle d'un air aimable tout en gratifiant son locataire de son plus avenant sourire. — Même qu'un monsieur est venu tout à l'heure demander votre « dame ». Mais elle est sortie faire des emplettes, — « qu'elle m'a dit », — et elle n'est pas encore rentrée.

— Et comment était ce monsieur ? — demanda Mousset d'un air des plus naturels.

— Un monsieur très bien, un grand brun, avec un chapeau haut de forme et une canne à pomme d'argent.

— Et a-t-il dit au moins ce qu'il voulait ? fit le jeune homme qui, malgré ce signalement succinct, avait parfaitement reconnu dans le visiteur l'inspecteur Romme.

— Ma foi, non, monsieur. Quand il a su qu'il n'y avait personne, il a seulement dit comme ça qu'il tâcherait de revenir.

— A son aise, — répliqua Mousset avec insouciance.

Monté dans sa chambre, l'amant de Léonore garnit rapidement sa valise, rassemblant à la hâte et pêle-mêle tous les objets qui lui appartenaient, puis, la prenant à la main, il redescendit sans bruit, guettant le moment où il n'y aurait personne dans le bureau.

Il parvint à sortir de l'hôtel sans être vu.

C'est que, malgré l'invraisemblance du danger, Mousset ne se souciait pas de moisir là et d'y attendre le bon plaisir de la police.

— Savait-on jamais ce qui pouvait arriver ? — Il était plus prudent de se mettre à l'abri.

Parvenu à la rue d'Aboukir, le jeune homme, qui paraissait suivre un plan bien arrêté, prit, muni de sa valise, l'omnibus de Belleville-Louvre.

Aux boulevards extérieurs, il descendit et, hélant une voiture, il donna l'ordre de le conduire à un petit hôtel de l'avenue de Clichy, à deux pas de la place Moncey.

Là, après avoir arrêté une chambre des plus modestes, il se fit inscrire sous le nom de Léon Ménard, précepteur.

— Je viens à Paris pour attendre les instructions d'une famille dans laquelle je dois entrer pour m'occuper de l'éducation des enfants et que je dois accompagner à l'étranger, — déclara-t-il à la gérante de la maison meublée. Comme j'ai tout mon temps à moi, en attendant, je vais en profiter pour visiter la ville et me payer quelques bonnes soirées au théâtre, — ajouta le faux Léon Ménard, prévoyant le cas où la fréquence de ses sorties pourrait paraître suspecte.

Mousset tenait en effet avant tout, maintenant surtout, on le comprend, à ne point attirer l'attention sur lui et à passer le plus possible inaperçu.

Il ne se souciait pas d'être encore obligé de changer de quartier.

A mi-chemin des chantiers des Buttes-Chaumont et de l'hôtel des Duhamel, il appréciait fort cette situation qui faciliterait singulièrement sa surveillance.

Une fois installé, toutes ses précautions bien prises, l'amant de Léonore de nouveau se mit à réfléchir à ce qui venait de se passer.

Il ne pouvait malheureusement se faire aucune illusion sur les motifs qui avaient amené l'arrestation de Léonore. Ce qu'il avait entendu du court colloque de sa maîtresse avec les deux agents l'avait suffisamment édifié à cet égard.

L'ex-femme de chambre de Gervaise de Châtenay était arrêtée sous l'inculpation d'infanticide !

Comment diable avait-on pu la découvrir ?...

— Quelqu'un a dû la dénoncer, — se dit-il sans hésiter, — quelqu'un qui peut-être s'était aperçu de sa grossesse, ou qu'un hasard aura mis sur les traces de la vérité. — Mais qui cela peut-il être ?

Hé ! parbleu ! sans doute cette vieille sorcière de vicomtesse, — ajouta tout à coup Mousset, songeant au reçu compromettant, trouvé par Mᵐᵉ de Châtenay dans les papiers de la femme de chambre et dont la découverte avait provoqué la grande scène qui avait amené leur renvoi à tous les deux. — Je n'y pensais plus, à celle-là, mais il faut croire qu'elle ne nous avait pas oubliés... En voilà une qui a la rancune tenace, par exemple !

— J'avais bien raison de me méfier d'elle, et de conseiller à Léonore de quitter le pays !

Malheureusement on a suivi nos traces et, puisque nous ne nous cachions pas, il n'était guère difficile de nous retrouver.

C'est cette pauvre Nonore qui doit faire une drôle de tête là-bas, au dépôt ! — conclut le jeune homme s'attendrissant à la pensée de sa maîtresse.

Mais, malgré cette réflexion, Mousset, au fond, ne pouvait s'empêcher d'éprouver, de cet involontaire abandon de sa maîtresse, un sentiment de délivrance.

C'est une bonne fille, mais elle devenait un peu crampon, pensait-il, tout en poussant quelques soupirs hypocrites sur le sort de sa malechanceuse compagne.

Il réfléchit longuement à la situation.

— C'est une guigne, il faut bien le dire, qu'elle ait laissé traîner ce maudit reçu. On n'a pas idée d'une imprudence pareille ! — se répétait-il, — sans cela, du diable si jamais on serait arrivé à la découvrir !... C'était adroitement combiné, ce coup-là, il n'y a pas à dire ! Mais les femmes, ça ne fait jamais les choses qu'à moitié. Je vous demande un peu à quoi il pouvait lui servir, ce papier-là !...

Quoi qu'il en fût, Mousset maintenant se sentait plus libre.

Il aimait à avoir ses coudées franches. — Bien qu'il ne se gênât pas beaucoup avec sa maîtresse, c'était toujours une entrave, une sorte de contrôle.

— Je vais pouvoir à présent m'occuper tranquillement de mes affaires, — pensait-il avec un secret contentement, — sans être harcelé de questions, sans avoir besoin à chaque instant d'expliquer mes démarches.

C'était un vrai boulet que j'avais attaché à mon existence.

Cet incident de l'arrestation de sa maîtresse avait, du reste, bientôt pris une place secondaire dans l'esprit du jeune homme.

Toute sa pensée était revenue vers Gérard.

Il se réjouissait de le savoir ruiné.

Parbleu ! maintenant il comprenait tout !... C'était donc pour cela qu'il se dissimulait si soigneusement, le jeune duc.

— Ah ! ah ! il ne veut pas que l'on connaisse sa dégringolade ! — murmura-t-il en ricanant. — Plus pauvre que Job, le descendant des Soisy !... duc de la dèche ! — Il a tout aussi bien fait d'abandonner ses prétentions nobiliaires. Il ferait une triste figure dans le défilé de ses illustres ancêtres.

Mais une pensée vint, tout à coup, troubler la joie mauvaise de l'amant de Léonore.

Le jeune ingénieur était aimé par la fille de son patron.

Madeleine Duhamel, la « demoiselle du château », la riche et belle héritière que lui, Mousset, avait convoitée, ne demandait qu'à épouser Gérard, — cet homme qu'il haïssait, — qu'à réparer envers lui, par l'apport d'une dot déjà très appréciable et accompagnée de superbes espérances, les cruautés de la fortune !...

— Ah ! non, par exemple !... cela serait trop beau !... il aurait trop de chance, le gaillard !... Ce mariage-là ne se fera pas sans ma permission, je le jure bien !... Et quant à la donner !... J'ai trop besoin de ma vengeance !...

Quant à Armande Monval...

Mousset s'interrompit un instant, les sourcils froncés sous l'effort de sa pensée.

— Ma foi, — fit-il tout à coup avec résolution, — il ne l'épousera pas non plus. — Tant pis pour la fille du banquier !... Il est décidément trop veinard, ce godelureau, toutes les femmes se l'arrachent ! — Mais celle-ci est encore plus riche que la petite Duhamel, et si le Gérard ne l'aime pas, tout au moins pourrait-il trouver auprès d'elle de rudes consolations. — Bigre ! ce n'est pas tous les jours qu'on est aimé par une jolie fille plusieurs fois millionnaire !

Mais il peut être tranquille. Je suis là, fort heureusement. — Je ne permettrai pas plus à Armande qu'à Madeleine de redorer le blason des Soisy. Je mettrai tout en œuvre pour l'empêcher !

Seulement, — ajouta mentalement le mauvais drôle, — il est temps d'agir... surtout du côté des Duhamel. En dehors des démarches suspectes de la fille, l'ingénieur prend pied de plus en plus dans la maison... Il est urgent de s'occuper à le démolir... seulement, quels moyens employer ?...

Un instant, Mousset eut l'idée de mettre, par une lettre anonyme, le maître de forges au courant de la véritable situation de son employé.

Mais il réfléchit :

— Non, — se reprit-il, — cela ne vaut rien. Je connais M. Duhamel, c'est un brave homme, un peu bêta même, il n'aurait probablement qu'un regain de sympathie pour l'infortune du jeune duc; mauvais moyen. Il faut trouver autre chose.

Soudain, la figure du fils de l'intendant se détendit.

— Mais oui, c'est ça ! — murmura-t-il.

— Je vais chercher bien loin ; n'ai-je pas sous la main une alliée naturelle, cette Armande Monval qui veut à toute force être duchesse et enlever Gérard à la petite Duhamel ?...

Le voilà, mon moyen !

C'est un tempérament cette jeune fille-là, un vrai, je m'y connais.

Il n'y a qu'à surexciter sa jalousie contre sa rivale !...

Il n'en faudra pas beaucoup, si je m'en mêle, pour changer en haine la passion de la fille du banquier pour ce duc si dédaigneux de ses charmes !

— dans un cœur altier et vindicatif comme celui d'Armande Monval, la haine c'est le dérivatif forcé d'un amour dédaigné. — Et, ma foi, ce résultat obtenu, il pourrait surgir certaines complications qui ne seront pas toutes du goût du séduisant Gérard.

Oui, j'arriverai à me débarrasser de ce duc que je déteste ; je vengerai sur lui la mort misérable de mon père. — Il n'aura, grâce à moi, ni l'amour ni la fortune !...

Et pour cela, inutile de machiner de nouvelles combinaisons. Je me servirai des moyens que le hasard a mis entre mes mains ; je ferai de la belle Armande mon alliée inconsciente...

Son amour servira ma haine.

Dépit, jalousie, rivalité de femme, c'est tout ce que l'on peut rêver de mieux, — ajouta Mousset avec un hideux sourire.

*
**

Dans ces nouvelles dispositions d'esprit, le jeune homme se présenta le lendemain chez Armande.

Il était décidé à agir le plus promptement possible sur les sentiments de la jeune fille.

Toute la nuit il avait réfléchi, s'étant absolument convaincu que le moyen qu'il était décidé à employer contre Gérard était en effet celui qui laissait le plus d'espoir à sa vengeance.

Mlle Monval donna l'ordre de l'introduire sur-le-champ.

Il venait sans doute lui rendre compte des démarches déjà faites par lui.

Seule avec le jeune homme, impatiente de savoir ce qu'il venait lui apprendre, elle ne lui laissa pas le temps de parler, et, lui faisant signe de s'asseoir :

— Vous avez du nouveau ? — demanda-t-elle fiévreusement.

Mousset fit un signe de tête affirmatif.

— Du nouveau, oui, mademoiselle, — fit-il d'un air grave.

— M'apportez-vous la preuve que vous m'avez promise ?

Et Armande le regarda avec anxiété.

— Je vous l'apporte, mademoiselle, — répondit Mousset.

— La preuve ?... la preuve de l'amour de Gérard pour Madeleine Duhamel ?

— Et celui de ladite pour ledit, oui, mademoiselle, — accentua en s'inclinant l'ancien clerc d'huissier.

— La preuve !... parlez, parlez ! — s'écria la jeune fille frémissante.

— Les preuves, même, — rectifia Mousset.

— Mais parlez !... parlez donc... parlez vite !...

— J'ai entendu et j'ai vu, — affirma avec impudence le jeune homme.

— Vu, quoi ?... Entendu quoi ?...

— J'ai entendu le duc et Mlle Duhamel échanger des aveux... J'ai surpris des rendez-vous. j'ai vu des baisers pris — et rendus, — affirma sans broncher l'espion de Mlle Monval.

— Des baisers !... Vous avez vu le duc embrasser Madeleine ?... — s'écria la fille du banquier, ne songeant même pas à mettre en doute la parole de l'effronté coquin.

— Comme je vous vois, oui, mademoiselle.

— Les misérables !... Et vous avez entendu leurs paroles ? — dit Armande, ne prenant plus la peine de dissimuler, laissant éclater sa rage.

— Je n'en ai pas perdu une seule...

— Et ?..

— Ma foi, vous comprenez bien qu'il n'était question que de leur amour mutuel.

— Ils parlaient de leur mariage?

— Comme d'une chose très proche et convenue...

— Convenue!... — répéta Armande saisie. — Alors, Gérard s'est déclaré?... Il a demandé la main de Madeleine Duhamel?

— Pas encore, mais il se prépare à le faire, — s'empressa de répondre l'ancien clerc d'huissier, craignant de voir la jeune fille s'incliner devant un fait accompli.

— Il ne faut pas que cela soit!... entendez-vous? — s'écria Mlle Monval avec emportement.

— J'avoue, mademoiselle, que je ne vois pas trop... au point où en sont les choses...

— Vous ne voyez pas?... Il faut trouver un moyen de l'empêcher, cependant!...

— Ne vaudrait-il pas mieux... renoncer...

— Renoncer!... Ah! vous ne me connaissez pas!... — s'écria Armande exaspérée. — Jamais je ne tolérerai le triomphe de mon odieuse rivale! Si je ne puis posséder celui que j'aime, eh bien...

— Eh bien? — fit Mousset heureux de voir Armande arriver si facilement au point où il la désirait.

— Ni l'une ni l'autre ne l'aura, voilà tout!...

— Mais comment ferez-vous, mademoiselle? — demanda le jeune homme curieux de voir jusqu'au plus profond des replis du cœur de la fille du banquier.

— Ah! je ne sais pas... Je sais seulement que je ne veux pas que ce mariage ait lieu. — Vous chercherez, vous, vous trouverez un moyen pour l'empêcher, un moyen pour enlever à Madeleine Duhamel l'amour du duc de Soisy...

— Diable!... cela sera difficile, je le crains, — fit observer Mousset.

Un éclair de haine passa dans les yeux noirs de Mlle Monval.

— Un moyen, alors, pour me venger de l'affront fait à ma beauté et à mon amour, — acheva-t-elle d'une voix sombre et pleine de rancune, où se sentait la blessure saignante de son orgueil.

— Vous venger, mademoiselle? — s'écria l'amant de Léonore en dissimulant un sourire de triomphe.

Armande se leva, le sein palpitant, les yeux brillants de rage :

— Oui, me venger, — répéta-t-elle avec emportement. — Venger mon amour bafoué, ma vanité de femme si odieusement blessée. — Il ne sera pas dit que je me serai abaissée à faire les premières avances pour me voir dédaignée, méprisée... Non! je ne puis supporter cette idée! — M. de Soisy me paiera cher son dédain!

— Cependant, mademoiselle, — fit hypocritement Mousset qui savait fort bien que cette remarque ne ferait qu'attiser le feu de la rancune dans l'âme ulcérée de la jeune fille, — on ne commande pas à son cœur. Le duc de Soisy aime Madeleine Duhamel.

— Que m'importe! — interrompit violemment la fille du banquier.

— Pourtant...

— Je l'aime, moi!.., et je ne veux pas qu'il soit à une autre!

Le jeune homme s'inclina.

Armande se rapprocha de lui et d'une voix suppliante :

— Il faut que vous m'aidiez, monsieur Mousset! — dit-elle en lui prenant la main ; — je n'ai confiance qu'en vous!... J'ai besoin de quelqu'un de dévoué!... Il faut que vous serviez ma haine, puisque vous n'avez pu servir mon amour!... Il ne faut pas m'abandonner... il faut aller avec moi jusqu'au bout!... — Jusqu'au bout!...

Les yeux verts et fuyants de Mousset papillotèrent sous le regard résolu de Mlle Monval.

— Puis-je compter sur vous? — demanda-t-elle d'une voix blanche.

L'ex-clerc d'huissier sembla prendre une résolution :

— Je vous suis tout dévoué, — répondit-il enfin, en fixant à son tour son regard sur celui de son interlocutrice.

— A la bonne heure!

— Seulement... une telle entreprise nécessitera beaucoup d'argent...

Armand l'interrompit :

— N'est-ce que cela?... Vous savez bien que pour moi l'argent n'est rien... Ne vous préoccupez point de ce détail...

Et, allant à son secrétaire, elle en tira une poignée de billets de banque qu'elle mit sans les compter dans la main de Mousset.

— Voilà la question résolue pour le moment, — ajouta-t-elle avec l'insouciance d'une millionnaire pour laquelle quelques billets de mille francs de plus ou de moins ne comptent pas; — quand il n'y en aura plus, vous n'aurez qu'à en demander d'autres... Réussissez seulement... C'est tout ce que je veux!

L'ex-clerc d'huissier qui, en présence de l'emportement de la jeune fille, avait conservé tout son sang-froid et manœuvrait en habile tacticien, serra avec un grand flegme la petite fortune que venait de lui remettre Mlle Monval, et, fixant de nouveau sur elle la flamme aiguë de son regard d'oiseau de proie :

— Cela résout en effet d'une façon triomphante la question d'argent,

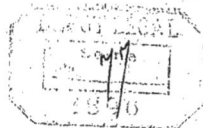

La jeune fille se sentait heureuse de cette occasion de passer avant son départ quelques instants avec celui qu'elle aimait. (P. 798.)

mademoiselle, — fit-il d'une voix très calme. — Malheureusement, il n'y a pas que celle-là qui me préoccupe...

— Que voulez-vous dire?

— Je veux dire que je joue gros jeu... Je m'engage dans une aventure qui peut me conduire Dieu sait où...

Il faudra peut-être en arriver à des moyens extrêmes... et alors...

— Quels moyens? — murmura Armande en frémissant. — Expliquez-vous.

— Je m'entends...

— Mais encore? — insista la jeune fille craignant de comprendre.

— Ma foi, — fit Mousset avec un prodigieux aplomb, — quand on joue une partie, il faut en prévoir et... en accepter toutes les conséquences!... Quand la vengeance est en jeu, on ne sait pas où l'on peut être entraîné!... Agissant seul, c'est moi qui me compromets en tout ceci. Or, si un malheur arrivait au duc...

— Un malheur?... — interrompit violemment émue la fille du banquier.

— S'il venait à disparaître, par exemple, — continua froidement l'ancien clerc d'huissier.

— Disparaître!... le duc!... Oh! monsieur Mousset!

— Préférez-vous qu'il épouse Madeleine Duhamel? — demanda le jeune homme brutalement. — Alors, mettons qu'il n'y ait rien de dit ni de convenu.

Et, faisant mine de reprendre dans son portefeuille l'argent qu'Armande venait de lui donner, Mousset ajouta d'un air de détachement, nuancé d'une pointe de dédain :

— Puisque vous reculez devant la vengeance, mademoiselle, vous n'avez plus besoin de mes services. — Permettez-moi donc de vous restituer ceci...

Et l'amant de Léonore, d'un geste où ne se trahissait aucun regret, tendit à Mlle Monval la liasse de billets.

La jeune fille avait caché son visage dans ses mains.

— Reprenez cela et adieu, mademoiselle, — continua l'habile gredin. — Au fond, vous avez raison : puisque le duc de Soisy et Mlle Duhamel s'aiment, qu'y pouvons-nous changer?... Pourquoi les empêcher d'être heureux?... Combien il est plus généreux de votre part de leur laisser achever, sans y mettre d'obstacles, le beau rêve qu'ils ont commencé!

— Restez... monsieur, — s'écria Armande relevant la tête et frémissant de rage sous la perfide insinuation de Mousset.

— Vous voulez?...

— Oui, je veux... je veux me venger, quelles qu'en soient les conséquences, entendez-vous!... — s'écria avec emportement la jeune fille.

Je veux me venger des dédains de M. de Soisy! Agissez comme il vous plaira!... Peu m'importe les moyens que vous emploierez, pourvu que ma rivale ne triomphe pas, pourvu qu'elle souffre à son tour toutes les angoisses que j'endure!...

— Vous êtes bien résolue?

— Absolument, — répondit Armande sans hésitation.

— Vous avez confiance en moi?

— Je vous donne carte blanche, de même que je vous ai ouvert un crédit illimité.

— A la bonne heure! — A nous deux, alors, monsieur de Soisy! — murmura le fils de l'intendant avec un accent de haine qui fit tressaillir la fille du banquier.

— Vous avez donc, vous aussi, des raisons pour en vouloir au duc? — questionna-t-elle étonnée. — Vous le haïssez donc?

Le jeune homme hésita un instant à répondre.

— Oui, — avoua-t-il enfin, d'une voix brève, — c'est vrai; je le hais!

— Que vous a-t-il fait?

— Il est cause que mon père est mort en prison et déshonoré.

— Votre père?... Quel rapport pouvait-il y avoir entre eux?

— Mon père était intendant au château de Soisy. — Faussement accusé de malversations, lors du règlement de la succession du vieux duc, il a été arrêté et mis en prison où il est mort de chagrin.

— Mais, à l'époque du décès du feu duc de Soisy, M. Gérard n'était encore qu'un enfant, m'a-t-on dit. — Ce n'est donc pas lui...

— Que m'importe? — interrompit Mousset s'exaltant à son tour et laissant éclater toute la rage haineuse que son cœur renfermait contre Gérard. — Que m'importe que ce soit lui ou que d'autres aient agi en son nom?... le fait n'en est pas moins là, n'est-ce pas?...

D'ailleurs, le duc et la duchesse sont morts, lui seul reste de sa race; sur qui me vengerais-je? — Tant pis pour lui s'il est venu se mettre en travers de mon chemin!

— Vous le haïssez bien?

— Oui, je le hais! je le hais! — fit le jeune homme avec force. — Je le hais, lui et les siens!... Il incarne pour moi l'injustice sociale!

D'ailleurs, — ajouta Mousset, dont toute la bile crevait dans cette extraordinaire détente de sa nature concentrée et sournoise, — nous avons un vieux compte à régler ensemble; j'ai des griefs personnels contre lui...

Armande écoutait parler son allié avec une joie secrète.

Elle n'avait plus besoin maintenant de l'encourager. De lui-même l'amant de Léonore racontait tout: sa rage et sa jalousie contre Gérard, ayant accaparé la place qu'il convoitait à l'usine Duhamel, l'envie que, depuis ce jour, il avait nourrie contre l'intrus.

— Sans lui, je serais à coup sûr parvenu à me faire accepter par l'ingénieur, M. Verneuil. — Après tout, il n'avait aucun motif sérieux pour me refuser ! aussi, je le hais doublement, — conclut Mousset, dont Mlle Monval avait suivi avec le plus vif intérêt l'exaltation toujours croissante.

— Oui, — pensait la jeune fille, maintenant elle aussi toute à sa rancune, — avec un tel auxiliaire, je suis sûre d'être servie à souhait !...
Je ne crains plus la rivalité de Madeleine.

L'homme qui est là, devant moi, ne reculera devant rien, ira jusqu'au crime, s'il le faut, pour se venger... et il me vengera en même temps de celui qui m'a dédaignée. — J'ai eu la main heureuse, c'est bien l'aide dévoué et sans scrupules qu'il me fallait trouver.

Et n'hésitant plus, résolue à agir, pour empêcher le bonheur de Gérard et de Madeleine, Armande Monval s'appliqua à rassurer son complice sur les conséquences que pourrait amener pour lui la fatalité des circonstances.

— Vous savez déjà que ma bourse vous est ouverte, — affirma-t-elle de nouveau, — vous pouvez donc être tranquille, — l'argent ne vous fera jamais défaut. — Quant à mon appui, il ne vous manquera pas non plus. Si vous veniez à être compromis, je me chargerais de faire agir pour vous en haut lieu.

Mon père s'est fait de nombreuses et précieuses relations, des gens haut placés qui lui ont des obligations et ne peuvent rien lui refuser. — Nous sommes solidaires l'un de l'autre, et vous me connaissez assez maintenant pour savoir que je ne vous abandonnerai pas.

Agissez donc sans crainte et résolument ! — Travaillez dans l'intérêt de notre haine à tous deux !... Débarrassez-moi d'une rivale odieuse qui me gêne, ou, si je dois renoncer à Gérard, de l'homme que je ne puis avoir et qui du moins ne sera à aucune autre !

— Je vous le promets, — dit Mousset avec énergie — Comptez sur moi !...

TABLE DES CHAPITRES

TOME I

I.	Le cimetière d'Art-sur-Meurthe	3
II.	Un solliciteur	12
III.	La vicomtesse de Châtenay	26
IV.	Monsieur Gérard	47
V.	La carte de visite	76
VI.	La tireuse de cartes	116
VII.	Fille de banquier	139
VIII.	Au cours d'une mission militaire	156
IX.	L'espion	180
X.	Marâtre	207
XI.	Visées ambitieuses	220
XII.	Une intermédiaire	248
XIII.	Un portrait	262
XIV.	L'agent Percier	277
XV.	Mère dénaturée	302
XVI.	Secret découvert	344
XVII.	Sentiment d'envie	365
XVIII.	Deux amours	380
XIX.	Piège infâme	397
XX.	Nuit d'orage	414
XXI.	Surhumaine épreuve	438
XXII.	Confession	453
XXIII.	Ruse de femme	472
XXIV.	Première impression	485
XXV.	Inquiétudes et pressentiments	498

TABLE DES CHAPITRES

XXVI.	Première révolte	506
XXVII.	Aveux	516
XXVIII.	Rivales	533
XXIX.	Le chalet de Bergsee	566
XXX.	Cœur de père	584
XXXI.	Folle passion	615
XXXII.	Première journée à Paris	631
XXXIII.	Sur la piste	646
XXXIV.	Refus formel	667
XXXV.	Mousset travaille	700
XXXVI.	Maternité	733
XXXVII.	La libérée	750
XXXVIII.	Le pacte	773

www.ingramcontent.com/pod-product-compliance
Lightning Source LLC
Chambersburg PA
CBHW061728300426
44115CB00009B/1136